제17판

금융
시장론

강병호·김석동·서정호

박영사

제17개정판을 내며

최근 금융기술의 변화는 말로 표현하기가 어려울 정도로 빠르게 진행되고 있다. 일찍이 Bill Gates는 앞으로 '은행은 없어지고 은행서비스만 남게 될 것(Banking is necessary. But banks are not)'이라고 말한 적이 있다. 금융회사라는 개념은 점차 사라지고 금융이라는 서비스 개념만 남게 될 것이라는 뜻이다. 현재의 금융회사는 금융의 중개나 금융서비스의 제공자에서 금융서비스를 담아내는 플랫폼사업자로 변해가고 있다. 또한 인공지능(AI), 메타버스(Metabus) 등이 이미 우리 생활에 깊숙이 파고들어 인간이 하던 일을 대신하고 있다. 앞으로 금융의 디지털화가 어떤 방향으로 얼마나 빠른 속도로 진화할 것인가는 가늠하기 어렵다. 분명한 것은 금융을 위시한 모든 분야에서 디지털 격차(digital divide)가 커질 것이라는 것이다. 지금까지는 전통적인 경제나 금융이론만 알면 금융전문가나 금융학자라고 했다. 앞으로 이들의 개념도 바뀌게 될 것이다. 금융공학이라는 말이 등장한 것은 오래전이다, 이미 금융에 높은 수준의 수학이나 통계학, 물리학 등이 도입되어 있고 현재는 인공신경망과 같은 알고리즘이 금융분야에서 폭넓게 활용되고 있다. 4차 산업혁명 시대에는 다양한 학문들 간의 융합이 불가피할 것이며 따라서 금융전문가도 다른 부문의 학문에도 끊임없는 관심을 가져야 할 것이다.

본서는 금융상품이나 금융서비스 자체의 구조나 거래의 모습을 다루었다는 점에서 여타 금융서적과 다른 특징을 갖고 있다. 현재 금융시장에서 거래되는 통상적인 금융상품이나 금융서비스는 물론, 앞으로 특히 디지털시대에 개발되리라 전망되는 것들도 일부 소개하고 있다. 핀테크와 가상자산 그리고 인공지능과 금융 등이 그것이다. 그러나 기술적인 분야에 대한 지식의 한계가 있어 깊이 다룰 수가 없었고 또 그것이 본서의 본질이나 취지도 아니기 때문에 이들을 통해 개발된 상품이나 서비스의 내용이나 구조를 중심으로 소개하는데 그쳤다. 앞으로 다수의 전문가와 학자들이 보다 진전된 결과를 제시하길 기대한다.

2021년 7월

저   자

제16개정판을 내며

 지난 2년간도 우리 금융시장과 금융산업은 많은 변화를 겪었다. 그 중에서도 디지털금융 분야의 변화가 두드러졌다. 이제 디지털금융 분야의 변화는 금융시장의 변화를 이해하는 데 필수적인 요소가 되었다. 금융시장의 인프라를 바꾸고, 상품과 서비스의 혁신을 주도하며, 나아가 금융소비자들의 금융행태에도 큰 영향을 미치고 있기 때문이다. 금융의 공급자 측면뿐만 아니라 소비자 측면에서도 디지털 전환(digital transformation)은 거스를 수 없는 트렌드가 되고 있다. 이러한 점을 반영하여 제16개정판에서는 디지털금융을 새로운 장으로 구분하였고, 그 중 핵심적인 변화라 할 수 있는 핀테크, 가상통화, 크라우드펀딩, P2P대출에 대해 설명을 추가하였다. 기술적인 내용은 본서의 범위를 벗어난다고 보아 충분히 다루지 못한 아쉬움은 있지만 전체적인 흐름과 제도적 관점을 이해하는 데는 도움이 될 것이다. 향후 이 부분에 대한 보완은 지속해 나갈 예정이다. 그 밖에도 지난 2년간 제도적 변화도 가급적 충실히 반영하려고 노력하였다. 여전히 부족한 점이 많지만 우리나라의 금융시장과 이를 구성하는 규제의 틀을 이해하는 데 도움이 되었으면 한다.

2018년 8월

저   자

제15개정판을 내며

　금융시장에 지각변동이 일어나고 있다. 이른바 핀테크(FinTech)라는 이름으로 혁신적인 금융서비스와 금융경로가 출현하고 있고, 브렉시트(Brexit)로 국제금융시장의 헤게모니가 변화될 조짐도 보이고 있다. 글로벌 차원에서 금융규제가 강화되고 있는 한편, 각국은 자국 금융시장의 역동성을 제고하기 위해 필사적으로 금융개혁을 추진하고 있다. 물론 우리나라도 예외는 아니다. 이와 같은 급격한 변화를 수용하는 것은 한 권의 책으로는 현실적으로 불가능하다.

　금번 제15개정판에서는 그간 국내외의 매우 중요한 금융제도의 변경내용을 가급적 빠뜨리지 않게 담으려고 노력했다. 그리고 제도가 없어졌거나 변경되어 사소한 것이 되어버린 부분은 과감히 삭제하였다. 그러나 시간과 능력의 부족으로 책의 내용이 크게 부족하다는 것을 고백한다. 다만 종래의 책보다 내용이 더 충실해졌다는 것으로 위안을 삼는다. 독자 여러분의 혜량을 바란다.

2016년 8월

저　　자

제14개정판을 내며

    이 책이 출판된 지도 어언 14년이 흘렀다. 이 책을 애독하여 주신 독자 여러분에게 감사한다.

    그간 금융기술의 혁명적 발전과 금융역의 확장으로 수많은 금융상품이 명멸해 갔다. 이와 같은 변화를 추적하느라 이 책은 매년 개정판을 내야 했다. 이로 인해 이 책의 초판과 본 개정판은 거의 다른 책이 되어버렸다. 저자 혼자 이 일을 감당하기에는 매우 벅찼다. 그래서 김석동 전 금융위원장을 공저자로 동참하게 하였고 이번에 다시 금융연구원 서정호 박사를 합류시켰다. 이들의 합류로 책의 수정이 비교적 적시에 이루어지고 내용은 한층 충실해졌다.

    이번 개정판은 자본시장법 등 금융관련법의 개정을 기다리다 출판이 6개월 정도 늦어졌다. 그러나 아직도 국회에 계류중인 법안이 있는바 그 중요한 내용은 개정안이라는 이름으로 포함시켰다. 삼복더위에도 불구하고 이 책의 출판에 고생하신 박영사 직원 여러분께 감사한다.

2014년 8월

저   자

머 리 말

지금까지 개혁의 모형을 짠 것(mock up)이라면, 앞으로 남은 일은 이에 대한 끌질(chisel)과 마무리작업(clean up)일 게다. 무릇 모든 개혁이 그러하듯 금융개혁에도 비용이 수반한다. 그리고 이 비용 중에서도 가장 큰 것은 개혁이 실패로 끝나거나 좌초되는 비용(stranded cost)이다. 본시 개혁이란 현재보다는 미래지향적이어야 하고, 미래란 불확실성이 크기 때문이다. 동서고금을 막론하고 개혁이 성공한 예보다 실패한 예가 많았다는 것이 이를 반증한다. 그러나 실패를 두려워한 나머지 해야 할 개혁을 미루다 보면 결과적으로는 더 큰 비용을 부담하게 된다는 것도 역사적 교훈이다(penny-wise and pound-foolish). 따라서 개혁의 요체는 개혁에 따른 사회적 비용을 최소화하고, 개혁의 효과를 극대화할 수 있느냐는 것이다.

주요국의 금융제도 개혁의 모습을 보면 크게 두 가지로 분류할 수 있다. 하나는 오랜 기간 동안 시행착오를 거치면서 자생적으로 발생된 내생성(endogeneity)의 바탕 위에서 진화를 통해 형성된 금융제도로, 이는 주로 민간주체들이 금융혁신을 주도하고 정부가 이를 수용하는 유형이다. 미국 등이 그 전형이다. 미국의 금융기관들은 금융환경 변화에 능동적으로 대응하기 위해 기술혁신을 통해 신상품을 개발하거나 모호한 법망의 틈새를 교묘하게 뚫어 업무영역을 실질적으로 확장하고, 사후적으로 정부가 이를 수용하지 않을 수 없게 하였다.

다른 하나는 정부가 선진국의 제도 등을 참고하여 사전에 이상적인 틀을 설정하고, 시장참가자들의 금융행위를 여기에 맞게 유도하는 방식으로 정부가 금융개혁을 주도하고 민간주체들이 이에 따라가는 유형이다. 일본이나 대부분의 개발도상국들이 이 유형에 속한다.

전자는 민간의 자율을 보장하고 시장참가자의 창의와 다양성을 최대한 살릴 수 있다는 점에서 우월하나, 개혁의 속도가 늦다는 점이 약점으로 지적된다. 반면 후자는 개혁의 효과가 빠르고 직접적이라는 면에서는 우월하나, 정부가 설정한 제도가 과연 최적의 선택인가를 판단하기가 쉽지 않고 개혁이 실패하였을 경우 시장의 자체복원력이 적다는 점이 약점으로 지적된다.

그러나 우리의 경우 이 문제는 비교적 단순하다. 자생적인 틀을 바탕으로 형성된 우리 고유의 금융제도가 보잘것 없고, 대부분의 금융제도가 외국의 제도를 그대로 도입한 것이 많기 때문이다. 이런 의미에서 우리는 이미 우리 금융제도가 어떻게 개혁되어야 한다는 기본적인 방향은 알고 있다. 시장의 다원성과 역동성에 바탕을 두고 오랜 진화과정을 통해 그 유효성이 검증된 선진국의 제도를 가능한 그대로 따를 수밖에 없다는 것이다. 특히 최근 들어 금융의 국제화가 진전되어 각 국의 금융제도의 정합성(congruence)이 확대되고 있는 추세에서 이와 상치되는 제도 나 관행은 국경 없는 무한경쟁에서 국민경제를 세계경제로부터 유리시키는 부작용 만 초래하게 될 뿐이라는 우려 또한 이를 뒷받침한다.

이와 같은 측면에서 보면 문제가 되는 것은 개혁의 속도와 이에 대한 국민의 신뢰일 것이다. 먼저 개혁의 속도를 빅뱅(Big Bang)식으로 할 것인가, 점진적(gradual approach) 방식으로 할 것인가이다. 일시에 개혁을 단행함으로써 개혁에 장애가 되 는 기득권층의 반발을 최소화하고 점진적 방식의 경우 개혁대상의 우선순위를 정 하는 어려움을 줄일 수 있다는 점 등에서는 빅뱅식이 우월하고, 개혁에 따른 불확 실성과 충격을 완화할 수 있다는 점에서는 점진적 방식이 우월하다.

우리는 그 동안 이에 대해 많은 고민을 해 왔다. 그러나 외환위기의 발발을 계기로 빅뱅식 개혁을 선택하지 않을 수 없었다. 다행히도 우리의 개혁은 성공적 이었다는 평이다. 특히 국내보다는 외국에서의 평가가 더욱 그러하다. 그러나 법체 계, 시장구조 등 하부구조(하드웨어)는 어느 정도 갖추어졌으나, 시장참여자의 의식 이나 행위규범, 관행 등 이른바 상부구조(소프트웨어)는 이제부터라는 느낌이다. 규 제의 질을 결정하는 가장 중요한 요인은 시장참여자의 의식과 관행면에서의 성숙 도이기 때문이다.

OECD도 1999년도 한국경제에 대한 평가보고서에서 한국의 법과 제도는 모 범적 국제관행에 부합하는 수준으로 잘 갖추어졌으며, 이제 규제의 질과 제도조성 에 보다 전향적이고 종합적인 주의를 기울일 단계에 들어섰다고 기술하고 있다.

본서는 그간의 국내금융제도 변화는 물론 세계적인 금융환경 변화를 가급적 충실하게 담으려고 노력하였다. 그러나 금융환경과 제도의 변화가 워낙 빠르게 진 행되고 있는 터라 이 책이 출간된 시점부터 또다시 개정해야 하는 상황이 전개될 것 같은 느낌을 지울 수가 없다. 그래서 본 제3개정판은 그간의 바뀐 제도는 물론 법률안의 미통과 등으로 아직 정식으로 제도화되지는 않았지만, 조만간 바뀌어질 것으로 예상되는 부문 중 중요한 것은 가급적 다루었다. 자산운용업법, 보험업법,

통합도산법 등 입법예고가 되어 있는 법률안 등이 그것이다.

본서는 금융의 중개수단, 특히 금융하부 시장(sub-market)을 중심으로 기술된 것으로 금융중개 기관과 이들을 규율하는 제도는 졸저 「금융기관론」에서 취급하고 있다. 따라서 이들을 함께 참고하면 보다 효과적일 것이다.

이 책의 출판에 있어 특별히 감사해야 할 분이 있다. 이헌재 전 경제부총리이다. 그는 1997년 외환위기 당시 금융감독위원장으로서 기업과 금융의 구조조정작업을 진두지휘했다. 그리고 이를 성공적으로 이끌어 경제위기를 극복하는 데 기여한 공로로 미국 의회가 외국인에게는 처음 수여한 Thomas Woodrow Wilson상을 받았고, 일본경제신문이 주로 외국원수에게 수여하는 Asia Award상을 받았다. 저자는 그의 요청으로 금융감독원 부원장으로 봉직하면서 그와 함께 구조조정작업에 동참할 수 있었으며, 이 과정에서 많은 지식과 정보를 얻을 수 있었다. 이 책을 집필하게 된 것도 당시의 경험이 결정적인 계기가 되었다. 다시 한번 해박한 지식과 따뜻한 정으로 학문과 인생에 대해 새로운 눈을 갖게 하여 준 그에게 거듭 감사를 드린다.

2003년 1월

저　　자

차   례

제 3 장 예금 및 지급결제시장

제 4 장 대 출 시 장

제 8 장 증 권 시 장

제11장 자산관리 · 운용시장

제14장　보 험 시 장

제15장　연 금 시 장

제16장 외환시장

제17장 국제금융시장

제1장 금융시장

시장에서 재화나 용역을 거래할 때 이들 실물과 반대방향으로 화폐 또는 자금이 흘러간다. 이와 같이 실물의 흐름과 반대방향으로 흐르는 자금의 순환을 자금의 산업적 유통(industrial circulation)이라 한다.

한편 은행에 예금을 하거나 증권 등 금융자산을 거래할 때도 이들 금융자산과 반대방향으로 자금이 순환되는데 이를 자금의 금융적 유통(financial circulation)이라 한다. 자금의 금융적 유통은 자금의 여유가 있는 흑자지출단위(SSU: Surplus Spending Unit)로부터 자금을 필요로 하는 적자지출단위(DSU: Deficit Spending Unit)로 자금이 이전될 때 발생하며 이 두 경제주체간의 이러한 자금의 유통을 금융이라 하고, 자금의 유통이 이루어지는 장소를 금융시장(financial market)이라 한다.

이때 장소는 반드시 지역이나 건물 등 구체적 실체에 한정하여 말하는 것이 아니고 자금의 수요와 공급이 정보시스템에 의하여 유기적으로 이루어지는 추상적인 유통체계 일반을 지칭하는 것이다.

자금의 산업적 유통과 금융적 유통은 서로 밀접한 연관을 가지고 일어나고, 또 서로 영향을 미친다. 즉 대출 등 자금의 금융적 유통은 투자활동을 통한 자금의 산업적 유통에 영향을 주며 반대로 자금의 산업적 유통에 따른 소득의 변화는 저축수단, 즉 금융자산의 변화를 통해 자금의 금융적 유통에 영향을 미치게 된다. 일반적으로 경제가 발전할수록 자금의 금융적 유통의 비중이 커진다.

금융시장은 금융거래, 즉 자금의 유통이 이루어지는 방식, 자금의 성격, 자금 거래당사자의 성격, 이 밖에도 여러 가지 기준에 의한 분류가 가능하다.

예컨대 자금의 융통경로를 기준으로 직접금융시장과 간접금융시장, 자금의 융통이 당사자간의 계약형태인가, 양도가 가능한 증권형태인가에 따라 신용시장 (credit market)과 증권시장(security market), 자금의 융통기간의 장단에 따라 통화시장 (money market)[1]과 자본시장(capital market), 거래되는 자금의 표시통화가 자국통화인가 외국통화인가에 따라 원화시장과 외환시장(foreign exchange market), 거래당사자의 거주성, 거래통화, 거래발생장소 등에 따라 국내금융시장과 국제금융시장 등의 분류가 있으며, 이 밖에도 분류목적에 따라 여러 가지 형태의 분류가 가능하다.

제2절 금융상품 유통경로

금융시장은 유통경로, 즉 자금이 어떤 경로(channel)를 통하여 유통되는가에 따라 직접금융시장과 간접금융시장으로 구분한다.

직접금융시장은 자금의 거래가 중개기관을 거치지 않고 자금의 최종수요자와 공급자간에 주로 직접증권의 매매형태로 이루어지는 시장을 말하고, 간접금융시장은 양자간에 금융중개기관이 개입하여 직접 또는 간접증권의 매매형태로 자금의 거래가 이루어지는 시장을 말한다.[2]

이때 금융중개기관(financial intermediaries)이란 증권의 형태를 바꾸지 않고 단순히 거래를 알선하거나 매매중개 역할만을 하는 브로커나 딜러가 아니라 자금의 공급자와 수요자 사이에서 당사자로서 자기계산으로 신용대위(credit substitution)를 하

---

1) 단기금융시장 또는 자금시장이라고도 부른다.
2) 금융시장에서 자금의 융통은 보통 증권의 매매를 통하여 이루어지는데 이때 자금의 최종수요자 (적자지출단위)가 자금조달을 위해 직접 발행한 증권을 직접증권 또는 본원적 증권(direct 또는 primary security)이라 하고, 자금의 최종수요자가 아닌 중개기관이 자금조달을 위해 발행한 증권을 간접증권(indirect 또는 secondary security)이라고 한다. 주식과 채권, 대출 등이 직접증권의 전형이고 예금증서, 보험증서 등이 간접증권의 전형이라 하겠다.

는 중개기관을 말한다.

Rose 등은 단순히 본원적 증권(IOU)의 매매중개 역할만을 하는 기관을 중간기관(middleman)으로 분류하고 있으며 이를 시장중개기관(market intermediaries)으로 명명하기도 한다.3)

흔히 주식이나 채권 등 직접증권의 형태에 의한 자금거래를 직접금융, 예금이나 대출의 형태에 의한 자금거래를 간접금융으로 지칭하기도 하는데 이는 일반적으로 양도성이 있는 직접증권은 시장에서 거래가 용이하기 때문에 대부분 직접금융으로 이루어지고 예금이나 대출은 보통 은행 등 중개기관을 통해 이루어지는 데 기인한다.

그러나 이는 정확한 분류는 아니다. 예컨대 양도성이 있는 증권을 발행하여 이를 은행 등 금융중개기관이 보유하는 경우에는 비록 직접증권에 의해 자금이 조달되었다 할지라도 간접금융으로 분류된다. 다시 말하면 증권, 예금, 대출 등은 금융의 형태를, 그리고 직접금융과 간접금융은 금융의 유통경로를 의미한다.4)

일반적으로 [그림 1-1]과 같이 직접금융은 브로커나 딜러 등 시장중개기관의 중개를 통한 직접증권의 거래로 이루어지고, 간접금융은 은행, 보험회사 등 금융중개기관을 통한 직·간접증권의 거래로 이루어진다.

그러나 최근에 들어 금융혁신과 금융기관간의 업무의 중복 내지 다원화에 따라 이와 같은 기준에 의한 구분이 점차 어려워져 이보다는 자금공여에 따른 신용위험을 누가 부담하느냐를 기준으로 금융시장을 분류하는 시각도 있다. 예컨대 자금의 최종수요자가 부도를 내었을 경우 신용위험을 부담하는 자를 보면 직접금융의 경우 직접증권 소지자가, 간접금융의 경우 금융중개기관이 되는 것이다. 환언하면 간접금융기관은 위험이 높은 직접증권을 위험이 낮은 간접증권으로 변환(asset transmutation)하는 기능을 하는 데 비해, 시장중개기관은 위험을 부담하지 않고 직접증권 소지자에 위험을 전가한다.

간접금융시장의 금융중개기관은 다수의 자금제공자로부터 자금을 모아 자금의 수요자들에게 배분하는 과정에서 규모의 경제(economies of scale)를 실현할 수 있다. 구체적으로 금융중개기관에 의한 간접금융은 당사자간의 직접거래를 전제로 하는 직접금융에 비해 상대적으로 거래비용과 정보탐색비용 등의 절감이 가능하다

---

3) P. S. Rose and D. R. Fraser, *Financial Institution*, Business Publication, Inc., 1985.

4) J. Gurley and E. S. Shaw, *Money in a Theory of Finance*, 1960.

그림 1-1 금융시장

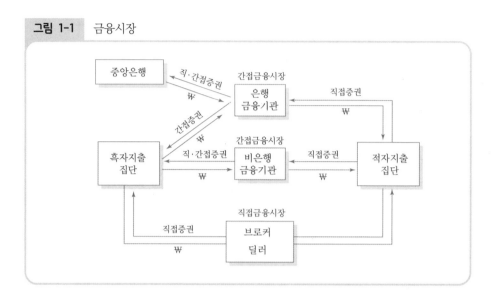

는 것이다.

간접금융은 이와 같은 비용절감을 바탕으로 자금의 제공자에게는 보다 높은 실질수익을, 자금의 수요자에게는 보다 낮은 실질자본비용으로의 자금조달기회를 제공함으로써 양자에게 공히 득을 가져다 주고 동시에 자금의 수급을 원활하게 함으로써 이른바 금융시장의 효율성(efficiency)을 증대시킨다는 것이다.

그러나 최근에 들어 금융산업의 기술혁신 및 증권화 현상과 더불어 직접금융시장의 영역이 보다 증대되고 있는바 이의 원인은 다음과 같은 두 가지로 요약할 수 있다.

첫째, 정보화의 진전으로 간접금융의 비교우위가 사라지고 있다는 것이다. 정보전달기술을 중심으로 한 기술혁신은 정보의 용이한 수집·가공을 가능케 하여 정보획득비용을 줄이고 신속한 정보의 공시 및 공정한 신용평가체제 확립은 차입자 또는 대리인에 대한 감시비용(monitoring cost)을 절감시킴으로써 종래 직접금융시장에 비해 간접금융시장의 가장 큰 장점이었던 거래비용절감의 이점이 사라지고 있기 때문이다.

특히 도매금융의 경우 직접금융시장의 금융중개비용이 간접금융의 중개비용보다 낮아지는 경향을 보이고 있는바, 이는 은행 등 금융중개기관은 지급준비금이나 보험료 부담, 자기자본 규제 등 이른바 준조세(regulatory tax)를 부담함으로써 실질자금비용 부담을 상승시키는 일면을 가지고 있는 데 반해 직접금융은 이러한 부담이 없다는 점 등이 지적되고 있다.

둘째, 금융상품의 다양화와 위험관리기술의 발전으로 금융수단의 유동성 제고 및 각종 위험의 효율적 관리를 가능하게 하여 위험변환기능을 가지고 있는 간접금융시장의 이점이 점점 사라지고 있다는 점이다.

일반적으로 대기업이나 투자위험이 큰 혁신산업에 대한 금융은 직접금융이, 반대로 중소기업이나 투자위험이 적은 전통적인 산업에 대한 금융은 간접금융이 상대적인 비교우위를 갖고 있는 것으로 인정되고 있다. 이와 같이 직접금융과 간접금융이 상호경쟁적인 관계에 있긴 하지만 상호보완적인 측면도 있다. 예컨대 정보의 비대칭이 큰 기업이 초기에는 은행 등 금융중개기관으로부터 자금을 지원받고, 이를 통해 얻은 명성으로 직접금융시장에서 자금을 조달하는 것이 거래비용이나 자금조달비용 면에서 보다 효율적이다.

따라서 직접금융과 간접금융은 상호보완적으로 발전되어야 하며, 그 이상적인 정도는 각국의 경제발달 정도와 경제체제에 따라 다르다고 할 수 있다.

제 3 절 금융혁신과 향후의 금융시장

최근 금융산업은 금융혁명(financial revolution) 또는 금융혁신(financial innovation)이라고 불리울 정도로 빠르고 구조적인 변모를 진행하고 있다. 인플레이션, 이자율, 환율, 조세구조, 경제활동 등의 격심한 변화로 금융환경이 크게 바뀌고 있는데다 금융산업에 대한 규제완화(deregulation)와 기술발전이 금융산업의 혁신을 가속화하고 있는 것이다. 금융혁신은 특히 새로운 금융상품의 개발과 금융경로(financial chan-nelling), 즉 금융기관이 고객에게 상품을 제공하는 과정상의 혁신을 가져왔다.[5]

금융상품 면에서의 혁신은 유동성과 수익성이 높으면서 효율적인 위험관리기능이 강화된 신상품의 개발이나 기존상품의 질적 심화를 말하고, 금융경로 면의 혁신은 기술혁신에 따른 거래비용의 절감이 가져온 결과로 금융서비스 매체(media)

---

5) M. H. Miller, "Financial Innovation: The Last Twenty Years and the Next", *Journal of Financial and Quantitative Analysis*, vol. 21, 1986.

의 발전, 금융기관간의 연계체계 강화 등을 통한 다양한 서비스의 결합 등 거래과정의 혁신을 의미한다.

이와 같은 금융혁신이 일어나게 된 동인(driving force)은 크게 적응적 혁신(a-daptive innovation)과 기술적 혁신(technological innovation)으로 나누어 볼 수 있다. 적응적 혁신은 금융기관들이 금융환경과 고객의 수요 변화에 효과적으로 적응하기 위해 새로운 금융상품과 시장영역을 개발하는 과정에서 창출된 것이다. 적응적 혁신은 과거 금융산업에 대한 규제가 지속될 때에도 이를 효과적으로 우회하거나 회피하기 위해 여러 형태로 존재하여 왔었다.6)

그러나 적응적 혁신이 본격적으로 전개된 것은 금융산업에 대한 규제의 완화, 즉 자유화가 진전되고서부터라고 하겠다. 금리, 환율 등 금융상품의 가격이 자유화되고 금융기관간 업무영역에 대한 제한이 완화됨에 따라 금융기관들의 업무영역 및 제휴 등이 확대되고 결제기능과 투자기능이 혼합된 상품 등 다양한 복합 및 제휴상품 등이 개발되고 있다.

특히 금융공학과 정보기술의 발달은 전통적인 금융기능의 분해(unbundling)와 재구성(rebundling)이 일어나면서 금융권역이 허물어지고 사실상 금융서비스를 제공하는 비금융회사의 출현을 가속화하고 있다. 전통적인 금융상품의 현금흐름(cash flow)과 리스크를 재배분하는 파생금융상품의 등장과 전통적 금융기능 중 일부를 분해해서 비금융회사가 담당하는 것이 그 예이다.

규제완화는 특히 금융산업의 경쟁을 심화시켜 경쟁에서 살아남기 위해 금융기관들이 경쟁적으로 금융혁신을 가속화시키고 금융혁신은 기존의 규제의 실효성을 저하시킴으로써 다시 규제완화를 촉진시키는 상호인과관계적 변모를 거듭하고 있다.

최근 영국의 금융감독청(FCA: Financial Conduct Authority)은 혁신적인 사업모델을 개발하기 위해 규제안전공간지대(regulatory sandbox)를 운영하고 있다. 동 제도는 미인가사업자 또는 기 금융사업자들이 혁신적인 사업모델을 실험실(test bed)을 통해 테스트한 활동과 관련하여 감독당국이 향후 어떤 감독조치도 취하지 않겠다는 비조치의견서(No Action Letter)를 발급하여 금융혁신을 촉진하겠다는 것이다. 앞으로 금융업에 대한 인식과 사고의 체계, 즉 패러다임의 대전환이 이루어질 것이다. 정

---

6) 미국의 경우 금리나 업무영역에 대한 정부의 규제를 회피하기 위해 만든 CD나 RP, MMMF 등의 금융상품과 은행지주회사(BHC: Bank Holding Company)의 설립 운영 등이 그것이다.

보통신기술(ICT)의 사회가 지능화되어 생산, 유통, 소비 및 서비스가 융합되고 복합화되는 이른바 스마트사회로 변화되어 감에 따라 금융업 또한 스마트산업으로 변화되어 갈 것이다.

최근 핀테크(FinTech)가 금융업의 새로운 트렌드로 부상하고 있다. 핀테크는 금융(Finance)과 기술(Technology)의 합성어로 「기술을 활용한 금융서비스」 또는 「기술에 기반한 금융 연관 산업」으로 정의할 수 있다. 세계적으로 지급결제 분야에 가장 많은 투자가 이루어지고 있으며 점차 P2P대출이나 크라우드펀딩(crowdfunding)과 같은 금융플랫폼 사업이나 신용평가, 자산관리, 리스크관리 등의 영역으로 확대해 나가고 있다.[7]

금융혁신은 금융시장의 효율성과 소비자 잉여를 증대시키는 데 크게 기여하였지만 그 부작용도 적지 않다. 금융혁신을 남용한 데 대한 대가, 즉 금융혁신이라는 이름하의 거품(bubble)과 심각한 투기현상의 발생이나 금융혁신으로 소비자들에게 돌아가야 할 이득을 금융전문가들이 차지하는 예 등이 그것이다. 오늘날 컴퓨터통신망을 통해 빛의 속도로 움직이는 국제금융시장은 직업적 금융투기꾼들의 환상적인 머니게임의 장이 되고 있다.

최근에 들어 금융기업들이 추구해 온 수익추구 행태에 대한 비판도 증가하고 있다. 지금까지 금융기업들이 추구해 온 주요 수익모델, 즉 수수료 수입 증대 등을 통한 수익선 다변화, 효율성 제고나 비용절감을 위한 합병 그리고 유동성 및 리스크 관리를 위한 자산유동화 및 증권화 등은 고객의 희생을 바탕으로 하고 있다는 것으로 앞으로는 고객중심적(customer centric)이고 고객의 충성도를 확보하는 수익모델로 바뀌어야 한다는 것이다.

지금까지 수익선 다변화는 고객에게 과다한 수수료 부담을 안겼고 합병이 과연 주주가치 증대에 기여하였는가에 대한 의문과 함께 합병으로 인한 인원삭감으로 대고객 서비스의 질이 낮아졌으며 자산유동화는 고객에게 유동화자산의 리스

---

7) 핀테크가 발호하기 시작한 것은 글로벌 금융위기 이후 금융산업이 위축되면서 경제에 타격을 입은 영국 정부가 차세대 먹거리 산업으로 주도한 것이 출발점이 되었다. 이러한 정책은 상당한 성과를 발휘하면서 TransferWise 등 성공사례들이 만들어졌고, 이스라엘, 싱가포르, 홍콩에서도 핀테크 산업을 활성화하기 위한 정책적 노력을 적극 기울이고 있다. 우리나라의 경우 2014년 3월 정부가 「핀테크 육성」을 주요 개혁과제 중 하나로 채택하면서 각종 핀테크 산업 활성화 방안 등을 쏟아냈고, 현재 은행권을 중심으로 핀테크 기업에 대한 금융지원, 멘토십(mentorship) 등이 활발히 진행되고 있다.

크를 전가하고 동 자산과 관련된 고객과의 관계가 단절되는 부작용을 낳았다는
것이다.

특히 금융혁신이라는 이름하에 과도한 레버리지와 복잡한 파생상품을 통해
고위험·고수익을 추구하여 왔던 금융회사들은 최근의 세계적인 금융위기를 촉발
한 직접적인 단초를 제공하였다. 이들의 과도한 탐욕(greed)과 도덕적 해이는 시장
의 자율기능을 과신한 정부의 과도한 규제완화에 편승하여 자국은 물론 이들과 직
접적인 연관이 없는 국가들에게까지 심각한 어려움을 안겨 주었다. 이에 각국은
금융산업에 대한 규제를 강화하는 한편 국제적인 공조를 통해 글로벌 금융안정을
위한 새로운 금융체계(Financial Architecture)의 확립을 도모하고 있다. 금융회사들도
종래의 대형화·겸업화 일변도의 패러다임에서 탈피하여 과도한 레버리지를 줄이
고 핵심역량에 집중하여 전문화의 경제를 추구하기 위해 과감한 구조조정을 단행
하고 있다.

앞으로 소비자 효용과 금융시장의 효율성 증대를 위해 금융혁신은 계속되겠
지만 금융시스템의 안정을 위한 규제 또한 병행되어 규제와 혁신 간의 적절한 균
형이 이루어질 것이다.

제 2 장   통화시장

제 1 절   통화시장의 의의와 기능

금융시장은 거래되는 자금의 만기를 기준으로 통화시장(money market)과 자본시장(capital market)으로 구분한다. 이때 만기는 통상 1년을 기준으로 하나, 최근에 들어서는 금융시장의 발전으로 그 유통이 원활해짐에 따라 만기와 관계없이 자산의 유동성과 위험성을 기준으로 유동성이 높고 신용위험과 가격변동 위험이 상대적으로 작은 자산을 통화자산(money market instruments)으로 분류하는 경향이 크다. 정부증권, 콜자금, CP, CD, BA, RP, MMF, CMA 등이 통화자산에, 그리고 주식과 회사채 등이 자본시장의 금융수단으로 분류된다.

통화시장은 대출 등과 같이 특정인을 대상으로 하는 상대형 거래시장에 대비하여 불특정 다수인을 대상으로 금융거래가 이루어지는 시장형 금융시장이라는 특징을 가지고 있다. 통화시장은 발행시장과 유통시장이 있다. 유통시장의 경우 거래소거래방식과 점두거래방식이 있으나, 자금의 즉시 이용이 보장되어야 하기 때문에 주로 통신망에 의한 점두거래방식이 일반화되어 있다.

통화시장은 다시 금융기관 상호간 단기자금의 거래가 이루어지는 은행간시장(inter-bank market)[1]과 금융기관 이외의 다른 참가자도 참여할 수 있는 공개시장

1) 미국을 위시한 서구 선진국에서는 전통적인 상업은행을 비롯한 금융기관 일반을 bank로 쓰는 것

(open market)으로 구분할 수 있다.

　　은행간 시장은 금융기관간에 자금의 과부족이 조절되는 시장으로 주로 단기자금이 콜이나 은행간 예금 등으로 거래되는 시장이다. 은행간 시장은 국가에 따라 통화시장(money market)의 여타 하부시장과의 관계나 시장규모 등에 따라 제도의 운영이나 구조는 다소 차이가 있다. 대체로 미국의 경우 은행간 시장, 정부증권 시장, CP, CD, BA 등 민간시장이 균형 있게 발전되어 있는 데 비해 일본은 콜시장과 민간시장이, 영국은 은행간 예금시장이 그리고 독일의 경우 콜시장의 비중이 높은 편이다.

　　통화시장의 국민경제적 의미는 크게 통화정책과 금리의 가격기능에서 찾아볼 수 있다. 통화시장은 통화정책의 효과가 전달되는 중간경로(transmission mechanism)로 국민경제 각 부문의 자금순환, 특히 단기적인 자금거래를 원활하게 함으로써 국민경제의 유동성을 조절한다. 따라서 통화시장의 효율성과 통화정책의 유효성과는 불가분의 관계에 있다. 즉 통화시장의 발달은 하부시장(sub-market)에 참가하고 있는 각 금융기관들을 긴밀하게 연결하여 통합된 시장을 형성함으로써 정책당국의 공개시장 조작을 통한 통화정책의 효율성을 증대시킨다.[2]

　　통화시장의 금리의 가격기능상의 의미는 통화시장의 발달은 금융기관간의 자금과부족을 신속하고 효과적으로 조절함으로써 금리의 변동성을 감소시키고 장·단기금리 차익거래(interest arbitrage transaction)를 통하여 단기금리의 변동을 장기금리에 신속하게 반영함으로써 자본비용에 대한 불확실성을 감소시켜 기업투자 활동의 안정성을 제고한다는 것이다. 통화시장은 또한 금융자산의 유동성과 안정성을 제고시킴으로써 위험프리미엄을 감소시켜 금리수준을 전반적으로 낮춘다는 지적도 있다.[3]

　　통화시장은 이외에도 채권 등 장기성 증권의 유통시장을 제공함으로써 장기성 증권의 유동화를 촉진시켜 자본시장을 보완하고 발전시킨다.

　　이 보편화되어 있다. 우리나라에서는 은행과 비은행금융기관을 통칭하여 금융기관이라는 용어를 쓰므로 금융기관간 시장이라고 해야 할 것이나 은행간 시장이라는 용어가 이미 일반화되어 있다.

2) 이에 대해 통화시장의 발달이 각종 통화자산의 유동성과 안정성을 증대시켜 통화의 구분을 모호하게 하는 준통화(near money)를 등장시켜 통화정책의 유효성을 저하시킨다는 반론도 있다. 이는 각 경제주체들의 금리에 대한 민감도를 증대시켜 전통적인 의미에서의 통화수요함수의 안정성 및 예측력을 감소시킴으로써 통화당국의 중심통화지표 선정에 어려움을 주고 있기 때문이다.

3) 이에 대해 통화시장의 발달이 금융기관간의 경쟁을 증대시켜 금리, 특히 수신금리의 상승을 초래한다는 지적도 있다.

우리나라는 그간 전략적인 경제개발을 위해 제한된 자원을 정부가 직접 배분하다 보니 통화시장의 기능이 제대로 인식되지 못하였고, 따라서 여타 부문에 비해 상대적으로 발전되지 못하였다. 그러나 경제의 민주화와 시장경제로의 이행이 빠르게 진전됨에 따라 통화관리도 종래의 직접관리 방식에서 시장기능을 중시하는 간접관리 방식으로 전환해야 할 필요성이 증대되었고 이를 위한 전제가 바로 통화시장의 기능 정상화였다.

이에 따라 정부는 통화시장의 발전을 위해 지속적으로 노력하여 왔으나 금리자유화가 미진하고 만성적인 자금의 초과수요가 존재하는 상황에서 그 발전은 한계가 있을 수밖에 없었다. 특히 통화시장 중에서도 통화정책의 일차적인 장이라고 할 수 있는 은행간 시장의 경우 우리나라의 유일한 은행간 시장이라 할 수 있는 콜시장의 기능 제고와 발전을 위해 그간 수 차례의 제도개편과 행정지도를 하여 왔으나 소기의 성과를 거두지는 못하였다.

이에 대해서는 여러 가지 이유가 복합적으로 작용하기는 하였지만 가장 본질적인 이유는 통화관리가 통화시장을 통한 간접관리로 이루어지지 못하였다는 데 있으며, 또 그 역도 성립한다. 환언하면 우리나라 통화시장의 발전과 통화관리의 간접관리로의 이행은 동시 명제라고 할 수 있다.

그러나 최근에 들어 금리자유화와 통화관리 방식의 전환 등 일련의 금융개혁 조치로 통화시장의 기능과 역할이 많이 제고되고 있다. 특히 통화관리방식이 종래 은행 위주로 일시적이고 긴급피난(emergency safeguard)적 성격이 강한 창구지도와 직접규제 방식에서 공개시장을 통한 간접규제 방식으로 전환되고 있어 통화시장이 더욱 활성화되고 있다.

앞으로 기업 및 금융회사들의 외환포지션관리, 외화단기금융 및 금리와 환율 변동에 따를 차익거래 수요의 증대 등으로 외환 및 외환파생거래시장이 활성화되면 통화시장은 이들 시장과의 연계성이 증대되어 통합된 자금시장으로서 기능이 더욱 확대될 것이다.

Ⅰ. 콜

콜시장은 금융기관간에 1일(overnight) 내지 수일 이내의 자금이 주로 전화 또는 통신망으로 거래되는 초단기시장으로 은행간 시장 중에서도 가장 중요한 시장이다.

콜시장은 금융기관의 단기적 자금과부족을 조절하여 금융시장의 효율성을 제고하는 동시에 금융기관의 대 중앙은행 차입의존도를 줄여 본원통화의 증가를 억제하는 등 통화관리에 기여한다. 콜시장에서 형성된 금리는 금리의 차익거래를 통해 여타 기간물 금리의 결정에 영향을 미친다는 점에서 중앙은행의 통화정책의 중요한 판단지표가 된다.

개별 경제주체들의 자금결제는 금융기관에 개설된 결제계좌를 통해 이루어지고 이는 다시 금융기관이 중앙은행에 보유하고 있는 지급준비금의 변동을 초래하게 되므로 콜시장의 금리는 금융기관들의 자금과부족 규모와 이에 대하여 중앙은행이 어떻게 대응하느냐에 따라 영향을 받게 된다.

구체적으로 중앙은행이 지급준비금률의 변경이나 공개시장조작 등 콜시장의 금리를 정책적으로 바람직스러운 수준으로 유지하기 위한 적극적인 조절을 하느냐 아니면 외생적 요인에 의한 지급준비금의 변동에 수동적으로 대응하느냐에 따라 동 시장의 금리가 결정적으로 영향을 받게 된다.

지금까지 콜금리는 한국은행이 수행하는 통화정책의 일차적인 운용목표(operating targets)로 이를 바람직스러운 수준으로 유지하기 위하여 한국은행이 콜금리 목표를 발표하여 왔었으나, 동 금리가 사실상 발표금리로 고정되어 운용되는 등 시장의 실세금리와 괴리되는 경우가 많았다.

이에 2008년 3월부터 한국은행은 금융통화위원회가 발표하는 정책금리를 한국은행이 금융회사와 거래하는 기준금리(official bank rate)로 바꾸고, 대표적인 기준금리인 RP금리를 정례적으로 발표함으로써 콜금리가 시장의 유동성 사정에 따라 탄력적으로 변동되어 통화시장의 실세금리를 보다 민감하게 반영하게 하였다.

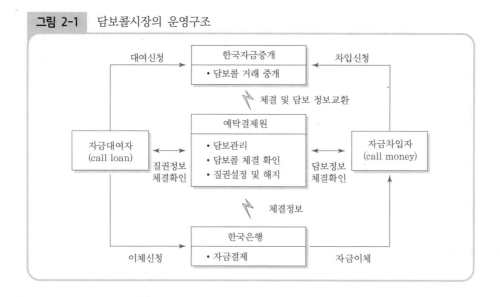

그림 2-1 담보콜시장의 운영구조

한편, 이와 같은 제도 변경으로 콜금리가 기준금리 수준을 크게 벗어나는 것을 방지하기 위하여 한국은행은 대기성 여수신(standing facility)제도를 도입하였다. 이는 자금의 과부족이 있는 은행이 기준금리 상하 1% 범위 내에서 한국은행과 만기 1일의 자금을 용도, 횟수 등에 구애됨이 없이 자유롭게 빌리거나 예치할 수 있는 제도로 동 제도하에서는 콜금리 변동도 기준금리 변동폭의 범위를 크게 벗어나지 않게 된다.

콜거래는 통상 일단위로 이루어지나 하루에 여러 번 일어날 수도 있고 이 경우 일중차월(intra-day credit)에 대해 하루 미만 단위의 금리가 적용된다.

콜은 콜자금 차입(call money)자가 콜자금 제공(call loan)자에게 국채, 회사채 등 담보를 제공하는지 여부에 따라 담보콜과 신용콜로 구분한다. 현재 담보콜의 경우 거래참가기관, 자금중개회사, 담보관리회사 및 자금결제은행을 연결하여 자금결제 및 질권설정이 동시에 이루어지는 결제 및 질권설정 동시처리시스템(DVP: Delivery Versus Payment)이 구축되어 있다.

담보관리를 맡은 예탁결제원은 한국자금중개㈜로부터 제공되는 체결정보에 따라 거래당사자로부터 거래내용을 확인한 후 자금차입자(질권설정자)가 제공하는 담보증권에 대하여 자금대여자를 질권자로 질권을 설정한다. 자금의 결제는 자금대여자가 한국은행 또는 지정은행(신한은행과 우리은행)에 예탁결제원 명의의 결제계좌로 이체하는 형식으로 이루어진다.

담보는 주로 예탁결제원에 예탁된 증권을 활용하는바, 실물의 인·수도 없이 예탁결제원의 예탁자계좌부상의 계좌이체 형식으로 담보증권에 대한 질권의 설정 및 해지가 실시간으로 이루어진다. 예탁결제원은 매일 거래건별로 담보가액과 필요담보액을 비교하여 자금차입자의 담보유지의무 충족여부를 확인하며, 과부족 발생 시 이를 정산하고 일일정산 내역을 당사자에게 통보한다.

예탁결제원은 담보물의 시가상승으로 담보초과액이 발생하는 경우 자금차입자의 질권설정 해지요구에 따라 해당액만큼 질권설정을 해지한다. 반면 담보물의 시가하락으로 담보부족액이 발생하는 경우 자금차입자에게 마진콜(margin call)을 행사하여 담보물의 추가납입을 요구하고, 추가담보를 제공하지 못할 경우에는 담보증권을 시장에 매각하여 정산한다.

현재 원화콜시장에 참가하는 자는 전 금융기관과 각종 기금 등이다. 그러나 콜거래가 대부분 무담보 거래임에도 불구하고 콜금리에 거래상대방 위험이 제대로 반영되지 않아 신용도가 상대적으로 낮은 비은행 금융회사들이 낮은 금리로 자금을 조달하는 관행이 일반화되어 이들 회사들이 부실화될 경우, 무담보로 자금을 제공한 금융회사들까지 부실이 전염될 우려가 지적되고 있다.

이에 조만간 비은행 금융회사의 콜시장 참여를 원칙적으로 배제하여 콜시장을 은행 중심으로 개편하고 대신 비은행 금융회사들의 단기자금 조달 및 운용의 수단으로 RP나 전자단기채 시장으로 유도할 예정이다.

한편 외화콜시장에서는 외국환은행간에 달러화와 원화, 달러화와 엔화, 달러화와 마르크화 등 주요국 통화간의 현물과 선물환이 거래되고 있으며, 현재 자금중개회사가 중개역할을 수행하고 있다.

II. 정부증권

1. 정부증권의 종류

정부가 발행하는 정부증권은 크게 재정증권(treasury bill)과 국채(treasury bond)로 구분할 수 있다. 재정증권은 당초는 국고출납 목적, 즉 일반회계 및 특별회계의 일시적 자금 부족을 민간차입을 통해 해소하기 위해 각 회계의 자체부담으로 발행하였으나 1976년 12월 「재정증권법」의 개정으로 통화관리 목적으로도 발행할 수 있게 되었다.

국고출납 목적으로 발행하는 재정증권의 발행한도는 한국은행 일시차입과 함께 회계별로 국회의 일괄동의를 얻어 확정되며 당해 회계연도에 상환하도록 되어 있다. 통화관리 목적으로 발행되는 재정증권은 과잉유동성을 흡수하기 위하여 한국은행에 설치되어 있는 국고여유자금 조정계정의 부담으로 발행되며, 조달된 자금은 전액 동 계정에 예치되어 타 목적으로 사용될 수 없도록 되어 있다. 그리고 통화관리 목적으로 발행하는 재정증권의 연간 발행잔액 한도는 국회의 동의를 얻어 확정되며 국고출납 목적으로 발행되는 재정증권과는 달리 연도이월도 가능하다.

재정증권시장 참여자는 예금은행, 보험회사 등 주로 금융회사들이며 재정증권의 액면단위는 1백만원권, 5백만원권, 1천만원권의 3종이 있고 기간은 30, 35, 60, 90, 91, 118, 364일물 등이 가능하나 주로 91일물이 발행되고 있다.

통화시장에서 거래되는 정부가 발행하는 국채로는 국고채권, 보상채권, 국민주택채권, 외국환평형기금채권 등이 있고 만기는 3, 5, 10, 20 및 30년이 있다. 그리고 2007년 3월부터 물가변동위험을 제거하여 채권의 실질구매력을 보장하기 위하여 국채의 원리금이 소비자물가지수에 연동되는 10년 만기 물가연동국채 (inflation or inflation index linked treasury bond)가 분기별로 발행되고 있다. 물가연동국채는 국채발행비용의 절감, 통화정책의 정보 제공[4] 및 장기금융시장의 발전에 기여할 것으로 기대된다.

2. 국채유통활성화제도

종래 우리나라의 정부발행증권 거래규모는 대단히 미미한 실정이었는데, 그 주된 이유는 동 증권의 유통시장이 발달되어 있지 못했기 때문이었다. 이는 그간 정부발행증권의 금리가 실세금리를 반영하지 못해 그 발행이 강제배분 방식으로 이루어져 동 증권의 수요 측면에서 한계가 있었기 때문이다.

이러한 이유로 선진국의 경우 재정증권과 국채가 중앙은행의 주된 공개시장조작 대상수단이 되는 데 비해 우리나라의 경우 동 기능을 한국은행이 발행한 통

---

4) 일반채권의 수익률과 물가연동채권의 수익률 격차(break-even inflation rate)는 시장의 인플레이션에 대한 기대치를 반영하므로 통화당국은 동 정보를 통화정책의 중요한 판단정보로 활용할 수 있다.

화안정증권에 거의 전적으로 의존하여 왔다. 이에 정부는 국채의 유통을 촉진시키기 위한 일련의 조치를 단계적으로 시행하였는바, 주요한 조치를 요약하면 다음과 같다.

1) 국채전문딜러제도

1997년 7월부터 국채의 강제인수제도를 폐지하고 국채전문딜러(primary dealer) 제도를 도입하고 1998년부터는 국채의 이자지급방식을 3개월 이표채로 통일하고 국채발행 형식도 정형화하였다. 1999년 4월부터 국채를 지표채권(benchmark bond)으로 활성화시키기 위해 국채딜러간 경쟁매매시장을 개설해 국고채 금리를 실시간으로 제공하고 있다.

국채전문딜러제도는 국채의 안정적인 소화와 국채시장의 유동성 및 투명성 제고를 위해 시장에서 중요한 역할을 하는 특정참가자에게 특별한 자격과 책임을 부여하는 제도이다.5) 국채전문딜러는 국고지표 종목에 대해 매도·매수 수익률 호가를 제시하고 만기별 국채발행 물량의 일정비율(현재 2%) 이상을 인수해야 하며 국채거래의 일정비율(현재 50%) 이상을 국채전문유통시장에서 거래해야 하는 등의 의무를 부담하는 대신 국채의 경쟁입찰 참가권 및 비경쟁입찰에 대한 독점적 대행권(non-competitive bids option) 보유, 국채유통 및 인수자금 수혜, 국채관련 정책에 대한 정보접근 등에서 혜택을 받는다.6)

정부는 국채전문딜러의 최근의 응찰실적, 국채시장 유동성에 대한 기여 등을 기준으로 정기적으로 자격을 심사하여 지정 여부를 결정한다.

국채전문딜러간 경쟁매매시장은 장내·장외 두 개 시장으로 이루어진다. 장외시장은 입찰을 통해 국채를 인수한 국채전문딜러들이 기관투자가나 개인에게 매도·매수호가를 제시하며 거래를 하는 소매시장인 상대매매시장이다.

개인고객들이 거래하는 최저거래단위는 1만원으로 금융투자회사 계좌를 가지고 있는 고객들은 누구나 장외시장에서 국고채를 거래할 수 있다. 장내시장은 국

---

5) 미국의 primary dealer, 영국의 market maker, 일본의 국채시장특별참가자제도 등이 그 예이다. 이들은 시장조성자(market maker)로서 금리차익거래를 통해 하부시장간의 연계성을 확대시키고 신속한 중개거래를 가능하게 함으로써 시장의 효율성을 증대시킨다. 중앙은행은 이들을 대상으로 일차적인 공개시장조작을 하며 은행이 이들에 대해 대기신용한도(back-up line)를 제공하기도 한다.

6) 국채거래가 활성화됨에 따라 국채거래의 자율성을 보장하기 위해 2008년 7월부터 지표물에 대한 장내거래 집중의무는 폐지되었으며 국채전문딜러에게 부여된 혜택도 점진적으로 축소되고 있다. 2011년 2월 '국채전문딜러제도 개편방안'에 의하면 예비국채전문딜러(Preliminary Primary Dealer) 제도를 도입하여 국채전문딜러 자격에 대한 진입과 퇴출을 보다 유연하게 할 예정이다.

채전문딜러들이 국고채 보유물량을 조절하면서 대량매매를 도와주는 도매기능의 시장(inter-dealer market)으로 거래소 내에 국채전문 유통시장이라는 이름으로 개설되어 이곳의 수익률이 실시간으로 발표된다.

정부는 국채지표물을 공매도한 국채전문딜러가 요구할 경우 국채를 추가로 발행하여 국채전문딜러와 RP거래를 함으로써 국채의 일시적 물량부족으로 인한 시장교란을 방지하고 국채시장의 유동성을 증대시키고 있다.

2) 국채통합발행제도

2000년 5월 국채통합발행(fungible issue)제도가 도입되었다. 동 제도는 국채의 만기 및 표면금리 등이 같은 단일종목의 국채를 계속적으로 발행하는 제도로 국채의 유통종목을 축소하고 동일종목의 물량을 확대함으로써 국채의 유통성을 증대시키는 데 그 목적이 있다. 국채의 통합발행과 함께 국채발행의 정례화 및 발행계획의 사전 공시를 통하여 시장의 예측가능성을 크게 향상시켰다.

3) 국채전자거래시스템

2009년 국채전문유통시장에서 국채전자거래시스템을 도입하였다. 국채전자거래시스템의 도입으로 국채유통시장의 투명성을 제고하여 시장상황이 실시간으로 반영되는 지표금리를 제공하고 탐색비용 등 거래비용을 크게 절감할 수 있게 되었다.

4) 국채발행전시장

국채발행전시장(when-issued market)이란 국채경매일로부터 국채발행일까지 국채가 실제로 발행되지 않은 상황에서 국채의 거래가 이루어지는 시장으로 경매공고 후 국채전문딜러들이 여타 딜러 또는 기관투자자를 상대로 선도계약으로 거래가 이루어지는 시장을 말한다. 동 시장은 국채경매에 참여가 제한되는 다수의 기관투자자들이 국채를 미리 확보하기 위해 이용함으로써 국채의 수요기반을 확충하고 다양한 시장참여자로 인해 국채전문딜러의 가격발견기능이 제고되는 등의 장점이 있어 미국, 영국 등에서는 동 제도를 도입하고 있다. 우리나라는 아직까지는 동 제도를 도입하지 않고 있으나 국채유통시장의 효율성 제고와 정부 수입의 안정적 확보를 위해 이를 도입하자는 주장이 많다.

3. 정부증권의 발행방식

정부발행증권은 보통 경매에 의해 매출되는데, 그 방식은 다음과 같은 방식이 많이 이용된다.

1) 복수가격방식(multiple-price English auction)

높은 가격을 제시한 순서대로 발행예정 물량이 다 소화될 때까지 최고가(최저 낙찰금리) 입찰자 순으로 배정하는 방식으로 배정받은 참여자는 각자 응모한 가격 으로 응모한 수량을 할당받게 된다. 동 방식은 수요자 잉여(consumer's surplus)만큼 발행비용을 절약할 수 있으나 응찰가격에 따라 서로 다른 가격(discriminatory price)으 로 매입함에 따라 승자의 저주(winner's curse)를 우려하여 입찰가격이 낮아지고 입찰 자 수가 너무 적을 경우 입찰참가자간의 담합 등으로 인한 경쟁제한 행위가 발생 할 수도 있다는 문제점이 있다. 동 방식은 입찰정보가 모든 입찰자에게 공개된다. 동 방식은 현재 영국, 프랑스, 독일, 일본 등이 동 방식을 채택하고 있고 우리나라 는 1994년부터 2000년까지 채택한 바 있다.

2) 단일가격방식(uniform-price Dutch auction)

입찰(tender)에 참가한 모든 참여자를 대상으로 발행예정 물량이 모두 소화되는 최저낙찰가(최고낙찰금리)를 결정한 후 최저낙찰가보다 높은 가격을 제시한 모든 입 찰참여자에게 최저낙찰가로 각자 응모한 수량을 배정하는 균일최저가(single price)낙 찰방식이다.

동 방식은 공격적인 입찰을 유도하여 평균낙찰가를 상승시킴으로써 경매인의 수입을 증대시키고[7] 입찰참가자들의 수를 확대시켜 특정 입찰자들의 과점 등 시 장질서를 교란하는 시장조작을 줄일 수 있다는 이점으로 최근 들어 많은 국가들이 동 제도를 도입하고 있다. 우리나라는 2000년 8월부터 국채발행방식을 종래의 복 수가격방식에서 단일가격방식으로 바꾸었다가 다시 2009년 9월부터 차등가격낙찰 방식으로 바꾸었다.

3) 차등가격낙찰방식

단일가격방식은 평균낙찰가격의 과도한 상승을 초래하여 국고채 발행(낙찰)금 리가 유통금리보다 낮게 형성되는 현상이 자주 발생하였다. 이에 따라 국채전문딜 러의 수익성이 악화되어 국고채의 응찰률이 지속적으로 하락하는 등 비정상적인 시장 관행이 빈발하였다. 이에 2009년 9월부터 국고채 낙찰방식을 단일가격방식에 복수가격방식을 가미한 차등가격낙찰방식으로 변경하였다. 동 방식은 최고낙찰금

---

7) 복수가격방식과 단일가격방식 중 어느 것이 경매인의 수입을 보다 증가시키느냐에 대해서는 아직 일치된 결론은 없으나 우리나라와 미국 등을 대상으로 한 실증분석 결과는 대체로 단일가격방식 이 복수가격방식보다 경매인의 수입을 더 증대시킨다는 보고가 많은 편이다.

리(최저낙찰가격) 이하의 응찰금리를 3bp 간격으로 그룹화한 다음 각 그룹별로 최고 낙찰금리를 적용하는 방식이다.[8]

4) 공개호가방식(open-outcry, ascending-price auction)

낮은 가격에서부터 시작해서 응찰량이 예정매도 물량보다 부족할 때까지 가격을 높여가는 방식이다. 동 방식은 시장참여자에게 보다 많은 정보를 제공할 수 있으며 공개로 진행되기 때문에 특정 입찰자의 과점에 따른 폐해를 방지하고 입찰정보가 제한되어 있는 경우 정보획득이 불리한 응찰자를 보호할 수 있다는 이점이 있는 반면 물량확보를 위해 과도하게 높은 가격으로 입찰함으로써 시장을 투기화할 우려가 있다.

우리나라의 경우 1995년 7월부터 발행된 7년 만기 국채관리기금채권, 미국의 5년만기 국채(treasury note) 등이 이 방식을 적용한 바 있다.

5) 2등가경매방식

동 방식은 일명 Vickery 경매방식이라고도 하며 미국에서 국채의 공매 등에 이용된다. 동 방식은 경매자들이 서로 모르게 폐쇄된 봉투에 입찰가격을 써넣게 하고 낙찰자는 최고가를 써 넣은 자가 아닌 2등가격을 써 넣은 자로 하는 방식이다. 동 방식은 경매에 참가하는 자들이 불필요하게 경쟁자들의 정보를 빼내려 하고 자신의 정보는 감추려고 하는 유인을 줄일 수 있다. 따라서 동 방식은 자신이 생각하는 가격을 정직하게 제시하게 함으로써 정보비대칭에 따른 사회적 비용을 줄일 수 있는 장점이 있다.

6) 내정가입찰방식

내부적으로 입찰가격(reservation price)으로 정해 두고 그 이상의 가격을 제시한 입찰자에 대해서만 배정하는 방식이다. 이 방식은 입찰가격을 적정수준으로 유지할 수 있다는 이점이 있는 반면 내정가를 예상하여 입찰자간의 담합을 초래할 우

---

8) 〈최고낙찰금리가 5.05%인 경우〉

입찰자	응찰수준	낙찰금리		
		단일가격방식	차등가격낙찰방식	복수가격방식
A	5.05% 200억원	모두 5.05%	A, B, C: 5.05%	A: 5.05%
B	5.04% 200억원			B: 5.04%
C	5.03% 100억원			C: 5.03%
D	5.01% 200억원		D, E: 5.02%	D: 5.01%
E	5.00% 200억원			E: 5.00%
F	4.99% 200억원		F: 4.99%	F: 4.99%
G	4.96% 200억원		G: 4.96%	G: 4.96%

려가 있다.

7) 탭방식(Tap)

경매(auction)나 입찰(tender)결과 참여자의 부족으로 국채의 미매각 잔량(tap stock or taps)이 발생할 경우 이를 보관하고 있다가 단계적으로 시장조성자에게 상대매매 형식으로 매각하는 방식이다.

동 방식은 주로 영국의 중앙은행이 국채를 시장조성자(GEMM: Gilts Edged Money Market)를 대상으로 매각하는 방식으로 급격한 물량압박을 방지하여 시장의 유동성과 금리를 조절하는 수단으로 활용하는 방식이다. 매각가격은 신규로 발행하는 경우 사전에 결정된 발행가격 이상으로, 경매발행의 경우 최저응찰가격 이상으로, 입찰발행의 경우 최저배정가격 이상으로 하는 것이 보통이다.

Ⅲ. 통화안정증권(계정)

통화안정증권은 통화관리를 위해 한국은행이 일반이나 기관투자가를 대상으로 발행하는 단기증권이다. 통화안정증권 발행은 1986년 이전까지는 미미하였으나 국제수지 흑자 증가로 해외부문의 통화가 크게 늘어나 이를 흡수하기 위한 수단으로 발행이 크게 확대되었다.

통화안정증권의 만기는 현재 2년 이내에서 11종류로 정형화되어 있으나 364일물과 2년물이 대종을 이루고 있다. 만기 15~546일물은 할인채로, 만기 2년물은 3개월마다 이자가 지급되는 이표채이며 양자 공히 실물교부나 등록발행이 모두 가능하나 대부분이 등록발행이다. 종래 한국은행 통화안정증권은 실물 증권이 발행됨을 전제로 하고 있었으나 현실적으로 실물 증권을 발행하지 아니하고 전자적 방식으로 등록하고 있으므로 2016년부터 통화안정증권의 전자적 등록을 원칙으로 하고, 국가비상사태의 경우에 한해 실물 증권을 발행할 수 있도록 하였다. 통화안정증권의 액면금액은 100만원, 500만원, 1천만원, 5천만원 및 1억원의 5종류로 정형화되어 있다.

통화안정증권은 주로 경쟁입찰이나 매출방식으로 발행된다. 경쟁입찰의 경우 발행금리는 입찰기관들의 적극적인 입찰참여를 유도하기 위해 낙찰자가 제시한 금리 중에서 최고금리를 균일하게 적용하는 균일최저가 낙찰방식을 채택하고 있다.

통화안정증권의 경쟁입찰은 한국은행과 거래약정을 맺은 금융기관을 대상으로 하며 거래약정을 맺지 않는 금융기관은 경쟁입찰 참가기관을 통해 간접적으로 입찰에 참여할 수 있다.

매출은 매수자에 대한 자격제한 없이 한국은행 창구를 통해 발행하는 것으로 은행, 금융투자회사 등 금융기관들이 대부분의 발행물량을 소화하고 있다.

통화안정증권의 유통시장에서의 거래는 금융투자회사 등을 통한 중개거래, 혹은 개별 접촉 등 정형화되지 않은 방식으로 거래되는 경우가 많다. 통화안정증권은 거래소에 상장되어 있기 때문에 거래소시장에서 거래되기도 하지만 그 규모는 크지 않다.

그동안 한국은행은 통화안정증권 발행과 RP매매를 일상적 유동성 조절 수단으로 활용하는 가운데 유동성 조절 필요 규모의 대부분을 통화안정증권 발행을 통해 흡수하였다. 그러나 통화안정증권의 이자부담 자체가 새로운 통화증발의 요인이 되고 통화안정증권 발행 규모가 커져 이를 소화하기 위해 발행금리를 높일 경우 시장금리 상승과 한국은행 수지악화를 초래하였다. 이에 한국은행은 2010년 10월부터 새로운 유동성 조절수단으로서 기간부예치금(term deposit)[9]인 통화안정계정을 도입하였다.

통화안정계정 예치금은 RP매매 대상기관인 은행을 대상으로 경쟁입찰방식으로 발행된다. RP매매 대상기관이 아닌 은행은 대상기관을 통해 경쟁입찰에 참가할 수 있으며 한국은행은 필요한 경우 금융기관별 응찰가능 규모를 제한할 수 있다. 동 예치금의 만기는 최장 91일로 하되 단기 유동성 흡수를 위해 14일 및 28일 위주로 운용한다. 발행금리는 내정금리 이내에서 정해진 최고 낙찰금리로 하며 이를 모든 낙찰자에게 동일하게 적용하는 단일금리방식을 채택한다. 이자는 만기일에 원금과 함께 일시 지급하며 예치금의 중도해지는 원칙적으로 불가능하나 금융시장에서 자금수급 불균형이 심화되는 등 부득이하다고 인정되는 경우에 한해 허용된다.

---

9) 미 연준도 초과지준을 흡수하기 위해 2009년 12월 기간부예금제도(term deposit facility)를 도입하고 2010년 6월 최초로 입찰을 실시하였다.

IV. 상업어음

상업어음시장은 금융기관이 할인한 상업어음을 재매출하는 시장을 말한다. 어음은 상거래에서 수반하여 발생된 지급대금을 약속어음 또는 환어음의 형식으로 발행한 상업어음(trade bill)과 상거래와 관계없이 단순히 자금의 융통을 위해 자기신용으로 발행하는 융통어음이나 기업어음(CP: Commercial Paper)이 있다. 상업어음을 진성어음(real bill)이라 하고 그 밖의 어음을 융통어음(financial bill 또는 accommodation bill)이라고도 한다.

우리나라의 경우 상업어음 할인(bill discounted)은 주로 은행이 취급하고 있다. 은행이 할인한 상업어음은 그 일정부분을 한국은행이 재할인하여 주고 있는데 상업어음 할인은 유동성에 상응하는 재화나 용역의 뒷받침이 있는 비인플레이션적인 금융방식이고 상거래의 이행에 따른 자체청산력(self-liquidation)이 있어 통화관리 및 은행의 건전성 유지에 도움이 되기 때문이다. 상업어음할인제도는 그동안 일반대출 위주로 이루어져 온 운전자금의 공급경로를 개선하고 금융자금의 회전율 및 효율성을 제고하는 데 크게 기여하였다.

1980년 1월 금융기관이 할인한 상업어음을 일반투자자에게 매출하는 상업어음 일반매출(bills resold)제도가 도입되었는데, 이는 상업어음의 일반매출을 통해 시중의 부동자금을 흡수함으로써 당시 과중했던 금융기관의 대 중앙은행 재할인 및 일반차입 의존도를 경감시키자는 데 그 목적이 있었다. 매출방식은 취급은행의 담보부배서 방식을 취하고 있으며 실제거래는 통장거래로 하고 있다.

1994년 7월부터 금융기관이 할인한 상업어음을 분할 또는 통합하여 금융기관 자신을 발행인 및 지급인으로 하는 표지어음을 발행하여 일반에게 매출하는 제도가 도입되었다.

표지어음(cover bill)이란 금융기관이 할인하여 보유하고 있는 원어음을 분할 또는 통합하여 새로이 발행한 일종의 자산변형상품(asset transformation)으로 발행금융기관은 원어음의 부도 여부에 관계없이 지급의무를 부담한다. 표지어음은 원어음의 잔존만기 이내에서 발행되며 여러 개의 원어음을 통합하여 발행하는 경우 개별어음의 잔존만기 중에서 최장만기 이내로 제한된다.

표지어음은 은행, 상호저축은행, 종합금융회사 등이 발행할 수 있으나 은행이

그림 2-2	전자어음 운영구조

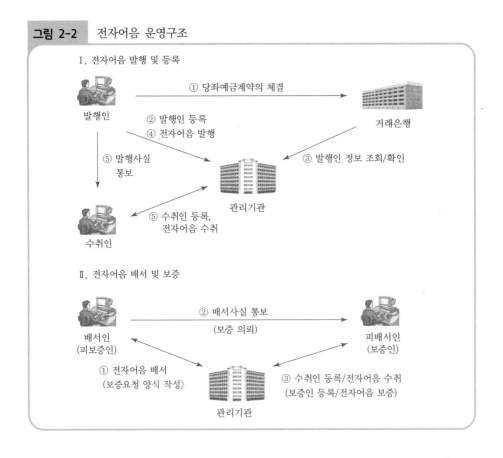

I. 전자어음 발행 및 등록

발행인
① 당좌예금계약의 체결 → 거래은행
② 발행인 등록
④ 전자어음 발행
③ 발행인 정보 조회/확인
⑤ 발행사실 통보
관리기관
⑤ 수취인 등록, 전자어음 수취
수취인

II. 전자어음 배서 및 보증

배서인 (피보증인)
② 배서사실 통보 (보증 의뢰) → 피배서인 (보증인)
① 전자어음 배서 (보증요청 양식 작성)
③ 수취인 등록/전자어음 수취 (보증인 등록/전자어음 보증)
관리기관

대부분을 차지하고 있다. 최저액면금액에 대한 제한은 없으나 은행표지어음의 경우 대체로 500만원이다.

한편, 「전자어음의 발행 및 유통에 관한 법률」이 제정(2005년 1월)됨에 따라 동년 5월부터 어음실물을 발행하지 아니하고 전자장부상의 기재(electronic record)만으로 어음의 발행, 양도, 담보설정, 상환 등 어음에 관련된 제반권리행사가 가능한 전자어음제도가 도입되었다. 전자어음이란 어음발행인이 전자어음관리기관에 전자문서로 등록한 약속어음으로 동 어음은 인터넷상에서 전자어음관리기관의 공증 아래 유통된다. 전자어음관리기관은 전자어음의 발행, 배서, 보증, 지급제시, 거절, 소구, 반환, 거래정지 처분 등의 권리행사에 관한 업무를 담당한다.

전자어음은 실물어음의 발행 및 관리에 따르는 시간적·경제적 비용을 절감할 수 있을 뿐 아니라 어음 실물이 존재하지 않음으로 인해 어음의 화재·도난, 위·변조 등의 어음사고를 방지할 수 있다. 또한 어음거래의 실명화로 자금이동 및 출자관계의 투명성을 제고하고 전자어음의 발행 및 유통에 관련된 전자문서 및 거래정보를 과세자료로 활용할 수 있어 조세정의 실현과 금융질서의 확립에 이바지한다.

그러나 아직까지 전자어음의 이용률은 종이어음에 비해 미미한 수준이다. 이에 전자어음의 이용률을 제고하기 위해 「전자어음법」을 개정(2009.4)하여 2009년 11월부터 외부감사대상 주식회사의 약속어음 발행시 전자어음 이용을 의무화하고 이를 위반할 시 500만원 이하의 과태료를 부과하도록 하였다. 동 조치로 전자어음 이용률은 어느 정도 제고될 것이나 전자어음 발행기업의 발행 상황 공개에 따른 자금사정 노출 우려와 함께 세원 노출 등을 이유로 사채업자들이 전자어음의 할인을 기피할 가능성이 커 그 이용률의 상승에는 한계가 있을 것으로 예상된다.

V. 기업어음증권

기업어음증권(Commercial Paper, 이하 CP라 한다)[10]은 기업이 단기자금 조달을 목적으로 발행하는 융통어음으로 원칙적으로 제3자의 지급보증이 없이 발행자의 신용만으로 발행된다.

CP는 원칙적으로 발행자의 신용으로 발행되는 것이 원칙이나 신용위험을 줄이기 위해 담보부 CP(Asset-backed CP)로 발행되는 경우가 있다. 담보의 종류는 유가증권 이외에 부동산, 대출채권, 정기예금, CDS 등 다양하다.

CDS-ABCP는 채권 등 유동화자산 풀에 CDS 프리미엄 수취권을 포함한 것으로 주로 채권을 매입한 투자자가 신용위험을 헤지하기 위해 금융기관 등으로부터 CDS를 매입하는 경우이다.

따라서 종래에는 상장기업 발행, 만기 1년 이내, 신용등급 B 이상, 최저액면 1억원 이상 등 소정의 요건을 갖춘 CP만이 발행될 수 있었으나 「자본시장법」에서는 CP를 기업어음증권으로 분류하고 이러한 조건을 모두 삭제하고 은행이 교부한 어음용지(조폐공사 용지)를 활용한 CP는 모두 가능하게 하였다. 현재 발행되는 CP의 만기는 91일 이상이 70%를 상회하고 있다.[11]

---

10) CP는 전자어음 발행 의무가 면제된다.

11) 선진국의 경우 CP의 만기가 매우 짧다. 미국은 만기 4일 이하가 60% 이상을 차지하고 있고 81

CP의 할인 및 중개시장에는 금융투자회사, 은행, 보험회사, 기업, 개인 등이 참여하고 있으며 주로 금융투자회사가 중개기능을 담당하고 있다. CP는 발행단위가 거액(통상 10억원 이상)인데다 예금보호 대상이 아니기 때문에 개인이나 기업보다는 금융투자회사와 은행 등 금융회사들이 주로 신탁재산 편입용으로 매수한다.

CP의 발행방법에는 직접발행(direct paper)과 간접발행(dealer paper)이 있다. 직접발행은 발행회사가 인수자의 인수 없이 투자자에게 직접 매각하는 방식으로 우리나라의 경우 CP중개시장으로 통칭한다. 중개CP의 경우 중개금융기관이 정한 소정의 신용등급 이상의 적격업체가 발행한 무담보CP로 중개금융기관의 중개를 통해 거래된다. 중개CP의 투자자는 법인과 개인이다. 중개CP는 중도환매가 불가능하나 중개회사를 통한 재매각은 가능하다.

간접발행은 발행된 CP를 일단 인수자가 인수(underwrite)하였다가 투자자에게 판매하는 방식이다. 현재 중개금융기관이 인수하여 매출한 CP는 투자자가 요구하면 즉시 환매가 가능하다.

우리나라 CP시장은 할인금리의 자유화 등에 힘입어 발행시장은 그런대로 제 기능을 발휘하고 있으나 매출된 CP가 재매매되는 유통시장이 아직 충분하게 발전되어 있지 않아 CP할인기관이 할인어음을 그대로 보유하는 형태가 많다.

그러나 현행 CP는 CP의 어음 성격과 실물 발행 등으로 인해 단기자금 조달수단으로서 기능상 한계가 있다. CP는 설권증권인 약속어음으로 「어음법」상 분할이 금지되어 있어 소액 단위 CP의 분할 취득이 어려워 분할 유통이 사실상 불가능하고 CP의 위·변조, 분실 위험 및 결제리스크 등이 있다.

이와 같은 문제를 해소하기 위해 2011년 6월 「전자단기사채의 발행 및 유통에 관한 법률」이 제정(2013년 1월 시행)되어 전자단기사채제도가 도입되었다. 전자단기사채는 유통의 전 과정이 전자적으로 처리되는 완전 무권화 방식으로 발행되어 실물발행에 따른 위·변조위험을 줄이고 증권과 대금의 동시결제(DVP: Delivery vs. Payment)가 가능해져 결제리스크가 줄어든다.

전자단기사채는 사채이기는 하나 CP 수준으로 권리·의무관계를 단순화한 것으로, 단기에 발행·유통되고 소멸되는 특성을 감안하여 사채원부 작성의무 및 사채권자집회에 관한 「상법」규정이 적용되지 않는다. 전자단기사채는 예탁결제원을 등록기관으로 하여 발행, 이전, 질권설정, 신탁 등이 모두 고객계좌부에 등록하여

일 이상은 10% 정도에 불과하며 일본의 경우 3개월 이상 만기는 20% 정도이다.

야 효력이 발생하고 원리금 지급 등이 이루어지면 등록을 말소하여야 한다.

또한 계좌부 등록을 통한 분할 유통·취득이 가능하여 투자자 기반이 확대되고 전자단기사채제도 참가자 관리 및 전자단기사채에 대한 권리행사 등을 담당하는 등록기관(예탁결제원)의 시스템을 통해 발행인의 모든 발행 내용을 일괄 상시 공개함으로써 발행 및 유통 정보의 공개를 통해 시장투명성을 확보할 수 있어 현행 은행이 교부한 어음용지로 발행되는 CP의 상당 부분을 대체하게 될 것이다.[12]

Ⅵ. 양도성예금증서

양도성예금증서(CD: Negotiable Certificate of Deposits)는 은행이 정기예금에 대하여 발행하는 예금증서로서 제3자에게 양도가 가능한 것을 말한다. 예금채권도 지명채권의 하나로서 양도성이 있는 것이 원칙이지만 은행의 약관[13] 상 은행이 승낙해야만 양도하거나 질권을 설정할 수 있는 것으로 규정하고 이러한 양도금지 특약이 예금통장이나 예금증서에 기재되어 있다.

종래 CD는 무기명식으로 발행되어 은행에서 최초 발행 시 취득자와 만기 시 돈을 찾는 자에 대해서만 실명 확인을 하였으나 무기명 발행으로 인한 변칙 증여, 회계 분식 등 불법적인 자금거래에의 이용과 CD의 위·변조 등 각종 금융사고의 빈발로 인해 2006년 7월부터 등록발행제도를 도입하였다. 앞으로 당분간은 CD의 무기명 발행과 등록발행이 병행될 것이나 자금의 투명한 거래를 위해 조만간 등록

---

12) 전자단기사채의 발행요건은 다음과 같다.
　　① (최소금액) 각 사채의 금액이 1억원 이상일 것
　　② (만기한도) 만기가 1년 이내일 것
　　③ (전액 일시납입) 사채 금액을 일시에 납입할 것
　　④ (전액 일시상환) 만기에 원리금 전액을 일시에 지급할 것
　　⑤ (주식관련 권리부여 금지) 사채에 전환권, 신주인수권, 그 밖에 다른 증권으로 전환하거나 취득할 권리가 부여되지 아니할 것
　　⑥ (담보설정 금지) 사채에 「담보부사채신탁법」에 따른 물상담보를 붙이지 아니할 것
13) 약관이란 거래 일방(사업자)이 사전에 마련한 거래조건을 말하며 거래상대방(고객)이 동 약관을 승낙하는 형태로 계약이 이루어지는 것을 약관계약이라 한다. 오늘날 다수의 고객을 대상으로 대량으로 이루어지는 거래는 대부분이 약관계약으로 이루어지며 금융거래의 경우 사업자단체 등이 작성한 표준약관으로 그리고 국제금융이나 무역 등의 경우에는 국제적으로 인정된 통일약관에 의해 이루어진다.

발행이 일반화될 것이다.

CD는 중도해지를 허용하지 않는 대신 양도가 자유로워 금융투자회사 등 중개기관을 통한 유통시장이 비교적 잘 발달되어 있다.[14] 중개기관은 단순중개(brokerage)와 자기계산에 의한 매매중개(dealing) 모두 가능하다.

CD는 매수주체에 따라 은행간 CD와 대고객 CD로 구분된다. 은행간 CD는 한국은행의 지급준비금 적립대상에서 제외되는 대신 은행 이외의 금융기관 및 고객에 대한 양도는 금지되어 있다. 대고객 CD는 예금채무에 해당되어 지급준비금의 적립대상이나 양도에는 제한이 없다.

현재 CD는 예치기간 동안의 이자를 액면에서 할인하는 방식으로 발행되며 최장만기 제한은 없고 최단만기만 30일 이상으로 제한되어 있으나 실제거래에 있어서는 3개월물과 6개월물이 주종을 이루고 있다.[15] CD의 최저액면금액에 대한 제한은 없으나 개인은 1천만원 이상, 법인은 10억원 이상이 대부분이다.

VII. 시장금리부 자유입출식예금

시장금리부 자유입출식예금(MMDA: Money Market Deposit Account)은 은행의 수시입출 및 결제기능을 가진 요구불예금에 시장금리를 지급하는 예금으로 1997년 7월부터 도입되었다. 동 예금은 1982년 미국은행들이 투자신탁회사의 MMF(Money Market Fund)에 대항하기 위해 도입한 제도로 실적배당상품과 같이 변동된 시장금리를 지급하며 일반적으로 특정증권의 수익률이나 특정지수에 연계된다.

MMDA는 지급준비 부과로 인해 수익률 면에서는 여타 통화시장 상품보다 다소 낮으나 결제기능을 갖고 있는 예금이라는 점에서 편의성과 안정성이 높다. MMDA에 대한 특별한 제한규정은 없으나 시장금리를 지급하는 대신 인출이나 결

---

14) 그간 CD유통금리는 금융회사 대출, 특히 주택담보대출이나 중기대출이 연동되는 대표적인 지표금리로 이용되어 왔으나, CD 발행량의 부족으로 단기자금의 지표금리로서의 역할을 제대로 수행하지 못하였다. 이에 2010년 2월부터 주택담보대출 등에 연동되는 지표금리로 은행의 각종 자금조달금리를 가중평균하여 산출한 COFIX(Cost of Fund Index)를 병행하여 사용하고 있다. 그리고 2012년 11월 첫째 주부터는 3개월물 조달상품 평균비용을 반영한 단기 COFIX를 개발하여 만기가 짧은 기업대출이나 가계신용대출 등의 지표금리로 이용하고 있다. 단기 COFIX는 정기예금, CD, 회전식 예금, 환매조건부채권(RP) 등 3개월물 자금조달상품 가중평균금리를 지수화한 것이다.
15) 미국의 경우 이표식 CD가 허용됨에 따라 3년내외물 CD가 많다.

제횟수를 제한하고 최저예치한도를 설정하는 것이 보통이다.

VIII. 은행인수어음

은행인수어음(BA: Bankers' Acceptance)은 특정일에 특정금액의 지급을 약속하고 발행되는 기한부 환어음을 은행이 인수한 것으로 주로 국제간의 무역결제과정에서 발생한다.

환어음이란 발행인이 지급인으로 하여금 소정의 금액을 특정일에 어음수취인에게 지급하여 줄 것을 지시하는 어음으로, 지급인이 만기에 이를 지급하지 못할 경우 어음발행인이 지급을 책임지는 이중명의어음(two name paper)이다. 은행인수어음은 은행이 어음 금액을 약정대로 지급하겠다는 의사표시이며, 따라서 은행인수어음은 인수은행의 취소불능 확정채무가 된다.

은행인수어음은 영국을 중심으로 한 유럽에서 12세기경부터 국제무역을 위한 단기금융수단으로 급속하게 발전되어 왔는데 오늘날은 이와 같은 투자수단과 함께 은행간의 유동성 조절수단으로도 이용되고 있다. 은행인수어음의 간단한 창출 예를 [그림 2-3]을 통해 설명하기로 한다.

우리나라의 수입상이 외국의 수출상으로부터 외상으로 상품을 수입하고자 할 경우 수출상에게 물품을 주문함과 함께 자기 거래은행 A에 수출상이 물품대금의 회수를 위해 A은행을 지급인으로 하는 기한부수출 환어음을 발행할 수 있도록 하는 내용의 신용장(L/C: Letter of Credit) 개설을 의뢰하며 이 신용장을 수출상의 거래은행 B를 통해 수출상에게 보낸다.

L/C를 받은 수출상은 물품을 선적한 후 상품송장(invoices), 선하증권(B/L: Bill of Lading) 등의 선적서류와 함께 A은행을 지급인, 수출상의 거래은행 B 또는 수출상 자신을 수취인으로 하는 기한부수출환어음(usance bill)을 발행하여 이를 자기 거래은행 B에 제시하며 수출상의 거래은행 B는 이를 A은행에 송부하고 A은행이 이 어음을 인수함으로써 은행인수어음이 창출되는데, 이때 인수은행은 수입상에게 인수수수료(acceptance commission)를 징수한다.

한편 경우에 따라서는 인수은행이 인수와 동시에 이 어음을 직접 할인매입함으로써 인수금융이 일어나기도 하는데, 이때 수입상은 만기일까지의 할인료를 지

그림 2-3 BA의 구조

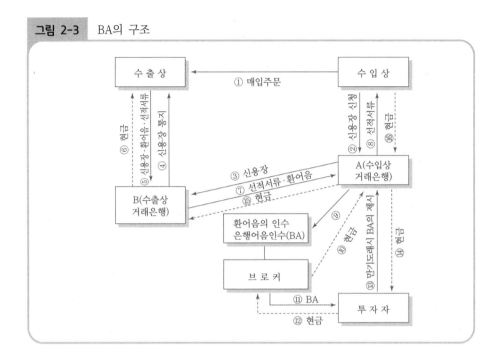

급하게 된다. 인수은행이 이 어음을 인수만 하고 매입하지 않을 경우에는 수출상이 이를 BA시장에 직접 매각함으로써 자금화할 수도 있고, 인수은행이 동 어음을 직접 할인매입한 경우 인수은행은 이를 브로커를 통해 다시 할인하여 자금을 회수할 수도 있다.

어음의 소지인은 만기일이 도래하면 BA를 A은행에 제시하여 그 대금을 지급받으며 A은행은 수입상으로부터 자금을 수취한다.

이와 같은 BA는 국제무역거래를 보다 촉진시키는 한편 통화시장의 발전에도 기여한다. 즉 수입업자는 자기자금의 부담 없이 물품을 수입할 수 있으며, 수출업자는 비록 외상으로 수출은 하였지만 BA를 수취함으로써 통화시장에 이를 매각하여 자금을 조달할 수 있다. 그리고 금융 면에서 BA는 인수은행의 신용을 바탕으로 하기 때문에 안전성이 높아 시장에서 자유로이 유통되어 금융시장의 유동성을 증대시킨다. BA의 만기는 외상거래기간에 맞추어 통상 30일부터 180일까지로 다양한데, 뉴욕시장에서는 90일물이 주축을 이루고 있다.

우리나라는 1978년 7월부터 내국수입유전스(usance)제도가 실시됨에 따라 BA제도가 도입되었는데, 이 제도에 의하면 국내수입업자가 기한부수입신용장 방식으로 수입을 할 경우 외국의 수출업자가 발행한 기한부수출환어음을 국내 외국환은행이 인수함으로써 BA가 발생한다. BA를 인수매입한 국내은행은 이 BA를 한국은행 또는 다른 외국환은행에게 매각하거나 뉴욕 등 국제금융시장에서 매각하여 자금화할 수도 있으나 아직까지는 유통시장이 잘 발달되지 못하여 대부분 인수은행이 인수어음을 어음의 만기까지 보유하는 것이 일반적이다.

IX. 환매조건부매매

환매조건부매매(repo 또는 RP: Repurchase Agreement)란 특정한 증권을 매매당사자 간에 일정기간 후 매매당시의 가격(start proceeds)에다 소정의 이자(repo interest)를 더한 가격으로 되사거나 되팔 것을 약정한 재무계약(financial contract)이다.[16] RP는 법률적으로 대상자산의 매매라는 형식을 취하나 실제로는 대상자산을 담보로 자금을 융통하는 담보부 자금대차거래라 할 수 있다. RP는 약정기간 중 담보가 특정증권으로 한정되어 있는 특정담보RP(special RP, 통상RP란 특정담보RP를 말함)와 RP계약 시 유사한 증권으로 담보풀(pool)[17]을 지정하고 약정기간 중 담보풀 내의 다른 증권으로 대체가 가능한 일반담보RP(general collateral RP)로 구분된다.

딜러가 증권을 담보로 고객으로부터 자금을 차입하기 위해 일정기간 경과 후 원매도가액에 이자 등 상당금액을 합한 가액으로 다시 살 것을 조건으로 고객에게 증권을 매도하는 거래를 조건부 매도(RP)라 하고, 딜러가 증권을 담보로 고객에게 자금을 빌려 주기 위해 일정기간 경과 후 원매수가액에 이자 등 상당금액을 합한 가액으로 다시 팔 것을 조건으로 고객으로부터 증권을 매수하는 거래를 조건부 매수(reverse RP)라 한다.[18]

우리나라의 경우 지금까지 단순한 자금차입(secured loan) 목적의 RP거래가 대

16) 전통적인 RP거래는 증권의 매도(start leg)와 환매(close leg)라는 두 거래가 하나의 계약(single agreement)으로 구성되나, 유럽형 buy/sell back은 매도와 환매가 두 개의 별개의 계약(separate agreement)으로 구성된다.
17) 일반담보풀은 통상 국공채, 신용도가 높은 회사채 등으로 설정되며 만기, 이표율 등에 따라 적정한 전환율(conversion)을 적용하여 담보대체가 이루어진다.
18) 담보의 제공이 현금의 형태를 취할 경우 증권대차(securities lending)와 유사하다. RP와 증권대차거래의 차이점은 전자는 매매거래인 데 비해 후자는 매매가 아닌 대차거래로 증권의 차용자는 대여자에게 다른 증권이나 현금을 담보로 제공하고 대여자는 거래기간 중 이자가 아닌 수수료를 받는다.

부분이었다. RP는 주로 채권이 매매거래의 대상으로 되나 채권 이외에 CP, 주식(equity RP),[19] MBS(dollar roll)[20] 등 다양한 증권이 RP의 대상이 된다.

RP는 신용위험의 헤지를 위해 담보증권의 일일정산(mark to market), 거래상대방에 대한 증거금비율 유지 등과 같은 안전장치를 도입하고 있다. RP거래금액은 산정된 담보증권의 시장평가액보다 다소 낮은 수준에서 결정되며 RP거래만료시까지 담보증권 가격이 일정폭 이상 변동하게 되면 담보증권의 추가 이전이나 환급이 이루어진다.

RP는 계약기간에 따라 만기가 하루인 overnight RP, 만기가 일정기간으로 정하여진 기한부 거래(term RP), 만기가 사전에 고정되지 않고 당사자 일방의 환매일 통지로 계약이 종료되는 개방형 거래(open RP) 등으로 분류된다. RP는 또한 담보대상 증권을 누가 보관하느냐에 따라 자금의 차입자가 보관하는 hold in custody RP, 자금의 대여자가 보관하는 delivery RP, 제3의 환매서비스기관이 보관하는 tri-party RP 등으로 분류된다.

현재 금융회사가 개인이나 일반법인을 대상으로 하는 대고객RP의 경우에는 매도증권은 금융회사가 보관, 고객에게는 통장을 교부하고 기관간의 거래의 경우에는 자금의 대여자가 보관한다.[21] 금융회사간의 거래는 다시 금융회사간에 직접 거래하는 방식(bilateral RP)과 매도자와 매수자가 RP거래를 체결한 후 동거래에 수반하는 결제, 담보증권의 평가, 일일정산, 세금처리 등 제반 관리업무는 환매서비스기관[22]에 위탁하여 처리하는 방식이 있다.

RP는 계약시 거래당사자간에 소비대차계약을 체결하지 않고 증권의 매매형식

---

19) 채권을 담보로 한 RP에 비해 현금흐름의 불확실성이 높고 따라서 RP이자율도 높은 것이 보통이다. 1990년대 초반부터 활용되기 시작하여 현재 미국, 유럽 등에서는 안정적인 시장이 구축되어 있다.

20) 담보가 MBS인 reverse RP의 특수한 형태로 미국의 경우 일반적 RP와는 달리 환매시 동일한 담보증권이 아닌 충분히 유사한(significantly identical) 담보증권을 반환하면 된다. 환매시 동일한 담보증권이 아닌 이와 유사한 담보증권을 반환하면 적시에 원하는 증권을 인도하지 못할 가능성이 감소되어 보다 용이하게 공매(short-selling)포지션을 커버할 수 있는 이점이 있다.

21) 현재 대고객RP거래는 독립적인 증권매매로서 금융투자업에 포함되나 기관간 RP매매의 경우 투자자보호의 필요성이 크지 않고 실제로 기관간 단기자금대차수단으로 활용되고 있는 점을 고려하여 금융투자업에서 제외하고 있다(「자본시장법」 시행령 제7조 ④).

22) 우리나라의 경우 예탁결제원이 RP전용 예탁자 계좌부를 설치하여 동 업무를 수행하고 있다. 미국의 경우 RP거래는 일반적으로 청산기구(CCP)를 통하여 총량으로 결제되는바 청산기구는 RP거래 익일(T+1) 오전에 거래일(T)과 반대거래(unwind)를 하고 오후에 거래일과 같은 방향으로 (unwind) 거래하는바 이 과정에서 청산기구에 의한 일중차월이 일어날 수도 있다.

을 취한다는 점에서 증권매매설과 법률적 형식보다는 경제적 실질(economic sub-stance)을 중시한다는 점에서 담보부 소비대차설이 양립한다.[23] 우리나라는 국제적인 표준인 증권매매설을 따르고 있으나 회계상으로는 경제적 실질에 따라 소비대차설에 따른 담보부차입거래로 간주하고 있다.

증권매매설을 따를 경우 RP거래 상대방의 도산 등 결제불이행 사태가 발생할때 채권회수의 불확실성 우려가 있을 수 있다. 이에 2006년 4월 「채무자 회생 및파산에 관한 법률」의 제정을 통하여 이와 같은 문제를 해소하였다.[24] 이에 따라금융기관들이 RP로 매입한 채권을 재RP매도, 채권 현·선물가격 차이를 이용한 차익거래 등으로 다양하게 이용할 수 있게 되었다.

그러나 세제 면에서는 RP 및 채권대차거래는 증권의 매매로 보지 않고 담보부자금거래로 간주하여 RP거래에 따른 채권이자소득(coupon)에 대한 세금은 채권이자를 받는 RP매각자가, 자금대차에 따른 이자소득에 대해서는 자금대차이자를받는 RP매입자가 부담한다.

RP는 만기가 장기인 채권의 유동성을 제고시킴으로써 채권시장의 발전에도기여한다. 채권도 유통시장에서 매매를 통하여 현금화할 수 있으나 자본시장이 충분히 발달되지 못한 경우에는 매매기회가 제한될 뿐만 아니라 채권가격이 유통시장에서의 이자율과 수급동향에 따라 항상 변하므로 원하는 시점에서 채권을 현금화시키기 위해서는 경우에 따라 상당한 자본손실을 감수하여야만 한다. 그러나 RP거래를 이용할 경우 자금의 수요자는 채권매각에 따른 자본손실 없이 단기간 필요한 자금을 보다 쉽게 조달할 수 있으며, 반면에 일시적으로 여유자금을 보유하고있는 투자자도 자본손실위험 없이 자금을 운용할 수 있어 이자율위험에 대한 헤지수단을 제공한다.

---

23) RP거래의 법적 성격은 거래당사자의 파산시 그 법적 지위에 중대한 영향을 미친다. 먼저 매도인의 파산시 RP거래를 증권의 매매로 볼 경우 증권의 소유권(legal title)은 매수인에 속하므로 매수인은 「파산법」에 의하지 않고 대상증권을 처분하여 매입대금 회수에 충당할 수 있으나 RP를 담보부 소비대차로 볼 경우 매수인은 증권에 대한 소유권을 갖고 있지 않고 담보권만을 가지므로 「파산법」에 의한 권리를 행사하여야 한다. 한편 매수인의 파산시 RP거래를 증권의 매매로 볼 경우 매도인은 매수인의 파산재단으로부터 대상증권의 환취권이나 별제권을 행사할 수 없는 반면, 담보부 소비대차로 볼 경우 동 권리의 행사가 가능하다.

24) 「채무자 회생 및 파산에 관한 법률」은 지급결제제도와 증권·파생상품 거래의 청산제도 참가자그리고 RP거래, 파생금융상품거래 등 적격금융거래의 거래당사자 일방에 대해 회생절차가 진행되는 경우 동 법의 규정에 불구하고 동 제도를 운영하는 자 또는 계약당사자가 정하는 바에 따라 효력이 발생하고 해제, 해지, 취소 및 부인의 대상이 되지 않도록 특칙을 두고 있다(동 법 제120조).

이와 같이 자금의 수요자 및 공급자 모두에게 주는 이점으로 인하여 RP거래
는 자금의 원활한 수급조절은 물론 금융자산간의 금리차익(interest rate arbitrage)거래
를 촉진함으로써 통화시장의 발전에 크게 기여하고 있다. 또한 RP는 선물·옵션
등과 연계된 거래를 가능케 함으로써 파생상품시장의 발전에도 기여하고 있다. 앞
으로 RP시장은 선진국과 같이 헤지거래, 차익거래, 합성거래 등 다양한 거래목적
을 통하여 통화시장의 중심축으로 성장할 것이다.

RP를 취급하는 기관으로 은행, 금융투자회사, 보험회사, 종합금융회사, 증권금
융, 우체국 및 채권을 대량으로 보유하고 있는 각종기금과 공사 등이 지정되어 있
다. 한국은행도 공개시장조작의 일환으로 정부가 발행 또는 지급보증을 한 채권과
통화안정증권을 대상으로 은행과 일부 금융투자회사 등과 RP거래를 하고 있다. 특
히 2008년 3월부터 한국은행이 발표하는 기준금리를 종래의 콜금리에서 한국은행
이 이들 금융회사와 거래하는 RP금리로 바꾸고, 거래시기도 정례화하여 매주 목요
일에 7일물 RP거래를 실시하되 지준마감일이나 콜금리가 불안정하게 움직일 때는
예외적으로 1~3일물의 단기 RP거래도 실시하고 있다.

한국은행과 금융회사간의 RP거래의 경우 종래에는 담보증권에 질권을 설정하
는 담보부자금대차 방식을 채택하였으나 2006년 4월부터 「채무자 회생 및 파산에
관한 법률」의 시행으로 채권회수의 불확실성에 관한 법적 문제가 해소됨에 따라
증권매매 방식으로 바꾸었다.

그동안 RP거래는 주로 장외에서 매도자와 매수자가 브로커를 경유하지 않고 상
대매매 형식으로 거래하여 왔으나 2002년 2월부터 거래소에 RP중개시장을 개설하였
다. 거래 방식은 복수의 시장참가자가 제시한 매수와 매도호가 중 가격우선 및 시간
우선 원칙에 따라 거래가 체결되는 경쟁매매 방식이다. 거래소에서 거래되는 RP대상
증권은 국고채, 외평채, 통안증권, 예금보험공사채권 및 우량 회사채 등이며, 거래대
상물의 표준화, 호가의 집중, 거래소의 결제이행 보증, 거래일별 일일정산제도 등의
도입으로 장외거래에 비해 거래비용의 절감과 거래의 투명성 및 안정성이 높다.

이 밖에 RP시장의 인프라를 개선하기 위해 2010년 하반기부터 증권예탁결제
원을 통한 RP거래 통합시스템을 도입하고 장외 RP온라인거래시스템을 구축하였
다. 또한 담보적격채권이 부족한 중소형 금융회사에 대해 RP거래에 필요한 채권을
제공할 수 있도록 증권금융㈜의 채권대차거래 이행보증의 범위를 확대하는 등 증
권금융㈜이 장외 RP시장의 시장조성자로서의 기능을 하도록 유도하고 있다.

X. 단기금융펀드

단기금융펀드(MMF: Money Market Fund, 이하 MMF라 한다)는 국채, CD, CP, BA 등 단기금융상품에 투자하는 펀드를 말한다. 현재 MMF는 투자대상에 따라 Clean MMF와 신종 MMF로 구분된다. 전자는 투자대상의 신용도를 엄격하게 제한하고 만기를 1년 이하로 한정한 것이고 후자는 5년 이하의 국채는 물론 투자등급(investment grade) 이상의 회사채와 CP등의 편입이 가능하다.[25] MMF는 1970년대에 미국의 증권회사들이 은행의 단기상품과 경쟁하기 위해 원칙적으로 원본이 보장되면서 높은 유동성을 갖는 현금등가물(cash equivalent)의 형태로 개발한 상품이다.[26] 우리나라는 1996년 9월, 공사채형 펀드의 수탁고 감소로 영업상 어려움을 겪고 있던 투신사의 영업력을 확충하기 위해 MMF를 도입하였다. 그러나 도입 당시의 MMF는 기존의 공사채형 펀드와 운용대상이나 운용방법이 대동소이하여 사실상

---

25) 미국의 경우 국공채형 MMF와 Prime MMF로 구분된다. 전자는 투자대상이 국공채로 한정되는 데 비해 후자는 회사채, CD, CP, RP, 정기예금 등 다양하다.

26) 미국의 MMF는 현금등가물이므로 그 순자산가치(NAV: Net Asset Value)가 안정적으로 고정적인 원본이 유지된다. 일반 채권이나 주식펀드가 매일 순자산가치가 변동하는 것과 달리 MMF는 순자산가치가 변동하지 않고 1달러의 고정된 가격으로 판매·환매된다(stabilized NAV). 이는 투자자에게 MMF가 은행 예금과 같이 손실위험이 없는 안정적인 상품이라는 인식을 주기 위해서다. 이를 위해 MMF는 투자수익과 비용을 발생주의에 의거 매일 매일 인식하고 업무종료 시점에 순수익을 순자산가치의 증감이 아닌 배당의 형태로 반영한다.

MMF는 지분증권의 가치를 1달러를 상회하도록 유지시키기 위해 순자산가치를 원칙적으로 시가가 아닌 장부가로 평가한다. MMF는 장부가로 산정한 순자산가치와 시장가격을 기준으로 산정한 순자산가치의 괴리(deviation)를 주기적으로 계산하여 동 괴리가 상하 0.5% 이상 이탈하는 경우 수탁자가 신탁자산을 시가로 상환하거나 청산하도록 하고 있다. 이 밖에도 순자산가치의 보전을 위해 펀드에 편입된 증권의 만기, 신용등급, 포트폴리오의 분산투자 비율, 표시통화, 부실자산 처리 등에 대한 제약이 있다. 특히 신용등급 하락, 부도 또는 파산된 증권은 5영업일 내에 처분하여야 하며 이 경우 통상적인 관행은 판매사가 당해 증권을 고유재산으로 매입하는 것이 보통이다.

한편, 2009년 금융위기로 MMF의 NAV가 1달러를 하회하면서 환매사태가 지속되고 대형 뮤추얼펀드의 하나인 Reserve Primary Fund가 파산·정리된 것을 계기로 2010년 SEC는 MMF의 stabilized NAV 대신 장부가격이나 공정가격평가가 허용되지 않고 시가평가(mark to market)를 해야 하는 floating NAV로 전환하는 안을 제시한 바 있다. 이는 투자자들이 MMF의 NAV가 1달러를 하회할 수 있다는 것에 익숙해짐으로써 시장충격 발생시 대량 환매현상을 완화할 수 있다는 기대에서다. 그러나 MMF업계의 강력한 반대로 이를 일단 유보하는 대신에 종래 60일간 시차를 두고 발표하던 가상좌당순자산가치(shadow NAV)의 공시를 매월 하도록 하였다. 최근에 들어 MMF의 투명성 강화를 위해 NAV의 일일공시를 스스로 시행하는 자산운용사들이 늘어나고 있다.

MMF로 보기는 어려웠다. 특히 종래의 MMF는 현금등가물로서의 성격을 유지할 수 있는 장치가 미비되어 있는 상태에서 과거가격(backward pricing)[27]에 의한 당일 환매가 허용된 데다 금리위험, 신용위험 등 각종 투자위험에 과다하게 노출됨으로써 금리상승 또는 신용사건 발생시마다 대량의 환매(redemption)가 발생하면서 수차례에 걸쳐 금융시장의 대혼란을 초래한 원인이 되었다.

외환위기 이후 대량환매 사태를 계기로 1998년 4월부터 MMF 편입증권의 잔존만기, 신용등급, 분산투자, 보유자산의 평가, 시가와 장부가의 괴리에 대한 처리 등을 바꾸었다. 즉 원칙적으로 시가평가방식으로 하되 MMF의 단기투자적 성격을 가미하여 장부가 평가를 인정하고 다만 시가가 장부가의 99.5%를 하회할 경우 시가평가를 하도록 하고 있다.

한편, 종래의 과거가격에 의한 당일 환매로 인해 초래된 혼란을 막기 위해 원칙적으로 미래가격(forward pricing)[28]에 의한 익일 환매방식으로 바꾸었다. 다만 익일 환매에 따른 개인고객의 불편을 덜어 주기 위해 주식을 매도한 대금이나 자동이체로 입금된 금액으로 MMF를 매입한다고 사전에 약정하는 경우, 주식을 사거나 공과금 등을 자동 납부하기 위해 MMF를 환매할 경우, CMA와 연계된 거래인 경우 등에 한해 예외적으로 금융투자회사가 고유계정을 통해 MMF를 매입해 주는 방식으로 당일 환매가 허용된다.

XI. 종합자산관리계좌

종합자산관리계좌(CMA: Cash Management Account, 이하 CMA라 한다)는 단기금융상

---

27) 판매가격 또는 환매가격이 판매 또는 환매청구시점 이전에 산정된 기준가격(전일 종가)을 적용하는 것으로 과거가격을 기준가격으로 적용할 경우 투자자는 편입증권의 가격(순자산가치) 상승시 펀드를 매입하게 되면 시가보다 낮은 가격으로 매입하는 결과가 되고 반대로 가격하락시 펀드를 환매하게 되면 시가보다 높은 가격으로 환매하는 결과가 되는 문제가 발생된다. 따라서 MMF의 판매 또는 환매시 기준가격으로 과거가격을 사용하게 되면 신규투자자 입장에서는 일종의 무위험 차익거래가 가능하고, 기존투자자 입장에서는 펀드손익이 이전됨으로써 펀드 투자자간 형평성을 저해하는 문제가 있다.

28) 펀드의 판매가격은 자금 등을 납입한 후 최초로 산출되는 기준가격으로 하고 환매가격은 환매청구일 이후 산출되는 기준가격으로 하는 방식을 말한다. 펀드의 판매나 환매가격을 미래가격방식으로 하면 투자자는 사전에 그 가격을 알 수 없기 때문에 무위험차익거래를 할 수 없다.

품에 결제기능을 결합하여 만든 상품이다.

종래 금융투자회사가 취급하는 CMA는 은행과 펌뱅킹(firm banking) 계약을 체결한 후 고객에게 은행의 연계계좌(결제성 예금계좌 또는 가상계좌)를 통해 급여이체, ATM을 통한 입출금, 자금이체, 카드대금 자동 납부 등 부대서비스를 제공하였다. 그러나 은행과 금융투자회사간의 전산시스템의 상이, 시스템 연계에 따른 보안, 운영시간의 차이 등에 따른 문제점과 금융투자회사가 제휴은행에 지불하는 수수료 부담 등 양측의 이해관계 상충으로 인해 원활한 운영이 이루어지지 않았다.

그러나 「자본시장법」의 시행으로 2009년 8월부터 금융투자회사가 금융결제원의 소액결제시스템에 참가할 수 있게 됨에 따라 금융투자회사는 은행의 연계계좌를 통하지 않고 고객의 계좌를 통해 직접 투자(위탁매매, 수익증권 등), 결제(카드, 지로납부, 자동이체 등), 계좌이체를 통한 송금, CD나 ATM을 통한 수시입출금 등의 서비스를 제공할 수 있게 되었다.

현재 금융투자회사가 취급하고 있는 CMA는 고객 예탁계좌의 금전을 약정에 따라 MMF나 RP 등에 자동·반복 투자하여 수익을 제공하는 서비스 약정으로, CMA계좌는 고객 예탁계좌와 별개가 아닌 동 약정이 적용되는 고객 예탁계좌를 통칭한다. 금융투자회사는 고객의 CMA계좌에서 직접 자금이체 및 결제를 하거나 신용카드회사와 제휴하여 CMA서비스가 부가된 계좌를 신용카드 결제계좌로 지정하는 CMA 신용카드를 발급하고 있다.

CMA의 고객 예탁계좌에 있는 금액은 일부는 현금성 자산으로 보유하고 나머지는 MMF나 RP 등에 투자되어 고객의 자금 이체나 결제 수요가 있을 경우 즉시 환매되어 예탁계좌에 입금되어 이에 충당된다. CMA는 예치된 자산의 운용대상, 취급기관, 위험 등에 따라 MMF형, RP형 및 종금형으로 구분된다. MMF형은 예탁된 자금을 MMF로 운용하며 MMF는 실적배당상품이기 때문에 금리변동에 따른 위험은 고객이 부담한다.

RP형은 예치된 자금을 주로 국채나 통화안정증권 등을 대상으로 하는 RP로 운용하며, 고객에게는 확정금리가 지급되고 금리변동에 따른 위험을 금융투자회사가 부담한다. 그러나 RP는 예금이 아니기 때문에 금융투자회사가 파산하는 경우 고객은 투자한 RP채권을 보유하게 되어 RP대상 채권의 등급, 금리상황 등에 따라 손실을 입거나 현금화에 곤란을 겪을 수도 있다. 따라서 RP형 CMA의 경우 결제리스크를 최소화하기 위해 RP매각시 편입채권의 등급(A등급 이상)과 편입채권의 비율

(100% 이상) 등을 규제하고 있다.

　종금형은 종합금융회사가 취급하는 상품으로 예치된 자금을 주로 CP나 단기대출로 운용하며, 예치기간에 따라 금리를 차등하여 지급한다. 종합금융회사는 운용자산이 부실화될 경우 자신의 고유자산으로 즉시 이체해야 할 의무가 있고, 일정한 조건하에서 고유자산과 운용자산의 상호 편·출입이 허용된다. 종금형은 고객에게는 약정된 이자를 지급하고, 예금보호의 대상이 되는 등의 성격에 비추어 투자신탁이라기보다는 은행의 예수금적 성격이 강하다.

XI. 단기금융신탁

　단기금융신탁(MMT: Money Market Trust)은 위탁자가 운용방법과 조건을 정할 수 있고 중도해지시 별도의 수수료가 부과되지 않아 수시 입출금이 가능한 특정금전신탁상품이다. MMT는 해지신청 당일 출금이 가능하도록 신탁재산을 예금, 콜론, RP, MMDA, CMA 등 단기금융상품으로 운용하며 개인과 기업 모두 이용이 가능하나 주로 기업의 단기자금 운용수단으로 활용된다.

　MMT는 약정금리를 제시하거나 상품 특성에서 벗어나 정기예금 등 기일물에 운용하는 것은 원칙적으로 금지된다.

표 2-1 MMT와 MMF의 특성 비교

구 분	MMT(Money Market Trust)	MMF(Money Market Fund)
법적 형태	특정금전신탁	집합투자기구
운용주체	신탁회사	자산운용회사
운용방법	단독운용(1인 1계좌, 고객 지시)	집합운용
운용규제	없음	자산 종류·만기·신용등급 제한
운용대상	예금, 콜론, RP 등	RP, CP, 발행어음, 예금 등
설정·환매	당일 입금·당일 환매	익일 입금·익일 환매

제 3 장   예금 및 지급결제시장

제 3 장

제 1 절   예금시장

Ⅰ. 예금의 의의

예금(deposits)이란 금융기관이 고객으로부터 자금을 예탁받아 보관, 관리해 주는 것으로 예금계약의 법률적 성격은 소비임치계약이다(『민법』 제702조).[1] 예금은 예금채권에 우선변제(depositor preference)가 있느냐에 따라 성격이 다르다. 예금채권 우선변제가 도입되지 않은 경우 예금은 선순위 무담보채와 동일한 순위(priority)이며 예금채권 우선변제제도가 도입된 경우 예금은 담보채보다는 열위이나 선순위 무담보채보다는 순위가 앞선다.[2]

우리나라는 예금채권 우선변제가 허용되지 않고 있다. 예금채권 우선변제를

---

1) 소비임치계약이란 임치인이 임치물의 소유권을 수취인에게 이전하고 수취인은 이를 소비하고 임치물과 동종·동질·동량의 것을 반환하기로 약정한 계약을 말한다. 반환시기는 특약이 없는 경우 임치인은 언제든지 반환을 청구할 수 있다. 이런 의미에서 예금계약은 소비임치계약이라 할 수 있다. 다만 당좌예금의 경우 예금자가 당좌예금으로 자신이 발행한 수표의 지급을 위탁하는 성격도 있으므로 소비임치계약과 위임계약이 혼합된 계약이라 할 수 있다.

2) IMF는 담보부채는 단기 RP, ABCP, 장기 커버드본드, MBS 등으로, 선순위 무담보채는 예금, 단기은행간 예금, CD, CP, 장기 은행채 등으로 그리고 마지막으로 변제되는 일반부채는 일반무담보채와 후순위채권 등으로 분류하고 있다.

법률로 규정하고 있는 국가로는 홍콩, 스위스 등과 같이 우선변제 적용대상을 예금보험대상에 국한하는 국가와 미국과 같이 우선변제대상을 모든 예금으로 확대하는 국가 등 다양한 형태가 있다.

예금은 예금의 목적에 따라 요구불예금(demand deposits)과 저축성예금(savings deposits)으로, 예금의 재원에 따라 1차예금(primary deposits)과 2차예금(secondary deposits 또는 derivative deposits) 등으로 분류할 수 있다.

요구불예금은 자금의 일시적 보관이나 결제수단으로 사용할 목적으로 예탁된 것으로 예금주의 청구가 있으면 즉시 인출이 보장된 예금이다. 동 예금에 대해서는 이자가 지급되지 않는 것이 원칙이나 최근에 들어 금융혁신과 금융기관간의 심한 수신경쟁에 따라 요구불예금에 대해서도 명시적(explicit) 또는 묵시적(implicit)으로 이자를 지급하는 추세가 늘어나고 있다.

저축성예금은 저축 또는 이자수익을 목적으로 예탁된 자금으로 예금이자가 높은 대신 예금자의 예금인출에 기간상의 제약이 있는 예금이다. 예컨대 통지예금(passbook account) 인출의 경우 예금자는 일정기간 이전에 미리 인출예정의사를 은행에 통지하여야 하고, 정기예금(time deposit)의 경우 만기(maturity) 이전에는 예금의 인출이 안 되는 것이 원칙이다.

그러나 금융혁신에 따른 예금간의 용이한 이체 허용으로 이러한 제약이 사실상 없어지는 것이 세계적인 추세이다. 즉 통지예금의 경우 예금자가 필요한 경우 언제든지 요구불예금으로 자동이체되는 ATS(Automatic Transfer System)가 일반화되고 있고, 정기예금의 경우 예금자가 금리상의 불이익을 감수하면 언제든지 해약이나 타 예금으로의 이체가 가능하다. 따라서 요구불예금과 저축성예금으로 대별한 전통적인 예금분류방식은 최근에 들어 그 의미가 점차 퇴색해 가고 있다.

1차예금은 예금자의 여유자금으로 예탁된 것을 말하고 2차예금은 고객이 은행으로부터 대출로 받은 자금이나 은행이 고객의 증권을 인수한 자금으로 조성된 예금을 말한다.

2015년 10월부터 은행간 계좌이동서비스(account switch service)가 실시되고 있다. 동 서비스는 은행들이 Payinfo를 통하여 개인 수시입출금식 예금계좌에서 자동납부와 자동송금이 가능하도록 하는 서비스이다. 자동납부는 요금청구기관이 물품이나 서비스 제공 계약에 따라 발생한 이용요금을 고객이 지정한 계좌에서 출금하는 서비스로 보험료, 전화요금 등이 그 예이다. 자동송금은 고객이 스스로의 필요에 따라 직접 설정한 이체조건에 따라 정기적으로 출금하는 서비스로 적금, 회비, 월세 등이 그 예이다. 이 밖에 리다이렉션(Redirection), 기존계좌 해지, 잔고 이전 등의 서비스도 제공 등도 가능하다. 리다이렉션이란 요금청구기관이 오류로 기존 계좌에 출금 요청시 요금청구기관으로 변경내역을 통보하는 것을 말한다. 앞으로 동 서비스의 수준을 더욱 높이고 현재 은행권에만 실시하고 있는 동 서비스의 참여금융회사 범위를 단계적으로 확대할 예정이다.

II. 예금의 종류

1. 요구불예금

1) 당좌예금

당좌예금(checking account)은 예금자가 개인수표(personal check), 기업수표(cash letters) 등 수표에 의해 인출하는 예금으로 원칙적으로 이자가 지급되지 않는다. 종래 수표에 의한 지급결제시스템은 교환소를 통한 은행간 실물수표의 교환과정을 거쳐야 하기 때문에 당일결제가 불가능하였으나 최근에 들어 실물수표의 교환 대신 종이수표의 전자이미지 파일을 교환하는 방식으로 지급결제의 전자화가 이루어져 당일결제를 통한 결제리스크와 결제비용의 절감이 가능하게 되었다.

2) 기타 요구불예금

기타 요구불예금으로 보통예금(passbook deposits)과 별단예금(temporary deposits), 공공예금 등을 들 수 있다. 보통예금은 거래대상, 예치금액, 예치기간, 입출금 횟수 등에 아무런 제한이 없는 예금으로 형식적인 수준의 낮은 이자가 지급되고 있다.

별단예금은 환, 자기앞수표 발행대전, 자금의 일시적 보관 등 아직 결제가 되지 않았거나 보관 등의 일시적인 이유로 보유하게 되는 예금으로 후일 다른 계정으로 대치되거나 지급될 과도적인 예금이다.

공공예금은 은행이 지방자치단체 등과 같은 공공기관과의 금고업무 취급계약에 의해 각종 공과금의 수납대행에 따라 보유하는 예금이다.

2. 저축성예금

1) 정기예금

정기예금(time deposits)은 예금자가 이자수익을 목적으로 일정기간의 예치를 약정한 예금으로 이자율이 상대적으로 높은 예금이다.[3] 따라서 예금자가 약정기간 이전에 해약할 경우 당초의 약정이자율보다 현저하게 낮은 중도해지이율이 적용된다.

우리나라의 정기예금은 일반정기예금 이외에 예금자가 특정목적을 위해 예입하는 목적부정기예금이 있다. 목적부정기예금은 순수한 이자수익 이외에 특정한 혜택이 주어지며, 따라서 예금자는 예금목적을 중도에 변경시킬 수 없다. 주택청약예금 등이 그 예이다. 주택청약예금은 주택청약시 우선권이 주어지는 예금이다.

2) 정기적금

정기적금(installment deposits)은 계약금액과 계약기간을 정하여 예금자가 일정금액을 정기적으로 예입하면 은행이 만기일에 계약금액을 지급하는 방식의 저축성예금이다. 정기적금도 보통 계약금의 일정률 이상을 납입하면 계약금액 범위 내에서 대출(적금대출)이 보장되는 등 예금자에게 옵션이 주어지는 경우가 많다.

3) 상호부금

상호부금(mutual installment deposits)은 일정한 기간을 정하여 부금을 납입하면 만기 또는 만기 이전에 금융기관이 소정의 금액을 급부할 것을 약정한 예금으로 정기적금과 유사하나 대출성격의 급부금이 당초부터 약정되어 있다는 점에서 정기적금과 다르다.

상호부금은 종래 민간의 사금융제도의 하나로서 유행하였던 계를 기업화한 무진계가 변천된 제도로 은행의 계정과목에서는 예금으로 분류되지 않으나 사실상 예금이므로 통화지표 분류상에는 저축성예금으로 분류한다.

이 밖에 저축성예금으로 양도성예금증서(CD)와 외화예금 등이 있는데, 외화예금은 거주자 및 국내의 비거주자가 취득한 외화나 외화채권을 금융기관에 예치한 것을 말한다.

---

3) 최근 일부 선진국에서는 정기예금의 만기 결정권을 은행이 보유하는 대신에 예금자에게 상대적으로 높은 금리를 보장하는 정기예금이 등장하고 있다. 동 예금은 금리가 낮은 시기에는 예금자에게 유리하나 금리가 상승하는 시기에는 중도해약이 불가능하여 예금을 다른 수익성 높은 자산으로 운용할 수 있는 기회를 상실하게 되는 불이익이 있다.

3. 신종예금상품

금융산업에 대한 규제완화와 기술혁신이 유발한 금융혁신은 기존 금융시장을 확대·심화시키고 있을 뿐 아니라 새로운 금융상품과 금융경로를 창출하고 있다. 먼저 금융산업에 대한 규제완화는 종래 은행과 비은행 또는 금융기관과 비금융기관을 구분했던 장벽을 낮추어 서로가 유사한 상품을 개발하게 하였다. 예컨대 은행의 증권관련 상품 취급과 비은행기관의 결제기능을 첨가한 상품의 취급 등이 그 예이다.

한편 컴퓨터와 정보·통신기술의 비약적인 발전으로 금융상품 전달수단의 자동화 및 동시화가 가능해짐으로써 보완적인 관계에 있는 금융상품들을 보다 저렴한 비용으로 결합한 종합상품(joint product)들이 개발되고 있다.

최근 우리나라 은행들의 종합통장은 예금, 대출 및 기타 서비스 거래를 하나의 통장에서 이루어지게 하고 있는데, 이는 종합상품의 전형적인 예라고 하겠다.

이 밖에도 주가지수나 환율변동에 연계된 상품, 선물과 옵션의 성격이 가미된 상품 등이 예금금융기관에 의해 취급되고 있으며, 비은행금융기관들도 예금금융기관이나 여타 금융기관들의 전통적인 상품을 취급하는 등 은행과 비은행금융기관들이 상대방의 영역에 상호 진출하여 서로 유사한 상품들을 개발하고 있는 것이 작금의 추세이다.

증권회사의 CMA, 은행의 MMDA와 Sweep Account, 보험회사의 변액보험(variable life insurance) 등이 그 예들이다.

Sweep Account는 은행의 예금구좌와 투자신탁계정을 자동연결시킨 것으로 예금잔액이 미리 정해진 최저수준을 초과하는 경우 그 초과분은 투자신탁계정으로 이체하고 반대로 예금잔액이 최저수준에 미달하면 그 미달분만큼 투자신탁계정의 상품이 해약되어 예금계정으로 이체된다. 변액보험은 보험료 중 보장부분과 저축부분이 구분계리되는 보험과 신탁이 연계된 상품이다.

Ⅲ. 수표신용

수표신용(check-credit plans)이란 당좌예금계정과 신용한도를 연결한 제도로 예금과 대출을 결합한 상품이라 할 수 있다. 수표신용제도는 두 가지 종류가 있다. 그 하나는 일반당좌예금계정을 그대로 사용하는 것과 다른 하나는 별단수표(special check)와 별단예금계정(special checking account)을 사용하는 것이다.

일반당좌예금계정을 사용하는 방법은 일반당좌예금계정을 가진 고객에게 신용한도(line of credit)를 미리 설정하여 두고 수표가 당좌예금 잔고를 초과하여 발행되더라도 이 한도까지는 결제가 되게 하는 제도이다. 이때 예금잔고를 초과한 금액은 자동적으로 당좌대출(overdraft)이 된다. 당좌대출금 상환은 회전대출방식(revolving basis)에 의하거나 단순히 당좌예금계정에 입금함으로써 이루어진다.

은행에 따라서는 은행이 수표발행인에 대한 당좌대출을 보증하는 표시로 보증카드(guarantee card)를 발행하는 경우도 있다. 보증카드는 원칙적으로 신용의 공여 없이 예금의 인출 및 이체에만 이용되는 직불카드로서 신용공여시 수표신용(check credit)이 된다.

별단수표와 별단예금계정을 사용한 수표신용제도는 신용한도와 연결되지 않은 일반당좌수표와 구분함으로써 은행의 업무취급상의 편의를 도모하자는 것이 그 주요 목적이며 실질적인 내용은 일반당좌수표에 의한 수표신용제도와 별 차이가 없다.

수표신용제도는 신용카드제도에 비해 도입비용(setup cost)이 적고 취급절차가 간편하며 소비자에게 부과되는 금융비용도 적다. 그러나 이와 같은 수표신용제도의 이점에도 불구하고 소비자대출에서 차지하는 비중이 신용카드보다 적은 것은 소비자의 이용상의 편의라는 점에서 신용카드보다 크게 뒤떨어지기 때문이다.

제 2 절　지급결제시장

금융기관은 화폐나 수표 등을 공급함으로써 거래를 구체적으로 실행시키는 지급결제수단(means of payment & settlement)을 제공한다. 일반적으로 지급(payment)은 경제주체 상호간에 채권·채무관계의 해소를 위하여 지급수단을 제시하는 행위를, 그리고 결제(settlement)는 비현금지급수단의 이용에 따른 지급인과 수취인 간의 자금이체 과정을 의미하나 최근 지급수단 및 결제수단의 전자화 등으로 인해 지급과 결제를 엄격하게 구분하기가 어렵게 되어 이를 포함하여 지급결제라는 용어를 사용한다.

시장경제체제하에서 모든 거래는 반드시 일반적으로 인정되고 있는 지급수단에 의한 대가의 지급을 수반한다. 지급수단의 종류는 화폐, 수표, 어음, 카드, 계좌이체, 전자화폐 등 다양하다.

화폐(legal tender)는 법에 의해 강제통용력이 부여된 중앙은행의 부채로 화폐에 의한 결제는 그 자체가 최종결제로서 별도의 결제과정이 필요치 않다. 화폐 이외의 지급수단은 통상 예금통화의 이전을 전제로 하는 것으로 이에 의한 결제의 경우 당사자간의 대차관계는 일단 청산되나, 거래 쌍방의 은행계좌간 예금의 이전이라는 2차 결제과정이 뒤따른다. 이 결과 은행간 대차관계가 새로 발생하며 이를 청산하기 위한 은행간 결제과정이 다시 필요하게 되고, 이는 다시 은행들이 중앙은행에 보유하고 있는 당좌예금의 계좌간 이체에 의해 최종적으로 종결된다.

지급결제수단은 크게 현금방식과 비현금방식으로 구분된다. 현금방식은 법화 또는 이와 동일한 가치와 통용력을 지니는 실물의 이전으로 결제의 종료성(settlement finality)이 확보되는 방식이다. 비현금방식은 법화 또는 실물의 이전 대신에 금융기관의 계좌에 이에 상응하는 화폐가치를 저장하고, 동 계좌에 대한 인출권을 이전하거나 화폐적 가치를 내장하고 있는 전자적 매체에서 직접적으로 가치를 이전하는 방식으로 전자의 경우 수표, 어음, 신용카드, 계좌이체 등이, 그리고 후자의 경우 전자화폐 등이 이에 해당된다.

비현금방식은 과거에는 주로 수표, 어음 등과 같이 서면형식으로 발행되는 장표방식이 대종을 이루었으나, 전자·통신기술이 금융기법에 접목되면서 금융기관 계좌에 대한 인출권이 지급지시, 전기신호 등 전자형식으로 발행되는 비장표·전자방식이 1980년대 이후 급속히 확산되고 있다. 전자방식의 지급결제 수단은 크게 액세스(access)형과 전자화폐 방식으로 나눌 수 있고, 액세스형은 다시 전자자금이체(electronic funds transfer)형, 신용카드형 및 전자수표(어음)형으로 구분된다.

전자자금 이체는 전자적 지시로 지급인의 계좌에 있는 돈을 수취인의 계좌로 이전시키는 것으로 그 유형으로는 CD, ATM, POS, 홈/펌뱅킹, 인터넷뱅킹, 이 밖에 휴대전화나 모바일뱅킹(mobile banking)형태 등이 있다.

신용카드형은 인터넷을 통해 신용카드 정보를 판매자에게 전달하여 결제하는 방식이고, 전자수표(electronic check)형은 수표에 관한 정보를 네트워크를 통해 송신하여 전달하는 방식으로 최근에 들어 이미지 포착(imaging-capture) 기술의 발전, 디지털자료 저장비용의 획기적 감소, 인터넷 사용의 증가 등에 따라 그 이용이 증가하고 있다.

전자화폐(electronic money)[4] 방식은 금융기관에 개설된 계좌를 통하지 않고 전기적 신호(photon) 형태로 저장된 가치(stored value)의 이전을 통해 결제를 수행하는 방식으로 IC카드형과 네트워크형이 있다. IC카드형은 기존의 플라스틱 카드에 집적회로(IC)를 내장하여 화폐적 가치를 저장한 것으로 스마트 카드(smart card), 전자지갑(E-Purse) 등으로 불리기도 한다. 네트워크(network)형은 정보통신망과 연결된 PC 등의 매체에서 디지털신호로 화폐가치를 저장하였다가 인터넷 등 네트워크를 통해 지급결제에 사용하는 것으로 디지털화폐(cryptocurrency),[5] E-Cash, Cyber Coin 등으로 불리기도 한다. 통상 전자화폐란 네트워크형을 말한다.

전자화폐는 지급시 사용할 수 있도록 화폐가치를 전자적 장치에 저장한 것으로 동 방식은 IC카드 또는 네트워크 등의 전자적 매체에 내장하고 있는 화폐적 가치를 사용한다는 점에서 은행의 결제계좌를 통한 자금이체방식인 신용·직불카드와 차이가 있으며, 가치의 재충전이 가능하고 범용성(inter-operability)을 갖는다는 점에서 전자상품권과 차이가 있다.

---

4) 「전자금융거래법」은 전자화폐를 '이전 가능한 금전적 가치가 전자적 방법으로 저장되어 발행된 증표 또는 그 증표에 관한 정보로서, 다음의 요건을 모두 갖춘 것으로 정의하고 있다(제2조 제 15호).
  ① 2개 이상의 광역자치단체 및 500개 이상의 가맹점에서 이용될 것
  ② 발행인 외의 제3자로부터 재화 또는 용역을 구입하고 그 대가를 지급하는 데 사용될 것
  ③ 구입할 수 있는 재화 또는 용역의 범위가 5개 이상으로서 대통령령이 정하는 업종 수 이상 일 것
  ④ 현금 또는 예금과 동일한 가치로 교환되어 발행될 것
  ⑤ 발행자에 의하여 현금 또는 예금으로 교환이 보장될 것

5) 2008년 글로벌 금융위기를 계기로 cryptocurrency, 특히 bitcoin의 사용에 대한 관심이 커지고 있다. bitcoin이란 디지털 단위인 bit와 coin을 합성한 cyber money로 온라인에 기반한 지급수단이다. bitcoin은 파일공유시스템과 유사하게 P2P 네트워크 내에서 시스템에 내재된 일정한 알고리듬에 따라 새로운 bitcoin이 발행된다. bitcoin은 소수점 8단위까지 분할하여 사용할 수 있으며 신규 발행 가능액이 제한되어 있어 중앙은행의 통화증발에 따른 통화가치 하락을 원천적으로 차단할 수 있다. bitcoin은 또한 금융기관을 거치지 않고도 개인간에 직접 자금거래와 이전이 가능하고 개인의 자금은 컴퓨터나 휴대전화·앱 등에 설치된 전자지갑에 보관해 자신이 직접 관리하기 때문에 개인의 신상을 노출하지 않고도 자금거래가 가능하여 익명성을 보장할 수 있다. 그러나 이러한 이점 때문에 약점도 있다. 거래의 익명성으로 인해 bitcoin이 불법거래와 탈세 등에 악용될 소지가 그것이다. 자세한 내용은 19장에서 다룬다.

전자화폐는 네트워크를 통한 지급결제가 가능하여 시간적·공간적 제약을 해소할 수 있으며, 발행비용과 이체비용이 거의 들지 않는다. 전자화폐는, 특히 신용카드를 이용하기 어려운 인터넷상의 소액결제에 유용성이 크다. 그러나 상대적으로 익명성(anonymity)이 높아 돈세탁이나 탈세 등의 범죄에 악용될 가능성이 크고, 필요한 안전장치가 완벽하지 못할 경우 위·변조나 무단복제 또는 해킹의 우려가 있다. 전자화폐는 또한 군소발행자의 난립으로 지불보장이 원활히 이루어지지 않을 경우, 그 신뢰성이 크게 위협받을 수가 있다.

한편 전자화폐가 국제적인 호환성을 가지게 될 경우, 중앙은행의 통제력약화에 따른 통화관리 애로 및 환율의 불안정성을 초래할 수도 있다. 이에 따라 독일, 프랑스 등 대부분의 유럽국가의 경우 변칙적 금융거래 및 소비자피해 등의 문제를 방지하고, 지급결제 시스템의 안정성과 통화관리의 효율성을 도모하기 위해 전자화폐의 발행자를 은행으로 제한하고, 발행자에 대한 엄격한 건전성 규제·감독을 시행하고 있다. 그러나 미국, 영국, 일본 등은 관련산업의 기술혁신을 유도하기 위해 안정성 또는 건전성 감독에 대한 별도의 규제는 하지 않고 있다.[6]

종래에는 은행이 지급 및 결제수단을 독점적으로 제공하였으나, 최근 금융의 전자화와 지급결제서비스 과정의 기술적 분화(technical segmentation)로 상호저축은행, 신용협동조합, 새마을금고, 우체국, 금융투자회사 등 비은행금융회사와 소프트웨어회사, 원격통신회사, 제조회사 등 비금융회사들의 결제업무 참가가 증가하고 있다.[7]

상호저축은행, 신협 및 새마을금고 등 비은행금융회사들의 경우 중앙회(연합회)가 주축이 되어 통합금융정보시스템을 구축하고, 전국에 소재한 회원기관들을 온라인으로 연결하여 회원사간 자금이체서비스를 제공하고 소속회원의 결제자금 부족 시 유동성을 제공한다. 이들은 또한 금융결제원의 은행공동망에 특별회원으로 참가하여 은행의 창구나 CD/ATM 등을 이용하여 자금입출금, 은행으로의 자금이

---

6) 미국은 전자금융 거래와 관련된 소비자보호를 위한 「전자자금이체법」과 금융회사의 고객정보 보호를 규정한 「금융개혁법」 등의 법규체제를 갖추고 있다. 일본은 전자자금 이체에 대한 별도의 입법 없이 「민·상법」 등 일반사법과 「은행법」 등 금융관계법을 포괄적용하는 한편, 소비자와 금융회사의 권리·의무 등 세부사항은 은행연합회의 표준약관으로 규율하고 있다. 영국은 전자자금 이체에 관한 별도의 입법 없이 「소비자신용법」 및 각 지급결제시스템 운영규정에 의해 소비자와 금융회사의 권리·의무 관계 등을 규정하고 있다.

7) EU의 경우 2010년까지 단일유로결제시스템을 구축하고 모바일업체 및 일반 소매기업도 결제업무 참여를 허용하였다.

체, 공과금의 자동납부 등 소액결제서비스를 제공하고 카드사와 제휴하여 신용카드를 발급하고 있다.

다만 결제리스크[8])를 방지하기 위해 은행공동망의 차액결제와 국고금의 결제는 결제대행은행을 통해 수행하는바, 이를 위해 중앙회(연합회)는 결제대행은행에 당좌계좌를 개설하여 해당기관의 차액결제자금 및 국고금 수납자금을 입금한다. 중앙회(연합회)는 또한 거액결제를 위해 한국은행에 당좌계좌를 개설하고 한은금융망에 가입하고 있다.

한편, 「자본시장법」의 시행으로 2009년 8월부터 금융투자회사(투자매매·중개업자)도 이와 같은 방식으로 금융결제원의 소액지급결제시스템(지로, CD, 타행환, 전자금융, CMS)에 직접 참가하여 증권계좌를 통한 결제·송금·수시입출금 등 부가서비스 제공이 가능하게 되었다. 금융회사간의 결제는 금융투자회사가 예치한 예탁결제원의 예탁금을 담보로 이루어지며 당일 자금이체에 의한 차액결제는 익일 정산하여 대행은행 계좌를 통해 이루어진다.[9])

한편, 소액지급결제시스템에 가입한 금융투자회사는 금융통화위원회의 결제리스크 관리제도에 따른 순채무한도제와 사전담보제가 적용되게 하여[10]) 개별 회사의 부실이 결제시스템 위험으로 전이되는 것을 방지하고 있다.

한편 비금융회사들의 경우 비금융회사들이 자체적으로 보유하고 있는 네트워크를 서로 연결하여 공동으로 결제시스템을 구축하고 은행의 계좌를 통하지 않고 결제서비스를 제공하고 있는바, 은행의 결제서비스에 비해 수수료가 낮고 결제에 관한 정보의 질적 수준 및 부가가치 그리고 편리성 등의 면에서 은행보다 우수한 경우도 많다.

현재 비금융회사들이 제공하는 지급결제 서비스는 주로 소액결제로 전자화폐와 모바일결제 서비스 등이 있다. 모바일결제는 휴대전화를 전자결제서비스 전달 매체로 사용하는 방식과 휴대전화기에 IC카드형 신용카드나 전자화폐를 판독할 수 있는 리더기를 부착하거나, 칩 자체를 내장하여 휴대전화기를 신용카드나 전자화폐의 단말기로 사용하는 방식 등이 있다.

---

8) 지급지시는 당일 이루어지나 차액정산은 다음날 이루어져 파산, 일시적인 유동성 부족 등 다양한 사유로 지급결제 참가기관이 차액을 정산하지 못할 리스크를 말한다.

9) 2012년 2월부터는 장내주식시장의 결제은행을 시중은행에서 한국은행으로 바꾸었다.

10) 금융투자회사별 한도 내의 금액(순채무한도)에서만 자금이체가 허용되고, 동 한도의 100%에 해당하는 현금 등을 담보로 예치하여야 한다.

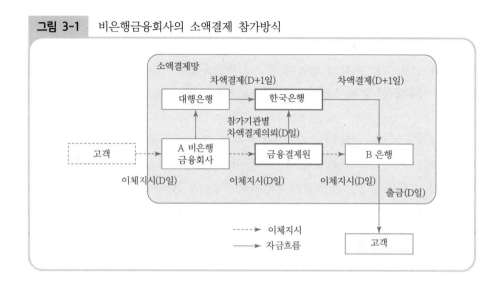

그림 3-1   비은행금융회사의 소액결제 참가방식

앞으로 사물인터넷(IoT: Internet of Things)[11] 등을 통한 비금융회사의 결제업무를 비롯한 금융업무의 참가가 더욱 확대될 것이다.

우리나라는 종래에는 전자금융거래에 관한 별도의 법률 없이 「민·상법」 등 일반 사법과 「은행법」 등 금융관계법을 포괄적으로 적용하는 한편, 소비자와 금융회사의 권리·의무 등 세부사항은 개별 금융기관의 약관과 감독당국의 감독규정에 의해 규율하여 왔었다. 그러나 인터넷뱅킹 등 전자금융거래가 확산되고 전자화폐 등 새로운 전자지급수단이 출현함에 따라 전자금융거래의 특성을 반영하여 거래당사자의 권리·의무 등 법률관계를 명확히 하고 전자금융업무를 영위하는 자에 대한 허가·등록 및 감독에 관한 사항을 체계적으로 정비함으로써 전자금융거래의 안전성과 신뢰성을 확보하기 위해 2006년 4월 「전자금융거래법」을 제정하여 2007년 1월부터 시행하고 있다.

동 법의 주요 내용을 보면 전자지급거래의 효력발생시기, 오류[12]의 정정절차 등 전자금융거래 법률관계를 명확히 하여 전자자금이체 등 전자지급거래 유형별로 지급의 효력이 발생하는 시점을 구체화하였다. 그리고 전자금융사고시 이용자와

---

11) 정보통신기술을 기반으로 주위의 사물을 유·무선 네트워크로 연결하여 사람과 사물, 사물과 사물 간에 정보를 교류하고 상호 소통하는 지능형 인프라 및 서비스 기술을 말한다. 예컨대, 결제기능이 탑재된 단말기를 통해 물품이나 서비스 대금을 결제하는 것을 예로 들 수 있다.

12) 「전자금융거래법」은 오류를 '이용자의 고의 또는 과실 없이 전자금융거래가 전자금융거래계약 또는 이용자의 거래지시에 따라 이행되지 아니한 경우'라고 정의하고 있다(제2조 제18호).

전자금융업자의 책임부담원칙을 명확히 하여 이용자가 개인인 경우 전자금융업자가 부담하는 책임은 원칙적으로 무과실책임주의(partial strict liability rule)가 적용되고 이용자가 일정 규모 이상의 법인인 경우 전자금융업자가 충분한 주의의무를 다하지 않은 경우에 한해 책임을 지는 기여과실책임주의(contributory negligence rule)가 적용된다.

구체적으로 접근매체[13]의 위·변조나 해킹·추심이체 등으로 발생한 사고, 계약체결 또는 거래지시의 전자적 전송이나 처리과정에서 발생한 사고로 인하여 이용자에게 손해가 발생한 경우에는 금융기관 또는 전자금융업자가 손해배상책임을 지도록 하되, 사고발생에 있어서 이용자의 고의나 중대한 과실이 있는 경우로서 일정한 약정을 체결한 경우 등에는 그 책임의 전부 또는 일부를 이용자가 부담하게 할 수 있도록 하고 있다. 그러나 이용자가 일정 규모 이상의 법인인 경우에는 전자금융사업자가 보안 절차의 준수 등 충분한 주의의무를 다한 경우에는 면책될 수 있다.

반면, 이용자가 접근매체를 분실하거나 도난당하여 무권한거래로 손해가 발생한 경우에는 이용자에게 과실이 있는 경우가 보통이므로 이용자가 책임을 져야 하는 것이 원칙이다. 이용자는 접근매체의 분실·도난의 통지를 하기 전에는 제3자가 접근매체를 사용함으로 인하여 발생한 손실을 부담한다. 다만, 당사자 사이의 약정에 의하여 일정한 기간 이내의 범위에서 일정한 금액을 한도로 하여서만 이용자에게 책임을 지우는 것은 가능하다. 이용자가 접근매체의 분실이나 도난 등의 통지를 한 때에는 전자금융사업자는 그 때부터 제3자가 접근매체를 사용함으로 인하여 이용자에게 발생한 손해를 배상할 책임을 진다.

한편, 전자금융업에 대한 진입규제를 완화하여 은행과 금융투자회사 등 대통령령이 정하는 금융기관의 경우 별도의 허가 없이 영위할 수 있게 하고 정보통신회사 등 비금융회사의 경우 전자화폐의 발행 및 관리업무에 한해 금융위원회의 허가를 받도록 하고 전자자금이체업무, 직불전자지급수단의 발행 및 관리, 선불전자지급수단의 발행 및 관리, 전자지급결제대행에 관한 업무, 그 밖에 대통령령이 정하는 전자금융업무에 대해서는 금융위원회에 등록하도록 하였다.

13) 접근매체라 함은 전자금융거래에 있어서 거래지시를 하거나 이용자 및 거래내용의 진실성과 정확성을 확보하기 위하여 사용되는 수단 또는 정보를 말한다. 접근매체의 종류로는 전자식 카드 및 이에 준하는 전자적 정보, 전자서명생성정보 및 인증서, 전자금융사업자에 등록된 이용자번호 그리고 이용자의 생체정보가 있다.

진입규제 완화에 따른 전자금융사고의 증가를 예방하기 위해 전자금융업자에 대한 건전성 감독을 강화하여 금융감독원장은 필요한 때에는 전자금융업자에 대해 업무 및 재무상태에 대한 보고를 요구할 수 있다.

그러나 우리나라는 아직 지급결제에 대한 법률적인 정의도 없고 국제결제은 행이 권고하는 핵심준칙14)도 충분히 반영하지 못하고 있는 등 지급결제시스템 및 감독체제가 제대로 갖추어지지 않았다는 지적이 많다. 이에 최근의 글로벌 금융위기를 계기로 미국, 영국을 비롯한 각국의 보다 강화된 지급결제감독제도를 참고하여 독립된 「지급결제법」을 제정하자는 주장이 제기되고 있다.

---

14) 결제시스템의 위험관리와 결제효율성을 제고하기 위한 기준으로 참가자의 적격성, 즉시결제성, 결제수단의 적정성 등 10개로 구성되어 있다.

제 4 장　　　　대출시장

제 1 절　대출의 의의와 종류

　　대출(loan)은 원리금의 상환을 전제로 자금을 빌려 주는 것으로 법적 성격은 소비대차계약이다(「민법」 제598조).[1] 대출은 그 형식에 따라 어음대출, 어음할인, 당좌대출 및 증서대출 등으로 구분된다.

　　어음대출은 금융기관이 차입자가 금융기관을 수취인으로 하여 발행하는 약속어음을 받고 자금을 빌려 주는 방식이다. 어음할인은 상거래에 수반하여 차입자가 취득한 어음을 금융기관이 만기일까지의 이자를 선취하고 매입함으로써 자금을 제공하는 형식을 말한다.

　　당좌대출은 당좌계정 거래자와 은행의 약정에 의거 은행이 일정금액 범위 내에서 당좌예금잔액을 초과하여 발행된 당좌수표를 결제해 주는 형식으로 자금을 제공하는 방식이다. 증서대출은 은행이 차입자로부터 차용금증서 또는 대출거래약

---

1) 소비대차계약은 대주가 금전 기타 대체물의 소유권을 차주에게 이전할 것을 약정하고 차주는 이를 소비하고 그와 동종·동질·동량의 것을 반환하기로 약정한 계약을 말한다. 차주가 빌린 물건 자체를 반환하지 않고 동종·동질·동량의 다른 물건을 반환한다는 의미에서 빌린 물건 자체를 반환하고 차임을 지급하는 임대차나 차임을 지급하지 않는 사용대차계약과 다르고 차주의 이익을 위해 목적물을 이용한다는 점에서 임치인의 이익을 위해 임치물을 보관하는 소비임치계약과 다르다.

정서를 징수하고 자금을 빌려 주는 방식이다.

이 밖에 대출은 대출자금의 사용목적에 따라 기업대출, 소비자대출, 증권관계 대출 및 은행간대출 등으로, 대출금의 사용기간에 따라 장기대출과 단기대출, 대출 금의 상환방법에 따라 분할상환대출과 일시상환대출 및 대출한도거래, 담보 여부 에 따라 담보대출과 신용대출, 대출계약의 이행시기에 따라 현물대출(spot lending) 과 선물대출(forward lending) 등 여러 가지로 분류가 가능하다.

이하에서 대출자금의 용도와 대출방식을 중심으로 주요한 것을 소개하기로 한다.

제 2 절 기업대출

Ⅰ. 유통금융

유통금융은 자금의 용도가 주로 재화의 생산·유통이나 기업의 운전자금 (working capital)을 지원하기 위한 금융으로 그 기원은 1930년대 이전의 상업대출이 론(commercial loan or productive credit theory)에서 찾을 수 있다.

이 이론의 핵심은 은행의 대출은 제조업자 또는 판매업자가 그들의 제품 또는 상품을 판매하여 동 판매대금으로 대출금을 상환(self liquidation)할 수 있도록 한 회 전기간 동안 필요한 생산 및 구입자금을 지원하는 것이 바람직하다는 것이다. 이 는 당시 은행예금이 주로 단기예금이었으므로 자산과 부채의 기간을 일치(maturity match)시킴으로써 예금의 인출이나 예기치 않은 자금수요에 대비하기 위해 적절한 환금성의 확보가 필수적이었던 데서 연유한다.[2]

유통금융은 재화의 원활한 생산과 유통을 위해 제공되는 대출로 중간재를 대 상으로 하는 생산자대출과 재판매업자에게 제공되는 판매신용을 포괄한다. 유통금

---

2) 대출기간은 원칙적으로 대출자금을 이용함으로써 얻을 수 있는 효용의 기간과 만기가 서로 일치 해야 한다(matching principle). 따라서 설비투자 등 장기자금은 장기대출로 그리고 기업의 단기 판매신용이나 운영자금 등과 개인의 생활자금 등의 소비자대출 등은 단기대출로 충당되어야 한 다. 일반적으로 기간별 대출의 구분은 1년을 기준으로 1년 이내에 만기가 도래하는 대출을 단기 대출이라고 하고, 1년 이상의 만기를 가지는 대출은 중장기대출로 분류한다.

융은 다음과 같은 경제적 기능을 갖고 있다.

① 중간재에 대한 기업간 거래를 원활하게 함으로써 생산의 우회도를 증대시키고 기업간, 특히 대기업과 중소기업간의 수직적 계열화를 촉진함으로써 중소기업의 안정적 성장에 기여한다.

② 재화의 유통과정에서 발생하는 판매대금을 대상으로 통상 1회전기간 동안 제공된다는 점에서 금융의 자동상환성이 확보된다.

③ 실물거래를 바탕으로 한 비인플레이션적 신용이라는 특성을 가지고 있다.

④ 대부분 물대를 대상으로 일어나므로 자금의 용도가 분명하여 자금의 유용(fungibility)을 억제함으로써 자금흐름의 개선을 도모할 수 있다.

⑤ 재판매업자에 대해 유통시설 및 운영자금을 제공하여 유통구조를 개선함으로써 운용비용의 절감과 소비자에게 보다 저렴한 가격으로 재화를 제공할 수 있다.

현재 금융기관에 의해 제공되는 유통금융은 상업어음할인, 무역금융, 매출채권담보금융, 팩토링 등이 있다.

1. 상업어음할인

어음할인이란 만기가 도래하지 않는 어음을 일반적인 배서양도의 방법으로 매각하고 어음금액으로부터 만기까지의 이자나 기타 비용을 공제한 금액을 수령하는 것을 말하며 할인의뢰인과 할인인(금융기관)간의 법률관계는 어음매매의 성격을 가진다. 따라서 채권담보의 성격은 없으나 유동자산인 받을어음을 활용하는 중요한 금융수단의 하나이다.

전통적으로 은행의 할인대상이 되는 어음은 상거래에서 발생한 어음, 즉 진성어음(real bill)이었다. 아담 스미스의 「국부론」에서는 은행은 진성어음만을 할인해야 한다는 이른바 진성어음원칙(real bill doctrine)을 주장하고 있다. 동 주장의 근거로는 은행의 자금은 대부분 단기로 조달되므로 은행은 단기적이고 자동청산기능을 갖는 어음채권에 대해서만 대출이 이루어져야만 충분한 유동성을 확보할 수 있다는 점과 대출이 투기적이거나 또는 다른 용도로 전용되지 않도록 실물재화(real goods)에 한정되어 지원됨으로써 자금의 공급량이 실물거래의 규모에 의해 자동적으로 규제되어 비인플레이션적인 금융수단이 된다는 점 등을 들 수 있다.

그러나 최근에 들어 수표제도와 전자결제의 보급으로 진성어음은 점점 줄어들고 대신 융통어음인 CP와 팩토링 등이 이를 대체하고 있는 추세이다.

2. 무역금융

무역금융이란 국가간에 체결된 수출입거래와 동 거래와 직접 연관되는 국내 거래(내국신용장 거래) 및 해외현지거래의 각 단계에 필요한 자금을 제공하여 무역증 대에 기여함을 목적으로 하는 제반 여신을 의미한다. 무역금융은 수출입거래에 직 접 수반되는 경우뿐만 아니라 무역거래의 각 단계에 있어 상품의 생산, 가공, 집 하, 구매를 위한 것까지 포괄한다.

지금까지 대부분의 국가들은 수출의 증대를 통한 국제수지 개선 및 외화보유 고를 증대시키기 위하여 여러 가지 측면에서 직·간접으로 수출업자를 지원하여 왔다.

그러나 WTO협정에서 수출증대나 수입감소 등을 위해 제공되는 보조금으로 서 무역에 직접적인 왜곡효과를 가져올 수 있는 지원금은 금지보조금으로 규정되 어 보조금적 성격을 갖는 무역금융은 없어지는 추세이다.

우리나라 무역금융제도는 1950년 7월에 최초로 무역금융에 관한 규정이 제정 되어 한국은행 및 일반은행이 융자를 취급함으로써 시작된 이래 그동안 여러 차례 의 변천과정을 거치면서 현재에 이르고 있다.

현행 우리나라 무역금융은 무역거래의 유형에 따라 수출금융과 수입금융, 신 용공여 기간에 따라 단기무역금융과 중장기무역금융 그리고 자금공여 시기에 따라 선적 전 금융과 선적 후 금융으로 구분할 수 있는데 단기 수출금융으로서 선적 전 금융이 주축을 이루고 있다.

한편 일반운전자금보다 저리로 지원되는 무역금융은 WTO협정에 따라 금지 보조금으로 간주됨에 따라 한국은행은 상업어음재할인 등과 함께 연차적으로 지원 한도를 줄이고 금리도 시장금리에 맞추어 일반금융화함으로써 보조금적 성격을 없 앴으며 1994년부터는 무역금융에 대한 자동대출방식을 은행별 총액대출한도제로 변경하였다.

변경된 제도하에서는 상업어음할인, 무역금융 등 한은이 지원하는 정책금융을 자금의 구분 없이 한데 묶어 은행별로 지원한도를 설정한다.

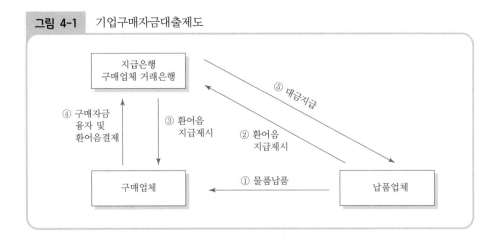

그림 4-1 기업구매자금대출제도

3. 어음대체유통금융제도

어음제도는 상거래의 활성화, 기업간 신용공여 등 순기능도 있지만 발행기업 부도시 연쇄부도를 유발할 가능성이 있는데다 형사처벌 대상이 되는 당좌수표와 달리 어음은 사적인 상거래로 민사상 책임만 부과하여 고의적인 부도 및 위·변조에 따른 선의의 피해자가 다수 발생하는 등 역기능도 크다. 그러나 어음제도가 상거래시 대금을 주고 받는 오랜 관행으로 정착되어 왔기 때문에 이를 대체할 만한 금융·결제수단이 마련되어 있지 않은 상황에서 어음제도를 폐지할 경우 기업간 상거래 위축, 신용경색 등 부작용을 초래할 우려가 있다. 특히 대기업으로부터 납품대금으로 받은 약속어음을 금융기관에서 할인하여 자금을 조달해온 중소기업의 금융애로가 증대될 가능성이 크다.

이와 같은 어음제도의 부작용을 줄이고 중소기업금융의 활성화를 위하여 최근에 새로이 도입된 유통금융제도로는 기업구매자금대출제도, 기업구매전용카드제도, 전자외상매출채권 담보대출제도 및 네트워크론(network loan)제도 등이 있다.

기업구매자금대출제도는 기업간 상거래시 어음 사용을 줄이고 현금결제를 확대하도록 유도하기 위하여 구매기업이 자금을 융자받아 납품업체에 현금으로 결제할 수 있도록 하는 새로운 금융·결제수단으로 도입한 것이다. 동 제도의 주요 내용은 납품업체가 물품을 납품한 후 구매기업을 지급인으로 하고 납품대금을 지급금액으로 하는 환어음을 발행하여 거래은행에 추심을 의뢰하고 구매기업은 거래은행을 통하여 통보받은 환어음의 지급결제시 거래은행과 사전에 약정한 대출한도 범위 내에서 기업구매자금을 융자받아 구매대금을 결제하는 방식이다.

구매기업 거래은행은 납품업체가 물품을 납품한 후 동 납품대금을 회수하기 위하여 발행한 환어음을 결제할 때 기업구매자금을 융자한다. 기업구매자금의 융자기간은 융자취급은행이 구매기업의 자금사정 및 실제 자금소요기간 등을 감안하여 자율적으로 결정하며 융자금액은 구매대금 범위 이내이다.

거래 및 결제방식은 환어음을 직접 제시하는 방식과 추심하는 방식이 있다. 환어음 직접제시방식은 납품업체가 납품완료 후 환어음을 발행, 지급은행(구매업체 거래은행)에 직접 지급 제시하여 납품대금을 회수하는 방식이다. 환어음 추심방식은 납품업체가 물품납품 후 환어음을 발행하여 자신의 거래은행에 추심을 의뢰하면 동 은행이 환어음 등의 내역을 전산에 입력하여 금융결제원을 통하여 지급은행에 추심하는 방식으로 납품대금을 회수하는 방식이다. 최근에는 납품업체가 납품완료 후 인터넷을 통하여 지급은행(구매업체 거래은행) 앞으로 '판매대금추심의뢰서'를 전송하면 지급은행이 구매업체에게 대금을 청구하여 결제해 주는 방식이 증가하고 있는바, 특히 거래물량이 많고 인터넷을 이용할 수 있는 업체들이 편리하게 이용할 수 있다.

기업구매전용카드제도는 카드사(은행포함)가 자체적으로 신용카드를 이용하여 구매업체와 납품업체간 상거래대금의 결제를 대행해 주는 제도이다. 구매업체는 카드사로부터 발급받은 신용카드로 납품대금을 결제하고 납품업체는 카드사로부터 대금을 지급받는다. 납품업체는 카드사로부터 납품대금 수령시 할인료 성격의 수수료를 부담한다. 기업구매자금대출제도나 기업구매전용카드제도 모두 약속어음을 사용하지 않는다는 점에서는 같은 효과가 있으나, 기업구매자금대출제도에서는 구매업체가 금융비용을 부담하고, 기업구매전용카드제도에서는 어음할인과 같이 납품업체가 금융비용을 부담한다는 점에서 차이가 있다.

전자외상매출채권 담보대출은 납품업체가 구매기업으로부터 어음을 대신하여 받은 전자외상매출채권을 담보로 제공하고 거래은행으로부터 대출을 받아 현금화하는 일종의 공급자 금융(supply-chain financing)을 말한다. 전자외상매출채권은 전자채권상에 채권자의 이름이 표시된 지명채권으로서 은행과 전자외상매출채권거래계약을 체결한 기업이 상거래를 통하여 물품을 구매한 후 물품판매자를 채권자로 지정하여 일정금액을 일정시기에 지급하겠다고 발행하는 채권이다. 전자외상매출채권은 수표의 지급기능과 어음의 신용공여기능을 혼합한 전자적인 형태의 금융·

그림 4-2 전자외상매출채권 담보대출제도

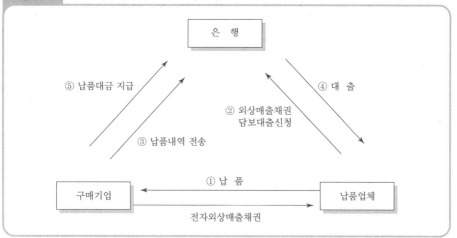

주: ①~② 납품업체는 물품을 납품한 후 거래은행 앞으로 납품거래와 관련된 외상매출채권을 담보로
　　 제공(양도)하고 대출신청
　　③ 구매기업은 납품받은 물품내역을 확인한 후 거래은행 앞으로 확인서 전송
　　④ 거래은행은 납품업체의 외상매출채권 양도내용과 구매기업이 전송한 물품내역을 확인한 후 외
　　 상매출채권을 담보로 대출실행
　　 － 대출이자는 선취(어음할인방식의 할인료와 동일)
　　⑤ 일정기간 후 구매기업이 거래은행에 납품대금을 입금하고 납품업체에 대한 대출금을 상환.

결제수단으로 구매기업이 거래은행을 통하여 동 채권(전자증서)을 발행하여 구매대금을 결제하고 판매기업은 동 채권(전자증서)을 만기까지 보유하거나 만기 전에 이를 담보로 거래은행으로부터 대출을 받아 현금화한다.

　네트워크론 제도는 사전에 은행이 상호협력관계에 있는 구매기업 및 납품기업과 3자 협약을 체결한 후 구매기업이 납품기업에 발주를 하면 발주와 동시에 은행이 납품기업에 납품대금으로 생산자금을 대출해 주고 납품이 이뤄지면 곧바로 구매기업이 동 대출금을 상환하는 일종의 외상매출채권담보제도이다. 네트워크론은 그 지원대상인 납품기업이 주로 재무정보가 제대로 갖추어지지 않은 등 신용상태의 파악이 어려운 중소기업인 점을 감안하여 정보의 비대칭으로 인한 중소기업 금융시장의 실패를 부분적으로 보완하기 위해 창안된 제도이다.

　한편 정부는 기업간 상거래대금 결제시 어음사용을 줄여 중소납품업체가 납품대금을 조기에 현금으로 회수할 수 있도록 함으로써 어음의 폐해를 줄이고 납품업체의 실질적인 금융부담을 덜어주기 위하여 이와 같은 어음대체 유통금융제도에

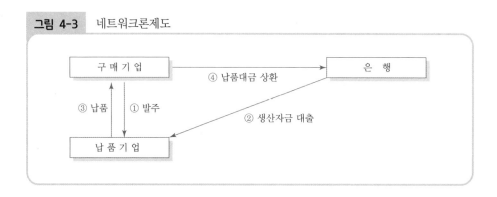

그림 4-3   네트워크론제도

대한 우대 및 지원을 하고 있다. 즉 금융기관에 대하여 어음대체 유통금융 취급실적에 따라 한국은행의 총액한도대출자금을 지원하고 있으며, 기업구매자금을 융자받는 구매기업에 대한 신용보증기관의 보증지원, 동 제도를 통해 구매대금을 현금으로 결제하는 기업에 대한 법인세 및 소득세 공제, 동 제도를 통한 대금결제실적이 높은 기업에 대해 정부물품 구매입찰시 우대 및 불공정하도급행위에 대한 제재완화 등의 지원을 하고 있다.

그러나 기업구매자금대출, 구매전용카드, 전자외상매출채권 담보대출, 네트워크론 등과 같은 기업간(B2B) 결제수단들은 주로 오프라인 상품으로 개발되어 온라인방식의 상거래에서 대금결제수단으로 활용하기는 곤란한 점이 많고, 특히 일부 온라인 결제수단의 경우에도 개별은행 차원에서 개발되어 은행간 호환 곤란, 중복투자 및 이용기업 제한 등의 문제점이 있다. 이러한 문제점을 해결하기 위해 기업간 전자상거래에 수반되는 대금결제를 네트워크상에서 물품매매의 전 과정이 서류없이 온라인방식으로 처리할 수 있도록 인터넷 및 금융공동망 기반의 전자상거래 지급결제시스템의 구축이 추진되고 있다.

동 시스템이 구축되면 은행, 사이버시장(e-marketplace) 및 구매·판매기업을 하나의 네트워크로 연결하여 물품매매와 대금결제를 자동 연계처리토록 함으로써 완결된 형태의 전자상거래의 구현과 신용공여기능 제공 등 국내기업의 결제관행을 획기적으로 개선할 수 있게 될 것이다.

또한 어음·수표 등 장표 위주의 결제방식을 디지털 방식으로 전환하여 장표의 발행·관리에 따르는 비용을 절감하고 기업간 거래의 투명성이 제고될 것이며 전자상거래뿐만 아니라 일반 상거래대금 결제시에도 활용할 수 있도록 함으로써 어음

사용을 점진적으로 축소하여 어음 남발에 따른 폐해 방지에 크게 기여할 것이다.

II. 일반대출

일반대출은 자금의 용도가 특별히 정해지지 않고 대출과목도 정하여지지 않은 대출을 총칭한다. 일반대출의 만기는 보통 1년 이내이며 기업시설자금대출의 경우 3~7년 사이에서 취급하는 것이 일반적이다. 일반대출 중 융자기간이 3년을 초과하는 경우 자금의 고정화를 방지하기 위하여 1년 이내의 할부내입으로 분할상환하며 대출 후 일정기간이 경과하여야만 수익이 발생하는 경우 일정기간의 상환 유예기간(grace period)을 허용하는 경우도 있다.

적금관계대출은 적금대출과 적금담보대출이 있다. 적금대출은 정기적금계약을 체결하고 소정의 월부금 이상을 납입한 경우 적금계약액을 적금계약자에게 대출하는 것을 말하고 적금담보대출은 당해 적금을 담보로 납입액 범위 내에서 대출하는 것을 말하나 양 대출 공히 융자방법은 각 은행이 자율적으로 정하고 있다.

III. 대출한도거래

대출한도(line of credit)거래란 일정한 한도를 정하여 이 한도 내에서 고객이 대출을 신청하면 은행은 언제든지 대출을 하겠다는 약속이다. 이러한 약속은 구두로 하거나 경우에 따라서는 문서에 의한 약정의 형태를 취하기도 한다.

대출한도는 일정기간이 경과하면 재사정하는 것이 원칙으로, 통상 유효기간은 1년이다. 대출약정의 주요 내용으로는 대출한도, 대출이자율, 약정기간, 대출약정수수료 등이 포함된다. 대출한도는 다시 은행이 지켜야 하는 대출약속의 구속력 정도, 약정기간의 장단 등에 따라 일반대출한도(line of credit)와 회전한도(revolving credit)로 구분된다.

1. 일반대출한도

일반대출한도는 구두에 의한 은행의 비공식 대출약속이다. 따라서 이 약속은 법적 구속력이 있는 것이 아니라 도의적인 의무 정도로 간주된다. 그러나 대출한도거래를 하는 고객은 대부분이 은행의 주요한 고객이기 때문에 은행은 특별한 사정이 없는 한 이 약속을 지킨다.

은행은 대출한도에 의해 거래하는 고객에게 통상 1개월 정도의 무대출기간(cleanup period)을 요구하는 경우도 있다. 고객이 대출한도거래에 의한 대출을 장기자금재원으로 이용하는 것을 막기 위해서이다.

일반대출한도는 다시 고객에게 한도를 알려 주는 통지한도(advised line), 고객에게는 알려 주지 않고 은행의 내부적 지침으로만 사용하는 내부한도(guide line) 및 기업의 인수 등 특별한 거래에만 한정하여 설정하는 특별한도(special transaction line) 등으로 분류되기도 한다.

일반대출한도는 주로 기업의 계절적인 자금수요나 기업이 자금시장에서 CP 등을 발행하여 자금을 조달할 때까지의 자금지원 등 1년 이내의 단기금융에 이용된다.

2. 회전대출한도

회전대출한도는 은행이 법적으로 구속력이 있는 대출의무를 지는 공식대출약정(formalized loan commitment)으로 일종의 선약대출(forward lending)이라 할 수 있다. 은행은 구속력 있는 대출한도(committed line)를 제공하는 대가로 소정의 약정수수료(commitment fee)를 징구한다.

회전대출한도는 장기운전자금이나 시설자금 등 주로 1년 이상의 장기금융에 이용된다. 은행은 대출의무를 지는 대신 고객에게 공식적인 대출조건을 제시하게 된다. 회전대출한도거래하에서 차주는 약정한도 내에서는 언제든지 대출금의 상환 또는 재차입이 가능하다.

기업은 은행과 대출약정을 맺음으로써 자금관리를 효율적으로 할 수 있다. 은행으로부터 대출에 대한 약속을 받음으로써 계절적 자금수요 등 일시적인 자금수요나 설비계획 등 미래의 자금수요에 대비하여 적절한 자금계획을 수립할 수 있기 때문이다.

대출한도거래는 기업의 자금수요가 불확실한 경우에 중요성이 더욱 크다. 왜냐하면 대출약정은 기업으로 하여금 필요할 때 언제든지 대출을 받을 수 있는 권리를 부여함으로써 기업의 자금수급계획에 차질이 났을 때 보험적 효과(insurance effect)를 가지게 되기 때문이다. 반면, 은행은 장래에 대출을 선약할 경우 대출자금의 조달비용 이외에 자금의 사전적 확보에 따른 기회비용, 대출고객의 옵션행사에 따른 위험, 대출선약상의 금리와 실제조달금리와의 차이에 따른 금리변동위험 등을 부담하게 된다. 따라서 기업은 은행으로부터 이와 같은 서비스를 제공받는 데 대해 기꺼이 대가를 지불하려 할 것이며, 이 대가는 보통 대출약정수수료나 보상예금잔액의 유지형태를 취한다.

그러나 경우에 따라서는 대출한도에 의한 거래보다 개별적인 거래(individual transaction)가 더 선호될 수도 있다. 차입금의 소요기간과 그 상환시기가 명확히 예측되는 경우, 예컨대 계절상품 판매업자가 상품의 구입시 일시 자금을 차입하였다가 판매와 동시에 차입금을 상환하는 경우에는 대출약정수수료나 보상예금 유지 등 대출한도거래에 따른 부담을 질 필요가 없기 때문이다.

Ⅳ. 텀   론

텀론(term loan)은 대출기간, 분할상환, 텀론약정 등에서 그 특징을 찾을 수 있다. 텀론의 만기는 최소한 1년 이상으로 3~5년이 보통이다. 텀론은 분할상환하는 것이 원칙이나 만기에 일시상환(bullet loan)하는 경우도 있다. 텀론의 분할상환방식은 일정금액씩 정기적으로 상환하는 것이 원칙이나 경우에 따라서는 만기가 도래함에 따라 상환금액이 체증하거나 만기시의 상환금액만을 크게 하는 풍선형 상환방식(balloon payment)도 있다.

텀론의 약정형식은 일반텀론(regular term loan)방식과 회전대출방식을 결합한 혼합방식(revolving credit convertible into a term loan)이 있다.

일반텀론은 대출금의 만기를 1년 이상으로 정하고 이 기간 중 정기적으로 분할하여 상환하는 방식이다. 혼합방식은 처음 얼마 동안만은 회전대출방식으로 운영하다가 기업의 자금소요기간이 확정되면 기업의 선택에 따라 일반텀론으로 전환하는 방식이다.

텀론의 약정사항은 여타 대출에 비해 은행측의 채권보전조치가 강한 것이 특징이다. 텀론과 단순한 분할상환시설자금대출(installment equipment loan)과의 중요한 차이점은 텀론의 약정사항이 분할상환시설자금대출에 비해 보다 제한적이고 차입자에게 부과되는 의무의 정도가 강하다는 점을 들 수 있다. 이 밖에 자금의 용도

면에서도 분할상환시설자금대출이 주로 특정한 시설의 구입 또는 설치자금임에 비해 텀론은 시설자금뿐만 아니라 장단기운전자금, 기업인수자금 등 그 용도가 다양하다는 것도 차이점의 하나라고 할 수 있다.

텀론은 장기대출이므로 은행측으로 볼 때 신용위험이 크다. 특히 텀론의 상환자금은 주로 차입기업의 미래의 수익에 의존하므로 경제상태나 기업의 경영여건의 변화가 이 대출의 상환에 큰 영향을 미친다. 따라서 은행은 다른 대출에 비해 보다 철저한 채권보전조치를 대출약정에 넣게 된다.

텀론약정(term loan agreement)은 보통 다음과 같은 내용으로 구성되어 있다.

1) 서 문

서문(preamble)에는 계약당사자의 이름과 계약을 체결한다는 내용이 들어간다.

2) 대출금액 및 대출조건

여기에서는 대출금액, 대출금의 인출방법, 이자율, 상환기간, 수수료 및 대출금의 조기상환에 관한 내용을 규정하고 있다.

수수료는 회전대출방식을 취할 경우에 한하며 차입자의 일정기간 전의 조기상환에 대해서는 차입자가 그 자금을 상환하기 위해 다른 은행에서 저리로 빌린 경우가 아닌 한 제재(penalty)가 없는 것이 보통이다.

3) 재무제표의 제출 및 보증

재무제표의 제출 및 보증(representations and warranties)에는 은행이 대출 후 차입기업의 재무상태와 약정사항의 이행 여부를 점검할 수 있도록 재무제표를 정기적으로 제출할 것과 재무제표를 정확하게 작성할 의무가 규정된다.

4) 담보의 내용

담보의 내용(description of collateral)에서는 담보물의 내용과 그 취급방법이 규정된다. 특히 담보물건이 유가증권일 경우 이 증권에서 발생하는 이자나 배당금을 누가 받을 것이며, 담보주식의 주권행사, 담보주식의 처분조건 등이 규정된다.

5) 차입자의 서약

차입자의 서약(covenants)은 대출약정사항 중 가장 중요한 부분으로 차입자가 지켜야 할 사항을 규정하고 있다. 동 서약은 다시 차입자가 해야 할 의무사항과 은행의 사전승인 없이는 차입자가 임의로 처리할 수 없는 금지사항으로 구분된다.

의무사항 또는 긍정적 약정서(affirmative covenants)는 차입자가 일반적으로 인정된 표준관행에서 크게 벗어나지 않겠다는 것을 약속하는 것으로 재무제표의 정기적 제출의무, 은행의 요구시 필요한 서류의 신속한 제출의무, 경영이나 재정상태에 중대한 변화가 있는 경우에는 은행에 신속하게 통지해야 할 의무 등을 들 수 있다. 이 밖에 중요 자산에 대한 수선 유지, 보험가능자산에 대한 부보, 최소운전자본 유지, 보상예금(compensating balance)의 유지 등의 재무적 약정(financial covenants)은 차입기업의 신용상태에 따라 선택적으로 적용되는 것이 일반적이다.

금지사항 또는 부정적 약정서(negative covenants)는 은행에게 직·간접적으로 해를 끼칠 수 있는 차입자의 제 행위를 제약하는 것으로 자산의 유출, 새로운 부채 —확정된 것이든 우발적인 것이든 간에— 의 부담, 자산에 대한 담보나 저당 등을 대표적으로 들 수 있다. 이 밖에 고객의 재력과 신용상태에 따라 선택적으로 적용되는 금지사항으로 합병이나 타기업 인수, 기업의 목적 변경, 주요 경영자의 교체 등에 이르기까지 다양하다.

6) 부도시의 처리

이 조항은 차입자가 약정대로 원리금을 상환하지 않고 부도를 내거나 재무제표 등을 허위로 제출한 경우의 법적처리절차(legal procedure)를 규정하고 있다. 여기에서 부도라 함은 실제로 부도가 난 사실은 물론 부도가 날 것이라고 예상되는 명백한 증거가 있는 경우까지도 포함한다. 대표적인 예로 부도시 차입자의 기한이익의 상실조항(acceleration clause)을 들 수 있다.

기한이익이란 차입자가 대출금의 상환을 미래의 일정시점으로 연기할 수 있는 권리를 말하는바, 기한이익의 상실조항은 차입자가 대출약정을 지키지 않을 경우 그 시점에서 대출잔액 전부가 기한이 도래되어 즉시 상환해야 한다는 내용이다.

지금까지의 팀론의 약정내용을 볼 때 차입자에게 큰 부담이 되는 것은 사실이다. 그러나 대부분의 약정내용들은 비단 은행의 채권보전을 위한 수단일 뿐만 아니라 차입자의 건전경영을 유도하기 위한 재무관리의 기본적인 사항들이라는 것을 알 수 있다. 왜냐하면 대부분의 약정사항들이 차입자의 부실한 자금운용이나 유용을 예방하기 위한 조치들이기 때문이다.

V. 조건부대출

조건부대출이란 통상적인 대출에 여러 가지 조건이 첨가된 대출이다. 이에는 대출금의 사용목적이나 상환재원이 특정거래와 연계되어 있거나 대출자가 차입자의 경영성과에 참여할 수 있는 권리를 가지는 참가부대출 등이 있다.

특정거래와 연계된 대출의 대표적인 예로 bridge loan, swing loan 등으로 불리는 가교금융을 들 수 있다. 기업이 주식이나 사채를 발행하여 투자은행에 인수시킨다는 계약을 체결하였을 경우 그 주식이나 채권의 판매대금으로 대출금을 상환하는 조건으로 은행으로부터 일시차입하여 장기운전자금이나 시설자금으로 사용할 때 기업의 설비나 건물을 완성할 때까지는 은행이 대출을 하고 그 이후에는 장기금융회사가 그 대출을 인수한다는 인수조건부대출 등도 그 예이다.

경영성과에 참가할 수 있는 대출로는 대출자가 고정대출금리 이외에 차입자가 일정수준 이상의 영업수익을 내었을 경우 동 초과수익의 얼마를 받을 수 있는 권리를 가진 수익참가권부대출(loan with income participation clause)이나 차입기업의 주가가 올랐을 경우 대출자가 이 주식을 미리 정해진 가격으로 구입할 수 있는 권리를 보유한 주식인수권부대출(loan with warrants) 등이 그 예이다. 이 밖에도 국제금융시장에서는 다양한 옵션이 복합된 대출들이 개발되고 있어 그 수는 헤아릴 수 없을 정도로 많다.

제 3 절   소비자신용

Ⅰ. 소비자신용의 의의

소비자신용(consumer credit)은 재화나 용역의 구입이나 개인적 지출에 충당하기 위해 소비자에게 제공되는 일체의 금융을 의미한다.[3]

소비자신용의 경제적 효과에 대해서는 부정적인 시각과 긍정적인 시각이 병존하고 있다. 소비자신용에 대한 부정적인 시각의 대표적인 이론은 Knut Wicksell의 중립화폐론을 계승한 F. Hayek(1935)의 주장을 들 수 있다. Hayek는 소비자신용은 투자재산업에 비해 소비재산업의 이윤을 보다 증가시킴으로써 고용효과가 큰 투자재산업부

---

[3] 개인사업자, 소상공인, 자영업자 등과 같이 중소기업과 개인의 중간에 위치하는 계층에 대한 대출을 소호대출(small office home office)이라고 부르기도 한다.

문의 실업을 증가시키므로 소비자신용은 가급적 제공해서는 안 된다고 주장한다.

이 밖에도 소비자신용은 경기의 진동폭을 더욱 크게 하므로 이를 규제해야 한다는 시각도 있다. E. Seligman(1927)과 Haberler(1941)는 소비자신용은 경기상승기에는 경기를 더욱 상승시키지만 경기하강기에는 소비자의 소득감소와 채무변제가 겹쳐 경기의 하강을 더욱 가속화시킨다고 주장한다.

역사적으로 은행은 소비자신용에 대해 매우 소극적이었다. 이는 전통적인 상업대출이론(commercial credit theory)에 의거 대출의 단기성(short-term)과 자동청산성(self-liquidation)을 강조하여 은행은 주로 기업대출에 주력하여 왔기 때문이다.

소비자신용에 대한 긍정적인 시각은 불완전고용하에서 소비의 중요성을 일깨워 준 Keynes(1936)의 일반이론에 의해 부각되기 시작하였다. Mead, Dusenberry 등 Keynes학파는 소비자신용이 소비를 촉진시킴으로써 유효수요를 창출하여 경제성장 또는 균형을 유도할 수 있다고 보고 경기조절정책 수단으로 소비자신용의 유효성을 주장하였다.

Keynes 이후 소비이론은 항상소득가설(permanent income hypothesis)과 생애주기가설(life cycle hypothesis) 등으로 발전되어 왔다. 이러한 이론은 소비자신용이 개인의 주어진 평생소득하에서 소비의 최적분배를 가능케 함으로써 소비자의 후생증대를 도모한다고 봄으로써 새로운 소비자신용이론의 장을 열었다고 볼 수 있다.

이 밖에 소비자신용에 대한 부정적인 시각이 퇴조한 데는 선진국의 경우 경제가 성숙기에 접어들면서 기업의 자금수요가 줄어들고 소비자보호제도가 정착된 것도 주요한 원인의 하나로 지적될 수 있다.

미국에서 소비자금융의 중요성이 인식되기 시작한 것은 제2차 세계대전 이후부터라고 할 수 있다. 당시의 경제상황은 심한 불황으로 인하여 기업의 대출수요가 크게 감퇴하고 이에 따라 이자율이 기록적으로 낮은 수준에 머물렀다. 이때 태어난 것이 바로 국민경제에 있어 소비의 중요성을 일깨워 준 케인즈의 유효수요이론(theory of effective demand)이었다.

그러나 상업은행들이 본격적으로 소비자대출을 확대한 것은 최근의 20~30년 간이라고 할 수 있다. 이때까지는 주로 소비자금융회사들이 소비자대출을 취급하고 은행은 이들 소비자금융회사들에 대한 대출로 소비자대출에 간접적으로 참여하여 왔으나 「소비자신용보호법」4) 등 소비자보호와 이해당사자간의 분쟁조정을

---

4) 미국의 경우 1968년 연방법으로 「소비자신용보호법」(Consumer Credit Protection Act)이 제정되

위한 각종 법률의 제정, 신용분석기법의 발달 그리고 책임대출(responsible lending)과 책임차입(responsible borrowing) 관행의 정착5) 등에 힘입어 은행이 직접 소비자대출에 참여하게 된 것이다.

소비자대출의 방식은 분할상환방식과 일시상환방식이 있다. 분할상환방식(installment loan)은 원리금의 상환을 장기에 걸쳐 분할상환하는 것으로 소비자대출의 주류를 이루고 있으며, 이 경우 대출금으로 구입한 물건이 담보가 되는 것이 보통이다. 일시상환방식(non-installment loan)은 대출금을 일시에 상환하는 방식으로 개인에 대한 단순대출(single payment loan) 등이 여기에 속한다고 할 수 있다.

II. 소비자신용의 종류

소비자신용은 자금의 용도에 따라 상품의 판매나 서비스 제공 등과 연관하여 제공되는 판매신용(sales credit)과 자금의 용도를 특별히 정하지 않고 소비자에게 제공되는 소비자대출(consumer loan)로 구분할 수 있다. 주택대출도 기업이 아닌 소비자에게 제공된다는 관점에서 광의의 소비자신용으로 분류할 수도 있으나 자금의 용도가 일반소비재 구입이나 생활비와는 달리 장기고정투자적 성격이 강하여 별도의 분류로 하는 것이 일반적이다.

어 소비자신용가격 공개, 공정한 신용계산, 임금채권 압류제한, 소비자신용보고, 공평한 신용기회, 채권추심행위, 전자자금이체 등에 관한 사항을 규정하고 있다. 한편 「평등신용기회법」(Equal Credit Opportunity Act)은 여신심사시 인종, 피부색, 국적, 종교, 성, 연령, 결혼 여부 등을 고려하는 것을 금지하고 있다. 신용공여기관이 대출신청고객에게 대출을 거절할 경우 구체적인 거절 사유를 알려 주고 대출신청고객이 60일 이내에 정보공개를 요구할 수 있는 권리가 있다는 사실을 알려 주도록 규정하고 있다. 영국은 1974년 「소비자신용법」(Consumer Credit Act)을 제정하여 소비자철회권, 사전정보 제공의무, 서면주의, 계약 후 정보제공, 채무불이행 및 계약해제, 계약변경, 담보, 신용정보 등에 관해 상세하게 규정하고 있다. 우리나라의 경우 「대부업의 등록 및 금융이용자보호에 관한 법률」과 「여신전문금융업법」 등에서 개별적으로 소비자신용보호 조항을 두고 있으나 아직 포괄범위와 보호수준의 상이 등으로 인해 효과적인 규제가 이루어지지 않고 있다. 따라서 우리나라도 미국이나 영국 등과 같은 포괄적인 「소비자신용보호법」 제정의 필요성이 제기되고 있다.

5) 책임대출이란 금융회사가 차입자의 필요와 미래의 상환능력 등을 파악하여 그에 맞는 대출금액, 대출이자, 상환방식, 만기 등을 제시하는 것을 말하고 책임차입이란 차입자가 자신의 재산상태, 소득 등 대출에 필요한 정보를 성실하게 제공하는 것을 말한다. 최근에 들어 각국은 「금융소비자보호법」 등을 통해 금융회사의 책임은 물론 차입자의 책임도 강조하고 있다.

1. 판매신용

판매신용은 상품의 판매를 촉진하기 위해 상품의 구입자에게 제공되는 금융으로 일시상환방식(non-installment loan)과 할부상환방식(installment loan)이 있다. 할부상환방식에는 다시 금융기관과 물품판매자간에 직접적인 거래관계가 없이 물품의 구입자가 직접 금융기관으로부터 대출을 받는 직접대출방식과 금융기관이 판매자와의 제휴를 통하여 물품구입자에게 구입자금을 대출하는 간접대출방식이 있다.

판매신용은 일부 전자제품이나 의류 등과 같이 비교적 가액이 크지 않은 품목에 대해서는 순수신용으로 제공되는 경우가 보통이나 자동차 등과 같이 가액이 큰 품목의 경우 구입자는 구입한 상품에 대해 사용권을 가지나 소유권은 할부금의 상환이 완료될 때까지 유보되는 동산근저당(chattel mortgage)방식[6]을 취하는 경우도 있다. 판매신용을 제공하는 자로는 은행, 할부금융회사, 카드회사 등과 같은 전문소비자신용회사, 제조업자나 또는 제조업자계열 판매신용회사(captive finance company) 등이 있다.

판매신용의 전형적인 예로 자동차구입자금대출을 들 수 있다. 자동차구입자금대출(automobile loan)은 금융기관이 직접 자동차 구입자에게 대출하는 직접대출(direct loan)과 자동차 판매상(dealer)이 소비자에게 분할상환조건으로 판매한 분할상환계약(installment contract)증서를 금융기관이 매입하는 간접대출(indirect 또는 purchased loan)의 두 가지 형태가 있다.

직접대출은 간접대출에 비해 대출수익성면에서 마진이 크고 금융기관의 자금사정에 따라 대출규모를 신축적으로 조절할 수 있는 장점이 있는 대신 대출개발(loan development)이나 대출금관리상의 어려움과 신용위험이 크다는 것이 약점으로 지적되고 있다. 간접대출의 경우 은행과 자동차 판매상과의 계약형태에 따라 구상권부대출(full-recourse plan), 무구상권부대출(non-recourse plan) 및 재매입조건부대출(repurchase plan)로 나눌 수 있다. 구상권부대출은 대출금이 부도가 되었을 경우 금융기관은 자동차 판매상에게 구상권을 행사할 수 있는 권리를 가진다. 따라서 이 경우 개별 대출금의 회수에 따른 관리업무와 위험은 자동차 판매상이 부담하게 된다.

---

6) 우리나라 자동차담보대출을 위한 근저당의 경우 자동차 근저당의 설정, 말소 및 등록업무는 지방자치단체(시, 군, 구의 교통과나 민원과)나 지방자치단체 산하의 '차량등록사업소'에서 담당한다.

무구상권부대출의 경우에는 은행이 개별 대출금의 회수에 따른 관리업무 및 신용위험을 전적으로 부담하게 된다. 재매입조건부대출의 경우에는 대출금의 부도 시 자동차 판매상이 부도가 된 계약증서나 회수한 자동차를 재매입해야 할 의무를 부담한다.

이 밖에 금융기관의 채권보전수단의 하나로 자동차 판매상에게 대출금의 상환이 완료될 때까지 일종의 보증금 성격으로서 금융기관에 적립금(dealer reserve)을 보유케 하는 경우도 있다. 이 적립금은 자동차 판매상의 판매가액을 기준으로 미회수 잔액의 일정비율에 달할 때까지 적립되는 것이 보통이며, 이때 적립금이 미리 정하여진 비율을 초과하게 될 경우 동초과부분은 자동차 판매상에게 지불된다.

최근에 들어 제조업체 또는 제조업체계열 금융회사가 제품의 판매를 촉진할 목적으로 소비자에게 금융을 제공하는 판매신용이 급속하게 늘어나고 있다. 자동차나 가전업계 또는 이들의 계열금융회사가 제공하는 금융이 대표적인 예다.

2. 소비자대출

소비자대출은 소비자에게 직접 필요한 자금을 대출해 주는 것으로 의료비, 교육비, 가정내구용품 구입, 개인의 일시적 생활비 충당 등 그 용도는 개인에 따라 다양하다. 우리나라의 소비자에 대한 대출은 그간 생산자금융 우선주의에 밀려 상대적으로 등한시되어 왔으나 최근에 들어 국민의 복지증진과 유효수요를 창출한다는 인식이 제고되고 소비자대출의 수익성이 기업대출보다 상대적으로 높은 등의 이유로 그 비중이 크게 늘어나고 있다.

현재 전 예금은행과 생명보험회사, 상호저축은행, 신용협동조합 등 저축기관, 카드회사 등 비예금은행들이 소비자에 대한 개인대출을 취급하고 있다.

3. 주택금융

주택금융은 주택구입이나 건설 또는 개보수를 위해 제공되는 대출로 주택을 담보(mortgage)로 하고 상환기간이 보통 10~30년의 장기이며 분할상환인 것이 특징이다. 주택은 경제재인 동시에 단순히 경제적 가치만으로는 따질 수 없는 국민의 기본적인 생활의 중심이자 개인의 프라이버시를 실현하는 최소한의 공간이라는 성격을 갖는다.

따라서 주택시장은 시장원리에 따라 수급이 이루어지는 일반시장과 단순히 시장원리에만 맡길 경우 시장실패가 일어날 우려가 있어 정부가 개입하는 공공주택시장으로 구분할 수 있다. 일반주택시장에 대한 금융의 경우 금융회사들이 예금 등으로 자금을 조달하여 일반금융원리에 따라 대출을 취급하나 공공주택시장에 대한 금융의 경우 정도의 차이는 있지만 정부가 개입하는 것이 보통이다.

공공주택시장에 대한 정부의 개입방식은 국가에 따라 다소의 차이는 있으나, 대체로 주택구입에 경제적 지원이 필요한 계층에게 주택을 시장가격보다 저렴하게 공급하기 위해 세제나 금융 등의 면에서 적극적인 혜택을 부여하는 것이 보통이다. 특히 주택은 최소한의 인간다운 생활을 영위하기 위한 복지재라는 특성으로 인해 일반적으로 저소득층에 대한 주택금융에 대해서는 이들을 보호하기 위해 금융회사들의 주택대출 취급행태를 규제하는 것이 보통이다.7)

주택금융제도는 크게 계약조달(contract route)방식, 예금조달방식 및 저당은행방식이 있다. 계약조달방식은 주택자금의 대출수요자가 일정기간 저축을 하면 대출자격이 주어지는 제도로 주로 개발도상국에서 시장이자율보다 낮은 금리로 대출을 하며 이를 위해 정부가 직·간접으로 뒷받침을 하는 방식이다. 종래 우리나라의 주택대출은 상당부분을 동 방식에 의존하여 왔으며 독일도 이 방식을 도입하고 있다.

예금조달방식은 일반은행이 대중을 대상으로 조성한 예금을 재원으로 대출을 하는 방식으로 영국과 일본 등이 그 전형이다.

저당은행방식은 일반은행들이 주택저당대출을 실시하고 취득한 저당증서(mortgage)8)를 저당은행에 매각하거나 이를 증권화하여 자본시장에서의 유통을 통하여 자금을 조달하는 방식으로 미국이 그 전형이며 이 밖에도 대부분의 선진국에서 도입되고 있는 제도이다. 우리나라도 외환위기 이후 동 방식을 도입하기 위해 한국주택금융공사를 설립하였다. 동 공사는 주로 금융기관이 취급한 주택저당채권

---

7) 미국의 OCC는 국법은행과 동 자회사들이 주택대출시 약탈(predatory), 남용(abusive), 불공정 (unfair), 기만(deceptive)적 행위를 할 수 없도록 다음과 같은 가이드라인을 제시하고 있다.
   ◦ 건전대출 관행에 어긋나는 대출수수료를 겨냥한 반복대출(equity stripping and fee packing), 고객에게 유리하지도 않은 대출로의 전환유도(loan flipping), 대출고객을 유인하기 위한 기존 계약의 파기유도(encourage of default) 등의 금지
   ◦ 부의 상환금(negative amortization), 감당할 수 없는 수준을 넘어선 이자율 부과, 평가금액을 초과하는 대출, 대출조건 등의 강제조정(mandatory arbitration) 등의 금지
   ◦ 소비자의 상환능력의 면밀한 평가, 시의적절·충분·정확한 대출정보 제공 등.
8) mortgage는 라틴어의 mortus(죽음)와 gage(담보)의 합성어로 금전소비대차에 있어 차주의 채무변제를 담보하기 위해 차주 또는 제3자 소유의 부동산에 설정하는 저당권 내지 일체의 우선변제권을 지칭하거나 이를 내용으로 하는 제반서류를 말한다.

을 매입·증권화하여 이를 증권시장에 매각하여 자금을 조성함으로써 주택저당채권의 유동화를 위한 시장조성기능을 담당한다.9)

주택자금대출의 상환은 일부 정기상환방식이 있으나 분할상환방식이 대부분이며 이는 다시 원금균등분할상환, 원금불균등분할상환 및 원리금균등분할상환방식 등이 있다. 원금불균등상환방식은 주택구입자의 소득증가에 맞추어 소득수준이 낮은 구입 초기에는 상환액이 적고 소득수준의 상승에 따라 상환액이 체증하는 방식이나 아직 선진국에 비해 체증률은 매우 낮다.

우리나라의 주택금융시장은 공공주택금융시장과 민영주택금융시장으로 구분된다. 공공주택금융은 주로 국민주택기금과 주택금융공사에 의해 지원되고 있다. 국민주택기금은 국민주택채권 발행, 주택청약저축, 정부의 출연금 등으로 재원을 조성하여 주로 근로자와 서민의 주택(전용면적 85㎡ 이하) 구입이나 전세자금대출로 지원된다. 주택구입대출은 대부분 주택신용보증기금의 신용보증을 받아 20년 이상의 장기 분할상환방식으로, 전세자금대출은 2년 이내 일시상환방식으로 대출되며 변동금리가 적용된다.10)

한국주택금융공사는 모기지의 유동화를 통해 자금을 조성하여 일정 가액 이하의 주택을 대상으로 대출기간이 최장 30년인 주택담보대출을 지원한다. 이 밖에 농협중앙회가 재정자금, 차입금 등을 재원으로 농촌주택개량자금을, 지방자치단체가 전세보증자금대출을 지원하고 있기는 하나 그 실적은 미미하다. 민영주택금융은 은행을 위시하여 저축은행, 보험회사 등이 주로 모기지론(mortgage loan)으로 지원한다.

4. 모기지대출

모기지대출(mortgage loan)은 주택대출저당증서(mortgage)를 담보로 장기분할상환 조건으로 대출하는 방식으로 현재 상업은행, 저축은행, 보험회사 등 일반금융회사와 주택금융공사가 취급하고 있다. 은행 등 대부분의 일반금융회사가 취급하는 모

---

9) 동 공사는 이 밖에 금융기관에 대한 직접적인 주택대출자금 지원 및 주택금융신용보증업무도 취급하며 동 공사가 지원하는 자금의 용도는 주택구입뿐만 아니라 모든 주택담보대출채권과 학자금대출이 포함된다.

10) 현재 국민주택기금은 우리은행을 총괄수탁은행으로 하여 신한은행, 하나은행, 기업은행과 농협은행 등 5개 은행이 위탁운영하고 있다. 국민은행은 국민주택기금 설치 시부터 위탁관리를 해 왔으나, 2008년 이후 신규대출은 취급하지 않고 기존 대출만 관리하고 있다.

기지대출은 만기 3년 이하, 만기시 원금을 일시에 상환하는 변동금리부모기지 (adjustable rate mortgage)이다.11) 변동금리부모기지는 금리가 상승할 경우 차입자가 과도한 상환부담(payment shock)을 가질 우려가 있는바, 이 같은 위험을 완화하기 위해 각국은 다양한 보완책을 마련하고 있다.12)

우리나라의 경우 은행을 위시하여 상호금융회사, 생명보험회사 등 민간금융회사들이 지원하는 모기지대출은 대부분 금리변동주기가 단기인 변동금리대출(CD 연동의 경우 3개월, COPIX 연동의 경우 1년)로 차입자가 금리위험과 3년 이내 조기상환의 경우 조기상환수수료를 부담한다. 그러나 최근 정책당국의 지도로 고정금리부 대출이 증가하고 있으며 일부 은행에서 대출기간 6~35년, 대출일로부터 5년간은 고정금리, 이후 6개월 또는 1년 기준으로 COPIX에 금리를 연동하는 혼합형 모기지론을 도입하는 등 고정금리형 상품이 증가하고 있다.

고정금리부 대출은 만기가 장기인 관계로 금리와 주택가격변동위험에 노출될 가능성이 크기 때문에 주택담보대출 차입자의 채무불이행으로 입은 손해를 보상해주는 모기지보험에 가입하거나13) 주택금융공사를 대상으로 모기지의 매각 또는

---

11) 미국의 경우 변동조건부대출(VRM: Variable Rate Mortgage), 재계약조건부대출, 원금상환유예대출(interest-only mortgages), 금리조정가능대출(ARM: adjustable-rate mortgages) 등 다양한 조건의 비전통적인 모기지대출이 있다. VRM은 시장금리 변동에 따라 분할납입금이나 분할납입 횟수가 조정되는 대출이다. 재계약조건부대출은 시장이자율의 변동과 관계없이 소정의 기간(통상 3~5년) 동안은 당초의 조건대로 대출원리금을 상환하고 이 기간 경과 후 미상환잔액(balloon payment)에 대해서는 새로 계약하는 조건의 대출이다. 동 대출은 다시 재계약 당시의 시장이자율로 재계약을 보장하는 ROM(Rollover Mortgage)과 차입자를 보호하기 위해 금리는 물론 상환기간 등 보다 강화된 재계약조건이 보장된 RRM(Renegotiated Rate Mortgage) 등이 있다. 원금상환유예대출은 일정기간 원금상환 없이 이자만 지급하는 대출이며, 금리조정가능대출은 차입자가 Payment Option을 가지는 대출을 말한다. 이들 대출은 대체로 소득이나 재산상황에 대한 증명이 덜 엄격하고 후순위담보(second lien) 등과 결합된 경우가 많다.

12) 미국의 주택담보대출은 일반적으로 차입자 보호를 위해 장기고정금리대출로 이루어지지만 장기변동금리대출의 경우 1987년 12월 전 기간 인상한도(lifetime cap)를 설정하여 대출금리를 일정수준 이상으로 인상하지 못하도록 법률로 규제하고 있으며 장기고정금리대출의 경우 조기상환수수료(prepayment penalty)를 부과하지 않고 있다. 독일 등 대부분의 유럽 국가들은 25~30년의 대출기간 중 초기 1~5년간은 고정금리를 유지하고 고정금리 적용기간 중에는 조기상환수수료를 부과하고 동 기간이 경과한 후 금리를 조정하는 차환대출(roll-over) 또는 금리재협상을 하는 형태가 주종을 이루고 있다. 동 대출의 경우 차입자가 금리위험을 부담하나 차입자가 스스로 금리 조정시 대출금리의 상한을 설정할 수 있는 금리위험 보험상품이나 금리상한 옵션계약(Interest rate cap) 등을 구입하여 이에 대처하고 있다.

13) 현재 서울보증보험(주) 등이 동 업무를 취급하고 있다. 차입자는 모기지 보험에 가입함으로써 담보인정비율(LTV) 한도를 일반비율보다 상향 인정받아 상대적으로 적은 초기부담금으로 주택구입

Mortgage-MBS swap을 통해 유동화를 하기도 한다. 동 스왑은 금융기관이 유동화기관에 주택담보대출채권을 매각하고 그 대가로 MBS를 지급받는 방식을 말한다.

주택금융공사는 고정금리부 모기지대출(fixed rate mortgage)을 취급하고 있다. 주택금융공사가 취급하는 대출은 최장 만기 30년으로 대출금의 상환은 원칙적으로 매월 원리금균등분할상환(1년의 거치기간 선택가능)조건이나 차입자가 대출원금의 20% 한도 내에서 만기일을 지정할 수도 있다. 차입자가 대출금을 만기 전에 상환할 경우에는 조기상환기간에 따라 조기상환수수료가 차등적으로 적용된다.

대출가능금액(LTV: Loan to Value)은 차입자의 상환능력(housing affordability)을 고려하여 담보자산가치의 최대 70% 이내에서 소득대비 상환액비율(DTI: Debt to Income)[14]에 따라 차등적으로 적용된다.

그러나 아직까지 우리나라 일반금융회사의 모기지 유동화가 활성화되지 못하고 있는 실정인바, 이는 모기지대출이 짧은 금리변동주기로 금리위험이 낮고 높은 조기상환률로 대출의 유동성도 높아 금융회사들이 유동화를 위해 주택금융공사에 대출을 매각하기보다는 자체 보유하려는 성향이 강하기 때문이다.[15] 따라서 일반금융회사가 취급하는 모기지대출의 유동화를 촉진하기 위해서는 장기고정금리대출을 늘리고 변동금리대출의 경우 금리변동주기를 보다 장기화해야 하는바, 이렇게 되기 위해서는 취급금융회사의 금리위험을 줄여 주는 방안이 강구되어야 한다. 구체적으로 단기조달·장기대출이란 기간불일치(maturity mismatch)를 해소하기 위한 장기사채발행 여건 마련, 장기고정금리대출의 조기상환위험을 억제하기 위한 적절한 조기상환수수료 부과 등 취급금융회사에 대한 인센티브의 제공이 필요하다.

이 가능하고 대출 금융회사는 증가된 신용위험의 일부를 모기지 보험회사에 전가함으로써 대출금 회수의 안정성을 확보할 수 있다.

14) 장기분할상환방식의 대출금액은 차입자의 매월 상환부담이 감내할 수 있는 수준이어야 한다는 의미에서 만들어진 기준으로 PTI(Payment to Income)비율이라고도 한다. 동 비율의 수준은 경기 상황에 따라 개략적인 기준(rule of thumb)은 25~40% 수준으로 운용되고 있다.

15) 최근 국내외를 막론하고 주택구입보다 주택임차가 늘어남에 따라 주택구매능력위기(housing affordability crisis)보다는 주택임차능력위기(rental affordability crisis)와 주택소유자가 주택값이 하락하면 주택을 팔지 않는 거래감소효과(housing lock-in effect)가 문제시되고 있다. 이에 따라 미국은 2012년 민간임대주택을 활성화하기 위해 주택임대수입을 기초로 발행하는 RBS(Rent Backed Security)의 활용이 늘어나고 있다.

5. 학자금대출

일반적으로 교육비는 소비지출로 분류되나 최근에 들어 교육비는 소비지출이 아니라 인적자본에 대한 투자라는 인식이 확대됨에 따라 교육투자에 대한 체계적인 지원제도가 확충되고 있다. 지금까지 학자금은 주로 피교육자 부모의 재정에 의존하여 왔으나 장학금이나 피교육자의 잠재능력을 담보로 하는 학자금대출제도의 확충 등이 그것이다.

현재 우리 정부가 대학생에게 등록금, 생활비 등을 학자금을 직접 지원하는 학자금대출은 2009년 한국장학재단이 설립되기 이전에는 은행 등 금융회사가 학자금을 대출하고 정부가 상환을 보증하는 보증부대출로 시행되었으나 동 재단이 설립된 이후에는 재단이 직접대출을 하고 있다. 대출의 종류로는 일반상환학자금대출과 든든학자금대출이 있다. 전자는 소득수준에 관계없이 대부분의 대학(원)생이 지원 대상이 되며 채무자는 졸업 후 최장 10년에 걸쳐 상환하여야 한다. 후자는 소득 7분위 이하의 저소득층 대학생을 대상으로 하며 채무자가 대학을 졸업한 후에 연간소득이 최저생계비와 물가상승률을 감안하여 교육부장관이 고시한 상환기준소득을 초과한 경우에 상환이 시작된다.[16]

6. 미소금융

제도권 금융기관 이용이 어려운 저소득자와 저신용자를 대상으로 자활에 필요한 창업자금, 운영자금 등을 무담보·무보증으로 지원하는 소액대출사업(Microcredit)으로 미소금융이 있다. 기업과 금융기관에서 출연한 기부금과 휴면예금 등의 자금을 재원으로 미소금융재단을 형성하여 운영한다. 대출금 지원대상은 개인신용등급 7등급 이하의 저소득·저신용 계층에 해당하는 자로, 2인 이상이 공동으로 창업하거나 사업자를 등록하여 운영 중인 경우에도 지원대상에 포함되며, 실제 운영자와 사업자 등록상의 명의자가 다른 경우는 지원대상에서 제외된다. 대출의 종류로는 프랜차이즈창업자금 대출·창업임차기금(사업장임차보증금) 대출·운영자금 대출·

---

16) 미국의 경우 대학생을 대상으로 연방정부가 보증하고 일반은행들이 대출하는 Stanford Loan, 빈곤한 대학생을 대상으로 하는 Perkins Loan 등이 있다. Stanford Loan의 경우 대학생이 졸업 후 6개월까지는 정부가 이자를 지급하는 Subsidized Loan과 대출 실행시부터 본인이나 부모가 이자를 부담하는 Non-Subsidized Loan이 있다. 이 밖에 학자금지원제도로는 극빈층을 대상으로 무상 지원되는 Pell Grant 등이 있다.

시설개선자금 대출·사업자무등록 자영업자를 위한 무등록사업자 대출 등이 있다.

<table>
<tr><td>제 4 절</td><td>대출담보제도</td></tr>
</table>

Ⅰ. 담보의 의의

대출은 대출금의 상환을 보장하기 위한 장치의 여부와 그 종류에 따라 신용대출(free loan)과 담보대출(secured loan)[17]로 구분할 수 있다.

신용대출은 차입자의 신용만을 믿고 대출금의 상환에 대한 보장조치 없이 실시하는 대출로 주로 신용도가 높은 고객과의 거래에 이용된다.

담보대출은 채권(債權, claim)의 변제를 보다 확실하게 하기 위해 담보를 확보하는 제도이다. 담보는 인적담보와 물적담보로 구분할 수 있다. 인적담보는 채무자 이외의 제3자의 신용이나 재산을 담보로 하는 것으로, 보증인이나 연대채무자 등 담보설정자의 신용이나 재산상태에 따라 담보가치가 결정된다. 물적담보는 채권의 변제를 담보하기 위해 재화 또는 권리에 대해 담보물권을 설정하는 것으로 대출채권을 변제받지 못할 경우 채권자는 경매 등을 통해 담보목적물을 환가하여 다른 채권에 우선하여 변제받을 수 있다.[18]

저당권(mortgage)이나 질권(pledge) 등 담보물권은 채권자평등원칙이 배제되어 다른 채권에 비해 우선적으로 변제를 받을 수 있는 효력이 있다.[19] 담보물권은 이

---

17) 담보의 개념을 금전채권의 일반적 효력을 보장하여 채권 실현을 확보하기 위한 수단으로 넓게 파악하는 견해에 의하면 보증대출은 인적담보대출로, 담보대출은 물적담보대출로 부를 수 있을 것이나 여기서는 편의상 담보의 개념을 특정한 재산으로부터 다른 채권자보다 대출을 우선적으로 변제받을 수 있는 수단으로 정의하기로 한다.

18) 물권(物權: real right)은 특정한 물건을 직접 지배하여 이익을 얻을 수 있는 배타적 권리이다. 물권과 채권은 재산권이라는 점에서 공통적이지만 물권은 물건을 직접 지배하는 권리인 데 비해, 채권은 특정인에게 급부나 특정행위를 청구할 수 있는 권리로 간접적으로 물건을 지배한다. 따라서 동일한 물건에 대해 물권과 채권이 경합하는 경우 그 성립시기와 관계없이 원칙적으로 물권이 채권에 우선한다.

19) 담보물권은 통상 부종성, 수반성, 불가분성 및 물상대위성이 있다. 부종성이란 담보물권은 채권의 담보를 목적으로 하는 것이므로 피담보채권이 존재하여야만 존재한다는 것으로 피담보채권의 시효완성이나 기타 사유로 소멸한 때에는 담보물권도 소멸하고 담보물권과 피담보채권은 분리하여

와 같은 성격으로 인해 채무자에게 채무변제를 위한 심리적 압박을 가하는 효력도 있어 채무자의 영업활동의 부진이나 도덕적 해이에 따른 대손위험(default risk)을 줄일 수 있다. 따라서 담보목적물은 대출채권을 쉽게 확보할 수 있을 정도로 그 처분가치(liquidation value)가 크고 시장성이 높지 않으면 안 된다.

현재 우리나라 금융기관의 경우 담보대출, 그중에서도 특히 부동산담보대출이 가장 보편화되어 있는바, 이 점이 우리나라 금융산업 낙후성의 주된 원인으로 지적되기도 한다. 그러나 이와 같은 지적은 결과론적인 현상만을 본 것으로 그 원인에 대한 이해가 결여된 것임을 또한 지적하지 않을 수 없다. 정보의 비대칭이 극심하여 차입자에 대한 신용분석이 어려운데다 신용사회의 미정착으로 인한 차입자의 고의적인 채무불이행 등이 금융기관으로 하여금 담보대출을 고집하지 않을 수 없게 하고 있는 면도 있기 때문이다.

이 밖에 담보를 설정하는 이유는 반드시 대출자의 이익만을 위한 것은 아니다. 신용도가 낮은 차입자가 담보를 제공함으로써 보다 많은 금액의 대출을 받거나 낮은 대출이자율을 적용받을 수 있는 일면도 있기 때문이다. 그러나 일반적으로 담보대출이 차입자에게 장점보다는 부담이 되는 것만은 사실이다. 또한 금융기관 측면에서 볼 때도 과도한 담보대출 의존은 역기능이 크다. 담보에 안주하여 차입자에 대한 신용분석이나 감시를 소홀히 할 유인이 존재하기 때문이다.

이하에서는 현재 가장 보편적으로 이용되고 있는 담보대출의 종류와 그 특성을 소개한다.

II. 담보대출의 종류와 그 특성

1. 부동산담보대출

부동산은 담보권이 등기에 의해 보전되고 그 가치의 평가와 담보물건의 관리가 비교적 용이하기 때문에 대출에 대한 담보로서 가장 많이 이용된다. 우리나라

처분할 수 없다는 것을 말하고 수반성은 담보물권은 피담보채권이 이전되면 담보물권도 이에 따라 이전한다는 것을 말한다. 불가분성은 담보물권은 피담보채권의 전부에 대한 변제를 받을 때까지 목적물 전부에 대해 효력이 미친다는 것을 말하고 물상대위성은 담보목적물의 훼손·멸실 또는 공용징수 등으로 인해 채무자가 금전이나 기타 물건 등으로 받을 경우 동 가치변형물에 대해서도 담보물권자가 담보물권을 행사할 수 있다는 것을 말한다.

의 경우 현재 부동산에 대해 가장 많이 이용되고 있는 담보설정방식은 저당권, 가등기담보권 및 양도담보권방식 등이다.

저당권은 채무자 또는 제3자(물상보증인[20])가 점유를 이전하지 아니하고 채무의 담보로 제공한 부동산이나 기타 목적물에 대해 우선변제를 받을 수 있는 담보물권이다. 저당권자는 일반채권자에 비해 일부 예외[21]를 제외하고는 언제나 우선한다. 저당권은 피담보채권의 원본 외에도 그 이자, 위약금, 채무불이행으로 인한 손해배상 및 저당권의 실행비용도 담보한다. 저당물의 소유자가 파산한 경우에는 저당권자는 별제권을 행사할 수 있다(「통합도산법」 제84조).

「민법」상 저당권의 객체는 부동산과 지상권 및 전세권이다.[22] 저당권은 당사자간에 저당권설정계약을 체결하고 관할등기소에 신청하여 저당권설정등기를 함으로써 설정된다. 등기하여야 할 사항은 채권자, 채권액, 변제기, 이자 및 그 지급시기 등이며 이 밖에 당사자간 또는 「민법」(제358조 단서)상의 약정이 있거나 약정채권이 조건부인 경우에는 그 약정과 조건의 내용을 기재하여야 한다(「부동산등기법」 제140조).

대출과 상환이 반복되는 경우 특수한 저당권인 근저당권이 많이 이용된다. 근저당권은 계속적인 거래관계로부터 발생하는 불특정한 채권을 장래의 결산기(통상 법원의 경매개시결정 확정일)에 가서 일정한 한도(등기부상 설정최고액)까지 담보하는 저당권이다.

보통의 저당권은 1회의 거래로 끝나는 채무관계를 담보하는 데는 효과적이나 대출과 상환이 반복적으로 계속되는 거래의 경우에는 매우 불편하다. 왜냐하면 대출의 상환과 실행이 이루어질 때마다 저당권의 말소와 신규설정이 반복되어 시간과 비용의 낭비를 수반하기 때문이다.

---

20) 채무자 이외의 제3자가 자신이 소유하는 물건을 저당권 등 물적담보로 제공하는 것을 물상보증이라 한다. 물상보증인은 그 담보물의 한도 내에서 유한책임을 부담하는바, 자신의 전 재산을 책임재산으로 하여 무한책임을 지는 보증인과 차이가 있다.

21) 「주택임대차보호법」 및 「상가건물임대차보호법」에 의거 저당권 설정일보다 먼저 대항요건(주택의 인도와 주민등록, 상가의 경우 건물의 인도와 사업자 등록)과 계약서상 확정일자를 갖춘 임차인은 저당권자에 우선하여 보증금을 변제받을 수 있다. 특히 주택 및 상가건물임차인의 소액보증금은 주택 및 상가건물에 관한 경매의 등기 전에 대항요건을 갖추는 것을 전제로 하여 언제나 다른 담보권자에 우선한다.

22) 「민법」 이외의 특별법에서 인정되는 저당권의 객체로는 선박, 수목의 집단, 광업권, 어업권, 공장재단, 광업재단, 자동차, 항공기, 건설기계 등이 있다.

근저당권은 다시 근저당권 설정계약시에 이미 체결되어 있는 특정의 거래계약(예컨대 1996년 5월 5일자 어음할인계약 등)만을 대상으로 하는 특정근저당권, 근저당권 설정시 이미 체결되어 있는 거래계약인지 여부와 관계없이 특정한 종류의 거래계약(예컨대 어음할인계약, 당좌대출계약 등)을 예시적으로 열거하고 그 거래계약과 관련하여 발생하는 채무를 대상으로 하는 한정근저당권, 거래계약의 종류를 한정하거나 예시함이 없이 채무자가 채권자에게 현재 부담하고 있거나 장래 부담하게 될 일체의 채무를 대상으로 하는 포괄근저당권이 있다.

특정근저당은 특정한 거래계약으로부터 발생하는 불특정한 채무를 담보로 한다는 점에서 채무가 특정된 보통 저당권과 개념상 다르나 대부분의 금융기관들이 보통 저당권 대신에 특정근저당을 이용하면서 특정채무를 담보목적으로 운용하고 있어 실질적으로는 양자간의 차이점이 거의 없다.

특정근저당의 경우 당해 대출의 재취급(재대출)이나 다른 대출로의 대환시 담보가 불가능하나 한정근저당과 포괄근저당의 경우 재대출이나 대환시도 담보가 가능하다. 특히 포괄근저당의 경우 단 한 번의 설정으로 계속적인 대출거래를 할 수 있으므로 시간과 설정비용이 절감되고 채무자 본인의 채무는 물론 보증채무까지 설정최고액범위 내에서 우선변제를 받을 수 있는 이점으로 인해 금융기관들이 선호한다.

그러나 포괄근저당은 저당권의 부종성을 무의미하게 하고 채무자에게 지나치게 과다한 책임을 부과하는 일면이 있다. 담보부동산의 매매를 위하여 근저당권 말소를 하고자 하더라도 당해 대출건은 물론 다른 보증채무건도 같이 정리되어야 한다든가 담보부동산의 채무잔액을 떠안는다는 조건으로 매매를 하였다 하더라도 후에 예상할 수 없었던 전 소유자(담보대출상의 채무자)의 보증채무건으로 인하여 현 소유자가 동 채무를 부담하게 되는 것 등이 그 예이다. 이와 같은 문제로 말미암아 최근의 대법원 판례는 개인채무자의 경우 설정건 외의 채권은 포괄성을 부정하여 포괄근저당권의 피담보채권의 범위에 포함시키지 않는 경향이 있으며,[23] 「민법」 개정(안)에서도 무제한적 포괄근저당권을 금지하기로 규정함으로써 채무자와 근저당권 설정자를 보호하고자 했다.[24]

---

23) 대법원 1982. 12. 14. 선고, 82다카413(공보 698-276).

24) 금융감독당국은 신규대출뿐 아니라 만기 연장, 재약정, 대환 등 기존대출을 갱신할 때도 은행이 개인에게 포괄근저당을 요구하지 못하도록 감독규정에 명시하고 있다. 2010년 「은행법」 개정으로 포괄근저당을 원칙적으로 금지하였으나 은행들이 예외적 허용 조항을 이용해 이를 회피하는 일이

　　가등기담보권제도란 대물변제(代物辨濟)의 예약이나 매매의 예약을 원인으로 한 소유권이전청구권 보전의 가등기를 이용하는 담보제도이다. 대물변제의 예약이란 채무자가 채무를 상환하지 못하면 채무자는 채권자의 요청에 따라 담보물건을 채무에 대한 대물변제로서 채권자 앞으로 담보물의 소유권을 이전한다는 것이고, 매매의 예약이란 채무를 상환하지 못하면 원금과 소유권이전시까지의 이자의 합계액으로 채권자가 담보물건을 매수하기로 약정하는 것으로 양자 모두 약정에 의하여 가등기담보계약을 체결하고 가등기를 함으로써 설정된다.

　　채무자가 채무를 상환하면 가등기를 말소하고 제대로 상환하지 못하면 채권자는 가등기해 둔 예약완결권(본계약을 체결할 수 있는 권리)을 행사하여 담보물건에 대한 소유권이전 본등기를 함으로써 동 물건의 소유권을 취득한다. 가등기담보권제도는 종래에도 소유권이전청구권보전의 가등기를 통하여 사실상 담보로서의 기능을 해 오다가 「가등기담보 등에 관한 법률」의 제정으로 법률상의 담보제도로 인정되었다. 동 법은 차입자 보호를 강화하기 위해 담보물가액이 담보채권액을 상회하는 경우 채권자는 동 차액을 정산하여 채무자에게 지급하도록 규정하고 있다.

　　가등기담보권제도는 저렴한 비용으로 후술하는 양도담보의 효과를 얻을 수 있다는 이점이 있는 반면 담보채권액, 채무자, 변제시기, 이자 등 피담보채권의 내용이 등기에 의해 공시되지 않기 때문에 후순위담보권의 설정을 곤란하게 함으로써 채무자나 담보제공자의 입장에서 볼 때 담보가치의 효율성을 저해한다는 약점이 있다.

　　양도담보권이란 채권담보를 목적으로 채권자에게 목적물의 소유권을 이전하여 채무자가 채무를 이행하지 않으면 그 소유권을 채권자에게 확정적으로 귀속시키고 채무를 이행하면 소유권을 채무자에게 되돌려주는 방식(reconveyance)이다. 양도담보는 담보권자가 점유개정[25]에 의하여 채무자로 하여금 담보목적물의 점유를 가능하게 함으로써 채무자는 담보로 제공한 시설이나 부동산을 점유하여 사용할

　　많았기 때문이다. 법인대출의 경우에도 포괄근저당을 원칙적으로 금지하되 고객에게 유리하고 당사자가 원할 경우에만 허용된다. 한편 특정채무에만 적용되는 한정근저당의 책임범위도 최소화하여 은행들이 한정근저당 종류를 여러 가지로 지정하는 방법으로 사실상 포괄근저당처럼 활용하는 것을 막고 있다.

25) 점유개정이란 동산이나 부동산에 관한 물권을 양도하는 경우에 당사자의 계약으로 양도인이 그 물건의 점유를 계속하는 때에는 양수인이 이를 인도받은 것으로 보는 것을 말한다(「민법」 제189조).

수 있다. 양도담보의 담보목적물로는 주로 동산과 부동산이 이용되지만 최근에는 주식, 채권, 선하증권 등의 증권과 동산집합물, 무체재산권 등으로 확대되고 있다.

양도담보권은 그 설정을 목적으로 하는 계약(양도담보계약)과 목적권리의 이전에 필요한 공시방법(소유권이전등기)을 갖춤으로써 성립한다. 양도담보는 등기부상의 소유자명의를 채권자 앞으로 이전시켜야 하기 때문에 비용이 많이 들고 비록 담보물건이라 하더라도 금융기관이 타인소유 부동산의 소유자가 된다는 것이 거래관행상 부적절하여 금융기관에서는 부동산담보로는 잘 이용되지 않는다.

2. 동산담보대출

1) 동산등기

지금까지 동산을 담보로 잡는 것은 공시방법의 불완전으로 인해 담보관리가 어렵기 때문에 담보로서 활용되는 것이 미미하였고 일부 기계 등을 대상으로 담보를 잡는다고 해도 확정일자, 공증 등을 받은 양도담보계약서를 통해 주담보가 아닌 보조담보로 활용하는 데 그쳐 권리관계가 명확하지 않았다.

이에 정부는 동산·채권 등을 목적으로 하는 담보권과 그 등기에 관한 사항을 규정하여 기업의 자금조달을 원활하게 하기 위해 「동산·채권 등의 담보에 관한 법률」을 제정(2012년 6월 시행)하였다. 동 법의 시행으로 담보등기에 의한 공시효과를 통해 동산의 권리관계가 명확하게 되고 제3자에 대한 대항력이 발생하여 금융기관은 기계·기구, 재고자산, 매출채권 등 거의 모든 동산 및 지적재산권을 담보로 여신의 취급이 가능하게 되었다.[26] 그러나 아직까지 동산담보대출은 활성화되지 않고 있는데, 그 이유로는 담보물 처분의 어려움, 이중담보제공 우려, 담보물 추적의 어려움 등 담보권 실행의 불확실성 및 담보물 평가의 어려움 등을 들 수 있다. 그러나 앞으로 사물인터넷의 발달, 빅데이터의 활용 확대 등을 감안할 때 동산담보대출의 잠재력은 높다고 할 것이다.

한편 지적재산권을 담보로서 이용하는 것을 보다 용이하게 하기 위해 등록원

---

26) 다음 각 호의 어느 하나에 해당하는 경우에는 이를 목적으로 하여 담보등기를 할 수 없다(제3조 ③)

    1. 「선박등기법」에 따라 등기된 선박, 「자동차 등 특정동산 저당법」에 따라 등록된 건설기계·자동차·항공기·소형선박, 「공장 및 광업재단 저당법」에 따라 등기된 기업재산, 그 밖에 다른 법률에 따라 등기되거나 등록된 물건

    2. 화물상환증, 선하증권, 창고증권이 작성된 동산

    3. 무기명채권증서 등 대통령령으로 정하는 증권

부에 등록한 다수의 지적재산권을 공동으로 담보로 제공한 경우 지적재산권 등록
원부에 등록하는 방법에 의하여 담보제공이 가능하도록 하였다. 동 법에 따르면
기업은 동산 또는 금전의 지급을 목적으로 하는 지명채권 등에 대해 담보권(근담보
권27) 포함)을 등기할 수 있으며 다수의 동산·채권 또는 장래에 발생하는 동산 또
는 채권도 담보권의 목적으로 할 수 있다. 담보권설정자의 자격은 법인 및 상호등
기를 한 자로 제한한다. 이는 개인들도 담보권을 설정할 수 있도록 하는 경우 사
채업자 등이 이를 악용할 가능성이 있고 이를 취득하는 제3자와의 권리관계가 복
잡해지는 등 거래의 안전을 저해할 우려가 있는 점 등을 고려한 것이다.

담보목적물에 대한 권리관계를 확인하기 어려운 담보권자를 보호하기 위하여
동산 또는 채권을 목적으로 하는 담보권을 설정하려는 자는 담보약정을 할 때 담
보목적물의 소유 여부, 담보목적물에 관한 다른 권리의 존재 유무를 명시하여야
한다. 동산담보권의 경우 담보등기부에 등기를 하여야 효력이 발생하고, 동일한 동
산에 설정된 동산담보권의 순위는 등기의 순위에 따른다. 그리고 동일한 동산에
관하여 담보등기부의 등기와 「민법」의 규정에 따른 통지 또는 승낙이 있는 경우
제3채무자 외의 제3자에 대한 권리는 등기와 그 통지의 도달 또는 승낙의 선후에
따른다.28)

채권담보의 경우 그 득실변경은 채권담보등기부에 등기한 때에 제3채무자 이
외의 제3자에게 대항할 수 있다.29) 이는 「민법」에서 인정하는 채무자 이외의 제3
자에 대한 대항요건, 즉 확정일자 있는 증서에 의한 통지·승낙과 같은 효력을 인
정하는 것이다. 따라서 동일한 채권에 관하여 채권담보등기부에의 등기와 「민법」
에 의한 확정일자 있는 증서에 의한 통지·승낙이 모두 있는 경우에 제3채무자 이
외의 제3자에 대한 권리 주장은 그 등기와 통지·승낙의 선후에 따라 그 권리를 주
장할 수 있다. 그러나 위와 같이 등기하였다고 하여도 제3채무자에 대하여는 제3
채무자 관련 통지·승낙이 있어야 대항할 수 있다.

---

27) 근질(根質), 근저당, 근보증을 포함한다. 근질이란 계속적인 거래관계로부터 장차 생기게 될 다수
의 불특정채권을 담보하기 위해 설정되는 질권을 말한다.

28) 2014년 7월부터 동산담보의 인터넷 등기(www.iros.go.kr)가 가능해져 동산담보권을 쉽게 설정하
고 권리관계도 간단하게 확인할 수 있다. 자세한 사항은 대법원 사법등기국, 「동산·채권담보등
기시스템 안내」 2016. 4. 22. 참조.

29) 「소송법」에서 제3채무자라 함은 A가 B에게 채권을 가지고 있고 B가 C에게 채권을 가지고 있
는 경우 A와의 관계에서 C를 말하고 제3자라 함은 당사자 및 포괄승계인을 제외한 모든 자를
말한다.

담보권자는 담보목적물에 대하여 다른 채권자보다 우선변제를 받을 권리를 가지고 피담보채권 전부를 변제받을 때까지 담보목적물 전부에 대하여 권리를 행사할 수 있다. 담보권자는 담보목적물에 부합된 물건과 종물(從物) 및 담보권자가 담보목적물에 대한 압류 또는 인도청구 후 수취하거나 수취할 수 있는 담보목적물의 과실에 대하여 권리를 행사할 수 있다. 담보권자는 담보권을 피담보채권과 함께 양도할 수 있고 담보목적물의 멸실·훼손·공용징수뿐만 아니라 매각·임대의 경우에도 물상대위권을 행사할 수 있다.

담보권설정자의 책임 있는 사유로 인하여 담보목적물의 가액이 현저히 감소된 때에는 담보권설정자에게 그 원상회복 또는 적당한 담보의 제공을 청구할 수 있고 제3자의 담보목적물 점유침탈 등에 대하여 담보목적물의 반환청구권, 방해제거청구권 및 방해예방청구권을 행사할 수 있다. 담보권을 행사하는 경우 동산담보권에는 경매 외에 담보권자가 담보목적물을 취득하거나 직접 처분하는 방법 등을 폭넓게 허용하여 담보목적물의 환가 과정에서 발생되는 가치하락을 최소화하였다.

피담보채권의 대부분이 상사채권이고 피담보채권이 소멸되면 담보권도 소멸되는 점 등을 고려하여 담보등기의 존속기간은 상사채권의 소멸시효인 5년을 초과할 수 없도록 하되, 담보등기에 관하여 연장등기를 할 수 있다.

2) 「민법」에 의한 담보제도

매출채권담보대출이란 외상매출금, 받을어음 등 매출채권을 담보(pledging of receivables)로 하는 대출이다. 기업자산으로서 매출채권의 규모가 커짐에 따라 담보로서 설정된 기존 매출채권이 새로운 매출채권으로 계속해서 대체됨으로써 매출채권담보대출은 사실상 대출한도거래와 비슷한 계속금융(continuous financing)이 되고 있다.

우리나라의 경우 동산을 담보로 하는 대출제도를 기술한 「동산·채권 등의 담보에 관한 법률」 외에 「민법」에 의한 담보제도와 어음할인 및 팩토링제도, 대리수령 및 납입지정 등이 있다.

「민법」에 의한 담보제도로는 질권, 양도담보 등을 들 수 있다. 질권(pledge)이란 제한물권의 하나로 목적물이 동산(movables)인 동산질권과 재산권(property rights)인 권리질권으로 구분된다.[30] 동산질권은 채권자가 채권의 담보로서 채무자 또는 제3자(물상보증인)로부터 받은 물건(또는 재산권)을 점유, 채무의 변제가 있을 때까지

---

30) 「민법」은 부동산에 대해서는 질권의 설정을 허용하지 않는다.

유치하고 채무의 변제가 없는 때에는 그 목적물로부터 우선적으로 변제를 받는 권리를 말한다(「민법」 제329조, 제345조).

동산질권은 당사자간의 질권설정 계약과 목적물인 동산의 인도에 의해 설정된다.[31] 동산질권은 저당권과 같이 원칙적으로 당사자간의 계약에 의해 성립하는 약정담보물권이지만 목적물의 점유를 질권설정자로부터 질권자로 이전한다는 점에서 질권설정자가 목적물을 점유하고 사용·수익하는 저당권과 차이가 있다.

권리질권은 재산권을 목적으로 하는 질권으로 권리의 행사 또는 처분을 제한함으로써 우선변제를 받을 수 있는 권리를 확보하는 것이다. 권리질권의 목적물은 주로 재산권이 표상된 증권으로 채권질권이나 지적재산권 등이 그 전형이다.[32] 권리질권의 설정은 법률에 다른 규정이 없으면 그 권리의 양도에 관한 방법에 의하여야 하는바, 채권질권도 권리질권인 이상 그 설정은 채권의 양도방법에 의하여야 한다(「민법」 제346조).

채권질권은 당사자간의 설정계약과 그 공시방법을 갖춤으로써 설정되며 설정방법은 목적이 되는 채권의 종류에 따라 달라진다. 채권의 변제를 받을 자가 특정된 지명채권을 입질하는 경우에는 채권증서가 있으면 그 증서를 질권자에게 교부함으로써 그리고 채권증서가 없으면 질권설정의 합의만으로 그 효력이 생긴다. 지명채권을 목적으로 하는 질권의 설정은 채권의 양도와 같이 질권설정 사실을 채무자에게 통지하거나 채무자가 입질을 승낙하지 않으면 이로써 채무자나 제3자에게 대항하지 못한다(「민법」 제349조 ①).

채권자가 변제받을 자를 지시할 수 있는 지시채권의 입질은 그 양도와 같이 증서에 배서하여 질권자에게 교부하여야 효력이 발생하고 특정인을 권리자로 기재하지 않은 무기명채권의 입질은 그 증서를 질권자에게 교부하여야만 효력이 생긴다. 저당권에 의해 담보되어 있는 저당권부채권의 입질은 그 저당권등기에 질권을 설정하였다는 부기등기를 하여야만 질권의 효력이 저당권에도 미친다.

채권질권의 목적이 될 수 있는 채권은 권리질권의 일반원칙에 따라 양도할 수 있는 채권이어야 한다. 매출채권은 일반적으로 양도할 수 있으므로 질권의 목적이 될 수 있다. 매출채권담보대출은 질권설정자인 차입자가 매출채권을 금융기관에

---

31) 여기서 인도는 반드시 현실의 인도일 필요는 없으며 간이인도, 목적물반환청구권의 양도에 의한 인도라도 무방하다.

32) 지상권, 전세권, 부동산임차권 등 부동산의 사용·수익을 목적으로 하는 용익권에 대해서는 그 성질상 질권의 설정이 금지된다.

질물로 제공하는 방식으로, 질권자인 금융기관은 매출채권의 변제기가 도래하면 매출채권을 직접 청구하거나 「민사집행법」에서 규정한 채권의 추심·轉付(압류된 채권을 채권자에게 이전하는 명령) 및 환가 등의 집행방법에 따라 질권을 설정할 수 있다(동 법 제273조). 기타의 권리질권은 주식의 경우 「상법」, 특허권 등 지적재산권의 경우 각각의 특별법에서 정하고 있다.

매출채권양도담보는 채권담보만을 목적으로 매출채권을 양도하는 것을 말한다. 양도담보의 효력이 제대로 발생하기 위해서는 채권증서의 교부 또는 배서교부 등 권리이전에 필요한 공시방법이 필요하고 매출채권의 양도와 관련하여 지명채권의 양도에 직접 관여하지 않은 채무자나 제3자를 보호하기 위해 채무자 또는 제3자에 대한 대항요건33)을 갖추어야 한다. 그러나 이와 같은 대항요건을 갖추는 데에는 많은 비용과 시간이 소요되어 현실적으로 대항요건의 구비가 어려울 뿐만 아니라 대항요건 구비를 위하여 채무자통지 등을 하더라도 대항요건 구비 여부에 대하여 추후 다툼의 여지가 있어 매출채권양도담보에 대한 법적보호가 미흡한 실정이다.

어음할인은 만기가 도래하지 않은 어음을 배서양도(endorse)의 방식으로 매각하는 것으로 할인의뢰인과 할인인간의 법률관계는 어음매매의 성격을 갖는다. 팩토링은 원칙적으로 고객(client)이 매출채권을 상품송장(invoice) 그대로 무소구조건(without recourse)으로 팩터에게 양도하는 것이나 우리나라의 경우 대부분이 소구조건부와 상품송장이 아닌 은행도어음을 할인(bill discounting)하는 형식을 취하고 있어 어음할인과 별로 다른 점이 없다.

우리나라에서 순수한 의미의 팩토링이 활성화되지 못하는 이유 중의 하나로 매출채권양도담보의 경우와 마찬가지로 「민법」상 채권양도의 대항요건 문제를 지적하기도 한다. 따라서 매출채권금융을 원활하게 하기 위해서는 「민법」상 지명채권양도에 대한 특례로서 매출채권양도에 대해서는 대항요건을 완화하거나 매출채권 자체를 지시채권화하는 방안을 강구하자는 주장이 제기되고 있다.

대리수령이란 담보목적을 위해 성립된 채권수령권을 위임하는 것을 말한다. 예컨대 금융기관이 공사자금을 융자함에 있어 채무자가 공사발주자에게 가지는 대

---

33) 지명채권 양도의 경우 양수인이 채무자에게 대항하기 위해서는 양도인이 채무자에게 통지하거나 채무자가 승낙하여야 하고, 채무자 이외의 제3자(채무자의 일반채권자 등)에게 대항하기 위해서는 기술한 통지나 승낙은 확정일자 있는 증서에 의하여야 한다.

금채권에 대한 추심위임을 받아 대리권을 취득하고 이에 의거하여 추심한 금전으로 채무자에 대한 채권의 변제에 충당하는 방식을 들 수 있다. 이 경우 당해 채권에 대해 양도나 입질을 금지하는 특약을 붙임으로써 담보적 효력을 강화하고 있다.

납입지정이란 금융기관이 채무자의 거래상대방에 대한 대금채권을 담보로 대출을 하는 경우 동 금융기관에 설치된 채무자의 예금계좌에 대금을 납입하게 함으로써 채권변제에 충당할 것을 약정하는 담보방식을 말한다. 이 경우 금융기관과 채무자 간에 납입금의 변제충당 또는 상계의 특약을 함으로써 담보적 기능을 가지는바, 법적 성격과 제3자에 대한 효력은 대리수령과 같다.

이와 같이 우리나라의 경우 매출채권을 담보로 하는 대출제도가 있으나 아직까지 이에 대한 법적 보호장치가 미흡하고 대부분의 금융거래가 어음할인의 형태로 이루어지고 있어 매출채권담보대출은 실적이 미미하다.

3) 재고자산담보대출

재고자산담보대출(inventory loan)은 원재료, 제품, 상품 등 재고자산을 담보로 한 대출이다. 어떤 재고자산이 담보로서 가치가 있는지 여부는 그 자산의 성격, 시장의 안정성, 가격의 안정성, 부패성(perishability) 및 부보가능성(insurability) 등이 주요한 요소가 된다.

재고자산은 쉽게 현금화되거나 이동이 용이하기 때문에 채권자가 담보로서 관리하기가 매우 힘들다. 따라서 담보로 된 재고자산은 원칙적으로 차입자 또는 담보제공자의 수중에서 떠나 채권자의 엄격한 통제하에 두는 것이 보통이다. 미국, 일본 등 선진국의 경우 동산에 대해 등기를 통한 담보권 설정이 가능하여 재고자산, 매출채권, 설비 등 동산을 담보로 한 대출이 활발하다. 동산이 담보물건으로 활용되기 위해서는 담보권 설정 이후에도 담보물건이 불법적으로 매매 사용되지 않도록 담보물건의 위치를 추적할 수 있어야 하는바 현재로서는 담보물건에 스티커를 붙이는 정도이다. 이 문제를 근본적으로 해결하기 위해서는 위치정보산업에 대한 진입규제가 완화되어야 할 것이다.

우리나라의 경우 재고자산을 담보로 하는 금융제도로 집합물양도담보를 들수 있다.[34] 집합물이란 다수의 물건이 계속적인 공동목적에 의해 객관적으로 결합

---

34) 물권은 하나의 물건 위에 성립한다는 것이 일물일권주의 원칙이다. 따라서 원칙적으로 물건의 집단 위에 하나의 물권이 성립할 수는 없다. 그러나 복수의 물건이 단일한 경제적 목적으로 사용되고 있는 경우 이를 하나의 물건처럼 간주할 필요가 있는 경우도 있다. 집합물양도담보제도는 이러한 필요성에서 도입된 제도이다.

되어 있어 일반 거래관념상 단일한 것으로 취급되는 것으로 원료, 재공품, 제품 등과 같은 재고자산이 전형적인 예다. 재고자산은 기업활동에 계속적으로 사용되는 것이기 때문에 점유를 이전하거나 유치적 효력35)을 확보하기도 곤란하므로 동산질권의 목적으로 하기도 어렵다. 따라서 이러한 동산에 대해서는 담보를 목적으로 일괄적으로 권리를 이전하는 양도담보가 주된 담보방법이 될 수 있다.

집합물에 대한 양도담보권 설정계약이 이루어지면 그 집합물을 구성하는 개개의 물건이 변동되거나 변형되더라도 양도담보권의 효력은 현재의 집합물전체에 미치게 된다. 집합물양도담보의 공시방법은 점유개정이다. 집합물양도담보가 성립되기 위해서는 점유개정에 의한 점유이전이 있어야 하며 목적물의 범위가 특정되어야 한다. 즉 특정창고나 공장 등 목적물이 소재하는 장소와 그 내용의 종류와 수량 등이 명확하게 표시되어야 한다.

4) 창고증권담보대출

창고증권담보대출(warehouse receipt financing)은 담보자산을 차입자로부터 격리하여 창고회사가 보관하고 창고회사가 발행하는 창고증권을 담보로 대출하는 방식을 말한다. 우리 「상법」(제159조)의 경우 창고업자에 대한 임치물반환청구권(delivery order)을 표창하는 유가증권인 창고증권에 대한 입질제도가 이에 해당한다고 하겠다.

창고증권 입질은 채권자와 채무자가 창고증권에 대해 질권설정계약을 체결하고 이를 채권자에게 교부함으로써 성립한다. 창고증권의 교부는 임치물을 단순히 창고증권소지인에게 인도할 것을 위탁하는 증거증권인 임치물 수령증과는 달리 표창하는 상품을 인도하는 효력을 갖는다. 따라서 창고증권 입질제도는 상품의 인도청구권을 입질하는 것이 아니라 상품 자체를 입질하는 효력이 있다.

임치인은 질권자의 승낙이 있으면 피담보채권의 변제기 이전이라 하더라도 창고업자에 대해 임치물의 일부반환을 청구할 수 있으나(「상법」 제159조) 실제 거래관행은 당사간의 특약에 의해 일부출고를 거절하는 권리를 규정하는 것이 보통이다. 일부출고를 허용할 경우 담보권의 확보에 어려움이 따르기 때문이다. 담보물을 창고회사의 창고에 보관할 경우 채무자는 창고사용료를 부담해야 한다.

이러한 부담을 줄이기 위해 미국에서는 보관장소를 채무자의 구내에 별도의 지역을 구분하여 설치하는 제도(field warehousing)를 이용하는 경우도 있다. 이 경우

---

35) 유치권이란 담보권자가 채권을 변제받을 때까지 담보물을 유치할 수 있는 물권으로 채무자의 사용을 막고 채무자에게 심리적 압박을 가하여 채무변제를 촉구할 목적으로 이용된다.

담보자산의 입출관리는 별도로 고용된 창고회사의 직원이 담당한다.

5) 유가증권담보대출

유가증권담보대출(loan secured by securities)은 국공채, 회사채, 주식, 생명보험증
서36) 등의 유가증권을 담보로 대출을 하는 것을 말한다. 유가증권을 담보로 취득
할 경우 채권자는 채무자 또는 제3자로부터 당해 유가증권을 교부받아 점유하고
채무자가 변제기에 채무를 변제하지 않을 경우 이를 처분하여 우선적으로 변제받
을 수 있는 질권을 설정하는바, 구체적인 담보취득절차는 기명의 유가증권은 등록
기관 또는 발행기관에 담보제공자와 채권자의 연서로 등록청구서를 제출하거나 질
권설정을 통지하여 이를 등록하고 질권등록필통지서 또는 질권설정승낙서를 받는
다. 그리고 이표(coupon)가 붙어 있는 유가증권은 이표와 함께 담보를 취득한다.

유가증권담보는 담보권 설정이 비교적 간편하고 채무불이행시 담보권의 실행
이 용이하다는 장점이 있는 반면 부동산이나 동산에 비해 유가증권 발행인의 재정
이나 경영상태, 경기변동 등에 따라 유가증권가치의 변동성이 커 담보가치로서는
다소 안정성이 덜하다는 점이 약점으로 지적되고 있다. 따라서 유가증권을 담보로
대출을 함에 있어서는 당해 유가증권의 가치의 안정성과 시장성, 신용도 등 증권
자체의 질적 성격에 대한 평가가 매우 중요하다.

이 밖에도 담보제공인이 담보증권의 적법한 소유자(legal ownership)인가, 담보증
권이 등록증권인 경우 적법한 위임 또는 배서절차가 이루어졌는가, 담보증권의 소
유자가 2인 이상의 공동소유인 경우 공동소유자 전원이 담보제공에 동의하였는가
등에 유의하여야 한다.

6) 지적재산권담보대출

지적재산권담보대출(loan secured by intellectual property rights)은 특허권, 실용신안
권, 저작권 등 배타적 사용권을 가지는 무형의 재화에 대해 질권 등을 설정, 권리
를 보전하고 대출채권을 상환받지 못할 경우 동 권리를 양도명령 또는 매각명령 등
의 특별환가방법(「민사소송법」 제574조)으로 처분하여 대출채권을 보전하는 방식의 대
출을 말한다.

양도명령이란 압류재산권을 법원이 정한 가액으로 지급에 갈음하여 채권자에
게 양도할 것을 명하는 명령이고 매각명령은 추심에 갈음하여 법원이 정한 방법으

---

36) 생명보험연계저당대출(mortgage endowment)이 그 예다. 동 대출은 대출기간 중에는 이자만 납
    입하고 원금은 생명보험에 가입하여 만기시 도래한 보험금으로 상환하는 방식이다.

로 당해 재산권의 매각을 집달관에게 명하는 명령을 말한다. 그러나 물적담보의 경우 담보자산의 시장가격이나 제조가격 등이 비교적 쉽게 파악될 수 있음으로 담보가치의 평가와 이에 대한 담보권의 확보가 비교적 용이하나 지적재산권의 경우 담보가치의 평가는 물론 이에 대한 권리의 확보 또한 용이하지 않다.

먼저 지적재산권의 담보가치 평가는 지적재산권 자체로 독립적으로 거래될 경우의 가치는 물론 이것이 특정기업 또는 특정제품에 전유화(specify)되어 기업의 경쟁력의 원천이 될 수 있느냐를 평가해야 한다. 예컨대 기술 등 무체자산(intangible assets)은 기계 등과 같은 유체자산에 체화되기보다는 인적자본 등에 습득되어 있어 화폐가치로의 평가가 어렵고 설사 그 내재가치가 인정된다 하더라도 이들이 시장에서 보상을 얻기 위해서는 마케팅 능력, 시장지배력, 판매 후의 관리능력 등 기업전체 차원의 다른 경영자원의 뒷받침이 있어야 한다.

한편 지적재산권에 대한 담보권을 확보하기 위해서는 먼저 지적재산권 자체가 정당한 권리자에 의해 적법하게 등록되어 있고 담보권자가 이에 대한 권리를 확실하게 집행할 수 있도록 법적 장치가 되어 있어야 한다.

현재 일부금융회사의 경우 특허권이나 실용신안권 등을 담보로 대출을 실시하고 있는바, 질권설정계약을 체결한 금융회사(등록권리자)와 채무자(설정의무자)가 공동으로 특허청에 질권설정 등록을 함으로써 담보를 설정한다. 그러나 아직까지는 등록절차가 복잡하고 특허권 및 실용신안권 등의 존속기간이 한정되어 있어 독자적인 채권보전조치로는 불안하다.

이와 같이 지적재산권담보대출제도는 많은 문제점을 가지고 있기 때문에 선진국에서도 아직까지는 지적재산권 자체를 주담보로 하기보다는 대출시 부담보 정도로 확보해 둠으로써 차입자에게 책임의식을 고취하거나 신용평가시 이를 고려하는 정도로 활용하고 있는 실정이다.

그러나 최근에 들어 산업구조의 연성화와 서비스화로의 진전으로 기술의 경제적 가치가 증대되고 세계적으로 버블경제가 붕괴되면서 부동산담보가 안전하지 못하다는 사고가 일반화됨에 따라 지적재산권담보대출에 대한 인식이 높아지고 있다. 우리나라 지적재산권의 경우 종래에는 「민법」상 질권의 방법으로만 담보로 제공할 수 있어 이를 담보로 이용하는 것은 한계가 있었다.

이에 「동산·채권 등의 담보에 관한 법률」에서는 지적재산권자가 동일한 채권을 담보하기 위하여 2개 이상의 지적재산권을 담보로 제공하는 경우 그 지적재산권을 등록하는 공적 장부에 담보권을 등록할 수 있게 하고 지적재산권담보권 등록을 한 때에는 그 지적재산권에 대한 질권을 등록한 것과 동일한 효력을 부여하고 있다.

제 5 절 대출의 유동화

금융기관의 측면에서 볼 때 대출은 원칙적으로 만기에 가서 자금이 회수되므로 유동성이 적은 자산(dormant asset)이다.

대출의 유동화란 금융기관이 대출의 만기 이전에 대출자금을 재활용하는 것으로 이에는 대출채권 자체를 제3자에게 매각하는 방식과 대출채권을 근거로 새로운 증권을 발행하는 증권화(securitization)방식으로 나눌 수 있다.

I. 대출채권 매매

대출채권 매매(loan brokering)란 대출을 실행한 금융기관(loan originator)이 대출증서를 대출기일 이전에 제3자에게 매각하는 것을 말하며, 이때 대출채권은 만기까지 상환을 청구하지 않는 것을 원칙으로 한다.

금융기관의 대출채권 매각방법은 권리의무의 승계, 채권원리금의 회수방법 등에 따라 양도(assignment), 경개(novation) 및 대출참가(sub-participation) 등으로 구분할 수 있다. 양도는 가장 전형적인 채권양도 방법으로 양도인과 양수인간에 양도계약을 통해 대출채권의 양도가 성립한다.

「민법」상 대출채권의 양도가 성립하기 위해서는 대항요건을 갖추어야 한다(동 법 제449-452조). 대항요건이 갖추어지면 채무자가 채무를 이행하지 않을 경우 양수인이 직접 채권청구소송을 제기할 수 있다.

특히 저당권에 의하여 담보되어 있는 대출채권의 양도는 저당권의 이전등기를 하여야 효력이 발생하는바(동 법 제186조), 이러한 절차상의 어려움을 해소하기 위해 「자산유동화에 관한 법률」은 대출채권의 유동화를 하기 위한 경우 이와 같은

「민법」 조항에 대한 특례를 두어 대출채권의 양도인이 대출채권의 양도사실을 금융위원회에 등록하면 제3자에 대한 대항요건을 갖춘 것으로 그리고 저당권부채권의 경우 저당권이 피담보채권과 함께 양도된 것으로 간주하고 있다. 대출채권의 양도는 통상 대출약정 당시 채무자의 사전 승낙을 얻은 양도특약에 의거 양도인과 양수인간의 계약만으로 채권의 양도가 이루어진다.[37)]

경개는 양도인과 채무자 간에 체결된 원계약에 기초하는 채권·채무관계를 소멸시킴과 동시에 양수인과 채무자 간에 새로이 동일한 내용의 채권·채무관계를 발생시키는 것으로 양도인, 양수인 및 채무자간의 3면계약에 의해 양도인과 채무자와의 관계가 완전히 단절된다. 경개가 성립하기 위해서는 채무자는 물론 제3자의 보증 또는 담보제공시는 그의 승낙이 필요하며, 특히 저당권부 대출의 경우에는 저당권의 이전이 필요하다. 이와 같이 경개는 양도와 사실상의 효력은 거의 유사하나 타 방식에 비해 거래절차가 복잡하고 저당권의 이전에 따른 비용 증가 및 저당권 선순위의 상실 등의 문제점으로 인해 유동화방식으로는 별로 이용되지 않는다.

대출참가는 양도인(original lender)이 양수인(sub-participant)에게 대출채권에 대한 원리금 수취권리의 일부를 양도하는 것으로 채권양도 후에도 채무자와 양도인과의 채권·채무관계는 계속 유지되며, 양수인은 채무자에 대해 직접 대출금 변제를 요구하거나 기한의 이익을 상실시키는 행위를 할 수 없다.

양도인은 채무자가 상환한 원리금을 양수인에게 전달할 의무를 지고 있으며, 양수인은 양도인이 채무자로부터 원리금을 회수하는 경우에 한해 양도인에게만 권리를 행사할 수 있다. 양도인은 대출채권의 원리금 회수, 담보관리 등의 사무를 계속 담당하나 채무자의 채무불이행에 따른 신용위험은 양수인인 대출참가자가 전적으로 부담한다. 그러나 양도인과 채무자 간 대출조건 변경시에는 대출참가자의 동의가 필요하다.

---

37) 양도는 대출채권의 양도를 법적으로 보장하는가 여부에 따라 제정법 형태(statutory assignment)와 형평법 형태(equitable assignment)로 구분할 수 있다. 제정법 형태는 대륙법(civil law) 체계로 채권의 양도가 법적으로 보장되는 방식으로 채권의 양도가 성립하기 위해서는 대항요건을 갖추어야 한다.

형평법 형태는 영미법(common law) 체계로 채권의 양도시 대항요건을 갖추지 않은 채 양도하는 방식으로 채권의 양도가 법적으로 보장되는 것이 아니라 판례에 의해 인정되는 방식이며 양도인이 여전히 채권자이므로 채무자의 채무불이행시 채권청구소송은 양도인만이 제기할 수 있다.

대출참가는 대출채권 양도시 채무자의 승인을 요하지 않고 대출참가계약을 채무자에게 통지할 필요도 없으며, 저당권부 대출의 경우에도 저당권의 이전등기가 불필요하여 절차와 비용이 간소하다는 점 등으로 인해 협조융자(syndicate loan)[38]에 많이 이용된다.

우리나라 「민법」에서는 대출채권과 같이 채권자가 특정되어 있는 지명채권의 경우 양도(제449조~제452조) 및 경개(제500조~제505조)가 모두 가능하다. 대출참가의 경우에도 「민법」에서 이를 금지하는 규정이 없을 뿐 아니라 「외국환거래규정」 등에서 외화대출채권의 대출참가를 허용하고 있고 금융감독원에서도 상환청구권이 없는(without recourse) 대출참가의 회계처리를 대출채권의 매매로 간주하도록 지도하고 있는 점 등에 비추어 대출참가를 사실상 인정하고 있다.

금융기관이 대출을 매매하는 이유로는 다음과 같은 점을 들 수 있다.

① 자금조달·운용상 만기구조 불일치에 따른 금리변동리스크, 유동성리스크 및 신용리스크를 제3자에게 전가시킬 수 있다.

② 위험자산 규모의 감축을 통한 자기자본규제비율의 제고가 가능하다.

③ 대출채권의 매각이나 증권화에 수반되는 수수료 수입 등 업무다변화를 통한 수익성 제고를 기대할 수 있다.

반면 대출채권 매매는 금융기관이 대출을 취급할 수 없는 자에 대한 자금공여 수단으로 악용되거나 사실상 권리가 이전되지 않는 차입형태의 형식적인 매각을 통해 신용공여한도 등 각종 건전성 규제를 회피하는 부작용의 소지도 있다.

II. 대출의 증권화

대출의 증권화는 대출을 자본시장에서 거래될 수 있는 증권의 형태로 변환시

---

38) 협조융자 매각의 경우 종래에는 협조융자 참여자들간에 대출지분을 다른 참여자에 분매(loan participation) 또는 양도할 수 있는 약정(assignment clause)의 형태로 이루어져 왔으나, 최근에는 양도가능증서(TLI: Transferable Loan Instrument)나 양도가능보증서(TLC: Transferable Loan Certificate) 등 증서를 발행하고 등기를 거쳐 증서를 원계약서로부터 분리하여 유통하는 방식도 등장하고 있다. 양도가능증서는 표준협정양식에 의해 대출채권금액의 일정액을 양도할 수 있는 권리증서를 유통하는 방식이며, 양도가능보증서는 양도권리를 보증하는 보증증서를 유통하는 형식이다.

키는 것으로 그 방식은 ① 동질·동종대출을 묶어 유동화기구(SPC: Special Purpose Company)에 양도하고 동 기구가 대출을 표창하는 증권(conduit security)을 발행하는 방법, ② 대출채권을 담보로 증권을 발행하는 방법, ③ 대출채권을 신탁하고 신탁 증서를 발급받아 이를 유통시키는 방법 등으로 나눌 수 있다.

우리나라는 ①과 ②의 경우는 대출채권을 기초(담보)로 발행된 유가증권인 CLO(Collateralized Loan Obligation)가, ③의 경우는 신용카드회사가 유동화신탁구조를 이용하여 카드채권을 기초(담보)로 발행하는 유동화증권이 그 전형이다.

CLO는 복수의 대출채권(loan)으로 이루어진 포트폴리오를 기초자산으로 하여 변제순위가 다른 증권을 발행하는 자산담보부 증권(ABS: Asset-Backed Securities)의 한 종류이다. CLO는 신용도가 양호한 선순위채권과 신용도가 낮은 후순위채권으로 나누어져 발행되므로 사실상 포트폴리오의 신용리스크가 후순위채권으로 집중·전 가되도록 설계된다. 투자자의 입장에서 보면 위험을 기피하는 투자자는 선순위채 권에, 고수익을 추구하는 투자자는 후순위채권에 투자할 수 있으며, 대출채권보유 자의 입장에서 보면 CLO의 발행과 동시에 대출자산이 대차대조표상에서 제거되므 로 대출포트폴리오의 위험을 헤지하고 자기자본 규제에 신축적으로 대응할 수 있 게 된다.

대출의 증권화는 주로 주택저당대출을 대상으로 1970년 이후 세계적으로 급 속하게 발전되고 있다. 한편 매매대상이 되는 대출채권을 보면 장부상의 대출채권 가격보다 비싸게 팔리는 우량대출채권도 있고 대손위험이 높아 장부가격보다 크게 할인되어 매매되는 불량대출채권(legacy loan)도 있으며, 거래되는 시장도 국내금융 시장뿐만 아니라 국제금융시장까지 확대되고 있다. 우리나라도 1998년 9월과 1999 년 11월에 각각 「자산유동화에 관한 법률」과 「주택저당채권 유동화회사법」을 제 정, 대출채권의 유동화를 위한 제도적 장치를 갖추었다.[39]

이와 같은 대출의 증권화 현상은 여러 가지 측면에서 경제적 의미를 갖는데 주요한 것을 간추려 보면,

① 저당대출시장에 다양한 중개기관들이 참여함으로써 저당대출시장이 보다 경쟁적 시장으로 발달하게 되었다.

② 대출의 유통시장이 크게 발달하게 되어 대출시장과 자본시장의 통합이 가 속화되었으며 대출증권을 대상으로 하는 파생상품의 개발 등으로 금융시장의 심화

---

39) 이에 대해 자세한 것은 제9장 구조화증권시장을 참고하기 바란다.

를 촉진시켰다.

③ 주택수요자는 보다 저렴한 금융비용으로 주택을 구입할 수 있게 되고 투자자에게는 보다 다양한 투자수단을 제공하게 되었다.

④ 금융기관은 장기대출을 취급함에 따른 금리변동위험과 신용위험 등을 증권화를 통해 효율적으로 관리할 수 있게 되었다.

이 밖에 대출의 증권화는 부동산금융의 전문화를 촉진하는 등 금융기법의 발달에 크게 기여하였다.

그러나 대출의 증권화는 각종 파생상품과 결합하여 상품구조를 복잡하게 함으로써 금융시장의 불안정성과 위험을 확대시키는 부작용도 적지 않다. 최근 비우량주택대출(subprime mortgage)을 비롯한 대출채권의 과다한 유동화로 인한 금융위기의 발발이 그 예이다.

제 6 절   부실채권 정리

금융기관의 부실채권을 정리하는 방법으로는 상각방법, 부실채권의 유동화방법, 부실채권정리은행(bad bank)을 설립하는 방법, 이 밖에 채권회수전문회사(servicer)에 의뢰하는 방법 등이 있다.

상각방법에는 다시 회수불가능한 채권을 직접 손실로 처리하는 직접상각방식과 회수가능성의 정도에 따라 상각을 위한 대손충당금을 적립하는 간접상각방식이 있다.

부실채권의 유동화방법은 부실채권을 증권화하여 매각하는 방식으로 유동화를 위한 특별목적회사(SPC)를 설립하는 것이 보편화되어 있다. 특별목적회사는 채권 원보유자(originator)로부터 채권을 인수, 이를 증권화하여 투자자에게 판매하는 서류상의 회사(paper company)로 채권의 원보유자가 파산하더라도 유동화증권의 상환이 안전하게 보장되도록(bankruptcy remote) 하는 법적 장치가 필수적이다. 부실채권의 실제 관리는 자산관리회사 등에 위탁한다. 부실채권정리은행은 금융기관으로부터 부실채권을 매입하여 이의 회수에 전념하는 기구로 금융기관들이 단독 또는 공동자회사 형태로 설립하는 것이 보통이다.

부실채권정리은행은 부실채권을 매입·회수업무만 영위하는 경우와 이에 더해 여신업무를 영위하는 경우로 나누어 볼 수 있다.[40] 일반적으로 부실채권정리는 부실채권 매입자에 대한 대출이나 정리대상기업에 대한 대출의 연장취급 등 여신업무가 일어나는 것이 보통이다. 부실채권정리은행은 별도의 회사로 설립하거나 금융기관 내에 설립할 수도 있다. 그러나 금융기관 내에 설립할 경우 부실채권을 매각하지 않고 자기계정에 그대로 보유하게 됨에 따라 부실채권 정리의 실효성이 적다.

현재 자산관리공사와 은행들이 공동출자하여 설립한 연합자산관리회사가 부실채권정리은행의 기능을 수행하고 있다. 동 사는 금융기관 등으로부터 매입한 부실자산을 신속하고 효율적으로 처리하기 위하여 자회사로 유동화전문회사를 설립하고 동 자회사에 부실자산을 매각한 후 그 유동화전문회사로 하여금 매수한 부실자산을 기초로 유동화증권을 발행하고 이를 투자자에게 판매토록 하는 방식으로 부실자산을 정리하고 있다.

유동화전문회사는 서류상의 회사이기 때문에 직접 채권의 보전·추심·정리 등 매수한 부실자산의 관리업무를 할 수 없으므로 자산관리공사는 유동화전문회사로부터 관리업무를 위임받아 그 업무를 직접 수행하거나 별도로 설립된 자산관리회사로 하여금 관리업무를 수행하도록 하고 있다. 자산관리공사는 이 밖에도 부실기업 정리의 일환으로 매입한 부실채권의 출자전환(debt equity swap), 부실자산 매수자 및 부실채권 채무자에 대한 자금대여 기능 등을 가지고 있다.

채권회수전문회수회사는 제3자에게 양도된 채권의 원리금 회수업무를 수탁하는 회사로 우리나라의 채권추심회사, 미국의 부실채권전문회수회사(special servicer)[41]

---

40) 부실채권을 정리하기 위해 대출채권을 매매하는 부실채권정리기구 업무를 수행할 경우, 그 업무의 내용, 즉 ① 부실채권 매매업무, ② 채권의 추심, 담보권 행사 및 기타 부실채권의 회수 등 부실채권 관리 및 처분업무, ③ 부실채권 매입자에 대한 여신지원 등 부실채권 매매와 연관된 여신기능 및 담보부동산의 매매·개발업무 등에 따라 취급자의 자격요건이 달라진다.
　먼저 은행의 경우 ①, ②, ③ 업무를 모두 취급할 수 있으나, 은행 이외의 자의 경우 ②의 업무를 취급하기 위해서는 「신용정보의 이용 및 보호에 관한 법률」에 의한 신용정보업자 허가를 받아야 하며, ③의 여신업무는 「은행법」상 은행업무에 해당되어 종래에는 은행만이 취급할 수 있었으나, 1998년 「자산관리공사법」의 개정으로 자산관리공사도 취급할 수 있게 되었다.
41) 미국의 채권회수기관은 master servicer와 special servicer로 구분된다. 전자는 주로 정상채권의 원리금 회수 및 발행증권의 이자지급 및 상환업무 등 채권의 증권화와 관련된 업무를 수행한다. 후자는 주로 연체 또는 채무불이행 상태의 채권, 담보권행사로 유입된 부동산의 관리, 회수 및 처분업무를 수행하며 고수익을 실현하기 위해 자기계정으로 후순위부분을 취득하기도 한다.

등이 그 예이다. 채권전문회수회사는 채권회수 의뢰자로부터 회수의 난이도와 회수실적 등에 따라 수수료를 차등하여 받는다.

이 밖에 부실채권 정리방식으로 대출금의 기한연장 및 금리감면 등 대출조건을 변경(rescheduling)하거나 전반적인 채무재조정(restructuring)을 통한 당해 채권의 정상화를 모색하는 방식, 채무자에게 상환면제를 조건으로 담보물건의 매각처 등을 물색토록 하는 방식(DPO: Discounted Payoff), 채무자로 하여금 담보물 시가와 대출금의 차액을 상환하도록 하고 대물변제로서 담보물을 유입하고 상환의무를 해지하는 방법, 담보권 행사(foreclosure), 대출채권의 매각 등의 방식이 있다.

제 5 장   여신전문금융시장

제 1 절   리스시장

Ⅰ. 금융리스와 운영리스

리스(lease)는 임대인(lessor)이 설비자산 또는 현금이 아닌 자산을 임차인(lessee)
에게 임대료(rent)의 정기적 지급을 조건으로 빌려 주는 것으로 전통적인 금융과 구
별하여 물융(asset-base lending)이라 하기도 한다.

일반적으로 임대인은 설비의 제작회사나 금융기관 또는 독립된 리스회사들이
며, 임차인은 주로 기업이다. 리스의 대상은 기업의 설비자산이 보통이나 최근에는
개인에 대한 자동차리스 등 소비자금융과 기관차, 항공기, 군수물자, 발전설비와
나아가서는 인적자원까지로 확대되어 앞으로는 시간 이외에는 무엇이든 리스의 대
상이 되는 시대가 올 것이라 한다.

통상적인 리스의 절차를 보면 먼저 설비를 필요로 하는 임차인은 이 설비를
공급하는 자와 설비의 종류, 가격 등을 결정한 다음 임대인에게 이 사실을 통보하
고 리스를 신청한다. 임대인은 이 신청이 타당성이 인정되면 임차인과 리스계약을
체결하고 물품공급자에게 자금을 지급하고 이 물품을 임차인에게 납품하게 한다.

리스는 크게 금융리스와 운영리스로 구분한다. 금융리스(financial or capital lease)

는 리스물건을 대상으로 하는 사실상의 금융행위로 경제적으로는 리스물건을 담보로 하는 장기분할상환대출과 유사하다. 리스물건은 법적으로 임대의 형식이지만 사실상 임대인이 임차인에게 양도한 것으로 임차인이 리스물건에 대한 수선유지의무, 하자담보 등의 책임을 부담한다.

금융리스는 임대인이 리스기간 동안 리스물건가액 전액을 회수(full payout lease)하며 임차인이 리스기간 중에 미상환금액 전액을 상환하지 않는 한 리스계약은 원칙적으로 취소가 불가능하다. 만약 임차인이 부득이 이 계약을 취소할 경우 취소로 인해 임대인이 입게 되는 손실을 부담해야 한다. 금융리스는 임차인이 리스자산의 실질적인 소유자이므로 설비보유에 따른 일체의 위험을 부담하는 대신 설비유지비용이나 리스자산의 감가상각비 및 이자에 대한 세금절약혜택을 갖는다.[1]

운영리스(operating lease)는 리스의 목적이 금융이 아닌 물건 자체의 사용에 있으며 그 법적 성격은 「민법」상의 임대차계약에 해당한다. 운영리스의 경우 임대인은 리스기간 종료시 리스물건의 처분가격을 잔존가액으로 계산하여 이를 리스료로 회수하지 않으며(non-full payout lease) 임차인은 임대인에게 일정기간 전의 통고로 리스계약을 취소할 수 있다. 운영리스는 비교적 단기간의 계약으로 임대인이 설비의 수선비, 보험료, 재산세 등 설비의 유지에 따른 일체의 비용을 부담(full service lease)하는 대신 설비유지비용이나 리스자산의 감가상가비에 대한 세금절약 혜택을 가지는 것이 원칙이다.

따라서 임대인은 설비보유에 따른 위험, 예컨대 기술발전에 따른 설비의 기능적 진부화(technical obsolescence)위험, 리스기간 종료 후의 잔존설비의 처분 및 가격저하 위험 등을 부담하게 된다. 운영리스는 자동차, 컴퓨터 등 다른 이용자에게 임대하거나 매각할 수 있는 범용성이 큰 물건을 대상으로 하는 것이 보통이다.

미국의 경우 기업회계기준위원회(FASB: Financial Accounting Standards Board)는 임차인이 리스물건의 사실상의 소유를 목적으로 하는 경우를 금융리스로 그렇지 않고 사용만을 목적으로 하는 경우를 운영리스로 분류하는바, 구체적인 분류기준으로

① 리스실행일 현재 기본리스료를 내재이자율로 할인한 현재가치가 리스자산

---

1) 금융리스의 경우 임차인이 설비유지 비용을 부담하는 경우 이를 리스개량자산이라는 계정과목으로 하여 자산으로 계상한 후 개량자산의 내용연수와 리스기간 중 짧은 기간을 기준으로 감가상각하며 이는 리스자산의 감가상각비와 함께 과세소득 계산시 일정 한도 내에서 손금으로 산입되어 세금절약 혜택을 가져온다.

> **그림 5-1** 리스의 구조

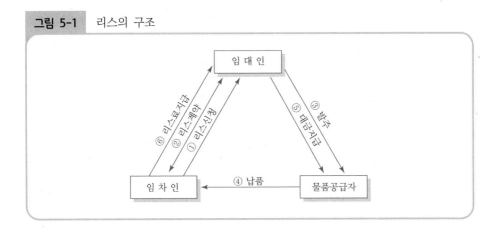

의 공정가액의 상당액(90%) 이상인가,

② 리스물건의 소유권이 리스기간 종료 후 지불리스료 이외의 부담 없이 임차 인에게 이전되는가,[2]

③ 리스기간 종료 후 임차인에게 리스물건에 대해 공정한 시장가격보다 낮은 염가구입선택권(bargain purchase option)이 주어지는가,

④ 리스기간이 리스물건의 경제적 내용연수에 근접할 정도로 긴가(75%) 등 4 가지 조건 중 하나만이라도 충족하는 경우 금융리스로, 그렇지 않은 경우 운영리 스로 분류한다.[3]

우리나라의 경우 회계기준과 「법인세법」 시행규칙 공히 임차인이 순수한 사 용 개념을 넘어 소유를 위한 리스의 경우 금융리스로, 그렇지 않은 경우 운영리스 로 분류하고 있다. 한국채택 국제회계기준(K-IFRS)에 의한 금융리스분류 기준은 ①

---

2) 리스기간 종료 후 임대인이 리스자산에 대해 권리를 갖는 것을 open-end lease, 권리가 보장되 지 않는 것을 close-end lease라고 한다.

3) 미국국세청(IRA: Internal Revenue Service)은 순수리스(true or tax lease)와 조건부판매계약 (conditional sales contract)으로 구분한다. 전자는 순수한 운영리스로 리스회사가 리스물건의 구 입·소유에 따른 세제혜택과 감가상각에 대한 손비계상 등 모든 세제혜택을 받으며 리스료수입은 전액 소득으로 간주되나 후자는 대부분 금융리스로 실질적인 판매로 간주하여 리스회사는 이와 같은 세제혜택을 받지 못하며 리스료수입은 원금상환과 이자소득으로 분할인식된다.

영국의 경우 금융리스와 운영리스 공히 리스기간 종료 후의 리스자산에 대한 임차인의 구매선 택권이 없이 리스회사에 반환하는 조건으로 모든 세제혜택(capital allowance)은 리스회사가 갖고 있다. 이에 반해 Hire Purchase는 리스이용자가 구매선택권과 세제혜택을 가지고 있어 Hire Purchase가 금융리스에 보다 가깝다고 할 수 있다.

리스기간 종료시 또는 그 이전에 리스자산의 소유권이 리스이용자에게 이전되는 경우, ② 리스실행일 현재 리스 이용자가 선택권을 행사할 수 있는 시점의 공정가치보다 충분하게 낮을 것으로 예상되는 가격으로 리스자산을 매수할 수 있는 선택권을 가지고 있고, 이를 행사할 것이 리스 약정일 현재 거의 확실시되는 경우, ③ 리스자산의 소유권이 이전되지 않을지라도 리스기간이 리스자산 내용연수의 상당부분을 차지하는 경우, ④ 리스실행일 현재 최소리스료를 내재이자율로 할인한 현재가치가 리스자산 공정가치의 대부분을 차지하는 경우, ⑤ 리스이용자만이 중요한 변경 없이 사용할 수 있는 특수한 용도의 리스자산인 경우 등이다.

한편, 「법인세법」 시행규칙(제26조 ⑦)은 ① 리스기간 종료 후 임차인에게 리스물건의 소유권을 무상 또는 당초 계약시 정한 금액으로 이전할 것을 약정한 경우, ② 리스기간 종료시 임차인에게 리스물건을 리스실행일 현재 취득가액의 10% 이하의 금액으로 취득하거나 재리스할 수 있는 권리가 주어진 경우, ③ 리스물건이 별도로 규정된 리스물건의 자산별·업종별 기준내용연수의 75% 이상 경우는 금융리스로, 그 밖의 리스는 운영리스로 분류한다. 재리스의 경우 재리스기간은 1년이고 갱신이 가능하며 재리스료는 선불하는 것이 보통이다.

II. 특수리스

1. 레버리지리스

레버리지리스(leveraged lease)는 금융리스의 특수한 형태로 리스회사가 리스물건 구입자금의 일부만 부담하고 나머지는 금융기관 등 외부로부터 차입하여 충당하는 리스로 알선리스라고도 한다.

레버리지리스는 1962년 미국정부가 투자촉진을 위해 도입한 투자세액 공제제도에서 비롯된 것으로 소득이 낮아 투자세액 공제를 제대로 받을 수 없는 기업이 리스를 통하여 세액공제를 리스회사가 받게 하는 대신 리스료를 싸게 하기 위해 창출한 제도이다. 미국의 전형적인 레버리지리스는 지분참여집단인 owner trustee 와 단순한 자금제공집단인 indenture trustee의 두 주체가 존재한다.

owner trustee는 리스물건의 명목상 소유자로서 임차인과 리스계약을 체결하는 주체이며, 통상 은행, 금융회사 및 기관투자가들이 공동출자 형식으로 설립된

그림 5-2 레버리지리스

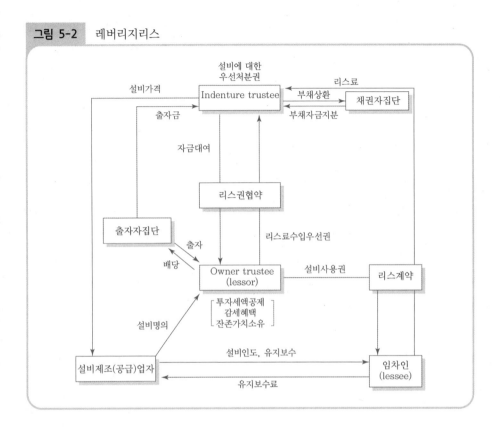

다. owner trustee는 지분참여자(출자자집단)에게는 지분참여증서를 발행하여 통상 설비구입자금의 20~50%를 조달하고 indenture trustee에게는 채권 또는 어음을 발행하여 비소구조건(non-recourse basis)으로 자금을 차입하는 대신 리스료와 리스물건에 대한 우선권을 보장한다.

owner trustee는 구입자금 전체에 대한 투자세액공제와 리스물건에 대한 일체의 감세혜택 및 리스계약 종료 후의 잔존가치에 대한 소유권을 가지며 indenture trustee로부터 수입리스료에서 indenture trustee에 자금을 제공한 채권자집단에 대한 원리금과 수수료를 공제한 후 잔여수익금을 받아 이를 지분참여자에게 배분한다.

indenture trustee는 리스계약이 성립하면 출자자나 채권자집단으로부터 자금을 취합하여 물품대금을 지급하고 리스료를 수납하여 자금제공자들에게 지급하는 등 사실상 리스관리업무를 주관하며 주로 은행, 보험회사, 신탁회사, 연기금 및 물건공급업자 등으로 구성된다. indenture trustee는 owner trstee에 대해 자금에 대한 상환청구권은 없고 임차인에 대해서만 상환청구권, 즉 설비에 대한 제1저당권, 리스 및 리스료의 양도권 그리고 사고발생시 리스물건을 처분할 수 있는 권리를 갖는다.

2. 매각임차

매각임차(sale and leaseback)는 이미 설비를 보유하고 있는 기업이 이 설비를 리스회사에 매도함과 동시에 이 설비의 리스계약을 통하여 설비를 그대로 이용하는 것으로 법적 성격은 점유개정이다. 따라서 이 계약하에서는 임차인인 기업은 설비의 매각으로 자금을 조달함과 동시에 이 설비는 계속 사용하게 된다.

매각임차는 설비를 계속 사용하면서 설비를 자금화(monetizing)하고 통상 이 설비를 재매입할 수 있는 옵션을 가지고 있는 장점을 가지고 있으며, 이 밖에도 설비보유기업이 자사가 개발한 신제품의 개발에 대한 기밀의 누설을 방지할 목적으로 이용되기도 한다.

우리나라는 매각임차를 금융거래로 간주하여 형식상 소유권 이동이 있음에도 재화의 이동으로 간주하지 않아 부가가치세를 부과하지 않으며(「부가가치세법」 제6조 등) 리스이용자가 새로 제조하거나 구입한 자산을 매각임차 하는 경우 판매와 관련된 손익을 리스기간에 균등하게 배분되도록 상각 또는 환입해야 한다(「법인세법」 기본통칙 23-24-1). 그리고 리스이용자가 이미 사용하고 있는 자산을 매각임차하는 경우 금융거래로 간주하여 리스이용자와 리스회사 공히 그 매매거래에 관하여 회계처리를 하지 않는다.

최근 주택관련 부실채권이 늘어나자 매각임차를 이용한 구제프로그램이 개발되고 있다. 2012년 3월 미국의 Bank of America는 주택가격 하락으로 담보주택의 압류급증과 경매낙찰률이 급격히 늘어나자 Mortgage to Lease라는 이름하에 은행이 채무자의 Mortgage를 인수받음으로써 채권·채무관계를 청산하고 채무자가 최대 3년까지 해당주택을 임차하여 살 수 있도록 하는 프로그램을 개발하였다. 이때 주택의 매매가격은 대출금액이기 때문에 계약당시 주택의 시장가격이 대출금액보다 적을 경우 채무자는 채무의 일부를 탕감 받는 형식이 되며 임대기간 후 주택의 매각가격 수준에 따라 은행은 자본이득 또는 손실을 입을 수 있다.

우리나라 은행도 이와 유사한 제도를 도입하였다. 2012년 9월 우리은행은 압류가능성이 있는 주택을 일정기간 신탁 후 임차하는 내용의 'Trust and Leaseback'을 도입하였다. 매각임차 형식을 취하지 않은 것은 우리나라의 경우 은행이 부동산임대업을 영위할 수 없기 때문이다. 동 프로그램의 주요내용을 보면 주택담보채무자가 주택을 신탁회사에 위탁하고 받은 수익권으로 은행의 담보대출을 상환하고 차입자는 신탁회사로부터 주택을 임차하여 거주하고 3~5년 동안의 계약기간이 끝나면 해당주택의 매각을 통해 채권·채무관계를 청산하는 방식이다. 차입자는 계약기간 중 언제라도 대출금을 상환하면 신탁계약의 해지가 가능하다.

채무자가 계약기간 중 대출금을 상환하지 못하고 계약기간 종료 후 해당주택의 매각시 채무자에게 우선매입권이 주어진다. 따라서 매각당시 주택의 시장가격이 대출금액을 상회하게 되면 차입자는 대출금을 상환하고 주택을 되찾을 수 있으나 시장가격이 대출금액을 하회하면 채무자는 주택을 포기할 것이므로 은행이 손실을 보게 된다.

3. 기   타

이 밖에도 리스계약의 형태에 따라 다양한 분류가 가능하다.

양도조건부리스는 리스기간 종료 후 유상 또는 무상으로 임차인이 임대인으로부터 리스물건의 소유권을 양도받기로 특약이 되어 있는 리스로 법적 성격은 할부판매와 같은 소유권유보부매매이다.

구입선택권부리스는 리스기간 종료 후 리스물건의 구입 여부를 임차인의 선택에 맡기는 특약이 되어 있는 리스를 말한다.

전대리스(sublease)는 임차인이 임대인으로부터 임차한 물건을 제3자에게 다시 임대하는 것을 말한다. 포괄리스(package lease)는 특정 물건이나 부대시설뿐만 아니라 임차인의 사업에 필요한 토지나 건물 및 용역까지 포함하여 일괄적으로 제공하는 리스로 프로젝트리스(project lease or set lease)라고도 한다. 소비자리스(consumer lease)는 소비자를 대상으로 하는 리스로 리스물건공급자가 소비자에게 상품을 팔기 위해 리스회사에 권유하여 리스계약형태로 이루어지며 리스물건은 주로 범용성을 가진 물건이다.

유지관리리스(maintenance lease)는 임대인이 리스물건의 수선·정비, 기타 유지관리 등에 관한 일체의 비용을 부담하는 운영리스의 하나이다. 유지관리비용뿐만 아니라 용역까지 제공하는 리스를 서비스리스(service lease)라고 한다. 일부 금융리스의 경우 특약으로 리스물건의 유지관리를 임대인이 맡는 경우도 있다.

　리스와 유사한 거래방식으로 렌탈(rental), 연불판매(deferred payment), 할부판매
(installment payment) 등이 있다. 우리나라의 렌탈은 임대물건의 유지보수책임과 소유
권이 임대인에게 있는 단순 임대차거래로 거래형식은 운영리스라고 할 수 있으나
「여신전문금융업법」의 규제대상이 아니기 때문에 리스로 간주되지 않고 있다. 렌탈
은 사무기기, 레저용품 등 주로 범용성이 큰 물건을 대상으로 한다. 렌탈과 운영리
스를 현실적으로 구분하기는 어려우나 대체로 대여기간이 1년 이상 장기인 것은
운영리스, 대여기간이 일·주·월 등 비교적 단기인 것은 렌탈이라고 한다. 연불판
매와 할부판매의 차이점 등에 대해서는 후술하는 할부금융시장을 참고하기 바란다.

제 2 절   팩토링시장

Ⅰ. 팩토링의 의의

　팩토링(factoring)은 팩터(factor)가 고객(client)이 보유한 매출채권의 구입을 통하
여 고객에게 간접적으로 금융을 제공하는 방식이다. 팩터는 원래 수수료를 받고
위탁상품의 판매를 대신해 주는 판매대행인(commission merchant)이었으나 점차 이런
기능이 없어지고 매출채권의 매입을 통한 신용공여자로서 변모하였다. 팩토링도
매출채권을 금융의 대상으로 한다는 점에서 매출채권담보대출(pledging)과 매우 유
사하다. 이들은 주로 중소기업에서 많이 이용되는데, 양자의 주요한 차이점은 매출
채권의 회수책임과 거래선(customer)의 지급불능사태의 발생시 손실을 누가 부담하
느냐에 있다.

　매출채권담보대출은 이 책임이 고객(client) 자신에게 있는 데 반해, 팩토링은
고객이 매출채권을 팩터(금융기관 또는 팩토링회사)에게 원칙적으로 소구불능조건
(non-recourse basis)으로 매각한 것이므로 그 책임도 팩터에게 있다. 그러나 거래처의
지급능력부족 이외의 원인에 의한 회수불능의 경우, 예컨대 상품의 품질이 나쁘다
거나 판매조건의 상위 등으로 인해 거래처가 지급을 거절하거나 지연시킬 경우에
는 그 책임이 고객 자신에게 있다.

그림 5-3 팩토링의 구조

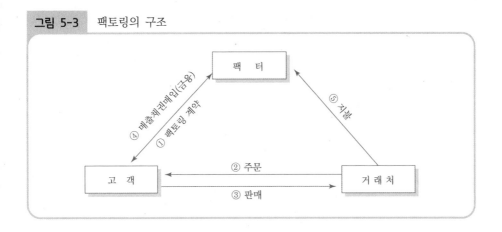

우리나라의 경우 대부분 어음배서의 형식(bill discounting)으로 매출채권의 양도가 이루어지고 있어 자연히 고객(client)은 거래처(customer)의 채무에 대해 보증을 하는 효과가 있다. 미국을 제외한 대부분의 국가들은 팩터가 고객에게 구상권을 행사하는 소구가능조건(with recourse)방식을 택하고 있다.

팩토링은 다시 고객이 거래처에게 팩터에게 매출채권을 양도하였다는 사실을 통지하고 그 대금을 팩터에게 직접 납부하라는 내용을 통지하는 통지(notification)방식과 통지하지 않는 통지(non-notification)방식이 있다. 통지방식은 고객의 입장에서 매출채권을 양도하였다는 사실을 거래처에 알림으로써 신용을 실추할 우려가 있다는 것이 약점으로 지적된다. 한편 비통지방식은 팩터가 매입한 채권에 대해 자신의 명의로 매출채권 결제요구를 할 수 없어 매입한 매출채권의 권리자로서의 법적 지위가 불안정하다는 것이 약점으로 지적된다. 따라서 이 방식은 팩터가 선급금융을 제공하지 않거나 입금계좌의 지정 등 위험감소조치를 요구하는 것이 보통이다. 미국과 영국의 경우 통지방식이 그리고 우리나라와 일본의 경우 비통지방식이 일반화되어 있다.

우리나라의 경우 「민법」상 어음을 제외한 지명채권의 양도시 반드시 확정일자가 있는 채무자의 승낙서나 양도인에 의한 채무자에 대한 통지를 제3자에 대한 대항요건4)으로 규정하고 있어 이러한 번잡성과 납품증이나 물품인수증 등이 일종

---

4) 미국의 경우 매출채권을 정당한 담보로 인정한 「Factor Lien Act of 1991」와 「Uniform Commercial Code of 1931」에 의해 법적으로 매출채권담보제도가 확립되었다. 「Uniform Commercial Code」는 매출채권 양도시 그 대항요건으로 등록(filing)에 의한 공시제도를 채택하고 있다.

의 증빙서류일 뿐 송장(invoice)의 역할을 하지 못하는 등의 이유로 대부분의 채권거래가 배서에 의해 양도가 자유롭고 양도인에 대해 소구권을 행사할 수 있는 어음거래 형식으로 이루어지고 있다.

　이 밖에 팩토링과 매출채권담보대출의 차이점으로 팩토링은 원칙적으로 매출채권을 양도하였다는 사실을 거래처에게 통지하는 데 반해 매출채권담보대출은 동 사실을 거래처에게 통보하지 않는다는 점, 종합팩토링(full service factoring)의 경우, 팩터가 고객의 일체의 매출채권관리업무, 예컨대 고객의 거래처(customer)에 대한 신용분석에서부터 선급금융, 장부기장업무에 이르기까지의 일체의 금융 및 관리업무를 대행해 주는 데 반해, 매출채권담보대출에서는 관리업무는 고객 자신이 한다는 점 등을 들 수 있다.

　최근에 들어 팩토링의 취급내용이 더욱 다양해지고 있다. 예컨대 팩터가 수입업자를 위해 L/C 개설의 보증을 해 주거나 통관업무를 대행해 주는 수입업무, 팩터들의 국제조직을 통해 수출대금을 회수해 주는 수출업무, 팩터가 보유하고 있는 컴퓨터를 이용하여 고객에게 여러 가지 경영관리자료를 제공하는 컴퓨터 서비스업무, 이 밖에 팩터가 보유하고 있는 각종 거래처에 대한 정보를 제공하거나 팩터가 확보하고 있는 우수한 전문가로 하여금 각종 조언과 경영지도를 하는 경영자문(consulting)업무 등이 그것이다.

　따라서 팩토링을 이용하는 고객은 대출에 대한 이자 이외에 이러한 서비스제공에 대한 수수료(commission)를 동시에 부담해야 한다. 수수료는 매출채권의 크기와 그 신용등급 및 업무취급량에 따라 다르나 매출채권금액의 1~2%가 보통이다. 팩토링에 의한 금융비율은 통상 매출채권의 80~90% 정도로 나머지 10~20% 해당액은 매출환입이나 수량부족 기타 거래처로부터의 클레임(claim)에 대비 매출채권이 전액 회수될 때까지 팩터가 보유하는 것이 보통이다.

Ⅱ. 팩토링의 종류

　팩토링은 팩터의 구상권(recourse)보유 여부, 대출(prepayment) 여부, 거래처

즉 매출채권의 담보권자는 이를 채무자 소재지의 등기소에 등록함으로써 재산상의 완전한 담보권(perfect security interest)을 확보할 수 있다.

| 표 5-1 | 팩토링의 종류 |

명칭 기능	full service factoring	recourse factoring	maturity factoring	undisclosed factoring	agency factoring	invoice factoring
대출 여부	○	○	×	○	○	○
구 상 권 보유 여부	×	○	×	△	○	○
매출채권 관리기능	○	○	○	×	×	×
거래처에의 통지 여부	○	○	○	×	○	×

주: ○: 있음. ×: 없음. △: 제한된 범위 내에 있음.

(customer)에 대한 채권양도통지(disclose) 여부, 매출채권관리(sales ledger administration) 여부 등에 따라 [표 5-1]과 같이 분류한다.

팩토링은 매출채권을 건별로 취급하는 개별 팩토링(individual factoring)과 일정기간 동안 또는 특정거래처에게 발생하는 모든 채권을 일괄적으로 취급하는 일괄 팩토링(bulk factoring)으로 구분할 수도 있는데 우리나라는 전자가 그리고 미국의 경우 후자가 많다. 팩토링은 확정된 매출채권을 대상으로 하는 것이 원칙이나 공사의 기성고나 물품납품의 이행정도에 따라 채권이 사후에 확정되는 미확정채권이나 매출 이전의 재고자산을 대상으로 이루어지는 경우도 있다.

제 3 절　카드시장

Ⅰ. 신용카드

1. 신용카드의 구조

신용카드란 이를 제시함으로써 신용카드가맹점에서 재화나 용역의 대금으로 결제할 수 있는 증표로서 신용카드업자가 발행한 것을 말한다.[5] 신용카드는 원래

---

5) 현행 「여신전문금융업법」상 신용카드로서 결제할 수 있는 대상은 금전채무의 상환, 금융투자상품 등 대통령령으로 정하는 금융상품 및 사행성게임물 등을 제외하고는 모두 가능하다(제2조).

그림 5-4 신용카드의 구조

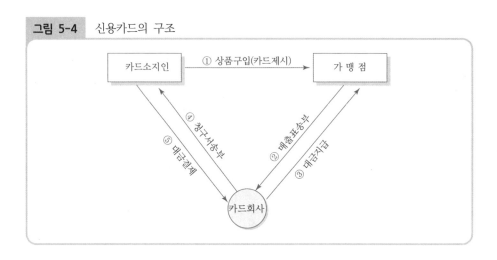

여행사교카드와 소매점카드에서 시작되었으며 후에 전문적인 신용카드 발급회사와 은행으로 확대되었으며 지금은 하나의 카드발행사가 복수(duality 또는 trinity)의 이름을 가진 카드를 발급하는 경우도 많으며 우리나라도 복수카드 발행을 허용하고 있다.

여행사교카드(T&E: Travel and Entertainment)는 카드소지자가 물품이나 서비스를 구매하고 대금을 결제하기까지의 단기간 신용을 제공하는 것으로 가입비, 연회비, 가맹점수수료 등이 카드회사의 주 수익원이며 주로 고급호텔이나 음식점을 통용범위로 하고 있다. 소매점카드(in-store)는 백화점 등 소매기업에서 발행하는 카드로 해당기업의 상품구매에 대해서만 이용할 수 있다. 소매점카드는 1910년대 미국의 백화점들이 고객유지를 위한 마케팅수단으로 이용하였는데, 상품의 할부판매를 그 특징으로 하고 있다.

우리나라의 경우 신용카드는 크게 은행계 카드와 비은행계 카드로 구분되며 비은행계 카드는 다시 전문회사 카드와 백화점 카드로 구분할 수 있다. 은행계 카드는 은행이 카드업무를 직접 겸영하는 형태와 은행이 자회사를 설립하여 운영하는 형태로 대별된다. 자회사형태의 경우 은행이 자회사인 카드사에 대한 자금공급과 카드회사와 고객간의 업무중개만을 담당하고 신용공여에 따르는 채권·채무관계는 카드사와 고객간에 성립하는 방식으로 운영되고 있다.

신용카드시장은 소비자(card holder), 가맹점(merchant establishment), 카드회사 및 카드회사와 가맹점간에서 신용상태 확인을 위한 단말기나 인증서비스를 제공하고 수수료를 받는 VAN사업자[6] 등으로 구성되어 있다. 신용카드업의 거래구조는 신용카드 발급사(issuer)와 가맹점매출전표 매입사(acquirer)가 동일인인지 여부에 따라 3당사자구조(3party scheme)와 4당사자구조(4party scheme)로 구분된다. 3당사자구조는 폐쇄형구조라고도 하며 카드사가 카드 모집·심사·발급업무와 가맹점 매출전표 매입업무를 겸하면서 카드회원과 가맹점을 모집하고 이들 간에 결제가 이루어질 수 있도록 네트워크를 구축하는 구조이다.[7]

4당사자구조는 개방형구조라고도 하며 신용카드 브랜드(brand)사를 중심으로 카드발급사, 가맹점매출전표 매입사, 카드회원 및 가맹점의 4개 당사자 간에 거래가 이루어지는 구조이다. 4당사자구조하에서는 카드브랜드사가 자사브랜드의 카드발급사와 매출전표 매입사를 모집하고 카드회원이 자사브랜드의 가맹점에서 카드를 사용할 수 있도록 네트워크를 구축하고 있다. 우리나라 카드사들은 대부분 독자적인 브랜드를 가지고 있으나 국제적인 네트워크를 독자적으로 구축하기에는 많은 비용이 소요되어 국제적인 네트워크를 가지고 있는 VISA나 MasterCard 등의 브랜드사와 매입사 또는 발급사로 라이선스(licence)계약을 체결하고 있다.

3당사자구조는 카드사들이 독자적으로 가맹점을 모집·관리하고 매출결제대금을 확인·관리해야 하기 때문에 비용이 많이 드는 약점이 있다. 이러한 약점을 보완하기 위해 현재 가맹점공동이용제도가 도입되어 있다. 동 제도는 다른 카드사의 가맹점들을 공동으로 이용할 수 있는 제도로 카드사들이 개별 가맹점별로 중복계약을 함에 따른 비용을 절감할 수 있다. 그러나 가맹점들이 가맹점계약을 맺지 않은 신용카드 브랜드사의 매출전표를 각각의 브랜드사별로 결제를 받아야 함에 따른 처리 지연 등 매출결제대금 처리과정에서 야기되는 불편으로 인해 실제로는 별로 이용되지 못하고 있다.

4당사자구조는 다수의 카드사업자들이 브랜드별로 공동으로 카드회원과 가맹점을 이용하고 결제함으로써 3당사자구조에서 야기되는 가맹점 관리비용과 결제

---

6) VAN(Value Added Network)사는 독자적인 통신망을 구축하고 카드사용승인 중계, 카드전표매입 사무 대행 등 카드사와 가맹점간의 결제를 돕는 사업자를 말한다. VAN사는 가맹점에 카드단말기를 설치·관리하고 카드사로부터 결제 건당 일정한 수수료(카드승인수수료, 매입정산수수료, 전표 수거수수료 등)를 받는다.

7) 미국의 경우 Amex, Diners Club이 3당사자 방식이고 Visa, MasterCard가 4당사자 방식이다. 우리나라의 경우 현재 자체 브랜드를 갖고 있는 사업자 9개, 자체 브랜드 없이 타 브랜드를 사용하는 사업자 12개가 있다.

과정에서 야기되는 문제를 해소하고 있다.

우리나라의 경우 BC카드사를 제외한 대부분의 카드사들이 3당사자 방식을 채택하고 있는바,[8] 그 운영구조를 보면 먼저 카드사는 가맹점과 가맹점이 카드사가 발급한 신용카드의 소지인에게 물품을 외상으로 판매할 경우 이 물품매입대금을 카드사가 지급할 것을 계약한다.

카드사는 다시 신용카드소지인과 신용공여한도(credit line), 금리, 상환방법, 1회 물품구입한도(floor limit) 등을 약정한다. 신용카드 공여한도(신용구매 및 현금서비스 한도)는 카드사와 회원 간 계약에 따라 정해진 구속력 있는 한도로서 회원은 동 한도 내에서 언제든지 이용 가능하며 한도 상향시에는 회원의 사전 동의를 받아야 한다.[9] 신용한도는 고객의 소득과 고용형태 등에 따라 다르며 대체로 월소득범위 내로 하나 개별 카드사의 정책에 따라 다르다. 신용카드사는 정기적으로 카드소지인의 거래실적과 신용상태를 점검하여 신용공여한도의 조정이나 카드의 재발급 여부를 결정한다.

3당사자 신용카드의 구체적인 이용절차를 보면 신용카드소지자는 카드발급사와 신용카드계약을 맺은 가맹점에서 물품을 구입하고 신용카드를 제시한다. 가맹점은 매출전표(sales vouchers)를 카드사에 보낸다. 카드사는 이 전표를 받음과 동시에 매출대금의 일부를 가맹점수수료(merchant service fee)로 징수하고, 잔여 금액을 가맹점에 즉시(통상 3일 이내) 이체하는 동시에 카드소지인의 계좌에 차기하여 대출을 일으키고, 정기적(통상 매월)으로 카드소지인에게 거래내역과 함께 청구서(bill)를 보낸다. 최근에 들어 카드사가 종이로 된 전표대신 고객의 카드결제시 전자서명기 (Signature Pad)를 통해 고객의 서명을 직접 받아 디지털화하여 전송받을 수 있는 시스템(Data & Electronic Signature Capture)이 개발되어 사용이 일반화되고 있다.

카드소지인이 동 대출을 상환하는 방식은 일시불(charge card), 할부(installment) 및 회전(revolving)방식이 있다. 회전방식은 회전대출계약에 의거 신용한도 범위 내

---

8) 우리나라 BC카드사의 경우 종래에는 자신이 신용카드를 발급하지 않으면서 BC카드 회원인 카드 발급사를 위해 신용카드 결제에 필요한 네트워크를 구축하고 가맹점 관리 및 전표매입업무만을 대행하여 왔으나 2011년 KT가 동 사를 인수한 이후 자신이 직접 모바일카드를 발급하고 회원사를 위한 모바일결제 플랫폼을 제공하고 있다.

9) 카드론 한도는 카드회원이 카드론 대출을 신청할 경우 카드사가 대출 가능한 금액을 내부적으로 정해 카드회원에게 안내하는 금액으로서 카드사가 카드론 한도를 정해 놓았다 하더라도 계약상의 구속력은 없다. 카드론 한도는 신용카드 공여한도에 포함되지 않는다.

에서 일부만 갚고 나머지는 자동적으로 연장하며 미결제금액에 대해서는 소정의 이자를 부담하는 방식이다.

카드사가 신용카드를 취급함으로써 직접적으로 얻는 수익은 가맹점, 할부거래, 리볼빙, 현금서비스(cash advance)와 연관된 수수료, 카드론 이자 및 회원으로부터 받는 연회비 등이다. 현금서비스나 카드론은 모두 회원에 대한 대출이라는 점에서 유사하나 현금서비스는 일정기간(통상 45일 이내) 후 수수료와 함께 일시불로 상환하나, 카드론은 대출계약에 따라 만기(통상 2~12개월)에 이자와 함께 일시불 또는 분할방식으로 상환하는 점에서 차이가 있다.

신용카드로 현금서비스를 받을 경우 수수료는 종래에는 사용기간에 관계없이 일률적으로 2.5~3%를 적용하였으나 사용기간이 단기인 경우 너무 높은 수수료를 부담하는 것을 시정하고 융자금의 조기상환을 유도하기 위해 1992년 9월부터 수수료율을 일할계산방식 또는 5~7일 단위로 차등화하여 적용하고 있다. 현재 현금서비스는 각 카드사 또는 은행의 CD기·ATM기를 이용하는 방법과 CD기 운영 전문회사의 CD기를 이용하는 방법이 있는데 CD기 운영전문회사와 카드회사의 CD기간에 온라인 체계를 갖추고 있다.

최근 카드사들은 보다 다양하고 편리한 복합서비스의 제공으로 신규고객의 유치와 기존 고객과의 관계를 강화하고 있다. 항공권 구입시 상해보험 가입, 계열사 제품 구매시 할인특혜 제공 등이 그 예다.

2. 신용카드의 특징

신용카드제도의 가장 큰 특징은 이용자 모두에게 현금이나 수표를 사용할 필요가 없는 편리함을 제공한다는 것이다. 이 밖에도 이 제도는 다음과 같은 특징들을 가지고 있다.

① 카드소지인(card holder)은 일정기간(grace period) 동안 이자나 서비스에 대한 수수료 없이 신용을 얻을 수 있다.

② 카드발급사가 VISA카드 등과 같은 지역적으로 광범위한 네트워크를 가진 조직에 가입되어 있을 경우 카드소지인은 어느 곳에서나 현금이나 수표 없이 재화나 용역을 구입할 수 있다.

③ 가맹점(participating merchant)들은 마케팅 활동과 외상매출채권 회수업무를 카드회사가 대행함에 따라 보다 광범위한 고객의 유치와 판매증진을 기할 수

있다.

④ 신용카드의 보급은 화폐의 유통량을 줄여 발권비용을 절약하고 탈세를 줄여 조세정의 구현에 기여한다. 이 밖에 개인들이 자기신용관리에 대한 인식이 제고됨으로써 신용사회의 구현과 유통경제질서를 근대화하는 등 외부경제효과도 있다.

한편 이 제도는 이와 같은 이점들을 가지고 있는 반면에 다음과 같은 결점도 있다.

① 카드의 분실, 도난, 복제(skimming), 인터넷에 의한 카드정보의 해킹 등을 통해 카드가 제3자에 의해 불법적으로 사용될 경우 카드소지인과 카드회사 공히 손해를 입는다. 현재 카드의 부정이용(unauthorized use)에 따른 보상기준은 신용카드의 도난·분실신고 접수일로부터 60일 전 이후(현금인출, 현금서비스 및 전자상거래 등 비밀번호를 본인 확인수단으로 활용하는 카드 이용은 신고접수 시점 이후)에 발생한 부정 이용금액과 기타 카드의 위·변조, 해킹, 복제 등으로 인해 발생한 부정 이용금액은 카드사가 부담한다.[10]

다만 카드의 위·변조 등으로 인한 부정 이용이 카드소지인의 고의 또는 중대한 과실로 입증되는 경우[11] 및 카드 분실·도난으로 인한 부정 이용이 카드소지인

---

10) 주요국의 분실·도난·위조의 경우 카드소지자가 부담하는 손실한도를 보면, 미국은 카드소지자의 과실 유무와 관계없이 카드소지자가 분실·도난을 인지한 후 2영업일 종료 전에 발생한 손실에 대해서는 50달러, 2영업일 종료 후 기간계산서 교부로부터 60일 경과 전에 발생한 손실에 대해서는 450달러이다(「성실대부법」 및 「연방전자자금이동법」).

　　영국은 고객이 '상당한 주의'를 기울인 경우는 50파운드이다(「소비자신용법」). 독일은 위조와 분실·도난시 카드소지자의 과실이 없는 경우에는 부담이 없고, 경과실이 있는 경우에는 피해액의 10%, 중과실이 있는 경우는 전액 부담한다(「민법」). 「전자자금이동거래에 관한 EU위원회 권고」에서는 위조의 경우 부담이 없고, 분실·도난의 경우 카드소지자의 중과실이 없는 경우 150유로이다.

　　일본은 도난카드의 피해는 카드회사가 카드소지자의 과실을 입증할 수 없는 경우 전액보상, 중과실을 입증하는 경우 무보상, 중과실 이외의 과실을 입증하는 경우 75% 보상 그리고 위조카드의 경우 중과실을 입증할 수 없는 한 전액을 보상하게 되어 있다. 도난카드의 경우 카드소지자는 신고 및 설명의 의무가 있으며, 보상대상은 신고일로부터 소급하여 30일간의 피해이다.

　　그러나 이와 같은 규정에도 불구하고 대부분의 경우 카드의 부정사용에 의한 손실은 카드사가 전액 부담하고 있는바, 이는 카드소지인의 고의 또는 중과실에 대해 입증책임을 지고 있는 카드사가 이에 대한 입증 및 판단이 쉽지 않은 데다 카드사의 평판 리스크(reputation risk)를 고려하기 때문이다.

　　자료: 일본 금융청, "예금자 보상의 관행과 위조 예방책에 대하여," 해외조사보고, 2005년 3월 18일.

11) 카드를 양도나 담보목적으로 제공하거나 카드소지인의 고의 또는 중대한 과실에 의해 비밀번호가 누설되는 경우.

의 고의 또는 과실로 인한 경우[12])에는 카드소지인이 책임의 전부 또는 일부를 져야 한다. 다만 저항할 수 없는 폭력, 생명·신체에 대한 위해로 인해 비밀번호를 누설한 경우 등 회원의 고의·과실이 없는 경우에는 카드사가 책임을 진다(「여신전문금융업법」 제16조).

따라서 대부분의 카드사는 카드의 불법사용에 따른 손실에 대비하여 보험에 가입하거나 이용한도의 설정 등을 통해 이와 같은 손실에 대비하고 있다. 최근에는 카드발급사와 카드결제조직(interchange system)이 이와 같은 손실을 줄이기 위해 온라인(on-line)승인제도를 더욱 개선하고 있으며 카드에 카드소지인의 사진을 부착하기도 한다.

② 카드사는 수신기능이 없어 예금 등과 같은 저렴한 코스트의 자금조달이 어렵고 상대적으로 신용도가 낮은 고객을 대상으로 담보 없이 신용위주로 여신운용을 하고 있어 연체율이 높다. 또한 카드업무 처리에는 가맹점, 회원, 카드사 및 VAN사업자 등이 개재되어 있어 당사자간 거래인 은행거래보다 관리비용이 많이 드는 점 등으로 인해 소비자들이 부담하는 금융비용은 은행에 비해 상대적으로 높은 편이다.

③ 카드사용자가 자신의 지불능력을 고려하지 않고 카드를 남용하여 신용에 의한 신용의 대체라는 악순환을 거듭할 경우 근검절약하는 생활방식을 저해하고 개인파산자를 양산할 우려가 있다. 이를 억제하기 위해 카드사는 카드신용한도의 설정 및 변경시 카드사용자의 재무상태 및 상환능력에 대한 철저한 점검 등 사용한도 관리를 강화하고 있다.

특히 카드사용자가 카드신용잔액의 일정액 이상을 정기적으로 상환하는 최소상환금액이 이자와 수수료 충당에도 부족하여 카드신용잔액이 점차 증가하는 현상(negative amortization)이 발생하지 않도록 운용하고 있다. 또한 카드사용자들이 이용한도를 초과하여 물품을 구입하는 것을 방지하기 위해 대부분의 가맹점들이 거래승인단말기(CAT: Credit Authorization Terminal)를 보유하고 카드매출전표에 거래승인대행사(EASY-Check, Nice Check 등)의 거래승인번호를 기재토록 하고 있다.

이 밖에도 카드사는 카드채권의 연체율 및 연체채권에서 지급불능사태로 전이되는 전이율(roll rate) 자료 등을 수시로 분석하여 이를 한도관리 등 카드사업 운영에 활용한다.

---

12) 카드소지인의 고의에 의한 부정 이용, 카드의 미서명, 관리소홀, 대여, 양도, 보관, 담보 제공, 비밀번호의 유출, 물품의 판매 또는 용역의 제공을 가장한 불법매출에 관련된 부정 이용 등.

3. 신용카드의 국제화·다양화

신용카드제도는 처음에는 인근지역 회원들과 가맹점을 대상으로 한 독자적인 제도로 개발되었다. 그러나 격지간의 신용카드이용의 필요성이 커짐에 따라 국제적인 네트워크를 갖춘 결제조직이 필요하게 되었는바, 이의 대표적인 예가 미국의 VISA카드와 MasterCard, 유럽의 Maestro카드 등이다.

현재 VISA카드와 MasterCard 양 사는 막대한 자금력과 회원자격의 완화, 회원은행들의 타사 카드 사용제한 등을 통해 독점적인 시장지위를 유지하여 미국 카드(개인신용카드 및 법인카드)시장의 90% 이상을 점유하고 있다.[13] Maestro카드는 유럽 결제카드(payment card)시장의 40% 정도를 점유하고 있다.

최근에 들어 신용카드는 급격히 발전되는 컴퓨터 및 전자통신기술과 결합하여 그 용도 및 기능이 더욱 다양화되어 가고 있다. 스마트카드(smart card)로 일컬어지는 IC(Integrated Circuit)카드 등이 그 예이다. 기존의 플라스틱카드는 계좌에의 접근 등 거래수행을 위한 최소한의 접근정보만을 자기띠(magetic stripe)에 저장하고 있는 데 비해, 스마트카드는 자기띠 대신에 반도체 칩을 내장한 것으로 카드에 micro processor와 IC memory가 부착되어 대용량의 저장기능뿐만 아니라 독자적인 논리 및 연산이 가능한 소형 컴퓨터의 기능을 한다.

플라스틱카드는 저장할 수 있는 정보량이 적어 기능이 단순하고 간단한 접속장비(interface device)만으로도 저장된 정보를 해독하거나 복제가 용이하여 안전성에 문제가 있다. 반면, 스마트카드는 자체적으로 보안솔루션을 탑재하여 칩에 저장된 정보의 복제와 외부의 물리적·논리적 공격으로부터 보호하는 기능을 갖고 있어 보안성이 뛰어나다. 스마트카드의 이와 같은 보안성으로 현재 플라스틱카드의 스마트카드로의 전환이 단계적으로 진행되고 있다. 스마트카드는 또한 다양한 기능을 갖고 있어 신용카드, 선불카드, 전자상거래 지급 등 금융분야는 물론 휴대전화, 네트워크 보안, 신분카드, 교통카드 등에 광범하게 이용되고 있다.

지금까지 우리나라의 스마트카드는 소액을 반복하여 결제하는 교통카드와 주로 오프라인에서 사용되는 전자화폐로 시작하였으나 사용지역이 협소하고 관련 인

---

13) 최근 양 사는 회원은행들의 타사 카드 사용제한이 「반독점법」에 위배된다는 뉴욕연방법원의 유죄판결을 받고 이에 불복하여 대법원에 상고하였으나 상고가 기각되어 앞으로 양 사의 독점적 지위가 크게 약화될 것으로 보인다.

프라의 미비로 크게 보급되지 못하였다. 그러나 최근 통신회사와 카드회사가 제휴하여 휴대전화기에 신용카드 기능을 갖는 IC칩을 장착하여 사용하는 모바일 결제 서비스가 등장하는 등 이업종간의 제휴를 통해 그 기능이 더욱 다양해지고 있다.

특히 최근 무선주파수(RF: Radio Frequency)기술을 이용한 비접촉식 신용카드의 보급이 확대되면서 일정금액 이하의 카드매출시 서명이나 비밀번호 입력 없이 매출을 처리하는 No CVM(No Cardholder Verification Method)결제[14]가 증가함에 따라 신용카드 위·변조 등의 사고 예방을 위한 IC카드로의 전환이 더욱 가속화될 전망이다. 그리고 스마트카드 상호간의 호환성 제고, 관련 인프라 구축에 필요한 추가비용 문제 그리고 다양한 기능이 단일 칩에 저장됨에 따른 칩의 관리주체 문제 등이 합리적으로 해결된다면 스마트카드의 대중화가 더욱 빠르게 진행될 것이다.

앞으로 양 방향 소통이 가능한 IPTV나 디지털케이블TV 등이 나오면 각종 상품을 IC카드를 이용해 집이나 사무실 등에서 구입할 수 있는 T-Commerce가 활성화될 것이다. IPTV나 디지털TV를 통한 홈쇼핑의 경우 구매를 할 때 ARS를 이용해 카드번호를 불러주는 현 아날로그방식에 비해 IPTV나 디지털케이블TV에 전용 리더기가 설치되어 고객이 직접 비밀번호를 입력해 보다 안전하고 편리하게 결제할 수 있게 된다.

최근 타인의 비밀번호 등을 도용한 금융사고가 잇따라 발생함에 따라 IC카드에 생체인증방식을 결합한 방식이 개발되고 있다. 생체인증이란 신체적 특징이나 행동면에서의 특성을 이용하여 자동적으로 개인을 식별·인증하는 방법을 의미한다. 즉 개인의 신체적 특징 등으로부터 추출된 데이터를 생체인증시스템(biometric systems) 내의 데이터베이스에 디지털화된 형상(template)으로 저장한 후 인증시에 센서를 통해 입력되는 생체정보 표본과 동 형상이 잘 부합(matching)되는지 여부를 자동적으로 확인하게 된다. 그러나 생체인증은 정밀도가 낮은 등 기술적인 문제와 인종문제 등 프라이버시 문제가 있어 아직까지는 활성화되지 못하고 있다.

---

14) IC카드의 특수한 형태로서 카드를 단말기에 직접 접촉(swipe)시키지 않고 전용단말기 가까이에서(약 3~4cm) 단말기가 카드정보를 인식함으로써 결제가 이루어지는 방식으로 현재 교통카드, 영화관, 주차장, 자판기, 대형 소매점 등의 소액결제시 부분적으로 시행되고 있다. 미국의 경우 $25 이하의 소액결제시 이를 도입·운영하고 있다. 우리나라의 경우 현행 제도상 가맹점은 카드매출시 서명대조 또는 비밀번호 입력 등을 통해 회원본인 여부를 확인하여야 하는바, 현재 본인확인절차 생략 근거를 마련하기 위한 관련 규정의 보완작업이 진행중이다.

II. 선불카드

선불카드(prepaid card)란 신용카드와는 반대로 대금을 선불하고 물품이나 서비스를 나중에 공급받는 전자지급수단의 하나로 주로 소액 다거래용으로 사용되므로 최고한도는 신용카드나 직불카드보다 적은 게 원칙이다. 선불카드는 신용·직불카드와 유사한 기능을 가지고 있으나 신용·직불카드는 은행의 결제계좌를 이용한 자금이체방식인 반면 선불카드는 매체에 저장된 가치로 결제한다는 점에서 차이가 있다. 선불카드는 판매자측에서는 고객유치와 판매이윤을 바로 현금화시킬 수 있다는 이점이 있고 고객측에서는 할인혜택을 얻을 수 있으며 정부로서는 세원포착의 용이에 따른 탈세를 방지할 수 있다는 이점이 있는 반면, 위조나 변조의 위험이 크다는 것이 단점으로 지적되고 있다.

선불카드는 범용성과 환금성의 크기에 따라 전자상품권과 전자화폐로 구분된다. 전자상품권은 전화카드나 교통카드 등과 같이 특정상품의 사용에 한정되거나 백화점카드와 같이 발행자에게만 통용되어 범용성과 환금성이 낮다. 이에 비해 전자화폐는 범용성이 매우 높고 환금성이 보장되어 현금이나 수표와 같이 지불수단으로 사용될 수 있다. 전자화폐는 전자매체나 네트워크상에 화폐가치를 저장하여 지급수단으로 사용하는 것으로 IC카드형과 네트워크형이 있다. IC카드형은 IC칩이 내장된 카드에 전자적으로 화폐가치를 충전하여 가맹점에서 사용하는 형식으로 주로 오프라인에서 대면거래에 의한 소액결제에 사용된다.

IC카드방식은 다시 개방형(open)과 폐쇄형(closed)이 있다. 개방형은 시스템 특성상 카드 상호간 자금이체가 가능하고, 중간정산 및 기록보존시스템이 없어 자금추적이 불가능하여 현금과 가장 유사하고 운영비용도 저렴하다. 폐쇄형은 개인간(card to card) 자금수수가 불가능하고 필요시 자금추적이 가능하기 때문에 우리나라를 비롯한 대부분의 국가에서 동 방식을 채택하고 있다. IC카드방식의 경우 전자화폐업체는 결제내역 정산 등을 위한 전자화폐시스템을 운영하고 전자화폐업체와 제휴관계에 있는 은행이나 카드회사 등이 실질적으로 전자화폐를 발행하고 전자화폐에 대한 채무를 부담한다.[15]

---

15) 2005년 12월 말 현재 우리나라 금융기관(은행 14개, 신용카드사 2개)에서 발급하는 IC카드형 전자화폐는 K-Cash, MYbi, A-CASH, VisaCash, Mondex 등 5종이 있다.

네트워크형은 PC에 전용프로그램을 다운로드받아 화폐가치를 저장하여 사용하는 전자지갑형과 카드에 기재된 식별(비밀)번호를 온라인상에서 입력하여 사용하는 선불형 실물카드가 있으며 주로 온라인에서 비대면거래에 의한 소액결제에 사용된다. 네트워크방식의 경우 IC카드방식과는 달리 전자화폐업체가 직접 전자화폐 시스템을 운영하는 동시에 전자화폐 발행에 따른 채무를 부담한다.

현재 비현금 소액결제서비스 수단으로 신용카드, 선급카드 및 데빗카드가 주류를 형성하고 있으나 신용카드는 일정기간 동안 무이자로 신용대출을 하는 것이기 때문에 태생적으로 수수료가 높을 수밖에 없고 체크카드는 신용위험이 없어 수수료는 낮으나 사용할 때마다 고객의 계좌를 열어 주고 고객의 신원을 확인하는 서명을 받아야 하는 불편함이 있다. 이에 반하여 선불카드는 이미 선불된 자금이 전자적 방법으로 지급되는 것이므로 신원 확인이 간편하고 비교적 정보기술비용이 낮아 편리하게 이용될 수 있다. 최근 스마트폰을 통해 사용되는 T-money 등은 편의점, 택시, 버스 등에서 쉽게 충전하여 사용할 수 있다는 점에서 그 이용이 점차적으로 증가하고 있다.

Ⅲ. 데빗카드

데빗카드(debit card)는 카드 사용시 카드 사용자의 예금계좌로부터 직접 자금이체가 이루어지는 카드이다. 데빗카드와 신용카드는 지급수단으로 이용된다는 점에서는 같지만 데빗카드는 현금을 대신한 지급거래의 수단으로만 이용되는 데 반해, 신용카드는 지급수단 이외에 신용거래의 수단으로도 이용된다는 점에서 차이가 있다.

데빗카드의 사용자는 현금소지에 따른 위험을 감소시키고 은행의 영업시간 이후에도 자신의 예금계좌의 현금을 계속 이용할 수 있는 이점이 있다. 그리고 은행은 현금이나 수표거래가 줄어듦에 따른 창구업무의 경감과 수수료 수입을 기대할 수 있고, 자금조달비용, 대손 및 채권회수비용 등이 발생하지 않아 신용카드에 비해 저렴한 비용과 이에 따라 낮은 가맹점 수수료(interchange fee)를 부과할 수 있다. 판매점은 매출증대와 판매대금의 조기회수 등의 이점이 있다.

데빗카드는 ATM을 통해 예금을 인출하거나 당좌계정과 연계하여 신용한도를 이용할 수 있으며 결제조직을 공유하는 지역소재 다른 은행의 ATM을 통해서도 사용이 가능하다.

데빗카드는 카드 사용시 통상 2~3일 이내에 예금계좌로부터의 자금인출이 이루어진다. 데빗카드는 본인 식별을 위해 비밀번호를 입력하는 직불카드(asset card)와 서명을 하는 체크카드(check card)[16]가 있다. 직불카드[17]는 은행이 발급하고 체크카드는 전 카드사가 발급하며 금융결제원의 결제계좌를 보유하고 있지 않은 전업신용카드회사는 체크카드만을 발급하고 있다. 전업카드회사가 체크카드를 발급하기 위해서는 거래은행에 연결계좌를 개설해야 하며 카드 사용에 따른 자금 인출 시 은행과의 계약에 따라 소정의 계좌이체 수수료를 지불해야 한다. 직불카드는 직불카드공동망(EFT/POS)을 네트워크로 이용하여 직불카드전용 가맹점에서만, 그리고 체크카드는 신용카드가맹점에서 사용이 가능하다. 가맹점에 대한 대금 지급은 직불카드의 경우 수수료 정산 후 익일 지급하고 체크카드의 경우 신용카드와 동일하다.

그러나 아직까지는 선진국에 비해 직불카드나 체크카드의 사용 비중이 매우 낮은 편이다. 최근에 들어 소액결제에 한해 개인식별번호(PIN)의 확인 없이도 전용 단말기 접촉만을 통한 자동결제시스템 및 직불카드연계계좌를 통한 모바일결제가 확대되고 있으며, 최근 홍채, 지문, 손바닥 정맥 등 생체 정보만으로 인증을 받아 카드 등을 결제를 할 수 있는 파이도(FIDO: Fast Identity Online) 제도가 상용화되고 있다. 오프라인에서 손바닥 정맥만으로 결제하는 핸드페이(Hand Pay), 목소리로 결제하는 보이스 페이(Voice Pay) 등의 솔루션(solution)이 그 예이다. 앞으로 지급결제시장이 빅데이터 분석, 사물인터넷(IoT), 비컨(Beacon) 모바일결제 등과 융합할 경우 새로운 금융서비스 상품이 개발될 전망이다.

---

16) 하이브리드 체크카드(hybrid check card)는 기본적으로 예금잔액 범위 내에서 물품대금 결제가 가능한 체크카드이나 예금 잔액부족, 전산장애, 교통카드 결제시 등에 소정의 금액(현재 30만원) 한도 내에서 해당 거래가 신용카드 방식으로 결제된다. 결제금액은 일시불 사용과 동일하게 결제기일에 거래예금계좌를 통해 상환한다. 동 카드는 결제금액 중 예금잔액 범위 내에서 결제를 하고 예금잔액 부족분을 신용결제로 하는 것이 원칙이나 현행 「금융실명거래법」상 은행의 고객 예금정보를 카드회사에 통지해주기 어렵기 때문에 결제금액 전부에 대해 신용결제로 하고 있다.
17) 앞으로 직불카드는 IC칩이 장착되는 현금직불카드로 대체될 예정이다.

제 4 절   할부금융시장

할부금융은 할부판매에 수반되는 대출의 원리금을 여러 차례에 걸쳐 분할하여 상환하는 방식(installment payment)이다. 할부금융은 통상 자동차나 주택 등 일시불로 구입하기 어려운 물품의 구입시 구입에 필요한 자금을 할부금융업자가 판매인에게 일시불로 지급하고 구입인은 이를 분할하여 상환하는 방식을 취한다. 할부금융업자와 판매인간에는 사전에 구매인의 자격요건, 이자율, 대출기간, 채권확보조건 등 할부금융조건을 협의하여 업무제휴약정을 체결하고 동조건을 충족하는 구입인이 할부금융 이용을 신청하는 경우 판매인이 할부금융을 신청하고 할부금융업자는 동신청에 대해 심사를 거쳐 대출 여부를 결정한다.

할부금융은 물품의 판매대금을 분할하여 상환한다는 점에서 연불판매나 리스에 수반되는 금융리스와 유사한 점이 많다. 리스와 할부 및 연불판매의 형식상의 차이점으로는 리스는 이용자에게 물건의 소유권이전이 반드시 전제가 되지 않는데 비해 할부 및 연불판매는 소유권의 이전이 반드시 전제가 된다는 점을 들 수 있다. 구체적으로 리스는 계약기간종료 후의 물건의 처분을 당사자간의 약정사항으로 하여 리스물건의 반환, 재임대, 소유권의 이전 등 여러 가지 방식이 가능하나 연불판매나 할부판매는 소유권의 이전시기가 당사자간의 약정 또는 최종납입금의 완납 후에 반드시 실현된다는 것이다.

그러나 금융리스의 경우 통상 계약기간 종료 후 임차인에게 리스물건에 대한 염가구매권(bargain purchase option)이 주어져 리스물건에 대한 경제적 소유권이 실질적으로 임차인에게 있다는 점에서 실질적인 측면에서 리스와 연불 또는 할부판매와의 구분은 쉽지 않다. 외국의 예를 보더라도 리스는 할부판매, 연불판매(hire purchase) 등과 함께 할부금융(installment credit)의 하나로 분류하고 이들의 금융대상에서도 특별한 차이점을 발견하기는 매우 어렵다.[18]

할부금융과 연불판매의 차이점으로는 현행 「여신전문금융업법」상의 정의를 참고할 필요가 있다. 동 법은 할부금융을 '재화와 용역의 매매계약에 대하여 매도

---

[18] 일본의 경우 재무목적상 판매조건과 리스조건을 제시하고 판매조건에 해당하면 할부판매, 리스조건에 해당하면 금융리스 그리고 판매도 리스조건에도 해당하지 않은 임대차 거래의 경우 운영리스 또는 렌탈로 분류하고 있다.

인 및 매수인과 각각 약정을 체결하여 매수인에게 융자한 재화와 용역의 구매자금을 매도인에게 지급하고 매수인으로부터 그 원리금을 나누어 상환받는 방식의 금융'으로, 연불판매를 '특정물건을 새로 취득하여 거래상대방에게 넘겨주고 그 물건의 대금·이자 등을 일정 기간 이상 동안 정기적으로 나누어 지급받으며 그 물건의 소유권 이전 시기와 그 밖의 조건에 관하여는 당사자간의 약정으로 정하는 방식의 금융'으로 정의하고 있다(제2조).

한편, 할부판매는 「할부거래에 관한 법률」(제2조)에서 판매대금을 2개월 이상인 동시에 3회 이상에 걸쳐 분할지급하는 것으로 정의하고 있다. 연불판매는 「여신전문금융법」에서 2년 이상에 걸쳐 정기적으로 분할지급하는 것으로 규정하고 있다. 따라서 양자는 분할상환기간의 장단 이외에는 특별한 차이점이 없다. 이런 의미에서 현행 「부가세법」(시행령 제21조 ⑤)에서는 연불판매를 장기할부판매로 명명하고 있다.

이와 같이 리스와 연불 및 할부금융을 정확하게 구분하기는 쉽지 않다. 따라서 할부금융, 연불금융 및 금융리스를 이와 같이 금융방식으로 구분하기 보다는 금융의 대상이 되는 물건의 용도를 기준으로 구분하기도 한다. 할부금융은 내구소비재 구입에 필요한 자금을 대여해 주는 것으로 그리고 연불금융이나 금융리스는 설비를 대상으로 자금을 대여해 주는 것으로 분류하기도 하나 이 또한 명확한 분류기준이 되기에는 부족하다.

외국의 예를 보면 할부금융의 대상에 기계류나 전자제품 등의 시설재가 그리고 리스의 대상에도 자동차나 주택 등 내구소비재가 포함되고 있기 때문이다. 여하간 우리나라의 경우 할부금융의 주된 대상이 내구소비재라고 할 때 할부금융은 소비자금융의 대표적인 금융방식의 하나로 이해되고 있다.

할부금융은 이를 이용하는 고객이 유동성 제약이 크지 않은 고소득층이나 상환능력이 부족한 저소득층보다는 정기적으로 정액소득을 받는 중산층이 주류를 이루게 될 것이라는 점에서 중산층에 대한 소비자금융이라고 특징지울 수도 있겠다. 국민소득과 임금수준의 상승에 따른 두터운 중산층의 형성은 고가 내구성소비재의 수요를 크게 증대시켰고, 따라서 이들의 유동성 제약을 완화해 주기 위한 할부금융의 수요를 증가시켜 왔다. 이에 따라 할부금융은 국민소득 증가에 따라 발생하는 소비자들의 잠재수요를 유효수요로 발전시켜 생산의 증대를 유도하며, 소비의 시차배분(intertemporal substitution)을 통한 소비자의 효용을 증대시킨다는 인식이 증대되기에 이르렀다.

프로젝트 파이낸싱(project financing)이란 플랜트 건설사업, 자원개발사업, 도로·항만 등 사회간접자본투자 등 대규모투자사업에 널리 활용되어 온 금융방식을 지칭하는 용어로, 일반대출과는 달리 사업(project) 자체에서 산출되는 생산물 판매대금 또는 수익(cash flow 또는 revenue)을 여신의 상환재원으로 하고 프로젝트의 자산을 담보로 한다는 점에 가장 큰 특징이 있다. 따라서 차입자의 재력과 신용, 제3자의 보증 등은 부차적인 것이 되며, 공사의 완성과 생산, 판매 등 프로젝트의 성공적인 수행이 전제로 되고 있다.

프로젝트 파이낸싱의 상환자금은 프로젝트 자체에서 나오는 현금흐름(cash flow)에 한정되며 사업주(sponsor)에게 상환을 청구할 수 없는 비소구조건(non-recourse)이거나 청구하더라도 그 범위가 출자액의 일정범위 내로 제한적(limited-recourse)이라는 점이 가장 큰 특징이다.

그림 6-1 프로젝트 파이낸싱의 구조

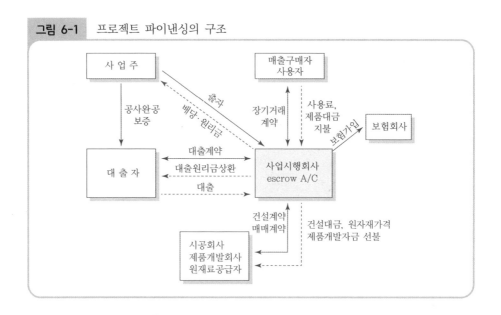

프로젝트 파이낸싱에 관계되는 주요 관계당사자로는 사업주(project sponsor), 사업시행회사(project company), 대출자(lender) 등이 있다. 사업주는 프로젝트를 실질적으로 추진하는 사업주체로 프로젝트의 실제 운영업체가 가장 많고 이 밖에 정부나 건설업체인 경우도 있다. 사업주는 프로젝트를 시행하는 자회사로 사업시행회사를 설립하여 동 사가 차입자가 되게 함으로써 직접적인 원리금 상환의무는 부담하지 않는다. 그러나 프로젝트의 위험이 커짐에 따라 순수한 의미의 프로젝트 파이낸싱은 드물고 사업주가 여러 유형의 보증, 원재료 공급, 제품구매 등 프로젝트에 대한 지원 등을 통한 변형된 형태의 프로젝트 파이낸싱이 일반적이다.

대규모 프로젝트의 경우 소요자금 규모가 크고 위험이 높기 때문에 사업주는 자금부담의 경감, 위험분산 등을 위해 다수의 자금공여자들로 합작(joint venture) 또는 컨소시엄(consortium)을 구성하거나 하청계약(sub-contract)을 통하여 책임을 분산하게 되며 사업의 성공적인 수행을 보장하고 위험을 극소화하기 위해 복잡한 내용의 각종 계약을 체결하게 된다.

사업시행회사는 특수목적회사(special purpose vehicle)로서 프로젝트의 개발, 건설, 소유, 운영에 대한 법률상의 주체이다. 사업시행회사는 명목회사(paper company)가 아닌 경제적 실체가 있는 회사로서 단독법인, 합작법인 또는 비법인 합작사업체(unincorporated joint venture) 등의 형태를 취한다.

대출자는 프로젝트의 수행을 위해 사업시행회사에 자금을 제공하는 주체로 프로젝트의 추진에는 거액의 자금이 소요되므로 컨소시엄이나 소규모클럽형식의 협조금융(cofinancing)을 행한다. 대출자로 참여하는 자는 프로젝트의 성격에 따라 대형상업은행, 국제개발금융기관, 수출입은행 등 다양하며 이 밖에 리스회사, 보험회사 등이 참가하기도 한다. 이들은 협조융자(syndication)과정을 통하여 맡은 역할에 따라 주선은행, 대리은행, 담보관리은행, 일반참여기관 등으로 분류된다.

대출자는 자금을 제공하는 이외에 사업주를 위해 자금조달방안의 검토 및 추천, 프로젝트에 내재된 위험의 평가와 위험분담구조의 제시, 국제금융기관과의 교섭 및 계약시의 조력 등 금융자문업무를 수행하기도 한다.

자금의 제공형태는 주로 협조대출(syndicated loan)이나 국제채 발행, 국제금융기관의 뱅크론 등이나 이 밖에 국제리스, 혼성금융(mezzanine financing), 지분참여 등도 있다. 국제리스의 경우 개개의 시설을 임대하는 것이 아니라 리스회사에게 프로젝트 일체를 신탁적으로 양도하고 이를 다시 매각임차(sale and leaseback)하는 형식을 취한다. 혼성금융이란 우선주, 후순위채권 등 하급채권(junior debt)을 발행하여 자금을 조달하는 방식을 말하고 지분참여는 사업시행회사의 주식을 직접 매입하거나 특정프로젝트를 대상으로 하는 펀드(committed investment fund)에 참여하는 것을 말한다. 대출자는 프로젝트의 모든 사업에 대한 위험을 부담하는 것이 아니라 특정부문에 대해서만 위험을 부담하므로 여타부문의 부실 여부에 관계없이 융자금을 상환받을 수 있다.

이 밖의 프로젝트 파이낸싱의 당사자로서 보증인(guarantor) 또는 보험회사와 자본참여자(equity participant) 등을 들 수 있다. 사업시행회사는 그들의 신용을 보완하기 위해 보험에 가입하거나 사업주 또는 제3자의 보증을 얻는 경우도 있다. 자본참여자로는 건설시공업자, 산출물의 제조업자나 판매업자, 원료공급업자, 제조설비공급업자, 기술제공자 등 프로젝트에 직·간접적으로 참여하는 전략적 투자자(strategic investor)와 보험회사, 연기금, 투자회사, 펀드 등 순전히 투자수익만을 목적으로 하는 재무적 투자자(financial investor)들이 있다.[1]

---

1) 최근 우리나라에서 경제·사회적으로 물의를 일으킨 바 있는 부동산 PF(Project Financing)는 부동산 개발사업을 위한 금융이라는 점에서 PF란 용어를 쓰나 지금까지 소개한 PF와는 상당한 차이가 있다. 프로젝트의 사업가능성에 대한 면밀한 검토를 토대로 이를 사업주체로서 책임지고 수행해야 할 건설시행사(developer)가 사업타당성을 검토할 능력이나 자금력도 없고 프로젝트의 성

프로젝트 파이낸싱의 모든 자금관리는 결제위탁계정(escrow account or waterfall)을 통해 이루어지는 것이 보통이다. 즉 출자금, 대출금, 운영수익 등의 수입과 공사비, 운영비, 원리금 상환 등의 지출 등 모든 자금의 입출이 지정계좌에 집중되어 지정용도로만 사용된다. 공사가 완료되고 원리금이 상환되면 결제위탁계정은 잔액을 해제하여 사업시행회사(project company) 앞으로 양도하고 동 사는 정산 후 남는 금액을 사업주에게 배당하고 해산한다.

프로젝트 파이낸싱은 프로젝트 착수 후 원리금 상환 완료시까지 각종 불확실성 요인이 개재되어 있다. 따라서 프로젝트의 구체적인 상황에 따라 다음과 같은 대응책이 적절하게 수립되어야 한다.

① 공사비용초과위험(cost overrun)

가장 빈번히 발생하는 위험으로 인플레이션으로 인한 공사비 증가, 설계상의 미비, 공법상의 하자, 건설기간 중의 예산과소 책정, 노사분쟁 및 시공자의 파산 등으로 인하여 발생한다. 이와 같은 위험에 대비하기 위해 사업주로부터 공사완성보증(completion guarantee), 추가출자보증(investment guarantee), 위무서(letter of comfort)[2] 등을 징구하기도 한다.

② 공사완공지연위험(completion delay)

예정된 공사기간 내에 공사를 완공하지 못하는 위험으로 공사비용초과의 경우와 같은 사유로 발생한다. 이와 같은 위험에 대비하기 위해 공사완성보증, 이행보증(performance guarantee), 건설보증(completion insurance), 외부 컨설턴트(consultant)의

공적 수행을 뒷받침할 수 있는 제도가 제대로 구축되어 있지 않기 때문이다. 이른바 부동산 PF의 진행과정을 보면 통상 건설시행사가 토지소유자와 토지매입가계약을 체결하고 설계사무소 등에서 작성한 사업계약서를 가지고 건설공사를 물색한다. 건설시공사는 부동산컨설팅회사나 회계법인 등에 타당성 분석을 의뢰하나 이들 또한 부동산 개발사업에 필요한 도시계획, 건축설계, 마케팅, 재무능력 등 종합적인 분석능력이 부족하다.

이와 같이 부실한 사업타당성 분석을 토대로 건설시공사는 건설시행사에게 참여의향서를 제공하고 건설시행사는 이를 저축은행 등에 제공하여 토지매입대금의 일부 등 초기자금을 대출받거나 대출의향서를 받는다. 건설시행사는 이와 같은 일련의 절차를 바탕으로 은행 등에서 프로젝트 수행에 대한 자금을 일부 또는 전부를 지원받는다. 금융회사는 프로젝트가 완성되어 분양이 성공적으로 이루어지면 동 분양대금으로 대출금을 상환받으나 일반적으로 건설시행사의 자금력이나 신인도가 약하기 때문에 미상환 위험에 대비하기 위해 건설시공사의 지급보증이나 채무인수약정을 요구한다.

2) letter of comfort는 보증과 동일한 효력을 가지는 것, 보증채무는 성립하지는 않으나 손해배상청구권이 인정되는 것, 주채무자가 지급불능이 확정된 경우에만 잔액의 보상청구를 할 수 있는 것, 단순한 도의적 책임만을 부담하는 것 등 그 내용을 어떻게 작성하느냐에 따라 효력이 다르다.

사업타당성 검토보고서 등을 징구하는 것이 보통이다.

③ 시장여건변동위험(marketing risk)

제품가격 하락, 원자재가격 상승, 수요감퇴, 기술진부화, 경쟁산업의 출현 등으로 예상수익에 미달하는 위험이다. 이와 같은 위험에 대한 대비책으로 장기공급계약(long term sales contract), 인수 또는 지불계약(take or pay contract), 인수도지급계약(take and pay), 생산부지급계약(take if produced), 최저가격유지계약(minimum price maintenance contract) 등을 체결한다.

④ 정치적 위험(political risk or country risk)

국유화, 몰수(confiscation), 추방(expatriation), 외환규제, 허가취소, 전쟁, 내란, 정변 등으로 인해 발생하는 위험이다. 이와 같은 위험에 대한 대비책으로는 국가위험(country risk)분석에 의한 국별한도(country limit) 운용, 제3국과의 공동융자, 현지정부의 보장, 양허협정(concession agreement), 중앙은행의 외환지급에 대한 약속, 수출보험 등이 그 대비책으로 강구된다.

⑤ 천재지변위험(Force Majeure risk)

지진, 화재 등으로 인해 프로젝트의 추진이 중단되거나 프로젝트의 자산이 멸실되는 위험으로 이를 위해 대출자는 사업주로 하여금 보험에 가입하고 동 보험금의 양도계약에 서명하게 하여 동 보험금으로 프로젝트의 재건에 충당하거나 손실에 충당하기도 한다.

기타 위험으로는 매장량 추정착오(reserve miscalculation), 현금흐름(cash flow) 추정착오, 불합리하게 계획된 프로젝트의 비능률 등의 위험이 있다.

제 2 절 벤처캐피털시장

벤처캐피털(venture capital)이란 모험기업(venture business)[3]의 창업이나 사업확

---

3) 모험기업이란 아직 명확하게 정립된 개념은 없으나 미국의 「중소기업투자법」에서는 위험성이 크나 성공할 경우 높은 수익이 기대되는 신기술 또는 아이디어를 바탕으로 영위하는 신생기업(new business with high risk, high return)으로 정의하고 있다.

　　OECD는 R&D집중도가 높은 기업, 기술혁신이나 기술적 우월성이 성공의 주요 요인인 기업으로 규정하고 있다. 우리나라는 「중소기업법」상 신기술·기술집약형 기업과 「벤처기업 육성에 관한

장을 지원하고 그 기업이 성공한 후에 투자원금의 회수는 물론 높은 투자수익과 부수적인 거래에 따른 수익을 기대하는 기업 또는 투자가 그룹을 말한다. 모험기업은 유망한 기술과 장래성을 가지고 있으나 기업역사가 일천하고 기반이 취약하여 일반금융기관으로서는 높은 위험부담을 부담하기 때문에 자금을 지원하기 어렵다.

벤처캐피털은 모험기업에 대해 주식, 신주인수권, 신주인수권부 사채, 전환사채, 전환우선주 등의 취득형태를 통한 투자를 하는 데 주식보다는 이익배당이나 청산의 경우 우선권이 있는 전환우선주나 전환사채 등을 취득하는 것이 일반적이다. 이 밖에도 벤처캐피털은 모험기업에 대해 대출, R&D지원, 경영 및 기술 등을 중심으로 한 컨설팅 등의 서비스를 제공한다.

벤처캐피털이 투자자금을 회수하는 방법은 모험기업의 공개(initial public offering), 제3자와의 합병, 경영자에의 매각, 모험기업이 실패할 경우의 정리 등이 있으나 이 중에서도 공개와 M&A를 통한 회수가 가장 일반적으로 이를 통해 보유주식을 매각하여 자본이득을 얻는 것이다. 이 밖의 벤처캐피털의 수익원으로 투자자들로부터 자금을 모아 투자한 경우 받는 2~3%의 관리수수료 등이 있다.

벤처캐피털은 기업가정신(entrepreneurship)이 투철한 모험기업의 경영자(rookie)에게 자금지원은 물론 자신의 경험, 노하우, 네트워크 등 모든 지원(more than money)을 하며 경우에 따라서는 경영자를 교체하거나 매각하는 등 철저하게 이윤을 추구하는바, 이와 같은 행위로 말미암아 탐욕자(vulture)[4]라는 비난을 받기도 한다.

벤처캐피털은 모험기업에 자금을 지원한다는 점에서 일반금융기관과 유사하나 지원기업이 성장하지 못하면 자본이득을 얻을 수 없어 모험기업과 모험사업에 대한 위험을 분담 내지 공유한다는 점에서 일반금융기관과 다르며 모험기업에 대한 지배(ownership control)의 목적이 없다는 점에서 통상의 출자관계와 다르다.[5]

벤처캐피털은 1950년대 중반 미국의 대학 등에서 개발된 신기술의 기업화를 지원하기 위해 생성되어 1960년대에 들어 본격적으로 발전하기 시작하였는데 현

특별조치법」에서 창업투자회사의 투자액이 자본금의 10% 이상이거나 매출액 대비 연구개발비 비중이 5% 이상인 것 등을 모험기업으로 정의하고 있다.

4) 원래 vulture는 파산이나 회생절차중인 기업을 매입하여 이를 분할매각하거나 부동산매각, 인원정리 등으로 재정비한 후 되파는 M&A 전문가집단을 말한다. 부실기업을 인수하여 이를 정상화시킨 후 매각하는 것을 turnaround라 한다.

5) 강문수, "벤처캐피털과 벤처비즈니스의 육성방안," 「벤처산업의 이론과 실제」, 한국기술개발주식회사, 1989, 25면.

재에는 우주 및 군사개발 프로젝트, 컴퓨터, 의료 및 유전공학 등의 첨단산업과 관련된 모험기업에 대한 지원으로까지 확대되고 있다.[6]

미국의 모험기업에 대한 금융은 크게 에인젤캐피털(angel capitalist or incubator)이나 벤처캐피털 등에 의한 출자단계(impact investing), 모험기업이 어느 정도 기반을 잡은 후의 공개단계(initial public offering) 및 상장 후의 직·간접 금융단계로 나누어 볼 수 있다. 이 중 첫단계는 주로 독립적인 에인젤캐피털이나 벤처캐피털회사 및 경우에 따라서는 벤처캐피털을 자회사로 둔 투자은행(investment bank)에 의해 지원되고 공개나 공개 후의 금융은 투자은행들에 의해 지원된다.

에인젤이란 원래 브로드웨이의 공연후원자를 지칭하는 것으로, 에인젤캐피털은 천사처럼 나타나 모험기업에 투자하는 개인투자자들을 지칭한다. 이들은 주로 사업대상을 개발하고 제품의 성공가능성을 확인하는 사업초기단계에 비교적 소규모(5~10만달러)단위의 사업자금(seed money)을 제공하는바, 창업초기의 자금지원에 있어서는 벤처캐피털회사보다 기동성과 유연성이 크다. 에인젤캐피털은 개인이 직접 투자하는 방식과 소액자금을 모아 에인젤펀드로 투자하는 방식이 있다.[7]

벤처캐피털회사는 제품의 개발이나 판매단계에 비교적 큰 규모(200~300만달러)로 사업자금을 지원하는 것이 보통이다. 그러나 에인젤캐피털의 투자 건수가 훨씬 많아 총투자액은 에인젤캐피털이 벤처캐피털회사를 상회하고 있다.

투자은행들은 자체 내에 투자은행 자신의 자금과 일반투자자로부터 모은 자금을 집합(pooling)하여 기금(venture capital fund)을 조성하고 이 기금으로 벤처기업의 공개와 관련된 업무와 앞으로 거래관계를 기대하여 공개 이전에 이들 기업에 투자하기도 한다.[8] 이 밖에 투자은행들은 자신이 무한책임사원(general partner)이 된 조합(venture capital partnership)을 조직하여 기관투자자나 개인투자자들로 구성된 유한

---

6) 조관행, "벤처기업의 육성과 벤처캐피털의 육성," 「벤처산업의 이론과 실제」, 한국기술개발주식회사, 1989, 8~9면.

7) 최근 인터넷을 플랫폼으로 이용하여 일반 개인으로부터 모집한 자금을 소규모 후원이나 투자, 대출 등으로 운용하는 크라우드 펀딩(crowd funding)이 늘어나고 있다. 이는 개인적인 자금수요나 창업자금 등 특정 프로젝트에 필요한 자금을 수요하는 자가 인터넷 웹사이트를 기반으로 하는 중개회사에 프로젝트 내용에 대해 게시하고 개인투자자는 이러한 프로젝트에 대한 자체 평가를 통해 자금 공여 여부를 결정한다.

8) A. R. Towbin and J. P. Williamson, "Financing High-Technology, Emerging-Growth Companies," *The Investment Banking Handbook*, edited by J. P. Williamson, Wiley, 1988, pp. 141~145.

책임사원(limited partner)들로부터 출자를 받아 동 조합을 운영하거나 다른 벤처캐피털조합의 유한책임사원으로 출자를 하기도 한다.9) 벤처캐피털의 자본조달은 펀드매니저회사 형태로 주로 연기금이나 보험회사 등이 주축이 된 유한책임사원(limited partner)에 의한 조달이 많다.

우리나라는 벤처캐피탈 업무를 주로 「중소기업창업지원법」에 의한 창업투자회사와 「여신전문금융업법」에 의한 신기술금융회사가 수행하고 있다. 종래 창업투자회사는 주식이나 주식관련증권에 대한 투자보다는 융자와 사실상의 자금대여라 할 수 있는 약정투자가 많았다. 그러나 최근에 들어 「중소기업창업지원법」의 개정으로 창업투자회사의 투자범위를 확대하여 창업투자회사가 PEF(Private Equity Fund)의 유한책임사원 또는 무한책임사원으로 참여할 수 있도록 하고 창업투자회사가 투자한 기업과 동반성장하기 위하여 투자기업에 대한 경영지배를 허용하는 등 벤처기업 활성화를 지원을 확대함에 따라 주식관련 투자가 늘어나고 있다.

투자의 경우 주식인수가 일반적이나 위험분산을 위해 전환사채, 신주인수권부사채 등 인수방식을 취하기도 한다. 융자의 경우 신기술의 기업화가 성공하는 경우 융자금의 상환 이외에 매출액의 일정률을 로열티(royalty)로 받고, 실패하면 최소상환금만 상환하는 조건부 융자와 이 밖에 일반은행의 융자와 동일한 형태인 일반융자가 있다.10)

창업투자회사의 자본조달은 자본금, 차입금 및 창업투자조합의 기금으로 조성한다. 창업투자조합의 업무집행조합원에게는 투자수익에 따른 성과보수를 지급할 수 있고 일반조합원에 대해서는 배당소득세의 일정분에 대한 원천징수 분리과세, 의제배당세 면제 등 세제상의 우대와 조합재산의 손실 발생시 정부(창업지원기금) 및 창업투자회사의 출자분으로 우선 충당하는 등 우대를 하고 있다.11)

---

9) C. E. Hazen, "Venture-Capital Financing," *The Investment Banking Handbook*, edited by J. P. Williamson, Wiley, 1988, pp. 57~170.

10) 최근에는 기술신용보증기금이 기술평가를 통해 선정한 벤처기업의 주식을 매입한 투자자에게 일정비율의 수수료를 받고 벤처기업의 부도 등 일정한 사유가 발생하는 경우 손실의 일부를 보전하고 투자가 성공할 경우 투자자로부터는 성과수수료, 벤처기업으로부터는 성과출연금을 받는 벤처투자 손실분담 및 이익공유제도의 도입이 추진된 바 있으나 아직 법제화되지는 않고 있다. 동 제도는 네덜란드, 덴마크, 오스트리아 등에서 도입되어 있는 제도이다.

11) 2005년 4월 개정된 「벤처기업육성에 관한 특별조치법」에 의거 한국벤처투자가 운영하는 모태펀드(Korea Fund of Funds)가 설립되었다. 동 펀드는 민간창업투자조합이나 한국벤처투자조합에 민간출자자와 공동으로 출자하는 매칭펀드(matching fund)의 일종이다.

창업투자회사가 창업투자조합의 업무집행조합원이 되어 자금을 운용하는 경우 창업투자회사의 자기자본계정투자와 투자조합 간 또는 다른 투자조합 상호간 이해상충 문제가 발생할 수도 있다. 이러한 점을 보완하기 위해 2011년 「상법」 개정으로 도입된 유한책임회사(LLC: Limited Liability Company)를 활용한 투자조합제도가 도입되었다. 동 투자조합의 경우 펀드매니저가 설립한 LLC를 중심으로 투자조합이 결성되고 동 투자조합은 하나의 펀드만을 운용함으로써 이와 같은 이해상충문제를 해소할 수 있으나 도입이 일천하여 아직까지 활성화되지는 못하고 있다.

벤처캐피털은 모험기업주식의 매각에 따른 자본이득이 그 주요목적이므로 모험기업의 주식이 상장되어 거래될 수 있는 자본시장의 발전이 그 성장의 필수요건이라 할 수 있다. 따라서 대부분의 국가에서는 모험기업주식의 원활한 거래를 지원하기 위해 상장요건을 일반기업보다 완화하고 자본소득세율을 인하하는 등 지원제도를 갖추고 있다.

우리나라도 1998년 1월부터 코스닥시장에 벤처기업 전용시장을 개설하고 벤처기업에 대해서는 의결권 없는 주식을 발행주식 총수의 1/2까지 발행할 수 있게 하는 등 지원제도를 도입하고 있다.

한편 「벤처기업육성에 관한 특별조치법」을 일부 개정(2009.1.8.)하여 대학이나 연구기관이 신기술창업전문회사(startup incubating)의 설립이나 양도를 보다 쉽게 하고 중소벤처기업의 인수합병을 지원하기 위한 제도를 도입하여 대학이나 연구기관이 보유한 우수한 기술의 사업화를 촉진할 수 있게 하였다.

또한 중소벤처기업의 인수합병을 효율적으로 지원하기 위해 중소기업청장이 중소기업지원 관련 기관 또는 단체를 중소벤처기업 인수합병 지원센터로 지정하고, 그 지원센터의 운영에 드는 경비를 지원할 수 있도록 하였다(제15조의13).

제 3 절 보증 및 인수시장

I. 채무의 보증

금융기관은 고객의 채무를 보증(guarantee) 또는 인수(acceptance)함으로써 신용거래를 촉진한다. 보증채무는 채권자와 보증인 간에 체결된 보증계약에 의해 성립하는 채무로 주채무자가 채무를 이행하지 않을 경우 보증인(guarantor)이 이를 이행하여야 하는 채무를 말한다(「민법」 제418조 ①). 보증인은 법률상 별개의 보증계약에 의하여 채무를 부담하는 자이지만, 채권자는 주채무자에게 먼저 청구하여 채권을 회수하는 것이 원칙이므로 보증인은 단지 주채무에 대한 담보기능을 수행하는 것이라 하겠다.

채무자가 상환능력을 상실하여 채무자가 보증인에게 보증채무의 이행을 청구하면 보증인은 대위변제를 하고 채무자에 대해 구상권을 갖는다. 구상권이란 보증인이 채권자에게 보증채무를 이행한 후 「민법」상 대위권에 의해 채권자의 지위를 승계하여 채무관계자들에게 대위변제금 상환을 청구할 수 있는 권리를 말한다.

보증채무와 주채무도 다수 당사자간의 채권관계를 구성한다는 점에서 연대채무[12]와 유사하지만 보증채무는 주채무의 이행을 담보하는 것을 목적으로 주채무에 대해 부종성이 있는 채무라는 점에서 각 채무가 독자성을 가지고 있으면서 대등한 지위에 있는 연대채무와 구별된다. 부종성이란 보증채무의 성립·효력·소멸 등의 모든 면에서 주채무에 종속됨을 말한다. 예컨대 갑이 을에게 돈을 빌려 주는 데 대하여 병이 보증을 섰다면 갑과 을 사이에 체결된 금전소비대차계약이 무효 또는 취소되거나 을이 갑에 대한 채무가 변제나 소멸시효 완성 등 여하한 사유로든 소멸하면 보증채무의 부종성에 의거 병의 보증채무도 무효가 되거나 소멸한다. 또 을이 중간에 채무의 일부를 갚았다면 병의 보증채무도 이를 차감한 범위로 감축된다.

보증은 부종성을 갖는다는 점에서 연대보증과 유사하지만 보충성 및 분별의 이익을 갖는다는 점에서 보충성과 분별의 이익이 없는 연대보증과 차이가 있다. 보충성이란 보증인은 주채무자의 이행이 없는 경우에만 채무를 보충적으로 이행할 책임을 진다는 것을 말한다. 채권자 갑은 주채무자인 을에게 청구하기에 앞서서 보증인인 병에게 먼저 돈을 갚을 것을 요구할 수는 없고, 만약 갑이 병에게 돈을 갚을 것을 청구한 경우 병은 보증채무의 보충성에 의거 을에게 먼저 청구할 것을 요구할 수 있는 항변권을 갖는다.[13] 분별의 이익이란 공동보증인 각자가 주채무액

---

12) 연대채무란 다수의 채무자가 동일 내용의 급부에 대하여 각각 독립하여 전부의 급부를 하여야 할 채무를 부담하고 그 중의 1인이 급부를 하게 되면 다른 채무자도 채무를 면하는 다수당사자의 채무이다(「민법」 제413조). 채권자는 채무자 중 누구에게나 채권의 전부 또는 일부를 청구할 수도 있고 모든 채무자에 대해 동시에 또는 순차적으로 채무의 전부나 일부를 청구할 수도 있다(「민법」 제414조).

을 균등한 비율로 분할한 금액만 보증채무를 부담하는 것을 말한다.[14]

연대보증(joint and several liability on guarantee)은 보증인이 주채무자와 연대하여 채무를 부담함으로써 주채무의 이행을 담보하는 보증채무를 말한다. 연대보증은 주채무자가 있고, 또 이를 담보한다는 점에서 보통의 보증채무가 갖는 부종성을 가지고 있으나, 주채무자와 연대하여 채무를 부담하기 때문에 보충성과 분별의 이익이 인정되지 않는다.[15] 예컨대 은행이 고객에게 연대보증에 의해 대출을 하였을 경우 연대보증은 부종성이 있으므로 대출약정이 무효인 경우는 연대보증도 무효가 되고, 또 주채무자에게 제때에 청구하지 못하여 소멸시효가 완성되어 버리면 연대보증인(cosigner)에게도 청구하지 못한다. 한편, 연대보증은 보충성이 없으므로 주채무자가 변제기일에 대출금을 갚지 않을 경우, 연대보증인은 최고·검색의 항변권 및 분별의 이익 등이 없으므로 주채무자에 대한 청구절차를 꼭 거칠 필요 없이 막바로 연대보증인에게 청구할 수 있다.[16]

이와 같이 연대보증이 갖는 채권확보의 용이성에 따라 금융기관을 위시한 채권자들의 연대보증에 의한 대출이 일반화되어 왔으며 이에 따른 연대보증인의 피해가 사회문제화되기에 이르렀다. 이에 따라 은행들은 자율적으로 개인의 가계대

---

13) 보증의 항변권은 부종성에 기한 항변권과 보충성에 기한 항변권으로 구분된다. 보증의 부종성에 기한 항변권은 주채무자가 채권자에 대해 행사할 수 있는 항변권을 보증인이 행사하여 채권자에게 대항할 수 있는 권리를 말한다. 예컨대 어떠한 원인으로 주채무가 존재하지 않거나 소멸한 경우에 보증인은 주채무의 부존재 또는 소멸의 항변권을 행사하여 보증채무의 무효 또는 소멸을 주장할 수 있다(「민법」 제433조 ①). 보증채무의 보충성에 기한 항변권으로 최고의 항변권과 검색의 항변권으로 나눌 수 있다. 전자는 보증인이 채권자로부터 보증채무의 이행을 청구받을 경우 채무자의 변제자력이 있다는 사실과 그 집행이 용이하다는 것을 증명하여 먼저 주채무자에게 청구할 것을 요구할 수 있는 권리로 보증인의 1차적 항변권이다.

그러나 보증인은 주채무자가 파산하였을 경우에는 이를 행사할 수 없다. 후자는 보증인이 주채무자에 대한 변제자력이 있고 집행이 용이할 것을 증명하여 먼저 주채무자의 재산에 대하여 집행할 것을 요구할 수 있는 권리를 말한다. 보증의 항변에도 불구하고 채권자가 주채무자에 대해 청구나 집행을 게을리하였기 때문에 전부나 일부를 받지 못한 경우에는 게을리 하지 않았으면 받을 수 있었던 한도 내에서 보증인은 책임을 면한다.

14) 공동보증의 경우에도 분별의 이익이 없는 경우가 있는바, ① 주채무가 불가분일 때, ② 보증연대의 경우 및 ③ 연대보증의 경우가 그러하다(「민법」 제448조 ②).

15) 연대보증인은 채권자에 대해 최고·검색의 항변권이 없기 때문에 채권자에 대한 관계에서는 연대채무자와 거의 유사하지만 채무자 상호간 또는 주채무자와 보증인간의 내부관계에서는 차이가 있다. 일반적으로 채무자들간에 주종관계가 없는 연대채무가 보증채무보다 담보작용이 강하다.

16) 연대보증과 유사한 것으로 보증연대가 있다. 보증연대는 보증인 상호간에 연대의 특약이 있는 경우로 양자 모두 보증인 상호간에 분별의 이익이 없다는 점에서는 같으나 연대보증에는 보충성이 없는 데 비해 보증연대에는 보충성이 있다는 점에서 다르다.

출에 대한 연대보증제도를 2003년 폐지하였다. 다만 연대보증제도 폐지로 신용도
가 낮은 고객이 금융회사로부터 대출을 받기 어려운 점을 고려하여 저신용자 대환
대출, 외부규정에 의해 연대보증이 필요한 대출(주택금융공사 모기지론, 연금수급권자 대
출 등) 및 여신의 성격상 연대보증인이 있어야 하거나 금융소비자의 필요에 의한
대출(전세자금대출, 중도금대출 등) 등에 대해서는 예외적으로 연대보증제도를 존치하
고 있다.

2012년 5월 자영업자 등 개인사업자도 은행이나 신용(기술)보증기금 등에서 대
출이나 대출보증을 받을 시 연대보증을 서지 않아도 되고 법인이 대출을 받을 때
미국 등 선진국과 같이 꼭 필요한 경우 회사의 실제 경영자만 연대보증을 서면 되
도록 관련 금융회사의 내규를 개정하였다. 현재 보험회사나 저축은행 등 다른 금
융회사에도 점차적으로 연대보증을 없애는 방안을 추진하고 있다.

보증은 보증계약의 책임범위에 따라 특정채무보증과 근보증으로 나눌 수 있
다. 특정채무보증은 특정채무만을 보증하는 것으로 그 채무가 재취급 또는 다른
여신으로 취급된 때에는 보증책임이 없다. 근보증은 채무자와 금융기관간에 이미
체결되어 있는 계약으로부터 발생한 채무나 앞으로 체결될 계약으로부터 발생할
채무에 대해 보증한도 범위 내에서 보증하는 것으로 보증과 연대보증과는 달리 수
반성이 인정되지 않는다. 수반성이란 피담보채권이 이전되면 보증채무도 이전되는
것을 말한다. 근보증은 다시 특정근보증, 한정근보증 및 포괄근보증으로 구분할 수
있다.

특정근보증은 특정된 거래계약(예컨대 특정일자 여신거래약정서)으로부터 계속적으
로 발생하는 채무를 보증하며 동 채무가 연기된 때에도 보증의 효력이 있다. 그러
나 재취급이나 다른 여신으로 취급된 때에는 보증하지 않는다. 한정근보증은 특정
한 거래(예컨대 일반대출)에 대해 보증하며 동 채무의 기한연기나 재취급은 물론 같
은 종류의 여신으로 취급 시에도 보증한다. 보통 개인이 타인을 위해 보증하는 경
우에 많이 이용된다. 포괄근보증 또는 계속적 보증은 채권자와 주채무자간의 현재
또는 장래의 계속적인 거래관계에서 발생하는 불확정 채무를 포괄적으로 보증하는
것을 말한다.

현행 보증제도는 보증인이나 보증의 성격에 관계없이 무차별적으로 적용되어
아무런 대가 없이 호의로 보증을 선 보증인에게도 과중한 경제적·정신적 부담을
주고 있다. 이에 이를 방지하고 경솔하게 보증계약을 체결하지 않도록 「민법」 제

429조 제1항에 대해 특례를 규정한 「보증인 보호를 위한 특별법」을 제정(2008년 3월)하여 2008년 9월부터 시행하고 있다.

동 법의 주요 내용으로는 ① 보증은 반드시 보증인의 기명날인 또는 서명이 있는 서면으로 표시하여야 하고, ② 근보증을 포함하여 모든 보증채무의 최고액은 서면으로 특정되어야 하며, ③ 보증기간의 약정이 없는 때는 그 기간을 3년으로 간주하고, ④ 보증계약에 따라 보증인에게 채권추심을 할 경우 불법적인 채권추심 행위자에 대한 징역형 또는 벌금형을 부과할 수 있고 ⑤ 채권자가 보증인에게 채무 상황 등에 대한 통지의무17)를 다하지 않아 보증인이 손해를 보면 손해액 이내 범위에서 채무를 감면하는 조항 등이 포함되어 있다.

금융기관에서 가장 많이 이용되는 보증거래는 지급보증이다. 금융기관은 지급보증을 통하여 수출입거래나 기타 신용거래를 원활하게 한다. 지급보증은 청구보증(demand guarantee)과 조건부보증(conditional guarantee)으로 구분할 수 있다. 전자는 보증서 발행자는 수익자가 요구할 경우, 즉시 보증금액을 지급해야 하는 것으로 주로 은행 등이 발행한다. 후자는 수익자가 법원의 판결문, 중재판정문, 수익자에게 돈이 지급되어야 한다는 중립적인 자의 확인서 등이 있어야만 보증채무가 성립되는 것으로 주로 보험회사나 보증회사 등에서 발행한다.

보증과 같은 법적인 구속력은 없으나 채무이행을 도덕적으로 약속하는 조력서(support letter)제도가 있다. 조력서는 주로 모회사가 자회사를 위해 발급하는 것으로 모회사가 자회사가 차입하는 대출의 규모와 종류를 알고 있다는 인지서(letter of awareness), 모회사가 보유한 자회사의 주식지분을 여신만기 시까지 금융기관에 사전통보 없이 감축하지 않겠다는 위무서(letter of comfort), 앞에서 제기한 사항 이외에 자회사의 경영내용을 감독하고 자회사가 채무를 제대로 이행하도록 최선을 다하겠다는 협조서(letter of support) 등이 그 예이다.

제6장

---

17) 채권자는 주채무자가 채무를 3개월 이상(금융회사는 1개월 이상) 이행하지 않거나 이행할 수 없음을 미리 알게 될 경우 이를 지체없이 보증인에게 알려야 하며 보증인의 요청이 있을 경우 채무 내용과 이행 여부를 보증인에게 통보하여야 한다.

II. 채무의 인수

채무의 인수(acceptance)는 채무의 동일성을 유지하면서 채무를 채무자로부터 그대로 인수인에게 이전하는 계약을 말한다. 채무인수계약은 채권자·채무자·인수인 사이의 3면계약이 가장 완전한 당사자의 모습이나 경우에 따라서는 채권자·인수인이나 채무자·인수인 사이의 계약일 수도 있다.

채무인수의 가장 전형적인 형태는 어음채무의 인수이다. 어음채무의 인수는 어음상의 채무를 인수인이 주채무자로서 부담하겠다는 의사표시로써, 어음의 발행자가 아닌 자가 인수한 경우에는 보증과 유사하나 보증채무는 법적 성격상 주채무가 아닌 종채무라는 점에서 어음채무의 인수와 차이가 있다. 보증인의 경우 보증채무의 부종성이나 보충성에 기한 항변권이 있는 데 비해, 어음채무의 인수인의 경우 이와 같은 항변권이 없다. 따라서 채무이행의무의 강제성이라는 측면에서 어음채무의 인수는 일반보증채무보다 강하다.

무역이나 건설 등과 연관하여 금융기관으로부터 보증 또는 어음의 인수를 받은 고객은 거래처로부터 신용을 쉽게 얻을 수 있고, 어음의 경우 할인시장에서 유리한 조건으로 용이하게 할인하여 자금을 조달할 수 있게 된다. 결국 금융기관의 보증 또는 인수는 신용력이 약한 고객에게 금융기관의 신용을 이전하는 여신행위의 일종이라고 할 수 있다. 금융기관의 보증 또는 인수가 금융기관의 전형적인 여신행위인 대출과 다른 점은 대출의 경우 금융기관의 자금이 당장 지출되는 데 반해, 보증 또는 인수는 금융기관의 당장 또는 직접적인 자금유출을 수반하지 않는다는 데 있다.

그러나 금융기관은 보증 또는 어음의 인수를 받은 고객이 채무를 이행하지 못할 경우에는 이 고객을 대신하여 채무를 이행할 의무가 있다. 따라서 금융기관이 고객의 채무를 보증 또는 인수할 때는 이와 같은 위험에 대비하여 대출에 준하는 철저한 신용분석과 담보의 설정, 제3자의 보증 등 채권보전조치를 취하게 된다.

제 4 절	신용정보 및 신용평가시장

Ⅰ. 신용정보업

신용정보업이란 금융거래와 상거래 등에 있어 기업 및 개인소비자에 대한 식별, 신용도, 신용거래 능력 등의 판단을 위해 필요한 정보를 수집, 가공, 평가, 유통하는 업무를 말한다. 신용정보시장의 경제적 의미에 대한 대표적인 이론으로 신용정보공유(information sharing)이론을 들 수 있다. 정보의 비대칭이 존재하는 신용공여시장에서 신용정보의 공유는 정보의 비대칭을 완화함으로써 신용배분의 효율성을 높여 준다는 것이다.[18]

신용정보시장은 상거래에서 발생한 신용정보를 집중·활용함으로써 거래 상대방의 신용상태를 저렴한 비용으로 제공하여 신용위험을 감소시키고 건전한 상거래를 육성할 수 있는 일종의 경제적 하부시스템이다. 동 시장은 신용공여자에게는 신용조사비용의 절감과 부실채권의 사전방지를 통한 경영효율성 제고를 가능케 하고, 신용수요자, 즉 일반개인 및 법인에게는 신용수혜의 적정성 및 신속성과 효율적인 자금운용 기회를 제공한다. 이 밖에도 경제·사회적으로 신용경제사회의 조기정착 및 신용질서의 유지를 유도하게 되는 등 자율적이고 효율적인 자금배분을 촉진하는 역할을 수행한다.

신용정보시장에 참여하는 신용정보기관은 정보의 공유체제, 전달채널 등에 있어 다양한 형태를 취하고 있는바, 크게 민간주도 형태와 정부주도 형태로 나누어 볼 수 있다. 민간주도 형태는 다시 미국, 영국과 같이 신용정보업을 영리적으로 운영하는 사기업 형태와 일본 등과 같이 금융회사 등이 공동으로 설립하여 비영리적으로 운영하는 형태로 구분할 수 있다.

정부주도 형태는 신용정보를 법적·제도적으로 공유하는 형태로 독일, 프랑스 등이 운영하는 공적신용정보기관(public credit registrar)과 우리나라의 공적신용정보집중기관인 신용정보원 등이 그 예이다. 일반적으로 신용정보기관을 통한 정보의 공

---

18) Pagno, Marco and Jappelli, Tullio, "Information Sharing in Credit Markets," *The Journal of Finance*, vol. XLVIII, no. 5, December 1993, pp. 1693~1718.

유에는 신용정보를 제공한 자(credit reporting agency)가 상호호혜원칙(reciprocity)에 의거 동 정보를 이용하며, 신용정보의 주체도 신용정보기관에 자신의 신용정보를 조회하고 오류가 있을 경우 시정을 요구할 권리가 있다.

신용정보기관이 수집·제공하는 신용정보는 채무불이행, 연체 등과 같은 흑색 또는 부정적 정보(black or negative information)와 대출현황, 직장정보 등과 같은 백색 또는 긍정적 정보(white or positive information)로 구분할 수 있다. 우리나라는 1995년 제정된 「신용정보의 이용 및 보호에 관한 법률」에 따라 신용정보업을 신용정보업자가 개인이나 기업 등 신용정보주체의 개별정보를 조사·수집 및 정리하여 금융기관 등 신용정보 이용자에게 제공하고 이의 대가로 수수료를 받는 업으로 정의하고 있다. 신용정보업의 업무의 종류는 신용조사업무, 신용조회업무, 채권추심업무, 이들 업무의 부대업무 및 기타 금융위원회의 승인을 얻은 업무로 구분된다.

신용조사업무란 타인의 의뢰를 받아 신용정보를 조사하고 이를 의뢰인에게 제공하는 업무를 말한다. 여기서 신용정보란 금융거래 등 상거래에 있어서 거래상대방에 대한 식별, 신인도, 신용거래 능력 등의 판단을 위하여 필요로 하는 정보로서 신용정보주체의 재무, 경영, 재산상태, 금융거래정보 및 기타 공공기관보유 정보를 말한다.

신용조회업이란 신용정보를 수집·정리 또는 처리하고 의뢰인의 조회에 따라 신용정보를 제공하는 업무로 신용조회업자는 자체적으로 신용정보를 수집·조사하여 데이터베이스를 구축하고 상거래를 목적으로 한 신용정보 수요자에게 정보를 제공한다.

채권추심업이란 채권자의 위임을 받아 채무자에 대한 재산조사, 변제의 촉구 또는 채무자로부터의 변제수령을 통하여 채권자를 대신하여 추심채권을 행사하는 업무를 말한다. 여기서 추심채권이라 함은 「상법」에 따른 상행위로 생긴 금전채권, 판결 등에 따라 권원이 확정된 민사채권으로서 시행령으로 정하는 채권 등을 말한다(동 법 제2조 ⑪).

신용정보집중기관은 금융기관, 공공기관 등으로부터 신용정보를 집중하여 체계적·종합적으로 관리하고 신용정보업자 등 상호간에 신용정보를 교환·활용하는 업무를 담당하는 기관으로 금융위원회가 지정한다. 신용정보업자 또는 신용정보집중기관은 공공기관에 대하여 신용정보의 열람 또는 제공을 요청할 수 있으며 요청

을 받은 공공기관은 특별한 사유가 없는 한 이에 응하여야 한다.[19] 현재 금융회사
와의 협약에 의해 개인에 관한 신용정보를 집중·관리하는 신용조회회사(CB: Credit
Bureau)와 법적으로 정보의 집중관리 업무를 담당하는 신용정보원 그리고 동종 금
융회사 등의 협약에 의해 구성원간에 정보를 교환하는 동업자단체(손해보험협회 등)
등이 있다.

　　종합신용정보집중기관인 신용정보원은 「신용정보의 이용 및 보호에 관한 법
률」에 의거 은행, 증권, 보험, 저축은행, 여신전문업, 대부업 등 모든 금융업권의
신용정보, 공공기관이 보유하고 있는 과세체납정보, 사회보험료 및 공공요금 납부
실적 등을 집중·관리하기 위해 2016년 1월 출범하였다. 신용정보원은 과거 각 업
권별 협회 등에서 개인 및 기업의 신용정보를 분산 관리하던 방식에 비해 내부통
제를 강화하고 진화된 보안체계를 적용하고 있다. 한편 신용정보업자들은 신용정
보원으로부터 제공받는 신용정보 이외에도 통신사업자, 일반기업 등으로부터 통신
요금 체납정보, 상거래 관련 연체정보 등의 신용정보를 자체적으로 수집하여 DB
를 구축하고, 금융기관 등 회원사들에게 이렇게 수집한 정보를 판매하고 있다. 현
재 기업관련 신용정보의 경우 각종 금융거래정보 이외에 여신, 재무, 납세실적 등
의 정보와 기업의 신용능력을 판단할 수 있는 신용능력정보가, 그리고 개인관련
신용정보는 식별정보, 신용거래정보 등이 있다. 식별정보는 개인의 주민등록번호,
주소, 직업 등 개인의 신상을 확인하기 위한 정보이고 신용거래정보는 대출 등 금
융회사와의 거래정보를 말한다.[20]

---

19) 종래에는 각종 세금 체납정보 등 부정적인 공공정보만이 신용평가에 활용되었으나 「신용정보의
　　이용 및 보호에 관한 법률」의 개정으로 신용정보주체가 동의한 경우 공공기관이 보유하고 있는
　　사망자 정보, 고용보험 납부실적, 정부조달실적, 전력·가스사용량 등의 긍정적인 정보도 신용정보
　　집중기관이나 신용조회업자 등에 제공되어 신용평가에 활용할 수 있게 되었다. 특히 금융거래실
　　적이 적은 계층(thin filter)은 정보의 부족으로 신용이 저평가될 우려가 큰 바 이와 같은 긍정적
　　인 공공정보 등은 이들의 신용을 보다 정확하게 할 수 있다.
20) 종래 신용정보종합집중기관인 은행연합회는 신용정보주체의 신용불량정보기록을 일정기간 등록
　　하고 등록해제 사유가 발생하더라도 그 기록을 일정기간 보존하는 신용불량자 등록업무를 담당하
　　였다. 동 제도는 신용불량정보의 공유를 통해 불량거래자와의 거래를 제한하고 이들에 대한 기
　　강효과(discipline effect)를 강화하자는 것이 기본 목적이다.
　　　그러나 동 제도가 이들의 경제행위를 과도하게 제한하는데다 개별금융회사들의 신용리스크관리
　　유인을 저하시키고 금융회사들이 동 제도를 위협수단으로 채권회수에 남용하는 등 부작용도 적지
　　않았다. 또한 동 제도하에서는 일단 신용불량자로 등록된 자는 정상적인 경제활동의 제약으로 신
　　용회복이 매우 어렵게 되어 신용불량자를 양산하는 원인이 되고 있다는 지적도 적지 않았다. 특
　　히 신용불량자의 개념과 기준이 법에 규정되어 있어 신용불량자 등록사유의 경중에 관계없이 금

    원칙적으로 공개가 요구되는 기업신용정보와는 달리 개인에 관한 신용정보의 수집 및 활용은 개인의 사생활(privacy) 침해와 개인정보의 누출 및 오용의 소지가 있다. 개인의 권리보호와 사생활 침해를 방지하기 위한 개인정보의 수집·활동체제는 이용동의(opt-in)방식과 이용거부(opt-out)방식으로 구분할 수 있다. 전자는 금융회사 등이 고객과의 거래 등을 통해 수집한 개인정보를 제휴업체에 제공하거나 전화 또는 팩스 등으로 고객에 대한 마케팅 활동에 사용하기 위해서는 사전에 고객의 동의를 얻어야 하는 방식으로 우리나라는 원칙적으로 동 방식을 채택하고 있다.[21] 후자는 금융회사 등이 고객의 사전 동의 없이 고객의 정보를 수집·활용하되 고객이 사용중지를 요청하면 사용을 중단해야 하는 방식으로 미국 등이 채택하고 있다.

    개인정보는 종래에는 인격권의 상징으로 공개되거나 침해당하지 아니할 소극적인 권리(프라이버시권)으로 인식되어 왔으나 19세기 말 이후 정보화시대가 도래함에 따라 정보통제권, 즉 자기정보에 대한 적극적인 통제권을 갖는 정보프라이버시 개념으로 인식되기에 이르렀다. 구체적으로 정보주체는 자신의 동의 없이는 자신에 관한 정보의 수집·이용은 물론 자신이 누구인지 식별되지 않을 권리가 있다는 것이다.[22]

    이에 따라 세계 각국은 개인 정보의 오·남용과 누설에 대비하기 위해 국제적인 기준[23]에 맞추어 관련 법규와 제도를 정비하고 있으며 우리나라도 이러한 법

융회사들로 하여금 일률적인 행동을 유발하게 하고 아무리 가벼운 사유로 인한 신용불량자라 하더라도 금융회사들이 이들에게 자발적으로 신용을 제공하기 어렵게 하였다.

　　이에 정부는 「신용정보의 이용 및 보호에 관한 법률」을 개정(2004년 12월)하여 신용불량자로 등록·관리하는 제도를 폐지하고 선진국과 같이 채무자의 신용불량정보를 금융회사와 신용정보회사 등의 개인신용거래 정보에 포함하여 관리하는 제도로 바꾸었다.

21) 다만, 전자우편에 의한 마케팅 활동에 대하여는 고객의 사전 동의 없이 가능하다(opt-out 방식 인정).

22) 미국의 「연방형법」(Federal Criminal Code)은 제3자의 신상정보를 도용하는 신분도용행위 (identity theft), 본인으로 가장하거나 금융기관 직원을 기만하는 등의 방법으로 제3자의 신용정보를 취득하는 위장조회행위(pretext calling) 등은 범죄행위로 간주하여 처벌한다. 또한 FDIC 등 미국의 은행감독기관들은 피싱(phishing)이나 파밍(pharming) 등 신분도용이 의심되는 경우, 피감독금융기관으로 하여금 이를 해당고객에게 통보하고 적절한 보호장치를 취하도록 의무화하고 있다. 피싱은 은행이나 쇼핑몰 등 유명 기관을 사칭해 가짜 홈페이지 주소가 들어 있는 이메일을 보내고, 가짜 홈페이지에 개인정보를 입력하도록 유도한 뒤 수집한 정보를 악용하는 사기 수법이고, 파밍은 해커(hacker)가 PC의 호스트파일(인터넷 주소를 알려 주는 파일)을 조작해 고객이 진짜 금융회사 사이트에 접속하려고 해도 가짜 사이트로 접속하도록 유도해 개인정보를 훔치는 사기 수법을 말한다.

23) OECD는 1980년 9월 사생활 보호와 개인정보의 국제적 유통에 관한 지침과 프라이버시 보호를

제 동향을 감안하여 「개인정보보호법」과 「신용정보의 이용과 보호에 관한 법률」
을 중심으로 개인정보 보호를 위한 규정을 두고 있다.[24]

이하에서 개인정보의 보호에 관한 종합적이고 기본법적인 성격을 갖는 「개인
정보보호법」과 신용정보업자에 대한 규율법인 「신용정보의 이용과 보호에 관한
법률」의 개인정보 보호 규정 중 중요한 것을 발췌하여 요약·설명한다.

1. 개인정보보호법

1) 적용대상

공공기관, 비영리단체, 기업, 개인 등 업무상 개인정보파일을 운용하기 위하여
개인정보를 처리하는 자는 모두 이 법에 따른 개인정보 보호 규정을 준수하여야
하고 전자적으로 처리되는 개인정보 외에 수기문서까지 개인정보의 보호 범위에
포함된다.

2) 개인정보의 수집·이용·제공 등

개인정보처리자가 개인정보를 수집·이용하거나 제3자에게 제공할 경우에는
정보주체의 동의 등을 얻어야 하고, 개인정보의 수집·이용 목적의 달성 등으로 불
필요하게 된 때에는 지체 없이 이를 파기하여야 한다.

3) 고유식별정보의 처리 제한

법령에 의하여 개인을 고유하게 구별하기 위해 부여된 고유식별정보는 원칙
적으로 처리를 금지하고, 별도의 동의를 얻거나 법령에 의한 경우 등에 한하여 제

위한 8대원칙을 발표하였다. 동 원칙은 수집제한(collection limitation), 정보의 정확성(data qual-
ity), 목적의 특정성(purpose specification), 이용제한(use limitation), 보안(security safeguard),
공개(openness), 개인참가(individual participation) 및 책임소재(accountability) 등이다.

24) 동 법 이외에도 개인정보 보호를 위한 규정을 담고 있는 법률로 「정보통신망 이용촉진 및 정보
보호 등에 관한 법률」, 「공공기관의 개인정보보호에 관한 법률」, 「금융실명거래와 비밀보호에 관
한 법률」, 「특정금융거래정보의 보고 및 이용에 관한 법률」 등이 있다. 그러나 현행 개인정보보
호와 관련된 법률체계는 다음과 같은 측면에서 적용상의 비효율성이 지적되고 있다. 우선, 「신용
정보법」, 「개인정보보호법」, 「정보통신망법」 간에 유사하거나 중첩적인 규제가 존재한다. 예를 들
어 현행 「신용정보법」상 적용대상은 신용정보를 취급하는 모든 주체로서 금융회사 이외에 상거래
관계에서 신용정보를 취급하는 자를 모두 포함하고 있는 데 비해 일반 상거래관계에서 신용정보
를 취급하는 일반회사의 경우에는 「개인정보보호법」과 중복적인 법 적용을 받게 된다. 또한 「신
용정보법」과 「정보통신망법」 모두 「개인정보보호법」에 대해 특별법의 위치에 있어, 서로 경합하
는 경우 어느 법률을 우선적으로 적용해야 할지가 모호하다. 이 밖에 비식별정보를 개인신용정보
로 볼 수 있느냐의 논란도 있어 최근 빅데이터 활용이 요구되는 금융환경에서 관련 법체계의 정
비가 요구된다.

한적으로 예외를 인정한다. 민감정보[25])와 고유식별정보[26])는 정보주체의 별도 동의가 있거나 법령에서 구체적으로 허용하는 경우 외에는 원칙적으로 처리가 금지된다.[27])

4) 고유식별정보 등 개인정보에 대한 안전성 확보

개인정보처리자는 고유식별정보 및 개인정보가 분실·도난·유출·변조 또는 훼손되지 아니하도록 내부 관리계획을 수립·시행하고, 접근을 통제하는 등 고유식별정보 및 개인정보의 안전성 확보에 필요한 기술적·관리적·물리적 조치를 취하여야 한다.

5) 영상정보처리기기의 설치 제한

영상정보처리기기 운영자는 일반적으로 공개된 장소에 범죄 예방 등 특정 목적으로만 영상정보처리기기를 설치할 수 있도록 하고 영상정보처리기기의 설치·운영 근거를 구체화한다. 폐쇄회로 텔레비전 등 영상정보처리기기의 무분별한 설치를 방지하여 개인영상정보 보호를 강화하기 위해서다.

6) 개인정보 영향평가제도 도입

개인정보처리자는 개인정보파일의 구축·확대 등이 개인정보 보호에 영향을 미칠 우려가 크다고 판단될 경우 자율적으로 영향평가를 수행할 수 있도록 하되, 공공기관은 정보주체의 권리침해 우려가 큰 일정한 사유에 해당될 때에는 영향평가 수행을 의무화한다. 개인정보 침해로 인한 피해는 원상회복 등 사후 권리구제가 어려우므로 영향평가의 실시로 미리 위험요인을 분석하고 이를 조기에 제거하여 개인정보 유출 및 오·남용 등의 피해를 효과적으로 예방하기 위해서다.

7) 개인정보 유출사실의 통지·신고제도 도입

개인정보처리자는 개인정보 유출사실을 인지하였을 경우 지체 없이 해당 정보주체에게 관련 사실을 통지하고, 일정 규모 이상의 개인정보가 유출된 때에는 전문기관에 신고하도록 하는 한편, 피해의 최소화를 위해 필요한 조치를 취하여야 한다. 개인정보처리자는 피해자의 손해배상청구시 자신이 스스로 고의 또는 중과실이 없음을 입증하여야 한다.

---

25) 민감정보에는 사상·신념, 노동조합·정당의 가입·탈퇴에 관한 정보 등 법률에서 정한 민감정보 외에 유전자정보, 건강, 성생활 및 범죄경력에 관한 정보가 포함된다.

26) 고유식별정보에는 주민등록번호, 여권번호, 운전면허번호 및 외국인등록번호 등이 포함된다.

27) 2016. 6. 30. 행정자치부 등 정부 관계부처 합동으로 「개인정보 비식별조치 가이드라인」을 발간하였으나 비식별화가 활성화되지는 못하였다. 제19장 제1절 후반부 참고.

8) 정보주체의 권리 보장

정보주체에게 개인정보의 열람청구권, 정정·삭제 청구권, 처리정지요구권 등을 부여하고, 그 권리행사 방법 등을 규정한다. 정보주체의 권리를 명확히 규정하고 정보주체가 훨씬 용이하게 개인정보에 대한 자기통제권을 실현할 수 있게 하기 위해서다.

9) 개인정보 분쟁조정위원회, 집단분쟁조정제도, 단체소송제도 도입

개인정보에 관한 분쟁조정 업무를 신속하고 공정하게 처리하기 위하여 개인정보 분쟁조정위원회를 설치하고, 개인정보 분쟁조정위원회의 조정결정을 수락한 경우 재판상 화해의 효력을 부여한다. 개인정보 피해가 대부분 대량·소액 사건인 점을 고려하고 동일·유사 개인정보 소송에 따른 사회적 비용을 절감하기 위해 집단분쟁조정제도와 단체소송제도를 도입한다. 다만, 단체소송이 남발되는 것을 막기 위해 단체소송 전에 반드시 집단분쟁조정제도를 거치도록 하고 단체소송의 대상을 권리침해행위의 중단·정지 청구소송으로 제한한다.

10) 개인정보 침해사실 신고제도 도입

개인정보처리자로부터 권리 또는 이익을 침해받은 자는 안전행정부장관에게 그 침해사실을 신고할 수 있으며, 안전행정부장관은 신고 접수 및 업무처리 지원을 위해 개인정보 침해신고센터를 설치·운영한다.[28]

2. 「신용정보의 이용과 보호에 관한 법률」

1) 정보수집제한

신용정보회사 등은 국가의 안보 및 기밀에 관한 정보, 기업의 영업비밀 또는 독창적인 연구개발 정보, 개인의 정치적 사상·종교적 신념·그 밖에 신용정보와 관계없는 사생활에 관한 정보, 확실하지 아니한 개인신용정보, 다른 법률에 따라 수집이 금지된 정보, 그 밖에 개인의 질병에 관한 정보 등 시행령으로 정하는 정보를 수집·조사하여서는 아니 된다. 신용정보회사 등이 개인의 질병에 관한 정보를 수집·조사하거나 타인에게 제공하려면 미리 해당 개인의 동의를 받아야 하며 시행령으로 정하는 목적(보험회사가 개인의 질병에 관한 정보를 그 정보가 필요한 보험계약 및 보험금 지급업무와 관련하여 이용하는 경우)으로만 그 정보를 이용하여야 한다.

---

28) 정보처리자가 이 법의 위반으로 정보주체에게 재산적·비재산적 손해를 입힌 경우에는 정보주체는 손해배상을 청구할 수 있다(2014년 1월 개정).

2) 정보의 이용제한

신용정보제공·이용자가 개인의 신용정보를 신용정보업자에게 제공하거나 대출 등을 목적으로 신용정보제공·이용자가 신용정보업자를 통해 개인의 신용정보를 조회할 때에는 반드시 본인의 동의를 받아야 한다. 다만, 일상적인 영업과정에서 본인 동의를 추정할 수 있고 개별 동의를 받는 것이 불가능할 경우29)와 금융지주회사와 그 자회사간에 영업상 이용하게 할 목적으로 고객정보를 이용하는 경우30)에는 본인의 동의를 생략할 수 있다.

신용정보제공·이용자가 개인신용정보를 타인에게 제공하는 경우 정보를 제공받는 자, 정보의 이용목적, 제공되는 정보의 내용 등을 해당 개인에게 알려야 한다. 개인이 자신의 정보를 제3자에게 제공하거나 마케팅 목적으로 사용하는 것을 동의하였다 할지라도 사후에 이를 중지하도록 요청할 수 있다.

3) 정보의 특정성

개인신용정보는 원칙적으로 당해 신용정보주체와 금융거래 등 상거래관계의 설정 및 유지 여부 등의 판단목적으로만 제공·이용되어야 한다. 다만 당해 개인이 정보제공에 동의하거나 법원의 제출명령, 신용정보업자간의 정보의 집중관리, 세무조사, 채권추심, 고용 또는 인허가 등을 위한 확인자료로 이용할 경우에는 제공 및 이용이 가능하다.

4) 개인참가 및 정보의 정확성

개인은 신용정보업자 등에게 자신의 신용정보에 대한 열람 또는 제공을 청구할 수 있으며 동 정보가 사실과 다를 경우 정정을 요구할 수 있다. 그리고 동 요청이 있을 경우 신용정보업자 등은 본인에 관한 신용정보를 직접 제공받는 자, 그 이용목적, 제공일자, 제공한 정보의 주요내용 등을 7일 이내에 통보하여야 한다.

금융회사는 신용정보를 근거로 개인고객에게 금융거래를 거절할 경우 본인의 요청이 있으면 근거가 된 신용정보를 알려주어야 한다. 한편, 신용정보 관리·보호에 대한 신용정보업자 등의 내부통제를 강화하기 위하여 신용정보업자 및 금융기관 등에 신용정보의 관리 및 보호를 책임지는 신용정보관리·보호인의 지정·운용을 의무화하고 있다.

---

29) 영업양도, 회사의 분할·합병시 고객의 신용정보를 이전하는 경우, 신용정보의 전산처리를 위탁하고 고객의 데이터를 제공하는 경우 등.

30) 「금융지주회사법」 제48조의2 ①.

5) 보완 및 책임소재

신용정보업자는 정보의 정확성, 최신성, 신용정보 관리의 안전성을 확보할 의무와 신용정보의 목적 외 누설 등을 하지 않아야 할 의무가 있다. 신용정보업자와 신용정보의 이용자는 법률상 규정을 위반하여 신용정보 주체에 피해를 입힌 경우에는 스스로 고의 및 과실의 책임이 없음을 입증하지 못하는 한 손해배상책임을 진다.

II. 신용평가업

신용평가는 피평가대상 주체나 이들이 발행하는 증권의 신용등급을 평가·제공하고 그 대가를 수수료의 형태로 받는 행위를 말한다.[31] 신용평가회사의 존재 이유는 정보의 비대칭을 완화함으로써 금융시장의 효율성을 증대시킨다는 것으로 그 이론적 배경은 정보제공대가설(reputational capital view)에 근거하고 있다. 이는 신용평가회사가 제공하는 정보나 평가등급은 유용한 가치가 있어 투자자의 거래비용, 특히 정보수집비용을 절감해 주기 때문에 이에 대한 대가를 지불하는 것이 타당하다는 가설이다.

일반적으로 신용평가정보는 일반 재화와는 달리 이용자가 대가를 지불하지 않고도 이용할 수 있는 공공재적 성격을 가지고 있기 때문에 신용평가정보 이용의 대가를 정보의 이용자가 아닌 제3자, 주로 자금조달기업이 부담하게 된다.[32] 자금

---

31) 「자본시장법」은 신용평가업을 투자자를 보호하기 위하여 금융상품 또는 신용공여 등에 대하여 그 원리금의 상환가능성과 기업·법인, 집합투자기구 등의 신용도를 평가하는 업무라고 정의하고 있다. 지금까지 신용평가업은 「신용정보의 이용 및 보호에 관한 법률」에서 규율하였으나 「자본시장법」 개정으로 동 법으로 이관되어 이관과 동시에 신용평가회사의 펀드신용평가가 가능하도록 집합투자업자로부터 펀드재산명세를 제공받을 수 있는 법적 근거가 마련되고 증권신고서, CP, 무보증사채의 평가 등 법규상 의무화된 신용평가의 결과를 담은 신용평가서의 금융감독원 DART 공시를 의무화하는 등 투자자 보호책임과 공시규제 등이 보다 강화되었다.

32) 피평가기업의 의뢰를 받아 평가를 위한 기초자료를 피평가대상기업으로부터 제공받아 평가를 실시하는 의뢰평가(solicited rating)와는 달리 피평가기업의 평가의뢰 없이 평가회사가 임의로 신용도를 평가하고 등급을 부여하는 무의뢰평가(unsolicited rating)도 있다. 무의뢰평가의 경우 신용평가대상기업에 대한 무형의 압력으로 작용하거나 등급에 불만을 가진 피평가기업으로부터의 소송을 당할 우려 등 단점이 있을 수 있으나 등급세일을 막아 신용등급의 신뢰성을 제고하고 신용평가시장의 진입장벽을 완화하여 경쟁을 촉진할 수 있다는 이점도 있다.

조달기업이 시장에서 저렴한 비용으로 자금을 조달하기 위해서는 명성이 높은 신용평가회사로부터 좋은 등급을 받아야 하며 이들이 신용평가회사에 지불하는 수수료는 신용평가회사의 명성을 이용한 데 대한 대가라는 것이다. 따라서 신용평가회사의 명성의 감소는 곧 미래수익의 감소로 이어지기 때문에 이들 회사는 명성자본(reputational capital)과 밀접한 관련이 있다.

그러나 1970년대 중반 이후 신용평가회사들이 제공하는 정보의 신뢰성이 저하됨에 따라 정보제공대가설에 회의를 갖는 시각이 등장하고 있다. 신용평가가 중요한 것은 동 평가결과(등급)가 정확하고 신뢰할 만한 정보를 포함하고 있기 때문이 아니라 규제준수에 소요되는 비용을 절감시켜 주기 때문이라는 규제관련 비용절감설(regulatory license view)이 그것이다.33)

동 가설의 요지는 감독당국이 일부 신용평가회사의 평가결과(등급)를 규제부과의 판단기준이나 요건으로 삼을 경우 동 회사는 피평가회사에 관한 신용정보뿐만 아니라 규제 준수와 관련된 재산권도 판매하게 된다는 것이다. 예컨대 높은 평가등급을 받으면 규제준수 비용을 줄이거나 면제받을 수 있는 경우, 신용평가회사는 피평가회사의 규제준수비용을 경감시켜 줄 수 있는 영업상 허가권(regulatory license)을 판매하게 된다. 만약 일부 신용평가회사만이 영업상 허가권을 획득하고 이를 증권발행자에게 판매할 수 있도록 제도적 장치가 마련되어 있거나, 신규진입에 막대한 비용이 소요되는 등 진입장벽이 높을 경우에는 독과점체제를 초래하여 신용평가회사는 비정상적인 이익을 실현할 수 있다.34)

따라서 감독당국은 신용평가회사들이 높은 수수료를 받고는 질이 낮은 정보를 제공하거나 피평가기관들에게 유리한 평가등급을 매기는 등 도덕적 해이를 유

---

33) Frank Partnoy, "Two Thumbs Down For The Credit Rating Agencies," *Washington University Law Quarterly*, vol. 77, Number 3, 1999.

34) 미국의 SEC는 신용평가기관이 독립적 지위에서 평가업무를 수행하고, 시장의 평판에 의해 자율적으로 규율되도록 법적규제 및 책임을 면제해 주는 국가공인신용평가기관(NRSRO: Nationally Recognized Statistical Rating Organization)제도를 도입하였다. 그리고 NRSRO로 지정된 신용평가기관의 신용등급만이 감독당국의 공적규제 시 유효한 등급으로 인정하여 130여개 신용평가기관 중 S&P, Moody's, Fitch, 캐나다의 Dominion 등 5개사만을 NRSRO로 지정하였다.

그러나 동 제도가 신용평가시장의 진입장벽으로 작용한 데다 SEC 지정절차의 불투명성에 대한 비판이 지속적으로 제기됨에 따라, 미 의회는 2006년 9월 신용평가시장의 경쟁 촉진과 투명성 제고를 위해 NRSRO 지정제도를 폐지하고 등록제로 전환하는 동시에 신용평가기관에 대한 SEC의 감독권한을 명확히 하는 것을 골자로 하는 「평가기관개혁법」(Credit Rating Agency Reform Act of 2008)을 제정하였다.

발하는 행위와 규제로 인한 진입장벽의 설정으로 특정 신용평가회사의 시장지배력을 강화하는 행위를 막아야 한다.

최근에 들어 신용평가업계의 실질적인 진입장벽으로 인한 반경쟁적 체제, 평가대상회사의 평가비용 지불형태에 있어서의 이해상충, 신용평가기준 공시의 필요성 여부 등과 같은 문제점들이 부각됨에 따라 각국은 신용평가기관에 대한 새로운 감독규정을 마련하는 등 이들에 대한 감독을 강화하고 있다.[35]

구체적으로, 신용평가업무에 대한 시장규율을 강화하기 위한 기업신용위험관련 예측정보와 신용평가정보에 대한 공시 확충, 신용평가 업무의 공정성을 제고하기 위한 동일 회사에 대한 신용평가회사의 컨설팅업무와 평가업무의 동시 수행 제한, 신용평가회사가 발행에 직접 관여한 자산에 대한 신용평가 금지, 신용평가결과 분석(default study)제[36]의 강화, 신용평가기관의 평가업무와 수수료 책정업무간의 차단벽(firewall) 설치, 구조화증권의 내재위험에 대한 공시강화와 평가방식의 개선 등이 그 예이다.

최근 미국의 비우량주택대출(subprime mortgage loan)과 관련된 구조화증권의 부실한 신용평가에 대한 비판이 고조화되면서 고객의 인지도나 평판이 높은 기업들

---

35) 2010년 7월 제정된 「월가 개혁 및 소비자보호법」(Dodd-Frank Wall Street Reform and Consu-mer Protection Act of 2010)에 의하면 SEC에 제출되는 공식 문서에 사용되는 신용평가회사의 신용등급은 공적 인증으로 간주되어 신용등급을 받은 증권 등이 해당 등급에 상응하는 성과를 내지 못할 경우 해당 신용등급을 부여한 신용평가회사는 소송의 대상이 되는 등 법적 책임을 지게 되어 있다. 이에 따라 앞으로 신용평가회사의 등급을 받아 증권 등을 발행하는 회사는 해당 신용평가회사의 동의 없이는 신용등급을 이용할 수 없게 될 것으로 전망된다.

　2010년 6월 유럽위원회(EC)는 2011년 출범 예정인 유럽증권시장청(ESMA: European Securi-ties and Market Authority)에 역내 신용평가업체에 대한 등록, 영업감시, 감사, 영업취소 및 정지, 벌금 부과 등과 같은 포괄적인 감독권한을 부여하는 방안을 발표하였다. 동 방안에 의하면 유럽연합 역내에서 영업을 하는 모든 신용평가회사는 ESMA에 대한 등록이 의무화되고 신용평가등급 설정에 대한 세부자료를 제출해야 한다. ESMA는 신용평가 절차 및 방법 등을 공개하지 않는 신용평가회사에 대해서는 연간 수입의 최대 20%에 해당하는 벌금 부과 및 영업정지 등의 조치를 취할 수 있다. 그리고 MBS 등 구조화상품을 설계한 금융회사는 모든 신용평가회사들에게 동 상품에 대한 정보를 동일하게 제공하여야 하며 이를 바탕으로 신용등급 설정계약을 체결하지 않은 신용평가회사들도 관련 상품에 대한 신용등급을 부여하고 이를 공개할 수 있도록 하고 있다. 또한 신용평가기관과 증권발행주체 간의 이해상충을 방지하기 위해 증권발행주체가 신용등급 책정과 관련하여 신용평가기관에 지불하는 수수료를 면제하는 방안을 제안하고 있다. 한편, 2010년 G-20 정상회의에서도 EU의 제안을 바탕으로 신용평가기관에 대한 신용등급 책정기준 및 글로벌 금융시장에서의 신용평가기관에 대한 의존도 축소 대책 마련 등에 대한 합의가 이루어졌다.

36) 누적부도율, 전이행렬 등 전체적인 데이터와 유형별 신용등급의 적정성 및 신용위험에 대한 예측 정보제공기능을 독립적으로 평가하고 의견을 제시하는 제도이다.

이 신용평가등급 없이 채권이나 유동화증권을 발행하는 사례가 늘어나고 있다. 2008년 금융위기를 계기로 미국의 SEC는 MMF 투자채권에 대한 신용평가회사의 투자등급 부여 의무를 폐지하고 신용등급에 따라 투자은행들이 보유해야 하는 필요자기자본 부담의무를 완화하였다. CFTC도 「Dodd-Frank법」에 따라 기존의 신용등급요건을 폐지하고 이를 적절한 다른 기준으로 대체하는 규정을 발표하였다. 이와 같은 조치는 신용평가회사의 위상을 낮추어 신용평가회사의 시장지배력을 약화시키는 대신 투자자 스스로 투자적격 여부 판단을 위한 정보수집 및 평가기술의 개발을 촉진하기 위해서다.

한편, 신용평가회사가 증권발행자로부터 평가수수료를 받는 구조(issuer-pay)로는 신용평가등급의 객관성을 유지하기 어렵다는 논리하에 증권의 발행자가 아닌 투자자가 평가수수료를 지급하는 체제로 전환시키려는 움직임도 있다. 증권발행자가 좋은 등급을 주는 신용평가회사를 찾는 등급쇼핑(rating shopping)을 막아 보다 공정한 신용평가가 이루어지는 데 도움이 된다는 것이다. 그러나 동 주장은 투자자들간에 적정한 비용을 지불하고 정보를 얻으려는 유인보다는 비용을 지불한 다른 투자자들의 투자에 편승하여 무임승차(free ride)를 하려는 유인이 생기는 문제 등을 이유로 신용평가회사와 OCC 등 일부 은행감독기관들의 반대로 아직까지 실현되지 못하고 있다.

제 7 장 　기업구조조정시장

제 1 절 　기업구조조정과 M&A

Ⅰ. 기업구조조정

　　기업구조조정이란 기업의 성장(growth) 또는 생존(survival)을 위하여 기업의 자
산구조(asset or business structure), 재무구조(financial structure) 또는 지배구조(corporate
governance)를 조정하는 일련의 과정을 의미한다. 기업구조조정은 부실기업뿐만 아
니라 정상기업의 경우에도 필요하다. 다만 그 실행목적이 다를 뿐이다. 즉 부실기
업은 기업의 생존을 위해 구조조정을 수행하지만 정상기업은 기업의 지속적 성장
을 위해 구조조정을 수행한다.

　　자산구조를 조정하는 방식으로는 자산의 확대(expansion), 축소(shrinking) 및 자
산구성(portfolio)을 변경하는 방식으로 구분할 수 있다. 자산을 확대하는 구조조정
방안으로는 M&A(merger & acquisition), 합작투자, 영업양수·도 등이 있고, 자산을 축
소하는 방안으로는 분리매각(divestiture), 회사분할 등이 있다.[1]

---

1) 합병과 영업양수는 대부분 거래당사자의 주주와 채권자의 이해관계를 다루는 「상법」에 규정되어
　 있고 「자본시장법」에서는 투자자 보호 차원에서 상장법인이 다른 법인과 합병 등의 경우에 한해
　 규정하고 있다. 「자본시장법」은 투자자에게 공시하기 위하여 합병사실 등을 주요사항보고서의 보

자산구성을 변경하는 방식으로는 기업간에 사업 자체를 교환하는 사업교환 (business exchange)방식 등이 있다. 사업교환은 다시 경영권을 가진 내부지분을 교환하는 지분교환방식과 일부 생산설비나 지적재산권 등 자산을 교환하는 자산교환방식이 있다. 재무측면의 구조조정은 기업의 최적자본구조를 설정하고 여러 가지 방법을 통해 이를 달성하는 것이다. 부실기업이나 부실징후기업의 경우에는 재무구조의 개선, 특히 부채비율의 축소에 그 초점이 맞추어진다.

부채의 축소방법으로는 부채탕감(debt forgiveness), 부채회수(buy-back), 증권화 (securitization), 장·단기 부채교환(maturity swap) 등이 있다. 부채와 주식을 동시에 조정하는 방법으로는 대출금 출자전환(debt-equity swap),[2] 청구권 교환(exchange offer) 등의 방법이 있다. 청구권 교환은 기업자본구조의 최적화를 위해 기업의 경영진이 기존의 자본구조를 변화시킴으로써 재무구조의 건전화를 도모하기 위하여 기업이 이미 발행한 다양한 증권을 다른 종류의 증권으로 교환할 것을 제안하는 것을 말한다.[3]

부채나 주식과 같은 전통적인 증권에 국한되지 않고 기업의 실정과 목적에 맞는 증권을 설계하여 재무구조를 조정할 수 있는데, 이를 증권설계(security design)라고 하며 그 중에서도 특히 재무적 곤경에 처해 있거나 부실가능성이 있는 기업을 대상으로 한 증권설계를 재무적 곤경하의 증권설계(security design under financial distress)라 한다.

II. M&A의 의의와 형태

기업의 성장형태는 내적성장(internal growth)과 외적성장(external growth)으로 구분할 수 있다. 내적성장이란 기업 스스로의 투자활동에 따른 매출액이나 이익의 증

고사항으로 규정하여 금융위원회에 신고하도록 하고 규정하고 있다. 특히, 신주발행에 의한 합병의 경우에는 증권신고서에 합병에 관한 주요 사항을 기재하여야 하며 동 신고서에는 합병에 관한 일반사항, 합병가액 및 산출근거, 합병의 요령 및 당사회사에 관한 사항 등이 포함된다(법 제161조 ①).

2) 종래에는 기업회생절차가 개시되었을 때만 허용되었으나 2011년 「상법」 개정으로 회생절차에 들어가지 않고도 출자전환을 할 수 있게 되고 종래 자본충실화를 위해 주금납입에 있어 상계가 금지되었으나 합의에 의한 상계를 허용하였다(제344조, 제421조).

3) 청구권교환은 종류별 주주총회와 같은 주총의 특별결의절차 등을 회피하기 위해 이용되기도 한다.

대, 규모나 영업범위의 증가 등을 의미하고, 외적성장이란 타기업과의 결합에 의해 성장을 하는 것을 말하는 것으로 그 대표적인 방법이 합병(merger)과 주식취득, 영업양수 등으로 대표되는 매수(acquisition)이다.

합병은 먼저 합병절차의 법률적 성격에 따라 사실상의 합병과 법률적 합병으로 구분할 수 있다. 사실상의 합병이란 「상법」상의 특별규정에 의한 합병절차를 거치지 않고 해산(dissolution), 영업양도(business transfer) 또는 매수에 의하여 사실상의 합병효과를 얻는 것으로 소멸되는 기업은 청산(liquidation)절차를 밟게 된다.

법률적 합병은 「상법」상의 특별규정에 의거 청산절차를 거치지 않고 1개 기업 이상의 소멸과 권리·의무의 포괄적 이전을 통하여 2개 이상의 기업이 하나의 기업이 되는 것을 말한다.[4)]

합병은 또한 그 추구하는 경제적 목적에 따라 크게 운영시너지(operating synergy)를 추구하는 합병과 재무적 시너지(financial synergy)를 추구하는 합병으로 나눌 수 있다. 전자는 동종업종에 속하는 기업들이 규모의 경제를 추구하기 위해 결합하는 수평적 합병(horizontal merger), 생산이나 판매과정이 선후관계에 있는 기업간에 경영의 효율성을 추구하기 위해 결합하는 수직적 합병(vertical merger), 경제적 유대관계가 높은 기업들이 핵심적인 기술·제조공정·시장 등을 공유함으로써 범위의 경제를 추구하려는 다각적 합병(concentric merger) 등이 이에 속한다. 후자는 합병기업간에 자원, 기술, 제품, 시장전략 등에 있어 특별한 경제적 유대관계없이 다각화에 따른 기업 포트폴리오의 전반적인 안정성과 균형성을 증대시키려는 비관련 다각적 합병(conglomerate merger)을 들 수 있다.

합병은 하나의 기업이 다른 기업에 흡수되어 하나의 기업만이 존속하고 나머지 기업은 소멸되는 흡수합병(merger)과 합병당사기업인 두 기업이 모두 소멸하고 제3의 기업형태로 설립되는 신설합병(consolidation)으로 분류될 수 있다. 합병이 이루어지면 존속회사 또는 신설회사가 소멸회사의 모든 권리·의무를 포괄적으로 승계하므로 개개의 재산에 대하여 이전행위를 따로이 할 필요가 없고, 별도의 채무

---

4) 회사는 해산하더라도 소멸회사의 재산이 신설회사 또는 존속회사에 그대로 승계되는 합병과 「채무자 회생 및 파산에 관한 법률」상 별도의 파산절차(파산적 청산절차)를 밟는 파산을 제외하고는 「상법」상의 청산을 하여야 한다.

기업은 다수의 이해관계자가 있어 이들의 이해를 조정하고 처리하기 위해서는 이와 같은 청산절차가 필요하다. 그러나 합병의 경우 존속회사에서 잔여 법률관계를 정리하기 때문에 별도의 청산절차 없이 해산으로 바로 소멸한다.

인수절차도 필요하지 않다. 그러나 신설합병의 경우에는 새로운 회사를 설립해야 하는 절차상의 복잡성 때문에 흡수합병이 보다 일반적이다.5)

기업매수(acquisition)는 매수대상기업의 주식을 매수하는 방식과 영업을 양수하는 방식으로 구분할 수 있다. 주식매수(stock acquisition) 방식은 매수대상기업주식의 일부 또는 전부를 취득하여 그 기업의 경영지배권을 취득하는 방식이다. 이 경우에는 합병과는 달리 매수대상기업은 법률적으로 독립성을 그대로 유지하면서 존속하게 된다. 이러한 주식매수는 매수대상기업이 보유하던 모든 권리와 의무를 포괄적으로 승계하게 되므로 영업권 취득에 따른 복잡한 절차의 생략이 가능하다는 이점이 있는 반면 부외부채의 존재 여부, 우발채무의 발생가능성을 주의 깊게 살펴보아야 하는 어려움이 따른다.

한편 주식매수의 경우에 있어서는 매수대상기업이 상장기업일 경우 공개매수(takeover bid 또는 tender offer)에 의한 방법과 기타의 방법으로 나뉘며, 공개매수의 경우에 있어서도 매수대상기업 경영진과의 사전합의하에 이루어지는 우호적 공개매수제의(friendly TOB)와 피매수기업 경영진의 의사와는 관계없이 일방적으로 이루어지는 비우호적 공개매수제의(hostile TOB)가 있다.

기타의 매수방법으로는 시장에서의 주식매집(market sweep), 매수회사가 피매수회사의 대주주와 교섭하여 주식을 양수(purchase of control)받거나 피매수회사의 증자 시 매수회사가 제3자가 되어 신주를 배정받는 방식, 이 밖에 전환사채, 신주인수권부사채 등의 취득을 통해 피매수회사의 주식을 잠재적으로 취득하는 방식이 있을 수 있다.

매수는 매수기업의 대가 지불방식에 따라 현금교환형(cash mode),6) 주식교환형(stock mode) 및 혼합형으로 구분할 수 있다. 이들은 매수기업이 피매수기업의 주식이나 자산, 영업의 일부 또는 전부를 매수한 경우 피매수기업이나 동 주주들에게 그 대가를 지급하는 방식상의 차이로 현금교환형은 현금을, 주식교환형7)은 매수

---

5) 신설합병의 경우에는 영업에 관하여 주무관청의 허가·인가를 다시 받아야 하며, 주식의 상장 절차를 다시 반복하여야 하고, 모든 당사회사의 주주에게 신주권을 발행하기 위하여 많은 인력과 재력이 소비되기 때문이다.

6) 종래에는 합병비율의 조정이나 단주처리의 경우 외에는 합병대가를 존속회사의 주식으로만 지급하도록 되어 있었으나 개정 「상법」은 금전 또는 그 밖의 재산으로도 합병대가를 지급할 수 있도록 하여(법 제523조 제4호) 교부금합병(cash-out merger)이 가능하게 되었다.

7) 주식스왑방식으로 M&A를 추진할 경우 법률적 제약 등으로 인하여 피매수기업의 주주는 M&A 대가로 받은 매수기업의 주식을 제때에 매각하지 못하고 일정기간 보유해야 하며, 이 기간 중

기업의 주식을, 혼합형은 현금이나 주식뿐만 아니라 사채 등 그 밖의 재산으로 지급하는 방식이다. 혼합형은 주식 이외에 다양한 수단으로 매수대가를 지불할 수 있게 됨으로써 매수회사의 대주주가 합병으로 지분율이 낮아지는 우려를 해소할 수 있다. 특히 「상법」(제523조 제2항)은 흡수합병의 경우 합병대가로 존속회사의 모회사의 주식으로도 지급할 수 있게 하여 삼각합병(triangle merger)이 용이하도록 하고 있다. 원칙적으로 자회사의 모회사 주식 취득은 금지되나(「상법」 제342조의2), 합병대가로 교부할 목적인 경우에는 자회사의 모회사 주식 취득을 허용한 것이다.

삼각합병은 자회사와 피매수회사의 합병을 통하여 모회사가 피매수회사의 자산과 영업을 실질적으로 인수하는 방식이다. 통상적인 합병의 경우 모회사가 피매수회사의 부채를 승계하지만 삼각합병의 경우 자회사가 피매수회사의 부채를 승계하게 되어 합병으로 인해 부채 부담이 늘어난다 하더라도 모회사는 자회사에 대한 출자한도 내에서만 유한책임을 진다. 한편 2015. 11. 「상법」 개정으로 주식의 포괄적 교환시에 모회사 주식을 지급할 수 있도록 하는 삼각주식교환제도를 도입하고 이러한 삼각주식교환을 통하여 역삼각합병이 가능하도록 하였다. 역삼각합병이란 A회사의 자회사인 B회사가 T회사와 주식의 포괄적 교환을 하는 경우 T회사의 주주에게 모회사인 A회사의 주식을 교부하면서 T회사를 존속회사(분할승계회사)로 하는 합병을 하는 것을 말한다. 이는 자회사를 활용한 다양한 기업 인수·합병 구조를 마련함으로써 기업 인수·합병에 대한 경제적 수요를 원활히 뒷받침하기 위해서다.

영업양수(asset acquisition)는 매수기업이 계약에 의해 다른 기업의 영업재산의 일부를 선택적으로 조합하여 매매거래의 형태로 이전받는 방식을 말한다. 영업양수는 개별재산의 단순한 매매와는 달리 일정한 영업목적에 의해 유기적·기능적으로 조직화된 영업재산 일체를 이전하는 것으로서 양수 후에도 그 영업의 동질성이 유지된다. 부실기업을 인수할 때 자주 이용되는 자산부채이전방식(purchase and assumption)도 영업양수의 일종이라 할 수 있다. 영업양수는 매수대상자산을 적절히

주가가 하락하는 위험이 발생할 수도 있다. 이러한 위험으로 인해 피매수기업의 주주들이 주식교환을 꺼리는 문제를 감소시키기 위해 도입된 제도 중의 하나가 CVR(Contingent Value Right)제도이다.

CVR이란 매수기업이 피매수기업의 주주들에게 제공하는 매수기업 주식에 대한 일종의 풋옵션(put option)으로 교환된 주식의 가격이 일정기간 동안 일정수준 이하로 하락하는 경우 피매수기업의 주주는 매수기업에 대해 소정의 가격으로 매수를 청구할 수 있는 제도이다.

평가해야 하는 부담도 있지만 쌍방 합의에 의해 매수대상을 선별할 수 있기 때문에 주식매수의 경우와 같은 우발채무나 부외부채의 부담 가능성을 배제할 수 있다. 개정 「상법」은 기업의 효율적인 구조조정을 위해 간이한 영업양도, 양수, 임대제도를 도입하여 영업양도, 양수, 임대 등의 행위를 하려는 회사의 총주주의 동의가 있거나, 주식 90% 이상을 그 거래의 상대방 회사가 소유하고 있는 경우에는 그 행위를 하려는 회사의 주주총회 승인은 이사회의 승인으로 갈음할 수 있도록 하였다(법 제374조의3 신설).

Ⅲ. M&A와 구조조정

일반적으로 M&A의 거래과정은 대상 발굴(deal sourcing), 실사(due diligence), 협상(pricing & negotiation) 및 투자결정(investment)의 단계로 진행된다. 종래 우리나라는 M&A에 대한 사회적 인식 및 여건의 미성숙으로 M&A, 특히 적대적 M&A가 활성화되지 못하였었다. 구체적으로 기업매각을 경영의 실패로 인식하는 경영진의 시각 및 경영권 취득을 비도덕적 행위로 인식하는 기업문화, 대주주의 직접적인 경영권 행사로 전문경영인에 의한 경영기반 취약, M&A로 인한 고용의 불안을 우려한 종업원의 반발, M&A중개기관의 영세성 및 전문성 부족, 현금위주의 M&A로 다양한 M&A 수단 활용의 곤란 등이 그것이다.

그간 정부는 M&A를 통한 구조조정을 촉진하기 위해 M&A의 걸림돌로 작용하는 제약요인을 지속적으로 개선하여 왔다. 특히 1997년 외환위기 이후 기업경영의 투명성과 주주가치 중심 경영을 고양시켜 기업의 경쟁력 강화를 도모하는 수단으로 M&A의 중요성이 부각됨에 따라 M&A를 적극적으로 유인하는 제도를 도입하였다. 그간 변경 또는 새로 도입된 M&A관련제도로 주요한 것을 들면 국내기업 주식에 대한 외국인 투자한도 폐지(1998년 4월), 합병절차를 간소화하기 위한 소규모합병제도 도입 및 간이합병절차의 간소화와 주식스왑제도의 변경(1998년 12월) 등을 들 수 있다.

종래 「외자도입법」은 외국인의 국내 주식취득은 신주취득 또는 창업투자방식의 직접투자만을 허용하였으나 1997년 1월부터는 외국인의 구주 취득을 통한 M&A도 가능하게 하고, 특히 종래에는 외국인의 국내기업 인수는 피인수기업 경영진이 동의하는 우호적 방식만 허용하던 것을 1998년 5月부터는 동 규제가 철폐되어 비우호적 인수도 가능하게 되었다.

소규모합병(small scale merger)이란 합병으로 발행하는 신주의 총수가 존속회사 발행주식의 10%를 초과하지 아니하고 합병교부금이 존속회사 순자산의 2% 미만인 경우 존속회사의 주주총회 승인이 없이도 합병이 가능하도록 하는 제도이다. 단, 발행주식총수의 100분의 20 이상에 해당하는 주식을 소유한 주주가 합병에 반대하는 의사를 통지한 때에는 주주총회의 결의를 생략할 수 없다. 간이합병(short form merger)은 소멸회사의 총주주의 동의가 있거나 존속회사가 소멸회사 주식의 100분의 90 이상을 소유하고 있는 경우 주주총회를 생략하고 이사회 결의로 갈음하는 제도를 말한다.

다만 소규모합병이나 간이합병 등의 약식 절차에 의한 합병으로 인해 투자자의 이익이 침해되는 것을 방지하기 위해 합병계약서의 사전공시와 합병에 관한 주요 서류의 사후공시 의무화 등 공시를 강화하고 경우에 따라서는 합병에 반대하는 주주들은 주총이 열리지 않거나 주총에서 반대결의가 없었더라도 주식매수청구권을 행사할 수 있도록 하였다.[8]

주식스왑은 모자회사 관계의 설정방식에 따라 포괄적 주식교환(share exchange)과 포괄적 주식이전(share transfer)으로 구분된다. 동 제도는 지주회사의 설립 등을 통한 기업구조조정을 원활하게 하기 위해 2001년 「상법」 개정으로 도입된 제도이다. 포괄적 주식교환이란 기존에 존재하는 복수의 기업들이 상호간에 완전모자회사 관계를 창설하기 위한 제도로 완전자회사의 주주가 보유한 주식을 완전모회사로 이전하고 완전자회사의 주주는 완전모회사가 발행하는 신주를 배정받아 완전모회사의 주주가 되는 기업결합방식을 말한다.

포괄적 주식이전이란 회사가 단독 또는 공동으로 완전모회사를 새로이 설립하는 제도로 완전자회사의 주주가 보유한 주식을 새로 설립되는 완전모회사로 이전하고 완전자회사의 주주는 완전모회사가 발행하는 주식을 배정받아 완전모회사의 주주가 되는 방식이다. 주식교환 또는 주식이전 방식은 자산 또는 영업의 양도나 신규출자와 같은 과정 없이 주주관계의 조정만으로 모자관계를 형성할 수 있어

---

8) 주식매수청구권은 소규모합병의 경우 소멸회사 주주에게 인정되나 존속회사 주주에게는 인정되지 않는다. 간이합병의 경우 존속회사 주주에게는 인정되나 소멸회사 주주의 경우 총주주의 동의가 있는 때에는 인정되지 않는다. 「벤처기업육성에 관한 특별조치법」에서는 벤처기업의 소규모합병 및 간이합병의 경우 「상법」상의 합병과 달리 주주의 주식매수청구권을 인정하지 않고 있다.

상대적으로 절차가 간편하고 비용이 적게 들어 가장 많이 이용되는 방식이다.[9]

「상법」은 소수주주의 반대로 포괄적 주식교환이나 주식이전을 통한 기업결합이 좌절되는 것을 방지하기 위해 소수주주에게 보유주식을 공정한 가격으로 회사에 매도할 것을 요청할 수 있는 주식매도청구권(sqeeze-out rights)을 회사에게 부여하여 소수주주를 배제한 완전모자회사 관계의 설정이 가능하게 하고 있다.

이와 동시에 포괄적 주식교환이나 주식이전에 반대하는 주주에게도 회사에 대해 공정한 가격으로 보유주식을 매수하여 줄 것을 요청할 수 있는 주식매수청구권(sell-out rights)을 부여하고 있다(제360조의5).[10] 주주 개개인의 자발적 의사에 의해 이루어지는 개별적 주식양도와는 달리 주주총회의 결의 등의 절차에 의해 집단적으로 이루어지는 포괄적 주식교환이나 이전의 경우, 이에 반대하는 주주들의 권익을 보호할 필요가 있기 때문이다.

한편 개정 「상법」은 기 발행주식 총수의 95% 이상을 자기의 계산으로 보유하는 지배주주가 경영상의 목적을 달성하기 위하여 필요한 경우 다른 소수주주에게 보유주식을 공정한 가격에 매도하도록 요청할 수 있는 권리[11]를 부여하고 이와 동시에 지배주주가 있는 회사의 소수주주는 개별적으로 언제든지 지배주주에게 그 보유주식의 매수를 청구할 수 있는 권리를 부여하고 있다(제360조의24, 25). 이는 특정 주주가 주식의 대부분을 보유하고 있는 지배주주가 합병절차에 의하지 않고 소수주주를 축출(freeze-out)할 수 있게 함으로써 주주총회 개최비용 등 소수주주 관리비용 절감, 기동성 있는 의사결정 등을 도모하는 동시에 지배주주의 전횡에 반대하는 소수주주도 쉽게 출자를 회수할 수 있는 길을 열어 주기 위해서다.

---

9) 현물출자, 사업양도, 공개매수, 회사분할 등의 방법에 따라 모자회사관계를 설정할 수도 있으나 이 경우 조세부담과 소수주주 배제(freeze-out)의 어려움이 있다.
10) 무의결권 주주도 주식매수청구권을 행사할 수 있고, 주식매수청구권이 인정되는 경우에는 무의결권 주주에게도 주주총회 소집을 통지하여야 한다.
11) 지배주주가 소수주주를 축출하기 위해서는 다음의 요건이 충족되어야 한다.
    1. 회사의 경영상 목적달성에 필요할 것
    2. 주주총회의 사전 승인이 있을 것
    3. 소수주식의 공정가액에 대한 공인감정인의 평가 및 그 감정결과에 대한 공개를 할 것.

제 2 절 적대적 M&A에 대한 방어제도

Ⅰ. 적대적 매수의 경제적 함의

매수기업(acquiror)과 피매수기업(acquired) 경영자간의 합의에 의해 이루어지지 않는 적대적인 매수(hostile takeover)의 경우 피매수기업의 경영진이나 주주는 이에 대응하는 조치를 강구하게 된다. 적대적 매수의 경우 일반적으로 매수기업 측에서 시도하는 방법은 공개매수제의나 피매수기업의 소액주주로부터 의결권을 위임받아 경영의 지배권을 확보하려는 대리전(proxy fight), 이 밖에 시장을 통한 주식의 매집 등이다.

통상적인 적대적 매수의 절차를 보면 시장에서 매수대상기업의 주식의 어느 정도(보통 감독기관에게 보유사실을 신고해야 하는 비율)를 매집하고 이를 바탕으로 공개매수 또는 대리전을 시작한다. 이에 대해 피매수기업의 경영진이나 주주가 구사하는 전략(anti-hostile takeover)으로는 예방적 방어전략과 적극적 방어전략으로 대별할 수 있다. 전자는 적대적 매수의 가능성을 감소시켜 매수자의 매수 시도를 사전에 차단하려는 전략이고 후자는 매수제의 이후에 매수자의 매수 시도에 적극적으로 대응하는 전략이다.

적대적 M&A는 경영진에 의한 대리문제(agency problem)를 줄이고 청산을 통한 기업 퇴출이 아닌 생산시설이나 고용의 승계 등을 통한 부실기업의 구조조정을 촉진하는 등 순기능이 있는 반면, 과도한 매수 위협으로 인해 경영자가 전략적 투자를 기피하여 장기적 안목에서 기업가치의 저하를 초래하는 역기능도 있다. 이러한 점을 고려하여 각국은 그들이 처한 여건에 따라 적대적 M&A에 대한 공격과 방어 수단을 적절하게 도입하고 있다.

외국자본에 의한 자국기업의 매수를 위협으로 간주하는 일부 국가들의 경우 자국기업의 경영권을 보호하기 위해 이를 어렵게 하는 제도를 도입하고 있긴 하나 대체로 정부는 적대적 M&A를 규제함에 있어 공정한 게임의 원칙만 제공하여 주고 중립적인 입장에서 공격과 방어에 균등한 기회를 보장하는 것이 일반적인 추세이다. 특히 적대적 M&A를 경영진과 주주 간의 이해상충 내지 대리문제로 인식하

고 있는 미국의 경우 적대적 M&A에 대해 비교적 자유로운 대신 경영권 방어행위
에 대해서도 특별한 제한이 없이 경영판단의 원칙, 전체적 공정성 기준 및 주요
목적 기준에 따라 적법성 여부를 판단하고 있다.[12]

II. 우리나라의 적대적 M&A 방어제도

우리나라의 경우 종래에는 기존 대주주의 경영권을 보호해 주기 위해 누구도
상장법인 발행 주식의 10% 이상 취득을 금지함으로써 사실상 적대적 M&A가 불가
능하게 하였었으나 1994년 1월 유통시장에서의 외국인의 주식 직접 취득제한을
제외하고는 동 제도를 폐지한 데 이어 1997년 외환위기 이후 외국인에 대한 유통
시장에서의 주식제한제도마저 폐지됨으로써 적대적 M&A가 전면적으로 가능하게
되었다. 따라서 모든 기업들이 적대적 인수위협에 노출되고 있는바, 현행법상 이에
대한 방어책으로 이용될 수 있는 것 중 중요한 것을 요약하면 다음과 같다.

---

12) 기간산업이나 국가안보 등 전략적 차원에서 중요한 산업에 대한 외국인의 투자에 대해서만은 대
부분의 국가들이 엄격한 제한을 하고 있다. 미국은 Exon-Florio규정(Defense Protection Act
§721)에 따라 국가안보에 위협이 될 우려가 있는 외국인에 의한 M&A에 대한 심사제도를 통해
이를 규제하고 있다. 구체적으로 미국기업을 매수하려는 외국인은 대미외국인투자위원회(CFIUS:
Committee on Foreign Investment in the United States)에 서면으로 신고하여야 하며, 동 위원
회의 승인을 받지 않은 투자에 대해서는 대통령이 이를 철회시킬 수 있다.
　　프랑스와 독일의 경우 안보와 관련된 기업을 매수하는 경우 1개월 전에 보고를 통해 정부의 승
인을 받아야 하며, 일본의 경우 안보관련 산업이나 기간산업 등 국가전략산업에 대한 외국인의
매수 시 정부가 거부권을 행사할 수 있다.
　　우리나라의 경우 외국인투자 전반에 대해서는 「외국인투자촉진법」, 개별산업에 대해서는 특별
법, 상장법인에 대해서는 「자본시장법」으로 규제하고 있다. 「외국인투자촉진법」에서는 국가안보
와 공공질서의 유지 등을 위해 방위산업체를 지정하고 동 산업에 대한 외국인투자에 대해 정부의
허가를 받게 하고 있으며 「전기통신사업법」 등의 개별법에서 통신·방송·신문 등 특정산업에 대
한 외국인 투자제한이 있다.
　　「자본시장법」에서는 외국인(국내에 6개월 이상 주소 또는 거소를 두지 아니한 개인) 또는 외국
법인 등에 의한 증권 또는 장내파생상품의 매매, 그 밖의 거래에 관하여는 대통령령으로 정하는
기준 및 방법에 따라 그 취득한도 등을 제한할 수 있고 특히 공공적 법인(현재 한국전력만이 지
정)의 주식 취득에 관하여는 공공적 법인의 정관이 정하는 바에 따라 따로 이를 제한할 수 있다.
이를 위반하여 주식을 취득한 자는 그 주식에 대한 의결권을 행사할 수 없으며, 금융위원회는 이
를 위반하여 증권 또는 장내파생상품을 매매한 자에게 6개월 이내의 기간을 정하여 그 시정을 명
할 수 있다(동 법 제168조).

1. 정관상의 규정

정관상의 규정이란 적대적 매수를 어렵게 하는 조치를 회사의 정관(charter or bylaw)에 규정하는 것으로 일명 상어퇴치전략(shark repellent)이라고도 부른다. 우리나라의 경우 「상법」상 강행규정이 아닐 경우 주주의 동의를 얻어 적대적 매수에 대한 방어를 위한 정관의 변경이 가능하다. 다만 정당한 경영권방어 목적을 넘어서 특정주주의 이익을 일방적으로 도모하거나 사회의 상규에 반할 정도의 정관변경은 허용되지 않는바, 이에 대한 판단은 전적으로 법원의 판결에 달려 있다.

일반적으로 방어전략의 정당성에 대한 판단은 기본적으로 경영진이 '수임자로서의 의무(fiduciary duty)'를 다하고 있는 것을 기준으로 판단하는 추세이다. 회사의 정관에서 규정할 수 있는 사항으로 중요하게 생각되는 것을 예시하면 다음과 같다.

① 합병이나 영업양수도 승인에 필요한 주주총회의 의결정족수로 초다수결제도(super-majority voting)를 도입하는 것이다. 초다수결 제도란 주주총회의 결의요건을 보통결의나 특별결의 요건과 같은 보편적인 다수결 요건보다 가중한 형태(예컨대 3/4 이상)를 말한다. 미국 등 선진 제국에서는 입법에 의해 초다수결 제도를 허용하고 있다. 우리나라의 경우 「상법」은 주주총회의 보통결의 요건의 경우에는 정관에 의한 가중을 허용하는 규정을 명시하고 있으나 특별결의 요건의 가중을 허용하는 명시적 규정은 없다. 이에 따라 특별결의 요건의 경우 가중을 허용하는지 여부가 불명확한바 이를 허용하지 않는 법원의 판례가 있다.

② 이사들의 임기를 달리하는 시차임기제도(staggering term)나 부득이 현 이사진을 교체할 경우 초다수결원칙을 적용하는 조치(classified board)이다. 이는 이사들을 일시에 교체하지 못하게 함으로써 매수를 어렵게 하기 위함이다.

③ 이사회에 주주총회의 별도 승인 없이 신주인수권부사채나 전환사채 등을 발행할 수 있게 하여 적대적 매수시도가 있을 경우 우호적 매수자(white knight)[13]에게 이를 매수할 수 있게 하는 조치이다.

④ 그린메일을 목적으로 하는 비우호적 매수자와 경영진과의 거래에 초다수

---

13) white knight는 우호적인 제3자의 매수자인 데 비해 white squires는 경영권은 인수받지 않고 공격측의 지분확보를 저지하는 우호적 제3자를 가리킨다. 여기서 우호적이라 함은 더 높은 매수가격을 지불하는 것을 포함하여 경영진이나 종업원을 해고하지 않는다는 것 등을 담고 있다. 한편, 적대적 매수자에게 우호적인 제3자로 적대적 매수를 지원하는 자를 black knight라 한다.

결원칙을 적용하는 조치(anti-greenmail)가 있다.[14] 이는 그린메일러(greenmailer)의 의욕을 당초부터 저하시키는 효과가 있다.

⑤ 주식의 양도는 정관의 정함에 의하여 이사회의 승인을 받도록 할 수 있다「상법」 제335조).

2. 공개매수제도

공개매수(tender offer)란 불특정 다수인에 대하여 의결권 있는 주식 등(주식관련 증권 포함)[15]의 매수의 청약을 하거나 매도의 청약을 권유하고 장외에서 그 주식 등을 취득하는 것을 말한다.

「자본시장법」은 누구든지 상장법인의 주식 등을 장외에서 6개월 이내에 10인 이상으로부터 입찰, 개별접촉매수, 기타 유상양수 등에 의하여 취득하는 경우 취득 후 본인 및 특별관계자[16]의 보유(소유, 그 밖에 이에 준하는 경우[17] 포함)비율이 총발행수의 5% 이상이 되는 경우(5% 이상이 되는 자가 추가로 매수하는 경우 포함)에는 반드시 공개매수를 하도록 규정하고 있다(법 제133조 ③). 다만, 매수 등의 목적 유형 그 밖에 다른 주주의 권익침해 가능성 등을 고려하여 대통령령이 정하는 매수 등의 경

---

14) 비우호적 매수자가 매수를 성공시키기보다는 매수를 위협수단으로 이용하여 피매수기업으로 하여금 자사주식을 적대적 매수자가 취득한 가격보다 높은 가격으로 취득하게 하여 이득을 얻을 목적으로 피매수기업 주식의 일부를 취득하는 것을 말한다. 이에 비해 시세차익을 노려 특정기업의 주식을 매집한 후 전문적인 기업사냥꾼(dawn raiders)들에게 되파는 전략을 arbitraging이라 한다.

15) 「자본시장법」 시행령 제139조에서는 다음과 같이 규정하고 있다.
   (1) 해당 주권상장법인이 발행한 증권: ① 주권 ② 신주인수권이 표시된 것 ③ 전환사채권 ④ 신주인수권부 사채권 ⑤ ①~④증권과 교환을 청구할 수 있는 교환사채권 ⑥ ①~⑤의 증권을 취득할 목적으로 하는 파생결합증권
   (2) 해당 주권상장법인 외의 자가 발행한 증권: ⑦ ①~⑥의 증권과 관련된 증권예탁증권 ⑧ ①~⑦의 증권과 교환을 청구할 수 있는 교환사채권 ⑨ ①~⑧의 증권을 취득할 목적으로 하는 파생결합증권.

16) 특수관계인(본인이 개인인 경우 그 친족, 30% 이상 출자하거나 사실상의 영향력을 행사하는 경우 해당법인이나 단체와 그 임원 그리고 본인이 법인인 경우 그 임원, 계열회사 및 30% 이상 출자하거나 사실상의 영향력을 행사하는 경우의 해당법인이나 단체와 그 임원)과 공동보유자(본인과 합의, 계약 등에 의해 공동으로 주권 등을 취득·처분하거나 의결권을 공동으로 행사할 것을 합의한 자)를 말한다(동 법 시행령 제141조).

17) 법률의 규정이나 매매, 계약 등에 따라 주식 등의 인도청구권, 처분권, 의결권이나 매수청구권을 가지는 경우 등(동 법 시행령 제142조)을 말한다. 보유의 개념을 도입한 이유는 주식을 소유하고 있지는 않지만 신탁, 대리, 위임, 기타계약으로 의결권을 행사할 수 있음에도 불구하고 공개매수 규제를 받지 않을 경우 지배권 변동에 대한 공시제도의 실효성이 발휘될 수 없기 때문이다.

우에는 공개매수가 강제되지 않는다.[18]

거래소에서의 매집은 공개매수규정이 적용되지 않는다. 거래소에서의 매매는 경쟁매매에 의해 공정하게 이루어지기 때문에 주주간의 평등이 저해되지 않기 때문이다. 10인 이상을 기준으로 한 것은 매수상대방이 10인 미만일 경우 사실상 상대거래라 할 수 있어 주주간의 평등을 크게 훼손하지 않는다는 것을 그리고 5% 이상의 지분을 기준으로 한 것은 5% 미만일 경우 지배권에 미치는 영향이 크지 않다는 판단에서다.

공개매수제도는 기존 경영진에게 적대적 매수 시도에 대한 방어기회를 주고 M&A를 둘러싸고 일부 세력 간에 국한될 수 있는 경영권 프리미엄을 일반투자자들에게도 공유시키기 위한 제도이다. 특정인을 대상으로 일정한 시간 간격을 두고 주식을 대량으로 매집하는 경우 기존 대주주나 일반투자자들에게 피해를 입힐 가능성이 있기 때문이다.

공개매수자는 공개매수할 주식 등의 발행인, 공개매수의 목적, 공개매수할 주식 등의 종류 및 수, 공개매수기간·가격·결제일 등 공개매수조건, 매수자금의 명세 등을 공고하고 동 공고일에 이와 같은 내용을 담은 공개매수신고서(tender offer statement)를 금융위원회와 거래소에 제출하고 제출 즉시 공개매수절차에 들어갈 수 있다. 금융위원회는 심사결과 신고서의 형식 불비, 중요사항의 허위기재나 기재누락이 있는 경우 공개매수기간이 종료하는 날까지 그 이유를 제시하고 정정신고서의 제출을 요구할 수 있고 이러한 정정신고서의 제출명령은 공개매수가 개시된 이후에도 할 수 있다(법 제136조 ①).

공개매수자가 신고서에 기재하여야 할 사항은 필수기재사항과 임의기재사항이 있다. 필수기재사항은 공개매수의 목적, 매수자금 내역, 매수기간, 가격, 결제일, 매수조건 등에 관한 사항이고 임의기재사항은 공개매수할 주식 등의 발행인의 예측정보에 관한 사항이다.

공개매수자는 공개매수신고서 사본을 지체없이 공개매수할 주식의 발행인에게 송부하여야 한다. 이는 공개매수대상 주식 등의 발행인에게 충분히 대비할 시간을 주기 위해서다. 공개매수신고서가 제출된 주식 등의 발행인은 투자자의 공정

---

18) 주식의 소각을 목적으로 하는 매수, 주식매수청구권에 응한 주식의 매수, 신주인수권 등의 권리행사에 따른 주식 등의 매수, 파생결합증권의 권리행사에 따른 주식 등의 매수, 특수관계인으로부터의 매수, 전자적 증권중개업무에 의한 주식 등의 매수 등(시행령 제143조).

한 투자판단에 도움이 되기 위해 의견을 표명할 수 있으며 의견을 표명할 경우에는 반드시 찬성·반대·중립의 의견 및 그 이유를 포함해야 하며 의견표명 이후 그 의견에 중대한 변경이 있는 경우에는 지체없이 광고, 서신, 기타의 문서로서 그 사실을 알려야 한다. 대상회사의 의견표명은 대상회사의 재량에 속한다.

공개매수자는 공개매수설명서를 공개매수 공고일에 금융위원회와 거래소에 제출하고 이를 일반인이 열람할 수 있는 장소에 비치해야 한다. 공개매수설명서는 공개매수자가 공개매수를 하고자 할 때에 주주를 포함한 일반인에게 공시하기 위한 수단이다. 따라서 공개매수설명서에는 공개매수신고서에 기재된 내용과 다른 내용을 표시하거나 기재사항을 누락하여서는 안 된다.

공개매수자는 공개매수할 주식 등을 매도하고자 하는 자에게 공개매수설명서를 미리 교부하지 않고 그 주식을 매수하여서는 안 된다. 공개매수설명서의 작성·교부·사용의무 등을 위반한 경우 금융위원회는 공개매수자에게 정정을 명하고 기타 공개매수를 정지 또는 금지시킬 수 있다(법 제146조 ②).

공개매수자는 금융위원회의 정정 요구가 있거나 정정의 필요성이 있다고 판단할 경우 자발적으로 이미 공고된 공개매수조건, 기타 신고서의 기재사항을 정정할 수 있으며 이 경우 금융위원회와 거래소에 정정신고서를 제출하여야 한다. 정정신고서를 제출한 경우 정정내용을 공시하고 이를 공개매수할 주식 등의 발행인에게도 송부하여야 한다. 금융위원회의 요구에 의한 정정은 공개매수신청서의 형식을 제대로 갖추지 아니한 경우나 공개매수신청서의 중요사항에 관하여 거짓의 기재 또는 표시가 있거나 중요사항이 누락된 경우이다. 금융위원회는 정정신고서의 제출이 없을 경우 공개매수를 정지 또는 금지하는 등 투자자보호를 위한 필요한 조치를 취할 수 있다.

공개매수자의 자발적 정정은 주로 대항공개매수[19]가 발생하는 경우에 공개매수자가 매수조건을 변경하여 이에 유연하게 대처할 수 있게 함이 목적이나 이 밖에 투자자보호를 위하여 매수가격의 인상, 매수예정주식수의 증가, 매수대금지급기간의 단축 등의 공개매수조건을 변경할 수도 있다. 그러나 투자자에게 불이익을 줄 소지가 있는 경우, 예컨대 매수가격의 인하, 매수예정주식수의 감소, 대수대금

---

19) 적대적 매수제의를 무력화시키기 위해 적대적 매수자를 제외한 주주에게 적대적 매수자가 제의한 가격보다 높은 가격으로 매수 제의를 하는 것으로, 차별적 매수제의전략(discriminatory tender offer)이라고도 한다.

지급기간의 연장 등의 경우에는 매수조건을 변경할 수 없다.

공개매수자는 공개매수를 함에 있어 불특정다수인에 대하여 균일한 조건으로 응모(주식의 매수를 청약하거나 매도의 청약의 권유)할 것을 권유해야 한다. 공개매수에서 주주를 차별하면 주주의 이익이 부당하게 침해될 우려가 있기 때문이다. 매수조건은 매수가격, 매수대금 지급시기 및 기타 매수조건을 포함하며 매수대금을 공개매수자의 증권으로 지급하는 교환공개매수의 경우 교환비율을 포함한다. 공개매수의 유효기간은 공개매수를 공고한 날로부터 최단 20일에서 최장 60일 사이에서 자유로이 정할 수 있다. 최단기간은 주주에게 투자판단의 숙려기간을 주기 위해 설정한 것이며, 최장기간은 매수기간이 장기화되어 주주가 불안정한 위치에 놓일 염려를 고려하여 설정한 것이다.

그러나 공개매수기간 중 대항공개매수가 있을 경우에는 그 대항공개매수기간의 종료시까지 공개매수기간을 연장할 수 있다. 이는 최초의 공개매수자와 대항공개매수자간에 경쟁의 형평성을 확보해 주기 위한 것이다. 공개매수의 청약에 응모한 주주는 공개매수기간 중에는 언제든지 응모를 철회할 수 있다. 이는 공개매수기간 중에 주가가 상승하거나 대항공개매수가 더 유리한 가격조건을 제시하는 경우 이들을 보호하기 위해서다.

공개매수자는 대항공개매수가 있거나 공개매수자가 사망, 해산, 파산하는 경우 및 투자자 보호를 해할 우려가 없는 경우로서 대통령령이 정한 경우[20]를 제외하고는 공개매수공고일 이후에는 공개매수를 철회할 수 없다. 이는 공개매수자가 자신에게 유리한 철회 조항을 이용하여 시세조종, 내부자거래 등 불공정 행위로 부당한 이득을 취하는 것을 방지하기 위해서다. 공개매수자가 공개매수를 철회하고자 하는 경우에는 철회신고서를 금융위원회와 거래소에 신고하고 그 내용을 공고하여야 하며 그 사본을 주식 등의 발행인에게 지체없이 송부하여야 한다.

공개매수자는 공개매수신고서에 기재한 매수조건과 방법에 따라 응모한 주식 등의 전부를 공개매수기간이 종료하는 날의 다음 날 이후 지체없이 균일한 가격으로 매수하여야 한다. 다만, 다음과 같은 조건을 공개매수신고서에 기재하고 공개매수공고를 한 경우에는 그 조건에 따라 응모한 주식 등의 전부 또는 일부를 매수하지 않을 수 있다(법 제141조).

---

20) 공개매수자의 부도나 공개매수대상자의 합병, 파산, 부도, 상장폐지, 재해 등으로 최근 사업연도 자산총액의 10% 이상의 손해가 발생한 경우 등(시행령 제150조).

① 응모한 주식 등의 총수가 공개매수 예정주식 등의 수에 미달할 경우 응모한 주식 등의 전부를 매수하지 않는다는 조건(all or none base).

② 응모한 주식 등의 총수가 공개매수 예정주식 등의 수를 초과할 경우에는 공개매수 예정주식 등의 수의 범위에서 비례배분하여 그 초과분의 전부 또는 일부를 매수하지 아니한다는 조건(pro rata base).

공개매수자(특별관계자 포함)는 공개매수일로부터 매수가 종료하는 날까지는 원칙적으로 공개매수에 의하지 않고는 별도의 방법으로 주식을 취득할 수 없다(법 제140조). 주주간의 형평을 도모하기 위해서다.

공개매수자는 공개매수의 결과를 기재한 공개매수결과보고서를 금융위원회와 거래소에 제출하여야 한다. 공개매수의 적용대상과 공개매수공고 및 공고매수신고서의 제출 규정을 위반하여 주식 등을 매수한 경우에는 그날부터 주식의 의결권을 행사할 수 없으며 금융위원회는 6개월 이내의 기간을 정하여 이의 처분을 명할 수 있다.

금융위원회는 투자자보호를 위해 필요한 경우 공개매수자 등에게 참고가 될 자료의 제출을 명령하거나 금융감독원장에게 장부·서류, 그 밖의 물건을 조사하게 할 수 있고 공개매수절차에 관한 위법사항이 있는 경우 정정을 명할 수 있으며 필요한 때에는 공개매수의 정지 또는 금지, 과징금 부과, 금융투자업자의 경우 영업정지 등 행정제재를 취할 수 있다. 이 밖에 공개매수규제를 위반한 경우 이와 같은 행정 제재 이외에 민·형사상 제재가 부과될 수 있다.[21]

최근 회생절차 중에 있는 회사에 대한 M&A 방식으로 스토킹호스(stalking horse bidding)방식이 자주 이용되고 있다. 동 방식은 공개입찰과 수의계약을 혼합한 방식으로 먼저 유력한 인수의향자와 조건부 인수계약을 체결한 다시 공개입찰에 부쳐

---

21) 공개매수신고서의 신고인(대리인 포함)과 공개매수설명서의 작성자(대리인 포함)는 공개매수신고서(정정신고서 포함) 및 그 첨부서류의 공고, 공개매수설명서 중 중요사항에 관한 허위표시와 기재누락 등 부실표시로 인하여 응모주주에게 끼친 손해에 대해 배상책임이 있다. 다만 배상책임자가 상당한 주의를 하였음에도 불구하고 알 수 없음을 증명하거나 응모주주가 그 사실을 안 경우에는 면책된다. 예측정보의 기재에 관해서는 공모발행의 부실공시와 마찬가지로 소정의 요건을 충족한 경우 손해배상에 대한 면책이 적용되는 특칙이 있다. 응모주주가 해당사실을 안 날로부터 1년 이내 또는 해당 공개매수공고일로부터 3년 이내에 배상청구권을 행사하지 아니하면 동 청구권은 소멸하며 동 기간은 제척기간이다(이상 법 제142조). 공개매수강제규정 위반, 별도매매의 금지규정 위반, 공개매수신고서나 공개매수설명서의 사용의무 위반 등에 대해서는 형벌이 규정되어 있다(법 제445조 19호).

우선인수계약자보다 더 높은 인수가격을 제시한 매수자가 나타나면 수의계약자는 보상금을 받고 인수를 포기하거나 매수자가 제시한 높은 가격으로 인수하는 방식이다.

3. 대량주식취득 공시제도

대량주식취득공시제도(일명 5%룰)는 대량 보유자의 주식 보유상황을 신속하게 파악하여 지배주주로 하여금 경영권 방어를 위해 대비할 수 있도록 하기 위한 제도이다. 「자본시장법」은 누구든지 상장법인이 발행한 의결권 있는 주식 등[22]의 5% 이상을 보유한 자(본인과 특별관계자 보유분 포함)는 그날로부터 5일 이내에 보유상황, 보유 목적(발행인의 경영권에 영향을 주기 위한 목적[23]인지 여부), 보유 주식 등에 관한 주요 계약내용 등을 금융위원회와 거래소에 보고하고 그 사본을 지체없이 해당 주식 등의 발행인에게 송부하도록 하고 있다(제147조).[24]

또한, 5% 이상 보유자가 보유주식의 1% 이상의 보유 변동이 있을 경우[25] 변동된 날로부터 5일 이내에 변동된 내용을 금융위원회와 거래소에 보고하고 그 사본을 지체없이 해당 주식 등의 발행인에게 송부하여야 한다. 발행회사에 통보를 의무화한 것은 발행회사가 상시적으로 공시시스템에 접근하여 타인이 자신의 주식을 대량 보유하는 것을 확인하는 것이 현실적으로 어려운 여건을 고려한 것이다.

주식대량취득 보고의무가 적용되는 주식 등의 취득방법에는 제한이 없다. 따라서 발행회사 지배주주로부터의 직접 양수, 증권시장에서의 취득, 장외매수 등 어떤 방법으로 취득하든지 보고하여야 한다. 보유 목적이 발행인의 경영권에 영향을 주기 위한 것이 아닌 경우와 전문투자자 중 시행령이 정하는 자[26]인 경우에는 보

---

22) 공개매수 규정에 적용되는 '주식 등'의 개념은 '5%룰'에도 공통으로 적용된다(법 제147조).

23) 임원의 선임·해임 또는 직무의 정지, 이사회 등 회사의 기관과 관련된 정관의 변경, 자본금의 변경, 배당의 결정, 합병·분할·분할합병, 주식의 포괄적 교환 및 이전, 영업전부의 양수도, 자산 전부의 처분, 영업전부의 임대, 해산 등 어느 하나에 해당하는 것을 위하여 회사 또는 임원에 대하여 영향력을 행사하는 것(시행령 제154조).

24) 5% 이상의 주식을 단독으로 보유하고 있는 경우에는 본인 스스로 보고의무를 부담한다. 본인 외에 특별관계자가 있는 경우에는 그 특별관계자도 함께 보고할 의무가 있다. 특별관계자와 함께 보고하는 경우에는 소유주식수가 가장 많은 자를 대표자로 선정하여 연명하여 보고할 수 있다(시행령 제153조 ④).

25) 보유주식 비율이 1% 이상 변동되더라도 자기주식의 취득·처분, 보유주식에 따른 신주배정 등 시행령(제153조 ⑤)에서 규정하는 경우에는 변동보고의무가 면제된다.

26) 국가, 지방자치단체, 한국은행, 연기금, 그 밖에 그 보고내용 및 보고시기를 달리 정할 필요가 있

고내용 및 보고시기 등을 완화하고 있다. 이는 보고의무제도가 기업의 경영권에 관련되어 있기 때문에 경영권에 영향을 주고자 하는 목적이 없는 경우에는 보고의 무를 엄격히 할 필요가 없기 때문이다.

한편, 주식 등의 보유 목적을 발행인의 경영권에 영향을 주기 위한 것으로 보고하는 자는 보고하여야 할 사유가 발생한 날부터 보고한 날 이후 5일까지 발행인의 주식 등을 추가로 취득하거나 보유주식 등에 대하여 의결권을 행사할 수 없다. 이를 냉각기간(cooling off period)이라 하며 냉각기간을 둔 목적은 보고의무를 회피하여 발행인의 경영권에 영향을 주는 것을 막고 발행인에게는 대응할 시간을 주기 위해서다.

동 보고의무를 위반하여 주식 등을 취득한 자는 시행령으로 정하는 기간 동안 5%를 초과하는 부분 중 위반분에 대하여 의결권을 행사할 수 없다.27) 이 경우 금융위원회는 6개월 이내의 기간을 정하여 위반분의 처분을 명할 수 있으며 일정한 형사책임을 추궁할 수 있다. 금융위원회는 투자자보호를 위해 필요한 경우 보고서를 제출한 자 등에 대해 조사, 정정요구 및 조치 등을 할 수 있으며 보고서의 형식불비, 중요사항의 허위기재나 기재누락이 있는 경우 보고서를 제출한 자, 기타 관계인에 대해 정정명령, 거래의 정지 또는 금지, 임원해임권고, 고발 또는 수사기관 통보 등과 같은 조치를 취할 수 있다(법 제151조 ②). 이 밖에 보고의무위반에 대해서는 민사상의 손해배상책임과 보고의무불이행, 허위보고, 처분명령위반, 중요사항에 대한 허위기재 또는 누락자에 대해서는 징역형이나 벌금형의 형사벌칙이 있다(법 제144조, 145조).

4. 특정증권 등 소유상황보고

특정증권 등 소유상황보고제도(일명 10%룰)는 임원 또는 주요주주는 임원 또는 주요주주가 된 날로부터 5일 이내에 누구의 명의로 하든지 자기의 계산으로 소유하고 있는 특정증권 등의 소유상황을 그리고 그 특정증권 등의 소유상황에 변동이 있는 경우28)에는 그 변동이 있는 날로부터 5일까지 그 내용을 대통령이 정하는

는 자로서 금융위원회가 정하여 고시한 자를 말한다(시행령 제154조 ②).

27) 고의나 중과실로 보고의무를 위반한 경우에는 주식 등의 매수를 보고한 날로부터 6개월이 되는 날까지 기타의 경우에는 보고를 한 날까지이다(시행령 제158조).

28) 대통령령으로 정하는 부득이한 사유에 따라 특정증권 등의 소유상황에 변동이 있는 경우와 전문투자자 중 대통령령으로 정하는 자에 대해서는 그 보고내용 및 시기를 달리 정할 수 있도록 하고

방법에 따라 각각 증권선물위원회와 거래소에 보고(제173조)해야 하는 제도를 말한다. 여기서 주요주주라 함은 누구의 명의로 하든지 자기의 계산으로 법인의 의결권 있는 발행주식 총수의 10% 이상의 주식(그 주식과 관련된 증권예탁증권 포함)을 소유한 자와 임원의 임면 등의 방법으로 법인의 중요 경영사항에 대하여 사실상의 영향력을 행사하는 주주로서 대통령령으로 정하는 자를 말한다(제9조).

5. 의결권대리행사 권유제도

주주의 의결권은 주주의 경제적 이익을 위하여 인정되는 재산적 권리 또는 비개성적 권리이므로 대리행사가 가능한 권리이다. 「상법」은 주주로 하여금 대리인에 의하여 그 의결권을 행사할 수 있도록 규정하고 있으며(동 법 제368조 ③) 이 규정은 강행규정이기 때문에 회사의 정관에 의해서도 의결권의 대리행사를 금지할 수 없다. 동 제도는 원래 주주총회의 의결정족수를 확보하기 위한 수단이었으나 적대적 M&A를 목적으로 하거나 이로부터 경영권을 방어하기 위한 목적으로도 자주 이용되고 있다.

의결권위임권유(proxy solicitation)는 현 경영진이 할 수도 있고 경영진이 아닌 제3자(주주, 채권자 등)가 할 수도 있다. 제3자가 경영진을 축출하기 위하여 위임장권유를 행하는 경우에는 경영진도 경영권을 방어하기 위하여 위임장권유에 나서는 것이 보통이며 이를 위임장경쟁(proxy contest)이라고 한다. 피권유자는 의결권 있는 주식을 소유하는 상장법인의 주주이다. 따라서 무의결권 주식을 소유한 주주와 자기주식을 소유한 회사는 피권유대상이 될 수 없다.

위임장경쟁이 일어날 경우 경쟁당사자간의 공정성은 물론 일반투자자도 불이익을 당할 소지가 크기 때문에 「자본시장법」은 상장회사에 있어서 위임장권유의 공정성을 도모하고 투자자보호를 위하여 필요한 규제를 하고 있다.

동 법은 상장주권의 의결권대리행사의 권유를 하고자 하는 자(의결권 권유자)는 상대방(의결권 피권유자)에게 대통령령으로 정하는 방법29)에 따라 금융위원회가 정한 서식의 위임장 용지 및 참고서류를 교부하도록 규정하고 있다. 여기서 의결권대리행사의 권유란 자기 또는 제3자에게 의결권의 행사를 대리시키도록 권유하는

있다. 이는 연기금 등의 효율적인 주식 운용을 돕기 위해 예외규정을 신설하려는 것이다.

29) 의결권 권유자가 피권유자에게 직접 교부하는 방법, 우편 또는 Fax, 전자우편, 주총소집 통지와 함께 송부하는 방법 등(시행령 제160조).

행위, 의결권의 행사 또는 불행사를 요구하거나 의결권 위임의 철회를 요구하는 행위, 의결권의 확보 또는 그 취소 등을 목적으로 주주에게 위임장 용지를 송부하거나, 그 밖의 방법으로 의견을 제시하는 행위 등을 포함한다(법 제152조 ②). 위임장 용지는 피권유자가 기명날인하여 반송하면 위임장이 되며 대리인을 백지로 하는 것도 가능하다.

위임장 용지는 주주총회의 목적사항 각 항목에 대하여 의결권 피권유자가 찬반을 명기할 수 있도록 하여야 하며 의결권 권유자는 위임장 용지에 나타난 의결권 피권유자의 의사에 반하여 의결권을 행사할 수 없다. 의결권 권유자는 위임장 용지 및 참고서류를 의결권 피권유자에게 제공하는 날 5일 전까지 이를 금융위원회와 거래소에 제출하고 이를 일반인이 열람할 수 있는 장소에 비치하여야 한다.

위임장 용지와 참고서류는 주주가 의결권을 위임할 지 여부를 판단할 자료가 되기 때문에 중요사항이 허위로 기재되거나 누락되어서는 안 된다. 금융위원회는 제출받은 위임장 용지 및 참고서류가 형식을 제대로 갖추지 아니한 경우 또는 위임장 용지 및 참고서류 중 의결권 위임관련 중요사항에 관하여 거짓의 기재 또는 표시가 있거나 의결권 위임관련 중요사항이 기재 또는 표시되지 아니한 경우에는 그 이유를 제시하고 위임장 용지 및 참고서류를 정정하여 제출할 것을 요구할 수 있다.

의결권 권유자가 위임장 용지 및 참고서류의 기재사항을 정정하고자 하는 경우에는 그 권유와 관련된 주주총회일 7일 전까지 이를 정정하여 제출할 수 있으며, 특히 시행령(제165조 ②)이 정하는 중요한 사항을 정정하고자 하는 경우 또는 투자자보호를 위하여 그 위임장 용지 및 참고서류에 기재된 내용을 정정할 필요가 있는 경우로서 시행령(제165조 ③)이 정하는 경우에는 반드시 이를 정정하여 제출하여야 한다.

의결권 대리행사의 권유대상이 되는 상장주권의 발행인은 의결권 대리행사의 권유에 대하여 의견을 표명할 수 있으며 이 경우 그 내용을 기재한 서면을 지체없이 금융위원회와 거래소에 제출하여야 한다. 금융위원회는 투자자보호를 위해 필요한 경우 의결권 권유자 및 그 관계자에 대하여 조사, 정정요구 및 조치를 할 수 있다(법 제158조). 위임장권유에 관한 법령을 위반한 경우에는 「민법」상 불법행위책임규정에 의한 손해배상책임과 행정적·형사적 제재가 부과될 수 있다.

6. 주식매수선택권제도

주식매수선택권제도는 회사의 임직원이나 우호적 매수자에게 주식매수선택권 (stock option)을 부여함으로써 적대적 매수 시도가 있을 경우 이를 행사하게 하여 현 경영진의 우호적 세력이 될 수 있게 하자는 것이다. 「상법」은 상장회사의 경우 주식매수선택권을 당해 회사 임직원 이외에 관계회사 이사 등에게도 부여할 수 있도록 하여 우호적 매수자를 통한 경영권 방어를 용이하게 하고 있다.

주식매수선택권의 부여방법에는 신주인수권방식, 자기주식교부방식 및 주가차액교부방식 등이 있다. 신주인수권방식은 주식매수선택권자가 주식매수선택권을 행사하여 행사가격을 회사에 납입한 경우 회사는 그에게 신주를 발행하여 교부하는 방식을, 자기주식교부방식은 주식매수선택권자가 주식매수선택권을 행사하여 행사가격을 회사에 납입한 경우에 회사는 이미 보유하고 있는 자기주식을 교부하는 방식을 말한다. 주가차액교부방식은 주식매수선택권자가 주식매수선택권을 행사한 때에 주식매수선택권의 행사가격이 주식의 실질가격보다 낮은 경우에 회사는 그 차액을 금전으로 지급하거나 그 차액에 상당하는 자기주식을 교부하는 방법을 말한다.

「상법」은 주주총회 결의로 회사의 설립·경영 및 기술혁신 등에 기여하거나 기여할 수 있는 회사의 이사, 집행임원, 감사 또는 피용자에게 기술한 모든 방식으로 주식매수선택권을 부여하는 것을 허용하고 있다. 이 경우 발행할 수 있는 신주 또는 양도할 자기의 주식은 회사의 발행주식 총수의 10% 이상을 초과할 수 없으며 행사가격은 주식매수선택권의 부여일을 기준으로 주식의 실질가액과 권면액 중 높은 금액으로 한다(제340조의2).[30] 주식매수선택권은 주주총회 결의일로부터 2년 이상 재임 또는 재직하여야만 행사할 수 있다.

7. 자기주식취득제도

자기주식취득(self tender)제도는 회사가 자기주식을 취득·보유함으로써 시장의

---

30) 다만 각호의 어느 하나에 해당하는 자에게는 주식매수선택권을 부여할 수 없다.
   1. 의결권 없는 주식을 제외한 발행주식 총수의 10% 이상의 주식을 가진 주주
   2. 이사·집행임원·감사의 선임과 해임 등 회사의 주요 경영사항에 대하여 사실상 영향력을 행사하는 자
   3. 제1호와 제2호에 규정된 자의 배우자와 직계존비속

유통물량 감소를 통한 주가관리나 적대적 매수에 대항할 수 있게 하기 위한 제도이다. 「자본시장법」은 상장법인이 경영권 방어나 주가안정 등을 위해 「상법」의 규정에 의한 한도 이내에서 장내시장을 통하거나 공개매수, 신탁계약 등의 방법으로 자기주식을 취득할 수 있도록 규정하고 있다(법 제165조의2).

종래 「상법」은 자본충실의 원칙을 훼손한다는 이유로 주식소각, 합병 등 예외적인 경우를 제외하고는 자기주식 취득을 금지하였으나 2011년 동 법 개정으로 배당가능이익 한도 내에서 주총 결의(배당결정권이 이사회에 있는 경우에는 이사회 결의)로 자기주식 취득과 취득한 주식의 처분(이사회 결의)이 허용됨에 따라 이익소각제도는 폐지하였다(제341조, 제342조, 제343조).

8. 주식제3자배정제도

주식제3자배정제도는 주주의 신주인수권(subscription right)에 대한 중요한 예외제도로 우리 「상법」은 대륙법 계통의 법체제에 따라 원칙적으로 기존 주주 이외의 제3자에 대한 주식배정을 허용하지 않고 있다. 다만, 신기술 도입과 재무구조개선의 경우에 한해 예외적으로 제3자 배정을 허용하고 있다(동 법 제418조 ②). 제3자에게 신주인수권을 부여하는 경우 정관에 규정하거나 주주총회의 특별결의가 있어야 한다.

최근에 들어 주주배정 또는 일반공모 방식에 비해 발행절차가 간편하고 비용, 소요기간, 주주 확정 등의 면에서 상대적으로 편리하여 자금조달이 용이한 제3자 배정방식이 늘어나고 있다. 미국, 일본을 위시한 대부분 선진국의 경우 정관에 별도로 규정하면 주식의 제3자 배정이 가능하다. 다만 공정증자를 위해 제3자 배정을 통한 증자시 한도나 발행가액 등을 매우 엄격하게 운영하고 있다. 우리나라도 이러한 추세를 감안하여 2011년 3월 「상법」 개정으로 정관에서 정할 경우 신주인수권을 제3자에게 배정할 수 있도록 하되 기존주주에게 불리한 신주발행을 막을 수 있는 기회를 제공하기 위해 신주발행사항을 사전에 공시할 의무를 부과하였다(제418조).[31]

---

31) 주주 이외의 자에게 신주를 배정하는 경우 납입기일의 2주 전까지 주주에게 통지하거나 공고하여야 한다. 그러나 동 기간 중 긴급하게 자금조달이 필요한 경우 차질이 우려되는 등의 문제점으로 「자본시장법」 개정안(165조3의 ④)에서는 이에 대한 예외조항을 두고 있다.

9. 자본감소전략

감자를 통하여 자기주식을 매입하여 소각한다면 매수대상기업의 총 발행주식
수가 감소하게 된다. 그러면 총 발행주식의 감소로 대주주의 지분율은 상승하게
되고 주가도 상승하게 될 것이다. 따라서 매수기업으로서는 지분율 확보에 어려움
이 따르게 되고 주가상승으로 매수비용이 증가될 수 있어서 매수의욕이 꺾일 수
있다.

10. 우리사주제도

일반적으로 종업원이 보유한 우리사주는 적대적 매수에 대응하기 위한 우호
적 안정주주로서의 역할을 한다. 현 「근로자복지기본법」은 회사는 증자 시 발행주
식의 일정 비율(20%)을 우리사주조합에 우선배정하거나 우리사주 조합원에게 발행
주식의 일정 비율(20%) 이내에서 시가보다 저렴한 가격으로 주식을 매입할 수 있는
권리를 부여하는 우리사주 매수선택권제도를 도입하고 있다(동 법 제32조).

11. 황금낙하산제도

황금낙하산(golden parachute)제도는 비우호적 매수의 성공으로 현 경영진을 해
임할 경우 비정상적으로 높은 퇴직금이나 일정기간의 보수를 지급하는 고용계약을
맺고 이와 같은 보상계획을 회사 정관에 명시함으로써 잠재적 매수자가 매수대상
기업의 매수에 성공하더라도 과다한 비용을 부담하게 함으로써 적대적 매수의욕을
좌절시키려는 것이다.

동 제도는 경영자에 대한 보상 수준이 합리적으로 용인되는 수준일 경우에는
경영권 안정으로 적대적 매수 위협에 따른 불필요한 자원의 낭비를 억제할 수 있
다는 장점이 있으나 보상이 지나치게 높은 수준일 경우 경영자의 도덕적 해이를
조장하고 결과적으로 주주들에게 피해를 줄 우려도 있다.

동 제도는 통상 최고경영자에게 제공되는 것이 보통이나 중간관리자나 일반
종업원에게 제공되는 경우도 있다. 최고경영자에게 제공되는 것을 golden para-
chute, 중간관리자에게 제공되는 것을 silver parachute, 일반종업원에게 제공되는
것을 tin parachute라고 부른다.

12. 기   타

이 밖에 적대적 매수시도에 적극적으로 대항할 수 있는 전략 중의 예로 불가침협정과 반대홍보 및 소송 등을 들 수 있다. 불가침협정(standstill agreement)은 매수대상기업의 경영진이 잠재적 매수자에게 회사운영상태에 대한 정보를 우선적으로 제공하는 대신에 잠재적 매수자는 일정 기간 동안 보유지분을 늘리지 않거나 일정 비율 이상을 취득하지 않겠다는 계약을 체결하는 것을 말한다.

반대홍보 및 소송은 매수대상기업의 경영진이 매수의 부당함을 신문, 광고, 홍보 등의 방법으로 홍보하거나 매수결과가 「공정거래법」 등의 실정법에 위배되는지를 찾아 소송을 제기하는 방법이다. 특히 소송은 승소할 가능성이 크지 않다 하더라도 매수를 지연시킴으로써 소송기간 중에 다른 방어행위를 준비하기 위한 시간을 확보하기 위한 수단으로 활용될 수 있다.

Ⅲ. 외국의 적대적 매수 방어제도

지금까지 적대적 매수에 대항하여 경영권을 방어하기 위해 현행법상 허용되는 제도를 소개하였는바, 외국에서는 이 밖에도 다양한 제도가 운영되고 있다. 이하에서 대표적인 것을 소개한다.

1. 차등의결권제도

차등의결권제도(dual class recapitalization)[32)]는 주식의 종류에 따라 의결권을 차등화하거나 주식거래를 제한하는 제도이다. 동 제도는 적대적 매수로부터 경영권을 방어하기 위해 이용되는바, 특히 스웨덴, 핀란드, 덴마크, 프랑스 등 소유와 경영을 분리하지 않는 기업지배구조를 인정하고 있는 유럽국가들이 주로 외국자본의 지배로부터 자국기업의 경영권을 보호하기 위해 도입하고 있다. 스웨덴의 경우 지배주주 소유주식과 일반주주 소유주식의 의결권의 수를 차등하는 것이 보편화되어

---

32) 개정 「상법」은 의결권의 배제·제한에 관한 종류주식의 발행을 허용하고 있으므로 부분적으로 의결권의 차등화가 가능하나 여타 주식에 대해서는 1주에 복수의 의결권이나 0.5개를 부여하는 등의 차등의결권주를 불허하고 1주 1의결권 원칙을 고수하고 있다.

있다. 영국, 프랑스, 이탈리아, 스페인 등에서는 황금주(golden share 또는 poison share) 제도를 도입하고 있다. 황금주란 평상시는 보통주와 같은 권한을 가지나 적대적 매수시도가 있을 경우에는 주주총회 결의사항에 대해 거부권을 갖는 등 강력한 권한을 갖는 주식을 말한다.

동 제도는 국가기간산업 등 공기업의 민영화시 국가이익을 보호하기 위해 주로 이용된다. 동 제도는 적대적 M&A를 방지하기 위한 목적 이외에도 영업권 등 회사재산의 임의적 처분을 방지하거나 정관사업 외의 무분별한 사업행위 등을 규제하기 위한 목적으로도 이용된다. 그러나 동 제도는 주주들의 의결권을 무력화시키고 경영권의 세습으로 경영권 독점에 따른 폐해를 유발할 수 있다는 우려도 있다.

한편 주식의 거래나 의결권의 행사를 차등하는 경우도 있다. 스위스의 경우 등기부주식과 비등기주식을 구분하여 등기부주식의 매매는 매우 까다롭게 하고 있고, 프랑스나 이탈리아에서는 장기보유주식에 대해 더 많은 의결권(Time-Phased Voting)을 주고 있다. 네덜란드의 경우 발행주식의 대부분을 신탁회사에 맡기고 이를 근거로 수익증권을 발행하여 일반주주의 의결권 행사가 봉쇄되어 있다.

2. 의무공개매수제도

의무공개매수제도(mandatory offer)는 일정 지분 이상의 주식을 취득하는 경우 모든 잔여주식에 대해 소정의 가격 이상으로 공개매수 오퍼를 내도록 강제하는 제도로 영국 등에서 시행하고 있다.[33] 동 제도의 본래의 목적은 매수자가 경영권을 확보할 수 있을 정도의 주식을 매집한 다음 부당거래를 통한 주식가치의 희석 (dilution), 잔존주주 축출(squeeze-out)을 위한 저가격 합병 등 잔존주주의 이익을 해치는 행동으로부터 잔존주주를 보호하고 매수자가 지불할 용의가 있는 경영권 프리미엄(control premium)을 모든 주주들이 받을 수 있는 기회를 제공하기 위함이나, 시장을 통한 매수를 어렵게 한다는 점에서 적대적 인수의 억제책으로 이용될 수도 있다.

우리나라도 과거에 동 제도[34]를 도입한 적이 있으나 잔존주식 전부가 아니라 50%까지만 매수토록 강제함으로써 잔존주주 보호라는 목적을 제대로 충족하지 못

---

33) 영국의 경우 주주 또는 주주그룹이 30% 이상의 지분을 취득하는 경우, 모든 잔여주식에 대해 과거 1년간 지불된 가격 중 최고가격 이상으로 공개매수 오퍼를 내야 한다.

34) 본인 및 특별관계자가 신규로 취득하는 주식 등의 수가 기 보유주식 등을 합산하여 당해 회사발행주식 총수의 25%를 초과한 경우, 당해 발행주식 총수의 50%＋1주에서 기 보유분을 차감한 주식을 의무적으로 공개매수해야 한다.

하고 과중한 매수자금 부담으로 공개매수제도만 어렵게 한다는 지적에 따라 외환
위기 직후 폐지되었다.

3. 소액주주에 대한 정보제공 요청

동 제도는 회사가 주식대량보유 신고의무가 없는 소액주주에게 보유주식의
수와 보유목적 등에 대해 정보제공을 요청할 수 있는 제도이다. 동 제도의 목적은
주식의 위장보유 등을 통한 비우호적 매수를 시도하려는 기도를 막기 위한 것으로
일부 유럽국가들이 도입하고 있다.

4. 독소조항

독소조항(poison pill) 전략은 적대적 매수자가 일정 비율 이상의 주식을 취득하
는 경우 적대적 매수자를 배제한 잔여주주에게만 시세보다 저렴한 가격으로 당해
주식을 매수할 수 있는 선택권을 부여하거나(right plan) 적대적 매수자가 매수를 성
공시키더라도 손해를 보도록 하게 함으로써 매수 의지를 저하시키려는 전략을 말
한다. 동 전략은 매우 다양하여 일일이 나열하기 어려우나 주식매수선택권(stocks
purchase rights)이 부여된 call right plan[35]이나 교환 또는 매도선택권이 부여된 put
right plan[36] 등이 가장 많이 이용된다.

동 전략은 공정한 경영권 경쟁원칙에 위배될 뿐만 아니라 합리적인 회사의 구
조조정을 통한 기업가치 상승을 기대하는 주주들의 저항에 부딪칠 우려가 있다는
측면이 있는 반면, 주주들에게 해가 되는 M&A를 저지하거나 이익이 되는 경우라
하더라도 회사의 협상력을 높여 이들에게 더 많은 이익을 가져다 줄 수 있는 일면
도 있다. 따라서 동 전략은 회사를 동 공격으로부터 지키는 것이 회사 가치의 훼
손을 막고 주주 일반의 이익을 위해 유리하다고 믿을 만한 합리적인 근거가 있는
경우에 한해 그 타당성이 있다고 할 것이다.

---

35) flip-in pill과 flip-over pill이 있다. 전자는 적대적 매수자가 매수대상기업주식의 일정부분 이상을
    매집한 경우 적대적 매수자를 제외한 매수대상기업의 주주에게 매수대상기업의 주식을 시가보다
    현저히 저렴한 가격으로 매수할 수 있는 옵션을 제공하는 것을 말하고 후자는 매수대상기업의 주
    주에게 합병 후 존속회사의 주식을 시가보다 현저히 저렴한 가격으로 인수할 수 있는 옵션을 제
    공하는 것을 말한다.
36) 적대적 매수자가 매수대상기업의 주식의 일정비율 이상을 취득하면 매수대상기업 주주들이 자신
    의 주식을 우선주나 채무증권으로의 교환 또는 현금 등으로 상환해 줄 것을 청구하거나 매수대상
    기업에게 주식을 매도할 수 있는 옵션을 제공한 것(back-end rights plan)을 말한다.

주요국의 이에 대한 입법사례를 보면 미국의 「모범회사법」에서는 회사가 주식인수를 위한 권리, 옵션 또는 워런트를 발행할 수 있는 법적 근거를 마련하고 이사회가 그 발행조건, 형식, 내용 및 대가 등을 결정할 수 있도록 이사회에 포괄적 권한을 부여하고 있으며 대부분의 「주회사법」에도 이와 비슷하다. 일본은 2001년 「상법」 개정으로 적대적 인수자가 일정비율 이상의 주식을 취득하는 경우 적대적 매수자만을 배제한 채 잔여주주에게 매수대상회사의 주식을 시세보다 저렴하게 매수할 수 있는 선택권(flip-in pill)을 부여하는 신주예약권제도를 도입하였다.

우리나라도 동 제도의 도입을 위한 「상법」 개정안이 마련된 바 있으나 정상적인 M&A를 위축시킬 수도 있다는 반대여론이 많아 도입되지 못하였다.

이 밖에 강제상환 및 강제전환주식, 주식매수권부주식, 정관이 정하는 특정사항에 대하여 의결권이 없거나 제한되는 주식, 해당 주식의 양도에 대하여 이사회의 승인을 요하는 주식 등의 발행이 가능하도록 하는 등 다양한 경영권 방어수단의 도입이 논의되었으나 건전한 M&A를 위축시키고 필요 이상의 경영권 보호수단으로 악용되는 것을 방지하기 위해 도입하지 않기로 하였다.

강제상환주식은 회사가 원할 경우 현금을 주고 강제로 되살 수 있는 권리를 가지는 주식을 말하고 강제전환주식은 회사가 원할 경우 보통주를 의결권이 없는 우선주 등으로 강제전환이 가능한 주식이다. 주식매수권부주식은 회사가 보유한 주식을 매수할 수 있는 권리를 가진 주식으로 우호주주에게 발행한 뒤 경영권의 위협이 있을 경우 우호주주로 하여금 주식매수권을 행사하게 하여 의결권이 없는 자사주의 의결권을 회복하게 하는 제도이다.

5. 기   타

이 밖에도 적대적 매수에 대항하기 위해 고안된 전략은 일일이 나열할 수 없을 정도로 많다. 우호적인 제3자(white knight 또는 white squire)와 사전에 주식선매권(option lockups)이나 자산선매권(asset lockups) 등 유리한 조건을 부여하는 계약을 체결하고 비우호적 인수제의(unsolicited bid)가 있을 경우 매수오퍼를 하도록 의뢰하는 잠금전략(lock-up option), 새로운 기채나 기업의 주요 재산의 매각을 금지하는 조항이 첨가된 선순위채권(senior bond)을 발행하여 피합병기업의 자산의 매각 또는 이를 담보로 매수자금을 조달하려는 LBO를 저지하는 전략, 비우호적 매수시도가 있을 경우 채권소지자에게 매수대상기업의 회사채를 액면가 또는 그 이상의 가격으로 상환을 청구할 수 있는 권리가 주어진 상환청구권부 채권(poison put bond)을 발행하여 매수기업으로 하여금 동 채권을 상환하기 위한 자금부담으로 인해 적대적 매수의지를 포기하게 하는 전략, 매수대상기업이 공개매수오퍼에 대항하여 거꾸로 매수하려는 기업을 공개매수하겠다는 역오퍼를 내는 팩맨방어(Pac-Man defense)전략,37) 매수기업이 매수대상기업의 저평가된 부동산이나 영업권, 기술력, 인지도, 브랜드시장 점유율 등 이른바 황금알(crown jewels)을 노리고 적대적 M&A를 통해 대상기업을 매수하려고 시도하는 경우 매수기업이 노리는 자산이나 사업부 등을 매각하는 방법으로 매수의욕을 저하시키려는 황금알 매각전략, 인수의 표적이 되는 핵심영업부문을 별도의 회사로 분리시키는 회사분할전략 등이 그 예들이다.

제 3 절   회사분할

합병 및 매수는 기업의 외적 확대를 위한 적극적인 전략으로 대표적인 기업의 재조직(reorganization)수단이지만 규모의 비경제(diseconomy of scale)가 존재하는 회사를 분할 또는 감축하여 경영의 효율성 증대나 합리화를 실현하는 것 또한 중요한 기업재조직수단의 하나이다.

수개의 사업부문을 가진 회사가 그중 일부 사업부문을 분리하거나 매각하는 방법으로 영업의 일부 양도와 회사분할제도가 일반적으로 이용되고 있다. 회사분할은 하나의 회사를 두 개 이상의 회사로 분할하되, 분할 전의 회사의 권리의무가 분할 후의 회사에 포괄적으로 승계되는 것을 말한다.

종래 우리나라의 기업구조조정 관련제도는 합병 등 기업조직의 확대를 위한 제도는 비교적 잘 정비되어 있었으나 회사분할과 같은 축소 및 전문화를 위한 제도는 미비되었었다. 외환위기 이후 기업구조조정을 효과적으로 추진하기 위하여 회사분할, 사업교환 등을 포함한 다양한 기업구조조정 수단의 도입이 요구됨에 따라 이를 제도적으로 지원하기 위하여 1998년 12월 「상법」 개정을 통하여 주식회사에 한하여 적용하는 회사분할제도가 도입되었다.38) 회사분할은 소비자욕구의 다

---

37) Pac-Man은 상대방을 먹지 않으면 먹히는 비디오게임의 이름에서 유래된 용어이다.

38) 회사분할제도는 1966년 「회사법」 개정에 의해 도입한 프랑스의 회사분할이 효시이나 구조조정

양화에 대한 대응, 핵심업종에의 경영역량 집중, 특정사업부문의 분할에 의한 전문화 등의 관점에서 그 중요성이 인정되고 있다. 회사분할은 모회사(피분할회사)가 분할 후에 소멸되는지 여부에 따라 완전분할과 불완전분할로, 회사분할이 합병을 수반하는지 여부에 따라 단순분할과 분할합병으로, 그리고 분할 전 회사의 주주가 분할 후 회사의 주주가 되는지 여부에 따라 인적분할과 물적분할로 분류할 수 있다.

완전분할은 일명 소멸분할이라고도 지칭하며 분할 후에 모회사(분할회사)가 소멸되는 회사분할로서 분할 전 회사의 자산이 둘 이상의 회사(단순분할 신설회사)에 현물출자되어 포괄승계되고, 모회사 자신은 청산절차 없이 소멸되는 형태로 청산형분할(split-up)이라고도 한다. 모회사를 청산함으로써 채권자에게 변제나 담보를 제공한 후에 잔존하는 자산의 범위 내에서 모회사의 주주에게 그 지분비율에 비례하여 신설회사의 주식을 분배한다.

불완전분할이란 일명 존속분할이라고도 하며, 분할 후에도 모회사가 존속하는 회사분할로 모회사의 자산 중 일부만이 분할회사에 이전되고 모회사는 축소된 상태로 존속하는 형태이다. 불완전분할방식에는 다시 분할설립방식(spin-off)과 분할독립방식(split-off)이 있는데, 일반적으로 분할설립방식이 많이 이용된다.

분할설립방식이란 모회사가 일부 사업부문을 분리하여 별도의 회사를 설립하기 위해 회사재산의 일부를 신설되는 회사(단순분할 신설회사)에 현물출자하고 그 반대급부로 받은 신설회사의 주식을 모회사의 기존지분비율과 동일하게 기존주주에게 주식배당형식으로 분배하는 분할방식이다. 따라서 기존주주들은 모회사와 신설되는 회사 모두의 주주가 되나 양사의 모자관계는 소멸한다. 모회사의 주주는 신설회사의 주식을 배당받음에 있어 아무런 대가를 지급하지 않고 모회사와 신설회사의 주주구성은 동일한 지분구조를 갖게 된다.

수단으로 본격적으로 활용된 곳은 미국이라 할 수 있다. 미국은 M&A 등 기업구조조정의 다양한 수단이 활성화되어 있는 나라로서 세법상 우대혜택에 의거 회사분할이 비과세 구조조정수단(tax-free corporate reorganization)으로 활발히 이용되고 있다. 「연방내국세법」은 회사가 주주에게 타회사 주식을 배당 또는 분배하는 경우 비과세하도록 되어 있는데 동 비과세혜택을 이용하여 주주에 대해 회사재산을 분배하는 방법으로 회사분할제도가 발전되었다. 독일과 일본에서는 회사분할제도가 최근에 들어 도입되었으나 아직까지 미국과 같이 활성화되지는 못하고 있다. 독일의 회사분할제도는 1994년 제정된 「사업재편법」에 의거, 1995년부터 도입되었다. 일본은 1997년 지주회사설립이 허용된 이래 기업구조조정을 지원하기 위한 차원에서 2000년 3월의 「상법」 개정으로 회사분할이 도입되었다.

분할독립방식은 모회사가 그 회사재산의 일부를 신설되는 회사에 현물출자하되 현물출자의 대가로 신설회사의 주식을 교부받아, 이를 모회사의 기존주주에게 모회사주식과의 교환방법으로 분배하는 방식이다. 분할설립과는 달리 기존주주에 대한 배정비율이 주식보유비율과 동일하게 할 필요는 없으며 모회사는 반환받은 자사주식을 감자 처리한다. 동 방식은 기존주주에 대한 주식교환비율을 달리함으로써 모회사의 주식만을 소유하는 자와 신설회사의 주식만을 소유하는 자로 구분되어 모회사와 신설회사의 주주구성이 다르게 되어 별개의 주주그룹이 될 수도 있다.

인적분할이란 분할되어 설립되는 신설회사의 지분을 분할전 회사(존속회사)의 주주에게 배정하는 형태를 말하고 물적분할은 분할되어 설립되는 신설회사의 지분을 분할전 회사(존속회사) 자신이 취득하는 형태를 말한다. 인적분할의 경우 존속회사와 신설회사는 독립적인 관계이나 물적분할의 경우 양자의 관계는 모자관계가 된다. 일반적으로 회사분할은 인적분할이 원칙이고 물적분할은 예외적인 방식이다.

단순분할은 분할 전 회사가 2개 이상의 회사로 분할하되 합병을 수반하지 않는 형태이고, 분할합병은 회사분할 후에 그 분할된 부분이 다른 회사와 합병하는 형태이다. 분할합병은 다시 분할된 부분이 다른 회사에 흡수되는 흡수분할합병과 다른 회사와의 합병에 의해 회사가 신설되는 신설분할합병으로 나누어진다.

「상법」은 단순분할과 분할합병을 모두 인정하고 있으며, 또한 단순분할과 분할합병을 병행할 수도 있다. 단순분할 또는 분할합병의 경우에 분할전 회사의 존속 유무를 불문하므로 완전분할 및 불완전분할이 모두 인정된다. 또한 인적분할과 물적분할이 모두 인정되고, 피분할회사가 분할하여 새로운 회사를 설립하는 신설분할과 기존회사에 출자하는 흡수분할도 모두 허용된다.

분할 또는 분할합병으로 인하여 신설되는 회사(분할합병신설회사) 또는 존속하는 회사(분할승계회사)는 분할전 회사의 권리와 의무를 분할계획서 또는 분할합병계약서가 정하는 바에 따라 포괄적으로 승계하며, 권리·의무의 개별적인 이전절차가 필요 없다. 그리고 피분할회사의 주주에게 지주비율에 따라 신설회사의 주식을 분배하는 경우를 요건으로 하여 현물출자에 대한 검사인의 조사절차 생략이 가능하다. 단순분할은 주주총회의 특별결의사항이기는 하나 특별결의에 반대하는 주주에 대한 주식매수청구권이 인정되지 않음에 따라 회사측의 주식매입관련 자금부담은 없다.

한편 개정 「상법」은 회사 분할합병시 분할회사의 주주에게 모회사 주식이 지급될 수 있도록 하는 삼각분할합병제도를 도입하고 분할 시 자기주식의 이전을 허용하고 있다.

이 밖에 특수한 회사분할방식으로 자회사 상장(equity carve-out)과 사업부주식(target stock) 발행 등이 있다. 자회사 상장이란 모회사에서 분리할 사업이나 자회사를 상장시켜 자회사의 경영상 독립을 도모하고 조달된 자금으로 신규투자나 차입금 상환 등으로 활용하는 방식이다. 동 방식은 상장후 모회사의 자회사주식 보유비율에 따라 자회사(분할회사)에 대한 모회사의 지분비율이 과반수를 유지할 경우 자회사형 Carve-out이라 하고 과반수가 되지 못할 경우 매각형 Carve-out이라 한다.

사업부주식이란 특정사업부문의 영업성과, 즉 현금흐름 내지 이익에 대한 청구권을 나타내는 주식을 말하며 주주는 자산에 대한 소유권과 의결권도 없다. 동 방식은 모회사가 기존주주에 대해 사업부주식을 교부하거나 신규공개를 통해 새로운 주주들에게 발행할 수도 있다. 사업부주식은 그 주가, 배당 등이 모회사 주식과는 다르게 결정되어 특정사업부문의 분리와 유사한 효과를 갖기는 하나 당해 사업부문은 모회사의 완전 지배하에 놓여 있어 진정한 의미의 회사분할이라고는 할 수 없다.

제 4 절   특수한 M&A

Ⅰ. M&A 전문회사

1. 부실기업구조조정 전문회사

부실기업구조조정 전문회사(vulture)는 부실기업의 인수 또는 투자를 통해 경영권을 인수하여 이를 정상화시키거나 부실기업의 자산을 매입하여 이를 적절히 관리·운영하여 매각하는 업무 등을 주로 한다.

부실기업구조조정 전문회사는 통상 부실기업의 채권에 우선 투자하고 이후 청구권의 재분배과정에서 이를 주식으로 전환하여 경영권을 획득한다. 일반적으로 다수의 채권자가 존재할 경우 사적인 부채 재조정 또는 청구권 재조정 협상은 실패할 가능성이 높은바, 부실기업구조조정 전문회사는 다수의 소규모채권을 매집하여 블록을 형성함으로써 계약에 응하지 않는 반대자 문제(holdout)를 보다 용이하게 해결할 수 있다.

일반적으로 부실기업구조조정 전문회사의 투자전략은 그 목적에 따라 다음과 같이 세 가지로 구분할 수 있다.

첫째는 부실기업에 대한 경영권 획득전략으로서 경영권 획득을 통해 부실기업을 구조조정하여 회생시키는 기능을 수행한다.

둘째는 시세차익을 목적으로 과소평가된 부실기업증권(distressed securities)에 투자하는 전략으로 이를 통해 직접적으로 기업구조조정을 수행할 수는 없으나 부실기업에 대한 자금공급을 통해 구조조정을 지원하는 기능을 수행한다.

셋째는 bondmail 전략이다. 동 전략은 부실기업구조조정 전문회사가 기업회생안의 가결을 저지할 수 있을 정도의 채권액(예컨대 특정채권 총 액면의 1/3)에 투자한 다음 기업회생안 제안자 측에게 기업회생안 통과에 협조하는 것을 조건부로 보상을 요구하기도 하고, 원래의 채권매입가격보다 훨씬 높은 가격으로의 판매를 협상하기도 한다.[39]

현재 우리나라에서 부실기업구조조정 전문회사의 기능을 수행하고 있는 기관으로는 한국자산관리공사(KAMCO: Korea Asset Management Corporation), 자산관리회사(AMC: Asset Management Company) 및 기업구조조정을 위한 특수목적기구(special purpose vehicle)[40] 등이 있다.

이들이 취급하는 업무는 개별기관별로 다소의 차이는 있으나 대체로 부실기업에 대한 투자, 부실기업의 인수, 인수한 기업의 정상화 및 매각 등이다. 부실기업에 대한 투자는 부실기업이 발행하는 주식, 전환사채(CB), 신주인수권부사채(BW) 등을 인수하거나 부실기업에 대한 약정투자 및 자금대여 등을 통해 자금을 지원하는 것을 의미한다.

부실기업의 인수는 부실기업의 지분을 취득하여 당해 기업의 경영권을 획득하거나, 이미 인수한 자회사를 통해 당해 기업과 합병하거나 당해 기업의 영업 또

---

39) bondmail전략은 기업회생절차를 지연시키는 역기능을 수행하기 때문에 이를 억제할 수 있는 조치를 강구해야 한다는 주장도 있다.

40) CRV(Corporate Restructuring vehicle), CRC(Corporate Restructuring Company), CRF(Corporate Restructuring Fund) 등.

는 자산을 양수하는 것을 말한다. 인수한 기업의 정상화 및 매각은 축적된 전문적인 노하우를 바탕으로 부실의 책임이 있는 경영진의 교체, 기술도입, 조직 및 인력에 대한 근본적인 합리화 조치 등을 취함으로써 기업가치를 제고하고 이를 정상화한 후 그 기업의 주식 및 자산을 매각함으로써 투자자금을 회수하는 것을 말한다. 이 밖에도 기업의 회생·파산 등 퇴출절차의 대행과 기업간 인수·합병 등의 중개업무를 수행하기도 한다.

2. 기업인수목적회사

기업인수목적회사(SPAC: Special Purpose Acquisition Company)는 M&A전문가나 금융회사 등이 설립자(sponsor)가 되어 우량 비상장기업 등에 대한 M&A를 목적으로 설립한 명목상 회사이다. SPAC은 별도의 인허가·등록 없이 「상법」상 절차에 따라 일반 주식회사 형태로 설립된다. 설립시 발기인(sponsor)에는 자기자본 1,000억원 이상인 금융투자회사(지분증권 투자매매업자)가 대표발기인으로 참여하여야 한다.41) 이는 SPAC제도의 건전한 정착을 위해 금융투자업자를 참여시켜 자율적인 내부통제와 평판관리를 하기 위해서다. 동 투자매매업자는 SPAC이 발행한 주식 등의 발행총액의 최소 5% 이상42)을 투자하여야 하며 성공적인 공모 및 책임 있는 운영을 위해 해당 SPAC 공모시 주관회사 업무를 할 수 있다.

SPAC이 공모자금의 별도예치 및 인출·담보제공 제한 등 투자자 보호 요건을 갖추고 그 사업목적에 속하는 행위를 하는 경우 집합투자에 대한 규정을 적용하지 않는다(「자본시장법」 시행령 제6조 ④).

SPAC의 구조를 설명하면 다음과 같다.

① SPAC는 M&A 투자목적을 공시하고 공모를 통해 자금을 조성한다. 공모자금은 90% 이상을 증권금융㈜에 예치·신탁하고 나머지는 운영비용 등에 충당한다. 예치자금의 운용은 국공채 등 위험이 낮은 증권투자에 한정된다.

② SPAC는 회사의 지분43)을 거래소에 상장하여 투자자에게 유동성을 제공한다.

---

41) 미국의 경우 발기인 자격에 제한이 없는 데 비해, 우리나라의 경우 금융투자회사가 대표발기인으로 참여하도록 의무화되어 있다.

42) 미국의 경우 발기인은 통상 20%의 지분을 보통주와 주식을 공모가격보다 할인된 가격에 취득할 수 있는 권리를 표창하는 warrant로 구성된 unit를 취득하도록 함으로써 인센티브를 보장하고 있다.

③ SPAC는 약정기간(최대 36개월) 내에 비상장기업을 인수하여야 하며 인수방식은 합병으로 제한된다.[44] 합병승인은 주주총회에서 특별결의를 통해 이루어지며, 설립자와 경영진은 합병과 관련한 의결권 행사가 제한되고 합병에 반대하는 주주에 대해서는 주식매수청구권이 부여된다. 합병 후에는 피합병기업을 존속회사로 하여 거래소에 재상장(backdoor listing)하고 재상장을 통해 발생하는 상장차익을 투자자에게 배분한다.

④ SPAC이 약정기간 내에 합병에 실패하는 경우 잔존 투자자금을 투자자에게 반환하고 청산된다. 청산시 예치자금은 공모주주에게 주식보유 비율에 따라 배분되며 이때 발기인 등의 최초 공모전 출자지분은 배분대상에서 제외된다.

SPAC구조를 이용할 경우 피합병기업은 SPAC과의 합병을 통해 기업공개나 유상증자시 투자자 모집이나 각종 절차 등을 한 번에 해결할 수 있어 신속하고 효율적인 자금조달이 가능하다. 특히, 기업 인지도가 낮아 기업공개나 유상증자시 실패 확률이 높은 기술집약적 벤처기업에게 유리하다. 이 밖에도 피합병기업은 공모를 통해 분산된 SPAC 투자자와 경영진과의 우호적 M&A협상을 통해 경영권 위협이 없는 지분구조의 형성이 가능하다.

투자자는 SPAC주식이 상장되어 있어 환금성이 용이하고 M&A 실패시 예탁되어 있는 투자자금을 반환받을 수 있으며 SPAC을 설립·운영하는 설립자가 SPAC에 직접 출자하고 M&A 실패시 잔여재산을 후순위로 배분받는 등의 안전장치가 마련되어 있어 투자위험을 줄일 수 있다.

최근에는 이와 같은 구조조정기관이 아닌 개별기업들이 직접 동 시장에 참가하여 인수·개발을 통한 기업가치 증대를 도모하는 경우도 늘어나고 있다. 인수·개발(A&D: Acquisition & Development)이 그 예이다. A&D란 기업을 인수하여 시너지를 창출함으로써 기업의 가치를 제고하자는 것으로 주로 벤처기업들이 기술력은 있으나 판매나 재무적 곤경 등으로 사업이 부진한 기업을 사업부문으로 흡수하여 기술, 인력 등 핵심역량을 제고시키거나 신기술사업을 합병해서 사업내용을 바꾼 뒤 기업가치를 높이려는 방식이다.

최근 A&D는 비상장기업이 상장기업의 인수를 통해 우회상장(backdoor listing)[45]

---

43) 미국의 경우 통상 1UNIT 단위(주식 1주＋워런트 1개)로 상장되어 거래된다.

44) 미국의 경우 SPAC의 기업인수 방식에 제한이 없어 합병, 영업양수, 지분취득 등의 방식을 활용할 수 있는 데 비해, 우리나라의 경우 기업인수 방식이 합병으로 제한되어 있다.

45) 일반적인 우회상장의 유형으로는 합병, 비상장기업 주식을 상장기업이 인수하고 그 대가로 상장

하는 수단으로 악용되는 사례가 많았다. 예컨대 비상장기업의 대주주가 보유주식을 상장기업에 매도하고 그 대금으로 상장기업의 제3자배정 유상증자에 참여하는 형식으로 A&D가 이루어질 경우, 이는 주식스왑을 통해 비상장주식을 상장주식으로 바꾸는 결과가 된다.

이에 「자본시장법」은 우회상장의 상장요건을 강화하여 상장법인간 또는 상장법인과 비상장법인간에 시가 산정의 어려움 등으로 인해 본질가격에 의거 합병(분할합병 포함)하여 상장법인이 되는 경우 합병가액의 적정성에 관하여 외부평가기관의 평가를 받게 하고 있다. 또한 상장법인이 자신보다 규모가 큰 비상장법인과 합병하는 경우 당해 비상장법인은 상장규정이 정하는 요건을 갖추도록 규정하고 있다(시행령 제176조의5).

최근 조세회피지역(tax haven)의 회사와의 합병(corporate inversion)을 통하여 세금을 탈세(tax evasion) 또는 회피(tax avoidance)하는 사례가 늘어나고 있다. 이에 미국정부는 이를 막기 위한 입법을 하고 있다.

A&D가 합병에 의한 시너지를 기대한다면 CVC(Corporate Venture Capital)는 모기업에 도움이 될 수 있다고 기대되는 기술력이 있는 스타트기업 등에 대한 투자를 하는 것을 말한다. CVC는 기업이 독자적으로 R&D를 추구하는 것보다 낮은 비용과 리스크를 기대할 수 있는 장점이 있는 반면 너무 과도하면 오히려 비효율을 초래할 수 있다.

II. 차입인수

1. 차입인수의 의의와 절차

기업의 합병·매수에 소요되는 자금조달의 전통적인 수단으로는 현금(기업의 여유자금), 보통주, 우선주, 사채, 전환사채 등의 방법이 고려될 수 있다. 그러나 M&A에는 일시에 거액의 자금이 소요되는 것이 일반적이기 때문에 자금조달에는 어려움이 따르게 마련이다. 따라서 최근에 들어서는 기업의 합병·매수에 소요되는 자금

기업이 발행한 신주를 비상장기업이 받는 포괄적 주식교환, 비상장기업의 영업권과 자산을 상장기업에 넘겨 주고 상장기업의 신주발행에 비상장기업의 대주주가 참여하여 경영권을 인수하는 영업양수도 방식 등이 있다.

의 상당부분을 차입자금(borrowed money)에 의존하는 차입인수(LBO: Leveraged Buyout) 방식이 성행하고 있다.

LBO는 기업매수가 성공할 것이라는 기대하에 매수자가 피매수기업의 자산이나 수익력을 담보로 차입이나 출자 등 여러 가지 외부 원천으로부터 기업매수에 소요되는 자금을 조달하는 방식을 말한다. 특히 차입자금으로 LBO를 할 경우 매수자는 차입자금에 대한 직접적인 상환책임을 부담함이 없이(non-recourse) 피매수기업의 수익성이 향상되면 그 수익이나 자산의 매각대금으로 채무를 상환한다.

일반적인 기업매수와는 달리 LBO에 의한 기업매수과정은 다음의 3단계 과정을 거쳐 이루어지게 된다.

우선 1단계로 매수기업은 자기자금을 직접 출자하여 매수주체로 명목회사인 특별목적회사(SPC)를 설립하고 특별목적회사가 피매수기업의 자산이나 현금흐름을 담보로 하이일드 채권(high yield bond, 속칭 junk bond)을 발행하거나, 금융기관 등을 통한 차입(LBO loan), 개인투자가와 기관투자가 등에 의해 형성된 LBO펀드 등을 통해 M&A 매수자금을 공급받게 된다. 최근의 경향을 보면 이러한 매수자금 중 10% 정도만이 자기자금의 출자분이고 나머지 금액은 은행차입과 하이일드채권, LBO펀드 등이 대부분을 차지하고 있는 실정이다.

제2단계에 가서는 신설기업인 명목회사와 피매수기업이 결합하여 새로운 기업으로 발족하게 되는데, 이때 새로 설립된 기업은 비공개의 사기업화(going private)되는 경향이 일반적이다.

제3단계에 가서는 이처럼 설립된 비공개기업이 피매수기업의 현금흐름이나 일부 사업부문의 매각 또는 기업공개 등의 방식을 통해 자본을 조달하여 부채를 상환하게 되며 이 과정에서 자본이득도 얻을 수 있게 된다.

LBO에 의한 기업매수가 성공적일 경우에는 매수기업의 입장에서 보면 상당한 이득을 보게 되지만 다음과 같은 투자위험들을 내포하고 있다.

① 과도한 외부차입자금에 의존하여 기업을 매수한 후 기업이 부실화되거나 현금흐름사정의 악화로 원리금상환이 불가능할 경우에는 기업이 도산할 우려가 있다.

② 자금차입 후 금리가 상승할 경우 원리금상환의 부담이 가중될 가능성이 크다.

③ 기대와는 달리 피매수기업의 자산이나 일부 사업부문의 매각이 여의치 않아 채무상환에 어려움이 있을 수 있다.

2. 차입인수자금의 주요원천

1) 하이일드 채권

하이일드 채권(high yield bond)은 일반적으로 채무불이행위험의 정도를 기준으로 채권의 등급을 정하는 전문적인 신용평가기관들에 의해 저등급으로 판정받은 고위험·고수익(lower rated bond) 채권을 의미한다.

이러한 채권은 ① 최초 발행당시에는 신용등급이 투자적격(investment grade)이었으나 나중에 투자부적격으로 판정받은 채권(fallen angels), ② 비록 성장기업이기는 하나 기업규모가 작아 자격에 미달되고 있는 중소기업발행의 채권, ③ LBO에 의한 기업매수자금 조달시 매수대상기업의 자산을 담보로 발행되는 채권 등으로 구분된다.

특히 과거의 기업매수합병이 자금여력이 풍부한 대규모기업들에 의해 주도되었지만 하이일드 채권이 M&A를 위한 새로운 자금조달수단으로 등장하면서부터는 기업규모에 관계없이 기업의 매수합병거래가 증가하게 되었고 동 채권시장의 활성화에도 기여했다. 1990년대에 들어 인수기업의 도산 등으로 동 시장은 한동안 침체되기도 하였으나 최근에 들어 다시 활성화되고 있다.

2) LBO펀드

LBO펀드에의 참여자는 개인 또는 기관투자자로서 유한책임을 지고 출자금액을 납입하게 되며 이러한 자금이 기업의 매수자금으로 제공된다.

펀드참가자들의 LBO펀드에의 투자방식은 ① 매수를 위해 설립된 명목회사의 주식에 투자하는 equity fund, ② 매수회사가 발행한 우선주, 전환사채 등 보통주(equity) 이외의 증권에 투자하는 mezzanine fund,[46] ③ 이들 두 펀드의 혼합형 등 3가지 유형이 존재한다. 통상 동 펀드들은 투자대상이 결정되지 않은 상태에서 조성되는 일종의 백지위임기금(blind pool)으로 펀드구성의 주요 참가자들은 대형은행, 생명보험회사, 연금기금 등의 기관투자자들이다.

3) LBO융자

LBO융자는 M&A소요자금의 상당부분을 자치하고 있는데 피매수기업의 자산을 담보로 이루어지는 것이 일반적이며, 피매수기업이 도산할 경우에는 하이일드

---

[46] 청구권의 우선순위가 통상의 부채보다는 뒤지고 주식보다는 앞서는 자금조달수단으로 후순위채권, 우선주, 전환사채나 신주인수권부채권 등과 같은 주식첨가제 등이 그 예이다.

채권이나 피매수기업에의 출자분보다 우선적으로 변제받을 권리를 갖는다. 그러나 LBO융자는 높은 위험부담 때문에 대형은행들을 중심으로 인수단(syndication)을 조직하여 자금지원이 이루어지는 것이 보통이다.

이상에서 설명한 LBO는 여타의 기업매수방식과는 구별되는 몇 가지 특성을 지닌다. 즉 LBO는 인수자금이 주로 부채를 통해 조달되며(debt financing), 이때 피매수기업의 자산을 담보로 대출이 이루어진다는 점에서 노동집약적인 기업보다는 자본집약적인 기업이 주된 매수대상이 된다.

또한 LBO는 주식매입의 경우보다는 주로 현금매입에 의해 이루어지며 관련 대상기업은 공개기업(publicly held company)보다는 사기업화(privately held company)된다는 점이다. 사기업이 됨으로써 소유와 경영의 분리에 따른 대리인 문제를 줄이고 제꼬리배당(bogus dividend) 등과 같이 단기투자자를 의식하지 않고 부실자산의 매각 등 과감한 구조조정을 할 수 있는 이점이 있기 때문이다.

이 밖에 LBO를 이용, 기업을 매수하는 동기 중의 하나로 무엇보다도 세제와 관련하여 살펴볼 수 있는데, 구체적으로 차입에 따른 금융비용의 손비인정으로 세금절약효과를 기대할 수 있고 또한 매수에 의해 취득된 자산의 재평가로 인한 감가상각비의 증가에 의해서도 법인세 절약이 가능해지기도 하기 때문이다.

우리나라의 경우 LBO에 관한 사법당국의 법적 해석 등으로 인해 아직 활성화되지 않고 있다.[47] 그러나 SPC와 피매수회사가 합병하는 경우 피매수회사 주주총회의 특별결의를 요하고(「상법」 제374조) 반대주주에게는 주식매수청구권이 인정되는 점(「상법」 제522조의3), 채권자에 대해서는 채권자보호절차를 통해 합병에 이의가 있으면 이를 제출할 것을 공고하고(「상법」 제527조의5), 이의가 있는 경우에는 변제 또는 담보제공 조치(「상법」 제232조 ②·③) 등 채권자 보호를 위한 장치가 마련되어 있

---

47) 대법원은 2006. 11. 9. 선고(2004도7027) 판결에서 LBO와 관련한 법원의 입장을 밝힌 바 있다. 이는 '갑이 을사를 인수하기 위하여 명목상의 회사(SPC)인 병사를 설립한 후 병사의 대표이사의 자격으로 금융기관으로부터 을사 인수자금을 대출받고 일단 위 자금으로 을사 주식을 취득한 뒤 이를 대출담보로 제공하고, 이후 인수가 완료되자 갑이 을사 대표이사로 취임하는 즉시 을사의 재산을 대신 담보로 제공하고 금융기관으로부터 을사의 주식을 반환받은 사안이었다. 검찰은 이러한 갑의 을사 자산 담보제공행위를 을사에 대한 업무상 배임행위로 기소하였고 대법원 역시 배임을 인정하였다. 동 사안에서 대법원은 'LBO방식으로 기업인수를 할 경우 피인수회사로서는 주채무가 변제되지 아니할 경우에는 담보로 제공되는 자산을 잃게 되는 위험을 부담하게 되며 따라서 인수회사가 피인수회사의 이와 같은 담보제공으로 인한 위험부담에 상응하는 대가를 지급하거나 최소한 대출금이 상환될 때까지 명목상 회사가 인수한 주식, 채권 등이 임의로 처분되지 못하도록 조치를 취하는 경우에 한하여 피인수회사의 재산을 담보로 제공할 수 있다'는 취지로 판시하였다.

다는 점 등을 들어 LBO로 인해 회사의 기본적 가치가 흔들리거나 다른 채권자에
대한 채무상환에 본질적 영향이 없는 이상 이를 활성화하자는 것이 학계의 다수
견해이다.

Ⅲ. 경영자인수

경영자인수(MBO: Management Buyout)란 기업 또는 사업부문의 현 경영진이 자사
를 LBO형태로 매수하는 것이다.[48] 원래 MBO는 도산 등의 위기에 처해 있는 기
업을 구제하기 위해 은행 등이 기업 내에 경영능력이 뛰어난 자를 발굴해서 그에
게 자금을 제공함으로써 기업 재건을 도모하고자 하는 데서 비롯되었으나 최근에
는 피매수기업의 경영진이 매수로 인해 퇴진하거나 자신들의 지위가 불리하게 되
는 것을 방지하기 위한 수단으로 활용하는 경우에 자주 이용된다.

MBO는 기업의 라인조직에 있는 상급관리자를 포함한 경영자팀이 주식의 대
부분을 가지고 나머지 주식 및 부채를 각종 금융기관과 개인투자자가 인수하는 형
태를 취하기도 하며 경영자가 전 주식을 소유하는 경우도 있다. MBO는 기업구조
재조정, 즉 부채를 이용한 자금조달에 의한 매수라는 점에서 LBO와 공통성을 갖
고 있으나 사업상태를 잘 파악하고 있는 현 경영진이 구조재편을 담당하고 경영의
계속성을 살릴 수 있기 때문에 기업의 구조조정이 보다 효율적으로 될 수도 있다.

기업 및 사업부문의 인수가 외부의 제3자가 아닌 내부 경영진그룹에 의해 이
루어지는 MBO는 기업의 입장에서는 구조조정, 고용안정, 경영능력 극대화를 기할
수 있다는 장점이 있다. 대기업은 한계기업을 매각하여 수익성과 기업가치를 높일
수 있고, 적자기업은 책임경영을 기할 수 있어 경영진이 곧 기업주가 됨으로 인해
대리인문제를 줄일 수 있다. 또한 대상기업 혹은 사업부문의 임·직원은 실업의 공
포에서 벗어날 수 있다.

MBO는 진행중에 오히려 주주의 이익을 침해할 수도 있다. 내부 경영진은 회
사의 각종 내부정보를 가지고 있으므로 외부의 다른 인수경쟁자가 생겼을 때도 다

---

48) 한편 MBO는 기업내부의 경영자에 의해 매수가 이루어지는 데 비해 외부의 경영자에 의해 행해
    지는 기업매수를 MBI(management buy-in)라고 하는데, 통상 직접적으로 사업경영을 할 자에 의
    해 매수된다.

른 인수경쟁자에 비해 더 저렴하게 회사를 인수할 가능성이 높다. 이는 결국 주주
의 이익을 희생하게 되는 결과를 초래한다. 이를 방지하기 위해 경영자에 의한 공
개매수시 매수가격을 제3자가 평가하거나 타 매수자의 제안을 기다리기 위해 공개
매수기간을 충분히 확보하는 방안 등이 제시되고 있다.

　　기업의 일부 사업부문을 매각하게 될 때, 모회사가 인수자금을 빌려 주거나
아니면 상당부분의 지분을 소유하게 될 경우에는 MBO의 장점이 크게 훼손된다.
실제로 최근에 들어서 국내 대기업의 경우 핵심사업부문을 제외한 사업부문을 분
사형식으로 MBO를 취하면서, 인수자금을 빌려 주거나 상당지분을 취함으로 인해
분사기업이 모기업에 의존하는 형태가 되어 오히려 효율성을 떨어뜨리고 계열사
수만 증가하는 형태로 인식되어 모기업과 재결합하는 등 오히려 역효과를 초래하
는 경우도 적지 않았다.

　　MBO에 관여하는 금융기관의 관심사는 MBO를 성공시키기 위한 매수자금 조
달계획뿐만 아니라 MBO 후의 재무구조와 채무변제계획이나 회계제도, 법률·과세
등의 여러 문제도 협상의 대상이 된다. 협상이 성공하여 MBO가 성립하면 곧 경영
자그룹에게 새 회사를 출범할 책무가 부여된다. 일반적으로 MBO는 과중한 부채
를 등에 업고 하게 되므로 수년간은 현금흐름을 어떻게 자금수요에 맞출 것인가가
최대의 과제가 된다. 채무변제능력 이외에 지원금융기관이 특히 관심을 갖는 것으
로는 새 회사의 자기자본 중 경영자의 지분비율 등을 들 수 있다. 기대수익과 리
스크를 경영자그룹, 금융기관, 투자가들이 어떠한 비율로 나누는가가 새 회사에 대
한 위임을 결정하는 중요한 요인이 될 수 있기 때문이다.

　　MBO의 원천은 파산·청산, 분할매각(divestment) 등으로 나눌 수 있으나 이 중
MBO의 대부분을 점하는 것이 기업의 분할매각이다.[49] 파산·청산회사에 대한
MBO의 경우 이를 인수하고자 하는 경영자는 부실경영에 대한 자신의 책임, 매수
후 자신의 경영권, 이 밖에 채권자와의 관계 등에 대해 중점적으로 검토한다.
MBO를 지원하고 있는 금융기관은 당해 기업이 파산에 이르기까지의 과정, 당해
경영자가 독립기업을 잘 경영해 나갈 역량이 있는지의 여부 등에 대해 엄격히 평
가한다.

---

49) 영국기업의 예를 들면, 1991년까지 MBO 중 모회사가 그 부문이 되는 자회사를 분할매각하는 비
　　율이 가장 높아 평균적으로 87% 정도에 다다르고 있다. 파산·청산에 의한 MBO는 7%, 비상장화
　　는 1%이다. 자세한 것은 村松司叙, 「英國のM&A」, 同文館, 1993, 69~70面을 참조.

분할매각은 매각가격을 최대로 하기 위해서는 경쟁입찰방식이 최선이라고 할 수 있으나 실제로는 가격 이외에 여러 가지 요인이 감안되는바, 그 중에서도 가장 중요한 요인은 분할매각의 목적과 관련된 것으로 목적에 따라 제3자에 사업부문을 매각하거나 혹은 회사 내부의 임·직원에게 매각한다.

제 7 장

제 1 절   금융투자상품

「자본시장법」제3조는 금융상품을 투자성이란 기능을 기준으로 금융투자상품과 비투자금융상품으로 분류한다.

금융투자상품은 이익을 얻거나 손실의 회피 또는 위험관리를 목적으로 현재 또는 장래의 특정시점에 금전, 그 밖의 재산적 가치가 있는 것(이하 금전 등이라 한다)을 지급하기로 약정함으로써 취득하는 권리로서 투자성이 있는 것을 말한다. '이익의 획득이나 손실의 회피 목적으로 금전 등을 이전'하는 정의로 투자상품을 포괄하고 '위험관리를 목적으로 현재 또는 장래에 금전 등을 이전'하는 정의로 파생상품을 포괄한다. 투자 초기에 원금이 이전되는 전통적 금융상품과는 달리 파생상품은 미래 특정한 시점에 금전이 이전되는 특징을 반영한 것이다.

투자성이란 그 권리를 취득하기 위하여 지급하였거나 지급하여야 할 금전 등의 총액이 그 권리로부터 회수하였거나 회수할 수 있는 금전 등의 총액을 초과하게 될 위험으로 정의되며 구체적으로 이익의 획득이나 손실의 회피 또는 위험관리를 위하여 원본손실[회수(가능)금액 − 지급(예정)금액<0] 또는 원본을 초과하는 손실의 가능성을 말한다.

여기서 원본손실 위험이란 상품의 유통을 전제로 주로 가격, 이자율, 환율변동 등 시장위험에 따라 손실이 발생할 가능성을 의미하는 것으로, 상품발행인의 신용위험에 따른 손실발생 가능성은 제외된다. 금융투자상품은 계약상의 권리이므로 신용위험과 같은 계약 외적 요소에 의한 위험의 발생은 금융투자상품의 개념요소에 포함하지 않는 것이다.

원본손실의 계산에 있어 투자 결과에 포함되지만 실제 투자자에게 귀속되지 않은 금전(해지수수료와 제세금 등)과 발행인·거래상대방의 파산 등에 따른 손실은 회수금액에 포함되고 투자자가 금융투자업자에게 지급하였으나 실제 투자에 활용되지 않은 서비스 제공의 대가(판매수수료 등 수수료, 보험계약상 사업비·위험보험료 등) 등은 지급금액에서 제외된다. 이에 따라 '투자성'이 없는 전통적 예금이나 보장성·저축성보험 등은 비금융투자상품으로 분류되고 전통적인 증권이나 상품의 손익결정 구조가 원본손실이 가능하도록 설계된 구조화상품(structured product)과 유통시장에서 거래시 손실이 발생할 수 있는 금융상품은 모두 금융투자상품으로 분류된다.

금융투자상품은 다시 경제적 실질에 따라 증권과 파생상품으로 분류된다. 증권은 투자자에게 원본 이상의 손실 가능성이 없는 상품으로 투자자가 취득과 동시에 지급한 금전 등 외에 어떠한 명목으로든지 추가로 지급의무를 부담하지 아니하는 것을 말한다. 단, 투자자가 기초자산에 대한 매매를 성립시킬 수 있는 권리를 행사하게 됨으로써 부담하게 되는 지급의무는 제외된다. 이는 옵션적 요소를 결합한 파생결합증권에서 현물인도(physical delivery)에 의한 결제가 이루어지는 경우 이를 위한 대금의 지급(cash settlement)을 추가지급으로 볼 가능성을 배제하기 위해서다.

증권은 다시 증권상에 표시되는 권리의 종류를 기준으로 채무증권, 지분증권, 수익증권, 투자계약증권 및 증권예탁증권과 이들 증권에 파생상품을 결합한 파생결합증권으로 분류한다.[1] 파생상품은 원본손실은 물론 그 이상의 추가손실의 가능성을 부담하는 상품을 말하며 구체적으로 선도계약, 옵션계약과 스왑계약을 의미한다.

한편, 금융투자상품을 추상적 정의만으로 개념을 규정할 경우 실제 적용과정에서 불확실성을 초래하여 법적 안정성을 저해할 우려가 있다는 지적에 따라 금융투자상품의 정의를 명시적 포함과 명시적 배제규정을 통하여 구체화함으로써 실제 해석·운용과정에서 발생할 수 있는 법적 불확실성에 대한 우려를 제거하고 있다. 이를 위해 금융투자상품의 정의에 명시적 포함(증권과 파생상품)과 명시적 제외(원본

---

1) 이에 대해 자세한 것은 제8장을 참고하기 바란다.

그림 8-1 금융상품의 분류

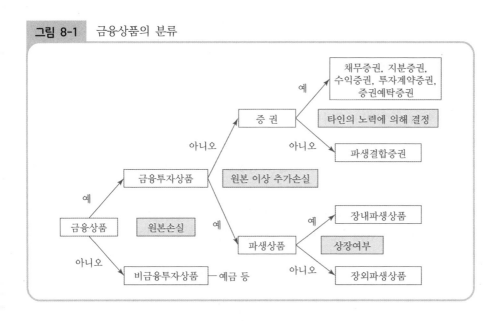

손실 위험이 크지 않은 원화표시 CD와 처분·운용이 결부되지 않은 순수한 관리신탁의 수익권 등)
규정을 예시적으로 열거한 다음 마지막으로 추상적으로 정의하는 예시적 열거방식
(negative system)이 가미된 포괄방식(comprehensive system)을 채택하고 있다.

금융투자상품의 개념을 열거방식으로만 할 경우 열거되지 않은 상품의 투자
자 보호와 신상품 개발에 어려움이 있을 수 있다. 열거되지 않은 상품을 허가받지
않은 자가 취급할 경우 불완전 판매의 가능성이 높은데다 동 상품에 대해서는 투
자권유, 불공정 거래 등에 대한 규제가 적용되지 않기 때문에 투자자 보호가 제대
로 이루어질 수 없기 때문이다. 열거방식은 또한 새로운 금융상품을 개발하기 위
해서는 먼저 법령의 개정이 선행되어야 하므로 적기에 상품을 개발할 수 없음은
물론 이 과정에서 개발상품에 대한 지적재산권의 보호가 어려워 신상품 개발의 유
인이 위축되기 쉽다.

포괄방식은 이와 같은 규제의 공백을 없애고 새로운 금융투자상품의 출현에
신속하게 대응할 수 있다는 장점이 있다. 그러나 동 방식은 개념이 너무 추상적일
경우 특정 대상이 금융투자상품인지를 놓고 해석상의 혼란이 있을 수 있어 법적
안정성이 저해될 우려가 있고 이를 근거로 제재를 할 경우 죄형법정주의와의 충돌
등이 문제점으로 지적될 소지도 있다.

제 2 절   증권의 정의

증권(security)[2]이란 권리의 유통을 원활하게 하기 위한 수단으로 관념적인 권리가 유체물인 증권에 표창됨으로써 양도나 매매 기타 거래가 보다 용이해진다. 「자본시장법」은 투자성을 갖는 모든 금융상품을 금융투자상품이라 정의하고 이를 다시 증권과 파생상품으로 분류한다.

증권은 투자자에게 원본 이상의 손실 가능성이 없는 상품으로 투자자가 취득과 동시에 지급한 금전 등 이외에 어떠한 명목으로든지 추가지급의무가 없는 것을 말하며 증권상에 표시되는 권리[3]의 종류를 기준으로 채무증권, 지분증권, 수익증권, 증권예탁증권(DR: Depository Receipt),[4] 이 밖에 포괄주의의 구현을 위하여 두 가지 개념이 추가된다. 투자계약증권과 파생결합증권이 그것이다.

「자본시장법」은 투자계약증권을 '특정투자자가 그 투자자와 타인간의 공동사업에 금전 등을 투자하고 주로 타인이 수행한 공동사업의 결과에 따른 손익을 귀속받는 계약상의 권리가 표시된 것'이라 정의하고 있다(법 제4조 ⑥).[5] 투자계약증권

---

2) 증권은 이론적으로 정의하면 권리의 유통을 원활하게 하기 위해 발행된 재산적 권리가 표창된 증서로 어음·수표와 같은 화폐증권, 창고증권과 같은 상품증권, 주식·사채와 같은 투자증권 내지 채무증권을 포괄한다. 구 「증권거래법」은 증권대신 '유가증권'이란 용어를 사용하고 규제목적에 따라 그 포괄범위를 시행령으로 열거하였으나 사법상 유가증권은 투자와는 무관한 개념인바, 「자본시장법」은 유가증권이란 용어를 사용하지 않는다.

3) 채무증권은 지급청구권을, 지분증권은 출자지분을, 수익증권은 신탁수익권을 그리고 증권예탁증권은 예탁받은 증권에 대한 권리를 말한다.

4) 증권을 예탁받은 자가 그 증권이 발행된 국가 외의 국가에서 발행한 것으로 그 예탁받은 증권에 관련된 권리가 표시된 것을 말하며 외국증권을 표시한 국내예탁증권과 국내증권을 표시한 외국예탁증권을 포함한다(법 제4조 ⑧). 증권예탁증권은 주식 외에 채권, 수익증권 등에 대해서도 발행될 수 있으나 주식에 대하여 발행되는 것이 보통이다. 국내에서 발행되는 증권예탁증권은 외국기업이 국내 증권시장에서 자금을 조달하기 위하여 발행하는데 국내법에 따라 발행·유통되므로 주식보다 법률관계 및 업무처리가 간편하여 주식의 대체수단으로 이용된다. 국내에서 발행되는 증권예탁증권은 한국예탁결제원을 발행기관으로 지정하여 일괄예탁방법으로 발행된다.

5) 이와 같은 정의에 의하면 현재 익명조합의 출자지분이나 수익증권 등 전통적인 증권도 투자계약증권의 정의를 충족한다. 그러나 투자계약증권은 「자본시장법」에 열거되지 않은 유형의 증권을 정의하기 위한 것이므로 특정 유형의 증권으로 분류된 것을 투자계약증권으로 분류할 필요는 없다. 앞으로 「자본시장법」에 규정된 집합투자기구를 이용하지 않는 비정형집합투자지분과 같은 새로운 유형의 증권 등이 투자계약증권으로 분류될 수 있을 것이다.

은 미국식 투자계약(investment contract) 개념[6]을 도입한 것으로 타인의 노력에 의해 수익이 결정되는 모든 계약을 증권으로 포괄하려는 포괄주의 규제체계를 반영한 것이다. 구체적으로 투자계약증권은 그 개념을 추상적으로 정의하여 현재는 존재하지 않지만 앞으로 새롭게 등장하게 될 다양한 유형의 투자대상을 경제적 실질(economic reality)에 따라 이를 포괄할 수 있도록 하기 위함이다.

「자본시장법」은 파생결합증권(securitized derivatives)을 '기초자산의 가격·이자율·지표·단위 또는 이를 기초로 하는 지수 등의 변동과 연계하여 미리 정하여진 방법에 따라 지급금액 또는 회수금액이 결정되는 권리가 표시된 것'이라고 정의한다(법 제4조 ⑦). 파생결합증권은 타인의 노력과 무관하게 기초자산의 가격 등의 변동과 연계하여 이익이나 손실이 결정되는 것으로 간주하고 있는 것이다. 여기서 기초자산은 '금융투자상품, 통화, 일반상품, 신용위험 그 밖에 자연적·환경적·경제적 현상 등에 속하는 위험으로서 평가가 가능한 것'과 같이 가능한 넓게 정의하여 포괄주의 취지를 반영하고 있다.

한편, 파생결합증권은 파생상품의 성격이 내재된 증권이므로 파생상품과 구별하기 위해 ① 발행과 동시에 대금을 전액 수령할 것, ② 손실이 원본까지로 한정되고 원본 이상의 추가지급의무가 없을 것으로 그 구분기준을 정하고 있다. 이와 같은 정의에 따라 신주인수권증권(warrant), 주가연계증권(equity linked security), 신용연계증권(credit linked note), 재해연계증권(catastrophe bond), 펀드연계증권(fund linked note) 등 신종증권들이 파생결합증권으로 분류된다.[7]

---

6) Howey기준은 미국 「증권법」상 투자계약을 정의하기 위하여 판례에서 형성한 기준으로 연방대법원은 투자계약 여부에 해당하는지 여부를 판단함에 있어 형식(form)보다는 실질(substance)을 우선하여 경제적 실질에 따라 개념을 정의한 것으로 그 개념적 요소를 다음과 같이 정의하고 있다. 'An investment contract means a contract, transaction or scheme whereby a person invests his money in a common enterprise and is led to expect profits solely from the efforts of the promoter or a third party.'

7) 「자본시장법」은 파생결합증권 개념에 대해 과도하게 포괄주의가 적용됨에 따라 그 적용 범위를 재조정하여 '발행과 동시에 투자자가 지급한 금전 등에 대한 이자, 그 밖의 과실에 대해서만 해당 기초자산의 가격·이자율·지표·단위 또는 이를 기초자산으로 하는 지수 등의 변동과 연계된 증권'은 채무증권으로 취급한다. 이들은 원본이 보장된다는 점에서 투자위험이 크지 않다는 점을 고려한 것이다. 이에 따라 종래 이자연계 파생결합증권 등은 파생결합증권에서 제외하여 신주인수권부사채(BW), 전환사채(CB), 교환사채(EW), 신주인수선택권증권 등과 같이 채무증권으로 분류된다. 한편, 선물, 옵션 등 파생상품의 정의에 포함되더라도 해당 금융투자상품의 유통가능성, 계약당사자, 발행사유 등을 고려하여 증권으로 규제하는 것이 타당한 것으로 대통령령이 정하는 금융투자상품은 증권으로 취급할 수 있다.

한편, 증권의 개념을 '권리가 표시된 것'이라고 정의하여 권리가 표시된 것이라면 그 형식을 불문하고 모두 증권으로 간주하도록 하고 증권에 표시될 수 있거나 표시되어야 할 권리는 그 증권이 발행되지 아니한 경우라도 증권으로 간주하도록 하여(법 제4조), 증권의 개념적 요소에서 증서(paper)의 요소를 배제하였다. 일반적으로 증권이 표창하는 권리의 발생·이전·행사는 증서의 형식에 따라 이루어지는 것이 보통이다.

최근 전자기술의 발전에 따라 증권의 전자화가 추진되고 있는바, 그 방식은 크게 기존의 증권의 존재형태인 서면을 전자문서로 대체하는 방식과 서면, 즉 문서 없이 무권화(dematerialization)를 지향하는 전자등록방식으로 구분할 수 있다. 무권화방식이란 증권의 권리관계를 나타내는 실물증권을 발행하지 않고 일정한 등록기관에 등록함으로써 동 권리를 인정하여 권리의 양수·양도 및 행사가 가능하도록 하는 제도로 현재 대다수의 국채가 이 방식으로 발행되고 있으며 2011년 「상법」 개정으로 주식과 사채에 대해서도 전자등록제도가 도입되었다(제356조의2).

증권의 전자화는 실물증권의 발급·유통·보관에 따른 비용의 절감, 도난·분실·위조 등의 위험감소 및 증권결제기간의 단축 등의 긍정적 기능이 있다. 그러나 이를 위해서는 전자적 방법에 의한 등록·관리제도의 신설, 해킹 등 전자화에 따른 리스크를 관리하기 위한 기술적·제도적 인프라의 구축 등이 전제되어야 한다.

제 3 절　증권시장의 구조

증권시장은 발행시장과 유통시장으로 구분할 수 있다. 발행시장(primary market)은 신규발행증권이 발행자로부터 투자자에게 최초로 매출되는 시장을 의미하고, 유통시장(secondary market)은 이미 발행된 증권이 투자자간에 매매되는 시장을 의미한다.

Ⅰ. 발행시장

증권의 발행시장은 발행방법 및 절차, 발행위험의 부담, 주금납입 여부, 발행가격 등에 따라 여러 가지 형태로 분류할 수 있다.

1. 공모발행과 사모발행

증권의 발행은 발행방법 및 절차 그리고 매수인의 규모 또는 숫자에 따라 공모발행(public offering)과 사모발행(private placement)으로 구분된다. 공모발행은 증권의 발행인이 직접 또는 인수인(underwriter)을 통하여 방송, 신문광고, 전단의 배포 및 기타의 방법을 통하여 불특정 다수의 투자자에게 증권을 매도하는 것으로「자본시장법」상의 모집과 매출이 이에 해당한다. 사모발행은 증권의 발행인이 직접 특정 소수 매수인과의 개별적인 교섭을 통하여 증권을 발행하는 방식이다.[8]

공모발행은「자본시장법」등에서 정한 엄격한 절차에 따라야 하며 증권신고서 및 사업설명서 작성, 청약의 접수 및 배정, 대금의 납입 등 그 절차가 복잡할 뿐 아니라 증권의 성공적 발행을 위해서는 판매를 위한 영업망의 구비 및 이와 관련한 전문인 능력이 필요하기 때문에 증권의 발행인이 이를 직접 수행하는 것은 실무적으로 매우 어렵다. 그러나 공모는 다수의 투자자를 대상으로 하므로 거액의 자금조달이 가능하고 상장과 유통이 보장되기 때문에 발행조건과 선전효과 면에서 사모보다 유리하다.

반면 사모는 발행인과 매수자간의 신축적인 교섭이 가능하여 발행비용이 공모에 비해 저렴하고 공모의 경우 요구되는 까다로운 공시(disclosure)의무가 부과되지 않아 발행절차가 간편하다는 이점이 있다.

2. 직접공모와 간접공모

공모는 증권의 발행과 관련된 제반 절차 및 사무를 누가 수행하느냐에 따라 직접공모와 간접공모로 구분할 수 있다. 직접공모는 증권의 발행인이 직접 제반 절차 및 사무를 수행하며 증권발행에 따른 모든 위험을 부담한다. 따라서 판매되지 않은 증권이 있을 경우 발행인이 인수하여야 하는바, 주식발행의 경우「상법」상 주식회사는 판매되지 않은 자기주식을 인수할 수 없기 때문에 발행 자체가 실패로 끝날 수도 있다. 간접공모는 발행사무를 제3자에게 위탁하여 발행하는 방식

8)「자본시장법」은 시행령으로 정한 방법에 따라 50인 이상의 투자자에게 새로 발행되는 증권의 취득의 청약을 권유하는 것을 모집으로, 이미 발행된 증권의 매도의 청약을 하거나 매수의 청약을 권유하는 것을 매출로 그리고 새로 발행되는 증권의 취득을 권유하는 것 중에서 모집이 아닌 것을 사모라고 정의하고 있다. 모집의 주체는 증권의 발행인이고 매출의 주체는 증권의 보유자이다.

으로 통상 증권발행의 전문적 능력과 판매망을 가지고 있는 금융회사가 인수인이
된다.

인수(underwriting)방식은 위탁의 방법 및 위험부담의 정도에 따라 총액인수(firm
commitment underwriting)와 잔액인수(stand by underwriting)로 구분한다.[9] 총액인수는 인
수인이 사전에 발행자와 약정한 가액으로 증권발행총액을 인수하여 이에 소정의
이익을 붙여 일반대중에게 판매하는 방식이다. 이때 인수인은 증권의 매매차익을
위해 단순히 취득하는 것이 아니라 공정한 가격형성 등 증권의 거래가 공정하게
이루어질 수 있도록 하기 위해 일단 자기계산으로 취득하였다가 분매한다. 인수인
은 인수수수료나 판매수수료를 받지 않고 인수가격과 판매가격의 차(bid-asked
spread)를 발행위험과 발행사무대행에 대한 보수로 받는 것이 원칙이나 실무에서는
발행자와의 협의에 따라 결정하는 것이 보통이다.

잔액인수는 인수인이 일차적으로 발행증권을 발행인과 사전에 약정한 가격으
로 일반대중에게 매각한 다음 미소화분이 있을 경우 이를 인수하는 방식이다. 잔
액인수의 경우 일반적으로 인수자는 발행증권의 전부를 판매하거나 전부를 판매하
지 못할 경우 판매 자체를 취소할 수 있는 옵션(all or nothing contract)을 가지는데 만
약 발행증권 전부가 판매되지 않을 경우 인수수수료를 받을 수 없으므로 판매되
지 않은 부분이 소량인 경우 인수자가 판매되지 않은 잔여분을 인수하는 것이 보
통이다.

증권발행인이 수수료 등을 지급하면서도 간접발행을 선택하는 이유는 발행위
험과 발행사무 부담을 경감하자는 것 이외에도 증권의 판매전략상의 목적도 있다.
일반적으로 증권발행자에 대한 정보가 부족한 투자자들은 신용 있는 인수인이 중
개한 증권을 보다 신뢰하고 선호하기 때문이다.

이 밖에도 증권발행인은 인수인이 가지고 있는 조직적인 판매망을 이용할 수
있고 인수인들이 가지고 있는 투자자에 대한 정보능력 등을 토대로 투자자들이
선호하는 특성에 맞는 조건으로 증권을 발행함으로써 증권의 판매를 촉진시킬 수
있다.

---

9) 구 「증권거래법」에서는 모집매출주선(best efforts)도 인수의 유형으로 규정하였으나 「자본시장법」
   에서는 이를 인수가 아닌 투자중개로 분류하고 있다. 모집매출주선은 증권발행자가 발행에 따른
   시간이나 경비를 절약하기 위해 모집주선인에게 발행사무만을 위탁하는 것으로 모집주선인은 증
   권발행에 따른 분매(distribution)업무만을 담당하고 발행증권의 미소화분은 발행자에게 되돌려 주
   기 때문이다. 모집주선인은 발행된 부분에 대해 소정의 수수료(commission)를 받는다.

3. 유상증자와 무상증자

주식발행은 발행시 주금납입이 수반되느냐의 여부에 따라 주금을 납입하는 실질적 증자인 유상증자와 주금을 납입하지 않는 형식적 증자인 무상증자, 그리고 유상과 무상이 동시에 이루어지는 유무상증자로 구분할 수 있다.

유상증자[10]는 발행주식을 매수인에게 배정하는 방법에 따라서 다시 주주배정, 제3자배정, 일반공모 및 주주우선공모 등으로 구분할 수 있다. 주주배정(rights offering)은 기존주주에게 소유주식수에 비례하여 신주인수권을 부여하는 것으로 기존주주의 의결권과 회사재산권에 대한 비례적 지분을 보호하는 데 그 목적이 있다.

제3자배정은 특별법 또는 회사의 정관규정이나 주주총회 특별결의에 의해 주주의 신주인수권을 배제하고 특정의 제3자에게 신주인수권을 부여하는 형태로 주로 발행회사와 특정한 연고를 맺고 있는 주주 이외의 연고자, 예컨대 회사임원, 종업원, 거래처, 거래은행 등에게 신주인수권을 배정하는 방법이다. 회사임직원에 대한 주식배정은 간접적인 보수지급과 근로의욕 진작에 그 목적이 있으며, 거래처나 거래은행에 대한 주식할당은 긴밀한 사업관계를 유지하는 데 그 목적이 있다.

일반공모(public offering)는 기존주주의 신주인수권을 배제하고 불특정다수의 투자자를 대상으로 신주를 모집하는 방법이다. 현행 「상법」상 기업은 정관에서 정하는 경우에만 주주 이외의 자에게 신주를 배정할 수 있게 되어 있으며 「자본시장법」은 상장법인에 대하여 정관에서 정하는 바에 따라 이사회 결의로 일반공모 증자를 허용하고 있다.

주주우선공모는 상장법인이 신주를 모집하는 경우에 기존 주주에게 우선 청약의 기회를 부여하고 그 주주 등이 청약하지 아니한 주식은 일반청약자를 대상으로 다시 모집하는 방식을 말한다.

무상증자는 내부유보액의 자본금 전입이 이루어질 경우에 일어난다. 유상과 무상이 같이 실시되는 유무상증자의 경우 유상과 무상의 신주배정기준일이 같은 경우를 병행증자라 한다. 병행증자의 경우 주주는 유상주의 인수를 포기하거나 무

---

10) 종래 「상법」은 자본충실을 도모하고 채권자를 보호하기 위해 주주의 주금납입에 관하여 회사와의 상계를 금지하였으나 개정 「상법」은 회사의 동의가 있는 경우 주금의 납입과 상계를 허용하고 있다. 이에 따라 회사에 대한 변제기에 이른 금전채권을 상계하는 방법으로 출자전환을 할 수 있게 되었다.

상주만을 받을 수도 있다. 한편 유상증자에 참가한 구주주에 한해 무상증자가 주어지는 경우를 유무상포괄증자라 한다. 포괄증자는 유상증자시 발생할 수도 있는 실권주를 방지하기 위한 제도이다.

실권주란 신주인수권을 부여받은 주주가 청약일까지 신주를 청약하지 않거나 납입일까지 주금을 납입하지 않아 신주인수권이 상실된 주식을 말한다. 개정된 「자본시장법」은 상장법인의 실권주가 발생하는 경우 일정한 경우를 제외하고는 원칙적으로 주식의 발행을 취소하고 새로운 발행절차를 취하도록 규정하고 있다 (제165조의6). 이는 지배주주나 그 자녀 등이 제3자 배정 형식을 통해 실권주를 배정받아 부당한 이익을 얻거나 편법적인 경영권 확보나 상속 등에 악용하는 것을 방지하기 위해서다.[11]

4. 액면발행과 시가발행

주식의 발행은 신주의 발행가격을 액면으로 하느냐 또는 발행당시의 시장가격으로 하느냐에 따라 액면발행과 시가발행으로 구분할 수 있다.

액면발행은 발행가액을 회사의 정관에서 정하고 있는 액면가를 기준으로 발행하는 것으로 원칙적으로 신주인수에 대한 우선권을 기존 주주에게 부여하는 발행방식이다. 주가가 액면가를 상회하는데도 기존 주주가 아닌 제3자에게 액면가로 신주를 배정하는 경우, 제3자에 대한 부의 이전으로 기존 주주의 이익을 침해할 우려가 있기 때문이다. 그러나 액면발행을 기존 주주로만 한정할 경우, 신 주주의 참여 제한에 따라 자금조달원이 제약될 수 있는 점 등이 문제점으로 지적되고 있다.

현행 「상법」은 회사의 설립시는 자본충실의 원칙에 따라 주식의 액면미달발행이 금지되어 있으나 회사의 성립 후에는 법원의 허가를 받아 액면미달로 발행할 수 있다. 한편 「자본시장법」의 경우 상장법인의 경우에는 주총의 특별결의만으로 액면미달 발행이 가능하다.

시가발행은 신주의 발행가격을 발행시점에서의 시장가격을 기준으로 책정하는 방식으로 이는 시장가격 그대로 발행하는 방식과 시가에서 일정률(예컨대 30%)을 할인하여 발행가격으로 하는 시가할인방식으로 구분된다.

---

11) 본 규정은 「자본시장법」상 신종사채를 발행하거나 「상법」상의 교환·상환사채, 전환사채, 신주인수권부사채 등 주권관련 사채권을 발행하는 경우에도 적용된다(제165조의10).

시가발행은 발행기업 측면에서 볼 때 자본조달원을 기존주주 이외에 일반투자자로 확대하고 높은 가격으로 발행할 경우 자본조달비용을 인하시킬 수 있다는 장점은 있으나 발행가격이 너무 높거나 주가상승 전망이 좋지 않을 경우 실권주가 발생할 우려가 있다.

5. 기　타

오늘날 기업의 특수한 재무정책적 목적을 달성하기 위한 주식발행이 증가하고 있는데, 여기에는 주식배당, 주식분할, 주식병합, 전환사채 등의 전환에 따른 주식발행, 신주인수권부사채 또는 주식매수선택권의 행사 등에 의한 주식발행 등이 있다.

주식배당(stock dividend)은 주주에 대한 이익배당을 현금 대신 주식으로 하는 것으로 이익의 사내유보라는 성격을 가진다.[12] 주식분할(stock split)이란 자본금의 변화 없이 기발행주식수를 증가시키고 이들 주식을 주주에게 기존주식수에 비례하여 교부하는 것이다. 주식분할은 통상 주가가 높아 거래상 불편이 있는 주식을 쪼개어 주가수준을 거래에 편리하도록 조정하는 것을 말한다. 주식병합(reverse split)은 여러 개의 주식이 한 개 또는 소수의 주식으로 병합되는 것으로 자본금의 감소[13]나 회사합병 등의 경우에 발생된다.

전환사채(convertible bond)는 소유자가 전환권을 행사할 경우 미리 정하여진 조건으로 주식과 교환할 수 있는 사채이고 신주인수권부사채(bond with warrant)는 신주인수권이 부여된 사채이다.

주식매수선택권(stock option)제도는 당해 기업의 경영에 기여하였거나 기여할 능력이 있는 임직원에게 신주를 교부하거나 주식을 매입할 수 있는 권리를 부여하

---

12) 「상법」에서는 주주총회에서의 이익처분에 관한 결의에서 주주에게 배당할 이익을 이익배당총액의 1/2을 초과하지 않는 범위 내에서 주식으로 대신 지급하는 것을 허용하고 있다. 한편, 개정 「상법」은 정관으로 정할 경우 주식배당 이외에 현물배당도 허용하고 있다(제462조의4).

13) 자본금의 감소는 발행주식 총수를 감소시키거나 1주당 액면가액을 감액함으로써 자본금의 금액을 축소시키는 것으로 실질적인 자본감소인 유상감자와 명목적인 자본감소인 무상감자로 나눌 수 있다. 유상감자는 자본금의 감소와 더불어 일정한 금액을 주주에게 되돌려줌으로써 순자산도 감소시키는 것으로 통상 사업규모상 현재의 자본금이 과다하거나 회사의 해산을 예정하고 청산절차를 간편하게 할 목적으로 실시된다. 무상감자는 자본금의 수액만 줄이고 순자산은 사외에 유출시키지 않는 것으로 주로 결손전보를 위해 이루어진다. 유상감자의 경우 주주총회의 특별결의와 채권자보호절차를 거쳐야 하나 무상감자의 경우 주주총회의 보통결의로 할 수 있고 채권자보호절차를 생략할 수 있다.

는 제도로 그 유형은 주식매수선택권의 행사가격으로 신주의 발행, 기 발행주식의 교부 또는 행사가격과 시가의 차액을 현금 또는 자기주식으로의 교부 등이 있다.

II. 유통시장

유통시장은 기 발행된 증권이 거래되는 시장을 말하며 거래가 어떤 방식으로 이루어지는가에 따라 집중거래시장과 연속거래시장, 거래가 이루어지는 장소에 따라 거래소시장과 장외시장 등으로 구분할 수 있다.

1. 집중거래시장과 연속거래시장

집중거래시장(batch market)은 경매형시장(call market)이라고도 하며 증권을 거래하고자 하는 사람들이 일정한 시간에 일정한 장소에 모여 주문[14]을 내면, 이를 일정시간 단위의 간격으로 모아서 단일가격에 의해 일괄적으로 거래를 성립시키는 시장이다. 우리나라의 동시호가제도가 이에 해당한다.

집중거래제도는 ① 일정시간 단위로 주문을 집중시킴으로써 규모의 경제에 의한 운영경비의 절감이 가능하고, ② 거래의 집중으로 단일가격에 의한 거래형성이 가능하며, ③ 주문의 도달순서에 관계없이 집중거래가 이루어지기 때문에 대량거래로 인한 가격압박효과가 적다는 점 등이 장점으로 지적된다.

반면 집중거래제도는 ① 거래기회의 제한으로 우월한 정보소유자의 이득의 기회가 제한되고, ② 가격에 관한 정보가 단일가격 형성시까지 제한을 받게 되어 투자가들이 정보에 신속히 대응할 수 없다는 점 등이 단점으로 지적된다.

연속거래시장(continuous market)은 거래조건만 맞으면 언제든지 거래가 성립되는 시장이다. 우리나라의 경우 동시호가가 이루어진 후 복수가격에 의한 경쟁매매 방식이 이에 해당된다.

연속거래제도는 가격, 수량 등의 조건만 맞으면 언제라도 거래가 가능하기 때문에 거래의 즉시성(intermediacy)을 제공하고 정보확산의 신속성을 증대시킨다는 장점이 있다. 그러나 매수·매도주문이 접수되는 시간순서에 따라 수요공급이 편중될

---

14) 주문이라 함은 투자자가 매매거래를 위해 위탁회사인 금융투자회사에 종목, 수량, 가격 등의 매매요건을 갖추어 행하는 매도 또는 매수의 의사표시를 말한다.

수 있고 이로 인해 가격의 급등락이 발생할 가능성이 있다는 것이 단점으로 지적
되고 있다.

연속거래시장은 가격결정시 회원의 역할에 따라 딜러[15]와 브로커로 구분할
수 있다. 딜러(dealer)란 자신의 계정으로 증권을 매매하는 자로서 시장에서 자기거
래뿐만 아니라 투자자의 위탁거래를 중개하는 기능까지 수행하는 것이 보통이다.

브로커(broker)란 투자자의 주문을 시장에 전달, 거래상대를 물색하여 거래를
성립시켜 주고 수수료를 받는 자를 말한다. 브로커는 자기거래는 할 수 없고, 다만
위탁매매를 중개하는 기능만 하므로 리스크부담이 작기 때문에 자본규모가 크지
않아도 이를 수행할 수 있어 선진국의 경우에는 개인도 브로커기능을 수행하기도
한다. 그러나 우리나라는 증권중개업을 허가받은 금융투자회사만이 브로커가 될
수 있다.

2. 주문주도형 방식과 호가주도형 방식

연속거래시장에서의 주식거래 방식은 주문주도형(order-driven) 방식과 호가주도
형(quote-driven) 방식으로 구분할 수 있다. 주문주도형 방식은 매입·매도주문이 전
자식 지정가 주문판에 모여져 가격과 수량조건에 부합되는 주문들이 가격우선이나
시간우선 등 일정 규칙에 따라 순번대로 체결되는 경쟁매매 방식이다. 호가주도형
방식은 마켓메이커가 특정 주식의 매도 및 매수가격을 제시하고, 이를 기준으로
투자자들이 이들과 거래하는 방식을 말한다.

우리나라의 한국거래소는 일부 호가주도형 방식이 있기는 하나 기본적으로
주문주도형 방식을 채택하고 있다. 일반적으로 매매가 빈번하고 유동성이 높은 종
목은 주문주도형 방식이 그리고 거래가 활발하지 못하고 유동성이 낮은 종목의 거
래에는 호가주도형 방식이 더 효과적이다. 현재 대다수 거래소들은 일중 통상 거
래시간에는 주문주도형의 연속거래 방식이나 호가주도형의 연속거래 방식 중 하나
를 채택하고 있다.

마켓메이커(market maker)[16]란 딜러의 한 형태로서 자신이 담당한 종목에 대하

---

15) 딜러는 시장조성(market making) 기능을 수행하는 마켓메이커(market maker)와 시장조성의무
 없이 매매차익을 목적으로 자기거래만 수행하는 트레이더(trader)로 분류하기도 한다.

16) 현재 미국의 NYSE와 Nasdaq은 specialist라는 이름으로, 독일의 Neuer Market은 designated
 sponsor라는 이름으로 그리고 영국의 LSE, 일본의 Jasdaq 등은 market maker라는 이름으로 일
 부 또는 전종목을 대상으로 딜러시스템제도가 도입되어 있다.

여 자신의 계정으로 일반투자자들의 매도·매수 주문에 응함으로써 당해 종목에 대한 개별적인 시장을 형성하고 투자자에게 유동성 서비스를 제공하는 시장 내의 전문적인 증권업자를 말한다. 동 제도는 상장된 종목마다 딜러를 지정하여 그 해당 종목에 대한 가격의 결정권을 가지고 주문을 주도함으로써 가격의 연속성을 유지하고 거래증권의 유동성을 보장하기 위한 제도이다.

호가주도형 시장에서 호가는 마켓메이커만이 제시할 수 있으며 모든 거래는 마켓메이커를 통하여 이루어지고 투자자간 직접 거래는 불가능하다. 투자자는 마켓메이커가 제시하는 호가에 맞는 주문을 제출함으로써 거래가 성사된다. 반면 마켓메이커는 자신의 시장조성 종목에 대하여 항상 매수 및 매도호가를 반드시 게시하고 유지하여야 하며 자신이 게시하는 호가대로 고객의 매매주문에 일정 수량은 반드시 응하면서 매매거래를 유지하여야 하는 의무가 있다. 따라서 마켓메이커는 자신의 계산과 책임하에 상당규모의 재고를 보유해야 하기 때문에 상당한 자금능력과 자기매매를 위한 위험분산 및 주가예측능력이 요구된다.

마켓메이커는 이와 같은 시장조성의무에 대한 보상으로 특정 종목의 거래독점권을 가지고 자신이 게시하는 매도와 매수호가 간의 차인 스프레드(spread)를 수익으로 확보할 수 있다. 반면 일반투자자는 시장에서 유동성을 제공받는 대가로 매도자는 시장균형가격보다 낮은 가격으로 매도하고, 매수자는 높은 가격으로 매수하게 된다.

우리나라는 2003년 1월부터 마켓메이커제도와 유사한 유동성공급자(LP: Liquidity Provider)제도를 도입하고 있다. 유동성공급자는 장중 지정종목의 호가 스프레드가 일정폭(2~3%)을 초과할 경우, 이를 축소하는 방향으로 동 종목의 호가를 양 방향으로 제시하여 유동성을 제고시킨다.

현재 미국과 유럽의 주요 거래소들은 주문주도형 방식과 호가주도형 방식을 병용하거나 양자의 특징을 결합한 복합구조의 거래방식을 채택하고 있는 추세이다. 미국의 뉴욕거래소는 주문주도형 경쟁매매 방식으로 가격을 결정하는 방식이나 호가불균형 시 거래소에 상주하는 스페셜리스트(specialist)가 시장조성(market making) 기능을 수행하고 있고, 호가주도형 시장인 나스닥은 최근 여타 거래소의 주문정보가 주문주도 방식의 지정가 주문판에 통합적으로 표시되고 있다. 런던증권거래소는 원래 마켓메이커시장이었으나 1997년 후반부터 FTSE100지수에 포함된 종목은 거래가 활발하므로 경쟁매매 방식으로 전환하여 혼합형 시장을 형성하고 있다.

3. 거래소시장과 장외시장

거래소시장이란 거래소에 상장된 증권을 경쟁입찰 또는 표준화된 규칙에 따라 집단적으로 매매하는 구체적이고 조직화된 시장으로 장내시장(on-board market)이라고도 한다. 거래소에서의 매매는 경쟁매매 방식에 의해 체결되며 거래소에서 거래되기 위해서는 소정의 상장요건을 갖추어야 한다. 거래소는 공정한 거래질서 확립을 통한 시장의 안정과 투자자 보호를 위해 각종 매매제도의 결정과 공시제도의 운영 등 시장관리업무를 수행한다.

거래소에서의 거래는 정규시간(09:00~15:00) 내에 이루어지는 시간내시장과 정규시간 외의 매매시간(07:30~09:00와 15:10~18:00)에 주로 대량거래가 이루어지는 시간외시장으로 구분된다. 시간외대량거래제도[17]는 매매 쌍방이 가격, 수량 등 매매조건을 상대매매형식으로 사전에 협의한 후 거래소를 통해 매매를 성립시키는 제도로 상대매매의 유연성과 거래소의 계약이행보증 등 안정성을 접목시킨 것으로 경쟁매매형식으로 처리하기 곤란한 기관투자가 등의 대량 물량을 시장에 대한 충격을 최소화하면서 신속하게 처리하기 위해 도입되었다.

장외시장(off-board market)은 상장증권은 물론 비상장증권에 대하여 고객상호간, 고객과 증권회사간 또는 증권회사 상호간 1대 1의 개별적인 매매거래, 즉 상대매매의 형태로 거래가 행해지는 비조직적 시장이다. 장외시장은 크게 증권회사의 창구에서 고객과 증권회사간에 이루어지는 점두매매와 매매당사자간에 개별적으로 거래가 이루어지는 직접매매의 두 가지 형태로 구분할 수 있는데 주로 증권회사의 창구에서 장외거래의 대부분이 이루어지므로 이를 점두시장(over-the-counter market)이라고도 한다. 장외거래는 매매거래당사자간에 자율적으로 거래되기 때문에 거래가격은 동일시각, 동일종목이라 할지라도 매매당사자에 따라 상이한 가격이 형성될 수 있다.

---

17) 시간외대량거래는 단일종목(bloc sale) 또는 일정 수 이상의 종목으로 구성된 주식집단(basket sale)을 대상으로 동일 수량, 동일 매도·매수호가 등 매매조건이 같은 주문에 대하여 당일의 가격제한폭 범위 내에서 매도·매수 쌍방의 협상가격으로 매매를 체결시키는 제도이다. 현재 bloc sale의 수량요건은 매매수량단위의 500배 이상 또는 수량과 가격을 곱한 금액이 1억원 이상이고, basket sale의 경우 매매금액이 10억원 이상으로 거래대상은 주권, ETF, 외국주식예탁증권 등이다.

4. 대체거래시스템

대체거래시스템은 정규 거래소가 아닌 기구에서 제공하는 다자간거래체결시스템으로 미국(ATS: Alternative Trading System), EU(MTF: Multilateral Trading Facility) 등 선진국에서는 분할된 체제에서 정규거래소와 경쟁하면서 증권거래의 새로운 시스템으로 급성장하고 있다. 원칙적으로 증권거래를 한 곳에 집중시키는 통합거래소 체제가 규모의 경제와 유동성 증대 효과로 인해 거래비용의 절감과 거래의 효율성을 증대할 수 있다.

그러나 전자 통신기술의 혁명적 발전으로 투자자들은 발전된 주문·회송기술을 활용하여 실시간으로 복수의 시장을 비교하여 저렴한 거래비용으로 최선의 거래 체결(best execution)[18]을 보장받을 수 있게 됨에 따라 대체거래시스템은 정규 거래소를 포함한 여타 시장과의 가상적 통합(virtual consolidation)을 실현하여 사실상 통합거래소의 장점을 그대로 향유할 수 있게 되었다.

대체거래시스템은 이에 더해 투자자의 서비스 수요에 맞추어 차별화된 서비스를 제공함으로써 유통시장의 경쟁 촉진과 거래의 효율성을 크게 향상시키고 있다. 현재 미국 등에서 도입하고 있는 대체거래시스템은 장외에서 정규 운영시간에 제약을 받지 않고 24시간 거래하는 시스템으로 장외전자거래소(ECN: Electronic Communication Network)와 사설전자거래소(PTS: Proprietary Trading System 또는 Crossing Network)로 구분된다. ECN은 장내거래소의 주문결제시스템(Order Book) 접속으로 가격정보나 매매주체가 알려지는 공개주문시장(Light Pool)으로 가격발견기능이 있다.

미국은 1997년 SEC의 Order Handling Rule의 제정으로 독립기관, 투자은행, 거래소 등 다양한 주체에 의해 대체매매시스템의 설립이 급증하고 있다. 특히 ECN의 경우 NYSE나 NASDAQ시장에 연결되어 매매호가를 상호 교환하고 야간에는 독자적으로 매매호가를 받아 24시간 거래하고 있으며 거래소에서 마켓메이커가 제시한 가격보다 유리한 주문이 제시될 경우 ECN은 이를 모든 시장참가자에게 즉시 공개하여 투자자들간의 직접거래를 허용한다.

PTS는 운영주체가 장내거래소에 제시가격이나 거래정보를 제공하지 않아도 되어 익명성이 보장되는 비공개주문시장(Dark Pool)으로 주로 주문의 공개를 꺼리는

---

18) 최선집행(best execution)은 최선의 거래가격만이 아니라 거래시기(timing), 거래의 확실성, 명시적, 묵시적 집행비용 등 다양한 측면에서 고객에게 최선의 거래결과를 보장하는 것을 말한다.

기관투자자의 대량거래에 이용된다. PTS의 경우 투자주체, 종목과 수량정보 등의 매매정보가 장 종료 후 체결보고가 이루어지기까지는 시장에 공개되지 않는 관계로 정보공시의 불충분에 따른 시장구조의 이중성과 이해상충을 초래할 수 있다는 우려로 인해 SEC 등 감독당국이 이를 규제하려는 움직임도 있다.[19]

최근 대체매매시스템은 IT 기술의 발달에 기초한 초고속거래 환경의 조성으로 이를 이용한 새로운 서비스를 제공하고 있다.[20] 초고속매매를 가능케 하는 직접적인 시장접근서비스(DA: Direct Access)가 일례이다. DA는 신속한 주문처리, 저렴한 수수료 등의 이점으로 특히 알고리즘 매매(algorithm trading)[21]나 고빈도 매매(HFT: High Frequency Trading)를 하는 스캘퍼(scalper)[22]나 기관투자자를 중심으로 급속히 확산되면서 주문집행의 실행 및 관리의 중심이 종래 증권회사(broker)에서 기관투자자로 이동하는 계기가 되고 있다.

우리나라도 대체매매시스템을 도입하기 위한 「자본시장법」이 개정되었다(2013년 5월). 동 개정내용을 요약하면 현행 거래소 법정설립주의를 폐지하여 허가제로 전환하고 다자간매매체결회사(ATS)를 금융투자업자의 한 형태로 도입한다. ATS의 거래방식은 경쟁매매까지 가능하게 하고 거래규모가 일정수준 이상일 경우 금융위

---

19) 2010년 11월 다수의 트레이더 간에 이루어지는 초고속매매를 규제하기 위해 SEC는 대규모 거래자의 자체 보고 의무화, flash trading 및 naked(or unfiltered) access 금지 등의 방안을 마련하였다. 대규모 거래자의 자체 보고 의무화는 대규모 거래자가 자기 식별정보를 증권회사에 보고하게 함과 동시에 증권회사를 통해 보유하고 있는 거래계좌 전체를 밝히도록 하는 것을 말한다. flash trading은 대형기관투자자들이 슈퍼컴퓨터를 이용하여 통상 일반투자자들보다 30밀리세컨드 정도 앞서 주문 내역을 확인하여 기 설치된 알고리즘을 이용하여 초고속거래를 함으로써 선취매(front running)를 통해 부당이득을 취하는 거래를 말한다. naked access는 trader들의 주식매매 시 거래소나 규제당국에 매매주체의 신분을 드러내지 않고 증권회사의 컴퓨터 코드를 이용하여 직접 거래소에 주문을 제출함으로써 신속한 매수·매도 주문을 가능하게 하는 기법인바, 거래규정을 준수하고 있는지에 대한 증권회사의 사전점검(pre-trade check)을 거치지 않고 거래를 집행함으로써 시장의 안정성을 위협하고 다른 투자자들의 과도한 손실을 촉발시킬 우려가 있다.

20) 현재 주문처리 속도의 단위가 milli second(ms, 1/1,000초)를 넘어 micro second(μs, 1/1,000,000초)에 도달하고 있으며, 이런 추세로 진행될 경우 조만간 nano second(ns, 1/1,000,000,000초) 단위로 진입할 것으로 예상된다.

21) 알고리즘 매매란 특정한 증권의 매매종목, 매매시점, 매매호가 등에 관한 의사결정 정보를 제공하거나 이에 의해 자동적으로 주문을 내는 전산 software를 컴퓨터에 내재화하여 투자자의 개입 없이 자동적으로 주문을 생성하는 거래방식을 말한다.

22) 단기시세차익을 얻기 위해 보통 하루에 수분 단위로 수백 번의 매매를 하는 초단기투자자를 말한다. 가죽 벗기기(scalping)에서 유래한 용어로 가죽처럼 얇은 이윤을 박리다매 형식으로 얻는다는 의미에서 붙여진 이름이다.

원회의 허가를 받아 거래소로 전환할 수 있다. ATS에서 매매체결된 거래의 청산 및 시장감시 업무는 한국거래소가 담당한다.

금융투자업자에 대해서는 시장매매의무 대신에 최선집행의무를 부과하여 종래 매매주문을 받으면 거래소에서 의무적으로 거래하던 것을 거래소와 ATS 등의 호가를 비교하여 투자자에게 가장 유리한 호가로 거래를 체결하도록 한다.

5. 공   매

공매도(short selling)란 소유하지 않는 증권을 매도하거나 차입한 증권으로 결제하는 것으로 주로 증권 가격의 하락기에 차익을 얻거나 보유 증권의 가격하락 위험을 헤지하기 위하여 이용한다. 공매도는 매도시점에 이미 대상증권을 차입하고 있는지에 따라 차입공매도(covered short selling)[23]와 무차입공매도(naked short selling)로 구분할 수 있다. 차입공매도(covered short selling)란 해당 증권의 차입이 이미 이루어졌거나 결제일까지 차입이 이루어지기로 확정된 상태에서 매도주문을 내는 것을 말하고 무차입공매도(naked short selling)는 해당 증권의 차입 등이 확정되지 아니한 상태에서 매도주문을 하는 것을 말한다. 무차입공매도는 결제실패가 발생할 위험이 크기 때문에 예외적인 경우를 제외하고는 허용되지 않는 것이 일반적이다.

공매도는 공매도에 참여하는 정보우위자(well informed)의 정보가 시장에 반영되어 증권시장의 가격결정의 효율성을 제고하며 특히 차익거래 목적의 공매도는 파생상품과 기초자산간의 가격 괴리를 신속하게 해소하는 데 기여한다. 공매도는 또한 매수주문 과다시에는 공급물량을 제공하고 매도물량 과다시에는 공매도 포지션 청산을 위한 매수세를 창출함으로써 시장의 유동성을 제고하는 등의 장점이 있다.

그러나 공매도를 통한 인위적인 가격하락을 도모하거나 공매도자의 결제 책임을 이용하여 공매도자를 압박(short squeeze)함으로써 공매도가 시세조정의 수단으로 악용될 수 있고, 공매도 시점에 결제주식을 확보하지 못하거나 유통물량을 초과하는 과도한 공매도 주문시 결제불이행 가능성이 있다는 등의 단점이 있다.

이러한 이유로 「자본시장법」은 지분증권, 수익증권, 파생결합증권, 증권예탁증권, 전환사채, 신주인수권부사채, 교환사채, 이익참가부사채의 공매도는 원칙적으로 금지하고 있다(법 제180조). 다만 증권시장의 안정성 및 공정한 가격형성을 위

---

23) 대차거래를 통해 증권을 차입하는 자는 대차거래 중개기관에 현금이나 증권 등을 담보를 제공함으로 담보공매도라고 부르기도 한다.

하여 거래소가 정하는 가격(up-tick rule)24)으로 행하는 차입공매도에 한해 공매도가
가능하며 이 경우에도 매도주문을 하는 투자자 또는 거래소 회원은 위탁매매업자
또는 거래소에 동 매도주문이 공매도라는 사실을 알리고 공매도 대상증권의 결제
일까지 결제가 가능한 것이어야 한다.

일반적으로 공매도 여부는 매도주문 시점에 당해 상장증권에 대한 매도주문
수량만큼의 순매수포지션(net long position)이 있었는지 여부로 판단한다. 순매수포지
션이라 함은 당해 증권에 대한 자산에서 부채를 차감한 순자산(net asset)에 해당하
는 개념으로 매도주문수량만큼의 순매수포지션이 없는 경우 공매도에 해당한다.

「자본시장법」은 다음 각 호의 어느 하나에 해당하는 경우에는 이를 공매도로
보지 않는다.

① 증권시장에서 매수계약이 체결된 상장증권을 해당 수량의 범위 내에서 결
제일 전에 매도하는 경우

② 전환사채·신주인수권부사채·교환사채 등의 권리행사, 유무상증자, 주식배
당 등으로 취득한 주식을 매도하는 경우로서 결제일까지 그 주식이 상장되어 결제
가 가능한 경우

③ 그 밖에 결제를 이행하지 아니할 우려가 없는 경우로서 시행령으로 정하는
경우(매도주문을 위탁받는 투자중개업자 외의 다른 보관기관에 보관하고 있거나 그 밖의 방법으로
소유하고 있는 사실이 확인된 상장증권의 매도, 대여중인 상장증권 중 반환이 확정된 증권의 매도 등)

6. 대차거래

대차거래(securities lending)란 대여자가 차입자에게 증권을 유상으로 빌려주고
차입자는 계약종료시 대여자에게 동종 동량의 증권으로 상환할 것임을 약정함으로
써 성립하는 거래를 말한다. 대차기간은 통상 1년이나 차입자의 조기상환, 회전(roll
over) 등이 가능함에 따라 계약기간의 자유로운 조정이 가능하다(open-end). 대차거
래의 법적 성격은 「민법」상의 소비대차거래에 해당하며 차입자에게 소유권, 처분
권, 의결권 등의 권리가 포괄적으로 이전된다.25)

---

24) 공매도를 할 때 직전 시장가격 이하로 호가를 제시할 수 없도록 하는 것을 up-tick rule이라 하
고 호가를 자유롭게 제시할 수 있는 것을 zero-tick rule이라 한다. 「증권시장업무규정」은 up-tick
rule만을 인정하나 지수차익거래와 ELW 유동성공급업자가 헤지를 위해 기초증권을 매도하는 경
우 등에 대해서는 up-tick rule의 예외를 인정한다.
25) 주식대차거래(stock lending)는 주식스왑거래 등 파생금융거래와 함께 공투표(empty voting) 문

그러나 대차거래는 매매거래와는 달리 대여자가 일정기간 후 증권을 반환받아 당해 증권에 부수되는 모든 권리를 보유할 의사를 가지고 거래하는 것이므로 차입증권의 이자, 배당금 등과 같이 증권을 대여하지 않았더라면 받았을 경제적 이익을 차입자로부터 보상(substitute payment)을 받는다. 대차거래는 차입증권이나 배당금 등 차입증권에서 발생하는 이익의 반환, 대차수수료의 지급 등 채무자의 채무불이행위험을 최소화하기 위해 현금이나 증권의 담보 또는 제3자의 보증이 필요하다.26)

대차거래는 증권시장의 유동성을 증대시키고 결제불이행 위험을 방지하는 등 시장의 효율성을 제고한다. 이 밖에 대여자 측면에서 증권의 대여를 통한 안정적인 무위험 수익 창출이 가능하며 차입자는 매매거래의 결제, 공매도, 차익거래, 재대여 등 다양한 투자전략 목적으로 활용이 가능하다.

일반적으로 대차거래는 공매도 전략과 밀접한 연관이 있으며 종목 간 또는 시장 간 가격 차이를 이용한 차익거래와 파생상품을 이용한 헤지거래 등의 경우 해당증권에 대한 대차거래가 필수적이다. 대차거래는 거래상대방이 계약을 이행하지 않을 위험에 대비하기 위한 적절한 안정장치가 필요하다. 「자본시장법」은 중개기관27)을 통한 대차거래에 대하여 당해 중개기관이 차입자로부터 증권 또는 현금을 담보로 제공받을 것을 의무화하고 중개기관을 통하지 않은 직접거래인 경우에는 당사자 간에 담보 등 거래조건을 협의하여 결정하도록 규정하고 있다.

대차거래가 가능한 증권은 상장주권, 상장채권, ETF의 집합투자증권 등 상장증권으로 한정되어 있다. 현재 대차거래는 주로 기관투자자를 대상으로 하나 개인투자자를 대상으로 하는 대차거래로는 대주제도가 있다. 대주는 개인투자가가 금융투자회사로부터 주식을 차입하여 수도·결제하는 매매거래로 신용거래의 일종이

제를 야기하기도 한다. 공투표란 법적으로는 주주로서 의결권을 가지지만 경제적 이익을 갖지 않는 주주의 의결권 행사를 말한다. 주식대차거래에 의한 공투표는 주주총회 의결권 확정기준일 이전에 주식을 차입한 후 의결권을 행사하고 기준일 이후 주식을 되돌려 주는 것을 말한다.

26) 미국과 일본의 경우 현금담보가, 영국의 경우 증권담보가 일반화되어 있다. 현금을 담보로 할 경우 대여자가 증권을 담보로 현금을 차입하는 결과와 같기 때문에 RP거래와 경제적 실질이 동일하다.

27) 현재 중개기관으로 대차거래의 중개와 증권·담보관리 등의 업무를 종합적으로 수행하는 예탁결제원과 증권금융 및 대차거래의 중개만을 담당하는 금융투자회사가 있다. 현재 주식대차업무는 주로 외국인을 대상으로 대부분 예탁결제원이 수행하고 있고 채권대차업무는 주로 내국인을 대상으로 증권금융과 예탁결제원이 시장을 주도하고 있다.

다. 대여주식은 금융투자회사가 신용거래 융자시 고객으로부터 받은 담보주식이 이용되며 당해 주식 매각대금이 대주의 담보가 된다.

따라서 투자자는 빌린 주식을 상환하기 전까지는 동 주식을 매각하여 얻은 대금을 인출할 수 없다.

7. 증권의 매매관리

1) 거래회원

거래소의 증권 및 파생상품거래는 회원을 통해서 이루어진다. 회원이란 누구의 계산으로 하든지 간에 자기의 명의로 거래소의 거래에 참가할 수 있는 자로 시장의 종류에 따라 증권거래회원과 파생상품거래회원으로 구분한다.

회원은 다시 거래소에 대한 결제이행의 책임부담 여부에 따라 결제회원, 매매전문회원 및 기타회원으로 구분한다. 결제회원은 자기명의로 성립된 증권과 파생상품의 매매거래나 매매전문회원으로부터 결제를 위탁받은 거래에 대해 자기명의로 결제를 행하는 회원을 말하고 매매전문회원은 자기명의로 성립한 증권이나 파생상품의 매매에 따른 결제를 결제회원에 위탁하는 회원을 말한다. 기타회원은 거래소시장의 일부 시장이나 품목에 대해 결제나 매매에 참가하는 회원을 말한다. 거래소의 회원이 될 수 있는 자는 금융위원회로부터 해당 금융투자업의 허가를 받은 자이어야 한다.

2) 내국인의 국내증권 투자

일반투자자는 거래소(유가증권시장 및 코스닥시장)에 직접 증권 매매주문을 할 수가 없으므로 증권 위탁매매업무를 허가받은 금융투자회사에 매매주문을 신청하고 금융투자회사가 일반 투자자를 대리하여 거래소에 주문(placement of order)을 제출한다. 거래소에서 증권 매매가 성립되면 매수인은 매수대금을 매도인에게 지급하고, 매도인은 증권 실물을 매수인에게 양도하여야 한다.

그러나 현재 거래소는 증권 실물이동에 따른 불편과 사고위험을 방지하고 증권 거래의 효율성을 제고하기 위해 증권 매매에 따른 자금 및 증권의 결제는 투자자를 대리하여 한국예탁결제원이 이를 수행한다. 또한 채권장외거래, 기관투자가 거래, KONEX시장의 거래, 집합투자자산 거래, 개별주식옵션 거래 등과 관련하여 발생하는 결제도 대부분 한국예탁결제원이 담당하고 있다.

3) 내국인의 외화증권 투자

국내법인 및 개인 등 내국인이 외국 증권시장에서 외화증권을 매매거래를 하고자 하는 경우 외국증권시장에서의 매매거래에 관한 위탁의 중개, 주선 또는 대리에 관하여 영업허가를 받은 금융투자회사에 외화증권거래 위탁계좌를 개설하고 이를 통하여 매매주문을 한다. 한편, 내국인이 동 절차에 따라 취득한 외화증권은 한국예탁결제원이 선임한 외국 보관기관에 보관하여야 한다.

4) 외국인의 국내증권 투자

외국인이 국내 증권시장에서 국내증권의 매매거래를 하고자 하는 경우에는 먼저 투자증권별로 금융투자회사 등 투자관리대행기관(custodian)과 상임대리인계약(standing proxy agreement)을 체결하고 금융감독원에 투자등록(investment registration)을 하여야 한다. 그리고 지정거래 외국환은행에 증권투자전용 대외계정(해외로부터 송금되어 온 외화를 입금한 계좌)과 비거주자 원화계정(국내증권 매입을 위해 환전한 원화를 입금한 계좌)을 개설하고 금융투자회사에 매매거래계좌를 개설하여 매매주문, 매매이행 및 결제 등 매매관련 업무를 수행한다. 외국인 투자자는 동 절차에 따라 취득한 증권을 한국예탁결제원에 예탁하여야 한다.

8. 시장의 개편

최근 정보통신기술의 발전과 함께 투자자들에게 거래비용을 절감하고 다양한 투자기회를 제공하는 동시에 주문의 집중에 따른 가격형성의 효율성을 증대하기 위해 거래소 시스템의 통합 또는 연계체제가 증대되고 있다. 국내외적인 현물시장간 및 현물시장과 선물시장과의 통합과 해외거래소와의 교차상장, 교차거래, 원격지회원제 등 업무제휴 및 협력이 늘어나고 있는 것이 그것이다. 이에 따라 증권거래의 국제화가 이루어지면서 각국 증권시장간에 투자자와 상장회사를 유치하기 위한 경쟁과 협력이 동시에 진행되고 있다. 이미 매매거래를 유치하기 위해 거래소, 브로커, 대체거래시스템 등이 무한경쟁을 하고 있다.

또한 기관투자가의 증시에 대한 영향력이 증대되는 이른바 기관화(institutionalization) 현상에 따라 시장의 중심이 시장관리자로부터 투자자 및 상장기업 등 시장수요자에게로 이전되고 있다. 과거 증권시장은 시장참여자에게 낮은 거래비용으로 높은 유동성을 공급하는 공공적 기능만 수행하면 되었으나 최근에 들어 이용자의 다양한 수요를 충족시키기 위해 보다 많은 우량기업과 투자주문을 유치해야 하는 기업적 성격이 요구되고 있다.

이에 따라 세계적으로 거래소의 형태가 비영리형태의 회원제에서 영리형태의 주식회사제로 전환되고 있다.28) 이와 같은 거래소 형태의 탈상호화(demutualization)는 신속한 의사결정체제를 확립하고 시스템 구축에 소요되는 거액의 자금조달을 용이하게 하기 위해서다.

종래 우리나라는 현물시장과 선물시장이 분리되어 있고 현물시장도 유가증권시장, 코스닥시장 등으로 분리되어 있었다. 이에 따라 매매, 청산·결제,29) 예탁30) 등 매매지원 기능이 시장별로 분리되어 분리운영에 따른 관리비용이 증가하였다. 또한 결제에 참여하는 시장참가자간의 증권·대금의 이동규모가 증대됨에 따라 결제부담 및 결제위험이 증가하고 있는 등 거래비용과 이용자 편의 등 운영측면에서 상당한 비효율을 초래하였다.

이에 정부는 증권거래소, 코스닥 및 선물거래소를 주식회사 형태인 한국거래소로 통합하고 통합거래소 내에 독립적인 시장감시위원회를 두어 시장간 연계감시, 매매심리, 회원감리, 회원징계 등 제재에 대한 규정의 제·개정 등을 담당하게

---

28) 나스닥(NASDAQ), 런던증권거래소(LSE), 독일증권거래소(Deutsche Boerse) 등이 주식회사로 전환하였다. 2006년 3월 종래 회원제 조직이었던 NYSE는 전자증권거래소(ECN)인 Archipelage Holdings와 합병하여 지주회사인 NYSE Group으로 전환한데 이어 2006년 6월 유럽국가간 통합거래소(파리, 암스테르담, 브뤼셀, 리스본거래소)인 Euronext를 합병하였다. 호주의 주식거래소 ASX와 선물거래소 SFE는 합병과정에 있고, 일본의 오사카, 홍콩, 말레이시아 등도 외국거래소와의 합병을 추진하고 있다. 우리나라 증권선물거래소도 2006년부터 회원제조직에서 주식회사로 전환하고 자체 상장을 추진하고 있다.

29) 청산(clearing)이란 매매확인(confirmation), 상계(netting), 결제증권·결제품목·결제금액의 확정 등 매매에 따른 권리의무의 확정, 결제이행보증, 결제불이행의 처리, 결제지시 등의 업무를 말하고 결제(settlement)는 증권의 인도와 대금의 지급을 통해 매매거래를 최종적으로 종결시키는 것을 말한다. 청산기관은 증권거래의 매도자 및 매수자에 대한 거래상대방(Central Counter Party)으로서 결제이행을 보장하고, 증권거래에 관련된 신용위험을 인수한다. 청산과 결제는 한 기관이 수행하는 통합형과 별도의 기관이 수행하는 분리형이 있다. 통합형은 양 기능이 연속적이고 일관된 과정에 의해 수행되는데다 규모의 경제가 있다는 것을, 분리형은 결제리스크를 줄이기 위해 위험이 집중되는 청산기관으로부터 결제기관의 완전한 격리가 요구된다는 점을 그 이유로 든다. 우리나라는 현재 증권시장(유가증권시장과 Konex시장)에서의 청산기관은 한국거래소, 결제기관은 한국예탁원이 그리고 장내파생상품시장에서의 청산과 결제는 모두 한국거래소가 맡고 있다.

30) 예탁(depository)은 결제와 관련된 증권을 보관·관리하고 예탁증권의 권리이전·변경·소멸을 계좌간 대체방식으로 처리하는 과정을 말한다. 현재 한국예탁결제원이 예탁자와의 위임계약에 따라 증권을 예탁받아 혼합임치하고 증권등록시 한국예탁결제원의 명의로 일괄 등록한다. 예탁자의 권리는 예탁자계좌부에 규정되고 동계좌부를 통해 증권에 대한 권리행사가 이루어진다.

하였다.

　시장의 통합으로 통합운영체제가 구축됨으로써 신규상품의 개발·상장, 해외거래소와의 연계 등이 활성화되고 시장에 대한 효율적인 연계감시체제가 구축됨으로써 불공정거래의 적발 등이 용이해져 시장의 투명성이 한층 제고되었다.

　앞으로 기술발전과 리스크 전이 방지장치의 개발로 장내외의 거래가 연계된 전산인프라 환경이 구축되면 증권거래의 단일 플랫폼과 일괄처리시스템의 구축이 추진될 것이다. 일괄처리시스템(STP: straight through processing)이란 거래절차의 표준화와 전산화를 통해 최초 주문입력부터 최종 결제에 이르기까지 입력된 주문자료를 토대로 일련의 처리과정이 일관(seamlessly)되게 수행되게 함으로써 증권과 대금의 이동규모를 줄여 결제위험과 거래비용을 최소화하는 것을 말한다.

제 4 절   주식시장

　주식이란 주식회사의 주주의 지위, 즉 출자지분을 표시하는 증권으로 「자본시장법」은 주권을 지분증권[31]의 하나로 분류하고 있다.

I. 발행시장

　우리나라의 신주발행 방식은 종래에는 기업이 주식을 공모하는 경우 형식적으로는 총액인수방식에 의거 주로 증권회사가 총액인수자의 역할을 담당하였으나 공모가격의 결정과 주식의 배정 등에 있어 인수자의 재량이 거의 없어 실질적으로 인수회사는 인수위험을 전혀 부담함이 없이 발행주선업무만 수행하는 데 불과하였다.

　이에 보다 객관적이고 투명한 공모방식과 실질적인 총액인수체제로의 이행을

---

31) '주권, 신주인수권이 표시된 것, 법률에 의해 설립된 법인이 발행한 출자증권, 「상법」에 따른 합자회사·유한회사·익명조합의 출자지분, 「민법」에 따른 조합의 출자지분, 그 밖에 이와 유사한 것으로 출자지분이 표시된 것'이라 정의하고 있다(법 제4조 ④).

위해 그간 수차에 걸친 제도의 개편이 이루어져 오다가 2002년 8월부터 공모가격 결정, 청약 및 배정 등 인수절차 전반에 걸쳐 대부분의 규제가 폐지되어 대표주관 회사가 공모방법을 자율적으로 선택할 수 있게 하였다. 다만 인수업무의 자율화에 따른 보완조치로 시장상황 등을 감안하여 가격결정이 공정하게 이루어지게 하기 위해 공모금액이 일정 규모 이하일 경우에는 대표주관회사가 경매(auction)나 확정 가 방식(fixed pricing) 등을 자율적으로 선택할 수 있게 하되 공모금액이 일정 규모 이상일 경우에는 원칙적으로 수요예측방식을 따르도록 하고 대표주관회사의 경 제적 책임을 강화하기 위해 초과배정제도와 합의에 의한 시장조성제도를 도입하 였다.

수요예측방식(book building)은 대표주관회사(book runner)가 공모인수가격을 결정 하기 위해 사전에 주로 기관투자가들로 구성된 예정인수단으로부터 당해 증권의 공모희망가격과 수량 등을 제시받는 등 가격탐색과정(price discovery process)을 통해 예정공모가격을 산정한 뒤 이를 토대로 실제공모가격은 발행회사의 사업성, 시장 상황, 공모규모 등을 고려하여 발행회사와 협의한 가액으로 결정하는 방식을 말 한다.

초과배정제도(over-allotment)는 일명 Green Shoe option이라고도 하며 공모주식 에 대해 초과청약이 있는 경우 대표주관회사가 증권발행사로부터 공모가격으로 주 식을 추가로 인수할 수 있는 신주인수권을 부여받는 제도를 말한다. 공모주식에 대한 초과청약이 있는 경우 대표주관회사는 공모주식의 15% 범위 내에서 대주주 로부터 해당물량을 대여받아 이를 대표주관회사의 자기계산으로 청약인에게 추가 로 배정한다.

공모가 완료된 후 시장가격이 공모가격을 상회하면 대표주관회사는 매매개시 일로부터 30~40일 사이에 초과배정 옵션을 행사하여 증권발행사가 발행하는 신주 를 인수하여 이를 대주주에게 반환하고, 반대로 시장가격이 공모가격을 하회하면 신주인수권을 행사하지 않고 시장에서 주식을 매입하여 대주주에게 반환함으로써 대표주관회사의 매도초과 상태를 해소한다.

상장 후 주가상승 시 증권발행사는 유상증자를 통하여 추가 자금조달의 기회 를 갖게 되고, 주가하락 시에는 대표주관회사가 시장에서 초과배정물량만큼 주식 을 매입함으로써 간접적인 시장조성 효과를 창출하게 된다. 특히 초과배정 옵션이 주어질 경우 인수자는 가급적 발행가를 낮게 책정하려 할 것이며 이러한 사실 때문에 투자자들은 신주의 발행가가 비싸게 책정될 가능성(overpricing)에 대한 우려를 없앨 수 있다.

시장조성제도란 상장 후 주가하락위험으로 투자자가 청약을 꺼리는 것을 완화하기 위해 인수회사가 인수계약으로 시장조성을 하는 것을 말한다. 시장조성이란 상장 후 일정기간 동안 인수회사가 수급과 가격을 유지하기 위해 당해 증권을 매매하는 것으로 인위적인 시세조종의 위험이 있기 때문에 그 절차와 방법은 엄격하게 제한되며 시장조성시에는 일정한 사항을 기재한 시장조성신고서를 금융위원회와 거래소에 제출하여야 한다.

시장조성은 증권신고서에 기재된 인수회사만이 할 수 있으며 상장일로부터 1개월 이상 6개월 이내의 범위에서 인수계약이 정하는 날까지의 기간 동안만 할 수 있고 공모가격을 초과하여 매입하거나 하회하여 매도하지 못한다. 과거에는 일정한 범위 내에서 인수회사의 시장조성이 의무화되었으나 폐지되어 현재는 합의에 의한 시장조성만 가능하다.

II. 유통시장

1. 거래소시장

우리나라 주식의 매매제도는 연속거래제도가 근간을 이루고 있다. 다만 증권시장에서는 동시호가의 처리에 있어서만 경매형의 집중거래제도를 채택하고 있다. 종래에는 '한국거래소'만을 상장증권의 매매를 위한 증권시장을 개설하는 주체로 규정하였으나 「자본시장법」 개정으로 대체매매시스템이 도입됨에 따라 복수거래소체제로 바뀌었다. 여기서 상장이라 함은 증권의 유통이나 공정한 가격형성을 위해 증권발행인이나 관계기관이 거래소에 그 관리를 위탁하는 것을 말하며 이때 상장된 기업을 상장기업이라 한다.[32]

---

32) 우리나라의 경우 상장기업과 공개기업을 거의 유사한 개념으로 쓰고 있는데 공개기업이란 폐쇄성을 띠고 소수의 지배하에 있던 기업이 기업 및 경영내용을 일반에게 공개하는 동시에 발행시장에서 공모를 통하여 주식을 일반대중에게 분산시킨 기업을 말하는바, 지금까지 대부분의 공개기업이 주식의 상장을 전제로 주식을 공모하였기 때문이다. 그러나 1998년 5월부터 주식공모와 상장이 분리되어 주식공모는 별도의 요건 없이 증권신고만으로 가능하게 되고 공모를 통하지 않은 상장은 별도의 상장요건에 의거 거래소의 심사를 통해 상장 여부가 결정되게 되었다.

거래소시장에서 가장 많이 이용되는 주문방식은 시장가주문(market order), 지정가주문(limit order) 및 조건부 지정가주문이다. 시장가주문은 고객이 가격을 지정하지 않고 주문이 거래소에 도달한 시점에서 가장 유리한 가격으로 체결되도록 하는 주문으로 주로 현 시장의 가격에 크게 개의치 않고 신속하게 계약을 체결하고자 하는 경우에 이용된다. 시장가주문은 주문이 시장에 도달한 후 주문 전량이 충족될 때까지 매매가 체결된다. 따라서 시장가주문은 주문한 수량을 신속하게 확보할 수는 있으나 주문한 종목의 유동성이 부족한 경우에는 예상보다 불리한 가격으로 체결될 수도 있다.

지정가주문이란 고객이 매매가격 또는 시간을 지정하여 주는 방식으로 지정한 가격 또는 이보다 유리한 가격(at or better)에서만 매매가 체결되도록 하는 방식이다. 조건부 지정가주문(conditional limit order)은 장중에는 지정가주문과 동일하나 장 마감의 동시호가에는 단일가종가 시장가주문으로 자동적으로 변경되는 것을 말한다.

한편 2006년부터 전문유동성공급자(liquidity provider)제도가 도입되었다. 유동성공급자제도는 재무구조 및 수익성이 우수함에도 불구하고, 유동성 부족으로 매매거래가 활발하지 못하여 투자자들이 거래를 기피하는 종목에 대해 상장회사와 계약을 맺은 금융투자회사가 당해 종목에 대하여 매도·매수호가를 제출하여 유동성을 공급하는 제도로 제한된 범위의 시장조성(market making)제도라 할 수 있다.

2. K-OTC시장

K-OTC(Korea Over-The-Counter)시장은 장외주식, 즉 상장요건을 충족하지 못해 제도권에 진입이 어려운 주식 또는 상장이나 등록이 폐지된 주식에 대해 유동성을 부여하기 위해 2000년 3월 출범한 제3시장에 이어 이를 개편한 프리보드시장을 다시 확대 개편한 장외시장으로 금융투자협회가 개설 운영한다. 종래 프리보드시장의 매매체결방식은 상대매매방식으로 가격이 일치하는 매도·매수주문은 자동적으로 매매가 체결되고 가격이 일치하지 않는 경우에는 투자자가 직접 상대방 호가를 탐색하여 주문정정을 통해 체결하였다. 증권의 수도결제는 예탁결제원에 개설

증권신고서 제도는 기업이 자금공급자인 투자자에게 투자판단에 필요한 정보를 정확·진실·충분하게 공개함으로써 균등·공평한 경쟁조건을 조성하고 공정한 거래질서와 투자자보호를 위한 공시장치이다.

되어 있는 금융투자회사간 계좌이체방식에 의해 이루어졌다. 그러나 프리보드시장 출범과 함께 벤처기업 소액주주의 양도소득세를 비과세로 시행하는 등의 유인책을 도입하였음에도 불구하고, 매매체결방식의 비효율성, 소액주주가 아닌 주주의 거래에 대해 양도소득세 부과(대기업 주식의 경우 20%, 중소기업 주식의 10%) 등의 이유로 프리보드시장은 실패에 가까웠다.

이에 따라 장외시장의 기능에 대한 전면적인 개편의 필요성이 대두되었고, 프리보드시장은 모든 장외주식의 거래가 가능한 K-OTC시장으로 새롭게 탄생하게 되었다. 종래 프리보드시장은 개설 초기에는 벤처기업 소액주주의 양도소득세를 비과세 시행하는 등에 힘입어 활성화되는 듯 했으나 거래 대상기업이 소수 중소기업 위주로 한정되어 시장의 역할이 크게 저하되고 2013년 7월 중소기업 전용 주식시장인 코넥스(KONEX)시장이 개설되면서 그 역할이 모호해졌다.

이에 정부는 2014년 8월 중소·벤처 기업의 직접금융 활성화에 중점을 두던 프리보드시장을 확대 개편하여, 벤처기업, 비상장 중소기업을 포함하여 원칙적으로 국내 모든 장외주식의 거래가 가능한 K-OTC시장을 개설하였다.

K-OTC시장은 제1부시장(K-OTC)과 제2부시장(K-OTCBB)으로 구성된다. K-OTC시장은 일정요건에 따라 기업의 등록 또는 지정된 기업이 협회 시스템을 통해 거래되는데 협회가 정한 공시의무를 준수하는 등록기업부(기존 프리보드)와 공시의무가 없고 기업의 신청 없이 지정하거나, 기업의 지정동의로 지정하는 지정기업부가 있다. 거래방식은 기본적으로 코스닥시장 및 코넥스시장과 동일하다.

K-OTCBB시장은 사실상 진입 공시규제가 없는 비상장법인 주식호가게시판으로 미국의 OTCBB(OTC Bulletin Board)[33]를 모델로 한 것이나 마켓메이커가 없는 등 거래방식 등에서는 상당한 차이가 있다.

---

33) OTCBB는 감독당국에 등록된 기업의 발행주식 중 연방증권거래소들과 나스닥시장에 상장되지 않은 기업이 발행한 주식들을 대상으로 한 장외주식 호가중개게시판으로 개설 및 운영은 나스닥 증권시장이 담당한다. 매매방식은 마켓메이커에 의한 호가주도형 방식이고 매매내역은 매매체결 후 일정시간 이내에 마켓메이커가 자동매매조회서비스인 ACT(Automated Confirmation Transaction Service)를 통해 보고하며, 이는 다시 나스닥과 청산·결제기관인 NSCC(National Securities Clearing Corporation)로 자동적으로 전송된다. 마켓메이커는 발행인 및 주식에 관한 사항, 재무제표, 사업보고서 등 기업관련정보를 나스닥에 제출하고 나스닥은 OTCBB등록법인의 공시 등 시장관리업무를 담당한다. 한편 거래소시장이나 OTCBB에서도 거래될 수 없는 비적격증권에 대한 호가게시를 하는 Pink Sheets제도가 있다. 동시스템의 운영주체인 Pink Sheets LLC는 연방법상의 증권거래소나 자율규제기관은 아니며 동 시장에서 시장조성을 하는 증권회사도 OTCBB게시종목과 같은 호가게시 의무가 없다.

K-OTCBB는 통일규격증권, 명의개서대행계약, 정관상 양도가능 등 최소한의 요건을 갖춘 비상장주식의 거래를 지원하는 단순 플랫폼[34]으로 거래방식은 호가 게시판을 통해 거래정보를 확인하고, 매매방식은 가격일치시 매매를 체결하는 상대매매방식으로 증권사간 협의를 통한 거래를 체결한 후 협회에 보고한다.

3. 코넥스시장

2013년 중소기업과 벤처기업 전용 주식시장인 코넥스(Korea New Exchange) 시장이 개설되었다. 코넥스는 재무요건 미달로 거래소나 코스닥 시장에 진입이 불가능한 중소기업과 벤처기업을 주 대상으로 하고 코넥스에 참여할 수 있는 투자주체는 「자본시장법」상 전문투자자와 「중소기업창업지원법」에 규정된 벤처캐피탈 그리고 개인투자자의 경우 기본예탁금 3억원 이상인 자로 제한된다. 코넥스시장에 상장하는 창업 초기 중소기업을 지원하기 위해 감사인 지정 면제, K-IFRS 적용 면제, 증권의 모집·매출의 기준이 되는 청약권유대상자(50인) 적용 면제, 상장법인에 적용되는 합병 등의 특례 규정 완화 등 코넥스시장의 안착을 위해 완화된 규제를 적용하고 있다.

코넥스 상장의 핵심 역할은 지정자문인이 맡고 지정자문인은 기업을 발굴해 상장시키는 역할 외에 상장 후 공시, 자문 등 사후관리까지 맡아 상장기업의 후견인 역할을 한다. 코넥스 상장기업들은 코넥스에서 성장 기초를 닦고 코스닥으로 이전하는 과정을 거치게 될 것이다. 코넥스에서의 매매방식은 다양한 경쟁매매 방법이 적용된다.

한편 거래소를 지주회사로 하고 유가증권, 코스닥, 파생상품시장 등을 자회사로 분리하는 내용을 담은 「자본시장법」 개정안이 현재 국회에 계류되어 있다.

III. 주식의 종류

주식은 주식회사에 대한 지분(equity)을 표창하는 증서로 배당방법, 의결권의 유무, 자본형성방법, 주주성명 공시여부, 주금기재 여부 등에 따라 여러 가지로 분

---

34) 플랫폼이란 기술적으로 다른 애플리케이션이나 콘텐츠가 그 위에서 구현될 수 있도록 하는 일종의 기반소프트웨어를 말한다.

류할 수 있다.

1. 보통주식 · 우선주식 · 후배주식

보통주식(common stock)은 주주가 가지는 각종의 권리, 즉 이익배당청구권, 경영참가권 및 잔여재산분배청구권을 평등하게 가진 주식으로 이익배당이나 잔여재산분배 등의 권리에 있어서 차이가 있는 다른 종류의 주식과 구별되는 상대적 의미에서 보통주라고 부른다.

우선주식(preferred stock)은 이익배당 및 잔여재산 분배에의 참가순위가 보통주에 우선하나 사채보다는 후위에 있다. 우선주식은 보통주식에 우선하여 배당을 받을 수 있는 우선배당률이 사전에 결정되어 있다는 점에서 사채와 유사하나 우선배당률은 사채와 같이 항상 보증되어 있는 것은 아니다.

우선주식은 우선배당률 이하의 부족배당 발생시의 처리에 따라 부족배당액을 다음 결산기에 보상하는 누적적 우선주식(cumulative preferred stock)과 부족배당액이 보전되지 않는 비누적적 우선주식(non-cumulative preferred stock)으로 나누어지고, 일정률의 우선배당을 받은 다음 다시 잔여이익 배분에 보통주와 같이 참여하느냐의 여부에 따라 참가적 우선주식(participating preferred stock)과 비참가적 우선주식(non-participating preferred stock)으로 구별된다.

우선주식은 이 4가지 조건을 조합하여 ① 누적적·참가적 우선주식, ② 누적적·비참가적 우선주식, ③ 비누적적·참가적 우선주식, ④ 비누적적·비참가적 우선주식 등의 형태로 분류된다.

우리나라의 구형 우선주식은 대부분 보통주식보다 액면가 기준으로 1% 정도 더 배당하는 비누적적·비참가적 무의결권주식으로 우선배당이 주어지지 않을 경우 다음 주주총회부터 의결권이 부활되는 주식이다. 그러나 의결권은 주주가 경영자의 재량적 행위로부터 발생할 수도 있는 불이익을 규제할 수 있는 최후의 수단인바, 이와 같은 중요한 경제적 가치를 액면가액의 1% 정도의 낮은 보상으로 포기케 하는 것은 실체가 형식을 우선(substance over form)한다는 우선주의 기본정신에 어긋난다는 지적들이 많았다. 이에 따라 「상법」은 1995년 10월부터 우선주(신형 우선주)를 발행할 경우, 회사 정관에 최저배당률을 명기하거나 일정기간 경과 후 보통주로 전환하도록 규정하고 있다.[35] 정관에서 정한 최저배당을 하지 못하였을 경

---

35) 신형 우선주의 경우 구형 우선주와 구별하기 위해 종목명 뒤에 2우 혹은 2우-B(정관상 최저배당

우 누적적으로 배당률이 증가한다.

후배주식(deferred stock)은 보통주식에 비해 이익배당이나 잔여재산 분배의 참가순위가 열위에 있는 주식으로서 통상 배당을 지급하지 않고 지배를 위한 의결권만의 부여를 목적으로 발기인 등에 제공되기 때문에 미국이나 영국에서는 발기인주식(founder's share)이라고 한다.

2. 종류주식

종류주식이란 자본조달의 효율이나 주주의 성향 등을 감안하여 주식이 표창하는 소정의 권리에 대해 특수한 내용을 부여한 주식을 말한다.

주식의 종류에 관해 법적 제한을 두지 않고 회사의 정관에 규정하는 등 사적자치에 맡기는 선진국과는 달리 우리나라의 종래 「상법」은 주주평등의 원칙에 충실하여 주식의 종류를 엄격하게 제한하여 왔다. 그러나 이와 같은 제한된 주식만으로는 기업의 안정적인 자금조달이 어려울 뿐만 아니라 기업의 경영권 방어에도 과다한 비용이 지출된다는 주장에 따라 2011년 3월 「상법」 개정으로 주식회사가 상환주식(redeemable stock 또는 callable stock), 전환주식(convertible stock), 특정사항에 관해 의결권이 배제·제한되는 주식(restricted stock) 등 다양한 종류의 주식을 발행할 수 있도록 하였다(제344조).

상환주식은 정관으로 정하는 바에 따라 회사의 이익으로 소각할 수 있는 종류주식으로 법에서 정한 모든 종류주식에 대해 발행이 가능하다. 상환주체는 회사측에 상환청구권이 있는 것과 주주측에 상환청구권이 있는 것으로 구분된다. 전자는 회사가 배당압력을 줄이기 위해 중도에 상환하고자 하는 경우 등이고 후자는 투자자가 투자를 중도에 환수하고자 할 경우로 상환주식은 주식과 채권의 양면성을 가지고 있다. 상환주식은 현금 이외에 유가증권이나 기타자산으로도 상환이 가능하나 다른 종류의 주식으로의 상환은 제외된다(제345조). 다른 종류의 주식으로 상환을 허용하면 전환주식이 되기 때문이다.

전환주식은 회사가 종류주식을 발행하는 경우 다른 종류의 주식으로 전환할 것을 청구할 수 있는 권리를 부여한 주식이다(제346조). 전환청구권은 주주뿐만 아니라 회사측에도 부여하고 있다. 예컨대 회사가 어려울 때 우선주로 발행하지만 사업이 호전되면 이를 보통주로 전환할 수 있고 회사가 적대적 M&A의 대상이 되

률이 명기된 신형 우선주)로 표기한다.

는 경우 무의결권주식을 보통주로 전환하여 경영권을 방어할 수도 있다. 전환주식의 경우 전환대가를 다른 종류의 주식으로 한정하고 있는바, 전환대가를 현금, 유가증권 등을 포함하면 상환주식과 다름이 없기 때문이다.

의결권 배제·제한되는 종류주식은 임원임면권이 없거나 주주총회 특별결의사항 등 특정사항에만 의결권을 갖는 등 의결권이 배제 또는 제한되는 주식으로 정관에 의결권을 행사할 수 없는 사항과 의결권 행사 또는 부활의 조건을 정한 경우에는 그 조건을 정하여야 한다. 발행주식 총수는 발행주식 총수의 1/2을 초과하지 못한다.

이 밖에도 주식의 양도에 관한 종류주식, 이익의 배당이나 잔여재산분배에 관하여 달리 정할 수 있는 주식 등이 있다. 주식의 양도에 관한 종류주식은 주식 일부의 양도에 관하여 이사회의 승인을 얻어야 하는 주식으로 주로 주주 상호간의 인적관계가 중시되는 소규모 회사에 인정되는 것이 보통이다.

이익배당·잔여재산분배에 관한 종류주식은 회사가 정관에 주주에게 교부하는 배당(잔여)재산의 종류, 배당(잔여)자산의 가액 결정방법 등 이익배당(잔여재산분배)에 관한 내용을 정하여야 한다.

한편, 투자금을 상환받을 권리와 보통주로의 전환할 권리가 동시에 붙어 있는 상환전환우선주(redeemable convertible preferred stock)도 있다. 동 주식은 통상 비상장회사가 발행하며 투자자는 상장 전에는 배당수익을 받다가 회사가 상장하기 직전에 보통주로 전환해서 주식시장에서 매도하여 자금을 회수한다.[36]

3. 액면주식과 무액면주식

액면주식(par value stock)은 주권에 그 주식의 액면가액이 기재되어 있는 주식을 말한다. 액면가액은 자본금(= 액면가액 × 주식발행수)의 구성단위로 회사가 자본충실을 위해 유지해야 하는 순자산액의 규범적 기준이다. 자본금의 원래의 의미는 회사가 채권자를 위해 유지해야 할 책임자산의 일부로 자본금을 포함한 일정한 금액을 회사에 유보시키고 주주에게 배당 등으로 유출을 금지시켜 채권자를 보호하려는 데 그 목적이 있다.

---

36) 미국의 경우 다양한 종류주식이 발행되고 있다. 백지수표식 우선주, 이사임명권 관련주, 특정사업 연동주(tracking stock), 복수의결권주, 부분의결권주, 상환의결권주, 기간연계의결권주, 무의결권주, 의결권제한주, 차등의결권주 등이 그 예이다.

그러나 회사의 실제재산과 장부상의 숫자가 차이가 나는 등 회계상 자산의 평가가 경제적 실질을 반영하지 못하는 등에 따라 자본금제도가 당초 의도한 목적을 제대로 수행하지 못하고 액면미달 발행 및 주식분할의 어려움 등 오히려 회사의 자본조달에 장애가 될 뿐 아니라 할인발행으로 인한 혼수자본(watered stock)의 가능성 등 채권자 보호도 제대로 하지 못한다는 비판이 있어 왔다. 이에 개정「상법」은 무액면주식의 발행을 허용하고 최저자본금제도를 폐지하였다. 무액면주식(non-par value stock)은 주권에 액면가액이 기재되지 않은 주식으로 발행가액은 주식을 발행할 당시의 시가가 보통이다.

회사는 액면주식과 무액면주식 중 한 종류를 선택하여 발행할 수 있되 액면주식과 무액면주식을 동시에 발행할 수는 없다. 회사가 무액면주식을 발행하는 경우에는 주식의 발행가격과 주식의 발행가액 중 자본금으로 계상하는 금액을 정하여야 한다(제291조, 제329조, 제451조).

4. 기명주식과 무기명주식

기명주식(registered stock)은 주주의 이름이 주권 및 주주명부에 기재되어 있는 주식으로 권리행사자를 명확히 알 수가 있고 그 통지를 함에 있어서도 편리하다는 이점이 있다. 무기명주식은 주주의 이름이 주권이나 주주명부에 기재되지 않고 주권을 소유함으로써 주주로서의 자격을 인정받게 된다. 우리나라의 경우 무기명주식은 정관에서 그 발행을 예정하고 있을 경우에만 가능하도록 되어 있고 발행이 되었을 경우에도 그 권리행사자를 확정짓기 위해서 주권을 회사에 공탁시키도록 하고 있다.

5. 신주인수권증권

신주인수권증권(warrant)은 사전에 약정한 가액 등으로 신주의 발행을 청구할 수 있는 권리를 말한다.[37] 신주인수권증권은 기초가 되는 주식의 발행회사가 발행

---

37) 신주인수권증권과 혼동될 수 있는 용어로 신주인수권증서(preemptive rights)가 있다. 동 증서는 주주배정방식의 증자시 기존주주에게 신주를 우선적으로 인수할 수 있는 권리를 증빙하는 증서를 증권의 형태로 구체화한 것으로 통상 유상증자 기준일로부터 청약일까지 약 2주일 동안 증서로서의 효력을 가지며 청약일 이후에는 가치가 소멸한다.「자본시장법」은 상장기업이 적정가를 하회하는 저가로 주식을 발행하여 이를 주주에게 배정할 시에는 신주인수권증서의 발행과 동 증서의 상장 등을 통해 유통시킬 의무를 부과하고 있다. 이를 통해 실권위험을 줄이고 추가출자에 참여

할 수도 있고 금융투자회사와 같이 제3자가 발행할 수도 있다. 종래 신주인수권증권은 전환사채(CB)나 신주인수권부사채(BW) 등과 같이 회사채에 부과되거나 주식옵션과 같이 특수한 자에게만 발행되는 형태로만 허용되었으나 「자본시장법」은 독립적인 신주인수권증권의 발행도 허용한다. 다만 동 증권의 발행에 따른 부작용을 방지하기 위해 실물거래와 연계된 경우, 예컨대 주식 등과 함께 발행하거나 금융기관으로부터 차입하면서 그 기관에 발행하는 경우, 전략적 업무제휴나 합작투자의 유치를 위해 투자자에 발행하는 경우 등으로 발행 사유를 제한하고 행사가격 이외에 발행가격도 규제한다.

6. 주식워런트증권

주식워런트증권(ELW: Equity Linked Warrant)이란 특정 주식이나 주가지수를 기초자산으로 만기 시 해당 기초자산 가격과 사전에 약정한 가격과의 차이에 의하여 투자수익이 결정되는 장외옵션을 상장한 것이다.[38]

ELW의 기초자산은 개별주식으로는 KOSPI 200 구성종목 중 거래대금 상위 100 종목 및 복수종목의 바스켓, 스타지수 구성종목 중 시가총액 상위 5개 종목 및 복수종목의 바스켓이 그리고 주가지수로는 KOSPI 200 지수, 스타지수, NIKEI 225 지수, 항셍지수 등이다.

거래량이나 시가총액이 큰 주식을 대상으로 한 것은 상품의 안정성 확보와 가격조작 방지 등을 위해 우량하고 유동성이 풍부한 주식을 대상으로 할 필요가 있기 때문이고, 주가지수를 대상으로 한 것은 ELW를 보유함에 따른 시장위험을 해소하기 위한 헤지거래가 가능하도록 선물·옵션거래 대상지수로 할 필요가 있기 때문이다.

ELW는 주식관련 옵션과 성격이 유사하지만 시장구조, 발행주체, 발행조건 등에서 차이가 있다. ELW는 발행주체가 장외파생상품업무 인가를 받은 금융투자회사로 한정되고 상품설계에 따라 상품의 종류가 다양하며 발행사의 신용위험이 존재한다. 반면 주식관련 옵션은 불특정다수의 투자자에 의한 발행이 가능하고 상품이 표준화되어 있으며 거래소가 결제를 보증한다.

하기 어려운 주주의 이익을 보장하기 위해서다.

38) 당초 ELW는 투자자가 어떠한 경우에도 매수금액 이외에 추가지급의무가 발생하지 않는다는 의미에서 파생결합증권으로 분류하였으나 개정 「자본시장법」에서는 이를 이용한 시세조종 등 부정행위의 빈발로 보다 엄격한 규제가 필요한 증권으로 분류하기로 하였다.

ELW의 가장 큰 특징은 거래의 원활화를 위해 발행 금융투자회사 또는 다른 금융투자회사로 1개 이상의 유동성공급자(LP: Liquidity Provider)를 지정·운영한다는 점이다. LP는 ELW를 공모방식으로 발행할 경우 일반투자자가 청약하지 않은 잔액을 인수하거나 발행사로부터 전액을 인수한 후 유통시장에서 일반투자자에게 매출한다. LP는 또한 유통시장에서 ELW의 유동성을 확보하기 위해 일정시간 동안 일정한 범위 내의 호가가 없는 경우, 또는 어느 일방의 호가만 있는 경우 의무적으로 매수·매도호가를 제시하여야 한다. LP는 유동성공급 과정에서 ELW를 보유하게 되는바, 이에 따른 시장위험을 헤지하기 위해 해당 주식을 매매(공매도 포함)하게 된다.

ELW의 권리행사 조건 및 결제방식은 상품설계의 유연성을 부여하기 위해 발행자가 자유로이 선택하도록 하되 투자자 보호를 위해 이를 사전에 공시토록 하고, 발행 이후 일방적 변경을 금지하고 있다. 최저 상장금액은 10억원 이상, 만기는 3개월~3년이다.

ELW의 상장절차는 기본적으로 주식의 신규상장 절차와 동일하게 적용하되 ELW는 일반 주식과 달리 특정한 주식의 가격 및 주가지수의 변동과 연계하여 권리를 행사하는 상품이므로 주식의 신규상장 시 적용하는 심사가 불필요하여 상장심사 제출서류의 일부를 생략하고 상장심사기간을 단축하는 등 상장절차를 간소화하고 있다.

ELW는 주식위탁금 계정을 함께 사용하는 등 기본적으로 주식시장의 매매제도를 준용하되 기존의 증권과 성격이 다른 점을 감안하여 별도 시장으로 구분 관리한다. ELW는 기초주식 및 주가지수보다 가격변동이 커 담보가치가 불안정하므로 대용증권으로 인정되지 않으며 가격제한폭도 없다. ELW는 기초자산인 주식이나 ELW 발행자의 주식의 상장이 폐지되는 경우와 해당 주가지수의 산출 또는 이용이 중단된 경우에는 상장이 폐지된다.

2010년 9월 한국거래소는 ELW의 투자손실을 일정 부분 제한할 수 있는 조기종료 ELW(KOBA: Knock-Out Barrier Warrant)를 도입하였다. KOBA는 일반 ELW(plain vanila warrant)에 조기종료(knock-out) 조건이 부여된 워런트로 만기 이전이라도 기초자산 가격이 조기종료 발생 기준가격(knock-out barrier)에 도달하는 등 일정 조건을 충족할 경우 워런트의 효력이 종료된다. 현재 KOBA는 KOSPI 200 지수만을 대상으로 내가격(in the money)으로만 발행되며 내가격만으로 제한되므로 투자자가 레버리지(기초자산이 1% 변화할 때 워런트가격 변화율) 효과를 크게 이용할 수 있는 외가격(out of the money) 발행에 의한 투기적 거래 압력을 완화하는 데 기여한다.

7. 차등의결권주식

차등의결권 주식은 주식의 의결권이 차등적으로 부여되는 주식을 말한다. 우리나라는 지금까지 의결권이 없는 우선주 이외에는 예외 없이 1주 1의결권 주식을 고수하고 있다. 이는 대기업집단의 경제력 집중을 억제하고 경영권 상실의 위험이 없는 경영자의 독단적 경영으로 인한 폐해로부터 투자자를 보호하기 위한다는 것이 그 주된 목적이다.

그러나 최근에 기업이 경영권 상실을 우려하여 투자가 위축되는 것을 막고 특히 벤처기업이 경영권 상실의 우려 없이 벤처캐피털 등으로부터 자금을 충분히 출자 받을 수 있도록 차등의결권제도를 도입하여야 한다는 주장이 높아지고 있다.

차등의결권주식에 대한 외국의 예를 보면 미국을 제외한 대부분의 국가들이 이를 도입하고 있다.39) 미국의 경우 의결권에 대한 제한40)이 없다. 차등의결권제도 도입에 반대하는 논리는 경영자의 독단적 경영을 막고 기업의 지배구조 개선을 위해 M&A를 활성화해야 한다는 것이 주요 이유이다. 반대로 차등의결권 도입에 찬성하는 논리는 경영자가 M&A를 지나치게 우려하여 주가의 움직임에 크게 영향을 받지 않고 장기적으로 기업가치 증대를 위해 안정적 경영을 할 수 있고 특히 외국자본에 의한 국내기업의 경영권 장악을 우려하기 때문이다. 주로 소유와 경영이 분리되지 않은 유럽국가 들이 많다.

우리나라도 차등의결권을 도입하는 세계적 추세에 따라 차등의결권제도를 도입하는 방향으로 현재 [상법] 개정을 추진하고 있다. 그러나 기업의 지배구조 개선이 시급하다는 주장에 따라 차등의결권 제도를 도입하더라도 매우 제한적으로 도입할 것으로 예상된다.

---

39) 2018년 기준으로 OECD 회원국 중 17국이 차등의결권 제도를 도입하고 있고, 아시아에서도 홍콩, 싱가포르, 중국, 인도 등이 도입하고 있다.

40) 2021년 쿠팡(주)은 경영권 상실 우려 없이 대규모 자금조달을 위해 뉴욕시장에 상장하면서 창업주의 1주당 29개의 의결권을 갖는 주식을 발행하였고 이 밖에도 우리나라의 규제를 피하기 위해 뉴욕시장에 직상장을 추진하고 있는 기업들이 있는 것으로 알려지고 있다.

제 5 절	채권시장

Ⅰ. 발행시장

채권은 채무를 표창하는 채무증권을 말한다.[41] 우리나라의 채권발행방법은 공모와 사모, 발행방식은 직접발행과 간접발행이 있다.

국채의 경우 국회의 동의를 거쳐 발행케 되는데 매출방법은 공모발행, 인수발행 및 교부발행의 3가지 방식이 있다. 공모발행은 장기국채 발행시 주로 이용되며 한국은행, 금융투자회사 등을 주선기관으로 하여 일반에게 매출된다.

인수발행은 국채발행 전액을 한국은행, 정부특별회계 또는 국채인수단이 인수하는 방식으로 발행된다. 국채인수단은 은행, 금융투자회사 등으로 조직된다. 교부발행은 정부가 채무의 지급시 현금 대신 국채를 발행하여 채권자에게 교부하는 방식으로 정부 인허가업무와 관련하여 첨가소화된다. 지방채는 대부분 첨가소화에 의존하고 금융기관 등이 발행하는 특수채는 첨가소화 또는 일반매출방식을 취하고 있다.

회사채는 대부분 공모와 회사채 인수기구를 통한 총액인수방식에 의해 간접발행방식으로 발행된다. 그러나 그동안 우리나라 회사채 발행시장은 대기업 발행 회사채 위주로 회사채 발행사가 우위에 있는 시장이 형성됨에 따라 증권사들이 물량확보를 위한 가격경쟁에 치우치면서 인수(underwriting) 과정에서 기업가치·위험 분석 등 인수주관사로서의 역할이 매우 미흡하였으며 이는 곧 회사채 발행시 산출된 정보·가격에 대한 투자자의 신뢰성 저하를 초래하여 회사채 수요기반 확대의 중요한 제약 요인으로 작용하였다. 이에 인수주관사의 책임성을 강화하고 인수역량을 제고할 수 있도록 제도 개선이 추진되었다. 구체적으로 발행시장에서 인수주관회사가 실질적인 위험인수·평가를 수행할 수 있도록 대표주관회사에 기업실사(due diligence) 의무와 회사채 인수주관사에 수요예측 의무를 부여하는 제도 등이

---

[41] 「자본시장법」은 채무증권이란 개념을 도입하여 '국채증권, 지방채증권, 특수채증권, 사채권, 기업어음증권, 그 밖에 이와 유사한 것으로서 지급청구권이 표시된 것'으로 정의하고 있다(법 제4조 ③).

그것이다.[42]

　　현재 회사채는 3년 이내의 단기채가 주종을 이루고 있는데, 이는 아직까지 인플레 기대심리가 상존하여 투자자들이 단기채를 선호하기 때문이다. 그러나 금융소득종합과세제도에서 만기 5년 이상의 채권의 이자소득에 대해 분리과세가 허용됨에 따라 장기채에 대한 수요가 증가하게 되어 만기 7년(1995년 7월)과 10년(1995년 9월)의 장기국고채의 발행에 이어 만기 7년의 회사채(1995년 11월)가 발행되고, 2006년 1월부터는 만기 20년, 2012년부터는 만기 30년의 초장기 국고채도 발행되고 있다.

　　회사채의 발행은 발행자가 증권관리당국에 등록된 발행총액을 일시에 발행하는 전통적 등록방식(traditional registration)과 등록만 일괄적으로 하고 채권의 실제 발행은 등록된 발행총액 범위 내에서 분할하여 발행할 수 있는 일괄등록방식(shelf registration)이 있다. 일괄등록방식은 발행절차 간소화 차원에서 채권을 계속·반복적으로 발행하는 발행인이 일정기간의 모집·매출 예정물량을 사전에 일괄하여 등록하고 실제 발행 시에는 발행금액, 가액 등 발행조건을 기재한 서류만 제출하는 방식이다. 일괄등록제도가 활성화되면 시장참여자의 예측가능성을 높이고 시장상황에 따라 적기에 발행함으로써 발행비용을 절감할 수 있다.

II. 유통시장

1. 거래소시장

　　채권의 유통시장은 거래소시장과 장외시장으로 구분할 수 있다. 거래소시장은 거래소에 상장된 채권을 대상으로 표준화된 거래방식에 따라 경쟁매매방식으로 거래가 이루어지는 시장으로 현재 국내에서 발행된 모든 공모채권과 일부 사모채권이 거래소에 상장되어 있다.

　　거래소의 채권시장은 크게 일반채권시장과 국채전문유통시장으로 구분된다. 일반채권시장은 일반투자자가 참여할 수 있는 시장으로 주로 소액국공채와 주식관련 채권 위주로 거래가 이루어지고 있다. 최소매매단위는 1,000원이고 소액국공채

---

42) 이 밖에 중소기업이나 해외기업 등의 회사채 발행을 지원하기 위해 적격기관투자자(QIB: Qualified Institutional Buyer)만이 참여하여 중소기업 등 국내 비상장기업 증권 및 해외기업 발행증권을 거래하는 시스템을 개설하는 방안 등이 고려되고 있다.

는 10만원이다. 소액국공채는 국민주택채권 등과 같이 주로 첨가매출방식으로 발행된 채권들로 이들의 환금성을 제고하기 위해 그리고 전환사채는 공정한 가격형성을 위해 거래소 거래가 의무화되어 있다.

그러나 거래소에서의 채권거래는 주로 평균거래단위가 100억원 이상인 국고채 도매시장 위주로 거래되고 있어 소매거래는 유동성 부족으로 거래실적이 미미하고 거래정보 제공도 부족하여 일반투자자가 참여하기가 쉽지 않았다. 이에 소액채권거래의 활성화를 위해 한국거래소는 거래소 내에서 채권의 시장조성 업무를 수행하는 소매전문딜러와 소액국공채 매수전담회원제도를 도입 운용하고 있다.

이들은 채권시장에서 매수·매도 양방향 호가를 동시에 제출하는 방법으로 시장을 조성하는바, 채권자기매매업자(금융투자회사와 은행) 중에서 재무건전성 등 일정요건을 구비한 자를 전문딜러로 지정한다. 그러나 아직까지 동 제도는 그 역할이 미약한 실정인바, 앞으로 호가대상 채권의 추가, 호가스프레드의 축소, 딜러에게 시장조성에 필요한 자금지원 등 채권전문딜러에 대한 인센티브 강화 등을 통하여 동 제도를 활성화시킬 예정이다.

국채전문유통시장(inter-dealer market)은 국채의 시장조성을 하는 국채전문딜러(primary dealer)들이 거래하는 시장으로 1999년 7월 도입되었다. 동 시장의 주요 거래대상은 국고채이고, 매매단위는 통상 100억원으로 대량거래가 이루어지기 때문에 여기에서 형성되는 국채가격이 지표금리의 중심이 된다.

2. 장외시장

장외시장은 거래소 밖에서 상대매매방식으로 거래가 이루어지는 시장으로 주로 메신저(messenger)[43]로 가격탐색 후 전화로 거래가 이루어진다.

고객의 주문을 받은 금융투자회사 등 채권거래중개회사는 자신이 참가하고 있는 메신저그룹의 참여자들에게 가격, 수량 등 호가내역 및 거래관련 정보를 제공한다. 그러나 메신저 거래는 부분적으로 장외호가를 집중함으로써 거래의 유동성을 제고하는 데 기여하고 있으나, 호가정보 등이 특정 인맥중심으로 구성된 다수의 소규모 메신저그룹으로 분산되어 시장 전체의 거래정보를 파악하는 데 어려움이 있다.

---

43) 메신저란 다수의 참가자들이 동시에 접속하여 실시간으로 의견·자료 등을 교환할 수 있는 포털회사가 제공하는 다자간 통신프로그램을 말한다.

이에 2007년 12월 채권거래의 유동성 및 투명성을 제고하기 위해 채권거래 중개회사들은 채권의 장외거래 시 채권의 종류, 매매수량, 매매가격, 채권수익률 등 호가 및 매매관련 정보를 금융투자업협회에 보고·집중케 하고, 협회는 이를 시장에 실시간으로 공시하게 하였다. 그러나 이러한 제도의 도입에도 불구하고 아직도 채권 장외거래의 투명성과 가격발견기능이 떨어질 뿐 아니라 메신저의 장애시 채권거래가 어렵게 되는 등의 문제가 있다.

2010년부터 금융투자협회의 호가집중시스템과 메신저 기능을 통합하여 사설 메신저를 대체하는 채권거래전용시스템인 프리보드를 도입하였다. 동 시스템은 금융투자협회에 등록한 채권중개나 매매업자 등 채권전문가들이 채권매매에 대한 정보를 실시간으로 교환하고 호가정보를 탐색해 주문을 낼 수 있는 시스템으로 매매당사자의 탐색·협상·매매의사의 확정까지의 기능을 제공한다. 앞으로 동 시스템은 예탁결제원의 결제시스템과 연계하여 매매계약의 체결·결제 등 거래의 모든 과정을 일괄 처리하는 선진국형 대체거래시스템(ATS: Alternative Trading System)으로 발전시킬 예정이다. 또한 프리보드 시스템의 도입과 함께 프리보드를 이용하지 못하는 일반투자자를 위해 금융투자회사별 소액채권 판매정보를 집중하고 투자자에게 투자정보를 제공하는 채권판매정보시스템(채권몰)도 구축할 예정이다.

장외시장의 중개시장으로는 금융투자회사가 중개하는 시장과 딜러간 중개회사(IDB: Inter-Dealer Broker)가 중개하는 시장이 있다. 금융투자회사가 중개하는 시장은 다시 금융투자회사가 거래고객의 대리인으로서 매매거래를 성립시켜 주는 단순중개(broking)시장과 금융투자회사가 매수·매도호가(bid-ask quotation)를 제시하여 투자자의 매매상대방이 되어 주는 딜러방식이 있는데 전자가 대부분이다. 이는 현재 금융투자회사들이 자체 포지션을 보유할 만큼 자금력이 충분하지 못한 데다 재고상품을 보유함에 따른 가격변동위험이 부담이 되기 때문이다.

딜러간 중개회사는 자기매매를 하는 채권딜러들을 대상으로 채권매매를 중개하는 자를 말한다. 그러나 아직까지 채권매매가 주로 일반 금융투자회사를 중심으로 상대매매방식으로 이루어지고 있고 금융투자회사들이 딜링보다는 자기고객을 대상으로 중개기능에 치중하고 있어 딜러간 중개회사들의 활동은 매우 저조한 편이다.

3. 채권유통시장 활성화 제도

일반적으로 주식에 비해 채권은 거래소시장보다는 장외시장에서의 거래가 보다 활발하다. 채권은 주식과는 달리 종류가 많고 표준화가 어려워 경쟁매매에 부적합하기 때문이다. 종래 우리나라의 거래소에서의 채권거래비중은 매우 적었으며 이나마 대부분이 장외에서 매매당사자간의 상대매매를 거래소에서 형식적으로 완결하는 절차에 불과하였다.

이와 같이 채권의 거래소에서의 거래비중이 낮은 데다 주로 기관투자자들만이 참여하고 있어 시장이 과점적 구조를 보이고 있고 대부분의 투자자들이 채권을 만기까지 보유하는 관행 등으로 인해 채권의 매매회전율이 낮아 상장채권의 유동성 제고, 적정가격 형성, 소액투자자 보호 등에 문제점이 야기되었다.

외환위기 이후 채권유통시장의 활성화를 위한 인프라 구축에 많은 노력을 기울여 왔다. 채권의 장내거래를 활성화시키기 위한 국채의 표준화, 채권시가평가제도의 도입, 결제제도의 개편 등이 대표적인 예이다. 먼저 국채의 표준화를 위해 국채통합발행(fungible issue)제도를 도입(2000년 5월)하여 3년 이상 만기 국채의 경우 일정기간(3, 5년물은 6개월, 10년물은 1년) 내에 추가발행시에는 만기일과 표면금리를 이전 발행 국채와 동일하게 하였다. 이에 따라 동일 조건의 국채발행 물량이 확대되어 국채의 유동성이 증대되고 지표금리가 보다 안정적으로 형성되게 되었다.

채권시가발행제도의 도입을 위해 우선 채권유통시장의 매매정보 집중을 통해 채권매매수익률의 일별 공표체계가 정비되고 채권종류별 수익률표(yield matrix)의 작성, 전문신용평가기관에 의한 채권의 정기적인 등급평가 및 공시, 채권딜러간의 채권매매관련 정보의 집중 등의 제도정비가 이루어졌다.

이와 같은 인프라를 바탕으로 정부는 1단계로 1998년 11월부터 투자신탁회사와 은행의 신탁재산에 신규로 편입되는 채권부터 시가평가제도를 도입하고 2000년 7월부터는 모든 펀드로 확대하였다. 채권의 가격평가는 상장채권의 경우 거래소 시가에 의해 그리고 비상장채권의 경우 채권가격의 투명성과 공정성을 제고하기 위해 2000년 7월부터 민간평가기관의 발표가격을 참고로 하도록 하였다.

한편 채권거래 결제의 안정성을 제고하기 위해 1999년 11월부터 예탁결제원과 한국은행(BOK-Wire)의 연계를 통해 매매채권의 인도와 대금결제가 동시에 이루어지는 동시결제제도(DVP: Delivery vs. Payment)가 도입되었다. 거래소시장에서 이루어지는 장내증권거래는 거래소가 결제이행을 보증하기 때문에 결제불이행위험이 없으나 장외에서 이루어지는 증권거래는 당사자가 직접 결제하므로 증권과 자금의 동시결제를 하지 않을 경우 결제가 제대로 이루어지지 않을 위험이 있다.

2006년 한국거래소는 종래의 거래시스템을 전면적으로 개편하여 전용 브라우저(browser)를 사용하며 인터넷망을 통해 연결한 장내 국채현물시장시스템을 개발하였다. 현재 동 시스템은 거래소 회원의 위탁매매에 한해 이용이 가능하나 앞으로 딜러 및 기관투자가 등이 모두 거래에 참여할 수 있는 B2B와 B2C 등 다양한 거래를 수행할 수 있는 종합 플랫폼(platform)으로 발전될 것이다.

2009년 6월 한국거래소와 금융투자협회는 각각 여타 유관기관들과 공동으로 국고채 관련 채권지수를 개발하였다. 동 지수의 개발로 국채관련 ETF를 통해 소액 채권 거래가 가능해지고 현·선물 차익거래 등 다양한 투자전략과 상품이 개발되어 채권시장의 양적·질적 성장에 기여하고 있다. 앞으로 국채의 WGBI(World Global Bond Index)[44] 편입 등이 이루어지고 선진국형 대체결제시스템이 구축되면 우리나라 채권시장도 선진국의 채권시장과 연계하여 글로벌 투자환경이 조성될 것이다.

III. 채권의 종류

채권은 원칙적으로 약정된 기일에 원리금을 상환하는 고정수익증권(fixed income security)이라 할 수 있는데, 발행주체, 원리금 상환방법, 담보 및 보증 유무, 각종 옵션(option)조건 등의 첨가 여부에 따라 다음과 같은 여러 종류로 분류할 수 있다.

1. 일반 채권

1) 발행주체에 따른 분류

채권은 발행주체에 따라 크게 국가 또는 공공기관이 발행하는 국공채와 사기업이 발행하는 사채로 구분할 수 있다. 국공채는 정부 또는 공공기관이 재정적자의 보전 또는 투융자자금의 조달을 위하여 발행하는 것으로 발행주체에 따라 다시 정부가 발행하는 국채(government bond), 지방자치단체가 발행하는 지방채(municipal

---

44) CITI Group이 관리하는 미국, 일본, 영국 등 주요 23개국 정부채권으로 구성된 투자지수이다. 주식에서의 MSCI(Morgan Stanley Capital International Index)나 FTSE(Financial Times Stock Exchange Index)처럼 세계 주요 채권펀드의 투자척도가 되는 지수이다.

bond), 공공기관이 발행하는 공채(public bond)로 구분할 수 있다.

현재 정부가 발행하는 국채로는 국고채권, 외국환평형기금채권, 국민주택채권, 공공용지보상채권 등이 있다. 국고채권은 국채의 발행과 상환업무를 종합적으로 관리하기 위해 공공자금관리기금이 발행한다. 국고채권과 외국환평형기금채권은 국채인수단을 대상으로 경쟁입찰방식으로, 국민주택채권은 인허가와 관련하여 의무적으로 매입토록 하는 첨가소화방식으로 그리고 공공용지보상채권은 당사자에게 교부하는 방식으로 발행한다.

국채인수단은 국공채 인수업무를 허가받은 금융기관들로 구성된다. 또한 국채의 유통시장을 활성화하기 위해 국채펀드와 같은 국채관련 상품을 개발하고 은행 등에 국채인수 주관회사 자격을 부여하여 국채의 창구판매를 허용하고 있다. 공공채는 특별법에 의해 설립된 특수법인이 발행하는 특수채로 현재 전기통신공사채권, 전력채권, 토지개발채권, 기술개발금융채권, 산업금융채권, 주택채권, 중소기업금융채권 등이 있다.

사채의 경우 「상법」과 「자본시장법」상의 사채의 개념이 다소 차이가 있다. 「상법」상의 사채는 주식회사가 「상법」상 사채발행규정에 따라 채권발행 형식으로 부담하는 채무로 일반채권, 신주인수권부채권, 전환사채, 교환사채 등을 포괄하는 보다 광의의 개념인 데 반해, 「자본시장법」상의 사채는 그 규제목적에 따라 「상법」상 사채를 채무증권이나 파생결합증권 또는 파생상품으로 분류한다.

2) 원리금상환방법에 따른 분류

할인채는 채권상환기간 중 이자를 전혀 지급하지 않고 만기에 가서 액면금액만을 상환하는 조건으로 할인되어 발행되는 채권(pure discount bond)으로 무이표부채권(zero coupon bond)이라고도 한다. 이표채(coupon bond)는 상환기간 중 정기적으로 이자(coupon)를 지급하고 만기에 가서 액면금액을 상환하는 채권으로 이는 다시 액면금액이 채권의 시장가격보다 큰 할인이표채(discount coupon bond), 액면가액과 시장가격이 같은 액면채(par bond) 및 액면가액이 시장가격보다 낮은 할증채(premium bond)로 구분할 수 있다.

무이표채권은 만기까지 중간에 현금흐름이 없어 재투자위험이 없으므로 투자자는 투자기간과 현금흐름 불일치에 따른 위험을 제거할 수 있다. 무이표채권은 또한 절세의 수단으로 이용되기도 한다. 무이표채권의 투자자는 이자소득 대신에 매입가격과 액면가액의 차이, 즉 자본이득(capital gain)을 얻게 되는바, 일반적으로 이자소득세에 비해 자본이득세가 낮다.

　최근 미국, 영국 등에서는 이표채권의 현금흐름을 분리하여 개별 이자 및 원금을 각각 별도의 무이표채권으로 만들어 거래하는 채권스트립(strip bond)이 활발하다.[45] 주로 위험이 적은 국채를 대상으로 거래하는데 우리나라도 2006년부터 20년 만기 국고채의 발행과 함께 만기 5년 이상의 국고채를 대상으로 채권스트립제도를 도입하였다. 채권스트립은 채권재결합(reconstitution) 또는 채권패키지(packaging)[46]를 통해 무이표채권이나 이표채권을 만들거나 파생상품과 결합하여 위험을 헤지하는 등 투자자가 선호하는 현금흐름을 갖는 포트폴리오를 창출할 수 있게 할 뿐 아니라 국채경과물의 유동성 부족을 극복하는 데도 크게 도움을 준다.

　복리채(compound interest bond)는 할인채의 변형으로 할인채가 액면할인의 형태로 채권발행시에 이자를 선급함에 반해서 복리채는 채권발행시는 액면가액으로 발행하고 원리금은 표면이자율로 복리로 계산하여 만기에 일시에 지불함으로써 이자를 후급하는 형식을 취하는 채권을 말한다. 대표적인 예로 국민주택채권과 전신전화채권 등을 들 수 있다.

　분할상환채는 일정한 상환유예기간(grace period)이 경과한 후 원리금을 분할하여 상환하는 채권을 말한다. 현재 지하철공채, 도로공채 등이 이에 해당된다.

　연속상환채(serial bond)는 채권을 상이한 만기를 가진 여러 개의 조로 나누어 발행하는 것으로 각조의 채권은 무이표채 형식으로 발행되는 것이 보통이다. 연속상환채는 발행 당초부터 채권의 조별로 상환일이 확정되어 있다.

　채무상환기금채(sinking fund bond)는 채권의 원리금 상환가능성을 높이기 위해 채무상환기금의 적립을 요구하는 조항이 붙은 채권으로 적립된 채무상환기금은 원칙적으로 채권의 매입 또는 상환에 사용되어야 하나 경우에 따라서는 약관에 따라 다른 용도로 전용되는 경우도 있다. 채무상환기금채는 일반적으로 채권의 시장가격이 액면가를 상회할 경우에는 발행회사가 추첨에 의해 일부를 액면가로 상환하고 시장가격이 액면가를 하회할 때에는 유통시장에서 채권을 시장가격으로 매입·상환한다. 채무상환기금채는 이와 같이 발행사가 상환방법의 선택권(delivery option)

---

45) 1985년 미국 재무부는 연방은행의 계좌대체시스템을 통하여 국채를 스트립한 STRIPS(Separate Trading of Registered Interest and Principals of Securities) 프로그램을 도입하였다.

46) 채권재결합은 이표채권에 대한 수요가 증가할 경우 스트립채권을 다시 이표채권으로 복원하는 일련의 과정을 말하고 채권패키지는 투자자가 선호하는 현금흐름을 갖는 스트립채권 포트폴리오를 만들어 하나의 채권으로 거래할 수 있도록 하는 것을 말한다.

을 가지고 있기 때문에 선택권이 없는 연속상환채보다 시장가격이 낮은 것이 원칙이다.

변동금리채(floating rate bond 또는 floaters)는 채권의 이자지급액이 고정되어 있지 않고 시장금리 등에 연동되어 변하는 채권을 말하는데, 현재 국제채(international bond)의 대부분이 이 방식으로 발행되고 있고 우리나라에서도 1994년부터 CD유통수익률에 금리를 연동시킨 FRN(Floating Rate Note)이 허용된 이후 최근에 많은 회사채와 일부 공채가 이와 같은 방식으로 발행되고 있다. 변동금리채는 매 이자지급기간 개시 전에 차기 지급이자율(이자지급금액)이 결정되므로 이자지급기간을 각각 만기로 하는 단기의 고정금리부채권을 만기상환시까지 연속적으로 발행하는 것과 같은 효과를 갖는다.

영구채(perpetuities 또는 consol)는 원금은 발행인이 해산할 때까지 상환하지 않고 일정한 이자만을 계속 지급하는 채권이다.

3) 담보 및 보증 유무에 따른 분류

담보채(secured bond)는 발행회사 또는 제3자가 원리금의 상환을 확실히 하기 위해 담보를 설정한 채권으로 발행회사는 회사재산을 담보로 수탁회사와 담보신탁계약을 체결하며 수탁회사는 물상담보권을 설정하고 이를 보존, 실행할 의무를 부담한다. 발행회사는 담보가액 범위 내에서 사채를 발행한다. 무담보채(unsecured bond)는 사채원리금에 대해 발행자나 제3자의 담보신탁 없이 발행자의 신용만으로 발행되는 채권이다.

담보채는 다시 담보의 종류에 따라 부동산담보채(mortgage bond)와 증권담보채(collateral bond)로 구분된다. 담보는 다시 담보에 대한 채권의 우선변제 순위에 따라 동일 담보에 대해서는 채권발행 순서에 관계없이 동일한 저당권을 갖는 개방담보(open-end mortgage)와 동일한 담보에 대한 차순위발행채권 보유자는 차순위저당권을 갖는 폐쇄담보(close-end mortgage)로 구분할 수 있다.

채권원리금의 상환에 대해 제3자가 보증한 채권을 보증채(guaranteed bond)라 하고 그렇지 않은 것을 무보증채라 한다. 1997년 외환위기 이전까지는 우리나라의 회사채는 금융기관이 원리금 상환을 보증하는 보증채가 대부분이었으며, 보증기관들이 장기채권에 대한 위험을 회피하기 위해 단기보증을 선호함에 따라 만기구조가 5년 이하로 단기화되는 현상을 보여 왔다.

그러나 기업에 대한 신용분석기법이 발달되고 신용평가기관 등 신용정보기관의 기능이 활성화됨에 따라 최근에 들어 무보증채와 장기채의 발행이 증가하고 있다.

4) 등록 여부에 따른 분류

채권발행방식은 실물을 발행하는 방식과 실물을 발행하지 않고 등록기관이 관리하는 등록방식(book entry)이 있다. 등록방식은 등록기관이 채권등록부에 채권자의 인적사항, 채권금액, 권리내역 등을 등록함으로써 채권실물을 보유하는 것과 동일한 효력을 갖는 방식이다. 채권자는 등록을 통해 채권자로서의 권리가 확정되며 채권의 매매, 질권 및 담보권의 설정, 신탁재산의 표시 등을 채권등록부에 기재함으로서 채권의 발행자 및 제3자에게 대항할 수 있다. 현재 국채와 통화안정증권은 한국은행이, 은행이 발행하는 채권은 해당은행이 그리고 기타 공사채는 예탁결제원이 등록업무를 대행하고 있다.

2. 옵션부 사채

옵션부 사채(bond with imbedded option)는 통상채권에 옵션적 성격이 가미된 채권으로 콜옵션 성격(callable feature)과 풋옵션 성격(puttable feature)의 채권으로 구분된다.

1) 콜옵션형 채권

콜옵션 성격의 채권은 통상채권에 콜옵션이 첨가된 채권으로 이는 다시 수의상환채와 같이 콜옵션이 채권발행인에게 있는 채권과 전환사채, 신주인수권부 사채, 교환사채 등과 같이 콜옵션이 채권소지인에게 있는 채권으로 구분된다.

(1) 수의상환채

수의상환채(callable bond)는 채권발행자가 일정한 기간이 경과한 후 일정한 상환가격(call price)으로 채권만기 이전에 채권소지자의 의사에 관계없이 상환할 수 있는 권리를 갖는 채권을 말한다. 이때 중도상환가격은 액면가격보다 높은 프리미엄(call premium)을 갖는 것이 보통이다.

동 채권은 발행 당시 시중의 금리가 너무 높은 수준임에도 불구하고 채권을 발행하여 자금을 조달할 수밖에 없는 발행자가 앞으로 적당한 시기에 잉여자금으로 상환하거나 보다 저렴한 자금으로 대체할 목적으로 발행하는 것이 보통이다. 이 밖에도 동 채권이 담보부채권일 경우 채권의 저당물을 처분할 권리를 확보할 목적으로 발행하는 경우도 있다.

(2) 전환사채

전환사채(CB: Convertible Bond)는 채권소지자가 일정기간 후 행사가격에 의해 보통주 또는 우선주로 전환할 수 있는 권리를 가진 채권이다. 전환사채를 발행하는 경우 미전환, 즉 잔류(overhanging)를 방지하고 채권보유자에게 전환을 촉구하기 위해 발행회사가 수의상환을 할 수 있는 권리(call right)를 가지는 경우도 있다. 의무전환사채(mandatory convertible bond)의 경우 주식으로 전환하는 것을 조건으로 발행되며 미전환시에는 원리금상환청구권 자체가 소멸한다.

(3) 신주인수권부사채

신주인수권부사채(BW: Bond with Warrant)는 채권가액의 일정비율에 해당하는 채권발행사의 신주를 인수할 수 있는 워런트(warrant)[47]가 첨가된 채권이다. 신주인수권부채권은 신주인수권이 채권과 분리되어 시장에서 거래될 수 있는 것(detachable)과 분리거래가 불가능(non-detachable)하여 채권의 소지자만이 권리를 행사할 수 있는 것이 있는데 후자의 경우 채권이 상환되면 신주인수권도 소멸된다. 「상법」은 분리형과 비분리형 그리고 현금납입형과 대용납입형 모두를 허용하나 「자본시장법」은 상장기업에 대해 분리형 BW의 발행을 금지하고 있다. 그간 일부 한계기업의 편법적 지분 확보나 대주주 등에의 저가 매각 등을 통한 경영권 보호 수단 등으로 남용된 측면이 있었기 때문이다.[48]

현금납입형의 경우 사채권자가 신주인수권을 행사할 경우 별도의 주금납입이 이루어지고 사채권은 만기까지 존속하나 대용납입형의 경우 사채권자의 요청시 주금납입을 사채의 상환으로 대신할 수 있어 전환사채와 경제적 실질이 동일하다.

(4) 교환사채

교환사채(EB: Exchangeable Bond)는 채권소지자가 채권발행사가 보유하고 있는 다른 상장증권으로의 교환을 청구할 수 있는 채권으로 발행사의 자본금의 증가가 수반되지 않는다는 점에서 전환사채와 구별된다.

교환사채는 특정 보유주식을 교환대상으로 자금을 차입한 후 주가가 교환가격 이상으로 상승하면 교환이 가능하지만 주가가 교환가격 이상으로 상승하지 않으면 현금상환의무를 지는 주식연계채권(equity kicker)의 일종으로 이 중에서도 교환

---

47) 워런트는 통상 발행사의 주식을 일정 행사가격으로 취득할 수 있는 옵션이지만 주식 이외에 발행사가 발행하는 유사한 이표(coupon)를 갖는 고정금리채권을 살 수 있는 옵션인 경우도 있다.

48) 「자본시장법」은 그간 편법 상속이나 증여의 수단으로 악용되어 온 CB와 BW의 실권주 임의처리를 제한하고 있다.

대상 주식이 2개 이상인 것은 OPERA(Outperformance Equity Redeemable in any Asset) bond라고 한다. OPERA bond는 투자자의 입장에서는 교환대상 주식 중 수익률이 높은 주식을 선택할 수 있어 통상의 교환사채보다 유리하다.

2) 풋옵션형 채권

풋옵션 성격의 채권에는 채권소유자가 채권만기 도래 이전에 일정한 가격으로 채권의 만기일을 사전에 명시되는 기일로 단축할 수 있는 단축가능채권(retractable bond)이나 일정기간 중에 채권의 만기를 사전에 명시된 기일로 연장할 수 있는 연장가능채권(extendible bond) 등도 있다.

단축가능채권의 경우 상환을 청구할 수 있는 기간이 채권발행일부터 일정기간이 경과하고 난 후인 것(deferred put)이 보통이며 이는 다시 청구기간이 하나뿐인 단일청구기간 풋(one-time put)과 일정기간 경과마다 계속적으로 청구기간이 도래하는 복수청구기간 풋(continuing put)이 있다.

이 밖에 특수한 채권으로 이익채, 이익참가부사채, 수익채 등이 있다. 이익채(income bond)는 발행사가 일정한 수준 이상의 이익을 실현하였을 경우에 한하여 이자를 지급하는 채권으로 보통 회사의 채무조정 또는 재무정리의 경우 발행되므로 정리사채라고도 한다. 이익참가부사채(participating bond)는 채권보유자가 약정이율을 받고도 채권발행자의 이익이 일정수준 이상일 경우에는 다시 이익에 참가할 수 있는 권리를 가진 채권이다. 수익채(revenue bond)는 특정재산이나 프로젝트에서 발생하는 수익(revenue)으로 원리금을 상환하는 조건인 채권으로 미국의 경우 주로 정부기관이나 정부소유기업 등이 발행한다.

종래 「상법」은 통상의 사채(straight bond), 전환사채(CB) 및 신주인수권부사채(BW)만 규정하여 규정되지 않은 이익참가부사채, 교환사채 등 구 「증권거래법」에서 허용된 다른 종류의 채권발행은 금지되는가에 대한 해석상의 논란이 있었다. 이에 2011년 3월 개정 「상법」은 이익참가부사채, 교환사채, 상환사채 및 파생결합사채 등의 발행 근거규정을 마련하고 동 규정이 예시 규정이라는 점을 명시하여 규정이 되어 있지 않더라도 다양한 종류의 사채 발행이 가능하도록 하였다(제469조). 특히 파생결합사채의 경우 기초자산에 대한 제한, 파생상품의 거래 구조나 거래 장소에 대한 제한을 두지 않고 있어 사채발행 조건이나 파생결합사채의 구조고안(structure design)에 있어 광범위한 재량을 부여하고 있다.

한편, 「자본시장법」은 조건부자본증권(contingent capital)의 도입을 허용하고 있다. 동 증권은 해당 증권 발행 당시 객관적·합리적 기준에 따라 미리 정하는 사유 발생시 주식으로 전환된다는 조건이 붙은 출자전환형(bail-in debt)과 사채상환과 이 자지급 의무가 감면된다는 조건이 붙은 채무재조정형(written-off)이 모두 가능하다.

제 9 장 　구조화증권시장

제 1 절 　유동화증권

　　구조화증권(embedded structured security)이란 기초자산에 특정한 구조(structure)가 내장(embedded)된 증권으로 기초자산을 집합(pooling)한 증권에 신용이 보강된 것과 기초자산에 옵션, 선도, 워런트, 스왑 등과 같은 파생상품이 내장된 증권이 대표적인 예다. 구조화증권은 증권발행자와 투자자의 기호에 맞추어 다양하게 설계될 수 있어 양자 모두의 요구를 충족시킬 수 있다는 점에서 그 의의를 찾을 수 있으며 그 종류는 매우 다양하다.

Ⅰ. 유동화증권과 자산유동화

1. 유동화증권의 의의와 종류

　　유동화란 부동산, 매출채권, 증권, 주택저당채권 등 재산적 가치는 있으나 유동성이 낮은 자산을 유동성이 큰 자산으로 전환(monetization)하는 것을 총칭하나, 일반적으로는 이러한 자산을 증권으로 전환하여 매각하는 자산의 증권화(securitization)를 의미한다. 이때 유동화의 대상이 되는 자산을 유동화자산이라 하고, 유동화자산을 기초로 발행되는 증권을 유동화증권(ABS: Asset Backed Securities)이라 한다.

유동화증권(이하 'ABS'라 한다)은 증권의 발행형태, 유동화대상 자산의 종류, 유동화구조의 설계 등에 따라 다양하게 분류할 수 있다. ABS는 채권, 출자증권, 수익증권 및 기타의 증권 또는 증서 등의 형태로 발행할 수 있으며, 현재 채권 형태로 가장 많이 발행되고 있다.[1)

ABS는 유동화자산의 종류에 따라 다양하게 불리어지고 있다. 유동화자산이 채권으로 구성된 경우에는 CBO(Collateralized Bond Obligation), 유동화자산이 대출채권으로 구성된 경우에는 CLO(Collateralized Loan Obligation)라고 한다. 특히 CBO와 CLO 등과 같이 채무증서를 기초자산으로 발행하는 ABS를 총칭하여 CDO(Collateralized Debt Obligation)로 부르기도 한다. CBO의 경우 기업의 신규 회사채를 기초로 ABS를 발행하는 경우 P-CBO(Primary CBO), 그리고 이미 발행된 회사채를 기초로 ABS를 발행하는 경우 S-CBO(Secondary CBO)라고 한다.

이 밖에도 유동화자산이 카드채권인 경우 CARD(Certificates of Amortizing Revolving Debts), 학자금대출채권인 경우 SLBS(Student Loan Backed Securities), 부동산인 경우 부동산 ABS라고 부르기도 한다. 특히 유동화자산이 주택저당채권인 경우 MBS(Mortgage Backed Securities)라고 부른다.

ABS는 상환자금의 재원에 따라 현금흐름(cash flow)형과 시장가치(market value)형으로 구분하기도 한다. 현금흐름형은 ABS 상환을 위한 재원이 기초자산으로부터의 예측이 가능한 액면가 기준의 현금흐름을 바탕으로 하고, 시장가치형은 동 재원이 기초자산의 시장가치 혹은 매매가치를 바탕으로 한다. 현금흐름형의 경우 기초자산으로부터 발생하는 현금흐름의 시기와 부도위험이 주된 변수인 반면, 시장가치형의 경우 기초자산의 가격변동성이 보다 중요한 변수가 된다. 현재 국내에서 발행되는 ABS는 대부분 현금흐름형이다.

---

1) 「자산유동화에 관한 법률」은 유동화증권의 종류를 사채(社債), 출자증서, 수익증권, 기타의 증권 또는 증서로 규정하고 있다. 사채나 출자증서는 유동화기구가 발행하는 회사채나 출자증서를 말하고, 수익증권은 신탁회사가 발행한다. 기타의 증권 또는 증서는 유동화기구가 발행하는 CP와 기타 금전채권 등과 같은 권리가 표창된 증권이나 증서가 이에 포함된다. 이와 같이 동 법에서 유동화증권은 사실상 대부분의 증권이나 증서를 망라하고 있다는 점에서 유동화증권의 종류에는 특별한 제한이 없다고 볼 수 있다. 한편 동 법은 유동화기구의 유동화증권 발행총액을 양도받은 유동화자산의 매입가액 또는 평가가액의 총액 이내로 제한하고 있다.

2. 자산유동화 방식

유동화를 위한 자산유동화(asset securitization)는 일반적으로 유동화자산을 보유한 자산보유자가 유동화전문기구(SPV: Special Purpose Vehicle)를 매개로 하여 유동화자산을 ABS로 전환한 후 이를 매각하는 방식으로 이루어진다. 자산유동화에 매개기구가 이용되는 이유는 자산보유자가 파산하는 경우, 유동화자산이 파산재단에 흡수됨으로써 투자자의 피해가 발생하게 되는 것을 막기 위한 것이다. 즉 자산보유자가 유동화자산을 직접 보유한 상태에서 유동화자산을 ABS로 전환하면, 자산보유자가 파산하는 경우 유동화자산이 파산재단에 흡수된다. 이 경우 ABS 투자자는 유동화자산에 대한 권리를 상실하게 되어 피해를 입게 된다.

「자산유동화에 관한 법률」은 자산유동화의 방식을 크게 두 가지로 분류하고 있는데, 한 개의 유동화전문기구를 매개로 한 자산유동화와 복수의 유동화전문기구를 매개로 한 자산유동화가 그것이다. 한 개의 유동화전문기구를 매개로 하는 자산유동화는 단단계(single-step) 방식이라 부르기도 하며, 회사형, 신탁형 및 조합형2) 등이 있다. 회사형은 자산보유자가 유동화전문회사(SPC: Special Purpose Company)에 유동화자산을 양도하고, SPC가 이를 기초로 투자자 앞으로 채권이나 출자증권 형태의 ABS를 발행하는 방식으로 자산유동화제도의 도입 초기부터 가장 널리 알려진 방식이다.

유동화전문회사는 「상법」상 유한회사 형태로 설립되며 다른 회사와 합병하거나 다른 회사로 조직을 변경할 수 없다(동 법 제25조). 동 방식은 특히 금융기관이 부실자산을 유동화하거나 기업 등이 부동산을 유동화하는 경우 많이 이용된다.

---

2) 조합형은 유동화자산을 조합의 재산으로 하고 조합의 지분을 투자자에게 판매하는 방식이다. 유동화기구로 조합형을 설정하는 것은 가능하지만 지원법인 「자산유동화에 관한 법률」이 조합형을 규정하지 않고 있어 동 법이 정하는 여러 가지 혜택을 받을 수 없어 현실적으로 거의 이용되지 않고 있다.

　　신탁형은 자산보유자가 유동화자산을 신탁회사에 신탁하고 신탁회사가 수익증권인 ABS를 발행하여 유동화하는 방식이다.[3] 신탁형의 경우 자산보유자가 위탁자인 경우와 투자자가 위탁자인 경우로 구분된다. 자산보유자가 위탁자인 경우는 신탁업자가 자산보유자로부터 유동화자산을 신탁받아 이를 기초로 수익증권을 발행하고 당해 유동화자산을 관리하는 방식이다. 투자자가 위탁자인 경우는 투자자가 신탁회사에 금전을 신탁하면 신탁회사가 투자자에게 수익증권을 발행하고 신탁받은 금전으로 자산보유자로부터 유동화자산을 양도받아 당해 유동화자산의 운용·처분에 의한 수익으로 ABS의 원리금을 지급하는 방식이다.

　　단단계 신탁형 방식은 미국 등 외국에서는 자주 이용되는 방식이나 우리나라에서는 이러한 방식이 활용되는 예가 매우 드물다.

　　복수의 유동화전문기구를 매개로 한 자산유동화 방식은 다단계(multi-step) 방식의 유동화라고 부르기도 하며, 대표적인 예로 자산보유자가 보유자산을 신탁회사에 신탁하고 신탁회사로 하여금 수익증권을 SPC 앞으로 교부한 다음 SPC로 하여금 수익증권을 기초로 한 ABS를 발행하도록 하는 경우이다. 현재 국내에서 발행되는 카드채권을 대상으로 하는 ABS는 대부분 이 방식을 이용하고 있다.

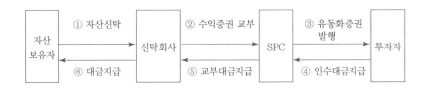

　　다단계방식은 단단계방식에 비해 약간의 발행비용이 추가되나 유동화자산의 관리가 용이하고 유동화구조를 보다 유연하게 설계할 수 있는 장점이 있는바, 현재 기업이 매출채권을 유동화하는 경우 널리 이용된다.

---

3) 「신탁법」(제3조)은 자산유동화 등에 활용될 수 있도록 자신을 수탁자로 정한 위탁자의 선언으로도 신탁을 설정할 수 있도록 하되, 이의 남용을 방지하기 위하여 이에 따른 신탁의 설정은 공정증서를 작성하는 방법으로만 하도록 하고 신탁을 해지할 수 있는 권한을 유보할 수 없도록 하였다.

3. 자산유동화의 요소

현행 「자산유동화에 관한 법률」에 따른 자산유동화를 중심으로 자산유동화의 요소를 살펴본다.[4]

1) 자산보유자

자산보유자(originator)란 보유자산을 유동화하는 자를 말한다. 우리나라는 「자산유동화에 관한 법률」(제2조)에서 자산보유자의 범위를 금융기관, 한국자산관리공사 등 일부 공기업, 구조조정투자회사, 신용도가 우량한 기업 등으로 제한하고 있다. 미국이나 영국 등과 같이 일찍부터 자산유동화 시장이 발달한 나라는 자산보유자의 범위에 제한을 두고 있지 않으나, 우리나라, 대만, 태국 등과 같이 자산유동화 시장이 늦게 태동한 나라는 자산보유자의 자격에 제한을 두고 있다.

그러나 자산유동화란 기업의 신용이 아니라 자산의 신용을 기초로 자금을 조달하는 것이라는 점과 신용도가 우량하지 않은 기업일수록 자산의 신용을 기초로 자금을 조달할 필요성이 더 크다는 점에서 우리나라도 조만간 자산보유자의 범위를 더 확대할 예정이다.

2) 유동화자산

유동화자산이란 유동화의 대상이 되는 자산으로서 그 범위는 특별한 제한이 없다. 즉 기업은 동산, 부동산, 채권, 증권, 지적재산권 등 재산적 가치가 있는 모든 재산권을 원칙적으로 유동화할 수 있으나 양도가 가능한 자산이어야 한다. 따라서 성격상 양도할 수 없는 채권이나 양도금지특약이 있는 채권은 유동화자산이 될 수 없다. 일반적으로 유동화에 이용되는 자산은 금융기관의 대출채권, 카드회사의 카드채권, 일반기업의 매출채권 등이다.

기업의 매출채권의 경우 현재 존재하고 있는 매출채권뿐만 아니라 장래에 발생할 예정인 장래매출채권도 유동화가 가능하다. 장래채권이란 기업이 다른 기업과 장기공급 계약을 체결한 경우 장래에 납품을 하고, 이에 대한 대금을 청구할 수 있는 권리를 갖는 장래납품대금채권 등을 말한다.

일반적으로 장래채권은 전화요금청구권이나 신용카드채권 등과 같이 양도 당

---

4) 1998년 「자산유동화에 관한 법률」이 제정된 후 한 동안은 금융기관이나 기업이 이 법률의 지원을 받아 보유자산을 유동화하였으나, 2002년 이후부터는 기업매출채권을 중심으로 SPC의 「상법」상의 채무증서 발행 등 「자산유동화에 관한 법률」에 의하지 아니한 자산유동화(이를 비등록 또는 비정형유동화라 부른다) 사례도 많다.

시에 기본적인 채권관계가 어느 정도 확정되어 있어 그 권리의 특정이 가능하고 가까운 장래에 발생할 것이 기대되는 것이 보통이다.

3) 유동화기구

유동화기구로는 회사형인 유동화전문회사(SPC), 신탁형 및 유동화를 전업으로 하는 외국법인 등이 인정되고 있다. 유동화전문회사는 명목회사(paper company)로 그 법적 형태는 유한회사이며 최저자본금은 1천만원이고 사원의 수는 50인 이하로 1인의 사원도 가능하다. 유동화전문회사를 주식회사가 아닌 유한회사의 형태를 취한 것은 유한회사가 의결권, 배당, 잔여재산분배 등의 면에서 사원 평등의 예외를 둘 수 있는 등 구조가 보다 유연하기 때문이다.

자산유동화계획에 따라 유동화전문회사가 행하는 업무는 ① 유동화자산의 양수·양도 또는 다른 신탁회사에의 위탁, ② 유동화자산의 관리·운용 및 처분, ③ 유동화증권의 발행 및 상환, ④ 자산유동화 계획의 수행에 필요한 계약의 체결, ⑤ 유동화증권의 상환 등에 필요한 자금의 일시적인 차입, ⑥ 여유자금의 투자, ⑦ 기타 이와 관련된 업무에 부수하는 업무에 한정된다.

유동화전문회사는 본점 외에 영업소나 직원이 없는 명목상의 회사이기 때문에 일정한 업무5)를 제외한 관련 업무는 직접 수행할 수 없고 다른 자에게 위탁하여 운영해야 한다. 유동화전문회사는 존속기간의 만료 기타 정관 또는 자산유동화계획에서 정한 사유가 발생한 때, 유동화증권의 상환을 전부 완료한 때, 파산한 때 및 법원의 명령 또는 판결이 있는 때에 해산한다.

4) 자산관리자와 업무수탁자

유동화전문회사는 서류상 회사에 불과하므로 유동화자산의 관리, ABS의 발행 및 상환, 기타 각종 업무를 직접 수행할 수 없고, 이러한 업무를 제3자에게 위탁하여 처리하여야 한다. 유동화자산의 관리업무는 자산관리자(servicer)에게 위탁하며, 그 밖의 업무는 업무수탁자(administrator)에게 위탁한다. 자산유동화가 유동화전문회사가 아닌 신탁회사를 매개로 하여 이루어지는 경우에는 신탁회사가 직접 이러한 업무를 수행할 수 있다. 이는 서류상 회사인 유동화전문회사와는 달리 신탁회사는

---

5) 유동화전문회사 자체가능업무(동 법 제23조)

유동화전문회사는 자산유동화계획이 정하는 바에 따라 ① 사원총회의 의결을 받아야 하는 사항, ② 이사의 회사대표권에 속하는 사항, ③ 감사의 권한에 속하는 사항, ④ 유동화자산의 관리에 관한 사항, ⑤ 기타 위탁하기에 부적합한 사항으로서 시행령이 정하는 사항에 관한 업무는 유동화전문회사 자체의 업무수행이 가능하다.

실체가 있는 회사이기 때문이다.

자산관리자는 유동화자산의 관리업무, 즉 유동화자산의 추심 및 매각, 유동화
자산관련 각종 계약서의 보관 및 관리를 수행한다. 「자산유동화에 관한 법률」은
자산관리자의 범위를 금융기관, 상장법인 등과 같은 자산보유자(originator), 종합신
용정보업자,6) 소정의 자격을 갖춘 자산관리전문회사(asset management company)로 제
한하고 있다. 금융기관이나 기업이 보유자산을 유동화하는 경우, 통상 자산보유자
인 당해 금융기관이나 기업이 자산관리자로 지정되는 것이 일반적이다.

업무수탁자는 유동화전문회사의 업무 중 유동화자산의 관리업무를 제외한 일
체의 업무를 수행한다. 예를 들면 ABS의 발행·상환, 유동화전문회사의 재무제표
의 작성, 세금납부, 관공서 등에 대한 각종 신고 등이 이에 해당한다. 업무수탁자
의 범위에는 특별한 제한이 없다. 그러나 ABS가 「자본시장법」에 의한 공모방식으
로 발행되는 경우에는 은행을 업무수탁자로 지정하는 것이 보통이다.

5) 기타 참가기관

자산관리자나 업무수탁자 이외에 ABS의 발행 및 사후관리 등에 참가하는 기
관은 자산유동화주관회사, 신용평가회사, 신용보강기관, 회계법인, 법무법인 등이
있다.

자산유동화주관회사는 유동화자산 및 자산보유자의 특성에 맞는 자산유동화
구조를 자문하고, 자산관리자, 업무수탁자, 신용평가회사 등 자산유동화 과정에 참
여하는 자들을 연결함으로써 유동화회사의 설립 및 ABS의 발행과 관련한 총괄적
인 서비스를 제공하는 자(arranger)를 말한다. 자산유동화주관회사는 금융투자회사인
경우가 대부분이며 ABS의 시장조성업무를 수행하기도 한다.

신용평가회사는 ABS의 신용등급을 결정함으로써 투자자들에게 ABS와 관련된
위험과 효익에 관한 정보를 제공하는 기관을 말한다. 신용보강기관은 ABS의 신용
등급을 높이기 위하여 신용공여한도(credit line) 설정 등의 방식으로 ABS 원리금의
전부 또는 일부를 보증하는 기관을 말한다. 대개의 경우 신용보강기관의 역할은
은행이 담당한다.

회계법인은 유동화자산의 존부를 실사하고, 유동화자산의 가치를 평가(due dili-
gence)하는 기관이다. 법무법인은 자산유동화 구조에 관한 법률적 자문을 하는 기

---

6) 「신용정보의 이용 및 보호에 관한 법률」에 의거 신용조회업, 신용조사업 및 채권추심업을 허가받
은 자를 말한다.

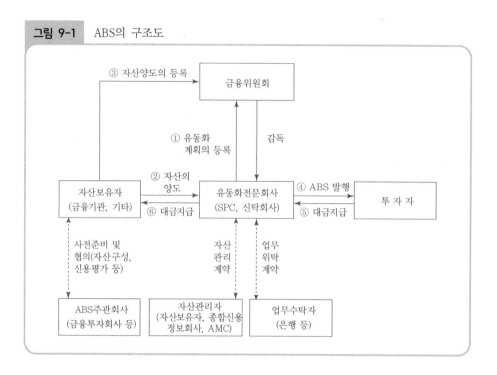

그림 9-1   ABS의 구조도

관인데, 주로 유동화기구에 대한 자산보유자의 유동화자산 양도행위의 적법성 등에 관하여 자문한다.

4. ABS의 발행절차

자산유동화는 금융기관이나 기업이 보유자산을 유동화전문기구에 양도하고, 유동화전문기구는 이를 기초로 ABS를 발행함으로써 완료된다. 이러한 과정은 2~3개월 이상 소요되는 경우가 많은데, 일반적인 자산유동화과정은 개시단계, 설계단계 및 발행단계로 나누어 볼 수 있다.

자산유동화의 개시단계에서는 자산보유자, 자산유동화주관회사, 신용평가회사등이 유동화대상 자산의 종류나 규모를 정하고 대략적인 유동화구조에 관하여 협의한다. 유동화구조의 설계단계에서는 회계법인이 유동화자산을 실사·평가하고, 신용평가기관과 신용보강기관 등과 함께 자산유동화의 세부구조, ABS의 신용등급 및 신용보강 규모 등을 결정한다.

ABS의 발행단계에서는 자산보유자는 유동화전문회사를 설립하거나 신탁회사와 유동화를 위한 절차를 협의한다. 유동화전문회사나 신탁회사는 자산보유자와 자산관리자에 관한 사항, 자산유동화계획기간, 유동화자산과 유동화증권의 종류와 내용, 유동화자산의 관리·운용·처분에 관한 사항 등을 기재한 자산유동화계획을 금융위원회에 등록하여야 한다. 이 경우 신탁회사와는 달리 유동화전문회사는 1개의 자산유동화계획만을 등록할 수 있다.

자산보유자 또는 유동화전문회사등은 유동화자산의 양도·신탁 또는 반환이나 유동화자산에 대한 질권 또는 저당권의 설정에 관한 사항의 등록을 하고자 하는 경우에는 등록신청서와 유동화자산의 양도 등에 관한 계약서를 금융위원회에 제출하여야 한다. 등록신청서에는 ① 유동화자산의 명세, ② 유동화자산의 양도·신탁 또는 반환의 방법·일정 및 대금지급방법, ③ 유동화자산이 채권인 경우 채권양도의 대항요건이 갖추어져 있는지 여부, ④ 유동화자산의 양도 등에 관한 계약의 취소요건, ⑤ 양수인이 당해 유동화자산을 처분하는 경우 양도인 등이 우선매입권을 가지는지 여부, ⑥ 기타 투자자보호를 위하여 필요한 사항으로서 금융위원회가 정하는 사항을 기재하여야 한다.

II. 자산유동화의 특례

우리나라는 그동안 채권유통시장이 제대로 발달되지 못한 데다 현행 「민법」상 채권양도시 대항요건, 저당권 이전의 경우 각 담보물권의 변경등기, 근저당권부채권의 경우 피담보채권의 확정 등 법적인 문제 등으로 동 시장이 제대로 발달하지 못하였다.

1997년 외환위기 이후 금융기관과 자산관리공사 등이 보유하고 있는 부실채권이나 토지 등의 자산을 조기에 현금화하여 자금조달을 원활하게 함으로써 금융기관의 재무건전성을 높이고, ABS 발행을 통해 자본시장, 특히 장기채권과 투기등급(speculative grade)채권 시장을 육성할 필요성이 증대되었다. 이에 정부는 특별법인 「자산유동화에 관한 법률」을 제정(1998년 9월)하고 금융기관이나 기업의 자산유동화를 지원하기 위해 자산유동화에 필요한 특례를 규정하였는바, 주요 내용을 요약하면 다음과 같다.

1. 진정양도에 관한 특례

자산보유자가 유동화전문회사에 자산을 양도하는 방식은 진정양도(true sale) 방식에 의하여야 한다. 진정양도란 유동화자산의 법적 소유권이 자산보유자로부터 유동화전문회사로 이전되어 자산보유자와 유동화자산 간의 법률적 관계가 완전히 단절되는 것을 말하는 것으로 이들간에 완전한 위험의 절연(bankruptcy remote)[7]을 달성하기 위함이다. 자산의 양도가 진정양도에 해당하지 아니하면 유동화자산은 자산보유자의 자산으로 취급되어 자산보유자가 회생절차에 들어가는 경우 유동화자산은 회생절차로부터 격리되지 못한다. 예컨대 자산보유자가 파산하는 경우 유동화자산은 파산재단에 흡수되어 투자자는 손실을 입게 된다.

따라서 ABS 투자자는 자산의 양도가 진정양도에 해당하는지의 여부를 판단한 후 투자를 결정하여야 하나, 진정양도 해당 여부를 판단하는 것은 상당히 어려운 일이다. 이에 「자산유동화에 관한 법률」은 자산유동화계획에 따라 유동화자산의 양도가 다음과 같은 요건을 갖추면 이를 진정 양도로 간주하고 담보권의 설정으로 보지 않음으로써 이러한 장애요인을 해결하고 있다(동 법 제13조). 유동화자산의 양도를 담보권의 설정으로 볼 경우 유동화자산은 자산보유자에 대한 회생절차로부터 격리되지 못하여 유동화자산에 대한 투자자가 갖는 권리는 회생담보권이 되기 때문이다.

① 매매 또는 교환에 의할 것.

② 유동화자산에 대한 수익권 및 처분권은 양수인이 가질 것. 양수인이 당해 자산을 처분하는 때에 양도인이 이를 우선적으로 매수할 수 있는 권리를 가지는 경우에도 수익권 및 처분권은 양수인이 가진 것으로 본다.

③ 양도인은 유동화자산에 대한 반환청구권을 가지지 아니하고, 양수인은 유동화자산에 대한 대가의 반환청구권을 가지지 아니할 것.

④ 양수인이 양도된 자산에 관한 위험을 인수할 것. 다만, 당해 유동화자산에 대하여 양도인이 일정기간 그 위험을 부담하거나 하자담보책임을 지는 경우에는 그러하지 아니하다.

---

7) 자산보유자나 유동화기구의 파산 등으로 인한 위험이 유동화자산으로 전가되지 않도록 하는 것을 말한다.

2. 채권양도의 대항요건 구비절차에 관한 특례

「민법」상 채권양도(채권의 신탁이나 반환 포함)에 관해 채무자에게 대항하기 위해서는 채무자에게 통지하거나 채무자가 이를 승낙해야 하고 채무자 이외에 제3자에 대항하기 위해서는 동 통지나 승낙에 확정일자를 받아야 한다(동 법 제450조). 그러나 현실적으로 채무자의 승낙을 받거나 채무자에게 일일이 통지하고 그 도달을 확인하는 절차는 매우 어렵다. 「자산유동화에 관한 법률」은 이를 간략하게 하기 위해 다음과 같은 특례를 규정하고 있다.

① 자산유동화계획에 따른 채권의 양도·신탁 또는 반환은 양도인(위탁자 포함) 또는 양수인(수탁자 포함)이 당해 채무자의 주소로 2회 이상 내용증명우편으로 채권양도(채권의 신탁 또는 반환 포함)의 통지를 발송하였으나 소재불명 등으로 반송된 때에는 채무자의 주소지를 주된 보급지역으로 하는 2개 이상의 일간신문에 채권양도 사실을 공고함으로써 그 공고일에 채무자에 대한 채권양도의 통지를 한 것으로 간주한다.

② 당해 유동화자산인 채권의 채무자(유동화자산에 대한 반환청구권의 양도인 경우 그 유동화자산을 점유하고 있는 제3자 포함) 외의 제3자에 대하여는 당해 채권의 양도에 관하여 금융위원회에 등록한 때 대항요건을 갖춘 것으로 간주한다.

3. 저당권부채권의 양도절차에 관한 특례

현행 「민법」상 저당권부채권의 양도는 저당권과 저당권에 의하여 담보된 피담보채권을 함께 양도하여야 한다. 그런데 저당권의 양도는 법률행위에 의한 부동산물권의 변동이므로 양수인 앞으로 이전등기를 하여야만 그 효력이 발생한다(「민법」 제450조). 그러나 금융기관이 수많은 저당권부채권을 유동화하기 위해서는 전국에 산재한 등기소를 찾아가 일일이 저당권 변경등기를 하여야 하는바, 이는 저당권부채권의 유동화에 큰 장애요소가 된다.

이에 「자산유동화에 관한 법률」은 저당권부채권의 양도절차를 간소화하는 특례를 마련하고 있다. 즉 자산유동화계획에 따라 양도 또는 신탁한 채권이 질권 또는 저당권에 의하여 담보된 채권인 경우 양도인이 동 채권의 양도 또는 신탁 사실을 금융위원회에 등록하면 유동화전문회사등은 등록한 때에 그 질권 또는 저당권을 취득한다.

4. 근저당권부채권 확정절차에 관한 특례

근저당권부채권은 근저당권에 의해 담보되는 채무의 최고액만을 정하고 채무의 확정은 장래에 보유하여 설정되는 채권으로 금융기관이 보유하고 있는 채권의 대부분을 차지한다.

근저당권부채권을 양도하기 위해서는 먼저 채권액을 확정하여야 하는바, 그 확정사유는 ① 담보할 원본이 더 이상 발생하지 아니할 때, ② 근저당권자의 경매 또는 압류신청, ③ 제3자의 경매신청 또는 압류, ④ 채무자 또는 근저당설정권자의 파산선고, ⑤ 회사정리절차 개시결정 등으로 한정되어 있다(「민법」제357조).

그러나 금융기관이 보유하고 있는 근저당권부채권은 이러한 사유에 해당하지 않는 경우가 많아 근저당권부채권의 확정절차에 관한 특례가 없을 경우 근저당권부채권의 유동화가 현실적으로 불가능하다. 이에 「자산유동화에 관한 법률」은 근저당권부채권의 확정절차에 관한 특례를 마련하고 있는바, 유동화자산인 근저당권부채권의 양도인이 채무자에게 추가로 채권을 발생시키지 않고 그 채권의 전부를 양도 또는 신탁하겠다는 통지서를 발송하고, 채무자가 10일 이내에 이의를 제기하지 않을 경우 통지서를 발송한 다음 날 근저당권부채권이 확정된다. 근저당권이 확정되면 보통의 저당권이 되어 피담보채권과 함께 양도가 가능하다는 것이 통설이다.

5. 자산유동화거래에 대한 과세 특례

자산유동화거래는 유동화전문회사, 자산보유자, 자산관리자 및 투자자간의 거래단계에서 과세문제가 발생하는바,[8] 자산유동화를 활성화하기 위해 「조세특례지원법」 등에서 각종 세제상의 지원을 하고 있다. 특히 유동화전문회사를 중심으로 세제지원을 강화하여 유동화전문회사가 배당가능이익의 90% 이상을 배당하는 경우에는 법인세 산정시 배당금액은 과세대상소득에서 공제함으로써 사실상 법인세를 면제한다. 유동화회사는 실체가 없는 서류상의 회사인 간접투자기구(conduit)로서 사실상 투자자와 동일시되는데, 이에 대해 법인세를 부과하면 투자자는 법인세와 배당소득세를 이중으로 부담하는 결과가 초래되기 때문이다.

---

8) 유동화전문회사의 경우 유동화자산의 관리·처분·운용에 따른 법인세와 유동화자산의 취득에 따른 취득세와 등록세가, 자산보유자의 경우 유동화자산의 양도에 따른 양도차익에 대한 법인세가, 자산관리자의 경우 자산관리수수료가 익금에 해당됨에 따른 법인세가, 그리고 투자자의 경우 투자에 따른 이자 및 배당금에 대한 소득세 과세문제가 발생한다.

6. 소유권취득 등에 관한 특례

한국자산관리공사 또는 한국토지주택공사가 금융기관의 부실자산정리, 부실징후기업의 자구계획지원 및 기업의 구조조정을 위하여 취득한 부동산을 자산유동화계획에 따라 유동화전문회사등에 양도 또는 신탁한 경우 유동화전문회사등은 자산양도등록이 있은 때에 그 부동산에 대한 소유권을 취득한다.

7. 시설대여계약 등에 관한 특례

자산보유자가 자산유동화계획에 따라 유동화전문회사등에게 시설대여계약 또는 연불판매계약에 의한 채권을 양도 또는 신탁한 경우 당해 자산보유자는 자산유동화계획에 의하지 아니하고는 당해 시설대여계약 또는 연불판매계약을 변경 또는 해지할 수 없다.

8. 자산관리자의 파산 등

자산관리자가 파산하는 경우 위탁관리하는 유동화자산(유동화자산을 관리·운용 및 처분함에 따라 취득한 금전등의 재산권을 포함)은 자산관리자의 파산재단을 구성하지 아니하며, 유동화전문회사등은 그 자산관리자 또는 파산관재인에 대해 유동화자산의 인도를 청구할 수 있다. 자산관리자가 위탁관리하는 유동화자산은 자산관리자의 채권자가 이를 강제집행할 수 없으며 「통합도산법」에 의한 보전처분 또는 중지명령의 대상이 되지 아니한다.

9. 채무자에 대한 정보의 제공 및 활용

자산보유자 또는 유동화전문회사등은 「금융실명거래 및 비밀보호에 관한 법률」(제4조)의 규정에 불구하고 자산유동화계획의 수행을 위하여 필요한 범위 안에서 당해 유동화자산인 채권의 채무자의 지급능력에 관한 정보를 투자자, 양수인기타 이에 준하는 이해관계인에게 제공할 수 있다.

10. 금융기관부실자산의 정리 등

한국자산관리공사 또는 한국토지주택공사가 금융기관의 부실자산정리, 부실징후기업의 자구계획지원 및 기업의 구조조정을 위하여 취득한 부동산을 자산유동화계획에 따라 유동화전문회사등에 양도 또는 신탁하는 경우에는 「주택법」 등에 관한 법률규정을 적용하지 아니하는 특례가 있다.[9]

III. 자산유동화구조

1. 회전방식 ABS

ABS의 원리금은 원칙적으로 유동화자산으로부터 회수한 현금으로 상환한다. 따라서 ABS는 유동화자산의 현금회수 예상시기와 ABS 원리금 상환시기는 대체적으로 일치하는데, 이러한 ABS를 상각방식(amortising) ABS라고 한다. 그러나 상각방식 ABS의 경우, 카드채권이나 통신료채권과 같이 만기가 짧은 자산을 유동화하는 경우에는 비용의 효율성 면에서 문제를 갖고 있다. 예컨대 만기가 1~2개월에 불과한 자산을 유동화하는 경우 ABS의 만기 역시 1~2개월로 하여야 하는바, 많은 비용과 번잡한 절차를 거쳐 만기 1~2개월의 ABS를 발행하는 것은 경제성이 있다고 할 수 없다. 이에 만기가 짧은 자산으로 장기 ABS를 발행할 수 있는 ABS가 개발되었는데, 이를 회전방식 ABS(revolving ABS)라 한다.

회전방식 ABS는 유동화기간 중 신규로 발생하는 채권(발행회사 보유)과 유동화자산으로부터 회수되는 현금(SPC 보유)을 계속적·반복적으로 교체하는 방식으로, 발행회사는 계속적으로 유동화자산에서 회수되는 현금을 사용할 수 있다. 따라서 동 회전방식은 ABS 발행의 기초(담보)가 되는 기존의 유동화자산을 신규로 발생되는 자산으로 교체하는 일종의 담보교체 방식이라고 할 수 있다. 동 방식은 단기채권을 기초로 장기 ABS 발행을 가능하게 하여 장기적인 자금조달과 ABS 발행비용을 절감하게 할 수 있다.

일반적인 대출과 같이 원리금이 정기적으로 상환되는 자산(amotising asset)을 기초자산으로 하는 ABS의 경우 기초자산으로부터 나오는 현금흐름이 바로 ABS의 원리금상환 재원으로 사용되는 데 비해, 회전구조 하에서는 기초자산에서 나오는

---

9) 1. 「부동산등기특별조치법」(제2조 내지 제4조)
   2. 「도시교통정비촉진법」(제36조)
   3. 「주택법」(제68조)
   4. 「국토이용관리법」(제21조의3)
   5. 「외국인토지법」(제4조 ① 및 제5조).

현금흐름은 일부만이 ABS의 원리금으로 지급되고 남은 금액은 신규채권을 매입하여 기초자산에 추가로 편입하는 데 사용된다.

동 방식은 다시 포괄양도방식과 유동교체방식으로 구분할 수 있다. 포괄양도방식은 특정한 채무자로부터 발생한 현존 채권과 장래의 일정시점까지 발생이 예상되는 장래 채권을 최초 양도시점에서 한 차례의 양도행위로 포괄적으로 양도하는 것을 말한다. 포괄양도가 법적으로 성립되기 위해서는 해당 채권이 특정고객과의 계속적 거래관계에서 발생하는 특성, 즉 특정가능성과 계속발생가능성을 동시에 갖추어야 한다.

신용카드채권과 통신요금채권 등이 그 예이다. 예컨대 신용카드채권의 경우 특정한 신용카드회원을 지정하고 해당 카드회원이 계속적으로 사용할 것으로 예상되는 신용판매나 현금서비스채권 등과 같은 단기매출채권을 최초 양도 시점부터 양도종료 시점까지 포괄적으로 양도한다.

유동교체방식은 포괄양도방식을 이용하기 어려운 경우에 이용되는 방식으로 자동차할부채권, 카드론, 일반대출 등과 같이 특정가능성이나 계속발생가능성이 낮은 채권을 기초자산으로 하는 경우에 주로 이용된다. 동 방식은 ABS 발행의 기초가 되는 기존의 채권(유동화자산)을 상이한 고객의 신규채권으로 계속적·반복적으로 교체하는 일종의 담보교체방식이라 할 수 있다.

회전방식 ABS는 회전기간 중 조기상환사유(trigger)[10]가 발생하는 경우 회전이 중단되며 ABS의 조기상환(early amortization)이 개시된다. 발행회사는 통상 ABS 만기 전 일정기간(통상 3~6개월) 동안 ABS 원리금 상환에 대비한 재원을 축적하기 위하여 유동화자산 회수대금을 회전하지 않고 신탁 또는 SPC에 적립하는데, 동 적립기간을 통제적립기간(controlled accumulation period)이라 한다.

2. Multi-Tranche 구조와 ABCP

통상적인 자산유동화 구조는 유동화전문회사가 유동화자산으로부터 회수한 현금을 유동화기간 중 계속 보유하다가 ABS 만기에 상환하는 구조이다. 그러나 이러한 구조에서는 SPC가 현금을 보유한 상태에서도 ABS 만기까지는 ABS를 상환하지 못하고, 이자를 계속 지급하여야 한다는 문제점이 있다. 이러한 문제점을 해

---

10) ABS의 신용보강장치의 일환으로 자산보유자의 신용등급 하락(rating trigger), 유동화자산의 평가액 하락(balance trigger) 또는 수익률 하락(yield trigger) 등의 경우가 해당된다.

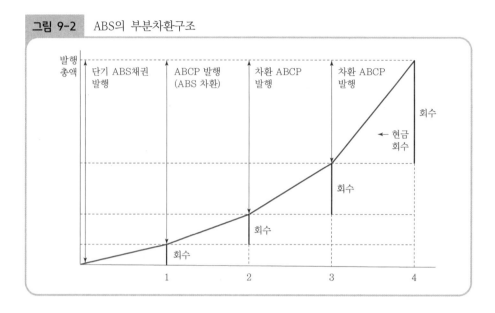

그림 9-2 ABS의 부분차환구조

소하기 위하여 개발된 것이 Multi-Tranche 구조와 ABCP에 의한 부분차환구조이다.

Multi-Tranche 구조는 SPC가 ABS를 발행할 때 만기를 차등화한 다수의 ABS를 발행하는 것이다. 이 구조에서는 유동화전문회사가 유동화기간 중 회수한 현금으로 만기가 먼저 도래하는 ABS부터 상환하게 된다.

ABCP를 통한 부분차환구조는 유동화자산을 대상으로 SPC가 장기 ABS를 발행하는 대신 먼저 단기 ABS를 발행하고 동 ABS의 만기가 도래하면 일부는 유동화자산에서 들어오는 이자로 상환하고 모자라는 부분은 단기 ABCP를 발행하여 상환하는 방식이다. 이후는 상환이 종료될 때까지 계속 ABCP를 반복적으로 발행하여 상환이 도래한 ABCP를 차환한다.[11] 앞서 설명한 회전방식 ABS는 만기가 짧은 단기 유동화자산으로 장기 ABS를 발행하는 반면, ABCP를 통한 부분차환구조는 만기가 긴 장기 유동화자산으로 단기의 ABS를 발행하게 된다.

일반적인 ABS의 경우 유동화자산에서 회수하는 수익으로 ABS의 원리금을 상환하는 발행구조이지만, 부분차환구조 ABS의 만기를 유동화자산 만기보다 짧게 발행하면서 ABS의 원리금 상환자금 중 일부는 유동화자산(pool)에서 회수한 수입

11) ABCP는 「상법」상의 SPC가 「자산유동화법」상의 자산유동화계획을 등록하지 않고 발행된다(비등록유동화). 「자산유동화법」은 규제법이 아닌 지원법으로서 동 법의 적용을 받고자 하는 경우에만 금융위원회에 유동화계획을 등록한다(등록유동화).

으로 조달하고, 부족분은 차환목적용 ABCP를 발행하여 상환한다. 이후 차환목적으로 발행된 ABCP도 동일한 방법으로 유동화자산의 만기, 즉 유동화자산에서 상환자금이 전부 회수될 때까지 부족분을 계속 ABCP 부분차환발행으로 조달하게 된다.

Multi-Tranche 구조 ABS와 ABCP를 통한 부분차환구조는 일반적으로 단기금리가 장기금리보다 낮은 점을 이용하여 이자지급 비용의 절감은 물론, 유동화자산에서 조기회수되어 SPC가 보유하게 되는 잉여자금(idle money)의 최소화 등이 가능해져 자금조달 비용을 낮출 수 있는 장점이 있다.

3. Stand-Alone Trust와 Master Trust

신탁을 이용하여 자산유동화를 하는 방식에는 Stand-Alone Trust 방식과 Master Trust 방식이 있다. 전자는 하나의 신탁에 신탁된 자산으로 한 차례에 한 종류의 ABS만을 발행하는 방식이고 후자는 하나의 신탁에서 당해 신탁에 신탁된 자산을 바탕으로 발행금리, 만기, 발행통화, 신용보강방식 등, 발행조건이 다른 여러 종류의 ABS를 수차례에 걸쳐 발행할 수 있는 방식이다.

Stand-Alone Trust의 경우 자산보유자(originator)가 ABS를 발행할 때마다 기존에 신탁되지 않은 새로운 자산을 신탁업자에 신탁하고 이에 대해 신탁업자가 발행하는 수익권증서는 투자자수익권과 위탁자수익권으로 분할하여 발행된다. 투자자수익권(investor's interest)은 SPC에 양도되어 이를 바탕으로 선순위 채권인 ABS가 발행되어 투자자에게 판매되고 위탁자수익권(seller's interest)은 자산보유자가 인수하여 투자자에게 판매된 선순위 ABS에 대한 신용보강(subordination) 기능을 한다.

국내회사가 해외에 ABS를 발행하는 경우 통상 해외에 SPC(conduit)를 설립하여 해외 SPC가 국내 SPC로부터 외화표시 ABS를 양도받은 다음 이를 기초자산으로 Floating Note를 발행하여 해외투자자에게 판매한다. 이 경우 국내 SPC는 환율이나 금리변동리스크를 헤징하기 위해 금융기관과 통화나 금리스왑계약을 체결한다.

Master Trust의 경우 자산보유자가 포괄신탁계약을 통해 보유자산을 신탁업자에 신탁하고 이에 대해 신탁업자가 발행하는 수익권증서는 시리즈 보충계약에 의거 시리즈수익권과 위탁자수익권으로 분할된다. 시리즈수익권은 다시 선순위수익권(investor's interest)과 후순위수익권(subordinated seller's interest)으로 분할되며 선순위수익권은 개별 SPC에 양도되고 개별 SPC는 이를 바탕으로 ABS를 발행하여 투자자에게 판매한다.

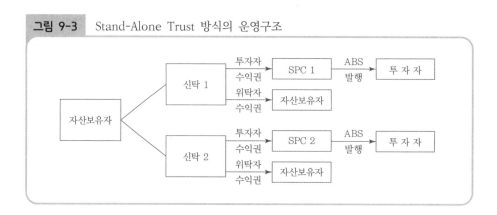

그림 9-3 Stand-Alone Trust 방식의 운영구조

시리즈 후순위수익권은 선순위수익권에 대한 지급이 충분히 확보될 수 있도록 비율을 설정하는 등 선순위수익권에 대한 담보기능을 하며 통상 발행자가 보유한다. 위탁자수익권(seller's interest)은 유동화자산의 급격한 변동성이 발생할 경우에도 동 위험을 흡수하게 하는 이중의 안정장치(buffer)로 통상 무액면으로 발행되어 자산보유자가 보유한다.

자산보유자는 ABS의 추가발행이 필요할 경우 동일 신탁(Master Trust)에 추가로 자산을 신탁하여 신탁자산을 증가시킬 수 있으며 시리즈로 발행된 복수의 ABS는 Master Trust에 신탁된 전체신탁자산을 공유(undivided beneficial interest)한다.

개별 시리즈의 특징이 반영되는 것은 각각의 시리즈보충계약이 체결되는 단계로 시리즈수익권은 Stand-Alone Trust 방식의 투자자수익권과 마찬가지로 개별 SPC를 수익자로 하는 타익신탁 형태로 발행된다.

Master Trust 방식은 카드채권과 같이 동종의 자산을 기초자산(유동화자산)으로 하여 계속적으로 ABS를 발행하는 경우에 주로 이용된다. Master Trust 방식은 Stand-Alone Trust 방식에 비해 다음과 같은 장점을 갖고 있다.

① Master Trust 방식은 ABS를 발행할 때마다 신탁을 따로 설정할 필요가 없으므로 ABS의 발행절차가 간소화되어 ABS의 발행 등에 수반되는 비용을 절감할 수 있고, 유동화자산이 통합되어 있으므로 자산관리 및 보고절차를 간소화할 수 있다.

② Master Trust 방식은 Stand-Alone Trust 방식에 비해 유동성제약을 완화할 수 있다. Stand-Alone Trust 방식은 ABS의 만기가 도래하기 전에 ABS의 원리금을

그림 9-4 Master Trust 방식의 운영구조

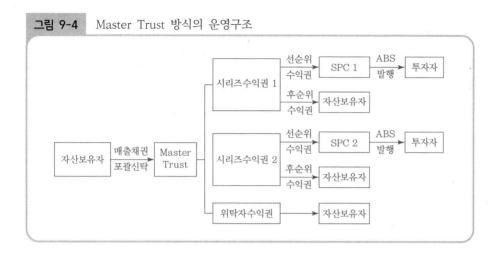

상환하기 위하여 통제적립기간 중 유동화자산 회수현금을 회전(revolving)에 사용하지 않고 SPC에 적립하여야 하므로 발행회사에 유동성압박 요인이 되나, Master Trust 방식은 ABS 시리즈간 잉여원금의 공유로 인하여 통제적립기간을 최대한 단축할 수 있어 유휴자금을 최소화할 수 있다.

③ Master Trust 방식은 조기상환 사유 등의 발생가능성을 완화할 수 있다. Stand-Alone Trust 방식은 SPC의 비용이 수익을 일정기간 초과하거나 최저담보유지비율을 유지하지 못하는 등 조기상환 사유에 해당하여 조기상환발생 가능성이 크나, Master Trust 방식은 고비용 구조로 발행된 일부 시리즈에서 조기상환이 발행할 수 있는 상황에서도 비용이 낮은 시리즈의 잉여회수액을 공유하는 방식으로 조기상환 사유의 발생가능성을 완화할 수 있다.

④ 유동화자산 풀(pool)의 규모가 크고 다양하여 위험분산이 가능하므로 유동화자산 가치의 안정적 유지에 유리하다.

그러나 Master Trust 방식은 Stand-Alone Trust 방식에 비해 다음과 같은 단점이 있다.

① Master Trust 방식은 Master Trust 전체에 조기상환 사유가 발생하는 경우에는 대처하기가 곤란하다. Master Trust 전체 조기상환 사유의 대표적인 것으로 신탁자산 풀(pool)의 감소로 인해 신탁원금자산 총액이 최저신탁원금 자산을 하회하는 경우를 들 수 있다.

복수의 Stand-Alone Trust 방식에서는 자산보유자가 모든 발행 건의 최저 신탁원금자산을 유지하기 힘든 경우, 일부신탁의 해지와 발행된 ABS의 매입소각으로 해결이 어느 정도 가능하다. 그러나 특정자산에 대한 배타적인 우선권을 부여할 수 없는 Master Trust 방식은 일부신탁이 해지되어 자산이 현금화되더라도 특정 시리즈수익권에만 이를 지급할 수가 없다. Master Trust 방식에서는 신탁자산 풀에 문제가 발생할 경우, 시리즈수익권 모두 이해관계가 발생하므로 이를 해결하기가 쉽지 않기 때문이다.

② Master Trust 방식은 구조적인 유연성이 상대적으로 부족하다. Master Trust 방식에서는 시리즈수익권을 새롭게 설정할 때마다 시리즈보충계약이 체결되지만, 주계약인 Master Trust 계약은 Master Trust 설정시에 확정되기 때문이다. 구체적으로 Master Trust 계약에 포함되는 대표적인 내용은 신탁자산의 적격기준인 바, 추가신탁으로 인한 신탁자산 풀의 신용도 하락을 방지하기 위해 Master Trust 의 적격기준에 맞지 않는 자산은 시리즈보충계약에 포함시킬 수가 없다.

IV. 유동화증권의 신용보강

ABS는 다양한 기초자산을 모아 발행하므로 일반투자자들은 그 신용위험을 평가하기가 매우 어려운바, 신용평가회사가 기초자산의 예상손실, ABS에 대한 신용보강기관의 신용보강의 정도 등을 평가하여 ABS에 신용등급을 부여함으로써 ABS가 시장에서 적절한 가격으로 거래될 수 있도록 도와 준다. ABS는 신용평가회사로부터 보다 높은 신용등급을 받기 위해 신용보강(credit enhancement)이 필요한데, 이때 주로 이용되는 방식으로 후순위방식(subordination or credit tranching), 초과수익방식(excess spread), 현금담보 방식(cash collateral account), 보증방식 등이 있다.

후순위방식은 기초자산을 담보로 발행하는 ABS를 선순위채권(senior bond)과 후순위채권(subordinated bond)으로 나누어 발행하는 방식이다. 선순위채권은 채권의 원리금을 상환함에 있어 기초자산에 대해 우선적인 청구권을 갖는 채권이고, 후순위채권은 기초자산에 대한 청구권의 순위가 선순위채권에 비해 열위인 채권을 말한다. 따라서 동일한 기초자산을 대상으로 발행된 후순위채권은 결과적으로 선순위채권의 원리금 상환을 간접적으로 보증하는 셈이 된다. 일반적으로 선순위채권은 투자자가 갖고, 후순위채권은 ABS 발행인이 인수함으로써 ABS 발행인이 간접적으로 신용보강을 한다.

초과수익방식은 SPC가 양도받은 기초자산으로부터 발생하는 수익이 ABS 투자자에게 지급하는 이자와 자산관리 수수료 등 각종 비용을 합한 것보다 충분히 크게 하여 기초자산의 잠재적 부실에 따른 경제적 손실에 대비하는 방식이다. 현금담보 방식은 기초자산의 부실에 따른 경제적 손실을 담보하기 위해 ABS의 상환이 완료될 때까지 동 증권 판매대금의 일부를 은행예금 또는 신용등급이 높은 채권에 투자하고, 이를 담보로 활용하는 방식이다.

보증방식은 은행의 신용장(letter of credit)이나 신용공여한도(credit line), 보험회사의 지급보증(surety bond) 등을 통해 신용보강을 하는 방식으로 앞에서 설명한 방식들이 주로 투자적격 자산을 대상으로 하는 데 비해, 보증방식은 주로 투자비적격 자산을 대상으로 한다.

이러한 방식들은 단독으로 이용되기도 하나 ABS의 원리금 보장을 보다 확실하게 하기 위해 여러 방식들이 복합적으로 이용되는 경우가 많다. 자산보유자가 ABS의 원리금 지급을 자체 신용으로 보증하거나 기초자산의 신용등급 저하 등 원리금의 상환이 의문시되는 상황이 발생하는 경우 SPC가 자산보유자에게 기초자산의 환매를 요구할 수 있는 권리(put-back option)를 보유하는 경우도 있으나, 이와 같은 방식들은 자산보유자와 유동화자산 간의 위험의 절연(bankruptcy remote)이 제대로 되어 있지 않기 때문에 진정한 자산의 유동화라기보다는 위험자산의 단순한 이관(parking)에 불과할 가능성이 크다.

최근 ABS의 신용보강을 위해 ABS에 신용파생상품을 내장한 혼성 ABS 등이 등장하고 있다. 유동화를 위해서는 유동화자산의 법적 소유권을 유동화기구에 이전하는 것이 원칙이나, 자산보유자가 유동화자산의 법적 소유권은 보유하되 동 자산으로부터 발생하는 현금흐름만을 유동화기구에 매각하고 신용부도스왑(credit default swap) 등 신용파생상품(credit derivatives)을 이용하여 유동화자산의 신용위험과 스프레드위험을 제3자에게 이전하는 ABS 등이 그 예이다.

제 2 절	주택저당채권 유동화증권

주택저당채권 유동화증권(MBS: Mortgage Backed Securities)은 주택저당채권을 기초로 발행되는 ABS로 주택저당채권을 담보로 하는 주택저당채권담보부채권(MBB: Mortgage Backed Bond)과 주택저당채권을 기초로 발행하는 수익증권인 주택저당증권을 포함한다.

외환위기 이전에는 「담보부사채신탁법」에 따라 MBB가 발행되었으나, 외환위기 이후 주택저당채권의 유동화를 촉진함으로써 주택금융을 활성화하기 위해 「주택저당채권유동화회사법」(2015년 11월 폐지)을 제정하고, 한국주택금융공사를 설립하여 MBS가 발행되기 시작하였다. 동 사는 주택저당채권 및 학자금대출채권(student loan)의 매입, 주택저당증권의 발행 및 지급보증, MBS에 대한 시장조성 기능 등의 업무를 수행한다.

동 사는 주택저당채권의 유동화를 위해 주택저당채권유동화회사12)를 주식회사로 설립한다. 주택저당채권유동화회사는 금융기관 등으로부터 주택저당채권을 양도받은 경우 동 사실을 금융위원회에 등록하여야 하며, 동 등록을 한 경우에는 「민법」상의 채권양도의 대항요건을 갖추거나 저당권이 이전된 것으로 간주한다. 그러나 동 사의 주택저당채권 취득시에는 금융위원회에 등록함으로써 금융기관에서 동 사로의 이전등기를 생략하는 특례가 인정되나, 유동화기간 중 채무자인 주택소유자의 변경이나 채무자의 상환에 따른 채권의 말소, 채무자 변경 등 주택저당채권 변경시에는 특례가 없어 취득시 생략했던 등기를 다시 해야 하는 등 유동화를 어렵게 하는 문제점들이 있었다.

이와 같은 문제점 등을 해소하기 위해 2003년 12월 「한국주택금융공사법」을 제정하고, 다음과 같은 특례를 규정하였다.

① 한국주택금융공사를 관공서로 의제하여 동 공사가 생략된 등기를 다시 하

---

12) 주택저당채권유동화회사는 주택저당증권과 유동화전문회사등이 주택저당채권을 유동화자산으로 하여 발행한 유동화증권에 대하여 당해 주택저당채권유동화회사의 자기자본의 30배를 초과하지 아니하는 범위 내에서 지급보증을 할 수 있고 자기자본의 10배의 범위 안에서 회사채를 발행할 수 있으며 자기자본의 범위 안에서 자금을 차입할 수 있다. 이 경우 주택저당채권담보부채권의 발행총액은 회사채의 발행액에 포함되지 아니한다.

그림 9-5 MBS 구조도

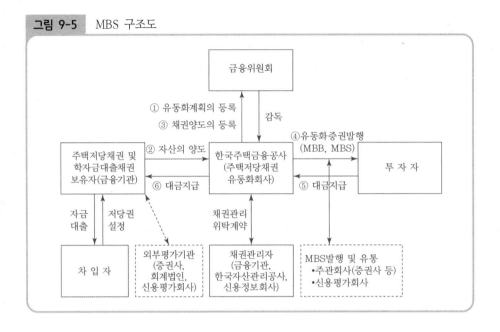

는 경우, 동 공사가 직접 서면신청에 의해 법원에 촉탁등기[13]를 할 수 있도록 특례를 마련하고 등기신청수수료 등을 감면하고 있다.

② 주택저당채권의 양도통지를 종래의 2회에 걸쳐 1차 통지에는 양도 전 채권금액의 확정통지를 하고, 2차 통지에서 양도 후 양도사실을 통지하던 방식을 1차 통지시 양도일자를 명시하여 양도통지도 함께 할 수 있도록 하였다.

③ 유동화를 목적으로 하는 대출시 채무자가 채권양도에 대해 사전승낙을 할 수 있도록 하여 유동화절차를 대폭적으로 간소화하였다.

이와 같은 법적 뒷받침에 힘입어 2004년 이후부터는 MBS 발행이 크게 늘어나는 등 MBS 시장이 보다 활성화되었으나 아직도 외국의 MBS 시장보다는 상대적으로 부진한 실정인바, 그 주된 이유로는 주택담보 대출의 만기가 3~5년 정도로 너무 짧고 대부분의 대출들이 원리금 상환방식과 담보내용 등이 다양하여 기초자산의 표준화가 부족하다는 점 등을 들 수 있다.

앞으로 MBS 시장이 활성화되면 저소득과 중산층의 주택대출원리금 상환부담을 완화하여 이들의 주택마련을 용이하게 하는 한편, 신용도가 높은 MBS가 안정

---

13) 당사자의 신청에 의하지 않고 법원이나 그 밖의 관공서가 등기소에 위임하여 행하는 등기를 말하며 예고등기, 경매신청등기, 파산등기 등이 있다.

적인 투자수단으로 제공됨으로써 자본시장을 더욱 발전시킬 것으로 예상된다. 특히 10년 이상 장기 MBS는 장기부채가 많은 생명보험회사 및 연기금 등에 안정적인 자산운용 수단을 제공하게 될 것이다. 이 밖에도 금융회사들이 주택저당채권 매각, 저당채권·MBS 스왑[14] 등을 통해 대출보유에 따른 신용위험과 금리위험을 제거함으로써 건전성 강화 및 수익구조 개선에 기여할 것이다. 현재 한국주택금융공사가 주로 발행하는 MBS는 여러 개의 만기구조로 기초자산의 현금흐름을 분리하여 매각하는 CMO(Collaterized Mortgage Obligation) 형태[15]이다.

한편 한국주택금융공사는 MBS와 함께 2005년부터 학자금대출[16] 채권을 기초로 한 ABS인 SLBS도 발행하여 왔으나 학자금대출업무가 2009년 5월 설립된 한국장학재단으로 이관되어 2009년 8월 이후 SLBS 발행이 중단된 상태이다.

제 3 절　커버드본드

커버드본드(Covered Bond)란 자산보유자가 유동화자산을 매각하는 유동화방식(off-balance)과는 달리 자산보유자가 유동화자산을 담보로 자신의 명의로 자산담보증권을 발행하는 방식(on-balance)이다. 독일, 영국, 프랑스 등 유럽국가들이 발행하는 Covered Bond가 대표적인 예다. Covered Bond는 높은 신용등급으로 구성된 담보자산(covered pool)에 의해 뒷받침되는데다 다른 담보부채권과는 달리 발행자의 도산시 담보자산에 대한 우선청구권과 발행자에 대한 상환청구권을 동시에 보유하

---

14) 금융회사들이 주택금융공사에 주택저당채권을 매각하는 대가로 동 사가 발행하는 MBS를 받는 것을 말한다.
15) 이에 대해서는 후술하는 미국의 유동화증권시장을 참고하기 바란다.
16) 취업후 상환 학자금(ICL: Income Contingent Loan)이 대표적인 예다. 동 대출은 학자금 대출을 원하는 학생에게 대출해 주고 취업 등으로 인해 일정 기준 이상의 소득이 발생하는 시점부터 원리금을 분할하여 상환한다. 미국의 경우 상대적으로 낮은 임금이 지급되는 공공부문의 취업을 촉진하기 위해 취업후 소정의 학자금을 갚으면 잔여 대출금을 경감해 주거나 탕감해 주는 제도가 있다. 원천과세상환(Pay-AS-You-Earn) 방식과 소득기준상환(Income Based Repayment) 방식이 그것이다. 전자는 민간부문 취업자를 대상으로 매년 재량소득(연방빈곤선의 150%를 기본생활비로 인정하여 본인소득에서 공제한 나머지소득)의 15%를 20년간 상환하고 남은 채무는 탕감해 주는 방식이고 후자는 공공부문과 민간부문 비영리단체 취업자를 대상으로 매년 재량소득의 10%를 10년간 상환하고 남은 채무를 탕감해 주는 방식이다.

는 이중청구권(dual recourse) 보장 등 특별우선권리(special priority status)조항에 의해 보호되고 있다. 따라서 동 채권보유자는 채무불이행이나 자산보유자의 파산시 파산위험으로부터 절연(bankruptcy remote)된 담보자산(ring-fenced covered asset)에 대한 우선 청구권 행사가 가능하다.

동 채권은 높은 신용등급으로 인해 낮은 비용으로 자금조달이 가능한데다 자산의 완전매각방식의 경우 자산보유자가 범할 수 있는 도덕적 해이를 줄일 수 있는 이점 등으로 인해 최근 유동화증권의 신용위험 증가로 어려움을 겪고 있는 미국 등에서도 동 제도를 도입하여 그 실적이 늘어나고 있다.[17]

커버드본드의 가장 큰 특징은 채권투자자를 예금자에 우선하여 보호하고 있기 때문에 발행기관의 파산시 예금자의 이익의 희생을 초래할 수 있다는 점이다. 이 밖에 커버드본드를 제외한 일반채권의 가치를 저하시키고 커버드본드 발행액을 장부 내에 유지함으로써 건전성 규제상 자본적립금 완화효과(capital requirement)를 기대할 수 없다는 점 등을 들 수 있다.

지금까지 우리나라는 커버드본드 관련 법규가 마련되어 있지 않았기 때문에 금융회사들이 유럽식의 커버드본드 기준에 부합하는 채권을 발행할 수 없었으나 국민은행이 이와 유사한 구조의 채권을 발행한 적이 있다. 그러나 국민은행이 발행한 구조화본드(Structured Covered Bond)는 국민은행이 보유한 우량자산을 자산신탁회사에 신탁하고 동 신탁수익권을 담보로 특수목적회사가 커버드본드를 발행하는 구조였다. 국민은행이 담보자산을 외부에 신탁한 이유는 현행법상 담보자산을 외부에 신탁하지 않고는 여타 담보부사채에 우선하여 변제에 충당할 수 없어 발행자의 도산위험으로부터 절연시킬 수 있는 방법이 없기 때문이다.

정부는 이중청구권이 보장될 수 있는 커버드본드 발행을 위해 「이중상환청구권부 채권발행에 관한 법률」을 제정하여 2014년 4월부터 시행하고 있다. 이하 이중청구권부 채권(이하 커버드본드라 한다)의 주요 내용을 소개한다.

---

17) 미국의 경우 2010년 이후 유동화증권을 대체할 수 있는 수단으로 커버드 본드 발행을 위한 법률 제정이 추진되고 있으나 커버드 본드가 예금보다 우선청구권을 보장받기 때문에 은행 파산시 궁극적으로 납세자의 부담 증가로 이어질 수 있다는 등의 이유로 입법이 지연되고 있다. 현재 커버드 본드 발행 관련 모범규준(Practices for Residential Covered Bond)에 따라 이의 발행을 지원하고 있다.

1. 적격발행기관

금융회사는 기관 요건과 건전성 요건을 모두 충족하여야 커버드본드를 발행할 수 있는 적격발행기관이 될 수 있다. 기관 요건은 은행(산은·기은·농수협 포함), 주택금융공사, 또는 이에 준하는 기관으로서 대통령령이 정하는 기관이다. 적격성 요건은 자본금(1,000억원 이상), 자본비율(BIS 자기자본비율 10% 이상), 자금의 조달·운용구조, 리스크 관리 시스템의 적정성 등을 갖춰야 한다.

2. 기초자산집합

커버드본드의 담보로 제공되는 기초자산집합은 기초자산, 유동성자산 및 기타자산으로 구성하며 최소담보비율 105% 이상이어야 한다. 기초자산은 적격 주택담보대출,[18] 국가·공공기관 대출채권, 국공채 등이다.

유동성 자산은 현금, 타행 발행 만기 100일 이내 CD 등이고 기타자산은 기초자산으로부터의 회수금, 자산의 관리·운용·처분에 따라 취득한 재산, 환율·이자율 헤지를 위해 체결한 파생금융거래 채권 등을 말한다.

3. 등록 및 발행

커버드본드를 발행하고자 하는 자는 발행계획과 기초자산집합에 관한 사항을 금융위원회에 등록하여야 한다. 발행계획에는 발행기관, 금리·만기 등 발행조건, 발행시기, 발행총액 등이, 기초자산집합에는 자산의 종류·명세, 평가총액·평가내용, 담보유지비율, 기초자산집합 관리방법, 수탁관리인 및 기초자산 감시인에 관한 사항 등이 포함된다. 금융위원회는 일정한 경우[19]에 위의 등록을 거부하거나 변경 요구가 가능하다.

등록을 마친 적격발행기관은 직전 회계연도 말 총자산의 8% 범위에서 대통령령이 정하는 한도(잠정안: 4%) 내에서 커버드본드 발행이 가능하다.

---

18) LTV 70% 이하인 대출로서 「은행업감독규정」 등의 주택담보대출 리스크 관리 요건을 모두 갖춘 것.

19) 허위사항 기재 또는 기재 누락이 있는 경우, 등록내용에 법령위반 사항이 있는 경우, 발행기관 건전성·금융시장 안정성·투자자 보호를 저해할 우려가 있다고 판단하는 경우.

4. 기초자산집합의 관리

발행기관은 커버드본드의 기초자산집합을 다른 자산과 구분하여 관리하고, 별도의 장부를 작성·비치하여야 한다. 발행기관은 기초자산집합의 자산의 추가·교체를 통해 담보유지비율 및 자산의 적격요건을 준수하여야 한다. 발행기관은 기초자산집합에 대한 독립적인 감시(회계감사, 적격요건 및 담보유지비율 실사·평가, 보고서 작성 등)를 위해 기초자산집합 감시인을 선임하여야 한다.

5. 우선변제권

커버드본드 소지자 등(우선변제권자)은 기초자산집합으로부터 제3자에 우선하여 변제받을 권리를 보유한다. 우선변제권자가 기초자산집합으로부터 변제받지 못한 경우, 발행기관의 다른 자산에 대해 무담보 선순위채권자들과 동등한 지위를 가진다.

6. 공시 및 감독

발행기관은 커버드본드의 발행 및 상환과 관련한 리스크 관리 시스템을 별도로 구축하고, 모든 리스크를 감안한 기초자산집합의 현재가치 등을 분기별 1회 이상 점검하여 그 결과를 인터넷 홈페이지에 공시하여야 한다. 금융위원회는 투자자 보호를 위해 필요시, 발행기관 등의 업무·재산에 대해 자료제출 요청 및 조사를 할 수 있고, 업무개선명령도 가능하다.

제 4 절 파생결합증권

파생결합증권이란 기초자산의 가격, 이자율, 지표, 단위 또는 이를 기초로 하는 지수 등의 변동과 연계하여 미리 정하여진 방법에 따라 지급금액 또는 회수금액이 결정되는 권리가 표시된 증권을 말한다. 파생결합증권은 연계대상이나 연계방법에 따라 다양한 상품의 설계가 가능하므로 그 종류는 매우 다양하다. 파생결합증권은 크게 주식이나 주가지수의 변동에 연계된 주가연계증권과 기타파생결합증권으로 구분된다.

그림 9-6	주식연계상품 수익구조

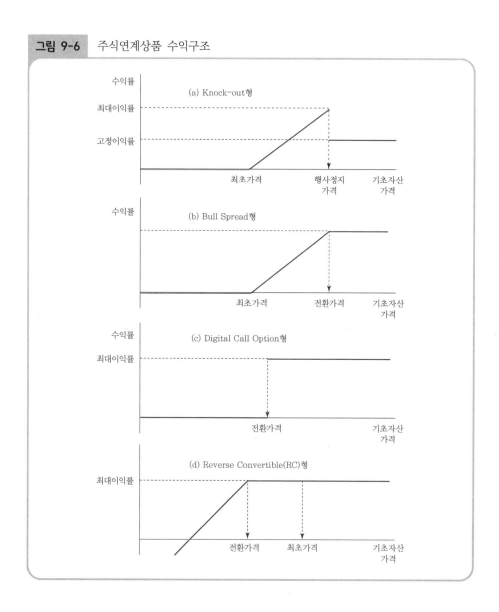

Ⅰ. 주가연계증권

주가연계증권(ELS: Equity Linked Security)은 주가 또는 주가지수와 연동된 파생결합증권이다.

ELS 중 특히 주가지수에 연동하여 수익이 결정되는 ELS를 주가지수연계증권(EILS: Equity Index-Linked Security)이라 하며, 현재 우리나라에 도입된 ELS는 대부분이 주가지수연계증권이다. 현재 증권회사는 원금보장이나 참가율(participation ratio)[20]의 조정 등을 통해 투자자의 다양한 위험선호에 맞게 ELS를 설계하고 있다. ELS 중 특히 자금의 대부분을 채권 등 채무증권에 운용하고 자금의 일부만을 주가에 연계한 주식파생상품에 투자하는 것을 주가연계채권(ELN: Equity-Linked Note)이라고 한다. 이 밖에 주가와 연계된 상품으로 주가연계펀드(ELF: Equity Linked Fund)와 주가연동예금(ELD: Equity Linked Deposit) 등이 있다. 주가연계펀드는 집합투자업자가, 주가연동예금은 은행이 취급하고 있다.

ELS는 투자원금의 보장 여부에 따라 원금보장형과 비보장형 그리고 만기 전 상환 여부에 따라 만기상환형과 조기상환형으로의 구분이 가능하다. 조기상환형은 일정한 조건을 만족하면 사전에 정한 수익과 원금을 지급하고 만기 전에 상환되는 것으로 현재 우리나라에서 거래되고 있는 대부분의 ELS가 조기상환형이다.[21] 원금보장형은 채권으로 간주할 수 있으므로 이자소득세를 과세하고 원금비보장형은 주식으로 간주하여 배당 또는 자본이득세를 과세하는 것이 원칙이나 우리나라는 ELS를 모두 주식으로 간주하여 배당소득세를 과세하고 있다.[22]

현재 우리나라에 도입되어 있는 ELS는 Knock-Out형, Bull Spread형, Digital형 및 Reverse Convertible형 등으로 분류할 수 있다. Knock-Out형은 주가지수가 하락할 경우에는 원금의 일정비율을 보장받고 주가지수가 상승할 경우 일정 수준에

---

20) 참가율이란 주가 또는 주가지수 상승시 투자자가 받는 자본이득의 비율을 말한다.

21) 예컨대 기초자산인 A주식의 주가가 현재 100만원이고 원금손실한계선(Knock-In Barrier)이 40%(60만원), 조기상환가격은 6개월 90%(90만원), 투자수익률 연 15%, 3년 만기 ELS의 경우 6개월 후 주가가 90만원 이상이고 한 번도 60만원 이하로 하락하지 않았다면 투자자는 만기와 무관하게 15%의 수익을 조기상환받는다. 6개월 후 주가가 이 조건에 맞지 않으면 다시 6개월을 기다려 조기상환 여부를 결정한다. 계약기간 중 한 번이라도 주가가 60만원 이하로 하락하면 그 순간 ELS의 가치가 급격히 떨어지며 투자자는 원금손실이 발생하는 이른바 절벽위험(cliff risk)을 맞게 된다.

22) 파생금융상품 거래에 대한 과세 여부에 대해서는 논란이 있다. 소득이 있는 곳에 과세한다는 조세원칙과 파생상품거래를 통한 조세회피를 막기 위해서는 과세를 해야 한다는 주장과 현물시장에서 자본이득세를 과세하지 않은 상황에서 파생상품에 대한 과세는 형평에 위배될 뿐 아니라 무위험차익거래를 불가능하게 하여 파생상품 본연의 목표인 헤지기능을 훼손하므로 현물거래에 대해 자본이득세가 부과되지 않는 한 파생상품에도 비과세해야 한다는 주장이 그것이다. 현재 미국, 영국, 일본 등 유가증권매매에 자본이득세를 부과하는 국가들의 경우 파생상품거래에 대해서도 자본이득세를 부과하고 있다.

이를 때까지는 주가지수상승률에 비례하여 소정의 참가율을 받고 주가지수가 일정 수준을 상회하면 계약관계를 종료(knck-out)하고 저리의 고정이자(rebate)를 지급하는 구조로 전환하는 형태로 원금보장형과 비보장형이 있다.

Bull-Spread형은 주가지수가 하락하면 원금만 보장되고 주가지수가 상승하면 일정 수준까지는 주가지수 상승률에 비례하여 참가율을 받고 일정 수준 이상 상승하면 고정수익률을 받는 구조이다. 동상품은 일정기간 사전 약정가격범위 내(최초 가격과 전환가격 사이)에서 지수에 비례한 수익을 지급하고 동 범위 밖에서는 최소값과 최대값이 정해져 있다.

Digital형은 특정지표에 연계하여 수익을 비연속적으로 지급하는 형태로 Digital Call Option형과 Digital Put Option형으로 구분할 수 있다. 전자는 주가지수가 상승할 경우에는 상승률과 관계없이 고정된 수익을 받고 주가지수가 하락하면 원금만 보장받는 구조이고 후자는 반대로 주가지수가 하락하면 하락률에 관계없이 고정된 수익을 받고 주가지수가 상승할 경우에는 원금을 보장받는 구조이다.

Reverse Convertible형은 가격이 사전에 정한 전환가격 이하로만 하락하지 않으면 최대수익을 지급하는 형태로 가격이 전환가격 이하로 하락하더라도 일정부분 지수에 비례하여 수익을 지급한다.

주가연계상품을 매도한 자는 주가지수선물 매입을 통해 주가상승 위험을 헤지(dynamic hedge)한다. 구체적으로 주가연계상품을 매도한 자는 선물매수 포지션을 주기적으로 조정하여 기초자산 가격변동에도 옵션매도·선물매수 포트폴리오 가치가 동일하게 유지되도록 헤지비율을 조정한다.

ELS는 투자자의 요구에 맞는 다양한 상품구조를 설계할 수 있다는 장점이 있으나 유동성이 낮고 시장구조가 다소 불투명하다는 단점을 가지고 있다. 예컨대 ELS는 투자자가 한 번 투자결정을 하면 상환시점까지 보유하는 것이 일반적이며 가격이 급락하여 원금손실 한계선에 접근해도 처분하기가 어렵다. 특히 만기 및 목표지수 도달시 대규모 헤지 매도거래가 이루어지면 시장에 큰 충격을 가져올 수도 있다. 주가연계상품의 만기 및 목표주가지수가 일정 수준에 집중될 경우, 시장위험과 주가연계상품의 특성상 구조가 복잡함에 따른 상품정보에 대한 불충분한 인지로 인한 투자자 피해가 확대될 수도 있다.

이 밖에도 ELS는 리스크를 커버하기 위해 헤지거래에 따른 거래상대방위험을 가지고 있다. ELS 발행회사는 판매시의 계약조건에 따라 약정된 금액을 지급하여야 하며 이에 따른 리스크를 헤지하기 위해 ELS 발행회사는 ELS 판매자금으로 주로 신용도가 높은 타 금융회사로부터 동일한 구조의 상품을 구입하는 back-to-back 헤지를 하게 된다. 이는 소정의 마진을 획득하고 리스크를 상대방에게 전가시키는 것인바 이 경우 거래상대방의 파산 등의 사유로 계약을 이행하지 못할 경우 거래상대방 리스크에 노출된다.

현재 투자자가 긴급하게 자금이 필요한 경우 증권회사로부터 ELS를 담보로 대출을 받을 수 있다. 그리고 ELS가 시장상황에 맞게 신속하게 발행될 수 있도록 ELS에 대해 일괄등록제도(shelf registration)를 허용하고 있다.

II. 기타파생결합증권

기타 파생결합증권(DLS: Derivatives Linked Securities)은 주권이나 주가지수가 아닌 특정자산의 가격이나 지수에 연계되어 투자수익이 결정되는 증권으로 물가지수연계채권, 변동성지수연계증권, 신용연계증권, 보험연계증권, 유가연계증권 등이 있다.

1. 물가지수연계채권

물가지수연계채권(inflation index linked bond)은 채권의 원리금이 물가지수에 연계되어 지급되는 채권이다. 물가지수연계채권은 물가수준에 원금이 연동되는 자본지수연계채권(capital indexed bond)과 표면금리만 연동되는 이자연계채권(inflation in-dexed coupon bond)[23]이 있다. 동 채권의 투자자는 물가상승에 따른 실질수익의 감소를 보전받을 수 있고 발행자는 자본조달비용을 절감할 수 있다. 일반적으로 사후적으로 실현된 인플레이션이 시장에서 사전적으로 형성되는 기대인플레이션보다 낮다. 기대인플레이션에는 예상인플레이션과 이의 변동성에 대한 위험프리미엄이 추가되기 때문이다. 따라서 실현된 인플레이션만이 반영되는 물가연계채권의 수익률, 즉 자본조달비용이 기대인플레이션이 반영되는 일반채권에 비해 낮은 것이 보통이다.

---

23) 이자연계채권은 표면금리(coupon rate)에만 연동되는 채권으로 Range Accural Note가 그 전형이다.

2. 변동성지수 연계증권

변동성지수 연계증권은 주가의 변동성을 나타내는 변동성지수(Volatility Index)를 대상으로 한 파생상품을 말한다. 변동성지수는 기초자산의 미래 변동성에 대한 시장의 기대치를 반영하는 옵션의 가격을 이용하여 특정한 가격모형에 의해 산출한다.[24]

일반적으로 변동성지수는 주가지수와 역의 상관관계에 있어 주가가 크게 하락할 때 변동성지수도 높아져 변동성지수를 공포지수(fear gauge)라고 부르기도 한다. 대표적인 변동성지수로 시카고옵션거래소(CBOE: Chicago Board Options Exchange)에 상장된 VIX와 독일의 VSTOXX 등을 들 수 있으며 한국거래소도 KOSPI200옵션 가격을 이용하여 향후 30일 만기 KOSPI200의 변동성을 나타내는 변동성지수(VKOSPI)를 발표하고 있다.

변동성지수가 높다는 것은 투자자들이 향후 주식시장의 변동성이 커질 것으로 기대하고 있다는 것으로 30일 만기 변동성지수가 15라는 것은 향후 30일 동안 주가지수의 기대변동성이 15%임을 의미한다. 일반적으로 동 지수가 30 이상이면 주식시장의 변동성 및 불확실성이 높음을 나타내고 20 이하이면 낮음을 나타낸다.

최근 세계적인 경제위기로 인해 주가변동 위험이 커짐에 따라 미국, 독일 등 선진 제국에서는 이를 관리하기 위한 변동성지수선물의 거래가 급증하고 있다. 미국의 VIX선물과 독일의 VSTOXX-mini선물이 대표적인 예다. 한국거래소도 투자자들이 주식시장의 변동성을 파악할 수 있는 변동성지수를 활용한 변동성지수선물을 조만간 도입할 예정이다.

3. 보험연계증권

보험연계증권(insurance linked securities)은 보험상품에 내재된 보험위험을 증권화하여 증권시장에서 거래하는 상품으로 대재해부채권과 보험파생상품이 전형적인 예이다.

---

24) 주로 Black-Scholes모형이나 공정분산스왑모형(Fair Variance Swap)에 따라 계산한다. CBOE의 VIX와 한국거래소의 VKOSPI는 공정분산스왑모형을, CBOE의 VOX는 Black-Scholes모형을 이용한다.

| 그림 9-7 | 대재해부채권의 발행구조 |

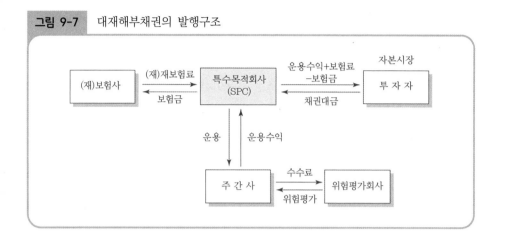

1) 대재해부채권

대재해부채권(catastrophe or cat bond)은 폭풍우와 지진과 같은 자연재해를 보상하기 위해 고안된 것으로 동 채권의 구조를 보면 원보험회사(ceding insurer) 또는 재보험회사가 그들의 보상능력으로 인수가 어려운 초과위험에 대한 보험료 자산과 보험금 채무를 SPC에 이전하고 SPC는 보험료 수입과 보험금 지급의 차액, 즉 보험수지차를 담보로 시장금리보다 높은 이자율로 채권을 발행한다.

SPC는 동 채권의 판매대금과 보험료 수입금을 국채 등 안전자산에 투자하고 동 투자자산의 원리금으로 보험금 지급과 채권의 원리금 상환자금으로 사용한다. 대재해부채권은 통상 보험사고(trigger event) 발생시 공제(deductable)의 역할을 하는 손실한도(attachment point)가 사전에 정해지는데, 동 한도를 초과하는 손실이 발생하면 채권발행금액으로 보험금을 지급하고 남은 금액을 채권투자자에게 지급하고 보험사고가 발생하지 않으면 채권원리금 전액이 채권투자자에게 지급된다. 따라서 동 채권의 가액(policy value)이나 수익률은 보험사고 발생 확률과 피해액의 영향을 받는다.

대재해부채권의 투자자는 고수익 창출과 투자위험 분산을 목적으로 하는 자들로 주로 헤지펀드나 보험회사 등 기관투자가들이다. 대재해부채권은 위험이 큰 채권이므로 동 채권의 구조화 단계에서 위험평가회사가 위험대상지역의 재해위험을 모형화하여 손해액을 추정하거나 발생확률을 산출하여 그 결과를 채권발행 주간사에게 제공한다.

대재해부채권이 도입되기 전까지는 대재해를 담보하기 위해 주로 재보험회사를 이용하였으나 재보험회사가 제시하는 계약조건의 만기가 통상 1년 이내로 짧은 데다 계약조건에 대한 조정이 불가능한 데 비해 대재해부채권의 경우 만기가 통상 3년 이상으로 발행되고 발행조건의 조정도 용이하여 최근에 들어 빠른 속도로 늘어나고 있다. 특히 대재해부채권의 경우 자본시장과의 연계성이 낮고 재해가 발생하지 않을 경우 투자수익률[25])이 높아 포트폴리오 다각화의 대상으로 기관투자가들이 많이 이용하고 있다.

2) 보험파생상품

보험파생상품은 선물, 옵션, 스왑 등 파생금융상품을 이용하여 보험리스크를 여타 금융시장으로 이전시키는 방법으로 기후파생상품이 그 전형적인 예다. 기후파생상품(weather derivatives)은 기상이변 등 기후변화로 인한 수익변동위험(weather risk)에 효과적으로 대처하기 위해 고안된 파생상품으로 일반 파생상품과 같이 선물, 스왑, 옵션 등의 형태를 가진다.

기후파생상품은 초기에는 장외(OTC)에서 거래되었으나 1997년 시카고상업거래소(CME)에서 기후선물(weather futures)과 기후옵션(weather option)을 중개하면서 장내에서 거래되기 시작하였으며 이후 런던, 동경 등의 선물거래소에서도 거래되는 등 그 거래규모가 급격하게 늘어가고 있다.[26])

기후파생상품은 기초상품의 가격을 이용하는 일반 파생상품과는 달리 기온, 강우량 등과 같은 기후의 변화 정도를 측정하는 지표를 사용하는데 미국에서 가장 일반적으로 이용되는 지표는 degree-day 개념을 바탕으로 하는 HDD(Heating Degree-Day)와 CDD(Cooling Degree-Day)이다.[27]) degree-day는 하루의 평균온도와 표준온도(65°F)와의 편차를 의미하며 전통적으로 평균온도가 65°F 이하가 되면 전열기를 사용할 시점(heating day)이라 하여 HDD를 계산하고, 65°F 이상이 되면 에어컨을 사용할 시점(cooling day)이라 하여 CDD를 계산한다. 예를 들어 특정일의 평균온도가 35°F일 경우 30 HDDs(65-35)가 된다.

---

25) 2010년 7월 AIG가 미국 허리케인과 지진관련 보험에 기초하여 발행한 대재해부채권의 경우 미국채수익률 + 8.25%의 표면금리를 제시하였다.

26) 우리나라도 현재 기상정보백데이터를 갖고 있는 기상청이 지수자료를 공급하고 한국거래소가 이를 토대로 지수를 산출해 선물, 옵션을 상장하는 방안을 검토하고 있다.

27) 영국에서는 기후파생상품의 측정지수로 주로 critical day(일정기간 동안 기준온도 이하로 내려간 날짜 수)를 사용한다.

CME HDDs지수는 특정기간 동안 매일 측정된 HDDs의 누적치를 의미한다. 예컨대 12월 평균기온이 40°F일 경우 12월 중 일일평균 HDDs는 25(65 − 40)이고 12월 한 달 동안의 CME HDDs지수는 750(25HDDs×30일)이다. 동 파생상품의 실제거래는 동 지수에 일정 금액(최소가격변동폭)을 곱하여 정한다. 예컨대 최소가격변동폭이 5,000달러/degree-day, 1주간 HDDs를 75로 하는 콜옵션을 구입한 경우 1주일 간의 실제 누적 HDDs가 90이었다면 만기시점에서 동콜옵션의 지급가치(payoffs)는 75,000달러{5,000×15(90 − 75)}이다.

기후파생상품은 기후와 관련된 사건에 대한 위험헤지 수단이라는 점에서 기후보험과 유사하지만 기후보험은 실제 보험사건이 발생하여 손실을 입었을 경우에 한해 동 손실에 대하여 보상을 하는 것이지만, 기후파생상품은 손실발생 여부와 관계없이 계약상의 내용이 그대로 이행된다는 점에서 차이가 있다.

3) 블랙스완펀드

블랙스완펀드(black swan fund)는 정상적인 상황에서는 보험료 지불과 같은 약간의 손실을 감내하면서 예측하지 못한 사건(black swan)의 발발로 인한 꼬리위험(tail risk)이 발생하였을 경우 높은 수익을 창출하도록 비대칭구조로 설계된 펀드를 말한다. 최근의 글로벌 경제위기를 계기로 헤지펀드들이 옵션, 선물, 스왑 등 다양한 투자기법을 동원하여 개발한 상품으로 거시경제펀드(global macro fund)와는 달리 중대한 거시경제적 변화나 시장변동을 예측하지 않는 것이 특징이다.

부 록   미국의 유동화증권시장

Ⅰ. 주택금융제도

　　미국의 주택금융제도는 1970년대 초반까지는 영국과 매우 유사한 주택금융제도를 가지고 있었다. 즉 법률에 의해 단기로 자금을 조달하여 장기(25~30년) 고정이자율로 대출하던 저축대부조합 또는 저축은행 위주였다. 그러나 1970년대 후반들어 이자율이 급상승하자 이자율상한을 규제받던 저축기관의 채산성이 악화되었고 1980년대 초반의 전반적인 금융개혁 및 주택금융개혁으로 현재와 같은 복잡한 주택금융제도로 발전되었다. 금융개혁의 목표는 주택금융기관의 자금지원을 통한 자가보유 독려와 은행도산 방지 등의 금융제도 안정성 추구에 있었는데 이로써 2차저당시장의 발달과 함께 저당은행산업이 급격히 발달한 계기가 되었다.

　　미국은 현재 예금을 모아 저당대출을 행하고 저당권을 보유하는 전통적인 금융중개기능이 점차 퇴조하고 있으며 자금의 대출서비스와 저당권의 보유는 별개로 취급되고 있다. 즉 대출은 어느 기관에서나 가능하고 저당권은 모기지 풀(mortgage pool)에 매각되어 2차저당시장의 여러 수단을 통하여 기관투자자에게 연결된다.

　　여기서 2차저당시장의 도입배경을 살펴보면 ① 1970년대 후반 이후 채산성이 악화되고 있는 저축기관의 보유저당대출에 대한 유동성을 제고시키고, ② 자금여력이 있는 연금기금 및 보험회사의 주택금융 참여를 유도하며, ③ 주간영업 (interstate banking)의 엄격한 규제로 인해 야기되는 지역간 불균형 해소를 위하여 남서부지역의 자금초과수요와 동부해안 지역의 자금초과공급을 연결시킬 필요가 있었고, ④ 아메리칸드림(American dream)으로 특징지어질 수 있는 자가보유정책으로 인하여 주택금융자금 확대에 대한 정책적 우선 순위가 높았던 시기였음을 지적할 수 있겠다.

미국의 저당증권시장의 유동화제도는 1934년 연방주택청(FHA)이 주택저당대출에 대한 보험제도를 도입하면서 그 기반이 조성되었으며, 1970년 주택금융기관들이 시장금리형 상품을 취급하면서 자산부채의 기간불일치(maturity mismatch)를 완화시킬 필요성이 증대됨에 따라 본격적으로 확대되기 시작하였다.

저당증권의 유동화시장조성기관은 정부대행기관(U.S. government agencies)과 정부지원기관(U.S. government-sponsored agencies)으로 나눌 수 있다. 정부대행기관은 정부저당금고(GNMA: Government National Mortgage Association), 연방주택청(FHA: Federal Housing Administration) 등으로 이들의 채무는 법률에 의해 명시적으로 정부가 보증을 한다. 정부지원기관은 주택건설 및 토지개발 지원, 학자금대출사업 등 미의회가 규정한 공공사업의 지원을 위해 미국 정부가 법률에 의해 직접 설립하거나 인가한 기관들로, 동 기관의 채무에 대해 미국 정부가 법률로 직접 보증하고 있지는 않으나 동 기관은 미국 정부와 의회의 엄격한 감독하에서 미국 정부의 강력한 재정, 세제상의 지원을 받고 있다. 연방저당금고(FNMA: Federal National Mortgage Association), 학자금대출금고(SLMA: Student Loan Marketing Association), 연방주택대출은행(FHLBS: Federal Home Loan Bank System) 등이 이에 속한다.

FNMA는 약칭으로 Fannie Mae라고 부르며 1938년 「국가주택법」에 의거 설립되었다. 설립 당시는 정부기관으로 연방주택청이나 재향군인청(VA: Veterans Administration)의 보험부저당대출에 대한 유통시장을 제공하고 정부기관보유 저당대출의 관리 및 청산기능 등을 담당하였으나 1968년 「주택및도시개발법」에 의거 정부기관보유 저당대출의 관리업무는 정부저당금고(GNMA)에 이관하고 민영화되어 상장법인이 되었다.

FNMA는 1972년부터 일반저당대출채권(conventional mortgage)을 보유하기 시작하였으며, 주로 FHA나 VA가 보증한 주택저당대출채권을 저당회사 등 취급금융기관으로부터 구입하여 집합한 후 MBS를 직접 발행하거나 기타 원리금에 대한 지급보증업무를 수행하는 등 주택저당대출채권 유통시장의 중추기관이다. 소요자금의 조달은 MBS의 발행 이외에 주식과 채권의 발행 등에 대부분 의존하고 있다.

GNMA는 약칭으로 Ginnie Mae라고 부르며 FNMA에서 분리된 정부기관으로 주택도시개발국(HUD) 산하에 있다. GNMA는 FHA에 부보하거나 VA가 보증한 저당대출채권 등을 집합하여 만든 채권(주로 pass-through)의 원리금의 적기지급을 보증하여 이들 채권의 원활한 유통을 지원하나 직접 저당대출을 매입하여 증권을 발행하지는 않는다. GNMA는 이 밖에 연방정부소유 주택저당대출채권의 관리 및 청산기능을 수행하며, 연방정부의 예산배정, 재무부로부터의 차입 및 기타 영업수입 등으로 소요자금을 조성한다.

연방주택대출저당금고(FHLMC: Federal Home Loan Mortgage Corporation)는 약칭으로 Freddie Mac라고 부르며 연방주택대출은행(FHLB)의 전액 출자로 설립되었다가 1989년의 「저축기관개혁법」(FIRREA)에 따라 민영화되었다.[28] FHLMC는 FNMA와 함께 저당대출채권 유통시장의 조성기능을 수행하며 주로 연방주택대출은행제도 가맹금융기관, 특히 저축대부조합(S&L) 등이 창출한 저당대출채권을 유통시장에서 매매한다. 자금은 연방주택대출은행으로부터의 차입이나 일반저당대출채권(conventional mortgage)을 집합하여 만든 저당대출참가증서(PC: Participation Certificate)와 FNMA 보증저당대출증서의 매각 등으로 조달한다.

SLMA(일명 Sallie Mae)는 1973년 연방정부에 의해 주식회사 형태로 설립된 학자금융자 알선기관이다. 동 사는 학생들에 대한 대출은 물론, 학교건축비용 등 교육과 관련된 대출업무를 취급하며 학자금대출에 대해서는 지급보증기관(guaranty agencies)이 일차적으로 지급보증을 하고 이를 다시 연방정부가 재보험(reinsurance)의 형태로 지급보증을 하고 있다. 재학중 학자금대출이자에 대해서는 연방정부가 보조·감면하거나 저리로 지원하기도 한다. 재원조달은 연방정부의 보조, 금융기관으로부터의 차입, 채권발행 등에 의하고 있다.

FHA는 「National Hosing Act of 1934」에 의거 설립된 Department of Housing and Urban Development의 산하의 정부기관으로 의회의 승인을 받지 않고 직접 재무성으로부터 공적자금을 지원받을 수 있다. FHA는 주택구입자나 주택건설업자를 대상으로 모기지보험대출을 제공하는바, 주로 생애 첫 주택구입자 및 중·저소득층 대상의 적격대출을 대상으로 보험료를 받고 대출을 취급하고 있다. FHA는 주택대출의 금리상한, 최초자기자금(downpayment)비율, 건물의 설계·구조에 대한 심사 및 감정절차 등 FHA로부터 보험혜택을 받을 수 있는 대출조건 등을 정한다.

---

28) 2005년 5월 미 하원 금융서비스위원회는 Fannie Mae, Freddie Mac 및 FHLB 등 3대 정부투자 주택금융회사의 영업활동과 건전성 감독을 위한 전담감독기관인 "The Federal Housing Finance Agency"를 설립하는 것을 주요 내용으로 하는 "연방주택금융개혁법(The Federal Housing Finance Reform Act of 2005)"을 통과시켰다.

FHA는 이 밖에도 저소득층에 대한 주거비보조, 공공임대주택관리업무 등도 취급한다.

VA는 퇴역군인들이나 전쟁 미망인들이 민간금융기관으로부터 주택대출을 받을 때 원리금의 상환을 보증하는 것이 주된 업무이다. VA보증은 보증료가 무료인 점, 차입금의 조기상환이나 차입금의 일시 상환유예가 가능한 점 등, FHA보다 더 유리한 조건으로 대출원리금에 대한 지급보증을 제공해 주고 있다. VA는 이 밖에도 퇴역군인에 대해 직접 주택자금을 대출하거나 주택의 건설 및 개보수자금을 무상으로 지원하기도 한다.

II. 주택저당증권의 유동화

미국의 주택저당증권의 유동화는 부동산권리보험(title insurance)제도에 의해 뒷받침되고 있다. 미국의 부동산법은 물권법정주의를 채택하지 않고 권리의 등기가 아닌 거래서면의 등록에 의한 불완전한 공시제도를 채택하고 있기 때문에 등기의 공신력이 없다. 등기의 공신력을 인정할 수 있기 위해서는 등기부의 내용과 실제적 권리관계가 일치하여야 한다. 저당권의 등기에 관한 공신력이 인정되지 않으면 등기에 근거해 발행된 저당증권의 선의의 취득자는 진정한 권리자에게 대항할 수 없다. 따라서 대부분의 대출은 부동산권리보험을 이용하고 있다.

미국의 유동화증권시장은 개별 저당증권이 만기, 금액, 금리 등이 다양하여 이들의 거래를 개별적으로 하는 데는 여러 가지 제약이 있으므로 이를 해결하기 위해 개별 저당증권을 집합(pooling)하여 집합자산에 대한 지분(equity)이나 이를 담보로 하는 별도의 증권을 창출하여 유통하고 있다.

현재 저당증권시장의 가장 중요한 금융수단은 pass-through, 저당증권담보부채권(MBB: mortgage backed bond), pay-through, CMO 등 자산담보부증권(asset-backed security)들이다. 이하에서 이들을 차례로 소개하기로 한다.

1. Pass-through

Pass-through(PSTC)는 주로 소액의 저당대출(mortgage)을 풀(pool)로 하여 이 풀에 대해 지분권을 나타내는 수익증권(participation certificates)을 발행하여 일반투자자에게 판매하는 것을 말한다. 대출기관은 보유대출채권을 특별목적회사(special pur-pose vehicle)인 Conduit에 매각하고 동 사가 대출채권을 집합(pooling)하여 신탁회사에 위탁하고 수익증권을 교부받는 형식을 취한다.

이 증서를 매입한 투자자는 법률적으로 원대출채권의 소유자가 된다. 한편 동 증서를 발행하여 판매한 금융기관은 대출채권을 매각하였으므로 원대출채권의 채권·채무의 당사자가 아니며, 따라서 동 대출은 대차대조표에도 나타나지 않는다. 다만 동 증서를 발행한 금융기관은 대출채권의 관리기관(servicer)으로서 원차입자(obligor)로부터 원리금을 상환받아 관리수수료를 제한 금액을 증서소유자에게 전달하는 서비스기능을 수행하는데 이런 의미에서 동 증권을 pass-through라고 일컫는다.

Pass-through 증서는 FNMA, FHLMC, GNMA 등 시장조성기관에 의해서 원리금의 상환이 보증되고 있기 때문에 신용위험이 적고 민간 pass-through 증서도 S&P나 Moody's 등 유수한 신용평가기관으로부터 높은 신용등급을 받기 때문에 유동성이 높은 투자대상증권이 되고 있다. pass-through의 만기는 15년이 가장 많으며 고정금리부(midget이라고도 부른다), GPM(Graduated Payment Mortgage), ARM(Adjustable Rate Mortgage) 등 다양하다. 원리금은 매월 상환되며 조기상환에 대한 보호장치(call protection)가 없는 것이 약점이다.

Pass-through 증권의 소유자는 기초자산에 대한 직접적인 권리를 갖고 기초자산의 신용위험이나 조기상환위험 등 기초자산위험을 부담하고 Pass-through 증권의 발행자는 단순한 중개기관(conduit)으로 간주된다. Pass-through는 법적으로 양도인신탁(grantor trust)의 형태를 취하는바, 이는 신탁단계에서 이중과세되는 것을 피하고 수익자인 Pass-through 증권 보유자가 직접 신탁재산의 보유자로서 과세되게 하기 위해서다. 양도인신탁이란 수탁자가 아닌 위탁자나 수익자가 신탁재산의 관리운용에 대한 권한을 보유하는 형태의 신탁을 말한다.

[그림 9-8]을 통해 pass-through의 창출, 판매 및 상환과정을 보면 첫 번째 단계는 원본자산창출(origination) 단계로 금융기관(originator)이 증권화대상 저당대출채권을 확보하는데 주택저당대출에 대해서는 연방주택청(FHA: Federal Housing Administration), 재향군인청(VA: Veterans Administration), 농촌주택청(FmHA: Farmers Home Administration) 등 정부기관이나 민간보험회사(PMI: Private Mortgage Insurance Companies) 등이 원리금에 대해 지급보증을 하여 신용위험을 감소시킨다.

그림 9-8	pass-through(MBS, PC)의 구조

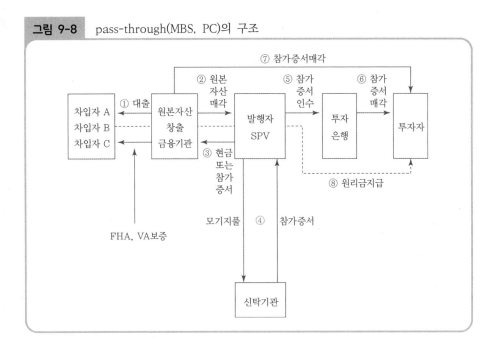

원본자산을 창출하는 금융기관은 주로 저축기관(thrifts), 저당증권회사(mortgage banker) 및 일반은행 등이 대종을 이루고 있으며 이 밖에 일반기업의 금융자회사 (captive finance company), 보험회사, 농촌주택청 등 저당대출을 일으키는 기관들도 참여하고 있으나 그 비중은 작다.

두 번째 단계는 원본자산을 확보한 금융기관은 이들 자산을 증권화하는 발행 자에게 매각한다. 발행자로는 FNMA(MBS: Mortgage Backed Securities)와 FHLMC(PC: Participating Certificate) 등의 전문발행자와 이 밖에 FHA 등이 인가한 민간중개기관인 대출은행 및 저당증권회사(mortgage banker) 등이 직접발행자가 되기도 한다. FNMA 나 FHLMC는 이들 자산을 집합(pool)하여 신탁회사 등에 신탁하고 참가증서(equity) 를 교부받아 이를 투자은행(investment bank) 등에 판매하는데 FNMA와 FHLMC가 각각 그들의 증권에 대한 시장조성인(market maker)이 되어 동증권의 유통시장 (secondary market)을 제공한다.

신탁회사는 원본자산의 증권화에 관련된 각종 세무 및 회계절차와 채무자의 파산위험에 대비한 보호책 등 세부 관련 업무를 관장한다. pass-through의 발행단 위는 최소한 $25,000이며 $5,000 단위로 추가되어 발행된다.

한편 GNMA의 경우 금융기관들이 취급한 저당대출채권을 묶어 담보집합을 형성한 후 이를 기초로 발행한 pass-through(GNMA'S)에 대해 원리금의 적기상환을 보증하며 금융기관들은 이를 투자자에게 매각한다.

세 번째 단계는 발행자로부터 pass-through를 인수한 투자은행들이 이를 투자자들에게 판매하는데, 주된 투자자로는 은행, 투자자신탁(mutual fund), 연금기금, 보험회사, 이 밖에 개인이나 기업 등을 들 수 있다.

한편 민간금융기관이 독자적으로 저당증서를 확보하여 민간보험기구에 부보하여 만든 PIP(Privately Issued Pass-through) 등도 유통되고 있으며 최근에는 상업은행의 일반대출을 위시하여 자동차대출(CARs: Certificates of Automobile Receivables), 외상매출채권, 리스채권, 신용카드채권(CARDs: Certificate of Amortizing Revolving Debts), 상업용 부동산담보증권 등을 담보로 한 pass-through 형식의 자산담보부증권(asset-backed securities)도 등장하고 있는데 이들은 주로 은행이 수탁인(trustee)이 되어 발행한 신탁증서의 형식을 취하고 있다.

상업용 부동산담보증권은 상업용 부동산의 구입 또는 신축자금을 대출, 동 대출채권을 기초로 증권을 발행·판매하고, 증권원리금 상환은 당해 상업용 부동산수익으로 충당하는 것이다. 자동차대출 담보증권은 자동차대출의 풀(pool)에 대한 지분권을 나타내는 증서를 투자자에게 매각하는 것으로, 담보로 이용되는 자동차대출 채권에는 개별적인 부보가 되어 있는 것이 보통이다.

금융기관이 채권의 직접발행 대신에 이와 같은 증권화를 시도하는 이유는,

① 유동화증권은 담보가 되는 기초자산의 질에 의해 그 등급이 결정되므로 신용등급이 낮은 발행자라 할지라도 양질의 기초자산을 담보로 유동화증권을 발행할 수 있고 기초자산의 질이 다소 낮은 경우라도 보증기관(credit enhancers)들의 보증으로 신용평가기관(rating agencies)으로부터 증권에 대한 높은 신용등급을 획득함으로써 자본조달비용을 절감할 수 있고,

② 부외자산화(off-balance)로 위험자산규모를 축소함으로써 자산대비 자기자본의 비율을 높여 자기자본 규제기준에 보다 신축적으로 대응할 수 있으며,

③ 증권화를 통해 원본자산을 매각하기 때문에 자산·부채의 만기불일치 등에 따른 이자율변동위험을 효과적으로 회피할 수 있고,

④ 저당대출의 창출 및 원리금상환업무의 중개에 따른 수수료수입의 증대와,

⑤ 예금수입과는 달리 지급준비금이나 예금보험료 납입의 부담 없이 자금을

조달할 수 있는 점 등을 들 수 있다.

특히 대출채권의 증권화는 소규모 금융기관들에게 대출에 참여할 수 있는 길을 넓혀 주는 동시에 저당대출의 유동성 증대로 대출금리의 인하를 가능하게 하고 있다.

그러나 pass-through는 조기상환위험에 대한 보호장치가 없어 현금흐름(cash flow)의 안정성이 떨어짐에 따라 투자자들의 수요가 줄어든 데다 1970년대 후반 오일쇼크 이후 격심한 금리변동으로 발행기관들이 금리변동위험에 크게 노출되자 신규발행이 거의 중단되었으며, 이와 같은 약점을 보완한 CMO 등이 대신 성장하게 되었다.

2. 담보부채권

1) 저당증권담보부채권

저당증권담보부채권(MBB: Mortgage Backed Bond)은 pass-through나 저당증서(mortgage)를 담보로 하는 담보부채권으로 주로 FNMA가 발행한다.

pass-through와는 달리 MBB는 발행자의 채무이고 담보로 설정된 저당증서의 소유권도 MBB발행자에게 있다. 따라서 저당대출차입자의 채무상환 불이행이 MBB보유자에 대한 MBB발행자의 상환의무에 아무런 영향을 미치지 않는다.

MBB채권은 원리금이 저당증서의 원리금과 직접적으로 연결되지 않고 6개월마다 이자가 지급되며 확정적인 상환일을 갖는 등 일반사채와 거의 유사하다. MBB의 신용등급을 결정하는 것은 발행자가 아닌 담보의 양과 질이기 때문에 MBB발행자는 MBB의 신용도를 높이고 담보채권의 조기상환이나 원리금의 지급불능사태에 대비하기 위해 통상 수탁기관에 발행액을 상회(통상 125~240%)하는 대출채권을 담보로 설정하는데, 동 수탁기관은 발행자가 지급불능상태에 이르거나 최소담보수준을 유지하지 못하면 담보를 처분하여 MBB 채권을 상환하거나 발행자에 추가담보를 요구한다.

MBB는 공모 또는 사모형식으로 발행되고 있으며 발행시 각종 옵션 계약을 통해 원금의 임의상환도 가능하다.

2) Pay-through

Pay-through채권(PTB)은 pass-through와 MBB의 특징을 혼합한 것으로 법률적으로는 MBB이나 경제적으로는 pass-through와 같은 성격을 가지고 있다.

그림 9-9   pay-through의 구조

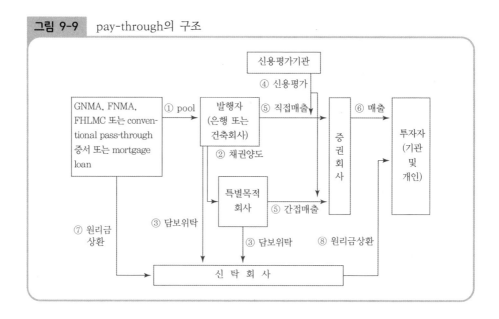

Pay-through의 발행형식은 최초대출기관이 보유대출채권을 특별목적회사에 매각하고 동 사가 대출채권을 집합·대형화하여 이를 담보로 특별목적회사 명의로 채권을 발행하거나 최초대출기관이 직접 발행한다. pay-through는 발행자의 대차 대조표에 채무로 기재되나 저당증서풀(pool)에서 나오는 원리금의 상환금은 pass-through와 마찬가지로 pay-through 채권의 원리금지불에 충당된다. pay-through 의 이자는 6개월마다 정기적으로 지급된다.

Pay-through는 통상 FHLMC가 직접 발행하거나 주택저당회사, 건축업자 및 금융기관이 전액 출자한 자회사명의로 발행되는데 동일 금리와 유사한 만기를 갖 는 대출채권으로 집합(pooling)해야 하는 pass-through와는 달리 여러 대출채권을 이용할 수 있어 발행이 편리하다.

이 밖에도 pay-through는 증권원리금 상환금이 대출원리금 회수액과 직접 연 결되어 있어 안전성이 높으므로 요구되는 담보의 양이 MBB보다 훨씬 적을 뿐 아 니라 정보의 공시나 담보에 대한 보증이 필요 없기 때문에 발행비용을 절감할 수 있다는 이점을 가지고 있다.

Pay-through는 특히 대형건축회사들이 많이 발행하므로 건축회사채권(builder's bonds)으로 불리어지기도 한다. 건축회사가 동 채권을 발행하게 되면 동 채권의 상

| 그림 9-10 | CMO의 구조 |

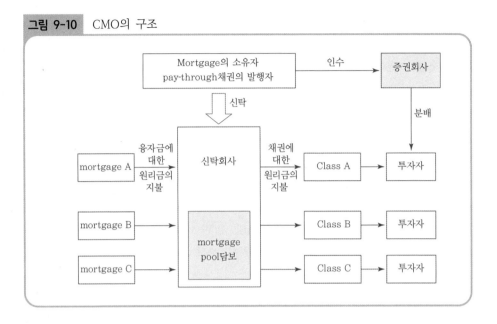

환시마다 상환액만큼을 할부매출로 계상함으로써 수익을 장기간 이연시킬 수 있는 세제상의 이점이 따를 뿐 아니라 간편하게 저리로 자금을 조달할 수 있다.

이 밖에도 pay-through는 저당증서의 소유권이 이전되지 않으므로 pay-through 채권의 소지자는 자본손실의 위험을 부담하지 않는다는 이점이 있다. 그러나 저당 대출의 중도상환으로부터 발생하는 원리금(cash flow)이 채권의 원금을 조기에 상환(prepayment)시키는 요인으로 작용함으로써 투자자에게 재투자위험(reinvestment risk)을 전가시키는 것이 단점이라고 할 수 있다.

3. CMO

CMO(Collaterized Mortgage Obligation)는 여러 종류(multiple class)의 형태를 가진 pay-through라 할 수 있다.

pass-through나 pay-through는 대출원리금 상환과 이들 채권의 원리금 상환이 일치하지 않을 수도 있다. 또 이들 증권은 단일만기구조를 가지고 있어 담보대출의 만기 전 중도상환(prepayment)이 이들 증권의 원리금을 추가로 상환시키는 작용을 하고 있어 투자자에게 투자수익의 불안정을 초래하는 위험이 있다.

CMO는 이와 같은 결점을 극복하고자 고안된 것으로 저당증권시장을 확대시키는 데 크게 기여하였다. CMO는 담보가 되는 저당대출의 중도상환율을 몇 가지로 구분, 이를 토대로 통상 3~4개 조(class)의 상이한 신용등급, 상환기간 및 이율을 갖는 채권을 발행한다. CMO의 특징은 저당대출로부터 들어오는 현금(cash-flow)으로 각조의 이자를 먼저 지급한 다음 나머지 현금흐름으로부터 상환기간이 일찍 도래하는 조인 선순위채권이 먼저 원금을 상환받고 나머지 조는 이자만 수령하다가 먼저 조의 원리금상환이 종료되면 그 다음 조가 다시 순차적으로 원금을 상환받는다.

　따라서 기한전 상환위험은 만기가 짧은 선순위채권이 부담하고 만기가 긴 후순위채권은 만기가 보장된다. 일반적으로 선순위조는 상업은행 등이 그리고 후순위조는 보험회사나 연·기금 등이 선호한다. 한편 CMO의 발행자는 채권수익률곡선(yield curve)상 자신에게 가장 유리한 만기를 가진 CMO를 선택하여 발행할 수 있다는 이점이 있다.

　이 밖에도 CMO는 만기가 불확실한 무이표부 채권(accrual bond) 등을 발행함으로써 저당대출에서 나오는 원리금을 우선적으로 만기가 조기에 도래하는 CMO의 상환재원에 충당함으로써 결국 단기채권과 기한 전 상환금지조건부 중장기채권 등과 같은 다양한 채권을 발행하는 셈이 된다.

　CMO는 주로 FHLMC, SLA, 건축회사, 보험회사 등이 발행하는데 FHLMC를 제외하고는 대부분 금융자회사를 통해 발행한다. 건축회사채권(builder's bond)도 CMO나 만기가 일정하지 않은 채권인 pay-through로 발행되는 것이 일반적이다.

Ⅲ. 모기지대출

　현재 미국의 총 모기지대출잔액 중에서 주거용 모기지대출잔액이 80% 이상을 차지하고 있으며 총 모기지대출잔액의 50%를 Mortgage Pool/Trust가 보유하여 유동화되고 있다. 1980년대까지는 S&L, 상호저축은행 등 예금수취기관이 동 시장을 주도하였으나 최근에는 모기지금융기관(mortgage company)이 주도하고 있다.

　전체 주택대출의 약 14%는 FHA보험부 또는 VA보증부 주택대출이며 나머지는 정부보험에 가입하지 않은 일반모기지대출이다. GNMA는 FHA보험부 또는 VA보증부 모기지대출을 기초로 발행되는 MBS에 한하여 지급보증을 한다. Fannie

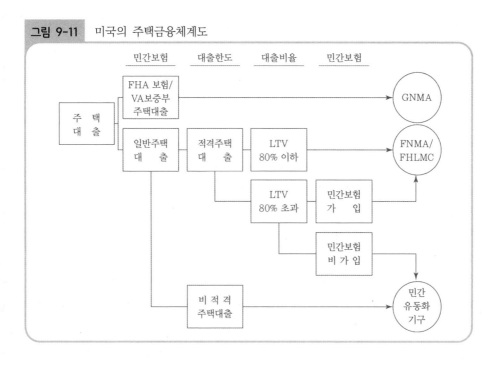

그림 9-11 미국의 주택금융체계도

Mae와 Freddie Mac은 일반모기지대출로서 대출금액이 대출한도 이내이고 LTV (Loan to Value)가 80% 이하인 대출(80% 초과시에는 민간모기지대출보험에 가입한 대출)을 주로 취급한다. 민간모기지보험사는 Mortgage Guaranty Insurance Company 및 PMI Mortgage Insurance Company 등이 있다. 이와 같은 조건을 충족하지 못하는 모기지대출은 민간유동화기구의 업무대상이 된다.

모기지금융기관의 주요 수입원은 모기지업무수수료(origination fee)와 유통시장에서 모기지의 시장매각을 통해 얻는 수익(secondary market profit)이고 부수적 수입원으로는 서비스 수수료(serving fee)와 모기지를 보유함에 따라 얻게 되는 수익 등이 있다.

통상적인 모기지신청 및 취급절차를 보면 주택구입자가 모기지신청을 하게 되면 모기지금융기관은 대출 여부를 판단하기 위해 신청자에 대한 재정적 정보를 토대로 PIR(Payment to Income Ratio)과 LTV 등을 심사한다. PIR은 신청인의 매월 소득으로 대출원리금을 상환할 수 있는 능력을 나타내는 비율을 말한다. 모기지금융기관은 대출이 결정되면 대출신청인에게 대출의무가 있음을 나타내는 대출약정서(commitment letter)를 신청인에게 송부한다. 동 약정서는 통상 30~60일의 유효기간을 가지며 대출신청인에게 고정 또는 변동금리선택권을 부여하는 것이 보통이다.

모기지가 신청되고 모기지금융기관의 약정서가 발행되는 일련의 과정에 연관된 위험(pipeline risks)으로는 계약취소위험(fallout risk)과 가격위험(price risk)이 있다. 계약취소위험은 대출신청인이 대출금으로 주택을 구입하여 모기지계약을 완성시키지 않고 모기지신청을 중도에 철회할 때 발생하게 되는 위험으로 모기지금융기관이 대출신청인에게 약정을 취소할 수 있는 권리(옵션)를 부여함에 따라 발생하는 위험이다. 가격위험은 모기지금융기관이 약정서를 발행하여 대출금리가 확정된 상황에서 시장의 모기지금리(대출금리)가 인상되어 역마진이 발생하는 경우 발생하는 위험이다.

모기지금융기관은 이러한 위험을 방지하기 위해 모기지금융기관으로부터 모기지를 매입하여 pooling한 후 모기지투자자에게 매각하는 역할을 담당하는 유동화기관(conduits)과 계약을 맺는 것이 보통이다. 예컨대 가격위험 방지를 위해서는 유동화기관과 미리 약정된 가격(금리)으로 당해 모기지를 구입할 수 있는 선도계약(forward contract) 성격의 약정을, 그리고 계약취소위험 방지를 위해서는 유동화기관과 모기지인도(delivery) 옵션계약을 맺어 대출신청인이 신청을 철회하는 경우 모기지인도를 철회할 수 있도록 계약을 체결한다.

모기지대출은 전통적으로 주택구입용이 대부분이었으나 최근 수년간은 금리하락 및 집값 상승의 영향으로 home equity loan[29] 등 재대출(refinance) 비중이 주택구입용을 크게 상회하고 있다.

---

29) home equity loan은 주택가격 상승분을 고려한 2차 주택담보대출을 지칭하는 것으로 home equity란 주택에 대한 금융기관의 평가가격과 담보대출을 받은 대출금과의 차액을 말한다.

제10장   집합투자증권시장

집합투자증권(collective investment security)이란 집합투자업자가 투자에 관한 전문적인 지식이나 경험이 부족하고 투자정보를 쉽게 구득할 수 없는 투자자의 자금을 모아 운용하여 그 과실을 투자자의 출자지분비율에 따라 배분하는 증권을 말한다. 집합투자재산을 설정·운영하는 수단(vehicle)을 집합투자기구(collective investment scheme) 또는 펀드(이하 펀드라 한다)라 한다.

일반투자자들은 개인적인 선호에 따라 포트폴리오를 구성할 경우 전문지식과 투자정보 부족에 따른 문제 이외에도 적정 투자규모 미달에 따른 거래의 어려움과 거래비용 증대 등의 문제가 있다. 집합투자업자는 개별 투자자들의 투자선호에 맞도록 다양한 속성을 갖는 포트폴리오를 제공하고 규모의 경제에 따라 거래비용을 절감함으로써 개인들의 투자선택의 폭과 기회를 넓혀 준다. 집합투자업자는 이와 같은 서비스를 제공하는 대가로 보수를 받게 되며 동 보수는 통상 신탁재산의 운용수익이나 처분금액에서 차감하는 형식으로 수취한다.

「자본시장법」(이하 법이라 한다)상 집합투자는 2인 이상에게 투자권유를 해야 하고, 모은 금전을 투자자로부터 일상적인 운용지시를 받지 않으면서, 재산적 가치가 있는 투자대상 자산을 취득·처분, 그 밖의 방법으로 운용하고 그 손익을 투자자에게 배분하여 귀속시키는 형태일 것을 요건으로 한다(법 제6조). '2인 이상에게 투자 권유'를 해야 한다는 정의로 사모단독펀드의 설정을 원칙적으로 금지하고,[1] '재산 적 가치가 있는 투자대상 자산'이란 정의로 가격을 정할 수 있고 거래할 수 있는 자산이라면 어떤 종류도 가능하며, '그 밖의 방법'이라는 정의로 특별히 자산운용 방법에 대한 제한을 두지 않고 있다.[2]

펀드의 투자대상 자산은 열거하지 않고 '재산적 가치가 있는 모든 재산'을 포 괄적으로 정의되며, 펀드의 주요 투자대상 자산[3]을 기준으로 증권펀드, 부동산펀 드,[4] 증권 및 부동산을 제외한 투자자산을 대상으로 하는 특별자산펀드, 이들 3개 펀드의 규정의 제한을 받지 않고 어느 자산에나 자유롭게 운용할 수 있는 혼합자 산펀드 및 단기금융펀드(MMF)로 구분되고 각 펀드별 투자대상 자산에 해당 기초자 산 관련 파생상품이 포함된다(법 제229조).

집합투자업자가 펀드를 설정·설립하는 경우 금융위원회에 등록하여야 한다. 펀드의 등록과 함께 집합투자증권에 대한 증권신고서를 제출하여야 하며 금융위원 회는 등록신청이 소정의 등록요건을 갖춘 경우 이를 집합투자기구등록부에 기재하 고 인터넷 홈페이지 등을 통해 공시하여야 한다. 투자매매·중개업자는 펀드가 등 록되기 전에는 펀드를 판매하거나 광고를 하여서는 안 된다.

---

1) 「자본시장법」 개정안은 '2인 이상에게 투자 권유'를 '2인 이상의 수익자'로 개념을 변경하여 사모 단독펀드를 불허하고 있다. 사모단독펀드를 불허하는 이유는 투자자가 1인일 경우 경제적 실질이 투자일임이나 신탁과 유사하고 투자자가 드러나지 않은 펀드의 속성을 이용하여 주식 등의 대량 보고의무 회피수단으로 악용할 소지가 있기 때문이다. 그러나 「국가재정법」(제81조)에 따른 여유 자금을 위탁받아 운용하거나 2인 이상으로부터 투자권유를 하여 운용한 후 환매 등을 통하여 결 과적으로 1인의 단독펀드가 되는 것은 가능하다. 이는 법 시행 이전에 설정된 기존의 사모단독펀 드를 일시에 해지하기 어려운 현실을 감안한 것이다.
2) 다만 은행이나 보험 등과 같은 타 금융업과의 관계를 고려하여 집합투자재산 중 금전을 대여할 수 없도록 하고(법 제83조 ④), 법에서 정한 일정한 집합투자기구의 형태를 이용하도록 함으로써 간접적으로 그 운용의 범위를 제한하고 있다.
3) 집합투자재산의 50%를 초과하는 재산(시행령 제240조 ①).
4) 투자대상 자산으로 부동산은 물론 부동산개발과 관련된 대출이나 증권, 부동산의 관리·임대, 지 상권·전세권 등 부동산 사용에 관한 권리의 취득 등도 포함된다(법 제229조 ②).

제 2 절   펀드의 형태

펀드는 자금을 모으는 방식에 따라 공모(public offering) 방식, 즉 모집 또는 매출의 방식과 사모(private placement) 방식으로 구분한다. 모집(public offering of new issues)이란 투자자에게 새로 발행되는 증권의 취득의 청약을 권유(solicitation of subscription)하는 것으로 투자자의 수가 50인 이상인 것을 말한다. 투자자에게 새로 발행되는 증권의 취득의 청약을 권유하는 것으로 모집에 해당하지 않는 것을 사모라 한다.

매출(public offering of outstanding securities)이란 50인 이상의 투자자에게 이미 발행된 증권의 매도의 청약을 하거나 매수의 청약을 권유하는 것을 말한다. 공모방식은 불특정 다수인을 대상으로 투자자금을 모으는 것이므로 공시 등 투자자 보호를 위한 규제가 상대적으로 강하다. 반면, 사모펀드는 소수의 재력 있는 투자자나 기관투자가 등 적격투자자만을 대상으로 하므로 규제가 없거나 있더라도 최소한의 규제에 그치는 것이 보통이다.

투자자는 펀드관리자에게 자금을 위탁하고 펀드 관리자는 투자자가 위탁한 자금을 집합(pooling)하여 관리하는바, 이 과정에서 펀드관리자의 자기재산과 투자자의 재산을 혼합하여 관리하게 되면 이해상충 등 대리인문제로 인해 투자자에게 피해를 초래할 가능성이 있다. 이와 같은 문제를 막기 위해서는 펀드관리자의 재산과 투자자의 재산을 분리하여 관리할 필요가 있는바, 재산분리의 법적인 수단으로 신탁이나 회사 또는 조합의 형태 등이 이용된다.

우리나라의 펀드는 종래의 투자신탁, 투자회사, 투자전문회사에 더하여 투자유한회사(「상법」상 유한회사), 투자합자회사(「상법」상 합자회사), 투자익명조합(「상법」상 익명조합) 및 투자조합(「민법」상 조합)의 형태 등 합명회사를 제외한 현행법상 설립가능한 모든 형태를 허용하고 있다.

한편, 최근에 들어 인적 자산의 중요성이 높아짐에 따라 인적 자산을 적절히 수용할 수 있도록 공동기업 또는 회사 형태를 취하면서 내부적으로는 조합의 실질을 갖추고 외부적으로는 사원의 유한책임이 확보되는 기업 형태에 대한 수요가 늘어나고 있다. 이와 같은 수요에 부응하기 위해 업무집행조합원(GP)과 유한책임조합

원으로 구성된 합자조합(LP: Limited Partnership)[5]과 사원에게 유한책임을 인정하면서
도 내부관계에서 합명회사에 관한 규정을 준용하고 조직운영에 있어 조합적 성격
을 띠는 등 회사의 설립·운영과 기관 구성 등의 면에서 사적 자치를 폭넓게 인정
하는 유한책임회사(LLC: Limited Liability Company)[6] 제도가 「상법」 개정으로 도입되었
다. 이와 같은 제도를 도입함으로써 사모펀드와 같은 다양한 수요에 부응할 수 있
게 되었다.

Ⅰ. 투자신탁

투자신탁은 위탁자(집합투자업자), 수탁자(신탁업자) 및 수익자(투자자)간의 집합투
자계약(신탁계약)[7]에 의거하여 이루어지는 펀드로 신탁형 펀드라고도 한다. 투자신
탁은 집합투자업자를 중심으로 설정·운용되는데 투자신탁재산을 설정·운용하는
집합투자업자는 집합투자재산을 보관·관리하는 신탁업자와 체결한 신탁계약(trust
contract)에 따라 집합투자재산을 창설하고 이에 대한 지분증서인 수익증권(benefi-
ciary certificates)을 발행하여 동 증권을 투자자에게 발매하는 형태로 이들 3자간의
관계는 신탁계약이 법적 기초가 된다.

투자자와 집합투자업자간의 계약은 '수탁자에 대한 재산의 이전과 수탁자에
의한 재산의 관리'라는 「신탁법」의 법리에 따라 집합투자업자가 투자자로부터 신
탁재산의 관리를 수탁한 것으로 그리고 집합투자업자와 신탁업자간의 계약은 신탁
업자가 집합투자업자로부터 신탁재산의 보관 및 관리를 수탁한 것으로 간주된다.
따라서 집합투자업자와 신탁업자는 「신탁법」과 「자본시장법」상의 선관주의의무와
충실의무를 진다.

신탁계약에는 위탁자와 수탁자의 업무, 수익자, 수익증권, 신탁재산 운용방법,

---

5) 합자조합은 이사나 감사를 설치하지 않고 정관제정·설립등기 등의 절차가 필요 없으며 업무집행
   조합원이 무한책임을 진다. 법인세가 아닌 조합원(partner)에 대한 배당소득세가 적용된다.
6) 업무집행조합원이 없이 모든 사원이 유한책임을 진다. 업무집행자는 사원일 수도 있고 사원이 아
   닐 수도 있다. 합자조합에 적용되는 세제혜택과 유한책임을 핵심으로 하는 회사의 장점을 혼합한
   회사형태이다.
7) 집합투자규약이란 펀드의 조직, 운영 및 투자자의 권리·의무를 정한 것으로서 투자신탁의 신탁
   계약, 투자회사·투자유한회사·투자합자회사의 정관 및 투자조합·투자익명조합의 조합계약을 말
   한다.

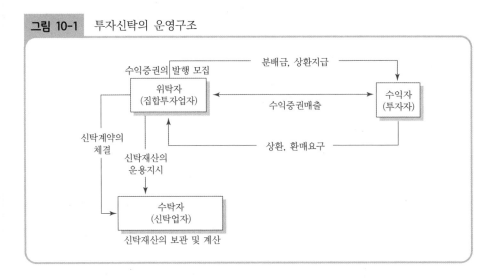

그림 10-1 투자신탁의 운영구조

상환 및 이익의 분배, 신탁보수 및 수수료, 신탁계약의 해지(termination), 수익증권 기준가격(base price)의 계산방법, 수익증권 환매(redemption)에 관한 사항 등이 기재된다. 집합투자업자가 투자신탁을 설정하는 경우 신탁업자에게 해당 신탁계약에서 정한 신탁원본 전액을 금전으로 납입하여야 한다. 투자신탁을 설정한 집합투자업자가 신탁계약을 변경하고자 하는 경우에는 신탁업자와 변경계약을 체결하여야 하며 중요사항의 변경의 경우8)에는 수익자총회의 결의를 거쳐야 한다(이상 법 제188조).

집합투자업자는 투자신탁재산을 설정9)·운용함에 있어 투자신탁재산을 보관·관리하는 신탁업자에게 투자신탁재산별로 투자대상 재산의 취득·처분 등에 관하여 필요한 지시를 하며, 신탁업자는 집합투자업자의 지시에 따라 투자대상 재산의

8) 집합투자업자·신탁업자 등이 받는 보수·수수료의 인상, 신탁업자의 변경, 신탁계약기간의 변경, 기타 시행령 제216조로 정한 사항.

9) 투자신탁은 설정 방식에 따라 단위형과 추가형으로 구분할 수 있다. 단위형은 동일한 계약에 의거 1회의 설정(establishment)으로 끝나는 형태로 투자자로부터 일정액의 자금을 모아 일정한 신탁기간 동안 독립적으로 관리·운용하며 각각의 펀드는 단위별로 별개의 집합투자증권을 발행한다. 한편, 일단 설정한 펀드는 원칙적으로 원본의 추가설정이 불가능하나 예외적으로 기존투자자가 중도에 환매한 부분에 한해 추가설정이 가능하다. 그러나 운용의 안정화를 위해 설정 후 일정기간 동안 환매가 제한되는 것이 보통이다. 추가형은 발행된 집합투자증권이 모두 매출된 경우 일정한 한도 내에서 원본을 증액하여 추가발행이 가능하다. 추가형의 경우 집합투자규약과 증권에 추가설정을 할 수 있는 원본한도액과 증권의 총수 등을 명문화해야 한다. 추가형의 경우 존속기간의 제한이 없는 무기한인 경우도 있으나 존속기간을 정하여 설정 후 일정기간 동안만 추가설정을 허용하는 한정추가형이 보다 일반적이다.

취득·처분 등을 행한다. 다만, 집합투자업자는 투자대상 재산의 효율적 운용을 위하여 불가피한 경우로서 대통령령으로 정하는 경우10)에는 자신의 명의로 직접 투자대상 재산의 취득·처분 등을 할 수 있다(법 제80조). 이 경우 집합투자업자는 투자신탁재산별로 미리 정하여진 자산배분 명세에 따라 공정하게 배분하여야 하며 이에 관한 장부·서류를 작성·유지·관리해야 한다.

집합투자업자도 신탁업을 겸영할 수 있으나 자신(자신의 계열회사 포함)이 운용하는 집합투자재산을 보관·관리하는 신탁업자는 될 수는 없다. 신탁업자는 집합투자업자의 운용지시 또는 운용행위가 법령, 신탁약관 또는 투자설명서(prospectus) 등을 위반하는지를 확인하고 위반사항이 있는 경우에는 집합투자업자에 그 운용지시 또는 운용행위의 철회, 변경 또는 시정을 요구하고 위반사항을 금융위원회에 보고하여야 한다. 신탁업자는 또한 집합투자계약의 주요 변경, 투자운용인력의 변경 등이 있는 경우 그 사항이 기재된 자산보관·관리보고서를 작성하여 투자자에게 제공하여야 한다.

수익증권은 투자신탁의 수익권을 균등하게 분할한 지분증권으로 수익자는 신탁원본의 상환 및 이익의 분배 등에 관하여 수익증권의 좌수에 따라 균등한 권리를 갖는다. 수익증권은 무액면 기명식으로 발행한다. 집합투자업자는 수익증권의 발행가액 전액이 납입되면 신탁업자의 확인을 받아 예탁결제원에 예탁하는 방법으로 수익증권을 발행한다. 수익증권에는 집합투자업자 및 신탁업자의 상호, 수익자의 성명 또는 명칭, 신탁원본의 가액, 수익증권의 총좌수, 발행인 등을 기재하여야 한다. 그러나 수익증권의 실물발행에 따른 부담을 완화하기 위해 실물은 발행하지 않고 투자신탁을 설정한 집합투자업자가 수익자명부의 작성에 관한 업무를 한국예탁결제원에 위탁한다.

한국예탁결제원은 일괄예탁제도를 활용하여 한국예탁결제원의 수익자 명부에 수익증권소지자 등을 기재한다(이상 법 제189조). 수익자명부에 관해서는 「상법」의 주주명부에 관한 규정이 준용되고 수익권 및 수익증권에 관해서도 주식의 양도, 입질, 주권불소지에 관한 「상법」의 규정이 적용된다. 그러나 투자자는 수익증권의 양도가 아니라 환매의 방법으로 투자자금을 회수하기 때문에 실제로 수익증권의 교부를 받을 필요가 없으며 투자자의 권리행사는 통장에 의하여 이루어진다.

---

10) 상장증권, 장내파생상품, CD 등의 매매, 금융기관이 발행·할인·중개·보증하는 어음 등(시행령 제79조 ②).

투자신탁은 수익자 전체로 구성된 수익자총회를 두고 수익자는 서면에 의한 의결권 행사가 가능하다. 「자본시장법」 개정안은 정족수 미달로 수익자총회가 제대로 열리지 못한 현실을 감안하여 서면으로 의결권을 행사하겠다는 의사를 표시하여 서면을 받고도 실제로 서면에 의해 의결권을 행사하지 않은 수익자에 한해 의결권의 중립적 행사(shadow voting)제도를 도입하고 총회 결의 요건도 출석한 수익자 의결권의 과반수 이상과 발행된 수익증권 총좌수의 1/4 이상으로 완화하였다. 신탁계약의 변경 또는 투자신탁의 합병에 대한 수익자총회의 결의에 반대하는 수익자는 수익증권매수청구권을 갖는다. 이 경우 집합투자업자는 투자신탁재산으로 그 수익증권을 매수하여야 한다(법 제191조 ③).[11]

투자신탁재산에 속하는 주식 등 지분증권의 의결권은 투자신탁의 집합 투자업자가 행사한다. 집합투자업자는 집합투자재산에 속하는 지분증권을 발행한 법인과 계열관계[12]에 있는 경우에는 의결권을 중립적으로 행사해야 한다. 다만, 집합투자재산에 속하는 지분증권을 발행한 법인의 합병, 영업의 양도·양수, 임원의 임면, 정관 변경, 그 밖에 이에 준하는 사항으로서 펀드에 손실을 초래할 것이 명백하게 예상되는 경우에는 그러하지 아니하다.

투자신탁을 설정한 집합투자업자는 금융위원회의 승인을 받아 투자신탁을 해지할 수 있다.[13] 투자신탁을 설정한 집합투자업자는 그 집합투자업자가 운용하는 다른 투자신탁을 흡수하는 방법으로 투자신탁을 합병할 수 있다. 투자신탁을 설정한 집합투자업자가 다른 투자신탁을 합병하고자 하는 경우에는 합병으로 인하여 존속하는 투자신탁의 증가하는 신탁원본의 가액 및 수익증권의 좌수, 합병으로 인하여 소멸하는 투자신탁의 수익자에게 발행하는 수익증권의 배정에 관한 사항 등을 기재한 합병계획서를 작성하여 합병하는 각 투자신탁의 수익자총회의 결의를 거쳐야 한다(법 제193조).

---

11) 집합투자업자는 매수청구가 있는 경우 매수청구기간이 만료된 날로부터 15일 이내에 수익증권을 매수하고 지체없이 매수한 수익증권을 소각하여야 한다.

12) 집합투자재산에 속하는 주식을 발행한 법인을 집합투자업체가 속하는 계열의 계열회사로 편입하기 위한 경우나 집합투자재산에 속하는 주식을 발행한 법인이 집합투자업자와 계열회사의 관계가 있거나 집합투자업자에 대하여 사실상의 지배력을 행사하는 관계에 있는 경우를 말한다.

13) 다만, 수익자의 이익을 해할 우려가 없는 경우로서 시행령으로 정하는 경우에는 금융위원회의 승인을 받지 아니하고 투자신탁을 해지할 수 있으며, 이 경우 집합투자업자는 그 해지 사실을 지체없이 금융위원회에 보고하여야 한다(법 제192조).

II. 투자회사

투자회사는 투자대행만을 목적으로 설립된 주식회사 형태의 집합투자기구이다. 투자회사는 발기인이 중심이 되어 설립된다. 발기인은 발행주식의 총수, 발행가액, 투자회사재산의 운용 및 관리, 투자회사가 유지해야 하는 순자산액의 최저액(최저순자산액), 이익분배 및 환매, 공시 및 보고서 등의 사항 등이 포함된 정관을 작성한다.

발기인은 발행주식의 총수를 인수하고 그 가액을 금전으로 납입하고 설립등기를 함으로써 투자회사가 설립된다(법 제194조). 투자회사의 주식은 1주의 금액이 정관 및 주권에 기재되지 않고 단지 투자자본에 대한 지분비율만이 표시되는 무액면 기명식으로 하고 회사성립일 또는 신주납입기일에 예탁결제원에 예탁하는 방법으로 발행한다. 회사성립 후 신주를 발행하는 경우 신주 수, 발행가액, 납입기일은 이사회가 결정한다.

투자회사는 주주의 환매청구가 있는 경우 주식을 매수할 의무가 있는 개방형과 환매의무가 없는 폐쇄형이 있다. 개방형은 통상 뮤추얼펀드(mutual fund)라고 부르며 회사가 성립 후 신주를 발행하는 경우 주식발행가액과 신주발행기간, 신주발행 수 상한, 주금납입기일 등을 동 주식을 판매하는 영업소에 게시하고 인터넷 홈페이지 등을 통하여 공시하여야 한다. 폐쇄형의 경우 투자자에게 환금성을 보장하기 위해 주식발행일로부터 90일 이내에 거래소에 상장하여야 한다.

투자신탁과 투자회사를 비교하여 보면 투자신탁의 신탁약관, 수익자, 수익증권, 추가설정 및 해지는 각각 투자회사의 정관(articles of incorporation), 주주, 주권, 증자 및 감자에 해당한다. 투자회사는 집합투자재산을 운용하는 법률적인 주체이기는 하나 실질적으로는 상근임원이나 직원을 둘 수 없고 본점 외의 영업소를 설치할 수 없는 명목상의 회사(paper company)로 투자회사의 실질적인 운영주체(sponsor)는 집합투자업자이다. 투자회사를 명목상의 회사로 하는 것은 투자자의 재산을 집합투자업자의 고유재산이나 다른 집합투자재산 또는 제3자로부터 보관을 위탁받은 재산과 분리하여 운용하기 위해서다.

집합투자업자는 집합투자재산을 운용함에 있어 투자회사의 명의로 투자대상재산의 취득·처분 등을 행하고 투자회사의 집합투자재산 운용업무는 투자회사를 대표하는 법인이사인 집합투자업자가 수행한다. 법인이사는 투자회사를 대표하여 업무를 집행하되 집합투자업자·투자매매업자·일반사무관리회사와의 업무위탁계약, 자산운용 또는 보관 등에 대한 보수 지급, 금전의 분배 및 주식배당 등에 대해서는 이사회 결의를 거쳐야 한다. 법인이사는 법인이사의 직무를 정하여 그 직무를 수행할 자를 그 임직원 중에서 선임하여 투자회사에 통보하여야 하며 이 경우 직무수행자가 직무범위 안에서 한 행위는 법인이사의 행위로 간주된다.

투자회사는 이사회[14] 결의로 정관을 변경할 수 있다. 그러나 정관의 내용 중 중요사항을 변경하고자 하는 경우[15]에는 주주총회의 결의를 거쳐야 한다. 투자자인 주주로 구성되는 주주총회의 결의는 서면으로 가능하고 정관변경이나 합병에 반대하는 주주에게 주식매수청구권이 인정된다. 투자회사는 자신과 법인이사가 같은 다른 투자회사를 흡수하는 방법으로 합병하는 경우가 아니면 다른 회사와 합병할 수 없다(법 제204조).

투자회사의 집합투자재산에 속하는 지분증권의 의결권 행사는 투자회사가 수행하며 투자회사는 투자회사의 집합투자업자에게 지분증권의 의결권 행사를 위탁(delegate)할 수 있다. 집합투자업자는 집합투자재산을 운용함에 있어서 원칙적으로 펀드의 계산으로 금전을 차입하지 못하며 자기의 계산으로 자기가 발행한 집합투자증권(treasury collective investment security)을 취득하거나 질권의 목적으로 받지 못한다(법 제186조).

집합투자업자에 대한 감시를 위한 기구로는 신탁업자, 일반사무관리회사, 집합투자기구평가회사, 채권평가회사 등이 있다. 집합투자업자는 집합투자재산을 운용함에 있어 신탁업자에게 동 재산의 보관·관리에 필요한 지시를 하여야 한다. 집합투자재산을 보관·관리하는 신탁업자는 집합투자재산 중 예탁대상증권 등에 속하는 것을 자신의 고유재산과 분리하여 펀드별로 예탁결제원에 예탁하여야 하며 집합투자업자로부터 자산의 취득·처분 등의 이행, 보관·관리 등에 관한 지시를

---

14) 투자회사의 이사회는 1인의 법인이사와 2인 이상의 감독이사로 구성된다. 감독이사는 법인이사의 업무집행을 감독하며, 필요한 경우에는 법인이사, 신탁업자, 투자매매업자·투자중개업자, 일반사무관리회사에 대하여 투자회사와 관련되는 업무 및 재산상황에 관한 보고와 회계감사인에 대하여 회계감사에 관한 보고를 요구할 수 있다(법 제199조).

15) 집합투자업자·신탁업자 등이 받는 보수, 그 밖의 수수료의 인상, 집합투자업자 또는 신탁업자의 변경, 정관으로 투자회사의 존속기간 또는 해산사유를 정한 경우 존속기간 또는 해산사유의 변경, 그 밖에 주주의 이익과 관련된 중요한 사항으로서 시행령으로 정하는 사항(시행령 제229조).

그림 10-2 투자회사의 운영구조

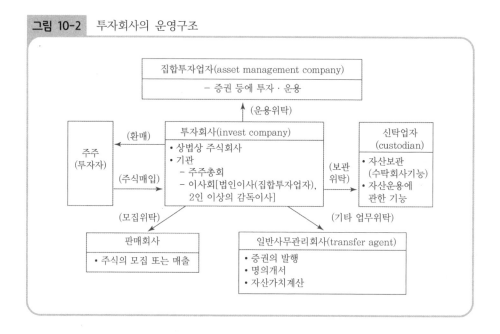

받은 경우 이를 펀드별로 증권 등의 인도·수도와 대금의 지급·수령을 동시에 행하는 방법으로 이행하여야 한다.

집합투자업자는 자산운용보고서(asset management report)를 작성하여 해당 집합투자재산을 보관·관리하는 신탁업자의 확인을 받아 3개월마다 1회 이상 해당 투자회사의 투자자에게 제공하여야 한다. 신탁업자는 투자회사가 법령, 정관 또는 투자설명서를 위반하는 행위를 하는 경우 동 위반사항을 투자회사의 감독이사에게 보고하여야 하며 보고를 받은 감독이사는 집합투자업자에게 그 시정을 요구해야 한다.

집합투자업자는 투자회사 주식의 발행 및 명의개서, 투자회사재산의 계산, 법령 또는 정관에 의한 통지 및 공고, 이사회 및 주주총회의 소집·개최·의사록 작성 등에 관한 업무, 그 밖에 투자회사의 사무를 처리하기 위하여 필요한 업무로서 시행령(제212조)으로 정하는 업무는 일반사무관리회사에 위탁하여 하고, 일반사무관리회사는 업무의 객관성을 확보하기 위해 이해상충방지체제를 구축해야 한다.

집합투자평가회사는 집합투자기구를 평가하고 이를 투자자에게 제공하는 자로 집합투자업자 등의 계열회사가 아니고 소정의 인적·물적 요건을 갖추어야 하는 등 업무의 적합성을 확보해야 한다. 채권평가회사는 집합투자재산에 속하는 채권 등 자산의 가격을 평가하고 이를 집합투자기구에 제공하는 자로 평가의 공정성을 위해 이해상충방지체제와 소정의 인적·물적 요건을 갖추어야 한다.

III. 투자유한회사 등

투자유한회사(investment limited liability company)는 집합투자업자가 회사재산의 운용 및 관리, 이익분배 및 환매 등의 내용을 담은 정관을 작성하고 출자금을 금전으로 납입하고 설립등기를 함으로써 설립된다(법 제207조). 투자유한회사의 사원은 출자금액의 반환 및 이익의 분배 등에 관하여 지분증권의 수에 따라 균등한 권리를 갖는다. 투자유한회사는 집합투자업자가 법인이사가 되는데 투자회사와는 달리 감독이사에 대한 규정이 없고 합병이나 정관변경에 대한 사원총회의 결의에 반대하는 사원의 지분반환청구규정도 없다.

투자합자회사(investment limited partnership company)는 집합투자업자가 무한책임사원이 되어 유한책임사원 1인과 함께 정관을 작성하고 출자금을 금전으로 납입하고 설립등기를 함으로써 설립된다(법 제211조). 투자합자회사는 업무집행사원 1인 외의 무한책임사원을 둘 수 없고 이 경우 업무집행사원은 집합투자업자이어야 한다. 투자합자회사는 투자유한회사와 마찬가지로 합병이나 정관변경 결의에 대한 반대사원의 지분반환청구권규정이 없다. 유한책임사원은 출자를 이행한 금액을 한도로 책임을 지고 정관이 정하는 바에 따라 무한책임사원과 유한책임사원의 배당률 또는 배당순서를 달리 정할 수는 있으나 손실의 분배를 달리 정할 수는 없다(법 제217조).

조합형은 「민법」상 조합과 「상법」상 익명조합 등 조합계약을 기본구조로 하는 것으로 신탁형과 함께 계약형이라 할 수 있다. 조합형은 조합의 형태를 취하지만 동 법상 조합에 관한 규정 중 상당부분을 배제하고 투자신탁이나 투자회사에 관한 규정을 준용하고 있다. 투자조합은 「민법」상 조합으로 집합투자업자가 무한책임을 지는 업무집행조합원이 출자액을 한도로 책임을 지는 유한책임조합원과 조합계약을 작성함으로써 설립된다. 투자조합은 집합투자기구 등록을 하지 않으면 새로운 조합원을 가입시킬 수 없으며 투자자가 투자조합의 지분증권을 매수한 경우 투자조합에 가입한 것으로 간주된다. 투자조합은 조합계약이 정하는 바에 따라 무한책임조합원과 유한책임조합원의 배당률 또는 배당순서를 달리 정할 수는 있으나 손실의 배분을 달리 정할 수는 없다.

투자익명조합(investment undisclosed association)은 집합투자업자인 영업자 1인과 익명조합원 1인이 익명조합계약을 작성함으로써 설립된다(법 제224조). 투자익명조합의 조합재산은 신탁에 관한 규정이 준용되어 독립성을 인정하여 강제집행의 대상이 되지 않는다.

투자유한회사, 투자합자회사, 투자조합 및 투자익명조합의 집합투자재산 운용업무는 각각 투자유한회사의 법인이사, 투자합자회사의 업무집행사원, 투자조합의 업무집행조합원, 투자익명조합원의 영업인이 수행한다. 이들 회사 또는 조합의 집합투자재산에 속하는 지분증권의 의결권 행사는 자신들이 수행하여야 한다. 다만, 이들 회사 또는 조합은 자신의 집합투자업자에게 집합투자재산에 속하는 지분증권의 의결권 행사를 위탁할 수 있다. 이들 회사 또는 조합은 원칙적으로 자기의 계산으로 자기가 발행한 집합투자증권을 취득하거나 질권의 목적으로 받지 못한다.16)

투자신탁이나 투자익명조합의 집합투자업자 또는 투자회사 등은 자신이 설정한 펀드를 판매하고자 하는 경우 투자판매업자와 판매계약을 체결하거나 투자중개업자와 위탁판매계약을 체결하여야 한다. 다만 투자신탁이나 투자익명조합의 집합투자업자가 투자매매업자 또는 투자중개업자로서 펀드를 직접 판매하는 경우에는 판매계약 또는 위탁판매계약을 체결하지 않아도 된다(법 제184조 ⑤).

IV. 경영참여형 사모집합투자기구

사모집합투자기구는 투자전략에 따라 경영참여형 사모집합투자기구와 전문투자형 사모집합투자기구로 구분된다. 경영참여형 사모집합투자기구는 통상 PEF (Private Equity Fund)로 부른다. 우리나라의 PEF는 미국의 PEF를 모형으로 도입하였

---

16) 투자유한회사와 투자합자회사의 사원총회, 지분증권, 정관 변경 등에 관한 규정은 투자회사의 해당 규정을 준용한다. 투자조합의 조합원총회, 투자조합의 청산은 투자신탁의 해당 규정을, 투자조합계약의 변경은 투자회사의 정관 변경 규정을 그리고 지분증권은 투자유한회사의 해당 규정을 준용한다. 투자익명조합의 조합원총회에 관한 규정은 투자신탁의 수익자총회에 관한 규정을, 익명조합계약 변경에 관한 규정은 투자회사의 정관 변경에 관한 규정을, 그리고 해산·청산에 관한 규정은 투자조합에 관한 해당 규정을 준용한다.

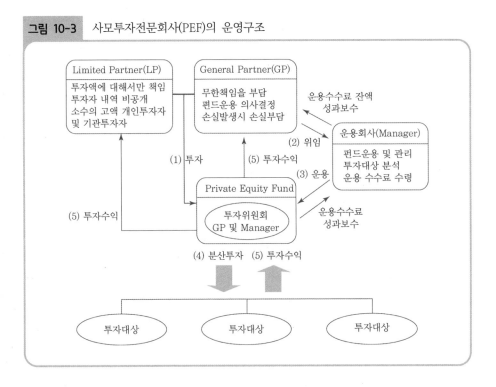

그림 10-3 사모투자전문회사(PEF)의 운영구조

으나 차입 및 동일종목 투자한도의 제한, 산업자본의 참여 제한 등의 규제로 인해 규제가 최소한에 그치는 미국의 PEF와는 상당한 차이가 있다. 미국의 PEF는 단기 적인 시장장세와는 무관하게 적극적인 투자대상 발굴(deal sourcing) 및 철저한 리스 크관리를 통해 수익의 극대화를 추구하며, 통상적인 뮤추얼펀드가 시장에서 매일 거래되는 것과는 달리 장기간 보유하는 특성상 현금화가 용이하지 않고 정기적인 공시의무가 없는 관계로 투명성이 낮아 상대적으로 투자위험이 높다.

　우리나라의 PEF는 지배구조나 재무적 비효율성 등으로 인해 잠재적인 기업역 량을 발휘하지 못하고 있는 기업을 인수하여 구조조정을 통해 기업의 투자가치를 높여 투자수익을 얻는 것을 주된 목적으로 하는 buy-out펀드[17]로 포트폴리오 투 자는 원칙적으로 금지한다.[18]

---

[17] 경영권을 인수하지 않고 단순히 지원대상기업의 사업확장이나 구조조정 등을 돕기 위해 자금을 지원하는 펀드를 buy-in펀드라 한다.

[18] PEF의 재산운용방법은 다음 중 하나이어야 한다(법 제270조).
　① 투자대상 기업의 의결권 있는 주식의 10% 이상 투자

　　PEF는 금융위원회에 등록한 후 2년 이내에 그 재산의 50% 이상을 경영권 참여를 위해 투자하여야 한다. 경영권 참여에 성공한 후 기업의 주식 또는 지분은 경영권 참여 후 6개월 이상 보유하여야 하는바, 이는 경영권 참여를 통한 지배구조나 사업구조 개선 등 기업가치 제고를 위해서는 최소한 6개월 이상의 기간이 소요될 것이라는 예상에 따른 것이다. PEF가 경영권 참여에 실패한 경우 투자주식 또는 지분을 매각하여야 하는바, 이는 경영권 참여 투자를 명분으로 PEF가 포트폴리오 투자를 하는 것을 방지하기 위해서다(이상 법 제270조).

　　PEF는 본점 이외의 영업소를 설치할 수 없으며 직원을 둘 수 없는 명목회사 (paper company)로 법적 형태는 「상법」상 합자회사이다. PEF의 지배구조를 합자회사로 한 이유는 정보의 비대칭이 큰 사업초기에 주식회사를 통해 외부자금을 조달하기보다는 무한책임사원이 일단 자기자금으로 일부 투자자금을 조달한 연후에 유한책임사원으로부터 투자자금을 유치하는 것이 보다 효율적일 뿐만 아니라 무한책임사원과 유한책임사원간의 합자(partnership)계약을 통해 다양한 형태의 성과배분이나 지분계약 등이 가능한 환경을 제공함으로써 펀드 운용과정에서 발생할 수 있는 대리문제를 보다 효율적으로 해결할 수 있기 때문이다.

　　PEF의 사원은 1인 이상의 무한책임사원(GP: General Partner)과 1인 이상의 유한책임사원(LP: Limited Partner)으로 구성하되 사원의 총수는 50인 이하로 한다. 사원의 총수를 계산함에 있어 다른 펀드가 PEF 지분의 10% 이상을 취득하는 경우에는 다른 펀드의 투자자수를 합산하여 계산하고 전문투자자 중 시행령으로 정하는 자[19]는 사원 총수의 계산에서 제외한다(법 제269조). 사원의 출자는 원칙적으로 금전에 한하나 객관적 가치평가가 가능하고 사원의 이익을 해할 우려가 없는 경우로서 다른 모든 사원의 동의가 있는 경우에는 증권으로도 출자할 수 있다. 무한책임사원은 정관이 정하는 바에 따라 일정 지분 이상을 출자하고 동 출자금은 투자손실의

---

　　② 임원의 임면 등 투자대상 회사의 주요 경영사항에 대하여 사실상 지배가 가능한 투자
　　③ 지분증권을 제외한 증권에 대한 투자
　　④ 투자목적회사에 대한 투자
　　⑤ SOC투자
　　⑥ 투자대상기업이 발행한 증권에 대한 투자위험을 회피하기 위한 투자로서 시행령이 정한 파생상품.
　　⑦ ①호부터 ⑥호까지의 투자에 준하는 것으로써 대통령령이 정한 투자(다른 PEF와 합의하여 지분증권 등을 공동으로 취득·처분하거나 의결권을 공동으로 행사하는 경우 등. 시행령 제292조 ①).
　19) 국가, 공공기관, 금융기관, 외국정부, 외국상장법인, 금융위원회에 전문투자자로 신고한 자 등(시행령 제10조 ①).

우선 보전 등에 사용될 수 있다. 무한책임사원은 출자한 지분의 타인에게의 양도는 엄격히 제한되며 예외적으로 정관으로 정한 경우에 한해 사원 전원의 동의를 얻어 지분을 분할하지 않고서만 양도할 수 있다.

　무한책임사원 중 1인 이상이 업무집행사원 임무를 수행한다. 업무집행사원은 펀드를 실질적으로 운영하며, 주기적으로 펀드운영 및 재산에 관한 사항을 투자자들에게 제공하고 설명하여야 한다. 업무집행사원은 금융관련 법령에서 규정하는 업무를 영위하는 자도 될 수 있다. 일반적으로 시장에서 평판이 높은 집합투자업자나 금융회사의 자회사 등이 업무집행사원이 된다.

　업무집행사원은 PEF와 거래하는 행위, 원금이나 일정한 이익의 보장을 약속하는 방법으로 사원이 될 것을 부당하게 권유하는 행위, 사원 전원의 동의 없이 사원의 일부나 제3자의 이익을 위하여 PEF가 보유한 자산의 명세를 사원이 아닌 자에게 제공하는 행위, 기타 PEF 사원이나 재산을 해할 우려가 있는 행위 등이 금지된다. 업무집행사원에 대한 손익의 분배나 우선순위, 성과보수 등에 관해서는 정관에서 정할 수 있다.

　유한책임사원은 무한책임사원 전원의 동의를 얻을 경우 지분을 분할하지 아니하고도 양도할 수 있다. 지분분할은 원칙적으로 허용되지 않지만 양도의 결과 사원의 수가 50인 미만인 범위 내에서 분할양도도 가능하다(법 제273조 ③). PEF는 다른 PEF를 포함하여 다른 회사와 합병할 수 없다. 유한책임사원은 단순한 투자자로 자신의 투자금액에 대해서만 책임을 지며 업무집행에 관여할 수 없다. 유한책임사원은 PEF 재산인 주식 또는 지분의 의결권 행사에 영향을 미쳐서는 아니 된다. 유한책임사원의 최소 출자가액은 100억원 범위 내에서 대통령령으로 정한 금액(법인 20억원, 개인 10억원) 이상이다(이상 법 제269조).

　PEF의 여유자금은 단기대출, 금융기관 예치, 증권(PEF 재산의 5% 이내), 원화표시 CD, 금융기관이 발행·할인·보증하는 어음 등으로 운용할 수 있다. PEF는 퇴사에 따른 출자금 반환, 투자자금 부족, 일시적인 자금 부족 등의 경우에 한해 예외적으로 재산의 10% 범위 내에서 차입 및 채무보증이 가능하다(법 제270조 ②).

　PEF는 규제가 적은 사모펀드의 특성을 살리기 위해 투자신탁과 투자회사에 관한 규정의 적용을 일부 배제하고 있다. 구체적으로 수익자총회(주주총회) 개최의무, 신탁업자의 감시의무, 3개월마다 1회 이상 투자자에 대한 자산운용보고서 제공의무, 투자신탁에 대한 수시공시의무 등이 면제되고 회계감사인의 손해배상책임에 관한 규정도 적용되지 않는다(법 제249조). 다만, PEF의 투명성과 공정성을 제고하기 위해 등록, 해산신고, 등록취소, 재산평가방법, 회계처리기준 등에 관한 사항은 회사형 펀드에 관한 사항을 준용한다.

PEF에 대해서는 「상법」상 합자회사에 관한 규정을 적용하되 사원자격 및 출자목적 등에 있어서는 「상법」상 특례가 인정된다. PEF의 무한책임사원은 자연인 이외에 회사도 가능하다.[20] PEF는 사모방식으로 설립하며 정관을 작성하고 일정한 사항을 등기하여야 한다. 정관에는 사원의 인적사항, 출자의 목적과 가격을 기재하여야 한다. 등기시에는 실질적인 투자자인 유한책임사원의 익명성을 보장하기 위해 유한책임사원의 인적사항, 출자약정액, 출자이행액 등을 제외한다. 다만 채권자 보호를 위해 무한책임사원의 인적사항만을 등기한다.[21] PEF는 설립 후 2주 이내에 등기사항과 업무집행사원 등의 사항을 금융위원회에 등록해야 한다.

상호출자제한기업집단의 계열회사인 PEF 또는 동 집단의 계열회사가 무한책임사원인 PEF는 그 계열회사가 발행한 지분증권의 취득이 금지된다.[22] 이는 PEF를 통하여 계열기업을 지원하거나 확장하는 것을 방지하기 위해서다. 한편, 산업자본(비금융주력자)이 PEF를 통해 은행 또는 은행지주회사를 지배하는 것을 막기 위해 비금융주력자로 간주되는 PEF의 경우[23] 은행이나 은행지주회사 주식의 소유나 지배가 제한된다(법 제275조).

한편, 기업인수 등을 원활하게 하기 위해 PEF 등이 공동으로 설립한 특수목적기구(SPC)인 특수목적회사제도를 도입하고 있다. 투자목적회사는 「상법」상의 주식회사 또는 유한회사 형태로 설립되는 명목회사(paper company)로 PEF와 동일한 방법의 투자를 목적으로 하여야 한다.[24] 투자목적회사는 PEF 단독으로 인수가 곤란

---

20) 「상법」상 회사는 다른 회사의 무한책임사원이 되지 못하며(동 법 제173조), 무한책임사원은 금전 이외에 노무 및 신용의 출자가 가능하다.

21) 그러나 등기시에는 정관을 첨부하게 되어 있어 실질적인 익명성이 보장되지는 않는다. 정관에는 유한책임사원의 인적사항, 출자의 목적, 출자약정액 등이 기재되기 때문이다.

22) PEF가 계열사로 편입한 기업이 외국기업일 경우에는 5년 내 매각 의무 적용을 배제하고 있다(법 제247조).

23) ① 비금융주력자로서 PEF 출자총액의 18% 이상의 출자비율을 보유한 유한책임사원
    ② 비금융주력자가 PEF의 무한책임사원인 경우
    ③ 상호출자제한집단에 속하는 각각의 계열회사가 취득한 PEF 출자비율의 합이 PEF 출자총액의 36%를 초과하는 경우.

24) 투자목적회사의 주주나 사원은 PEF(투자목적회사의 주주나 사원의 출자비율의 50% 이상), 투자목적회사가 투자하는 회사의 임원 또는 대주주, 투자목적회사에 대하여 신용공여를 하고 출자전

한 대규모 기업의 경우 다수의 PEF 자금을 모아(pooling) 투자할 수 있도록 할 뿐 아니라 간접차입을 통해 PEF의 직접차입에 따른 무한책임사원의 부담을 경감하는 수단 등으로 활용된다. 투자목적회사에 대해서는 기업인수, 금융기관 출자 및 금융 기관 투자 등에 대해 PEF에 준하는 지위를 부여하고 있다.

투자목적회사는 차입을 하거나 투자대상 기업이나 이와 관련된 자에 대한 채 무보증을 할 수 있다.[25] 일반적으로 PEF 단계에서의 직접차입보다는 투자목적회 사를 통한 간접차입이 일반적이며 투자목적회사는 투자대상 기업의 자산 등 현금 흐름을 기초로 자금을 차입하는 것이 보통이다.

PEF는 구조조정 등을 목적으로 한시적으로 기업의 경영권을 획득하는 것이므 로 PEF와 투자목적회사에 대해서는 「공정거래법」 및 「금융지주회사법」상 적용의 특례가 인정된다(법 제276조). PEF가 지주회사의 규제를 받게 될 경우 사모펀드로서 의 역할이 사실상 불가능하기 때문이다.

PEF 또는 투자목적회사가 다른 회사 지배를 주된 목적(자산의 50% 이상 투자)으 로 하고 자산총액이 1,000억원을 초과하는 경우에도 지주회사에 해당하지 않은 것 으로 간주되어 지주회사 신고의무 및 지주회사임을 전제로 규정된 지주회사의 행 위제한 규정(자회사 주식 50% 이상 보유 등)을 적용받지 않는다.[26]

비금융주력자인 PEF가 무한책임사원으로 참여하지 않고 비금융주력자인 PEF가 유한책임사원으로서 36% 이상을 출자하거나 사실상 지배하지 않는 투자목 적회사는 「금융지주회사법」상 비금융주력자가 아닌 것으로 간주한다. 따라서 이 경우 PEF 및 투자목적회사는 금융지주회사임을 전제로 규정된 금융지주회사의 행 위제한 규정(중간지주회사 지분 100% 취득 및 지주회사 업무 외의 업무영위 금지 등)의 적용이 배제된다. 그러나 PEF 등이 다수의 금융기관을 지배하게 되어 사실상의 금융지주 회사의 기능을 수행하는 경우에는 동일인에 대한 신용공여한도 규정 등 일부 규정 은 금융지주회사에 준하여 「금융지주회사법」상 금융지주회사와 그 자회사 등에 대한 행위제한 규정이 준용된다.

환을 한 자로 그 수는 PEF 사원의 수와 PEF가 아닌 주주 또는 사원의 수를 합산하여 50인 이내 이어야 한다(법 제271조).

25) 이 경우 차입이나 채무보증을 할 수 있는 한도는 자기자본의 2배이다(법 제271조 ③).

26) 「공정거래법」은 다른 회사를 지배할 목적으로 소유한 주식의 가액이 자산의 50%를 초과하고 자 산총액이 1,000억원 이상인 회사를 지주회사로 규정하고 지주회사 신고의무를 부과하며, 자회사 출자비율, 부채비율 등을 제한하고 있다(동 법 제8조의2).

V. 전문투자형 사모집합투자기구

전문투자형 사모집합투자기구는 통상 헤지펀드(Hedge Fund)라고 부르며 PEF (Private Equity Fund)와 함께 대표적인 사모펀드의 하나이다. 헤지펀드는 주로 고액자산가로부터 자금을 모아 단기 고수익의 취득을 목적으로 주식, 파생상품, 통화 등 주로 유동성자산에 투자하고 PEF는 연기금 등 주로 기관투자가의 자금을 모아 M&A, 벤처캐피탈 등을 통해 기업가치를 제고한 후 장기 자본이득의 취득을 목적으로 한다. 헤지펀드와 PEF 등 사모펀드는 운용성과에 따라 자산운용사가 성과보수(carried interest)와 기본 펀드자산에 대한 수수료 이외에 추가적인 수수료를 부과하는 경우도 있다.[27]

헤지펀드는 원래 투자자 보호를 위해 펀드의 레버리지와 공매도(short-selling)를 제한한 미국의 「투자회사법(Investment Company Act of 1940)」의 법적 제약을 피하기 위해 도입되었다. 초기에는 안정적인 수익을 달성하기 위해 주로 주식을 대상으로 공매도와 레버리지를 적극적으로 활용하여 시장 전체의 변동과 상관없이 일정한 수익을 실현하는 이른바 시장중립전략(market-neutral strategy)을 채택하였으나 1980년대 이후 주식뿐만 아니라 통화 등으로 투자대상이 다양화되었다. 최근에 들어 금융시장의 글로벌화가 본격화되면서 헤지펀드는 신흥시장(emerging market)펀드 등 새로운 수익원을 개발하여 특정 종목을 사고 다른 종목은 공매도하는 롱숏전략과 차익거래 등 다양한 투자전략을 구사하여 고위험·고수익을 추구하는 펀드로 변모하고 있다.

헤지펀드는 차익거래를 통한 금융상품의 가격불균형 축소, 파생상품시장 등 위험이 큰 시장에 대한 유동성 공급, 다양한 투자기법 개발 등을 통해 금융시장 발전에 긍정적인 기능을 하는 반면, 차익실현을 위한 단기투자로 금융시장을 교란

---

27) 미국의 경우 뮤추얼펀드에 대해서는 원칙적으로 이익에 비례하는 percentage profit fee 부과는 금지되어 있으나 fulcrum fee는 허용하고 있다. fulcrum fee는 고정보수제도하에서 일정 지수에 제한적으로 성과보수를 연동하는 제도이다. 반면 헤지펀드에 대해서는 성과보수에 대한 규제가 없고 일반적으로 운용보수 1~2%에 성과보수는 기준수익률(hurdle rate) 초과수익의 15~20% 정도이다. 성과보수 부과방식은 high-water mark와 preferred 방식이 있다. 전자는 약정기간 동안 손실이 나면 다음 투자기간에는 그 손실이 회복될 때까지는 성과보수를 받지 않는 방식이고, 후자는 일정 수준의 수익률을 달성하지 않으면 성과보수를 받지 않는 방식이다. 그리고 성과보수에 대해서는 과세이연을 허용하고 있다.

시키고 운용의 불투명성 등에 따른 투자자 보호 문제를 야기하는 등 역기능도 적지 않다.[28] 그간 헤지펀드는 투기적인 자본이라는 부정적인 시각이 확대되고 대규모 헤지펀드의 파산 등으로 수익성이 저하되면서 한 동안 위축되다가 최근에 들어 대형투자은행들의 헤지펀드 운용회사의 지분 또는 경영권 인수 사례와 헤지펀드의 뉴욕, 런던 등 주요 거래소 상장 등으로 안정적인 수익을 추구하는 개인 및 기관투자가들의 참여가 늘어나 그 규모가 다시 증가하고, 투자행태도 단기 매매수익보다는 장기투자 및 가치투자를 지향하는 움직임이 나타나고 있다.

우리나라는 그간 펀드명의의 차입 금지, 자산운용에 대한 제한 등 헤지펀드의 핵심요소에 대한 규제로 헤지펀드의 도입여건이 마련되어 있지 않았다. 이는 헤지펀드의 지나친 투기적 거래행태에 따른 금융시장의 불안정 초래 가능성과 헤지펀드 운용의 불투명성에 따른 투자자 보호 문제 등을 우려해서이다. 그러나 이미 헤지펀드가 선진국을 중심으로 활발하게 거래되고 있어 이를 도입하지 않고는 우리 시장의 글로벌화를 추진하기가 어렵게 된데다 차익거래를 통한 시장의 효율성 제고, 다양한 투자수단 제공, 복잡·정교한 투자전략·기법 개발 및 활용 등 헤지펀드의 긍정적인 효과도 기대되어 2009년 1월 「자본시장법」의 개정으로 일반사모펀드에 비해 절차나 자금조달·운용 등에 대한 규제를 완화하여 '적격투자자대상 사모집합투자기구'라는 명칭으로 동 제도를 도입하였다(법 제249조의2).

동 제도의 주요 내용을 보면 전문투자형 사모펀드 운용회사는 별도의 투자매매업이나 투자중개업 인가가 없어도 자신이 운용하는 전문투자형 사모펀드를 투자자에게 팔 수 있다.[29] 펀드의 설립·설정시 사전에 금융위원회에 등록해야 하는 일반사모펀드와는 달리 1개월 이내에 금융위원회에 보고만 하면 된다. 동 펀드의 대상투자자는 시행령이 정한 적격투자자로 제한되며 투자자는 그 집합투자증권을

---

28) 최근 헤지펀드의 성장세가 두드러지고 국경간 거래가 활발해짐에 따라 이에 대한 규제의 필요성이 커지고 있다. 미국의 경우 2010년 「Dodd-Frank Wall Street Reform and Consumer Protection Act」에 의거 운용자산이 1억 달러를 상회하는 헤지펀드는 SEC에 투자자문업 등록이 의무화되었다(운용자산 1억 달러 미만의 헤지펀드는 주정부에 등록해야 한다). 투자자문업자는 등록양식에 의거, 헤지펀드의 수, 운용자산 총액, 고객의 종류, 종업원 수 등의 정보를 SEC에 보고해야 하며, 등록된 정보는 일반투자자들에게 공개된다. 이 밖에 영국, 독일, 홍콩 등의 경우에도 헤지펀드의 판매 또는 운용에 관해 감독당국의 인가 또는 등록 등의 규제를 하고 있다. 특히 헤지펀드의 국경간 거래가 활발해짐에 따라 국내법만으로는 규제가 불충분하기 때문에 최근에 들어 효과적인 규제를 위해 IOSCO와 같은 국제기구나 각국 감독당국간의 협력의 필요성이 증대되고 있다.

29) 「자본시장법」의 개정(2015. 6) 전에는 사모펀드의 운영주체는 집합투자업자로 한정되었었다.

적격투자자 이외의 자에게는 양도할 수 없다. 다만 사모펀드에 중점 투자하는 사
모펀드 재간접펀드의 경우 적격투자자뿐만 아니라 일반투자자도 전문가의 도움을
얻어 투자할 수 있게 되었다(2015년 6월 개정).

　　일반사모펀드는 대량환매청구 등 예외적인 사태발생시에 한해 펀드재산 10%
이내에서 차입이 허용되나 헤지펀드는 집합투자재산 총액의 400% 범위 내에서 시행
령이 정하는 한도까지 금전을 차입할 수 있으며 집합투자재산 총액의 100% 범위 내
에서 시행령이 정하는 한도까지 타인을 위해 채무보증 또는 담보제공도 가능하다. 이
밖에 투자자 보호와 건전한 거래질서의 유지를 위하여 두고 있는 집합투자기구의 설
정·설립과 등록, 자산운용과 감시 등에 관한 대부분의 규정 적용을 제외하고 있다.
그러나 헤지펀드의 위험성을 고려, 최소한의 관리·감독을 위해 펀드의 신규 설정시
사후 보고 의무와 함께 헤지펀드의 운용회사는 헤지펀드의 금전차입 현황, 파생상품
매매 현황 등을 시행령이 정하는 바에 따라 금융위원회에 보고하여야 한다.

　　이와 같이 「자본시장법」상 헤지펀드의 근거 규정은 마련되어 있으나 일부 주
요 사항을 시행령에 위임하여 놓고 시행령을 제정하지 않음으로써 이를 시행하지
는 못하고 있었으나 2009년 9월 구조조정대상기업[30]에 한해 집합투자재산의 50%
이상을 투자하는 사모펀드에 대해 적격투자자대상 사모집합투자기구 설립을 허용
하였다. 구조조정대상기업 적격투자자대상 사모집합투자기구는 은행, 보험회사, 금
융투자업자 등 적격투자자만을 대상으로 사모로만 설립이 가능하고, 차입은 집합
투자재산 총액의 300%, 채무보증 또는 담보제공은 집합투자재산 총액의 50% 한도
에서 허용되었다.

　　그러나 동 펀드는 부실기업의 기업구조조정을 촉진하기 위한 지원 목적으로
도입된 것으로 고액재산가나 법인이 제외된 일부금융사만을 적격투자자(accredited
investor)로 인정하고 금전차입이나 채무보증, 운용업자 등에 대한 과도한 규제가 상
존한데다 헤지펀드를 조성하는 프라임브로커(prime broker) 제도가 정착되지 않아
제대로 된 헤지펀드가 도입되었다고 말하기 어려웠다. 2011년 9월 이후 수차례에
걸쳐 규제를 완화하였는 바 주요 내용을 보면 다음과 같다.

　　① 프라임브로커에 대해 매매·중개업무와 펀드재산 보관·관리 등 신탁업무
를 한 부서에서 동시 수행 허용

---

30) 「기업구조조정 촉진법」에 따른 부실징후기업, 「채무자 회생 및 파산에 관한 법률」에 따른 회생절
　　차 개시신청기업 또는 파산신청기업 등을 말한다.

② 프라임브로커의 헤지펀드에 대한 신용거래 융자, 집합투자재산으로 보관·관리되는 증권 담보융자 허용

③ 헤지펀드의 재산을 보관·관리하는 프라임브로커가 증권대차·대출 등 다른 프라임브로커 서비스를 제공할 수 있도록 프라임브로커의 고유재산과 그가 보관·관리하는 헤지펀드재산 간의 거래 허용

④ 사모펀드 시장이 보다 활성화 될 수 있도록 전문투자형 사모펀드 운용회사는 별도의 투자매매업, 투자중개업 인가가 없이도 자신이 운용하는 전문투자형 사모펀드를 투자자들에게 판매할 수 있도록 한다.

한편, 사모펀드에 대한 관리·감독 강화 및 계열사 지원을 제한하기 위해 사모펀드에 대해서도 공모펀드와 동일하게 펀드 재산을 신탁업자에게 보관하게 하여 사모펀드 운용 회사의 사모펀드 재산 유용 및 투자자의 의사에 반하는 자산 인출 행위 등을 방지할 수 있도록 한다.

VI. 특수한 형태의 펀드

1. 환매(금지)형 펀드

펀드는 환매(redemption) 가능 여부에 따라 환매형(open-end)과 환매금지형(closed-end)으로 구분할 수 있다. 집합투자업자는 존속기간을 정한 펀드에 한해 환매금지형 펀드로 설정·설립할 수 있으며, 기존 투자자의 이익을 해할 우려가 없는 경우 환매금지형 펀드의 집합투자증권을 추가로 발행할 수도 있다. 특히 펀드재산의 현금화가 곤란한 사정 등을 고려하여 시행령으로 정하는 경우[31]에는 환매금지형 펀드로 설정·설립할 것을 의무화하고 있다.

한편, 투자신탁의 집합투자업자 또는 투자회사는 신탁계약 또는 정관에 투자자의 환금성 보장 등을 위한 별도의 방법을 정하지 아니한 경우에는 환매금지형 펀드의 집합투자증권을 최초로 발행한 날부터 90일 이내에 증권시장에 상장하여야 한다(이상 법 제230조).

---

[31] 부동산펀드·특별자산펀드·혼합자산펀드 및 금융위원회가 정하는 비율을 초과하여 시장성 없는 자산에 투자할 수 있는 펀드(시행령 제242조 ②).

2. 종류형 펀드

종류형 펀드(multiple class fund)는 동일한 펀드에서 투자대상, 투자목적, 운용전략 등은 동일하나 판매보수(fee)의 차이로 인하여 기준가격이 다르거나 판매수수료(load)가 다른 여러 종류의 집합투자증권을 발행하는 펀드를 말한다. 일반적으로 펀드 판매시 수수료가 부과되는 선취형(front-end load)이 환매시 수수료가 부과되는 후취형(back-end load)에 비해 판매수수료가 적다.

종류형 펀드는 특정 종류의 집합투자증권의 투자자에 대하여만 이해관계가 있는 경우에는 그 종류의 투자자만으로 종류별 집합투자자총회를 개최할 수 있다(법 제231조). 종류형 펀드 중 여러 종류의 집합투자증권간에 전환할 수 있는 권리가 투자자에게 부여된 경우 전환가격은 각 종류의 집합투자증권의 기준가격으로 하며 이 경우 전환을 청구한 투자자에게 환매수수료를 부과하여서는 안 된다(시행령 제243조). 종류형 펀드는 맞춤형 펀드의 출현과 펀드의 대형화에 효과가 있다.

3. 전환형 펀드

전환형 펀드(umbrella fund)는 복수의 펀드간에 각 펀드의 투자자가 소유하고 있는 집합투자증권을 다른 펀드의 집합투자증권으로 전환할 수 있는 펀드를 말한다. 전환형 펀드는 펀드간에 공통으로 적용되는 집합투자규약이 있고 개별펀드의 집합투자규약은 집합투자증권의 전환 등에 관한 사항만이 규정된다(법 제232조).

특정 펀드의 집합투자증권을 다른 펀드의 집합투자증권으로 전환하는 경우 전환가격은 각 종류의 집합투자증권의 기준가격으로 하며 이 경우 전환을 청구한 투자자에게 환매수수료를 부과하여서는 안 된다. 전환형 펀드는 시장상황에 따라 주식형에서 채권형으로의 전환가능 등 투자자의 다양한 취향에 부합하고 투자기간의 장기화를 유도하는 효과가 있다.

4. 모자형 펀드

모자형 펀드(master feeder fund)는 모펀드(master fund)가 발행하는 집합투자증권을 자펀드(feeder-fund)가 취득하는 형태로 동일한 집합투자업자가 자펀드의 집합투자재산을 모펀드로 모아 공동으로 운영한다. 자펀드는 모펀드의 집합투자증권 외의 다른 집합투자증권은 취득할 수 없고 자펀드 외의 자가 모펀드의 집합투자증권을 취득할 수 없다(법 제233조). 투자매매업자 또는 투자중개업자는 모펀드의 집합투자증권을 투자자에게 판매할 수 없다.

5. ETF

ETF(Exchange Traded Fund)는 기초자산의 가격이나 다수 자산의 가격수준을 종합적으로 표시하는 지수(index)에 연동(tracking)하여 수익이 결정되는 펀드이다. ETF는 환매가 허용되는 동시에 투자신탁의 설정 또는 투자회사의 설립 후 30일 이내에 상장되어 주식과 같이 실시간 매매가 가능하다.

종래 ETF가 연동하는 대상은 ① 종목의 가격수준을 '종합적으로 표시하는 지수'이어야 하며, ② 동 지수를 이루는 기초 자산이 '증권'이어야 하였으나, 2009년 1월부터 연동 대상을 종합지수뿐 아니라 개별 가격도 포함하고 지수를 이루는 기초 자산도 '증권' 이외에 파생상품, 금·원자재 등 실물자산의 가격이나 외환 등 '모든 자산'으로 확대하고 ETF 설정시 납입하는 자산의 범위를 종래의 '증권'에서 실물자산[32) 등 '모든 자산'으로 확대하였다.

그림 10-4 ETF의 구조

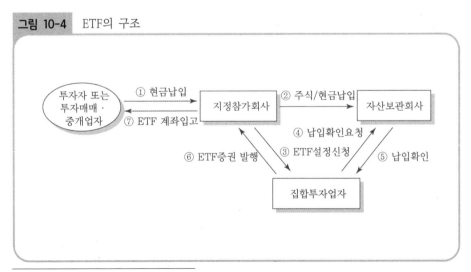

---

32) 원자재 등 현물로 투자바스켓을 구성하는 ETF를 현물상품(spot commodity) ETF라 하고, 현물 대신 상품선물로 투자바스켓을 구성하는 것을 상품선물 ETF라 한다.

ETF는 지수와 동일한 방향으로 연동하는 ETF 이외에 지수와 반대방향으로 연동되는 ETF(Inverse ETF)와 지수변화의 일정배율을 연동하는 ETF(Leveraged ETF)도 가능하다. ETF는 펀드매니저의 운용능력에 의존하는 일반펀드(active fund)의 수익률이 시장의 평균수익률을 상회하기 어렵다는 실증적인 경험을 토대로 시장의 평균수익률에 만족하는 보수적인 투자자(passive investor)의 수요에 의해 도입된 상품이다.

ETF는 투자자들이 투자기법이나 투자종목의 선택을 위한 특별한 관심을 쏟을 필요가 없이 분산투자를 통해 위험을 절감할 수 있다. ETF는 또한 운용보수가 상대적으로 저렴한데다 포트폴리오 변경에 따른 거래비용이나 투명성 등의 측면에서 펀드매니저와 투자자간의 분쟁의 소지를 없앨 수 있다는 장점이 있다. 이 밖에도 ETF는 지수를 대상으로 하는 헤지나 현·선물 차익거래가 용이하여 포트폴리오 관리에 매우 유용하다.

ETF는 통상 지정참가회사(AP: Authorized Participant)가 집합투자업자에게 요청하여 설정한다(시행령 제247조). 지정참가회사는 투자자 또는 투자매매·중개업자로부터 납입받은 금전 또는 증권을 집합투자업자에게 납입하고 집합투자업자는 이를 토대로 ETF증권(주식 또는 수익증권)을 발행하여 교부한다. 이때 ETF증권은 일정한 발행단위(Creation Unit)로 발행되며 동 단위는 ETF증권의 해지나 환매에도 그대로 적용된다. 발행단위는 ETF증권의 최소 수량으로서 신탁계약 또는 투자회사의 정관에서 정한다.

ETF의 투자자는 ETF증권을 판매하는 투자매매·중개업자 또는 지정참가회사(투자매매·중개업자가 ETF증권의 지정참가회사인 경우)에 대하여 ETF증권의 환매를 청구할 수 있다. 지정참가회사는 집합투자업자에 대해 펀드의 추가설정 또는 신주의 발행이나 이의 해지를 요청하는 업무 이외에 ETF증권의 매매를 원활하게 하기 위한 유동성공급자업무도 수행한다. 지정참가회사는 ETF증권의 순자산가치와 시장가격 간에 차이(discount)가 발생하면 시장에서 ETF증권을 직접 매수·매도하는 등 차익거래를 통하여 시장조성(market maker)기능을 수행한다.

ETF는 시장에 상장되어 있으므로 추가설정이나 환매요청에 따라 수시로 펀드 내의 증권을 매입·매각할 필요가 없어 상대적으로 거래비용을 절감할 수 있고 환매시 환매요청일과 결제일간의 차이에서 발생하는 투자위험을 줄일 수 있다. 이 밖에도 만기나 중도환매시 펀드 내의 증권을 집중매각함에 따라 가격압박(price pressure)을 받는 일반펀드와는 달리 ETF는 ETF증권 자체를 시장에 매각하여 환매를 대신함으로써 이와 같은 가격압박효과를 줄일 수 있다.

그러나 ETF, 특히 파생상품 ETF의 경우 추적오차(tracking error)의 발생, 현물 및 선물시장의 변동성 확대, 거래상대방위험 등 잠재적 위험성이 있다. 파생상품 ETF의 경우 바스켓의 약정금액(nominal amount)을 매일 재조정(rebalancing)하여 일별 기준으로 벤치마크수익률을 추적하기 때문에 장기보유시 복리효과(compounding effect) 등에 의한 추적오차가 확대될 수 있고 약정금액을 재조정하는 과정에서 파생상품의 매매로 파생상품 및 현물시장 변동성의 확대를 가져올 수 있으며 ETF가 장외파생상품 거래와 연계되어 있을 경우 거래상대방위험이 발생할 수도 있다. 특히 주가나 실물자산의 가격에 연동되는 표준화된 ETF(physical ETF)에 더해 파생상품계약이 가미되는 복합 ETF(synthetic ETF)[33]의 등장으로 ETF의 상품구조가 복잡해지면서 불투명성이 증대되어 투자자들이 예상치 못한 손실 위험에 직면할 가능성이 커지고 이에 더해 ETF와 지수펀드 등과 연계되는 지수가 주식시장에 다양한 파급효과를 미칠 수 있다는 우려도 증가하고 있다.

예컨대 원칙적으로 지수에 편입된 증권은 시장의 대표성에 따라 선택된 것으로 증권발행 기업의 본질가치(fundamentals)와는 상관이 없는데도 불구하고 현실적으로 지수편입 여부가 증권발행 기업의 주가에 영향을 미치는 이른바 지수편입 프리미엄이 존재할 수도 있다는 우려가 그 하나다. Morck 등은 S&P 인덱스 편입종목은 유사한 비편입종목에 비하여 40% 정도의 프리미엄을 가지고 있는 것으로 나타났다는 실증분석 결과를 발표하였다.[34] ETF에 대한 직접주문(DMA: Direct Market Access)에 기반을 둔 대량의 고빈도거래(high frequency trading)가 시장의 충격을 가져와 시스템 리스크를 유발할 수 있다는 지적도 있다.[35]

---

33) 단순ETF는 특정지수에 연동되어 수익률이 결정되도록 주식 등 종목을 편입하여 만든 지수연동형 펀드(index-based fund)를 기초자산으로 발행하는 데 반해, 합성ETF는 종목의 실질적인 편입이 이루어지지 않고 스왑 등 파생상품계약에 의해 특정지수수익률을 추종하는 구조이다.

34) R. Morck and F. Yang, "The Mysterious Growing Value of S&P Membership," NBER Working Paper No. 8654, 2001.

35) 2010년 5월 6일, 마감 15분을 남기고 다우존스지수가 1,000포인트 가량 폭락하였다가 수 분 만에 회복되었던 이른바 Flash Crash 사건에 대해 미 SEC는 ETF가 그 결정적 요인이었다고 판단한 바 있다. 이 사건을 계기로 SEC는 pure DMA(naked access)를 제한하는 규제를 실시한 바 있으며 세계 각국도 이에 대한 모니터링과 감독을 강화하고 있다.

6. ETN

ETN(상장지수증권)은 ELS(Equity Linked Security), ELW(Equity Linked Warran)와 함께 파생결합증권으로 증권회사가 자기신용으로 발행하는 원금 비보장형 상품이다. ETN은 통상 10년에서 20년까지의 만기동안 사전에 정의된 벤치마크지수를 추적하는 지수추적형 상품으로 거래소에 상장되어 거래된다. ETN은 발행한 증권회사가 직접 판매하거나 이를 인수한 제3의 증권회사가 거래소를 통해 판매되어 유통된다. 이때 제3의 증권회사는 통상 유동성공급자(LP: liquidity provider)가 된다.

유동성공급자는 ETN의 원활한 거래를 지원하는 시장참가자로서 시장에 주문이 충분하지 않아 매도·매수 주문의 가격 차이가 크게 확대되어 있는 경우 이 가격 차이를 좁히기 위해 매수·매도 양 방향의 주문을 일정수량 이상 내어 유동성을 공급한다.

ETN은 다음과 같은 장점이 있다.

1) ETN은 직접투자에 비해 상대적으로 저렴한 수수료로 해외지수, 원자재, 금리 등으로 다양한 자산에 투자가 가능하다. 일반적으로 개인이 원자재 상품 등에 직접 투자하거나 일반상품·파생상품이 결합 된 포트폴리오에 투자하기란 어려운데, ETN의 경우 발행회사를 통한 간접투자 상품이기 때문에 개인투자자가 다양한 자산에 투자가 가능하다.

2) ETN은 주식과 같이 거래소에서 시장 수급상황에 따른 시장가격을 기준으로 매매될 수 있어 시장변동 상황에 즉각적인 대응이 가능하다.

3) 주식형 ETN은 거래세가 면제되며, 국내 주식을 기초로 한 국내 ETN의 경우 매매차익에 대한 비과세 혜택이 제공된다.[36]

반면, ETN은 다음과 같은 위험을 갖고 있다.

1) 발행회사 신용위험

ETN은 신탁재산을 별도 보관하는 ETF와 달리 발행회사가 자기신용으로 발행하는 상품으로 신용위험을 내포하고 있다.

---

36) 미국과 같은 일부 국가에서도 ETN 상품 보유 기간에 따라 장기 자본이득세율을 적용받을 수 있고 투자자가 자신에게 유리한 시점까지 세금납부 유예가 가능하게 하는 등 세제 혜택을 제공하고 있다.

2) 유동성 부족 위험

ETN의 원활한 거래를 지원하기 위해 유동성공급자(LP)가 존재하나 투자자가 원하는 가격으로 반드시 호가를 제출하거나 거래를 시켜야 하는 의무가 있는 것은 아니다. 따라서 호가 충분하게 제시되어 있지 않은 종목의 경우 투자자가 원하는 가격에 즉각적으로 거래하지 못할 가능성이 있다.

3) 상장폐지위험

ETN은 만기가 되어 상장 폐지되는 경우 외에도, 발행회사의 파산, 기초 지수요건, 유동성공급자 요건, 규모요건 등을 충족하지 못하거나, 발행 회사가 중요한 공시 위반 등의 경우 상장폐지위험이 있다.

ETN은 기초지수의 수익률을 추종하는 상장지수상품이면서 거래소에 상장되어 실시간 매매를 통해 수익확정이 가능하다는 점과 투자수익이 기초자산의 가격변화를 추적하는 수익구조를 갖는다는 점에서도 ETF와 많은 유사성을 지니고 있다.

ETN은 만기가 있고 증권회사가 자기신용으로 발행되기 때문에 증권회사의 파산 등의 경우 신용위험이 있는데 반해 ETF는 만기가 없고 펀드가 보유하고 있는 주식 등을 별도의 신탁재산으로 보관하기 때문에 자산운용사가 파산하는 경우에도

그림 10-5 ETN 구조도

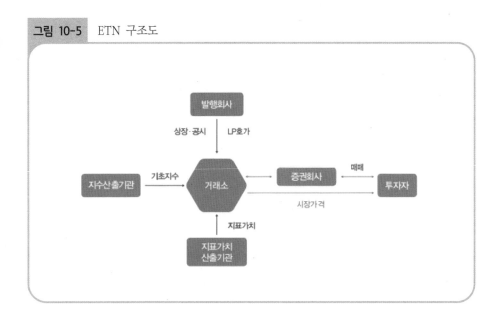

신용위험에 노출되지 않는다.

이와 같이 ETN은 증권회사 신용상품이므로 투자자 보호를 위해 자기자본이 일정규모 이상의 재무건전성이 우수한 증권회사로 발행자를 제한하고 있다.

ETF와 ETN의 특징을 요약하면 <표 10-1>과 같다.

표 10-1 ETN과 ETF의 비교

구분			ETN(Exchange Traded Note)	ETF(Exchange Traded Fund)
공통점	상품유형		지수추종형 상품	
	시장관리		거래소 상장 상품	
	수익구조		기초자산 가격변화 추종형 선형 수익구조 (단, ETN일부 옵션 포함 상품 제외)	
차이점	법적성격		파생결합증권	집합투자증권
	발행주체		증권사	자산운용사
	신용위험		있음	없음(신탁재산으로 보관)
	기초지수	성격	맞춤형지수	시장추종형지수
		구성종목수	5종목 이상	10종목 이상
		제한영역	시가총액 가중 방식의 시장대표지수, 섹터지수	-
	기초자산운용방법		발행자 재량으로 운용	기초지수100%추종
	만기		1~20년	없음

제 3 절 펀드의 관리

Ⅰ. 펀드관리자의 의무

1. 집합투자업자의 의무

집합투자업자는 투자전문가의 고용, 투자정보의 수집, 고도의 지식과 투자기법을 통한 투자분석 및 포트폴리오관리 등 일반투자가들이 가질 수 없는 전문적 투자자(prudent investor)의 자격을 갖추어야 한다. 집합투자업자는 수탁자로서 위탁자인 투자자에 대하여 선관의무(duty of care)와 충실의무(duty of royalty)를 진다.

선관의무는 집합투자업자는 투자자에 대하여 선의의 관리자의 주의로써 신탁재산을 운용하여야 함을 말하고, 충실의무는 투자자의 이익을 보호하기 위하여 해당업무를 충실하게 수행하여야 하는 것을 말한다(법 제102조). 선관의무상의 주의의 정도는 단순한 위임관계에서의 주의의무가 아니라 전문적인 투자관리자(prudent investor)로서 합리적이고 객관적인 판단과 주의가 요구됨을 의미한다.[37] 여기서 전문적인 투자관리자라 함은 유사한 지위에 있는 자가 유사한 자격과 능력을 보유하고 당해 문제에 대해 잘 알고 있는 신중한 사람이라고 정의된다.

집합투자업자는 집합투자재산의 투명한 관리와 이해상충을 방지하기 위해 집

---

[37] 미국은 당초에는 동 의무를 사려 깊고 분별력 있는 사람이 자기의 재산을 운용하는 때에 사용할 것과 같은 주의를 태만하지 않도록 하는 원칙(prudent man rule)으로 해석하였으나 「Uniform Prudent Investor Act of 1994」의 채택으로 주의의무의 기준을 제시하면서 신탁재산의 투자·관리와 관련되는 사실을 확인할 의무를 규정하고 특히 주의의무의 이행과 관련하여서는 전체 투자 포트폴리오 관점에서 합리적인 주의(care), 기술능력(skill) 및 배려(caution)를 이행할 것을 요구하고 있다. 여기에서 주의라 함은 수탁자가 자신이 행하는 투자로부터 발생하는 권리·기회와 관련된 정보 등을 파악하고 이를 고려하여 투자전략을 설계·실행하는 것으로서 필요한 경우 타인으로부터 정보와 조언을 구하고 이를 이용하는 것을, 기술능력이란 일반인보다 높은 투자기술과 투자능력을 가진 수탁자에게 그러한 능력을 행사하도록 요구하는 것을 그리고 배려라 함은 수탁자에게 '원본의 안전성'과 '합리적인 수익'을 고려하면서 투자하도록 요구하는 것으로서 당해 신탁의 목적, 수익분배조건, 구체적 신탁조항, 가능한 위험감수 정도, 부과되는 세금액 등을 고려해야 함을 의미한다(동 법 제2조). 이 밖에도 동 법은 분산투자의무(제3조), 신탁재산조사, 재산보유 및 처분에 관한 결정이행요구(제4조), 충실의무(제5조), 공평의무(제6조), 투자비용에 관한 의무(제7조) 등을 규정하고 있다.

합투자재산의 운용을 제외한 관련 업무를 제3자(신탁업자, 투자매매업자·투자중개업자, 일반사무관리회사, 펀드평가회사, 채권평가회사 등)에 위탁하여야 한다. 집합투자업자는 자신이 설정한 펀드의 집합투자증권을 판매하고자 하는 경우 투자매매업자와 판매계약을 체결하거나 투자중개업자와 위탁판매계약을 체결하여야 한다.[38]

이들 기구들은 집합투자업자로부터 집합투자재산 관리에 수반되는 업무를 수탁받아 수행하는 외에 집합투자업자의 업무를 감시하는 기능을 담당하고 있다. 집합투자업자·신탁업자·투자매매업자·투자중개업자·일반사무관리회사·펀드평가회사 및 채권평가회사는 투자자에 대한 손해배상책임을 부담하는 경우 귀책사유가 있는 경우에는 연대하여 손해배상책임(joint liability for damages)을 진다(법 제185조).

펀드와 집합투자업자의 임직원, 집합투자업자의 계열회사 및 그 임직원, 수탁회사의 임직원 및 그 계열회사 등 이해상충의 소지가 있는 자와의 거래는 원칙적으로 금지된다. 다만 일상적인 시장거래조건에 비추어 유리한 거래, 거래소 등 불특정 다수인이 참여하는 공인된 시장을 통한 거래 등 이해상충 우려가 없거나 투자자에게 유리한 거래는 허용된다. 그러나 이 경우에도 이해관계인과의 거래는 수탁회사로부터 적격 여부 등에 대한 확인을 받아야 한다.

2. 신탁업자의 의무

집합투자업자로부터 집합투자재산의 보관 및 관리를 수탁한 신탁업자는 선관의무와 충실의무가 있다. 신탁업자는 해당 펀드나 집합투자업자의 계열회사여서는 안 되며 집합투자재산을 자신의 고유재산 또는 다른 집합투자재산 또는 제3자로부터 보관을 위탁받은 재산과 구분하여 관리해야 한다.

신탁업자는 자신이 보관·관리하는 집합투자재산을 자신의 고유재산이나 다른 집합투자재산 또는 제3자로부터 보관을 위탁받은 재산과 거래하거나 자신이 보관·관리하는 집합투자재산을 그 이해관계인의 고유재산과 거래하는 행위 등이 금지된다. 신탁업자는 펀드의 회계기간, 계약기간 또는 존속기간이 종료하거나 펀드의 해지 또는 해산의 경우 동 사유가 발생한 날로부터 2개월 이내에 집합투자규약의 주요 변경사항, 투자운용인력의 변경, 집합투자총회의 결의내용 등을 기재한 자산·보관관리보고서를 작성하여 투자자에게 제공하여야 한다.

---

38) 그러나 집합투자업자가 투자매매업자 또는 투자중개업자로서 판매하는 경우에는 이와 같은 계약을 체결할 필요가 없다(법 제184조).

신탁업자는 집합투자업자의 운용지시나 운용행위가 법령, 집합투자규약, 투자설명서 등을 위반하는지를 확인하고 위반이 있는 경우에는 집합투자업자에 대해 그 시정을 요구할 수 있으며 투자설명서의 적법성, 자산운용보고서의 적정성, 평가의 공정성, 기준가격 산정의 적정성, 시정요구에 대한 이행내역 등을 확인해야 한다.

펀드재산은 펀드별로 구분하여 한국예탁결제원에 예탁하여야 하며 펀드 운용정보를 고유재산 운용 또는 판매업무에 이용하여서는 안 된다. 한국예탁결제원은 예탁증권을 수탁기관별, 운용회사별, 펀드별로 구분된 계좌로 관리해야 한다. 펀드 투자자간의 손익전가를 방지하기 위해 펀드의 설정과 해지는 반드시 매매청구 시점 이후의 미래가격을 기준으로 해야 한다.

Ⅱ. 펀드의 공시

펀드공시체계는 판매공시, 정기공시 및 수시공시로 구분한다. 판매공시는 수익자가 펀드취득시점에 이용하도록 제공되는 공시사항으로서 투자설명서(prospectus)를 통하여 정보를 제공한다. 투자설명서에는 투자목적, 운용대상, 투자제한, 판매·환매사항, 투자위험, 보수·수수료, 펀드매니저, 자산의 평가방법, 이익분배, 과세, 과거 운용실적, 중개회사 선정방법 등을 기재한다. 판매회사는 수익자에게 투자설명서의 주요 내용을 설명하고 교부해야 한다.

한편, 2013년 「자본시장법」 개정으로 펀드를 판매하는 경우 간이투자설명서(simplified prospectus)를 교부하도록 하되 투자자가 원하는 경우 투자설명서를 교부할 수 있도록 하고 투자자에게 정식투자설명서를 요청할 수 있는 권리가 있음을 고지하도록 하였다(제124조). 간이투자설명서는 간략하고 핵심적인 내용만을 포함한 것으로 현행 투자설명서가 증권신고서 서식을 사용하고 방대한 양을 담고 있어 오히려 투자자가 이해하기가 힘든 현실을 감안한 것이다. 미국과 일본 등도 요약투자설명서 교부를 원칙으로 하고 있다.

정기공시는 주기적으로 수익자에게 제공되는 공시사항으로 자산운용보고서와 수탁회사보고서 등을 통하여 정보를 제공한다. 집합투자업자는 자산운용보고서를 작성하여 해당 집합투자자산을 보관·관리하는 수탁회사의 확인을 받아 3개월마다 1회 이상 투자자에게 제공해야 한다(법 제88조).

수시공시는 공모펀드 운용 등과 관련하여 발생하는 중요사항을 투자자에게 알리는 공시사항으로서 펀드매니저 변경, 부실자산 발생내역과 부실자산 상각률, 환매연기·재개의 결정 및 사유, 투자자(수익자)총회 의결내용, 약관·투자설명서 변경 등 중요한 사항이 발생한 경우 집합투자업자는 지체없이 인터넷홈페이지, 전자우편, 영업소 게시 등의 방법으로 공시하여야 한다(법 제89조). 집합투자업자와 투자회사 등은 영업보고서, 결산서류 및 집합투자재산의 운용실적보고서 등을 소정의 기한 내에 금융위원회와 금융투자협회에 보고하여야 하고 금융위원회와 협회는 이를 인터넷 홈페이지 등을 통해 공시하여야 한다.

Ⅲ. 펀드의 보수와 수수료

펀드에 대해 투자자가 부담하는 비용은 펀드운용, 판매, 신탁 기타서비스에 대한 각종 보수와 수수료 등이다. 펀드투자비용은 펀드투자자가 쉽게 비교·확인할 수 있도록 투자설명서와 자산운용보고서 및 협회의 전자공시 화면에 [표 10-2]와 같이 총비용률(TER: total expense ratio)을 공시한다.

총비용률은 펀드에서 경상적·반복적으로 지출된 각종 보수(판매보수, 운용보수, 수탁보수, 사무관리보수)와 기타비용(회계감사비용, 유가증권 등의 예탁 및 결제비용 등)을 합한 금액을 연평균 순자산가액으로 나눈 비율이다. 매매관련 수수료[39]는 총비용률의 계산에서 제외하되 관련 정보는 투자설명서와 운용보고서에 별도 기재되고 협회의 전자공시 화면에 비교·공시된다.

공모펀드의 경우 원칙적으로 펀드운용에 대한 성과보수(performance fee)는 허용되지 않으나 운용보수 산정방식, 투자자 구성 등과 관련한 일정요건을 갖춘 경우에 한해 제한적으로 허용된다.[40] 사모펀드의 경우에는 성과보수가 허용되는바, 사

---

39) 매매수수료에는 집합투자업자가 증권매매·중개업자·시장조사업자 등에게 지급하는 위탁매매수수료와 조사자료 공급, 세미나 개최 등의 서비스에 대한 대가 등이 포함되어 있는바 이를 구분하지 않고 포괄적으로 지급할 경우 soft dollar라 부르고 이를 구분하여 별도의 항목으로 지급할 경우 hard dollar라고 부른다. 미국이나 영국의 경우 소프트달러의 허용범위를 정하고 그 사용내역을 공시하도록 규제하고 있다. 우리나라는 그간 이에 대한 별도의 규정이 없어 soft dollar가 관행적으로 불투명하게 지급되어 왔으나 금융투자협회가 '금융투자업자의 조사분석 서비스 이용에 관한 모범규준'을 제정하여 이를 규제하고 있다.

40) 성과보수를 받을 수 있는 공모펀드의 요건을 다음과 같이 규정하고 있다(시행령 제88조 ①).

표 10-2	펀드의 총비용률 전자공시 화면 예시

| 회사명 | 펀드명 | 상품분류 | 설정일 | 보수 | | | | | 기타비용 (B) | 총비용 (TER) (=A+B) | 수수료 | | 매매중개수수료 |
				운용	판매	수탁	일반	총보수 (A)			선취	후취	
	○○												

자료: 금융감독원

모펀드를 운용하는 집합투자업자가 성과보수를 받고자 하는 경우에는 성과보수의 산정방식 등을 해당 투자설명서 및 집합투자규약(신탁약관 또는 정관)에 기재하여야 한다(법 제84조).

투자매매·중개업자는 펀드의 판매와 관련하여 펀드의 운용실적에 연동하여 판매수수료(sales commission)나 판매보수(sales fee)를 받아서는 안 된다. 판매수수료는 펀드를 판매하는 행위에 대한 대가로 투자자로부터 직접 받는 금전을 말하고 판매보수는 펀드를 판매한 투자매매 중개업자가 투자자에게 지속적으로 제공하는 용역의 대가로 집합투자기구로부터 받는 금전을 말한다.[41]

펀드 판매수수료는 판매회사, 판매금액, 판매방법 등에 따라 차등부과가 가능하다(시행령 제77조 ⑥). 이에 따라 판매회사간 서비스의 차별화를 통한 경쟁 촉진을 위해 판매회사 이동제도가 도입되었다. 동 제도의 도입으로 펀드의 판매방법, 판매금액, 투자기간 등과 결합된 수수료가 차등화되고 투자자가 판매회사 변경을 원하는 경우 환매수수료 및 판매수수료 부담 없이 판매회사를 변경할 수 있게 되었다.

---

① 성과보수의 기준지표가 금융위원회가 정한 요건을 갖출 것
② 기준지표보다 성과가 낮을 경우 성과보수 미적용시보다 더 낮은 운용보수를 적용할 것
③ 기준지표보다 높더라도 성과가 (-)이거나 일정 성과가 금융위원회가 정한 기준에 미달하는 경우 성과보수를 지급하지 않을 것
④ 최소투자금액 이상 투자자로만 구성될 것
⑤ 환매금지형 펀드일 것.

41) 「자본시장법」의 개정(2010년 2월)으로 집합투자증권의 판매수수료 한도를 3% 이하, 판매보수 한도를 1.5% 이하로 정하고(법 제76조 ⑤), 구체적인 한도는 시행령으로 정하도록 하였다(현재 판매수수료는 2%, 판매보수는 1%).

Ⅳ. 펀드의 환매

1. 환매청구

펀드의 환매(redemption)란 존속기간의 만료 또는 집합투자규약의 해지 이전에 투자자가 투자자금을 회수하는 것으로 실질적으로 집합투자업자와 투자자간 거래계약의 중도해지의 성격을 갖는다. 투자자는 집합투자증권을 판매한 투자매매·중개업자에게 언제든지 환매를 청구할 수 있다. 다만, 투자매매·중개업자가 해산(dissolution), 업무정지 등 부득이 한 사유로 인하여 환매청구에 응할 수 없는 경우에는 해당 펀드의 집합투자업자에게 직접 청구할 수 있고, 환매청구를 받은 집합투자업자가 해산 등으로 인하여 환매에 응할 수 없는 경우에는 해당 집합투자재산을 보관·관리하는 신탁업자에게 청구할 수 있다(법 제235조 ②).

투자자로부터 환매청구를 받은 투자매매·중개업자는 수익증권 또는 투자익명조합의 지분증권인 경우 해당 투자신탁 또는 투자익명조합의 집합투자업자에 대하여, 투자회사 등(투자신탁이나 투자익명조합 이외의 집합투자업자)이 발행한 집합투자증권인 경우 그 투자회사 등에 대하여 각각 지체없이 환매에 응할 것을 요구하여야 한다.

2. 환매방법

환매청구를 받은 집합투자업자는 환매청구를 받은 날로부터 15일 이내에 집합투자규약에서 정한 날에 환매대금을 지급하여야 하며[42] 환매대금의 지급은 집합투자재산으로 소유중인 금전 또는 집합투자재산을 처분하여 조성한 금전으로만 하여야 한다. 다만, 펀드의 투자자 전원의 동의를 얻은 경우에는 그 펀드에서 소유하고 있는 집합투자재산으로 지급할 수 있다.

투자매매·중개업자, 집합투자업자 또는 신탁업자는 환매청구를 받거나 환매에 응할 것을 요구받은 집합투자증권을 자기의 계산으로 취득하거나 타인에게 취득하게 하여서는 아니 된다. 다만, 집합투자증권의 원활한 환매를 위하여 필요하거나 투자자의 이익을 해할 우려가 없는 경우로서 시행령(제254조 ②)으로 정하는 경

---

42) 다만 집합투자기구의 해산, 투자회사의 순자산액이 정관상 최저순자산액에 미달하는 경우, 법령 또는 법령에 따른 명령에 의해 환매가 제한되는 경우에는 환매청구에 응하지 않을 수 있다(법 제237조 ⑧).

우43)에는 투자매매·중개업자, 집합투자업자 또는 신탁업자는 환매청구를 받거나 환매에 응할 것을 요구받은 집합투자증권을 자기의 계산으로 취득할 수 있다. 집합투자업자가 집합투자증권을 환매한 경우에는 이를 소각하여야 한다.

3. 환매가격과 환매수수료

집합투자업자 또는 투자회사 등이 집합투자증권을 환매하는 경우 환매청구일 후에 산정되는 기준가격(forward pricing)으로 하여야 한다. 다만, 투자자의 이익 또는 집합투자재산의 안정적 운용을 해할 우려가 없는 경우로서 시행령(제255조 ①)으로 정하는 경우에는 환매청구일 이전에 산정된 기준가격(backward pricing)으로 환매할 수 있다.44) 집합투자증권을 환매하는 경우에 부과하는 환매수수료는 집합투자증권의 환매를 청구하는 해당 투자자가 부담하며, 투자자가 부담한 환매수수료는 집합투자재산에 귀속된다.

4. 환매의 연기

투자신탁이나 투자익명조합의 집합투자업자 또는 투자회사 등은 집합투자재산인 자산의 처분이 불가능한 경우 등의 사유로 인하여 집합투자규약에서 정한 환매일에 집합투자증권을 환매할 수 없게 된 경우에는 집합투자증권의 환매를 연기할 수 있다. 이 경우 집합투자업자는 환매를 연기한 날로부터 6주 이내에 집합투자자총회에서 환매에 관한 사항을 결의하여야 한다(법 제273조 ①).

V. 펀드 재산의 운용

집합투자업자는 집합투자재산을 법령, 집합투자규약 및 투자설명서에 정하는 바에 따라 운용하여야 한다. 집합투자업자의 운용에 관해서는 원칙적으로 금전대여의 금지, 증권과 파생상품에 대한 투자한도, 집합투자증권에 대한 투자한도, 부

---

43) MMF의 집합투자증권을 판매한 투자매매·중개업자가 MMF별 집합투자증권 판매규모의 5%에 상당하는 금액 또는 금융위원회가 정하여 고시하는 금액 중 큰 금액의 범위에서 개인투자자로부터 환매청구일에 공고되는 기준가격으로 그 집합투자증권을 매수하는 경우 등.

44) 투자자가 금융투자상품 등의 매수에 따른 결제대금이나 공과금 납부 등을 위해 MMF를 환매청구일에 공고되는 기준가격으로 환매청구일에 환매한다는 내용을 집합투자규약에 정한 경우 등.

동산에 대한 투자한도, 기타 투자자보호 또는 집합투자재산의 안정적 운용 등을 해할 우려가 있는 행위로서 시행령으로 정하는 행위 등의 제한이 적용된다(법 제81조 ①, 시행령 제80조).

집합투자업자는 원칙적으로 집합투자기구의 자기계산(또는 투자회사 계산)으로 자기집합투자증권(투자회사의 경우 자기주식)을 취득하거나 그에 대한 질권을 설정할 수 없으며 집합투자기구의 계산으로 자금차입, 채무보증, 담보제공 등도 금지된다.

투자신탁의 경우 집합투자업자는 원칙적으로 집합투자재산의 취득이나 처분을 신탁업자에게 실행하도록 지시하여야 하나 상장증권이나 장내파생상품의 매매, 콜거래나 CD와 같은 단기금융거래, 헤지목적 장외파생상품 매매 등과 같이 신속한 거래의 실행이 필요한 경우에는 예외적으로 집합투자업자가 직접 실행할 수 있다. 이 경우 집합투자업자는 그 실행의 결과를 투자신탁재산별로 미리 정하여진 자산배분내역에 따라 공정하게 배분하여야 한다(법 제80조).

VI. 펀드의 평가 및 회계

1. 집합투자재산의 평가 및 기준가격의 산정

집합투자업자는 원칙적으로 집합투자재산을 시가에 따라 평가하되, 평가일 현재 신뢰할 만한 시가가 없는 경우에는 집합투자재산평가위원회(PEF의 경우 업무집행사원)가 평가한 공정가액(fair price)으로 평가하여야 한다. 다만, 투자자가 수시로 변동되는 등 투자자의 이익을 해할 우려가 적은 MMF의 경우 금융위원회가 정하여 고시하는 장부가액으로 평가하여야 한다(법 제238조 및 시행령 제260조 ②와 ③).

집합투자업자는 집합투자재산의 평가업무를 수행하기 위하여 평가위원회를 구성·운영하여야 하며 집합투자재산에 대한 평가가 공정하고 정확하게 이루어질 수 있도록 집합투자재산을 보관·관리하는 신탁업자의 확인을 받아 집합투자재산평가기준을 마련하여야 한다. 집합투자업자는 평가위원회가 집합투자재산을 평가한 경우 그 평가명세를 지체없이 그 집합투자재산을 보관·관리하는 신탁업자에게 통보하여야 하며 신탁업자는 집합투자업자의 집합투자재산에 대한 평가가 법령 및 집합투자재산평가기준에 따라 공정하게 이루어졌는지를 확인하여야 한다.

집합투자업자는 집합투자재산의 평가결과에 따라 집합투자증권의 기준가격을 산정하고 산정된 기준가격을 매일 공고·게시하여야 한다. 금융위원회는 집합투자업자가 집합투자평가기준을 위반하여 거짓으로 기준가격을 산정한 경우에는 기준가격 산정업무를 일반사무관리회사에 그 범위를 정하여 위탁하도록 명할 수 있다. 이 경우 해당 집합투자업자 및 그 집합투자업자의 계열회사 등은 수탁대상에서 제외된다(이상 법 제238조).

2. 펀드의 회계처리

집합투자업자는 집합투자기구의 결산기마다 대차대조표 등 결산서류를 작성하고 집합투자재산에 관하여 회계감사인의 회계감사를 받아야 한다. 회계감사인은 집합투자증권의 기준가격 산정업무 및 집합투자재산의 회계처리 업무를 감사함에 있어서 집합투자재산평가기준을 준수하는지를 감사하고 그 결과를 투자신탁이나 투자익명조합의 집합투자업자의 감사(감사위원회) 또는 투자회사의 감독이사 등에 통보하여야 한다.

회계감사인은 회계감사보고서 중 중요사항에 관하여 거짓의 기재 또는 표시가 있거나 중요사항이 기재 또는 표시되지 아니함으로써 이를 이용한 투자자에게 손해를 끼친 경우에는 투자자에 대하여 손해를 배상할 책임을 진다. 이 경우 해당 집합투자재산을 운용하는 집합투자업자의 이사·감사 또는 투자회사의 감독이사에게도 귀책사유가 있는 경우에는 회계감사인과 연대하여 손해를 배상할 책임을 진다(법 제241조).

3. 펀드의 이익배분

집합투자업자는 펀드의 집합투자재산 운용에 따라 발생한 이익금을 투자자에게 금전 또는 새로 발행하는 집합투자증권으로 분배하여야 한다. 다만 펀드의 특성을 고려하여 환매금지형 펀드와 PEF의 경우 집합투자규약이 정하는 바에 따라 이익금의 분배를 펀드에 유보할 수 있다. 집합투자업자는 펀드의 특성에 따라 이익금을 초과하여 분배할 필요가 있는 경우에는 이익금을 초과하여 금전으로 분배할 수도 있다. 다만, 투자회사의 경우에는 순자산액에서 최저순자산액을 뺀 금액을 초과하여 분배할 수는 없다. 투자회사는 순자산액이 최저순자산액에 미달하게 된 경우에는 그 사실을 금융위원회에 보고하여야 한다(이상 법 제242조).

VII. 펀드의 소멸과 합병

　　펀드는 정관(신탁계약, 조합계약)에서 정한 사유, 주주총회(수익자총회, 조합원총회)의 결의, 합병, 등록의 취소 등 일정한 사유가 발생하는 경우 해산 또는 해지된다. 투자회사가 해산하는 경우에는 청산인과 청산감독인으로 구성되는 청산인회를 둔다. 투자조합이 해산하는 경우 원칙적으로 업무집행조합원이 청산인이 된다. 투자신탁의 경우 집합투자업자는 금융위원회의 승인을 얻어 해지할 수 있다.

　　집합투자업자는 자신이 운용하는 다른 투자신탁의 투자신탁을 흡수하는 방법으로 투자신탁을 합병할 수 있으며 이 경우 일정한 사항을 기재한 합병계획서를 작성하여 합병하는 각 투자신탁의 수익자총회의 승인을 얻어야 한다. 투자회사는 그 투자회사의 법인이사가 같은 다른 투자회사와 합병할 수 있으며 이 경우 주주총회의 특별결의를 요한다. 투자신탁 및 투자회사의 합병시 그 사실을 금융위원회와 거래소에 지체없이 보고하여야 하며 일반 주식회사의 경우와 마찬가지로 채권자보호절차를 거쳐야 한다.

제 4 절 특수펀드

특수펀드는 「자본시장법」이 아닌 개별법이나 외국법에 의해 설정·설립된 펀드를 말한다. 현재 개별법에 의해 설정·설립된 펀드로 위탁관리부동산투자회사와 구조조정부동산투자회사(이상 「부동산투자회사법」), 선박투자회사(「선박투자회사법」), 창업투자조합(「중소기업창업지원법」), 사회기반시설투융자회사(「사회기반시설에 대한 민간투자법」), 기업구조조정조합과 기업구조조정전문회사(이상 「산업발전법」), 벤처투자조합과 개인투자조합(이상 「벤처기업육성특별조치법」), 신기술투자조합(「여신전문금융업법」) 등이 있다.

그러나 이와 같은 개별법에 근거를 둔 집합투자업에 대해서도 원칙적으로 「자본시장법」상의 집합투자업 규제가 적용된다. 다만 개별 집합투자업의 특수성에 따라 동 법의 규정을 배제하고자 할 경우에는 해당 법률에 명시적인 규정을 두어야 하며 이 경우에도 투자자 보호를 위한 이해상충 방지체제 구축, 내부통제기준 제정 등 11개의 집합투자업 핵심규제는 해당 법률로도 배제할 수 없다.

개별법에 의한 특수펀드는 대부분 단위형·환매금지형으로 설정되는데 이는 투자의 특성상 투자대상 사업이 종료되면 신탁계약 또한 종료되므로 단위형이 적합하고 투자대상 사업이 종료되기 이전에는 투자자금을 회수하기가 곤란하므로 중도환매를 허용하지 않는 환매금지형이 불가피하기 때문이다.

Ⅰ. 부동산투자회사

부동산투자회사(REITs: Real Estate Investment Trust, 이하 리츠라 한다)는 「부동산투자회사법」에 의해 설정되는 펀드로 투자자로부터 금전을 수탁 또는 납입받아 동 금전으로 부동산을 매입·개발·관리·처분하거나 부동산 관련 증권 등에 투자하고 그 수익을 수익자 또는 출자자에게 지급한다. 현재 리츠는 「부동산투자회사법」에 의한 부동산투자회사가 설정·운영하는 일반리츠와 「자본시장법」에 의한 집합투자업자가 설정·운용하는 CR리츠가 있다.

그림 10-6 CR리츠의 구조

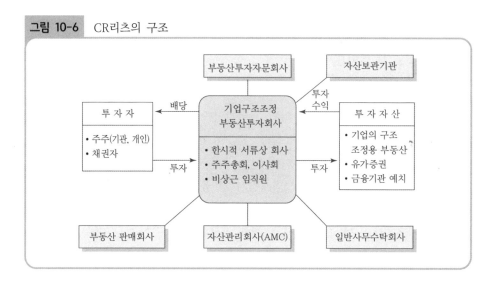

일반리츠는 부동산투자를 전문적으로 하는 부동산투자회사가 투자자로부터 자금을 위탁받아 부동산이나 부동산관련 증권 등에 운용하여 그 수익을 지급하는 형태로 투자대상 부동산이 특정되지 않아 모든 부동산투자가 가능하다. 부동산투자회사는 임직원이 상근하는 영속적인 실체가 있는 주식회사로 투자 및 운용을 자신이 직접하는 자기관리리스와 자산관리회사에 위탁하는 위탁관리회사가 있다. 양자 공히 1인당 주식투자한도가 있고 이익배당한도의 90% 이상을 금전으로 배당하

그림 10-7 일반리츠의 구조

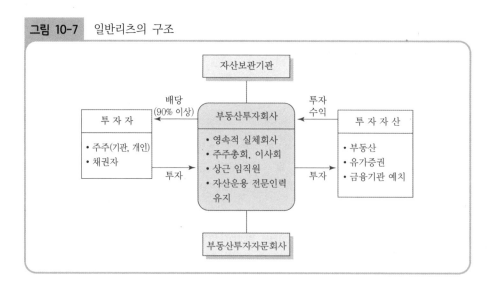

여야 한다.

CR리츠는 기업의 구조조정을 지원하기 위하여 설정된 한시적 명목회사(존립기간은 정관에 명기) 형태의 투자회사이다. CR리츠는 채무상환, 재무구조개선약정의 이행 및 회사정리절차에 의해 매각하는 부동산 등으로 투자·운용대상이 제한되어 있다. CR리츠는 자산의 운용은 국토교통부 장관이 인가한 자산관리회사에 반드시 위탁하여야 한다. 일반리츠의 경우 상장기준을 갖춘 경우에는 지체없이 상장하여야 하나 CR리츠의 경우 상장이 의무사항은 아니다.

양자 공히 현금 및 증권은 신탁회사에, 부동산소유 관련증서 등은 신탁회사, 주택토지공사, 한국자산관리공사 등에 보관을 위탁하여야 한다. 부동산개발사업은 국토교통부 장관의 인가를 받은 경우에는 자기자본의 30% 범위 내에서 가능하고 배당은 이익금의 전액의 금전 또는 주식배당이 가능하며 등록세, 법인세, 취득세 등의 감면 혜택이 있다.

리츠에 대한 주감독기관은 국토교통부이나 CR리츠에 대해서는 금융위원회가 업무 및 재산에 대한 검사권 및 자료의 제출보고·명령권을 보유하고 국토교통부에 대해 당해 회사에 대한 업무정지 및 임직원의 징계를 요구할 수 있다.

Ⅱ. 선박투자회사

선박투자회사는 「선박투자회사법」에 의거 설정·운영되는 투자회사로 선박에 투자하여 그 수익을 주주들에게 배분하는 펀드이다. 선박투자회사는 국토교통부 장관의 인가(금융위원회 통보)를 받아야 하며 최소자본금은 50억원 이상으로 설정된다. 동 펀드는 투자자금 모집 → 선박투자회사 설립 → 선박 건조 또는 매입 → 해운선사에 대선(임대) → 대선료로 차입금 상환 및 투자자 배당 등의 구조를 갖고 있다.

현재 가장 많이 이용되고 있는 선박펀드는 선박투자회사, 선박운용회사, 자산보관회사 및 해외자회사 등의 운영구조를 가지고 있다. 선박투자회사는 투자자들의 자금조성을 위한 주식회사 형태의 명목회사이고 선박운영회사는 선박투자회사로부터 선박투자 운용관련 업무를 위임받아 처리한다. 자산보관회사는 선박소유관련 증서, 증권, 현금 등의 자산보관업무를 담당한다. 동 펀드는 세제혜택을 위해

그림 10-8 선박펀드의 구조

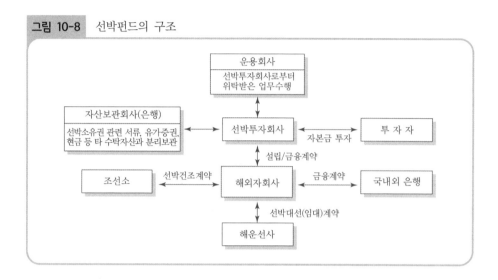

조세피난지역(tax heaven)에 해외자회사를 설립하여 선박투자회사의 업무를 수행하는 경우도 있다.

현재 동 펀드의 수익에 대해서는 소득공제, 개인투자자 배당소득에 대해서는 비과세 등 다양한 조세감면 혜택이 있다. 펀드운영에 대한 감독은 국토교통부가 관장하나 펀드의 건전한 운영과 투자자 보호를 위한 감독업무는 금융위원회가 맡는다.

III. 사회기반시설투융자회사

사회기반시설투융자회사는 도로·항만·에너지관련 시설 등 사회간접자본 및 교육·복지시설 분야 등에 민간이 투자할 수 있도록 하기 위해 제정된 「사회기반시설에 대한 민간투자법」에 의거 설정·운영되는 공모방식의 펀드이다. 동 펀드는 사회기반시설을 건설·운영하는 민간투자사업자가 발행하는 주식·채권의 매입이나 이들에 대한 선순위·후순위 방식으로 대출하고 그 운용수익을 투자자에게 배분하는 구조이다.

민간투자사업의 진행방식은 BTO(Build-Transfer-Operate) 방식과 BTL(Build-Transfer-Lease) 방식이 주로 이용된다. BTO 방식은 민간투자사업자가 사회기반시설을 건설

| 그림 10-9 | 사회기반시설펀드의 운용체계 |

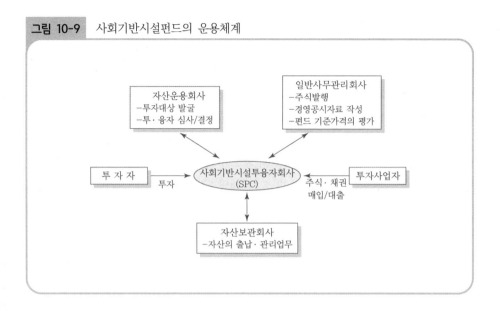

하고 준공이 이루어짐과 동시에 당해 시설의 소유권이 정부 등에 귀속되나 민간투자사업자에게 일정 기간 당해 시설의 관리·운영권을 위탁하는 방식이다. BTL 방식은 민간투자사업자가 사회기반시설을 건설하고 준공이 이루어짐과 동시에 당해 시설의 소유권이 정부 등에 귀속되는 것은 BTO 방식과 같으나 민간투자사업자에게 당해 시설의 관리·운영권을 인정하되 동 시설을 정부 등이 임차하여 사용·수익하는 방식에서 차이가 있다.

　BTL 방식의 경우 정부 등이 임차료 형식으로 민간사업자에게 운영수익을 보장하는 반면에 BTO 방식은 원칙적으로 민간사업자 자신이 시설을 운영하여 얻은 수익으로 투자자금을 회수하여야 한다. BTO 방식이 지분형이라 한다면 BTL 방식은 채권형에 가깝다. 따라서 민간사업자 측면에서 보면 BTL 방식이 BTO 방식에 비해 상대적으로 위험이 낮다.

　동 펀드는 「사회기반시설에 대한 민간투자법」에서 정한 사항 이외에는 「자본시장법」의 적용을 받는다. 구체적으로 동 펀드의 주체인 사회기반시설투융자회사의 설립은 금융위원회에 등록을 하여야 하며 동 펀드의 운영에 대한 감독은 금융위원회가 맡는다. 그리고 펀드자산운용과 관련된 업무는 집합투자업자(자산운용회사)에게, 펀드의 일반관리사무는 자산관리회사에게 그리고 펀드재산은 신탁회사에 그 보관과 관리를 반드시 위탁하여야 한다.

동 펀드는 유동성이 낮은 투자자산의 성격상 환매가 곤란한 만큼 환매금지형으로 설정하되 상장요건을 갖춘 경우 증권시장에 상장하여야 한다. 동 펀드는 민간투자사업자에게 투자운용상 최대한의 재량을 주기 위해 일반펀드와는 달리 투자한도 등에 대한 규제가 없고 의결권의 제한 없는 행사가 가능하다.45) 그리고 신주발행과 투자자산 매입과의 시차 등을 감안하여 투융자회사 자본금의 30% 범위 내에서 차입을 허용하고 있다. 동 펀드는 펀드수익의 90% 이상을 투자자에게 배당할 경우 법인세 면제, 일반투자자가 받는 배당소득에 대한 세금감면 등 세제상의 혜택이 있다.

Ⅳ. 지식재산권펀드

지식재산권펀드는 특허권 등 지적재산권(Intellectual Property)을 유동화한 것으로 매각임차(Sale & Lease)방식이 대표적이다. 동 방식은 기업이 보유한 지식재산권을 투자자에게 매각한 후 기술료를 지급하는 펀드로 로얄티 등 지식재산권에서 발생하는 미래 현금흐름을 상환재원으로 자산유동화를 하는 방식이다.

Ⅴ. 국부펀드

국부펀드(sovereign wealth fund)는 국가 또는 국가기관이 기금을 조성하여 국내외에 운용하는 펀드로 최근 국제금융시장에서 규모면에서 헤지펀드를 능가하고 있다. 국부펀드는 산유국46)과 신흥수출국 등 외환보유고가 많은 국가들이 조성한 펀

---

45) 일반펀드의 경우 동일회사주식 투자한도(10%), 동일종목 투자한도(10%), 계열사에 대한 의결권 행사 제한 등의 규제가 있다.

46) 현재 아랍에미리트, 사우디아라비아, 쿠웨이트 등 중동 국부펀드의 자산규모는 전 세계 국부펀드의 반을 차지하고 있다. 이들 국부펀드는 실물자산 거래를 동반해야 하는 이슬람금융과는 달리 투자대상의 제한이 없이 고수익성 금융상품, M&A, 각종 부동산 등으로 투자대상을 다양화하여 국제금융시장에서 주요한 자금공급원의 역할을 하고 있다. 이슬람금융은 이슬람율법(Sharia)에 따라 투기나 도박과 자금차입시 이자수수가 금지되고 대신 상호부조 개념에 따라 갹출(투자)한 자금을 이윤을 창출하는 수단에 투자하여 발생한 이윤을 갹출자(투자자)에게 배분하는 방식으로 금

드로 우리나라도 2005년 이와 유사한 한국투자공사를 설립하였다.

국부펀드는 지금까지는 국채 등 주로 안전자산에 투자하여 왔으나 최근에 들어 정치적·전략적 투자동기도 가세하여 민간펀드가 감내하기 어려운 고위험투자도 적극적으로 행하고 있다. 특히 동 펀드는 타국의 전략산업을 인수하는 등 일국의 경제적·정치적 독립성에 영향을 주는 관계로 최근 IMF 등 국제기구와 선진국에서는 국가안보 등을 이유로 국부펀드의 지배구조와 투자행태의 투명성 증대와 대외투자활동에 대한 정부보조 및 인센티브 제공금지 등의 규제방안을 고려하여 왔으며 IMF는 이와 같은 점을 고려한 국부펀드 운영지침(일명 Santiago Principle)을 제정하였다.

동 지침은 정보공개 범위, 투자목적, 지배구조, 위험관리 등과 관련된 24개 원칙을 포함하고 있다.

이에 대해 국부펀드를 조성·운용하고 있는 국가들은 국부펀드가 헤지펀드나 사모펀드의 투자행태와 유사함에도 불구하고 유독 국부펀드에 대해서만 차별적인 규제를 행하는 것에 대해 반대하여 오다가 2009년 4월, 26개국 주요 글로벌 국부펀드로 구성된 국제실무그룹(IWG)은 글로벌 국부펀드포럼 창설을 통해 IMF의 운용지침을 비준하고 상업적 목적의 투자활동만을 하겠다고 서약하였다.

VI. 역외펀드

역외펀드(offshore fund)는 외국집합투자업자 또는 외국투자회사 등이 외국의 법령에 따라 설정·설립한 펀드를 내외국인을 상대로 국내외에서 판매하는 펀드를 말한다. 외국집합투자업자가 역외펀드를 국내에서 판매하고자 하는 경우 금융위원회에 등록하여야 하며 외국집합투자업자나 투자회사 등이 해당펀드를 등록하고자 하는 경우 시행령(제301조)으로 정하는 외국투자업자 적격요건[47] 및 외국집합투자판매적격요건[48]을 갖추어야 한다.

현재 상업적 주재(commercial presence)에 기반을 둔 집합투자증권시장은 대부분

용이 이루어지며 구체적으로 이슬람은행(Islamic banking), 이슬람자본시장, 이슬람보험(Takaful) 등의 형태로 제공되고 있다.

47) 최저자산운용규모, 최저자기자본규모, 국내외의 감독기관 등으로부터의 제재사실이 있는지 여부 등.

48) 집합투자증권 발행근거 법령의 국가, 보수·수수료의 적정성, 투자금액의 환수방법 등.

개방된 상태이며 상업적 주재가 없는 경우에도 외국집합투자업자 또는 투자회사 등은 해외에서 발행한 외국펀드를 국내 판매대행사를 통해 국내에서 판매할 수 있다(법 제280조).

제11장 자산관리·운용시장

제 1 절 신 탁

Ⅰ. 신탁의 의의

신탁(trust)이란 위탁자(trustor)와 수탁자(trustee)간의 신임관계(fiduciary)를 바탕으로 위탁자가 수탁자에게 재산이나 영업 등을 이전하거나 담보권의 설정 또는 그 밖의 처분을 하고 수탁자로 하여금 수익자(beneficiary)의 이익 또는 특정의 목적을 위하여 그 재산의 관리, 처분, 운용, 개발, 그 밖에 신탁목적의 달성을 위해 필요한 행위를 하는 법률관계를 말한다(「신탁법」 제1조 ②).[1]

수탁자가 위탁자로부터 수탁할 수 있는 신탁재산은 종래에는 '재산권'이라는 용어를 사용하였으나 개정 「신탁법」(제2조)은 소극재산도 신탁재산으로 할 수 있도록 신탁재산에 관하여 '재산권'이란 용어 대신에 '재산'이라는 용어를 사용하고 영업, 지적재산권 일부 및 담보권도 신탁재산으로 삼을 수 있도록 하고 있다. 일반적

---

1) 「신탁법」은 1961년 제정된 이래 개정이 없었던바, 신탁제도를 국제적 기준에 부합하도록 개선함으로써 신탁의 활성화를 도모하기 위해 2011년 6월 개정되었다. 신탁재산의 관리·처분행위에 운용, 개발 및 기타 신탁목적의 달성을 위해 필요한 행위를 추가하여 종래 법상 신탁재산의 범위 및 수탁자의 신탁재산 관리·처분행위의 종류에 대해 해석상의 혼란을 해소하고 있다.

으로 '재산권'이라 함은 적극적인 재산만을 의미하기 때문이다.

신탁업은 신탁의 인수를 하는 업무로 이를 영업으로 하는 상행위를 영업신탁 또는 상사신탁이라 하고, 공익신탁(charitable trust) 등 공익을 위하여 영업으로 하지 않고 신탁의 인수를 하는 것을 비영업신탁 또는 민사신탁이라 한다.[2] 현재 위탁자 와 수탁자간의 계약관계에 기초한 법률관계를 규정한 신탁에 관한 기본법은 「신탁 법」이고 신탁의 인수를 영업으로 하는 신탁업자를 규율하는 법은 「자본시장법」이다.

수탁자[3]는 위탁자로부터 재산권의 이전을 받아 신탁목적에 따라서 신탁재산 권의 관리 또는 처분을 행하고 신탁재산에서 발생하는 손익은 모두 위탁자 또는 수익자(beneficiary)[4]에게 귀속시켜야 한다. 신탁행위는 위탁자와 수탁자간 쌍방계약 에 의해 이루어지는 신탁이 보통이나 위탁자의 단독행위인 유언신탁(testamentary trust)과 위탁자가 스스로를 수탁자라고 선언함으로써 신탁을 설정할 수 있는 자기 신탁도 있다.

자기신탁이란 위탁자가 자기 재산 중 특정 재산을 분리하여 그 재산을 자신이 수탁자로서 보유하고 수익자를 위하여 관리 및 처분한다는 것을 선언함으로써 설 정하는 신탁으로 자기신탁이 허용되면 제3자를 수탁자로 이용할 경우 발생되는 비 용과 리스크를 최소화하면서 유동화가 가능하다.

종래에는 위탁자와 수탁자가 동일인이 되면 신탁재산의 독립성을 악용하여 집행면탈의 목적으로 악용될 우려가 있어 자기신탁을 인정하지 않았으나 개정 「신 탁법」(제3조)에서는 집행면탈 목적으로 악용되는 것을 방지하기 위해 공정증서 작 성을 효력발생요건으로 하여 위탁자가 단독해지권을 유보하지 못하도록 하고 위탁 자의 채권자 등이 부당하게 설정된 자기신탁의 종료를 법원에 청구할 수 있도록 하였다.[5]

---

2) 공익신탁이란 학술, 종교, 제사, 자선, 기예 기타 공익을 목적으로 하는 신탁으로 수탁자가 공익 신탁을 인수할 경우 주무관청의 허가를 얻어야 한다.
3) 수탁자가 부득이한 사정으로 사임하거나 수탁자가 그 의무에 위반하거나 그 밖의 사유로 해임되 었을 때에는 새로운 수탁자가 취임하기까지 수탁자에 갈음하여 신탁재산을 관리하는 신탁재산의 관리인을 선임한다. 신탁재산의 관리인의 선임은 사익신탁에서는 법원이, 공익신탁에서는 주무관 청이 선임 또는 해임한다.
4) 수익자가 특정되어 있지 아니하거나 아직 존재하지 아니하는 경우에는 법원은 이해관계인의 청구 에 의하여 또는 직권으로 신탁관리인을 선임하며 선임된 신탁관리인은 불특정 또는 미존재의 수 익자를 위하여 자기의 명의로써 신탁에 관한 재판상 또는 재판 외의 행위를 할 권한을 가진다.
5) 「자본시장법」 개정(안)은 자기신탁을 도입하되 은행, 보험 등 겸영금융투자업자인 신탁업자의 경 우 일반 민사신탁과 달리 별도로 금융감독을 받고 있으므로 개정 「신탁법」에 따른 공정증서 작성

신탁재산은 그 독립성이 인정되어 신탁 전의 원인으로 발생한 권리 또는 신탁 사무의 처리상 발생한 권리에 기한 경우가 아닌 한 신탁재산에 대하여는 강제집행 등을 할 수 없다(제22조). 그리고 신탁에 속하는 채권과 신탁재산에 속하지 않는 채무의 상계를 금지하며,6) 신탁재산은 수탁자의 고유재산이 된 것을 제외하고는 수탁자의 파산재단을 구성하지 않는 등 신탁재산의 도산격리 기능을 인정하여 거래의 안전 및 신탁재산을 보호하고 있다.7)

등기 또는 등록하여야 할 재산권의 경우 신탁은 그 등기 또는 등록을 함으로써 제3자에게 대항할 수 있다. 채무자가 채권자를 해함을 알면서 신탁을 설정한 사해신탁(fraudulent trust)의 경우에는 수탁자가 선의일지라도 수탁자나 수익자에게 「민법」(제406조 ①)의 취소 및 원상회복을 청구할 수 있다. 다만, 수익자가 수익권을 취득할 당시 채권자를 해함을 알지 못한 경우에는 그러하지 아니하다(「신탁법」, 제8조 ①). 수탁자는 신탁재산을 수탁자의 고유재산 또는 다른 신탁재산과 구별하여 관리하여야 한다. 그러나 신탁재산이 금전인 경우에는 고유재산 또는 다른 타 신탁재산에 속하는 금전과 각각 별도로 그 계산을 분명히 하면 된다.

수탁자는 신탁의 본지에 따라 선량한 관리자의 주의로써 신탁재산을 관리 또는 처분하여야 한다. 수탁자에게도 충실의무가 인정된다. 종래 「신탁법」에는 선관주의의무와 구별되는 구체적 내용과 효과에 대한 명문의 규정이 없었으나, 「신탁법」(제33조)은 충실의무에 관한 일반규정을 두어 수탁자에게 충실의무가 있음을 분명히 하고 그 구체적 내용으로 이익상반행위 금지의무와 다수 수익자를 공평하게 대우해야 하는 공평의무를 신설하여 대체로 영미법상의 신인의무를 수용하고 있다.8)

의무를 면제하고 있다.

6) 「신탁법」(제25조)에서는 신탁재산에 속하는 채권과 신탁재산에 속하지 아니하는 채무가 동일한 재산에 속하지 아니함에 대하여 제3자가 선의이며 과실이 없을 때에는 양 채권과 채무를 상계할 수 있도록 하여 상계에 대하여 적법한 기대를 가진 제3자를 보호하고 있다.

7) 이를 위해 제3자에게 신탁재산임을 공시하는 것이 필요한 바, 「신탁법」은 신탁재산을 등기 또는 등록할 수 있는 재산권과 등기 또는 등록할 수 없는 재산권으로만 구별하여 공시하도록 하되 등기 또는 등록할 수 있는 재산권은 등기 또는 등록함으로써, 등기 또는 등록할 수 없는 재산권은 구별하여 관리하는 등의 방법으로 신탁재산임을 표시함으로써 제3자에게 대항할 수 있도록 규정하고 있다.

8) 영미법에서는 타인의 신인을 얻어서 일정한 범위의 업무를 수행하는 자를 폭넓은 개념으로 수탁자(fiduciary)라 하며 수탁자의 책임으로 신인의무(fiduciary duty)에 관한 법리가 확립되어 있다. 신인의무에는 충실의무, 자기집행의무, 신탁재산의 분별관리의무, 공평의무, 계산서류 등 작성의

수탁자가 관리를 적절히 하지 못하여 신탁재산의 멸실, 감소 기타의 손해를 발생하게 한 경우 또는 신탁의 본지에 위반하여 신탁재산을 처분한 때에는 위탁자, 그 상속인, 수익자 및 다른 수탁자는 그 수탁자에 대하여 신탁재산의 원상회복을 청구할 수 있도록 하되, 원상회복이 불가능하거나 현저하게 곤란한 경우나 원상회복에 과다한 비용이 드는 경우, 그 밖에 원상회복이 적절하지 아니한 특별한 사정이 있는 경우에는 손해배상을 청구할 수 있도록 규정하고 있다. 또한 수탁자가 충실의무를 위반한 경우에는 신탁재산에 손해가 생기지 아니하였더라도 수탁자는 그로 인하여 수탁자나 제3자가 얻은 이득 전부를 신탁재산에 반환하도록 규정하고 있다.

신탁행위로 정한 사유가 발생한 때 또는 신탁의 목적을 달성하였거나 달성할 수 없게 된 때에는 신탁은 종료한다. 위탁자가 신탁이익의 전부를 향수하는 신탁은 위탁자 또는 그 상속인이 언제든지 해지할 수 있고 수익자가 신탁이익의 전부를 향수하는 경우에 신탁재산으로써가 아니면 그 채무를 완제할 수 없을 때나 기타 정당한 사유가 있는 때에는 법원은 수익자 또는 이해관계인의 청구에 의하여 신탁의 해지를 명할 수 있다.

II. 신탁의 종류

신탁업자가 위탁자로부터 수탁할 수 있는 재산의 종류에 대해서는 「신탁법」에는 제한이 없다. 그러나 영업으로 수탁을 하는 자를 규율하는 「자본시장법」에서는 신탁대상재산은 금전, 증권, 금전채권, 동산, 부동산, 지상권, 전세권, 부동산임차권, 부동산소유권이전등기청구권, 그 밖의 부동산 관련 권리 및 무체재산권으로 열거하고 있다(법 제103조). 그러나 「자본시장법」 개정안은 이에 소극재산(채무)과 담보권 신탁 및 '그 밖에 신탁업자가 신탁재산으로 수탁을 받더라도 투자자 보호 및 건전한 거래질서를 해할 우려가 없는 것으로 대통령령으로 정하는 재산'을 추가하여 새로운 신탁업 수요에 유연하게 대응하기 위하여 수탁재산을 탄력적으로 추가할 수 있는 위임 근거를 규정하고 있다(법 제104조 ⑧).

신탁은 수탁재산의 형태에 따라 금전으로 수탁하는 금전신탁(money in trust)과

무 등을 포괄한다.

금전 이외의 재산이나 경제적 권리로 수탁하는 재산신탁(property in trust)으로 구분한다.

1. 금전신탁

금전신탁은 위탁자가 신탁재산인 금전의 운용방법을 지정하는 특정금전신탁과 지정하지 않는 불특정금전신탁으로 구분한다. 불특정금전신탁은 2004년 7월부터 연금신탁을 제외하고는 신규판매가 금지되었다. 특정금전신탁은 위탁자가 재산운용을 완전히 지시하는 것이 원칙이지만 일정 부분 수탁자에게 투자 판단을 위임하는 경우(일임형)도 있다.

금전신탁의 집합운용은 원칙적으로 금지된다. 다만, 개별 신탁재산을 분별할 수 있을 경우 비용절감 등을 위해 매매주문의 집합처리는 가능하다. 개별신탁재산을 효율적으로 운용하기 위해 투자대상재산의 매매주문을 집합하여 처리하고, 그 처리결과를 신탁재산별로 미리 정해진 자산배분명세에 따라 공정하게 배분하는 경우에는 집합주문이 허용된다(「자본시장법시행령」 제109조 ①·③).[9]

현재 특정금전신탁으로 MMT(Money Market Trust)와 자사주 신탁이 허용되고 있다. MMT는 중도해지시 별도의 수수료가 부과되지 않아 수시입출금이 가능한 특정금전신탁상품으로 은행과 금융투자회사에서 판매하고 있다.

MMT는 해지신청 당일 출금이 가능하도록 신탁재산을 콜론, RP 등 단기 금융상품으로 운용하며, 주로 기업의 단기자금 운용수단으로 활용되고 있다. 자사주신탁은 신탁재산으로 위탁자가 발행하는 자기주식을 취득·처분하는 경우에 허용된다.

신탁업자가 금전으로 수탁한 재산을 운용할 수 있는 대상으로 증권, 파생상품, 금융기관 예치, 대출, 어음의 매수, 실물재산의 매수, 무체재산권의 매수, 부동산의 매수 또는 개발, 그 밖에 대통령령으로 정하는 방법[10]으로 운용할 수 있다.

---

9) 여러 개의 신탁재산을 인수한 수탁자는 각 신탁재산을 분별하여 관리하고 서로 다른 신탁재산임을 표시하여야 하며 신탁재산이 금전이나 그 대체물인 경우에는 그 계산을 명확히 하는 방법으로 분별하여 관리할 수 있다(「신탁법」 제37조).

10) 원화표시 CD, RP, 증권의 대여 또는 차입, 지상권 등 부동산관련 권리 및 금융위원회가 고시하는 방법.

2. 재산신탁

1) 증권신탁

증권신탁은 신탁목적에 따라 관리신탁, 운용신탁 및 처분신탁으로 구분할 수
있다. 관리신탁은 신탁업자가 증권의 관리업무를 대행하는 것이 목적으로, 예컨대
증권의 이자나 배당금의 수령 등이 그 것이다. 운용신탁은 신탁업자가 수탁한 증
권을 운용하여 위탁자가 그 운용수익을 얻도록 하기 위한 목적으로 증권대여료 수
입 등이 그 예이다. 처분신탁은 신탁업자가 수탁된 증권을 위탁자가 지정한 가격
과 기간 이내에 처분하기 위한 신탁이다.

2) 금전채권신탁

금전채권신탁은 수탁자가 금전채권을 신탁재산으로 수탁하여 이를 관리하고
신탁계약의 내용에 따라 그 대금을 받아 위탁자에게 지급하는 것을 말한다. 이 경
우 수탁자는 스스로 채권자가 되어 채권의 원금과 이자의 수령은 물론 채권보전에
필요로 하는 일체의 행위를 맡게 되며, 채권의 원리금을 완전히 상환받게 되면 신
탁계약도 종료되게 된다.

금전채권신탁은 금전채권의 종류에 따라 일반금전채권신탁과 생명보험신탁으
로 구분할 수 있다. 전자는 어음, 채권 등 일반적인 금전채권을 수탁 보관하여 채
권의 기일이 도래하면 이 채권을 받아 내는 것이 목적이기 때문에 결제요구신탁
(또는 추심신탁)이라고도 한다. 후자는 보험계약자 및 보험금 수취인을 수탁자의 명
의로 변경하여 보험료 납입이나 보험금 수취업무를 대행해 주는 것을 말한다. 최
근에는 위탁자가 대출채권, 할부금융채권 등의 금전채권을 은행에 신탁하고 수익
증서를 교부받아 이를 매각하여 현금화하는 금전채권의 유동화제도가 도입되었다.

3) 부동산신탁

부동산신탁은 부동산 또는 부동산에 관계되는 재산권을 대상으로 하는 신탁
으로 신탁목적에 따라 관리신탁과 처분신탁으로 구분할 수 있다. 관리신탁은 다시
위탁자가 부동산의 권리와 그 관리권을 전부 수탁자에게 위탁하는 갑종관리신탁과
부동산의 소유권만을 위탁하는 을종관리신탁으로 구분할 수 있다.[11] 전자는 임대
차 관리, 시설의 유지 개량, 세무·법률·회계 등 신탁재산을 종합적으로 운용·관

---

11) 「자본시장법」 개정안은 위탁자의 지시에 따르거나 단순히 보존·이용·관리 등을 영위하는 부동
　　산 신탁은 관리형 신탁으로 규정하고 이에 대해서는 금융투자상품에 관한 규제를 배제한다.

리하는 신탁이고 후자는 신탁을 통하여 등기부상의 소유권만을 보전하는 신탁으로 부동산의 재산권을 안전하게 보전하고자 하는 것이 그 목적이다. 일단 신탁으로 설정된 재산은 강제집행이나 경매 등 제3자의 재산권 침해로부터 법률상의 보호를 받을 수 있기 때문이다.

처분신탁은 부동산의 매각을 목적으로 하는 신탁이다. 최근에는 부동산의 관리 및 처분 서비스를 동시에 제공하는 신탁이 개발되고 있다. 부동산담보신탁과 부동산개발신탁(토지신탁) 등이 그 예이다.

부동산담보신탁은 담보신탁과 담보권신탁(security trust)으로 구분된다. 담보신탁은 담보물 자체의 소유권을 수탁자 앞으로 이전하고 수익자인 채권자는 담보목적으로 신탁재산에 관한 우선수익권을 취득하는 타익신탁이다. 담보권신탁은 위탁자인 채무자가 자기 소유 재산에 대해 수탁자를 권리자로 하여 설정한 담보권을 신탁재산으로 하여 신탁을 설정하고 채권자를 수익자로 지정하면 수탁자가 채권자에게 수익권증서를 발행해 주는 형태의 신탁을 말한다.

담보권신탁은 신탁계약에 의거 담보권(저당권, 질권 등)만 수탁자 앞으로 설정되고 담보물에 대한 소유권은 여전히 위탁자인 채무자에게 있는바, 채권자는 담보권의 효력을 유지한 채 별도의 이전등기 없이도 수익권을 양도하는 방식으로 사실상 담보권의 양도가 가능해져 자산유동화의 수단으로 편리하게 활용할 수 있게 되고 채권자와 담보권자가 분리되지 않아 저당권의 부종성에 반하지 않는다는 장점이 있다.12)

부동산개발신탁은 부동산 소유자가 부동산을 신탁업자에게 신탁하고 신탁업자는 수익권을 부동산 소유자에게 교부한다. 신탁업자는 부동산의 개발 및 관리업무를 대행하며 부동산의 이용 및 처분에서 발생하는 수익을 부동산 소유자에게 지급한다.13)

---

12) 양자는 특히 위탁자인 채무자에 대해 회생절차가 진행되는 경우 차이가 있다. 담보신탁의 경우 담보물의 소유권자는 수탁자이므로 신탁재산의 처분이나 채권자의 수익권 행사는 위탁자에 대한 회생절차에 영향을 미치지 않는다. 즉 위탁자의 도산으로부터 격리된다. 그러나 담보권신탁의 경우 담보물의 소유권자가 위탁자이므로 수탁자가 갖는 담보권은 위탁자 소유 재산상에 존재하는 담보권이므로 위탁자의 회생절차로부터 격리되지 못하여 채권자가 갖는 권리는 회생담보권이 된다.

13) 최근 재개발·재건축 사업에 부동산신탁사가 참여하는 것도 부동산개발신탁의 한 유형이다. 2016년 3월부터 「도시및 주거환경 정비법」이 시행되면서 조합결성 없이 주민 동의만으로 부동산신탁사가 재개발·재건축 사업의 단독 시행사로 참여할 수 있는 길이 열렸다. 자체 자금조달이 가능

4) 동산신탁

동산신탁은 동산의 관리 또는 처분을 목적으로 하는 신탁을 말한다.

5) 지상권, 전세권, 부동산임차권, 부동산소유권 이전등기청구권, 그 밖의 부동산 관련 권리신탁

동 권리에 대한 신탁계약은 수탁물건에 부수되거나 아니면 별개로 체결될 수도 있다.

6) 무체재산권신탁

무체재산권신탁은 경제적 가치가 있는 권리를 가진 자가 이를 신탁회사에 신탁하고 신탁회사는 이를 운용하여 그 수익을 권리자에게 지급하는 신탁으로 지적재산권(intellectual property rights)신탁이 대표적인 예다. 특허권(patent)이나 저작권(copyrights) 등을 소유한 자가 동 권리를 신탁회사에 신탁하고 신탁회사는 이를 매각하여 받은 대금이나 이용자에게 대여하고 받는 이용료에 대한 수취권을 표창하는 신탁수익권을 발행하여 이를 일반투자자에게 매각하고 동 대금을 지적재산권 소유자에게 지급하는 제도가 그것이다.

최근 국제시장에서는 온실가스배출권[14]이 신탁재산으로서 거래되고 있다. 동

한 신탁회사가 차입형 토지신탁의 형태로 참여하면서 자금력 있는 대형 시공사들만의 시장이었던 재개발·재건축 시장에 중소형 건설사들의 진입이 가능해졌고, 아울러 소규모 사업장에 대해서도 재개발·재건축이 촉진되는 결과가 나타나고 있다.

14) UN기후변화협약(UNFCCC, 일명 교토협약)은 현재 38개국이 가입하여 2007~2012년 중 온실가스 배출량을 1990년 대비 평균 5.2% 감축해야 하는 의무를 이행하고 있다. 동 협약에 의하면 가맹국은 이산화탄소 등 온실가스의 배출허용량에 비례하는 배출권을 할당받고, 허용량을 초과하여 배출하려면 배출권을 다른 국가에서 매입하여야 하며, 허용량보다 적게 배출한 국가는 배출권을 타 국가에 판매할 수 있다. 동 협약에 가입하지 않은 국가는 강제적인 감축의무가 없으나, UN에서 온실가스배출량을 목표범위 내로 삭감하였다는 점을 인증(CDM: Clean Development Mechanism) 받은 기업은 UN으로부터 그에 상응하는 온실가스배출권을 부여받아 이를 시장에서 매매할 수 있고, 배출삭감의무에 충당할 수 있다.

2011년 12월 UN기후협약 당사국 총회는 동 의정서 시한을 2020년까지 연장하되 그 이후에는 모든 나라에 법적 강제력이 있는 의정서 또는 법적 장치를 출범하고 이에 대한 협상을 2015년까지 타결하기로 합의하였다.

우리나라는 아직 동 협약에 가입하지 않아 온실가스 감축의무가 없으나, 환경보호를 위해 점증하는 국제적인 압력에 대비하기 위해 현재 배출권거래제도 도입, 온실가스통계시스템 구축, 배출사업자 보고의무 등을 규정한 「녹색성장기본법」과 「온실가스 배출권의 할당 및 거래에 관한 법률」(2015년 1월 시행)을 제정하였다. 동 법은 일정량 이상의 온실가스를 배출하는 자에게 배출허용량을 할당하며 배출허용량의 전부 또는 일부를 거래할 수 있도록 규정하고 있다. 현재 할당배출권(KAU: Korean Allowance Unit), 상쇄배출권(KCU: Korean Credit Unit), 외부사업감축량(KOC: Korean Offset Credit) 등이 한국거래소에서 거래되고 있다. 할당배출권은 정부가 할당대상업체에

거래는 온실가스배출권자가 동 권리를 신탁회사에 위탁하여 수익권을 취득하고 매수자는 신탁회사에 개설한 계좌를 통해 동 수익권을 구입하는 형태로 신탁기능을 활용하여 동 배출권의 소액분할매매가 가능하여 최근에 들어 그 거래량이 크게 증가하고 있다.

현재 해외의 주요 탄소배출권거래는 증권·파생상품거래와 직·간접적으로 연계되어 거래되고 있는바, EUETS(European Union Emmissions Trading Scheme)가 전 세계 거래량의 70% 이상을 점유하고 있다. 우리나라도 온실가스배출권에 투자하는 펀드 등 이와 관련된 금융투자상품의 거래가 이루어질 수 있도록 관련 법규의 개정을 추진하고 있다.

7) 종합신탁

종합신탁은 금전, 증권, 동산, 부동산, 무체재산권 등의 재산 중 2개 이상을 1개의 신탁계약으로 인수하거나 운용할 수 있게 됨에 따라 이들을 묶어 포괄적으로 취급하는 신탁을 말한다. 종합신탁의 도입으로 고객의 취향에 부응하는 다양한 맞춤형 상품의 제공이 용이하게 되고, 특히 모든 재산을 신탁하고 동 수익권을 근거로 정기적으로 금전을 수령하는 신탁계약이 가능해지는 등 종합자산관리서비스(private banking)가 보다 활성화될 수 있게 되었다.

이 밖에 신탁업자가 영위할 수 있는 신탁으로 개인을 대상으로 하는 유언신탁과 기업의 사무를 대행하여 주는 기업신탁 등이 있다. 유언신탁(testamentary trust)이란 신탁업자가 개인의 유언과 이에 따른 법원의 판결에 의해 유언의 집행자로 지명되었을 경우 재산의 보전 및 매각, 세금 및 채무의 변제, 수익자에게의 잔여재산의 배분 등 유산의 정리에 관한 일체의 업무를 대행하기 위한 신탁이다.[15]

「신탁법」은 위탁자가 사망시에 비로소 수익권을 갖거나 급부청구권을 갖는 유언대용신탁(제59조),[16] 수익자의 사망시 다른 수익자가 자동적으로 수익권을 취

할당한 배출권을, 상쇄배출권은 할당대상업체가 외부사업인증실적을 전환한 배출권을 그리고 외부사업감축량은 할당사업체의 사업장 밖에서 감축한 온실가스 감축실적을 정부가 인증한 것을 말한다.

15) 미국의 경우 신탁제도는 원래 상속, 증여에 따른 제반 법률 및 조세문제에 대처하기 위해 발전되어 왔다. 상속관련법에 따르면 피상속인이 일정 이상의 유산을 남기는 경우 법원의 유언검인(probate)에 따라 상속재산이 배분되며, 상속재산(estate)에는 신탁법리가 적용된다. 이러한 유언검인에 따라 상속을 받기 위해서는 많은 비용과 시간이 소요되는바, 보통 주법에서는 신탁에 대해서는 유언검인을 완화하고 있다. 또한 연방세법은 대부분의 신탁을 도관체(conduit)로 간주하므로 신탁을 이용하는 경우 상속세(estate duty) 및 소득세를 크게 줄일 수 있다.

득하는 수익자연속신탁(제60조), 수익자에게 파산·한정치산·금치산 등이 발생한 경우 수탁자가 그 수익자의 가족·친척 등을 수익자로 지정할 수 있도록 수익자지정권이 부여된 보호신탁제도를 도입하고 있다. 이는 신탁을 상속의 대체수단으로 이용하여 상속재산의 투명한 관리와 수익자의 파산 등이 발생하더라도 그 수익자의 부양 등에 사용될 수 있도록 하여 신탁을 수익자 보호에 적극적으로 활용하기 위해서다.

이 밖에 「신탁법」은 유한책임신탁, 수익증권발행신탁, 신탁채권을 도입하고 있다. 유한책임신탁은 수탁자가 신탁재산에 한해 책임을 지는 신탁으로(제114조) 등기를 그 성립요건으로 하고 등기사항, 등기관할, 등기신청, 변경등기, 종료등기, 합병등기, 해산등기 및 부실등기의 방법과 효과를 정하고 이 법에 없는 사항은 「상업등기법」을 준용하도록 규정하고 있다.17) 동 제도의 도입 취지는 일반적으로 수탁자는 신탁사무 처리로 인한 채무에 대해 자신의 고유재산으로도 무한책임을 지는 것이 원칙이나 상사신탁을 활성화하기 위해서는 수탁자가 안심하고 신탁사무에 전념할 수 있도록 책임을 한정할 필요가 있기 때문이다.

수익증권발행신탁은 수탁자가 수익권을 표시하는 수익증권을 발행할 수 있는 신탁이다(제78조). 종래에는 수익권을 표시하는 증서로 수익권증서를 발행할 수 있었으나 수익권증서는 유가증권이 아니어서 유통성이 제약되었다. 수익증권이 발행되면 다양한 신탁유형에 수익권의 유통성을 확보할 수 있게 되어 위탁자는 신탁을 통한 대규모 자금조달이 용이해지고 수탁자는 수익권 관리비용을 절감할 수 있다.18)

신탁사채는 수탁자가 신탁행위로서 신탁을 위하여 신탁재산을 담보로 발행한 사채이다(제87조). 신탁사채는 수탁자가 「상법」상의 주식회사나 기타법률에 의해 사채를 발행할 수 있는 자가 수익증권발행신탁이면서 유한책임신탁인 경우에 한해

---

16) 유언대용신탁은 사실상 유언과 동일한 효과를 발생시키면서 「민법」상 유언 및 상속의 법리를 따르지 아니한다.

17) 유한책임신탁은 채무에 대한 이행책임이 신탁재산으로 한정되므로 유한책임신탁의 신탁종료시 법정절차에 따라 청산을 하도록 강제하고 있다. 한편, 유한책임신탁과 거래하는 제3자 보호를 위하여 유한책임신탁 명칭 사용의 제한, 수탁자의 거래상대방에 대한 명시·교부의무, 회계서류 작성의무, 수탁자의 제3자에 대한 책임, 고유재산에 대한 강제집행 등의 금지, 수익자에 대한 초과지급의 금지 및 초과지급의 전보책임 등에 관하여 규정하고 있다(제132~139조).

18) 「자본시장법」 개정안은 현재 금전신탁에 한하여 가능한 수익증권 발행을 모든 신탁재산에 대하여 허용하고 있다. 또한 금융거래의 투명성 제고, 실물거래에 따른 분실·도난 등 관리비용 등을 감안하여 수익증권 발행을 기명식으로 제한하고 발행시 예탁결제원에 일괄예탁토록 하고 있다.

발행할 수 있으며 부동산개발신탁, 사업신탁 등 대규모 신탁에서 대규모 자금조달
을 위해 발행된다.

기업신탁(corporate trust)은 신탁업자가 기업의 재무나 영업활동에 수반되는 업
무를 대행해 주는 관리신탁으로는 대리계정관리(custody)와 주식·사채의 관리나 사
채권자의 권한대행서비스 등이 있다. 대리계정관리는 위탁자의 지시에 따라 증권
의 보관, 매매의 결제, 이자·배당금의 적립, 매매기록, 보유재산명세 보고 등의 자
산관리업무를 대행하는 서비스를 말한다. 주식·사채의 관리업무로는 주식분할, 주
식전환, 주식의 명의개서 업무(transfer agent) 등 주식의 이전 및 등록에 관한 업무,
기업의 주주나 사채권자에 대한 배당금이나 사채이자의 지급업무 등을 들 수 있다.

사채권자의 대행서비스는 금융기관이 사채권자의 대리인으로서 사채의 관리
에 관한 업무를 대행해 주는 서비스를 말한다. 기업이 사채를 발행함에 있어 사채
약정(bond indenture)에 상환적립기금(sinking fund) 적립, 배당제한, 신규기채 제한, 담
보의 설정 등 사채권자를 위한 채권보전조치(security)가 있는 경우 금융기관은 그들
의 대리인으로서 사채발행기업의 약정이행 여부를 조사하고 약정을 위반하였을 경
우 담보의 처분이나 경우에 따라서는 설정된 담보를 해제하는 등의 조치를 취할
수도 있다. 사채의 담보로서 사채발행기업의 주식이나 채권 등이 담보로 제공된
경우에는 금융기관이 이 주식이나 채권의 소유권을 가지게 되는 것이 일반적이다.

최근 선진국에서는 사업의 손실리스크를 억제하면서 새로운 사업을 육성하기
위한 수단으로 사업신탁제도가 이용되기도 한다. 사업신탁제도란 기업이 사업 자
체를 신탁하는 제도로 부진한 사업부문의 재산을 타사에 신탁할 경우에 많이 이용
된다. 신탁한 사업은 계약기간이 종료하면 신탁기업에 되돌아오게 되어 채산이 맞
지 않아 매각이나 청산이 불가피한 사업이라도 타사에 맡겨 재생시키는 것이 가능
해진다.

사업신탁은 유전개발 등 투자금액이나 리스크가 큰 첨단기술 사업에 많이 활
용된다. 예컨대 첨단기술 개발 부문을 신탁회사에 신탁해 성공시 이익을 분배받는
수익증권을 개인투자자들에게 판매해 자금을 조달하는 구조로, 이 경우 사업이 실
패해 손실이 발생하는 경우에도 기업의 재무제표에는 손실로 반영되지 않게 되어
리스크 회피가 가능해진다.

I. 투자자문·일임의 의의와 경제적 기능

투자자문업(non-discretionary investment advisory service)은 금융투자상품의 가치 또는 투자판단에 관하여 자문에 응하는 것을 영업으로 하는 것을 그리고 투자일임업(discretionary investment advisory service)은 투자자로부터 금융투자상품에 대한 투자판단의 전부 또는 일부를 일임받아 투자자별로 구분하여 자산을 취득·처분, 그 밖의 방법으로 운용하는 것을 영업으로 하는 것을 말한다.

여기서 투자판단이라 함은 투자대상이 되는 투자자문자산의 종류, 종목, 수량 및 가격과 매매의 구분, 방법 및 시기 등에 대한 판단을 말한다.

투자고객이 주로 개인이나 법인이었던 과거와는 달리 자산운용회사, 연금, 재단, 종교단체 등의 기관투자가로 다양화됨에 따라 일반적인 투자정보만으로는 다양한 투자자의 욕구를 만족시키기 어렵게 되어 이들 고객의 욕구에 따라 특별한 자문을 제공하고 보다 높은 보수를 받는 전문업자가 등장하게 되었다.

투자자문·일임회사를 여타 투자관리기관과 비교하여 보면, 전문적인 지식과 정보를 가지고 투자자의 투자관리업무를 대행한다는 점에서 자산운용회사와 유사하나 전자는 특정고객으로부터 주문을 받아 투자관리(tailored product)를 대행하는 데 반해, 후자는 자산운용회사가 미리 투자목적별로 상품(ready-made product)을 만들어 이를 불특정다수인에게 판매한다는 점에서 주된 차이점을 발견할 수 있다. 이 밖에 양자의 차이점으로 전자의 경우 투자자산의 소유권을 고객이 직접 보유하는 데 비해, 후자는 집합자산의 소유권은 수탁회사가 보유하고 고객은 집합자산의 수익권을 보유한다는 점 등을 들 수 있다.

투자자문·일임업은 정보의 비대칭[19]이 존재하는 증권시장에서 정보의 효율성을 제고시켜 자원의 효율적 배분을 증대시킨다는 데서 가장 중요한 경제적 기능을 찾을 수 있다. 투자자문·일임회사는 정보의 비대칭으로 인해 기업과 투자자간

---

19) G. Akerlof, "The Market for Lemons: Quality and the Market Mechanism," *Quarterly Journal of Economics* 84, 1970.

에 잠재적으로 존재하는 대리인비용과 정보의 수집과 생산에 드는 비용 등 거래비용을 절감시킴으로써 시장의 효율성을 증대시킨다.

투자자문·일임회사가 이와 같은 기능을 수행할 수 있는 것은 전문성과 규모의 경제에 기인한다. 투자자문·일임회사는 각기 자기분야에 비교우위를 가지고 있는 많은 전문가들이 상호보완적으로 협조함으로써 정보의 공유효과(information sharing effect)와 정보탐색비용(information searching cost)의 절감을 기대할 수 있기 때문이다. 그러나 투자자문·일임업은 정보구입자가 투자자문·일임회사가 제공하는 정보의 질을 알 수 없음에 따라 투자자문·일임회사의 도덕적 해이(moral hazard)와 정보구입자의 역선택(adverse selection)문제를 내포하고 있다.

투자자문·일임회사측의 도덕적 해이 문제로는 투자자문·일임회사가 자신의 이익을 위해 자사보유 종목을 추천하여 고가로 매각하거나 펀드매니저들의 선행매매(front running)행위나 사취적 투자권유(scalping)행위[20] 등 투자자에 관한 정보를 이기적으로 유용할 가능성을 들 수 있다. 그리고 역선택문제로는 투자자가 투자자문·일임회사에 대한 정보부족으로 투자자문·일임회사가 불성실 또는 무능력으로 인해 단순히 타 회사가 추천한 종목을 추천하는 등 투자자에게 가치가 낮은 정보를 제공하더라도 이를 알 수 없는 점 등을 들 수 있다.[21]

이와 같은 투자자문·일임회사의 대리인문제를 완화하는 방안으로는 투자자문·일임회사의 내부감독의 강화, 우수한 직원의 확보 그리고 직원들의 이기적 행동을 억제하기 위한 적절한 유인계약제도(incentive contract)의 도입이나 윤리의식의 제고 등이 제시된다.

---

20) 프론트러닝행위는 고객으로부터 대량매수 등의 주문을 받은 경우 이를 집행하기에 앞서 자기계산으로 미리 해당 증권을 매수하여 가격상승차익을 꾀하거나, 대량매도주문 수탁시 자기보유증권을 미리 처분, 가격하락을 회피하는 행위를 말한다.

scalping은 구 「증권거래법」에서는 자기계산에 의한 증권 매매의 목적을 달성하기 위하여 또는 가능한 한 유리하게 매매할 목적으로 투자자에게 자기가 거래할 방향과는 반대의 방향(매수의 경우 매도, 매도의 경우 매수)으로 매매를 권유하는 행위로 정의하고 이를 금지하였으나 「자본시장법」에서는 이 조항을 삭제하였다. 대신 「자본시장법」은 scalping을 투자매매업자 또는 투자중개업자가 특정 금융투자상품의 가치에 대한 주장이나 예측을 담고 있는 조사분석자료를 투자자에게 공표함에 있어 그 조사분석자료의 내용이 사실상 확정된 때부터 24시간이 경과하기 전까지 그 조사분석자료의 대상이 된 금융투자상품을 자기의 계산으로 매매하는 행위로 정의하고 이를 금지하고 있다(제71조 2호).

21) B. Holmstrom, "Moral Hazard and Observability," *Bell Journal of Economics*, Spring 1979, pp. 74~91.

투자자문·일임업의 또 다른 문제점으로 정보의 공공재(public goods)적 속성에 따른 무임승차문제를 들 수 있다. 투자자문·일임회사가 정보생산으로부터 정당한 수익을 전유(appropriability)할 수 없는 가능성이 그것이다. 예컨대 투자고객이 투자자문·일임회사로부터 얻은 정보를 제3자에게 재판매하거나 투자자문·일임회사에게 소액의 투자자금만을 위탁하여 적은 수수료를 지급하고 얻은 정보를 이용하여 고객자신이 별도로 거액을 투자함으로써 정보를 사실상 편취하는 사례 등이 그것이다.

이와 같은 문제점을 해결하는 방안으로 Leland 등은 투자자문·일임회사가 투자위임자에게 투자정보를 제공하지 않는 대신 고객의 자금과 자신의 자금을 공동으로 출자한 포트폴리오를 구성하고 운용하여 그 성과를 투자지분에 따라 배분하는 방식을 제안하고 있다.[22]

이는 투자자문·일임회사의 지분참여로 대리인인 투자자문·일임회사가 투자수익의 극대화를 위해 최선을 다하지 않음으로써 입게 되는 투자자의 잠재손실을 줄이고,[23] 동시에 투자자의 정보의 재판매나 편취를 막음으로써 대리인과 투자고객 모두의 도덕적 해이를 감소시키자는 것이다.

최근 핀테크의 혁신적인 발달로 로보어드바이저(Robo Adviser)에 의한 자산관리 서비스의 자동화가 진전되고, 모바일 단말기를 이용하여 온라인으로 다양한 금융상품을 거래하는 모바일화(mobilization)도 증가하고 있다. 로보어드바이저란 robot과 financial adviser의 합성어로 알고리즘(algorithm)[24]에 의해 자동적으로 자산운용에 관한 제안과 포트폴리오 관리를 행하는 것을 말한다. 예컨대 투자자가 온라인상에서 연령, 수입, 투자목적 등을 입력하고 위험성향에 관한 몇 가지 질문에 답하면 개별투자자의 니즈에 부합하는 최적의 자산포트폴리오가 자동적으로 생성되게 된다. 투자실행 이후에 투자자의 운용방침이나 금융환경의 변화에 따라 포트폴리오의 구성이 자동적으로 재조정(re-balancing)된다.

---

22) H. E. Leland and D. H. Pyle, "Information Asymmetries, Financial Structure, Financial Inter-mediation," *The Journal of Finance*, May 1977, pp. 382~384.

23) M. C. Jensen and W. M. Meckling, "Theory of the Firm, Managerial Behaviour, Agency Costs and Ownership Structure," *Journal of Financial Economics*, October 1976, pp. 312~319.

24) 특정 문제를 해결하기 위한 명령어들로 구성된 일련의 순서화된 절차를 말한다.

II. 투자자문·일임업과 투자자 보호

투자자문·일임업을 영위하고자 하는 금융투자업자는 금융위원회에 등록하여야 한다. 종래 투자중개업자에 대한 일임매매제도는 폐지되고 이를 투자일임업으로 흡수하여 금융투자업자가 투자일임업 등록을 할 경우 수량, 가격, 매매 시기뿐만 아니라 종류, 종목, 매도·매수 여부, 매매방법까지도 자유롭게 일임받아 거래할 수 있다(법 제71조).

투자자문·일임업은 정보의 비대칭이 매우 큰 산업으로 투자자문·일임업자나 그 소속 직원의 도덕적 해이나 이기적 행동에 따른 투자자 피해의 소지가 매우 크다. 따라서 동 법은 투자자 보호를 위해 투자자문·일임업자가 범할 소지가 큰 불건전 영업행위를 열거하고 이를 금지하고 있는바, 투자자문·일임업자의 금지행위와 일임재산 운용상의 금지행위로 구분된다(법 제98조). 투자자문·일임업자의 금지행위로는 투자자로부터 금전이나 증권 그리고 그 밖의 재산을 예탁받거나 투자자에게 대여하는 행위와 자격이 없는 인력에 의한 자문 또는 일임서비스 제공 등을 들 수 있다.

일임재산 운용상의 금지행위는 주로 일임매매에 따른 부당권유행위(unfair solicitation)와 이해상충 문제가 주축을 이룬다. 선행매매, 사취적 투자권유, 자기 또는 관계인수인이 인수한 증권을 투자일임재산으로 매수하는 행위, 투자일임재산으로 투자일임업자 또는 그 이해관계인의 고유재산과 거래하는 행위 등이 그 예이다. 투자일임업자는 투자일임보고서를 작성하여 3개월마다 1회 이상 투자일임계약을 체결한 일반투자자에게 제공하여야 한다(법 제99조).

한편, 투자자문·일임업자간의 과다한 경쟁으로 인한 자산운용의 고위험화를 방지하기 위해 성공보수(incentive fee)를 금지하고[25] 투자자 보호를 위해 고객이 일정 기간 내에 투자계약을 취소할 수 있는 계약해제제도(cooling off)를 도입하고 있

---

25) 「자본시장법」 개정안은 투자자문·일임업자의 성과보수 수취를 원칙적으로 제한하고 다만 시행령으로 예외를 둘 수 있도록 명시하고 있다(제98조 ②). 투자자와 이해의 일치를 위해 파트너가 일정 지분을 출자하는 사모펀드와는 달리 지분을 출자하지 않는 투자자문·일임업의 경우 성과보수의 필요성이 적은 것은 사실이다. 그러나 매니저가 투자자의 자산을 이용한 선행매매 등 투자자와 이해상충 문제가 발생할 소지가 있다는 점에서 이를 방지하기 위해 성과보수를 허용해야 한다는 주장도 있다.

다.[26] 그러나 가격변동성이 크고 특히 원본손실 가능성이 있는 금융투자상품에 대해 계약해제제도를 너무 폭 넓게 허용하면 투자자의 도덕적 해이를 증가시킬 우려가 있으므로 동 법에서는 그 적용대상을 시행령이 정하는 계약(투자자문계약)으로 한정하고 있다.

그러나 현 투자자문사는 주로 법인이나 계열회사를 대상으로 영업하고 있고 아직까지 개인에 대한 자문서비스는 활성화되지 않고 있다. 앞으로 투자자문업자가 되기 위한 진입장벽을 획기적으로 완화하여 장기적으로는 법인이 아닌 개인의 자문업 진출도 허용할 예정이다.

한편 본격적인 저금리·고령화시대를 맞아 정부는 금융상품 자문업의 활성화를 위한 제도 개선을 추진하고 있다. 우선 일반인도 전문적이고 중립적인 투자자문서비스를 받을 수 있도록 종전의 투자자문업 등록단위 이외에도 예금, 펀드, 파생결합증권 등으로 범위를 한정한 투자자문업 등록단위(주식, 채권, 파생상품 제외)를 신설하고 최소자본금 규모도 5억원에서 1억원으로 완화할 예정이다. 또한 금융상품 제조·판매회사에 소속되지 않고 중립적인 위치에서 금융상품 자문을 제공하는 독립투자자문업(Individual Financial Advisor: IFA) 제도의 도입도 추진하고 있다. 독립투자자문업자는 금융상품의 제조·판매회사로부터 독립성을 확보할 수 있도록 제조·판매업의 겸영이 금지되며 자문해 준 상품을 제조·판매하는 금융회사로부터 판매수수료 및 기타 부수적 이익을 수취할 수 없도록 할 예정이다.[27]

---

26) 금융투자업자와 계약을 체결한 투자자는 계약서류를 교부받은 날로부터 7일 이내에 계약을 해제할 수 있다. 계약효력의 발생시점은 투자자가 계약을 해제한다는 취지의 서면을 금융투자업자에게 송부한 때이다. 계약이 해제되면 금융투자업자는 투자자에게 해당 계약의 해제까지의 기간에 상당하는 수수료, 보수, 그 밖에 해당 계약에 관하여 투자자가 지급하여야 하는 대가로서 시행령(제61조 ③)으로 정하는 금액을 초과하여 해당 계약의 해제에 수반하는 손해배상금 또는 위약금의 지급을 청구할 수 없다. 금융투자업자가 해당 계약과 관련한 대가를 미리 지급받은 때에는 이를 반환하여야 한다. 금융투자업자가 이 규정에 반하는 특약으로서 투자자에게 불리한 것은 무효로 한다.

27) 투자일임업은 예외적 겸영을 허용하되 엄격한 요건을 요구한다. 독립투자자문회사 자문의 대가는 고객 자산규모, 자문 제공 횟수 등 포트폴리오의 내용과 중립적인 방식으로 부과 고객으로부터만 수취하여야 한다. 독립자문업자가 아닌 자문업자의 경우 고객이 지불하는 자문보수 이외에 제조·판매업자로부터 받는 지원을 금지하지는 않지만 그 내용을 소비자가 알 수 있도록 구체적으로 공시하여야 한다.

Ⅲ. 랩어카운트

랩어카운트(wrap account)는 현재 투자일임업자가 취급하는 대표적인 상품으로 고객으로부터 예탁받은 자금을 개별투자자의 성향에 맞게 운용·관리하는 투자상품이다. 랩어카운트는 매거래시마다 수수료를 받는 전통적인 방식(commission-based account)과는 달리 고객에게 자산관리, 중개 및 기타 부수서비스를 통합하여 제공하고 예탁자산의 일정 비율을 연간보수형태(fee-based account)로 받는다. 랩어카운트는 자산관리자가 포트폴리오를 직접 운용하는 일임형과 자산관리자가 투자자문회사와의 투자자문을 받아 운용하는 자문형 또는 연계형으로 구분된다.

랩어카운트는 정형화된 수익증권과는 달리 고객의 취향에 맞는 맞춤형 자산관리서비스(customized service)를 제공할 수 있고 금융투자회사의 수수료 수입 증대를 위한 과다한 매매회전(excessive churning)을 줄일 수 있는 이점이 있다. 반면 무자격 투자상담사들에 의한 저질의 자문서비스를 제공함에도 불구하고 고객에게 과다한 보수를 부과하거나[28] 일임에 따른 이해상충으로 고객과 분쟁이 발생할 소지가 있는바, 이를 예방하기 위해 책임소재에 대한 엄격한 기준과 자산운용에 대한 투명성 보장 등 투자자 보호조치가 마련되어 있다.

랩어카운트는 1980년대 중반 이후 미국 증권회사들의 소매업무의 핵심이 단순중개서비스에서 자산관리서비스로 이행됨에 따라 투자은행과 증권회사들의 주된 영업분야로 성장되어 왔으며 우리나라도 2000년부터 자문형에 이어 2001년부터는 제한된 일부상품에 대해 일임형이 금융투자회사 등에 허용되었다.

랩어카운트는 투자자가 자산운용 상황을 모니터링하고 자신의 의사를 반영하는 등 합리적 간섭이 가능한 투자자의 사적 규제를 전제로 하는 데 비해 공적 펀드는 투자자에 의한 사적 규제가 불가능하므로 투자자 보호를 위해 분산투자 등 공적 규제를 받는다. 랩어카운트는 원래 기관투자가 등 특정 소수의 자산가를 고객으로 하기 때문에 사적 규제를 원칙으로 하는바, 「자본시장법」은 사적 규제가 원활하게 이루어지도록 하기 위해 고객의 의사를 반영하여 개별적으로 운용하는

---

28) 최근 일부 투자은행들이 무자격 투자상담사들에 의한 상담서비스를 제공함에도 불구하고 고객에게 과다한 보수를 부과하는 문제가 제기됨에 따라 SEC는 연간보수부과제도를 제한하는 조치를 실시하였다. 이에 따라 대형투자은행들은 NASD등록 투자상담사를 통한 보다 전문적인 투자상담서비스를 제공하는 조건으로 연간보수를 받는 사례가 증가하고 있다.

개별성을 유지하도록 규제하고 있다.

개별성이란 일임업자가 랩어카운트를 운용할 때 투자자의 투자목적과 운용조건에 부합하도록 운용하는 것을 말한다. 그러나 소액투자자의 경우 일임업자가 투자자의 의사를 반영하는 데 현실적으로 비용이 많이 들고 투자자도 정보력이 약한데다 랩어카운트의 복잡한 상품구조를 이해하기 힘들기 때문에 일임업자의 포트폴리오 구성에 자신의 의사를 반영하는 것을 포기하고 자산운용에 관한 모든 것을 일임하여 랩어카운트가 사실상 공모펀드처럼 집합적으로 운용될 가능성이 크다.

이렇게 되면 랩어카운트는 사적 규제는 물론 공적 규제도 받지 않는 규제의 공백이 발생하여 투자자 보호 문제가 제기될 수 있다. 특히 랩어카운트 유치를 위한 투자일임업자의 경쟁이 심화될 경우 랩어카운트 수수료는 낮아지고 이를 만회하기 위해 일임업자는 높은 성과보수를 얻기 위해 자산운용에 있어 과다한 위험을 추구할 소지가 있다.

이러한 문제가 발생하자 미국의 SEC는 1980년과 1995년 두 차례에 걸친 법령 개정으로 랩어카운트가 사실상 집합운용이 될 경우 공적 규제를 부과하고 랩어카운트가 공모펀드에 적용되는 공적 규제를 면제받을 수 있는 충분조건[29]을 제시함으로써 랩어카운트의 집합운용을 방지코자 하였다. 또한 랩어카운트 관리자(investment advisor)와 포트폴리오 구성을 자문하는 투자자문업자에 대해 엄격한 공시의무[30]를 부여하고 투자자문업자의 등록을 의무화하여 중개·매매업자가 랩어카운트를 직접 권유·판매하는 것을 규제하였다.

우리나라도 최근에 들어 공모펀드 수수료의 상한 하향 조정, 위탁매매수수료의 인하 등으로 인해 금융투자업자의 수익성이 악화됨에 따라 소액투자자들을 대상으로 랩어카운트의 권유·판매 경쟁이 가열되고 이에 따라 투자자 보호를 위한 규제 강화 문제가 제기되고 있다.

---

29) 동 조건은 주로 개별성을 유지하기 위한 것으로 랩어카운트 관리자는 정기적으로 투자자의 재무 상황과 목표를 파악하고 투자자와의 상담을 통하여 투자자가 투자운용에 대한 제약조건을 제시할 수 있도록 하고 투자자의 자문에 적절하게 응할 수 있어야 하는 등의 내용을 담고 있다.

30) 랩어카운트 관리자는 매년 설명서를 통해 랩어카운트의 구조, 운용, 수수료체계, 포트폴리오 관리자에 대한 사항을 공시하여야 하고 포트폴리오 운용을 자문하는 투자자문업자는 자신이 자문서비스를 제공하는 랩어카운트와 해당 자문수수료에 대한 사항을 공시하여야 한다.

IV. 개인자산종합관리계좌

개인자산종합관리계좌(ISA: Individual Savings Account)는 가입자 예·적금, 펀드, 파생결합증권(ELS) 등 다양한 금융상품을 선택하여 포트폴리오를 구성하고 통합관리할 수 있는 계좌이다. ISA는 신탁형과 일임형이 있다.

신탁형은 고객이 신탁계약을 통해 금융회사에 자금을 맡기는 구조로 은행, 보험회사 및 금융투자회사 모두가 취급할 수 있다. 일임형은 고객이 자산관리를 금융투자회사에 일임하는 구조로 금융투자회사만이 취급할 수 있다.

ISA의 특징은 가입대상이 제한되고 다양한 세제혜택이 있다는 점이다. ISA의 가입대상은 근로소득자, 사업소득자, 농어민(금융소득종합과세자는 제외)이고 투자한도는 연간 200만원, 의무가입기간은 원칙적으로 5년이다. ISA는 근로자 등의 재산형성을 돕기 위한 상품으로 일정기간 경과후 여러 상품운용결과 손익을 통산하여 순이익 200만원까지는 비과세, 초과분은 9.9% 분리과세를 한다.

제 3 절　우리사주제도

우리사주제도는 근로자로 하여금 자기회사의 주식을 취득·보유하게 함으로써 근로자의 재산형성을 지원하는 동시에 근로자의 주인의식의 함양을 통한 협력적 노사관계 조성으로 기업의 생산성을 향상시킴으로써 근로자와 기업의 공동발전을 도모하려는 목적에서 도입한 종업원지주제도의 하나이다. 동 제도는 미국의 ESOP (Employee Stock Ownership Plan)[31]와 같이 기업연금의 일종으로 운영하는 방식, 영국과 같이 성과급 및 이익분배의 수단으로 이용하는 방식 및 프랑스와 같이 재산형성을 지원하는 방식 등이 있다.

우리나라는 영국과 같이 회사가 성과급 형태의 자사주 및 금품을 출연하는 성

---

31) 미국의 경우 ESOP는 「종업원퇴직소득보장법」 및 「내국세입법」에 규정된 요건에 따라 성립된 주식상여제도 또는 주식상여제도와 금전구입제도(MMP: Money Purchase Plan)가 결합된 형태의 확정기여형(defined contribution) 기업연금제도의 하나로 401(k)형이 대표적인 예이다. 자세한 것은 제15장 부록 미국의 연금시장을 참고하기 바란다.

과배분형 방식을 채택하고 있다. 1968년 11월 「자본시장 육성에 관한 법률」[32]에 의거 우리사주제도의 도입 당시에는 상장법인의 유상증자시 신규발행주식의 일정 비율(20%)을 근로자에게 우선 배정하는 우선배정제도에 한정되었으나 2002년 8월 「근로자복지기금법」(2009년 10월 「사내근로복지기금법」과 통합하여 「근로복지기본법」으로 명칭 변경)의 시행으로 회사의 무상출연과 차입형 우리사주제도의 도입으로 근로자의 우리사주 취득기회를 확대하고 우리사주 매수선택권제도를 도입하여 주가하락에 따른 근로자의 손실 위험을 줄여 주는 등 동 제도를 대폭적으로 개편하였다.

현행 우리사주제도의 주요 내용은 다음과 같다.

Ⅰ. 우리사주제도의 개관

1. 우리사주조합원의 자격

우리사주조합이 설립된 기업의 모든 근로자와 기 보유 자사주에 한해 퇴직한 근로자 및 일정한 요건[33]을 갖춘 관계회사(지배회사로부터 발행주식 총수의 50% 이상을 지배받는 비상장회사)와 거래회사(해당 회사에 대하여 직전연도 연간 총매출액의 50% 이상을 거래하는 회사)의 근로자는 조합원 자격이 있다. 다만, 주주총회에서 선임된 임원, 소액주주가 아닌 주주 및 「소득세법」상 일용근로자는 조합원 자격이 없다.

관계회사 및 거래회사 근로자에 대한 우리사주 취득을 허용하는 취지는 주식의 소유를 통해 다른 회사를 지배하는 회사가 증가함에 따라 지배를 받는 회사의 근로자들이 취득대상 주식수의 감소로 우리사주제도를 활용하는 데 한계가 있는 점을 고려한 것이다.

2. 우리사주조합기금의 조성, 관리 및 사용

우리사주조합의 기금은 ① 회사·대주주 등의 출연 금품, ② 조합원의 출연금, ③ 조합명의 차입금, ④ 기타 기부금 등으로 조성된다. 조성된 조합기금은 금융기관에 예탁하여야 하며, 자사주 취득 이외의 목적으로 사용하는 것은 금지된다. 자

---

32) 1997년 1월 동 법의 폐지로 우리사주제도 관련 규정이 「증권거래법」으로 이관되고 2009년 2월 「증권거래법」이 「자본시장법」으로 재제정 시행됨에 따라 관련 규정이 다시 동 법으로 이관되었다.
33) 관계회사(거래회사) 전체 근로자 과반수의 동의와 지배회사 우리사주조합의 동의를 받을 것.

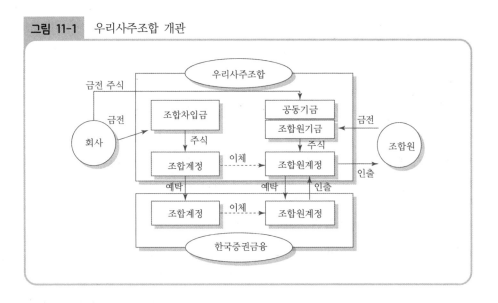

그림 11-1 우리사주조합 개관

사주의 취득방법은 회사·대주주 등의 출연에 의한 취득, 대주주 등으로부터의 양수, 주식시장에서의 매입 및 유상증자 또는 기업공개시 우선배정된 주식의 취득[34] 등의 방법이 있다.

3. 자사주의 배정

조합원 출연금 및 회사·대주주 등의 출연으로 취득한 자사주는 취득 즉시 조합원 개인별계정에 배정하여야 하며 조합명의 차입금으로 취득한 자사주는 차입금 상환액 범위 내에서 차입금 상환 즉시 조합원 개인별계정에 배정한다. 조합 또는 조합원이 조합을 통해 취득한 자사주는 장기 근속자 및 저소득 근로자가 우대되도록 배분하여야 한다.

---

34) 우리사주조합원의 우선배정에 의한 취득은 다시 「자본시장법」에 의한 우선배정(제165조의7)과 「근로복지기본법」에 의한 우선배정(제32조 ②)으로 구분된다. 전자는 주권상장(예정)법인의 우리사주조합원은 회사가 주식을 모집 또는 매출하는 경우 그 모집 또는 매출하는 주식총수의 20%를 주주에 우선하여 배정받을 권리를 갖는 것으로 조합원의 권리이다. 후자는 주권비상장법인은 모집 또는 매출을 하거나 유상증자를 하는 경우 그 주식총수의 20% 범위 안에서 우리사주조합원에게 우선 배정할 수 있는 조항으로 조합원의 권리는 아니다.

4. 자사주의 예탁 및 인출

조합은 취득한 자사주를 취득일로부터 1월 내에 수탁기관인 한국증권금융㈜에 예탁하여야 하며 개인별계정에 배정된 자사주는 수탁기관에 1년 이상 예탁하여야 한다. 예탁한 자사주는 조합원의 개인별계정에 예탁된 날로부터 1년이 경과하거나, 조합원의 퇴직, 조합 해산사유의 발생, 법령상의 주식매수청구권 행사를 위한 경우, 당해 기업이 상장폐지를 신청한 경우, 당해 자사주가 관리종목으로 지정된 후 1월 이상이 경과한 경우 등의 사유가 아닌 한 인출이 금지된다.

5. 우리사주의 의결권 행사

개인별계정 보유주식의 의결권 행사방식은 조합의 대표자가 주주총회 의안에 대한 조합원의 의사표시를 받아 그 의사표시에 따라 행사하거나, 조합원이 조합의 대표자에게 본인의 주식수에 해당하는 의결권의 위임을 요청하여 직접 행사하는 방식이 있다. 조합원의 의사표시가 없거나 위임 요청이 없는 주식의 의결권은 조합의 대표자가 중립적 행사(shadow voting)를 하여야 한다.

조합계정 보유주식의 의결권 행사 방식은 조합원계정 보유주식의 의사표시 비율과 동일 비율로 행사하는 방식, 중립적 행사방식, 조합원총회에서 정한 의사표시의 내용에 따라 행사하는 방식 중 조합과 회사가 협의하여 정한 방식으로 행하여야 한다.

6. 비상장회사의 우리사주 환매수

비상장회사는 「상법」 규정(제341조)에 불구하고 자사주의 환금 보장을 위하여 조합원이 보유한 자사주를 취득할 수 있다. 비상장회사가 조합원이 보유하고 있는 주식을 환매수하는 경우, 주주총회의 결의에 의해 이익소각의 방식으로 처분할 수 있다. 이는 비상장회사의 주식은 우리사주조합에 재출연하거나 매각만 가능하나 조합에 재출연하지 않는 경우 거래시장이 없어 주식을 매각하기 곤란한바 이를 해소하기 위해서다.

7. 조합의 설립, 해산

주식회사의 근로자는 「근로자복지기본법령」이 정하는 절차에 따라 우리사주조합을 설립할 수 있다. 조합은 근로자가 자사주를 취득·관리하기 위하여 「근로복지기본법」이 정하는 요건을 갖추어 조직한 단체로 조합의 법적 성격은 권리능력이 없는 사단이다. 조합은 당해 기업의 파산, 사업폐지를 위한 당해 기업의 해산, 사업의 합병·분할·분할합병 등을 위한 당해 기업의 해산 등의 사유로 해산한다.

8. 우리사주제도에 관한 세제지원

우리사주제도를 장려하기 위해 조합원에 대한 지원, 회사에 대한 지원, 대주주의 조합출연금에 대한 지원, 우리사주조합에 대한 지원 등 다양한 세제지원이 있다. 조합원에 대한 세제지원으로는 조합원의 출연금에 대한 근로소득공제, 무상취득주식에 대한 과세이연, 우리사주 배당소득과 취득주식의 시가와 취득가액 차액에 대한 비과세 등이 있다.

회사에 대한 세제지원으로는 회사의 조합출연금과 조합운영비 지원액에 대한 손비 인정, 조합원에 대한 융자금 인정이자의 익금 불산입 등이 있다. 이 밖에 회사 대주주의 조합출연금에 대한 소득공제, 우리사주조합이 취득한 자산 및 그에 부수하여 발생하는 소득에 대한 비과세 등이 있다.

9. 차입형 우리사주제도

차입형 우리사주제도는 회사가 우리사주조합의 명의로 금융기관 등으로부터 차입한 자금으로 우리사주를 취득하여 근로자에게 배정하는 방식을 말한다. 회사는 융자 또는 융자보증의 방법으로 우리사주조합 또는 조합원의 우리사주 취득을 지원하면서 그 취득주식을 담보로 설정할 수 있고, 조합의 차입금 상환을 위해 금품출연을 조합과 약정할 수 있다.

우리사주조합 차입금으로 취득한 주식은 대출금상환액에 해당하는 만큼 자사주를 조합원 개인별 계정에 배정하여야 하므로, 완전한 소유권확보를 위해서는 상환액에 해당하는 자사주의 담보권이 해지되어야 한다. 이를 위해 조합은 차입금으로 취득한 주식을 융자기관이나 융자보증기관에 차입금 상환액에 해당하는 자사주에 대한 담보권 해지조건으로 담보제공이 가능하도록 하였다.

Ⅱ. 우리사주매수선택권제도

우리사주매수선택권제도(employ stock purchase plan)는 일정한 기간 이내에 유리한 가격으로 자사주를 매입할 수 있는 권리를 부여하는 제도로 근로자는 일정한 시점에 권리행사 여부를 선택할 수 있다는 측면에서 스톡옵션과 유사하나, 전 근로자를 대상으로 하고 시가할인율 및 의무예탁이 적용되는 점에서 일반스톡옵션과 구별된다.

우리사주매수선택권을 부여하기 위해서는 회사의 정관으로 우리사주매수선택권을 부여할 수 있다는 뜻과 권리의 행사로 발행하거나 양도할 주식의 종류와 수 등을 규정하여야 한다. 부여대상은 당해 기업의 모든 우리사주조합원이고, 부여한도는 발행주식총수의 20% 이내에서는 주주총회 결의로, 발행주식총수의 10% 이내에서는 이사회결의가 있어야 한다. 다만 근로자에 대한 우리사주의 우선배정 및 우리사주매수선택권 부여는 주주의 신주인수권을 제한하는 것으로 과도한 배정 및 부여는 주주의 이익을 침해하는 것이므로 우리사주조합과 동 조합원이 보유하는 우선배정 주식 및 우리사주매수선택권을 행사할 경우 취득할 주식을 합산한 주식수가 신규발행주식과 기 발행주식총수의 20%를 초과하지 않도록 하였다.

우리사주매수선택권의 행사가격은 우리사주 취득을 촉진하고 의무예탁에 따른 처분권 제한 및 주가변동에 따른 위험을 감소시키기 위해 시가할인율(20%)을 적용한다. 권리행사시 교부할 주식은 조합원소속 회사가 발행하는 신주 또는 조합원소속 회사가 보유하는 자기주식이다. 제공기간은 근로자의 주식취득 기회를 확대하고, 행사가격과 시가와의 차이로 인한 주주의 지분가치 희석을 완화하기 위해 6개월 이상 2년 이내의 기간으로 설정하고, 이 기간 중 6개월 또는 1년의 기간 간격으로 다수의 매수를 허용한다.

우리사주매수선택권은 할인된 가격에 주식을 취득할 수 있는 특별한 권리를 부여하는 만큼 일반주주와의 이해조정 및 우리사주제도의 목적달성을 위해 1년간의 의무예탁기간을 규정하고 있다. 근로자는 자유로이 동 계약을 해지할 수 있으며, 해지와 동시에 권리는 소멸한다. 동 권리는 타인에게 양도되거나 담보로 제공될 수 없으며, 근로자 생존 중에는 근로자만이 행사할 수 있다.

제 4 절	대리계정관리

Ⅰ. 예탁·결제제도

대리계정관리(custody)업무는 투자자를 대신하여 증권 등에 관한 보관·관리 및 각종 권리를 대행해 주는 서비스를 말한다. 현재 증권 등(이하 증권이라 한다)35)의 집중예탁(securities depository)과 계좌간 대체, 매매거래에 따른 결제업무는 한국예탁결제원이 전담하고 있다. 예탁결제원은 증권을 집중예탁받아 이를 보관하고 매매 등 각종 거래에 따른 증권의 이전을 실물의 인도 대신 계좌간 대체방식으로 처리함으로써 실물증권의 유통 및 발행을 줄이고 이에 수반되는 분실, 도난, 위·변조 등의 사고위험을 방지하여 증권의 유통을 원활하게 하기 위해 설립된 기관이다.

예탁결제원은 예탁된 증권을 자신의 명의로 일괄 발행하여 예탁된 증권에 대한 권리행사와 증권시장(유가증권시장과 코스닥시장)과 증권시장 밖에서의 매매거래에 따른 증권의 인도 및 대금 지급업무를 결제기관으로서 수행한다. 현재 고객의 의뢰 및 자신의 필요에 따라 증권을 대량으로 취득하는 금융투자회사와 자신의 투자 목적으로 증권을 대량으로 취득하는 기관투자가들은 취득한 증권을 예탁결제원 등에 보관·관리한다. 이 중 금융투자회사가 고객의 주문에 의해 취득한 증권은 반드시 예탁결제원에 예탁하여야 하고 집합투자업자는 자신이 취득한 증권을 반드시 자산보관회사(은행 및 증권금융)에 보관하여야 하며, 자산보관회사는 대부분의 증권을 다시 예탁결제원에 재예탁하고 있다.

예탁결제원은 증권의 발행대행업무 및 증권에 대한 배당·이자·상환금의 지급대행업무를 수행한다. 증권 발행회사가 증자를 실시할 경우 발행회사 또는 명의개서

대행회사는 실질주주(beneficiary shareholder)36)에 대한 증자 배정내역을 예탁결

---

35) 시행령(제310조)에서는 원화 CD, 그 밖에 금융위원회가 정하여 고시하는 것으로 규정하고 있고 「금융투자업규정」에서는 어음(CP 제외), 그 밖에 증권과 유사하고 집중예탁과 계좌간 대체에 적합한 것으로서 예탁결제원이 정하는 것으로 규정하고 있다.

36) 실질주주란 타인 명의로 주식을 인수하여 주금을 납입한 자나 주식을 양수한 후 명의개서를 하지 아니한 자 등과 같이 주주명부에 기재되지 않은 실질적인 주식의 소유자를 의미한다. 예탁결제원 명의로 명의개서된 주식의 실질적인 소유자인 투자자와 예탁자가 그 전형적인 예이다.

제원에 통지하고 예탁결제원은 이를 실질주주가 거래하고 있는 금융투자회사에 통보하고 금융투자회사는 이를 실질주주에게 통보한다. 이를 통보받은 실질주주가 증자에 청약(subscriptions)하고자 할 경우 실질주주는 금융투자회사에 증자 청약을 신청하고 동 청약은 예탁결제원을 거쳐 발행회사 또는 명의개서 대행회사에 신청된다.[37]

증권 발행회사가 실질주주에게 배당금을 지급할 경우 발행회사 또는 명의개서 대행회사는 예탁결제원에 배당금을 지급하고, 예탁결제원은 이를 실질주주의 거래 금융투자회사에 지급하고 금융투자회사는 이를 실질주주에게 지급하게 된다. 집합투자자산에 대한 배당금도 예탁결제원을 통해 수령한다.

예탁결제원에 예탁할 수 있는 예탁대상 증권은 예탁결제원이 지정한다.[38] 예탁결제원에 계좌를 개설한 예탁자는 자기가 소유하고 있는 증권과 투자자로부터 예탁받은 증권을 투자자의 동의를 얻어 예탁결제원에 예탁할 수 있다. 투자자로부터 예탁받은 증권을 예탁결제원에 다시 예탁하는 예탁자는 투자자계좌부를 작성·비치하고 해당 증권이 투자자예탁분이라는 것을 밝혀 지체없이 예탁결제원에 예탁하여야 한다.

예탁자는 투자자로부터 예탁받은 증권을 예탁결제원에 예탁하기 전까지는 이를 자기소유분과 구분하여 보관하여야 한다. 투자자로부터 예탁받은 증권을 예탁자가 임의로 유용할 염려가 있기 때문에 이를 방지하기 위해서다. 예탁결제원은 예탁자의 명칭과 주소, 예탁받은 증권의 종류 및 수와 그 발행인의 명칭 등을 기재한 예탁자계좌부를 작성·비치하되 예탁자의 자기소유분과 투자자예탁분이 구분될 수 있도록 하여야 한다. 다만 보관시에는 예탁받은 증권을 종류·종목별로 혼합하여 보관할 수 있다.

---

37) 무상증자의 경우 발행회사 또는 명의개서 대행회사가 예탁결제원에 무상증자 일정, 무상증자 배정을 순차적으로 통보하고 무상 신주를 인도하면 예탁결제원은 무상증자 배정명세 및 무상 신주 입고를 실질주주 거래 금융투자회사에 통지하고 금융투자회사는 이를 실질주주에게 통보한다. 한편 집합투자자산에 대한 유·무상증자의 청약 및 배정도 자산보관회사와 예탁결제원을 통해 이루어진다.

38) 예탁결제원에 예탁할 수 있는 증권 등은 대체성, 유통성 및 요식성을 갖추어야 한다. 대체성이란 예탁증권의 혼합보관에 따라 요구되는 것으로서 증권의 인도나 권리의 이전에 있어 다른 증권으로 교환될 수 있어야 함을 말하고 유통성이란 예탁결제제도에 의한 발행 및 유통이 합리적일 수 있도록 양도에 제한이 없어야 함을 말한다. 요식성이란 증권의 보관상 편의, 사무자동화, 사고 증권의 식별 등이 가능하도록 통일규격증권용지에 의하여 발행된 증권이어야 함을 말한다.

예탁의 효력은 예탁결제원이 증권을 예탁좌계좌부에 기재하는 시점에 발생하는 것이 원칙이지만 예탁자가 아직 예탁결제원에 증권을 예탁하지 않은 경우라도 일단 예탁자의 투자자계좌부에 기재되면 그 기재시점에 예탁결제원에 예탁된 것으로 간주한다. 이는 예탁자의 파산이나 증권의 멸실 등의 사유로 실제로 예탁이 이루어지지 않은 경우에도 투자자를 보호하기 위해서다.

II. 일괄예탁제도

예탁자 또는 투자자가 증권을 인수 또는 청약하거나 그 밖의 사유로 새로 증권의 발행을 청구하는 경우에 증권의 발행회사는 예탁자 또는 투자자의 신청에 의하여 이들을 갈음하여 예탁결제원을 명의인으로 하여 증권을 발행 또는 등록할 수 있는데 이를 일괄예탁제도라 한다.

새로 증권을 발행하는 경우 이를 개별 투자자별로 발행하게 되면 투자자들은 증권을 수령한 후 다시 예탁자를 통하여 예탁결제원에 예탁하게 되고 예탁결제원은 증권보관사무의 합리화를 위하여 주권은 명의개서와 함께 불소지신고를 하고,[39] 채권은 채권등록제도에 의하여 등록하게 된다. 동 제도는 이러한 방법으로 증권을 발행·예탁하게 되면 불필요한 비용이 발생하고 관련사무만 번잡하게 되는 바, 증권의 발행단계에서부터 예탁제도를 적용하여 실물증권의 발행을 최소화함으로써 불필요한 비용을 줄이기 위해 도입된 것이다.

예탁자계좌부와 투자자계좌부에 기재된 자는 각각 그 증권을 점유한 것으로 간주되고[40] 투자자계좌부 또는 예탁자계좌부에 증권의 양도를 목적으로 계좌간

---

39) 주권불소지제도는 기명주식을 안전하게 보유하기 위하여 주권을 발행하지 않는 제도이다. 주주는 정관에 다른 정함이 있는 경우를 제외하고는 기명주식에 대하여 주권의 소지를 하지 아니하겠다는 뜻을 회사에 신고할 수 있으며 동 신고가 있는 때에는 회사는 지체없이 주권을 발행하지 아니한다는 뜻을 주주명부와 그 복본에 기재하고, 그 사실을 주주에게 통지하여야 한다(「상법」 제58조의2). 예탁결제원은 예탁주권에 대하여 자기명의로 명의개서를 청구할 수 있으며 자기명의로 명의개서된 주식에 대하여는 주권불소지, 주주명부기재 및 주권에 관하여 주주로서의 권리를 행사할 수 있다.

40) 예탁결제원이 증권을 직접 점유하고 투자자는 예탁계약을 점유매개관계로 하여 간접점유를 하게 되고 예탁증권이 예탁결제원에 혼합 보관되면 투자자 및 예탁자는 예탁증권에 대하여 공유권을 취득하게 되고, 따라서 투자자 및 예탁자는 각자의 공유지분에 따른 공동점유를 하게 된다. 그런데 공유지분에 따른 공동점유는 그 지분에 대한 공시를 할 수 없기 때문에 거래의 안전을 해할

대체의 기재를 하거나 질권설정을 목적으로 질물인 뜻과 질권자를 기재한 경우에는 증권의 교부가 있었던 것으로 간주된다.[41] 이는 계좌부 기재를 증권의 점유로 그리고 대체기재로 양도 또는 질권설정을 위한 증권의 교부로 간주함으로써 증권거래의 안전을 도모하기 위해서다.

Ⅲ. 권리행사대행제도

예탁결제원은 예탁증권을 직접 점유하고 주주명부·수익자명부 등에는 예탁결제원 명의로 기재되므로 발행회사 및 제3자에 대하여 예탁증권에 관한 권리를 행사할 수 있다. 그러나 권리내용에 변경을 가져오는 권리행사일 경우 예탁자와 투자자의 의사에 따라서 행사되어야 할 것인바, 예탁결제원이 예탁증권에 관한 권리를 예탁자와 투자자의 신청에 따라 행사할 수 있는 경우와 직접 행사할 수 있는 경우로 구분된다.

예탁결제원이 투자자의 신청에 의해 예탁증권에 관한 권리를 행사할 경우 투자자는 예탁자를 통하여 예탁결제원에 권리행사를 신청해야 하며 예탁결제원은 투자자의 신청내용에 따라 발행회사에 대하여 예탁결제원의 명의로 권리를 행사해야 한다. 의결권, 신주인수권, 주식매수청구권, 전환권 등의 권리행사는 성질상 당연히 투자자의 신청이 있어야 한다. 예탁결제원이 투자자의 신청에 따라 권리를 행사하기 위해서는 그에 관한 내용을 사전에 파악할 필요가 있으므로 예탁자는 증권 등의 권리의 종류, 내용 및 행사일정 등에 대하여 예탁결제원에 통지해야 한다.

우려가 있으므로 이러한 문제를 해결하기 위하여 계좌부에의 기재를 그 증권의 점유로 간주함으로써 거래의 안전을 도모하고자 한 것이다.

41) 증권을 양도하기 위해서는 당사자간에 양도에 관한 합의와 증권의 교부가 있어야 한다(「민법」 제523조). 그러나 예탁결제제도하에서 투자자는 예탁증권을 간접점유하고 있으므로 이를 양수인에게 교부하기가 어려운바, 계좌부에 증권 등의 양도를 목적으로 계좌간 대체의 기재를 하면 증권 등의 교부가 있었던 것으로 간주함으로써 이와 같은 문제점을 해결하기 위해서다.

한편, 증권에 대하여 질권을 설정하는 경우에도 양도와 동일하게 질권설정계약과 증권의 교부를 요한다(「민법」 제346조). 질권설정에 있어 증권을 질권자에게 교부하도록 하는 것은 증권의 점유를 통하여 질권을 공시하기 위함인바, 질권설정자의 계좌에 질권설정의 뜻과 질권자를 기재하면 충분히 공시의 효과가 발생하여 질권설정자의 처분을 제한할 수 있게 되고 질권자는 그 질권을 실행하는 경우 언제라도 자신의 계좌로 대체할 수 있기 때문에 사실상 증권을 점유하는 것과 동일한 효과를 볼 수 있다.

예탁결제원이 투자자의 신청 없이 예탁증권의 권리를 행사할 수 있는 경우는 자기명의로 명의개서 및 등록을 청구하는 경우, 자신의 명의로 주주명부에 기재하고 주권에 관하여 주주로서의 권리를 행사하는 경우 및 실물증권 보관에 따른 비용과 위험을 줄이기 위한 증권 등의 불소지신고를 하는 경우 등을 들 수 있다. 예탁결제원은 예탁증권 등에 대하여 자기명의로 명의개서 또는 등록을 청구할 수 있음에 따라 예탁증권의 형식상 소유자로서 주권에 관한 권리를 행사할 수 있게 되어 예탁증권이 원활하게 유통될 수 있게 한다.

IV. 실질주주제도

기명주식을 소유한 투자자는 성명과 주소를 주주명부에 기재하여야만 발행회사에 대하여 실질주주로서 권리를 행사할 수 있으므로 투자자는 해당 주식을 본인 명의로 개서하여야 한다. 그러나 주식매매시마다 본인 명의로 일일이 명의를 개서하는 것은 사실상 불가능하다. 이러한 문제점을 해결하기 위해 도입한 제도가 실질주주제도이다. 실질주주제도란 「상법」상 주주명부에 기재된 자만이 주주권을 행사할 수 있다는 원칙의 예외를 인정함으로써 명의개서 절차를 거치지 아니하고도 주주권을 행사할 수 있는 제도로 실질주주의 주주권을 안전하게 보호하기 위한 제

그림 11-2 실질주주제도 운영체계

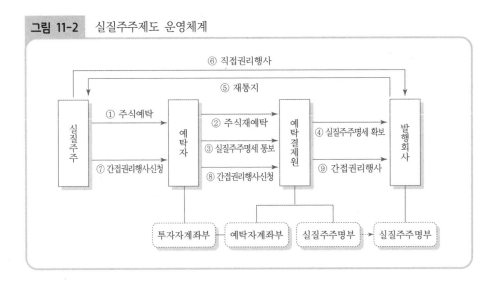

도이다.

예탁결제원은 주권발행회사나 그 명의개서 대행회사로부터 주주명부폐쇄기준일을 통보받으면 예탁자에게 동 주권의 실질주주명세를 제출하도록 통보하고 이를 통보받아 주권발행회사 또는 주식명의개서 대행회사(transfer agent)에 통지한다. 발행회사나 명의개서 대행회사는 예탁결제원으로부터 실질주주에 관하여 성명, 주소, 주식의 종류와 주식수 등을 통보받으면 통지받은 내용과 연월일을 기재하여 실질주주명부를 작성·비치하여야 한다(「상법」 제337조 ①). 이런 절차를 거쳐 실질주주명부가 작성되면 주주명부에 기재되는 것과 똑같은 법적 효력이 인정된다. 따라서 실질주주는 배당청구권, 의결권, 신주인수권 등 주주권을 행사함에 있어 자신이 실질주주임을 입증할 필요 없이 그 기재만으로 발행회사에 대하여 권리를 행사할 수 있다.[42]

그간 주주총회의 의결정족수를 확보하기 위해 주권발행회사가 예탁결제원에 실질주주의 의결권을 행사할 수 있도록 하는 중립적 투표(shadow voting)제도는 전자투표제도가 도입됨에 따라 폐지되었다.

V. 실질주주증명서제도

주주명부폐쇄기간 또는 기준일을 설정하지 않을 경우 실질주주명부가 작성되지 않으므로 실질주주가 소수주주권 등 개별적으로 주주권을 행사하고자 할 경우 예탁주식을 반환받아 주주명부에 자기명의로 명의개서를 해야 하는 등 권리행사가 복잡해지고 주권을 분실할 위험도 발생하게 된다. 이러한 문제를 해결하기 위해 실질주주증명서를 발급함으로써 이를 보유하는 자는 주주명부상에 명의개서를 하지 않아도 직접 주주권을 행사할 수 있는바, 이를 실질주주증명서제도라 한다.

예탁결제원은 예탁자 또는 그 투자자가 주주로서의 권리를 행사하기 위하여 증권 등의 예탁을 증명하는 실질주주증명서의 발행을 신청하는 경우 총리령으로 정하는 방법에 따라 이를 발행하여야 한다. 이 경우 투자자의 신청은 예탁자를 거

---

42) 주주명부에 주주로 기재된 자와 실질주주명부에 실질주주로 기재된 자가 동일인이라고 인정되는 경우에는 주주로서의 권리행사에 있어서 주주명부의 주식수와 실질주주명부상의 주식수를 합산하여야 한다(「자본시장법」 제316조).

쳐야 하며 예탁결제원은 실질주주증명서를 발행한 경우 해당 주식의 발행인에게 그 사실을 지체없이 통지하여야 한다. 예탁자 또는 그 투자자가 실질주주증명서를 발행인에게 제출한 경우 주주명부에 기재된 것과 동일한 효력이 발생한다.

VI. 실질수익자제도

투자신탁의 수익증권은 예탁결제원을 통하여 일괄예탁하는 방법으로 발행되므로 투자자는 수익증권을 직접 보관하지 않고 투자신탁 설정시부터 판매회사를 통하여 예탁결제원에 예탁된다. 따라서 주식과 마찬가지로 예탁수익증권의 실질수익자에 대하여 수익자로서의 법적 지위를 부여하고 발행인인 투자신탁재산을 운용하는 금융투자업자에 대하여 직접 권리를 행사할 수 있게 할 목적으로 도입된 것이 실질수익자제도이다. 실질수익자란 투자신탁의 투자자가 수익증권을 예탁결제원에 예탁하여 수익자명부상 예탁결제원이 수익자로 등재된 경우 그 예탁수익증권의 실질적인 수익자를 의미한다. 실질수익자명부의 작성, 실질수익자증명서의 발행, 실질수익자의 권리행사 방법 등은 실질주주제도와 동일하다.[43]

VII. 명의개서대행제도

주식과 사채를 취득한 자가 주주명부나 사채원부에 자신의 이름과 주소 등 필요한 사항을 기재하지 아니하면 회사에 대하여 대항할 수 없는바, 이와 같이 주주명부나 사채원부의 주식이나 사채의 취득자 명의를 기재하는 것을 명의개서라 한다. 주주·사채권자의 확정을 위한 주주명부·사채원부에의 기재,[44] 보관 등 명의개서와 관련된 업무는 번잡할 뿐만 아니라 별도의 인력·설비 및 시간을 투자해야 하기 때문에 발행회사에 많은 부담이 될 뿐만 아니라 주주·사채권자 입장에서도

---

43) 투자회사와 마찬가지로 투자신탁의 경우도 연기수익자총회(법 제190조 ⑦)가 인정되므로 예탁결제원의 shadow voting은 인정되지 않는다.

44) 주주명부에는 주주의 성명과 주소, 각 주주가 가진 주식의 종류와 수, 주권의 번호, 각 주식의 취득 연월일을 기재해야 하고 사채원부에는 사채권자의 성명과 주소, 채권의 번호, 각 사채의 취득 연월일을 기재해야 한다.

명의개서를 위해 회사마다 청구해야 하는 불편함이 있다.

따라서 이러한 업무를 전문으로 하는 회사에 이를 위임하게 되면 명의개서업무를 보다 효율적으로 처리할 수 있다. 명의개서는 주식 또는 사채를 양수한 자가 회사에 청구함으로써 회사가 하는 것이 원칙이지만 정관이 정하는 바에 따라 명의개서 대리인을 둘 수 있으므로 명의개서 대행회사가 회사를 대신하여 명의개서를 대행할 수 있다. 증권의 명의개서를 대행하는 업무를 영위하려는 자는 금융위원회에 등록을 해야 한다. 현재 예탁결제원, 하나은행, 국민은행이 명의개서 대행업무를 겸영업무로서 취급하고 있다.

2011년 「상법」 개정으로 주식과 사채의 무권화제도 및 전자등록제도가 도입되어 전자등록부를 주주명부·사채원부로 보게 되어 주권과 사채권을 발행하지 않고 전자등록기관에 등록만 하면 증권을 소지하지 않고도 권리의 양도, 담보의 설정 및 권리행사가 가능하게 된다. 전자등록부에의 기재가 주식·사채양도의 대항요건이 되어 별도의 명의개서도 필요하지 않게 되기 때문이다.

제12장 　장내파생상품시장

제 1 절 　파생상품의 의의와 경제적 함의

Ⅰ. 파생상품과 금융공학

파생상품(derivatives)이란 기초자산을 대상으로 한 매매예약계약이다.

「자본시장법」은 파생상품 자체를 정의하는 대신 파생상품의 기본적 구성 요소인 선도(forwards), 옵션(options), 스왑(swaps)에 대해 정의하고 파생상품을 '선도, 옵션, 스왑 등의 어느 하나에 해당하는 계약상의 권리'라고 정의하는 기본구성요소방식(Building Block Approach)을 채택하고 있다(제5조 ①). 이는 어떠한 파생상품이든 간에 그 기본구성요소는 선도나 옵션으로 이들의 다양한 결합(combination)으로 창출되기 때문이다.

동 법은 파생상품 기초자산(underlyings)의 범위를 '금융투자상품, 통화, 일반상품, 신용위험, 그 밖에 자연적·환경적·경제적 현상 등에 속하는 위험으로 합리적이고 적정한 방법에 의해 가격·이자율·지표·단위의 산출이나 평가가 가능한 것'으로 포괄적으로 정의하고 있다(제4조 ⑩).

파생상품은 다시 거래소 등 정형화된 시장에서의 거래 여부에 따라 장내파생상품(exchange-traded derivatives)과 장외파생상품으로 분류한다. 즉, 거래소 시장에서 거래되는 선물과 옵션을 장내파생상품으로 그리고 거래소 밖에서 거래되는 선도, 옵션 및 스왑을 장외파생상품으로 분류하고 있다.

최근 범세계적으로 진행되는 금융혁신, 금융통합 등 국제금융의 신질서는 많은 금융상품들이 명멸해 가는 과정을 연속해 가고 있다.

이러한 금융상품들을 일일이 다 소개하는 것은 실로 어려운 일이나 대체로 발생요인에 따라 그 유형을 구분하여 보면 ① 이자율변동위험, 환율변동위험, 투자수익의 변동위험 등 위험관리성 상품, ② 증권화로 대변하는 유동화 상품, ③ 규제환경의 변화에 대처하기 위한 규제회피성 상품, ④ 기술혁신과 정보혁명을 바탕으로 한 경로혁신성 상품, ⑤ 선물, 옵션, 스왑 등 파생증권의 결합을 통해 고객의 다양한 욕구(needs)에 부응하려는 금융공학(financial engineering)성 상품 등으로 구분해 볼 수 있다.

금융공학이란 전통적인 재무관리나 금융기법에 비해 보다 높은 수리와 기술을 이용하는 것을 총칭하는 것이다. 금융공학은 기업금융, 세무, 법무관리 등을 종합적·기동적으로 관리한다는 의미에서 오래전부터 사용되어 온 용어로 최근에 들어 선물, 옵션, 유동화증권 등 파생증권의 이용으로 새로운 인식을 받게 되었다.[1]

최근 논의되고 있는 금융공학의 주된 내용을 보면 선물, 옵션, 스왑 등 파생증권과 포트폴리오의 기동적인 재구성(dynamic allocation) 그리고 자산유동화 등을 통해 위험을 보다 적게 하거나 주어진 위험에서 보다 높은 수익을 기대케 하는 재무관리기법의 개발과 다양한 투자자의 욕구에 부응할 수 있는 현금흐름(cash flow)을 갖는 금융상품의 개발 등이 주종을 이루고 있다.

이와 같은 발전은 고도의 금융기법과 전자·통신기술의 발달을 바탕으로 한 금융경로(financial process)상의 혁신적인 발전에 의해 가능해진 것이다. 최근에 자산부채관리(asset liability management)에서 많이 소개되는 공학적인 재무관리기법이나 금융상품 기본구성요소의 다양한 결합(combination of building blocks)을 통한 신금융상품의 개발 등이 그 예들이다.

이와 같은 금융기술(financial technology), 즉 금융공학의 발전은 위험을 일정 수준으로 관리하면서 더 높은 수익을 추구하는 투자기법(enhanced index)을 개발하는

---

1) S. Eckl, J. N. Robinson and D. C. Thomas, *Financial Engineering*, Basil Blackwell, 1991, pp. 1~10.

등 기존의 위험과 수익의 트레이드-오프(trade-off)를 갖는 투자기회선(efficient frontier)
을 보다 좌상방향으로 이동시키고 있고 주식, 채권, 외환 등의 기초자산과 이들을
대상으로 하는 선물, 옵션, 스왑 등의 파생계약 그리고 자산유동화 기법 등을 정교
하게 결합함으로써 이들 세부시장들간의 연계성을 확대하여 금융시장의 통합을 가
속화시키고 있다.[2] 이에 따라 금융기관들은 기업이나 투자자들에게 보다 적은 위
험으로 높은 수익을 보장하거나 보다 저렴한 비용과 신축적인 방법으로 자금을 제
공할 수 있게 되었다.

그러나 난해한 수리를 이용한 다단계의 분할·통합과정을 거친 파생계약이 결
합된 합성증권(synthetic security)이 창출되는 등 지나치게 복잡한 구조로 인해 상품의
투명성이 낮고 실질가치와 동떨어지는 경우가 많아 이에 대한 감독이나 시장규율
이 어려운 점 등이 문제점으로 지적되고 있다. 최근 미국의 비우량주택대출(sub-
prime mortgage lending)의 부실과 이를 기초자산으로 한 파생상품들로 인해 촉발된
금융위기가 전세계적인 금융위기로 파급된 것이 그 예이다.

이러한 현상을 두고 금융공학이 최근 금융위기의 한 원인을 제공하였다는 주
장과 함께 이로 인해 앞으로 금융공학이 상당기간 위축될 것이라는 시각도 있다.
그러나 금융위기를 초래한 것은 이를 남용한 인간의 지나친 탐욕과 이를 방조한
시스템에 있는 것이지 금융공학 그 자체는 아니다. 금융공학은 금융상품과 금융시
장에 대한 분석과 예측을 위한 하나의 도구일 뿐 그 자체로는 가치중립적(value
free)이기 때문이다.

따라서 앞으로도 금융공학은 보다 과학적이고 실용적인 학문으로서 금융시장
의 발전에 기여할 것이다. 문제는 금융시장의 과도한 탐욕을 막을 수 있는 적절한
규제체계의 확립과 금융공학을 활용하는 자들의 윤리의식을 제고하는 데 있다고
할 것이다. 특히 파생상품이나 구조화상품에 대한 감독시스템의 강화와 감독기술
의 향상이 중요하며 이를 위해서는 시장에 보다 밀착하여 정보를 수집하는 모니터
링과 이를 분석·평가하는 전문적인 지식과 기술을 갖춘 우수한 인력의 양성이 시
급하다고 하겠다.

---

2) C. W. Smith, Jr. and C. W. Smithson, ed., *The Handbook of Financial Engineering*, Harper
& Row, 1991.

II. 파생상품시장의 경제적 기능

1. 시장의 효율성

효율적 시장은 정보가 충분하고 신속하게 시장에 반영되는 상태, 이른바 가격효율성(pricing efficiency)과 정보효율성(informational efficiency)이 이루어지는 시장을 말한다. 선물이나 옵션 등 파생상품시장에는 보다 많은 이익을 얻기 위해 정보를 수집하고 평가하는 전문적 투기자가 존재함으로써 보다 많은 정보가 시장에 신속하게 유입되어 가격에 반영됨으로써 시장의 효율성을 증대시킨다.

선물거래는 기초자산보다 유동성(liquidity)3)이 높아 이들의 거래가 가져다 주는 정보는 매우 정확하고 시장에 보다 신속하게 전파되어 가격발견기능(price discovery)을 제고시킨다. 특히 선물거래는 금리, 환율, 주가 등 금융자산가격의 기대치에 관한 정보를 제공할 뿐만 아니라 다양한 리스크를 가격화하여 이들의 가격이 경제적 본질가치(economic fundamentals)를 보다 정확하게 반영하게 한다.

옵션 또한 기초증권과의 차익거래를 통해 양 가격이 적절하게 조정되며 옵션시장 내에서도 행사가격 또는 만기가 서로 다른 옵션 시리즈간에 가격이 높은 옵션은 매도하고 가격이 낮은 옵션은 매수하는 스프레드(spread)거래에 의해 옵션의 가격은 균형을 이루게 된다. 이와 같은 차익 및 스프레드거래는 기초증권 및 옵션시장의 가격 효율성을 증대시키고 포트폴리오관리자와 헤저로 하여금 그들의 포지션을 신속하고 저렴한 비용으로 조정할 수 있게 한다.

2. 위험관리

파생상품은 기초자산을 조합하는 것보다 훨씬 낮은 비용으로 다양한 현금흐름을 구성할 수 있게 하여 딜링, 헤징, 투기거래의 기회를 확충함으로써 투기자

---

3) 유동성이 높다는 것은 원하는 거래를 용이하게 성립시킬 수 있는 것을 말하며 일반적으로 거래비용이 낮을수록 유동성이 높다. 여기서 거래비용이란 명시적 비용(explicit cost)과 잠재적 비용(implicit cost)을 포함한다. 전자는 거래에 수반되는 수수료, 금융비용, 세금 등과 같은 명시적인 비용을 말하고 후자는 호가스프레드(bid-ask spread)나 시장마찰비용(market impact cost) 등과 같은 비명시적인 기회비용을 포함한다. 시장마찰비용이란 비효율적인 거래결제시스템이나 시장규제 등으로 인해 실제매매과정에서 정확하게 당초의 의도대로 거래를 성립시킬 수 없는 위험에 따른 비용을 말한다.

(speculator)에게는 보다 많은 투기기회를 제공하고 헤저(hedger)에게는 기초자산의 가격변동위험을 회피할 수 있는 기회를 제공한다. 파생상품은 또한 미래 기초자산의 가격에 대한 예측기능을 가지고 있으므로 기초자산의 수요와 공급을 조절해 주는 기능을 갖고 있다. 예컨대 선물시장에서 관측된 가격, 즉 예측된 기초자산의 가격에 따라 생산자나 수요자는 생산량이나 비축량을 조절할 수 있기 때문에 보다 안정적인 경영을 영위할 수 있게 된다.

파생상품은 기초자산에 내재되어 있는 위험을 분해(unbundle)하여 거래하거나 필요한 것만을 재결합(rebundle)하여 거래할 수 있게 함으로써 위험성향(risk tolerance)이 다른 다양한 투자자들의 기호를 만족시켜 줄 수 있다. 물론 이와 같은 거래를 가능하게 한다고 해서 사회전체적으로 위험의 양이 줄어드는 것은 아니다. 그러나 이러한 거래를 통해 한 경제주체가 감내할 수 없는 위험을 다른 경제주체들이 각자의 선호체계에 맞는 위험으로 분해하여 분담함으로써 사회전체적으로 위험의 적정배분을 통해 완성시장에 보다 가까워질 수 있다.

3. 포트폴리오관리

파생상품은 포트폴리오를 구성하는 기초자산의 변경 없이 포트폴리오의 위험이나 기대수익 등 포트폴리오의 성격을 바꿀 수 있다. 포트폴리오재구성(portfolio rebalancing) 등이 그것이다. 일례로 현물자산의 만기를 연장(단축)하고자 할 경우 현물자산의 만기를 인도일로 하고 연장(단축)하고 싶은 기간에 해당하는 선물자산을 매입(매각)하면 된다. 파생상품거래는 여러 금융시장에 걸쳐 투자 및 차익거래를 용이하게 하여 국내외적으로 자산의 대체성을 제고하여 각 경제주체의 자금조달 및 운용상의 제약을 완화할 수 있게 한다.

4. 파생상품시장의 역기능

이와 같이 파생상품거래는 그 경제적 기능면에서 긍정적인 측면을 가지고 있는 한편 다음과 같은 부정적인 측면도 제기되고 있다.

① 거래절차가 복잡함에 따라 거래와 관련된 리스크를 파악하기가 어려울 가능성이 있다.

② 통상적인 경우의 파생상품을 이용한 헤지거래는 금융시장의 효율성을 제고하나 다수의 시장참가자가 동시에 일방적인 헤지거래를 할 경우에는 가격변동폭

을 증폭시켜 금융시장의 안정성과 유동성을 오히려 위축시킬 우려도 있다.

③ 각국 금융시장의 연계성이 증대됨에 따라 어느 한 시장의 불안이 금융시스템전체의 혼란으로 파급될 가능성이 있다.

④ 파생상품시장이 활발해질 경우 기초증권(underlying security)시장이 상대적으로 위축되지 않겠느냐 하는 우려도 있다.

⑤ 파생상품시장의 규모가 작고(thin market) 효율적인 운영체계가 갖추어지지 못한 상태에서는 동 거래의 높은 레버리지효과가 투기 및 독점을 유발시켜 급격한 가격변화를 초래하고 가격조작, 담합행위 등이 성행하여 시장을 투기장화하게 되며 이와 같은 혼란이 기초증권시장에까지 파급되어 전체시장의 실패(market failure)를 가져올 우려도 있다.

⑥ 금리변동 등에 대한 경제주체들의 대응수단이 다양해짐에 따른 중앙은행의 독립적인 통화정책수행의 어려움이 예상된다. 그러나 이 점에 대해서는 파생상품거래가 중앙은행이 발하는 신호에 대해 각 경제주체들이 신속하게 반응할 수 있도록 도와주므로 중앙은행의 정책신뢰도가 높을 경우 중앙은행의 정책효과를 더욱 강화시켜 줄 수 있다는 주장도 있다.

제 2 절 　선물시장

Ⅰ. 선물거래의 역사

선물거래는 원래 선도거래(forward transaction)에서 비롯되었다. 선도거래의 기원은 11~13세기의 십자군전쟁으로 거슬러 올라간다. 십자군원정 이후 중동, 북아프리카 등지에서 생산된 물품이 유럽에 유입되면서 교역물품의 종류와 규모가 크게 증가하였다. 당시에는 현물거래가 대종을 이루었으나 매매당사자간에 작성된 계약문서가 물품인도 전에 제3자에게 거래되면서 선도거래의 형태가 나타나게 되었다.

이후 선도거래가 활발해지면서 이를 중개하던 브로커들이 가격변동위험을 부담하는 딜러의 기능을 수행하게 되었고 이들은 다양한 선도거래의 유형화의 필요성을 인식하고 거래대상 물품의 표준화 및 등급화를 추진하게 되었는바, 이것이 선물거래의 효시라고 할 수 있다. 이후 선물거래는 세계적인 물품교역의 확대로 증대되어 왔으나 근대적 의미에서의 선물거래는 시카고거래소(CBOT: Chicago Board of Trade)가 1865년부터 곡물 선물거래를 개시하면서부터 주로 상품선물거래 위주로 본격적으로 발전되기 시작하였다.

금융선물거래는 1970년 초까지는 제대로 형성되지 못하였으나 1972년 고정환율제를 지탱하던 브레튼우즈체제가 붕괴되어 변동환율체제로 이행되고 금융혁신으로 금리자유화가 급진전됨으로써 환율, 금리 등 금융상품의 가격변동이 커짐에 따라 주요 선물거래소에서 금융선물거래를 취급하고서부터 급성장하기에 이르렀다. 1972년 시카고상업거래소(Chicago Mercantile Exchange)4)에 통화선물이, 1973년 시카고옵션거래소(Chicago Board of Options Exchange)가 설립되면서 주식옵션이 상장되었다. 주가지수옵션은 1982년 캔사스시티상품거래소(Kansas City Board of Trade)에 최초로 상장된 이래 단시일 내에 급속하게 성장하면서 이후 전세계의 거래소에도 상장되기에 이르렀다.

이 밖에도 다양한 가격지수를 대상으로 하는 선물 및 옵션거래가 도입되고 있다. 2006년 5월 미국 시카고상업거래소는 주택가격 변동에 따른 위험 헤지와 투기적 거래 수요에 부응하고 주택거래와 관련된 거래비용의 절감과 부동산 자산의 유동화 촉진 등을 위해 미국 주요 10개 도시 주택을 대상으로 하는 주택가격지수의 선물 및 옵션을 상장하여 거래를 개시하였다.

금리관련 파생상품은 1980년대 초 금리스왑거래를 필두로 선도금리계약과 장내외의 금리옵션상품 등이 등장하였으며 이후 변형옵션, 신용파생상품, 구조화채권(structured note) 등 수많은 신종 파생상품들이 개발되고 있다.

우리나라의 선물거래의 이용은 제1차 석유파동으로 인한 국제원자재가격의 급격한 파동을 계기로 주요 원자재의 안정적인 확보를 위해 1974년 12월 대통령령인 「주요물자해외선물관리규정」에 의거 주요물자의 해외선물거래가 허용된 데서 비롯한다.

해외금융선물거래는 1987년 10월 당시 국제적으로 환율과 금리변동이 심하여 위험관리수요가 증대됨에 따라 외국환은행을 중개회사로 하여 장내금융선물인 통

---

4) 2007년 7월 미국 최대의 선물거래소인 CME는 시카고상품거래소(CBOT: Chicago Board of Trade)를 매수하여 독일의 유럽선물거래소(EUREX)를 제치고 세계 최대의 선물거래소로 탄생하였다.

화선물, 금리선물과 장외금융선물인 선도금리계약, 스왑 등을 대상으로 허용되었으며 1992년에는 주가지수선물이 대상품목에 포함되었다.

국내선물거래는 1996년 5월부터 한국증권거래소에 주가지수선물시장과 1997년 7월부터 주가지수옵션시장을 개설하였다. 한편 1995년 12월 일반 상품, 금융상품 및 지수의 선물거래를 위한 「선물거래법」이 제정되어 1999년 4월부터 부산에 선물거래소를 개설하여 일차적으로 미국달러선물 및 동 옵션, CD금리선물, 금선물 등이 상장되고 동년 9월에는 3년국채선물이 상장되었으며 2001년 이후 코스닥지수를 대상으로 하는 코스닥50선물과 3년 국채선물옵션이 상장되었다. 개별주식을 대상으로 하는 옵션은 2002년에 그리고 개별주식을 대상으로 하는 주식선물은 2008년에 한국거래소에 도입되었다.

우리나라의 주가지수선물거래, 주가지수옵션거래 및 국채선물거래는 시장개설 이래 지속적으로 증가하여 거래량 면에서 이미 세계적인 수준에 이르고 있다. 그러나 기관투자가의 거래비중이 크고 헤지나 차익거래가 많은 선진국과는 달리 우리나라의 경우 개인투자자들의 비중이 크고, 특히 이들이 주로 투기거래 중심으로 거래를 하고 있다는 취약성을 갖고 있다.

II. 선물거래와 선도거래

현물거래(spot transaction)는 거래당사자가 현재 매매계약의 체결과 동시에 그 계약을 이행하는 것임에 비해 선물거래(futures transaction)는 거래당사자가 매매계약은 현재에 체결하되 계약의 이행은 현재의 계약조건으로 미래의 특정시점(value date)에 행하는 매매예약거래를 말한다.

선물거래와 선도거래는 매매예약거래라는 면에서 그 기능이 같으나 계약체결 및 이행방법, 계약의 신축성 및 유동성 등의 측면에서 다음과 같은 차이점이 있다.

① 선물거래는 거래단위, 결제시기, 결제장소 등 계약조건이 표준화되어 있는 반면 선도거래는 매매당사자의 계약에 따라 거래조건이 다양하다.

② 선물거래는 거래소란 조직화된 시장에서 주로 전산매매의 형식으로 이루어지는 데 반해 선도거래는 당사자간의 개별적인 쌍무계약(bilateral contract)에 따라 이루어진다.

표 12-1	선물거래와 선도거래	
	선물거래	선도거래
거래방법	공개경쟁매매방식	거래당사자가 직접계약
경제적 기능	연속적 헤징기능	불연속적 헤징기능
시장형태	조직화된 거래소	장외거래
시장성격	완전경쟁시장	불완전경쟁시장
시장참가자	제한 없음	실수요자중심
가격형성	매일 형성	계약시 단 한번 형성
거래조건	표준화되어 있음	당사자계약에 따름
계약이행	대부분 실물의 인도 없이 반대거래에 의해 이루어짐	대부분 실물의 인도에 의해 이루어짐
이행보증	결제회사가 보증	거래당사자의 신용도에 좌우
증 거 금	개시증거금을 납부하고 계약이행 이전까지 유지증거금 이상을 유지	거래시 필요에 따라 징수(딜러나 브로커가 고객별 신용한도를 설정하거나 담보금 예치를 요구)
가격변동제한	일일 최대변동폭 제한 있음	제한 없음
매매가격	매입(bid), 매도(ask)가격, 동시고시(two way)	특정단일가격에 의해 매입 및 매도

③ 계약불이행위험의 감소라는 측면에서 선물거래는 선도거래에 비해 두 가지 안전장치를 가지고 있다. 그 하나는 선물거래는 거래자 사이에 청산소(clearing house)[5]가 개입하여 동기관이 양 거래의 당사자가 되어 계약의 이행을 보증하는데 반해 선도거래는 이러한 제도적 장치가 없이 당사자의 신용에 의존한다. 다른하나는 일일정산(daily settlement)제도인바, 이는 고객의 미결제포지션을 매일 매일의정산가격(settlement price)으로 재평가하여 선물거래의 손익을 정산하는 제도이다.

선물거래는 선물계약의 가격변동에 따른 정산이 증거금계정(margin account)을통하여 매일단위로 실현(daily cash settlement)되기 때문에 선물거래는 연속되는 선도거래로서의 헤지기능을 갖는다. 즉 선물거래는 어제의 선도거래가 오늘 결제되고다시 내일을 만기로 하는 새로운 선도거래가 체결되는 1일물의 형식을 취하게 되어 결제불이행위험이 거의 없게 된다.

---

5) 청산소는 선물의 매입자와 매도자 각각의 상대방이 되어 거래의 이행보장, 일일정산, 청산 및 현물인수 등 거래의 종료시까지 계약에 대한 모든 관리기능을 담당한다.

④ 선물거래는 계약의 만기 이전이라도 반대매매(reverse trade)를 통하여 계약의 해지가 가능하나, 선도거래는 당사자의 합의 없이는 원칙적으로 계약의 만기 전 해지가 불가능하다.

⑤ 일반적으로 선도거래는 계약의 만기시점에 가서 물건의 인도와 대금결제가 이루어지나, 선물계약은 물건의 실제인도가 이루어지거나 최종거래일에 가서 결제하는 경우는 극히 드물고 최종거래일 이전에 반대매매에 의해 대부분의 포지션을 청산(offset)하여 차금만을 결제하는 차금거래가 대부분이다.

⑥ 선물계약은 거래소에서 매일 거래가 되므로 계약 자체의 유동성이 커 자유로이 선물계약의 매입 또는 매도를 통하여 투기 또는 헤지를 할 수 있는 데 비해, 선도계약은 당사자간의 계약에 불과하기 때문에 이와 같은 기능이 약하다.

III. 선물거래와 현물거래

선물시장이 현물시장에 영향을 미치는가에 대한 논의는 크게 선물가격의 변화가 현물가격의 변동성(volatility)을 증가 또는 감소시키는가와 선물가격이 현물가격의 변화를 선행하는가로 집약된다. 이에 대해서는 수많은 이론적 실증적 연구결과가 있으나 아직 통일적인 결론은 없다.

먼저 선물시장이 현물가격의 변동성을 감소시킨다는 논리는 이른바 투기의 안정화효과 이론이 대표적인 예이다.[6] Friedman은 시장에서 투자자간 주문흐름이 균형을 이루지 못하여 균형가격에서 이탈하는 경우 정보력이 우월한 투기자(well informed speculator)가 선물과 현물간의 차익거래를 위해 신속하게 개입하여 현물시장의 유동성을 증대시키고 가격변동성을 감소시킨다고 한다. Turnovsky와 Danthine 등도 선물시장이 제공하는 정보기능으로 인해 현물시장의 변동성을 감소시킨다고 주장한다.[7]

Danthine은 특히, 선물시장이 제공하는 정보가 생산량의 수급을 조절함으로써 현물시장에서의 과도한 투기를 안정화(stabilizing speculation)시키는 효과가 있다고

---

6) Friedman, M., "The Case of Flexible Exchange Rates," *Essays in Positive Economics*, University of Chicago Press, Chicago, 1953.

7) Turnovsky, S. J., "Futures Markets, Private Storage, and Price Stabilization," *Journal of Public Economics* 12, 1979, pp. 301~327.

주장한다.[8]

반면에 선물시장의 존재가 현물시장의 가격변동성을 확대시킬 것이라는 주장은 선물시장에는 새로운 정보가 신속하게 전달되므로 선물시장에서 인식된 정보가 기초증권시장에 유입될 경우 과민하게 반응할 것이라는 견해와 선물을 이용한 프로그램 트레이딩이 정보효과[9] 등을 통해 기초증권시장의 가격변동성을 확대한다는 견해가 그것이다.

이에 대해서는 시장의 크기나 운영체계에 따라 상반된 결과가 제시되고 있다. 1979년 미국 재무부와 연방준비제도이사회에서 국채선물시장을 중심으로 금융선물시장이 현물시장에 미친 영향에 대한 공동 조사결과에 따르면 선물시장은 현물시장에 중립 내지 안정적 효과를 가지고 있으며, 특히 금리선물시장은 현물포지션의 헤지수단을 제공하거나 차익거래를 활발하게 함으로써 국채시장의 유동성을 증대시켜 가격의 안정에 기여한다고 기술하고 있다.

이에 반해 일본 대장성의 자문기관의 보고서에 의하면 현물시장이 두텁지 못해 거래량이 충분하게 크지 못하고 선물시장이 효율적이고 경쟁적으로 운영되지 못해 현물과 선물시장간의 차익거래가 원활하지 못할 경우 선물가격이 현물가격의 교란요인이 될 수 있음을 지적하고 있다. 그러나 최근 일본도 선물시장의 도입 이후 현물시장의 가격변동성이 감소하였다는 조사보고도 있다.

선물가격수준이 현물가격수준에 영향을 미치는가는 이른바 소위 꼬리(선물)가 몸통(현물)을 움직이는 효과(tail wagging effect)가 있느냐는 것이다. Fleming 등은 현물시장의 투자자들이 선물시장의 동향에 추종하여 매매하는 경향이 많아 선물시장이 현물시장을 선행(lead)한다고 주장하고 있다. 이들은 그 이유로 현물시장에 비해 낮은 거래비용과 풍부한 유동성으로 인해 선물시장의 투자자들이 새로운 정보에 보다 신속하게 반응한다는 점을 든다.[10]

---

8) Danthine, J., "Information, Futures Price, and Stabilizing Speculation," *Journal of Economic Theory* 17, 1978, pp. 79~98.

9) 프로그램매매의 정보효과란 프로그램매매의 주요내용인 지수차익거래(index arbitrage transaction)와 포트폴리오보험(portfolio insurance)전략은 합성증권(synthetic security)과 같은 성격으로 인해 시장의 불안정성을 증폭시킨다는 것이다. 합성증권은 실제증권에 비해 가격이 명시적이지 못하고, 따라서 가격메커니즘의 작동이 덜 효율적이므로 기초증권의 가격움직임에 따라 잠재화된 대량의 수급이 일시에 현재화되어 현물시장의 불확실성을 증대시킨다는 것이다.

10) Fleming, J., B. Ostdiek, and R.E. Whaley, "Trading Costs and the Relative Rates of Price Discovery in Stock, Futures and Options Markets," *Journal of Futures Markets* 4, 1996, pp.

이는 결국 실증적인 문제로 미국시장을 대상으로 한 검증에서 이를 뒷받침하는 실증분석결과가 발표되고 있어 선물시장이 현물시장의 유동성과 정보효율성 증대에 기여하고 있는 것으로 판단되고 있다.[11]

제 3 절 옵션시장

I. 옵션의 의의

옵션(option)이란 미리 약정된 조건으로 일정한 기간을 정하여 일정한 자산을 사거나 팔 수 있는 선택권부 권리를 말한다. 여기서 자산이라 함은 주로 주식과 같은 증권을 의미하나 이 밖에 가치의 변동을 수반하는 어떠한 대상일 수도 있다. 이때 옵션의 약정대상이 되는 자산을 기초자산(underlying asset)이라 하며, 기초자산을 그 시장가격에 관계없이 매입 또는 매각할 수 있는 가격을 행사가격(exercise price)이라고 한다.

옵션이란 옵션보유자가 그 대상자산, 즉 기초자산을 행사가격으로 언제든지 사거나 팔 수 있는 권리를 보유하나 선물과는 달리 반드시 그 자산을 사거나 팔아야 하는 의무를 수반하는 것은 아니다. 다시 말하면 옵션이란 권리를 가진 자는 자기에게 유리할 경우에 그 권리를 행사하나 불리할 경우에는 행사할 의무가 없는 것이다.

옵션은 약정조건에 따라 콜옵션(call option)과 풋옵션(put option) 그리고 미국형 옵션(American option)과 유럽형 옵션(European option)으로 나눌 수 있다. 콜옵션은 미리 약정된 조건으로 약정된 자산을 매입할 수 있는 권리이고 풋옵션은 매각할 수 있는 권리이다. 콜옵션은 기초자산의 가격이 상승하여 행사가격보다 높을수록 그 가치가 커지고 반대로 풋옵션은 기초자산의 가격이 하락하여 행사가격보다 낮아질수록 그 가치가 커진다. 따라서 콜옵션을 매입하거나 풋옵션을 매각한 자는 앞으

353~387.

11) J. Finnetry and H. Y. Park, "Stock Index Futures: Does the Tail Wag the Dog," *Financial Analysis Journal*, 1987.

로 기초자산의 가격이 상승하리라고 예상한 자이고, 기초자산의 가격이 앞으로 하락하리라고 예상한 자는 콜옵션을 매각하거나 풋옵션을 매입하게 될 것이다.

미국형 옵션은 만료일(maturity date) 이내이면 이와 같은 권리를 언제든지 행사할 수 있는 옵션이고, 유럽형 옵션은 만료일에 한해 권리를 행사할 수 있는 옵션이다. 따라서 다른 조건이 같을 경우 옵션을 행사할 수 있는 기회가 많은 미국형 옵션의 가치가 유럽형 옵션의 가치보다 높은 것은 당연하다. 우리나라에서 거래되고 있는 모든 옵션은 유럽형을 선택하고 있다.

옵션의 조기 권리행사를 허용하는 경우 주가 급변동시 시장에 매도 또는 매수 압력이 가중될 수 있고 옵션매도자가 조기권리에 따른 배정을 회피하는 속성을 반영한 것이다. 그러나 투자자에게 다양한 선택의 기회를 주고 시장의 유동성을 증대시킨다는 점에서 앞으로 미국형 옵션의 도입이 이루어질 가능성이 높다.

II. 옵션의 종류

옵션은 옵션의 대상이 되는 기초자산에 따라 주식옵션, 금리옵션(채권 및 예금옵션), 통화옵션 및 선물옵션 등과 같이 기초자산이 금융자산인 금융옵션, 원유 등과 같이 기초자산이 실물자산인 실물옵션 그리고 기초자산이 구체적인 자산이 아닌 특정지수(index)를 대상으로 하는 지수옵션(index option) 등이 있다. 지수옵션의 대상이 되는 지수로는 주가지수, 채권지수, 상품지수 그 밖에 통화관련지수 등이 있는데 주가지수가 가장 일반화되어 있다.

주식옵션은 특정 기일 또는 일정기간 내에 약정가격(exercise price)으로 특정 주식을 사거나 팔 수 있는 권리를 말한다. 주식옵션은 2002년 개설 초기에는 거래가 많았으나 이후 계속 거래가 부진하여 2005년 9월 실물결제에서 현금결제로 결제방식을 바꾸고 거래대상 종목도 7개에서 30개로 늘리는 등 거래를 활성화시키는 조치를 취하였으나 주식옵션과 성격이 유사한 주식워런트증권과 상장지수펀드, 주식연계증권 등 장외파생상품의 등장으로 여전히 거래가 위축되어 있는 상태이다. 특히 주식옵션의 경우 매도·매수 투자자들이 호가하는 가격차이가 너무 커서 거래체결이 쉽지 않은 데 비해, 주식워런트증권의 경우 발행자인 금융투자회사가 유동성공급자(LP: liquidity provider)가 되어 해당 종목에 대해 상시 매도·매수 호가를 제시해 시장조성을 함으로써 거래를 활성화시켜 주고 있다.

통화옵션(currency options)이란 일정기간 내에 일정한 가격(exercise price)으로 특정 통화의 특정량을 사거나 팔 수 있는 권리를 말한다. 통화옵션이 이용되는 목적은 여타 옵션과 마찬가지로 상대적으로 적은 금액(premium)을 투자하여 많은 환차익을 얻자는 일면도 있으나 이보다는 환율변동위험을 헤지하는 데 많이 이용된다.

금리옵션(interest rate options)은 기초자산이 금리자산, 즉 채권이나 예금인 옵션을 말한다. 금리옵션은 이자율변동위험을 헤지하는 데 주로 이용된다.

선물옵션은 기초자산이 선물인 옵션을 말한다. 옵션은 권리를 행사할 수 있는 기간이 장래라는 점에서 그 자체로 선물거래의 성격을 띠고 있다. 선물옵션(futures option)은 옵션의 행사에 의해 현물의 매매를 수반하는 현물옵션거래와는 달리 옵션의 행사가 선물계약의 체결을 의미하는 이른바 선물의 선물이라고도 할 수 있다. 선물옵션이 도입된 주된 목적은 헤지기능에 이중의 안정장치를 마련하려는 것이나 근래에는 한정된 리스크의 범위 내에서 투기를 할 수 있는 대상이 되고 있다.

선물옵션은 옵션의 대상이 되는 기초자산의 종류에 따라 통화선물옵션, 금리선물옵션, 주가지수선물옵션 등 금융선물옵션이 대표적이며 이 중에서도 주가지수선물옵션이 최근에 들어 급속히 신장하고 있다.

투자자들이 이들 옵션거래에 관심을 갖고 이용하게 되는 것은 투기자에게는 레버리지효과에 의해 높은 기대수익을 제공해 줄 수 있을 뿐 아니라 위험을 관리하고자 하는 일반투자가들에게는 기초자산(주식, 채권, 통화 등)의 불리한 가격변동에 대비한 헤지수단을 제공하기 때문이다. 예컨대 투자가들이 주식을 매입하고자 할 경우 주가하락에 대비하기 위하여는 풋옵션을 매입하고, 주식공매(short sale)의 경우에는 주가상승에 대비 콜옵션을 매입하는 식으로 헤지를 하게 된다.

투자자가 주가지수옵션을 이용할 경우 주가지수 자체가 시장전체의 움직임을 대표하는 시장포트폴리오(market portfolio)를 나타내므로 분산투자의 효과를 거둘 수 있으며 주가지수옵션과 개별 주식투자를 적절히 배합함으로써 시장전체의 움직임에 따른 위험, 즉 체계적 위험을 줄일 수 있는 헤지효과를 기대할 수도 있다.

제 4 절 장내파생상품시장의 운영체계

Ⅰ. 통합체계와 분리체계

    장내파생상품거래의 운영체계는 기초자산인 현물거래와의 분리 여부에 따라 크게 분리체계와 통합체계가 양립하고 있다. 분리체계하에서는 기초자산인 현물의 종류에 관계없이 모든 파생상품거래는 표준화된 거래조건, 거래방법 및 결제절차 등을 동일하게 사용하고 거래도 기초상품의 거래소와 독립된 파생상품거래소에서 행해지며 이에 따라 파생상품에 대한 규제도 현물규제기관과는 다른 규제기관에서 수행한다. 분리체계하에서는 기초자산의 종류와는 관계없이 다양한 파생상품간의 투기 또는 스프레드거래가 용이하고 선물과 옵션간의 통합증거금(cross margin)제도 의 채택 등에 따른 거래비용 절감 등의 장점이 있다.

    통합체계하에서는 기초자산인 현물이 거래되는 곳에서 파생상품이 거래되고 현물규제기관이 파생상품거래의 규제도 담당한다. 통합체계하에서는 동일한 기초상품을 대상으로 한 현물과 파생상품거래간의 차익이나 헤지거래가 용이하고 시장통합에 따른 규모의 경제 및 동시거래(one stop trading) 등이 용이하다는 이점이 있다. 현재 분리체계를 채택하고 있는 국가는 미국, 캐나다 등이고 이 밖의 국가들은 대부분 통합체계를 채택하고 있다.

    미국은 상품선물과 금융선물 공히 거래의 대부분이 통합된 선물거래소에서 행해지며 규제법은 「상품거래소법」이 적용되고 규제기관은 상품선물거래위원회 (CFTC: Commodity Futures Trading Commission)가 관장하는 등 선물거래에 대해 통합된 운영체계를 갖고 있다. 다만 개별주식옵션 및 주가지수옵션의 경우 증권관리위원 회(SEC: Securities and Exchange Commission)가 규제하고 있다.[12]

---

12) 「증권법」(1933) 및 「증권거래법」(1934) 제정시 주식관련 옵션이 유가증권에 포함됨으로써 1934 년 설립된 SEC의 규제를 받게되었다. 1974년 CFTC가 설립되면서 주식관련 파생상품에 대한 CFTC와 SEC간 관할권 문제가 대두되어 1981년 양 기관간 개별주식옵션 및 주가지수옵션은 SEC 가, 이를 제외한 모든 파생상품은 CFTC가 관장한다는 내용의 Johnson-Shad Accord가 체결되고 1982년에는 동 Accord의 내용을 관련법률 개정에 반영하였다. 주식관련 옵션에 대해 SEC가 감독 해야한다는 논리는 개별주식옵션은 그 특성상 현물거래에 옵션만 추가되었을 뿐 실질적으로 현물

영국은 금융파생상품과 상품파생상품 공히 규제법은 「금융서비스법」이 적용되고 거래소는 종래까지는 상품선물거래소와 금융선물거래소로 분리되어 운영되었으나 1996년부터 양 시장이 통합되었다. 독일을 위시한 대부분의 EU국가들은 통합체계를 채택하고 있다.

일본은 상품선물은 상품선물거래소에서, 주가지수, 채권선물 및 동 옵션은 증권거래소에서, 통화, 단기금리선물 및 동옵션은 금융선물거래소에서 거래되며 규제법도 각각 별도의 규제법이 적용되어 왔다. 그러나 2010년 12월 금융청 등 관계 부처간에 주식·금융선물·상품 등을 종합적으로 거래하는 종합거래소를 설립하고 규제·감독권한을 일원화하기로 합의하였다. 싱가포르는 1999년 말부터 증권거래소와 선물거래소를 각각 주식회사화(demutualization)하고 이들을 신설된 단일지주회사에 편입시켰다.

II. 우리나라의 운영체계

우리나라는 2005년 1월 종래의 증권거래소, 코스닥 및 선물거래소가 한국거래소(KRX)로 통합하여 단일 거래소로 출범하기 이전까지는 미국과 같이 현물과 선물거래가 별도의 거래소에 거래되는 분업체계이었으나 거래소 통합 이후에는 완전한 통합체제를 유지하고 있다. 이하에서는 각 파생상품에 대하여 공통적으로 적용되는 전반적인 업무규정, 수탁관련 업무 등에 대하여 설명한다.

1. 회   원

회원은 결제회원과 매매전문회원으로 구분된다. 결제회원은 자기거래 및 위탁자의 주문·정정과 청산업무를 수행하며 거래소와 직접 자금수수를 한다. 매매전문

거래와 대동소이하며 현물과 옵션을 연계한 시세조종 등 불공정거래의 가능성이 커 이에 대한 효과적인 감시를 위해 현물과 옵션을 동일거래소에서 거래할 필요가 있다는 것이다. 그러나 주가지수옵션에 대해서는 SEC감독에 대한 경제적 타당성은 명확하지 않다.

최근에 들어 증권과 상품선물간의 구분이 모호해지고 다양한 복합상품들이 등장함에 따라 이와 같은 이원적 감독체계로는 효과적인 감독이 어렵다는 지적에 따라 2008년 3월 양 기관은 감독 및 운영체계 일원화에 합의하고 이를 위해 긴밀한 정보교환 및 논의를 통해 금융상품 구분 등과 관련된 객관적인 기준을 마련하고 이를 토대로 해당 상품이 증권, 상품선물 또는 혼합적 성격을 띠고 있는지를 신속히 판단하여 명확한 감독 및 규제방법을 제시하기로 양해각서를 체결하였다.

회원은 자기거래 및 위탁자의 주문·정정업무를 결제회원의 이름으로 체결하며 청산 및 자금수수업무는 지정결제회원을 통하여야 한다. 주문에 의해 거래가 체결되는 경우 거래소는 결제회원에게, 결제회원은 매매 전문회원에게 청산내역을 통보하고 이에 따라 증거금 및 결제금액을 수수한다.[13]

2. 매매제도

1) 매매종목

장내파생상품의 거래대상은 현재 증권, 통화 등을 대상으로 하는 금융상품과 금과 돈육을 대상으로 하는 실물상품이 상장되어 있다. 증권상품은 주가지수선물, 주가지수옵션, 개별주식선물, 개별주식옵션 등 주가연계상품과 국채선물, 통화안정증권금리선물 등 채권/금리선물이 상장되어 있다. 통화상품은 미달러선물, 미달러옵션, 일본엔선물, 유로선물, 플렉스선물이 그리고 실물상품은 금선물, 미니금선물 및 돈육선물이 상장되어 있다. 개별주식옵션은 유럽형으로 행사가격의 수는 9개이고 행사가격의 간격은 대상 주가수준에 따라 달리 정한다.

2) 결제월 및 결제기간

각 종목별 결제월은 통상 최근 연속 3~6개월 및 3월, 6월, 9월, 12월 등이다. 결제월(delivery month)이란 파생상품거래의 최종거래일이 도래하여 계약이 이행되는 달을 말한다. 각 종목의 매매거래기간은 최대 1년이고 매매거래기간이 종료되면 당해 종목은 상장 폐지되고 새로운 종목이 자동적으로 상장된다.

각 종목의 최종거래일은 종목별 결제월의 특정 요일이 지정되어 있고 최종결제일은 증권선물의 경우 최종거래일의 다음 거래일, 통화선물의 경우 최종거래일로부터 기산하여 3일째 거래일, 금선물의 경우 결제월의 마지막 거래일 그리고 돈육선물의 경우 최종거래일로부터 이틀째 되는 날이다. 플렉스선물은 당사자간 합의를 통하여 결제월, 결제일 및 결제방식을 정할 수 있는 선물로 성질상 장외상품이나 결제리스크를 줄이기 위해 거래소에 상장한 상품이다.

3) 거래방식

결제방식은 증권선물·옵션과 돈육선물의 경우 현금결제이고 통화상품과 금선

---

13) 영국, 오스트레일리아, 홍콩 등은 자회사 또는 별도 법인을 설립하여 이에 결제업무를 위임하는 등 거래소와 결제기관이 분리되어 있고 미국의 CME, 일본, 싱가포르 등은 거래소가 직접 결제업무를 수행하고 있다. 양 경우 모두 결제회원과 매매회원 자격을 구분하고 있으며 결제회원의 자격요건이 보다 엄격하다.

물의 경우 실물인수도 결제이다. 플렉스선물의 경우에는 현금결제 및 실물인수도 결제 모두 가능하며 당사자간의 합의로 결제방식을 정할 수 있다. 거래소는 거래 대상물의 가격의 급격한 변동에 따른 투자자들의 위험노출 범위를 일정수준 이내로 제한하기 위하여 모든 파생상품에 대하여 가격제한폭을 설정하고 있다.

한편, 거래의 편의를 위해 거래종목별로 거래승수, 호가단위(tick), 최소가격변동금액(tick value) 등을 정하여 이를 단위로 거래한다. 거래승수는 거래(계약)단위를 정하기 위해 대상지수의 수치나 개별종목의 가격에 소정의 승수를 곱한 것을 말하고 최소가격변동금액은 거래단위에 단위당 호가단위를 곱한 금액이다.

KOSPI200옵션의 호가단위는 옵션프리미엄이 3 이상인 경우는 0.05포인트, 옵션프리미엄이 3 미만인 경우는 0.01포인트이다.

표 12-2 한국거래소상장파생상품명세(2015년 말 현재)

구분	KOSPI 200 선물	KOSPI 200 옵션	스타 지수 선물	개별 주식 선물	개별 주식 옵션	3년 국채 선물	5년 국채 선물	10년 국채 선물
거래 대상	코스피 200	코스피 200	스타 지수	삼성 전자 등 25개	KB금융 지주 등 33개	표면금리 5%, 6개월 단위 이자지급, 3년 만기 국고채	표면금리 5%, 6개월 단위 이자지급, 5년 만기 국고채	표면금리 5%, 6개월 단위 이자지급, 10년 만기 국고채
거래단위(거래 승수)	코스피 200× 50만원	옵션프리 미엄×50 만원	지수× 1만원	개별선물 가격×10	옵션프리 미엄×10	액면 1억원	액면 1억원	액면 1억원
가격의 표시	지수 수치(P)	옵션프리 미엄(P)	지수 수치 (P)	선물가격 (원)	옵션프리 미엄(원)	백분율(P)	백분율(P)	백분율(P)
호가 단위 (tick)	0.05P	옵션프리 미엄구간 대별로 상이	0.50P	선물가격 구간대별 로 상이	옵션프리 미엄구간 대별로 상이	0.01P	0.01P	0.01P
최소가 격변동 금액 (tick value)	25,000 원(50만 원× 0.05)	구간대 별로 상이	5,000원 (1만원× 0.50)	구간대별 상이	구간대별 상이	10,000원 (1억원×0.01 ×1/100)	10,000원 (1억원×0.01 ×1/100)	10,000원 (1억원×0.01 ×1/100)

표 12-2	한국거래소상장파생상품명세(2015년 말 현재)-계속

구 분	미국달러 선물	미국달러 옵션	엔선물	유로선물	금선물	돈육선물	미니 금선물
거래 대상	미국 달러	미국 달러	일본 엔화	유로화	순도 99.99%의 금괴	돈육대표 가격	순도 99.99%의 금괴
거래 단위	USD 10,000	USD 10,000	1,000,000엔	10,000 유로	1kg	1,000kg	100g
가격의 표시	1달러당 원화	1달러당 옵션프리 미엄(원)	100엔당 원화	1유로당 원화	1g당 원화	1kg당 원화	1g당 원화
호가 단위(tick)	0.10원	0.10원	0.10원	0.10원	10원	5원	10원
최소가격변 동금액(tick value)	1,000원 (10,000× 0.10원)	1,000원 (10,000× 0.10원)	1,000원 (1,000,000/ 100×0.10원)	1,000원 (10,000× 0.10원)	10,000원 (1,000× 10원)	5,000원 (1,000× 5원)	1,000원 (100×10원)

개별주식선물의 경우 호가단위는 선물가격 구간대별로 ① 10,000원 미만 5원, ② 10,000원~50,000원 25원, ③ 50,000원~100,000원 50원, ④ 100,000원~500,000 원 250원, ⑤ 500,000원 이상 500원이고, 개별주식옵션의 호가단위는 옵션프리미 엄 구간대별로 ① 1,000원 미만 10원, ② 1,000원~2,000원 20원, ③ 2,000원~5,000 원 50원, ④ 5,000원~10,000원 100원, ⑤ 10,000원 이상 200원이다.

4) 결제가격

전 종목에 대해 개장시(08:00~09:00)와 거래종료시(15:05~15:15) 동시호가에 의한 단일가격경쟁매매가 행해진다. 동시호가시 체결가격 결정은 체결수량을 최대로 하 는 주문가격으로서 그 가격보다 낮은 가격의 매도주문 전량과 그 가격보다 높은 매수주문 전량을 체결시키는 가격으로 한다. 구체적인 상장파생상품의 명세는 [표 12-2]와 같다.

3. 주   문

주문은 가격지정 여부에 따라 지정가주문(limit order)과 시장가주문(market order),[14] 그리고 양 방식의 복합방식이라 할 수 있는 최유리 또는 최우선 지정가

---

14) 임계가격에 도달하면 지정가 주문이 발생하는 것을 Stop Limit Order, 임계가격에 도달하면 시장 가주문이 발생하는 것을 Stop Loss Market Order라 한다.

주문(best order), 품목 또는 종목의 복합 여부에 따라 일반주문과 복합주문 (combination order), 주문의 유효기간에 따라 당일조건(FAS: Fill and Store), 전량조건 (FOK: Fill or Kill) 및 충족조건(FAK: Fill and Kill) 등으로 구분된다.

지정가주문(호가)은 종목, 수량 및 가격을 지정하는 주문으로서 지정한 가격 또는 그 가격보다 유리한 가격으로 거래하는 주문을 말하고 시장가주문은 수량만 지정하고 가격은 지정하지 않는 주문을 말한다.

최유리지정가주문은 시장가주문처럼 가격지정 없이 수량만 지정하되 주문이 시장에 도달할 때 가장 빨리 집행될 수 있는 가격(매수호가는 상대매도 최우선호가 그리고 매도호가는 상대매수 최우선호가)을 지정가로 그리고 최우선지정가주문은 가격지정 없이 수량만 지정하되 동일 방향의 최우선호가(예컨대 매수의 경우 매수 최우선호가)를 지정가로 간주하는 주문방식이다. 양 방식 공히 시장가주문과 비슷하나 원하지 않는 주문이 체결될 확률이 시장가주문보다 낮다는 특징을 갖고 있다. 선물스프레드 거래[15]의 주문은 지정가주문만 가능하다.

표 12-3   주문의 종류 및 체결수량조건

주문유형		FOK(전량조건) (Fill Or Kill)	FAK(충족조건) (Fill And Kill)	FAS(당일조건) (Fill And Store)
시 장 가	일 반	○	○	
	정형복합	○	○	
	비정형복합	○		
지 정 가	일 반	○	○	○
	정형복합	○	○	○
	비정형복합	○		

자료: 한국거래소

---

15) 선물스프레드는 동일상품 내 만기가 다른 시간스프레드, 만기는 동일하나 상품이 다른 상품간스프 레드, 만기와 상품은 같으나 거래되는 시장이 다른 시장간스프레드 등이 있고 옵션스프레드의 경우 만기는 동일하나 행사가격이 다른 수직(가격)스프레드, 행사가격은 동일하나 만기가 다른 수 평(시간)스프레드, 만기와 행사가격이 모두 다른 대각스프레드 등이 있다.
선물스프레드거래란 서로 다른 2개의 선물상품 또는 결제월 종목을 동시에 사고파는 거래를 말 한다. 선물스프레드거래의 목적은 서로 다른 두 포지션의 가격변동폭 차이에서 차익을 얻는 데 있다. 결제월 종목간 스프레드거래의 호가는 2개 결제월물간의 가격차, 즉 원월물가격 - 근월물가 격으로 한다. 이는 주가지수선물의 경우 이론적으로 원월물의 가격이 근월물의 가격보다 높기 때 문이다.

일반주문은 단일종목만을 주문하는 것을 말하고, 복합주문이란 거래전략상 품목 또는 결제월을 달리하는 복수의 상이한 주문이 동시에 발주되는 형태로, 이는 다시 거래소가 이용 가능성이 높은 유형을 사전에 지정해 놓은 정형복합주문과 위탁자들이 주문시마다 해당 유형을 지정하는 비정형복합주문으로 구분된다.

전량조건은 주문전달 즉시 전량이 체결되지 않으면 당해 주문전량이 취소되는 조건을 말한다. 충족조건이란 체결가능한 물량은 체결시키고 나머지는 취소되는 형태의 주문이다. 당일조건은 주문전달 즉시 체결가능수량은 체결하고 미체결 잔량은 당일의 거래시간 종료시까지 유효하다. 모든 주문은 이 세 개 중 반드시 하나를 지정해야 한다.

시장가주문은 전량조건 또는 충족조건만을 허용하고 있으며, 비정형복합 시장가주문은 전량조건만이 가능하다. 지정가 주문은 전량조건, 충족조건, 당일조건을 지정해야 하며, 비정형복합 지정가주문은 전량조건이어야 한다.

동시호가의 주문적용 시간은 장 개시 전 1시간, 장 종료 전 10분 및 거래중단 (CB: Circuit Breakers)시 중단 종료 직후 10분간이며 주문유형은 지정가 일반주문 및 정형복합주문, 주문조건은 당일조건의 주문만 가능하다.

4. 증거금의 예탁 및 인출

1) 거래증거금

증거금(collateral deposits)은 거래증거금, 위탁증거금 및 긴급증거금으로 나뉜다. 거래증거금(member margin)은 결제회원 자신의 이름으로 체결되고 결제되지 아니한 미결제약정(open interest)[16]의 결제이행을 보증하기 위해 결제회원이 거래소에 예탁하는 증거금을 말한다. 동 증거금은 계약이행보증금으로 사용될 뿐만 아니라 매일 매일의 선물 및 옵션거래의 손익을 정산하는 수단으로도 사용된다. 거래증거금은 현금이나 대용증권 또는 외화로 거래일 다음 날 12시까지 자기재산과 위탁재산을 구분하여 예탁하여야 한다.

선물거래의 경우 매도자나 매입자가 동일한 위험에 노출되기 때문에 양자 공히 거래의 이행을 담보하기 위한 증거금을 예치하여야 하나 옵션의 경우는 이와 약간의 차이가 있다. 즉 옵션의 매도자는 선물과 같이 옵션의 행사시 기초자산의

---

16) 미결제약정이란 반대매매나 결제되지 않고 남아있는 선물계약(unsettled contracts)을 말하는데 동 수량은 매도·매수 일방만으로 발표한다.

변동에 따른 손실을 부담하므로 결제의 이행을 위한 증거금을 예치하여야 하나 옵션의 매입자는 기초자산의 변동에 따른 손실이 이미 지불된 프리미엄의 한도 내로 제한되므로 별도의 증거금이 필요하지 않다.

현재 회원의 거래증거금은 거래소에서 선물과 옵션을 모두 거래함에 따른 이점을 활용하기 위하여 선물과 옵션포지션을 연계하여 포트폴리오위험기준 증거금제도를 채택하고 있다. 동 제도는 주가가 거래소가 정하는 수준별로 변동할 경우의 선물·옵션 포트폴리오로부터 발생할 수 있는 최대순손실액을 추정하여 동 금액을 증거금에 반영하는 방법으로 수리모형(binomial option pricing model)과 전산시스템을 활용하여 산출한다.

2) 위탁증거금

위탁증거금(good faith deposit)은 선물·옵션거래를 하려는 위탁자가 자신의 거래에 대한 결제이행을 보증하기 위하여 회원에게 납부하는 증거금을 말한다. 위탁자가 최초거래시 회원에게 예탁하여 하는 증거금을 개시증거금(initial margin), 장종료후 현재의 미결제약정수량을 근거로 산출하여 유지해야 하는 최소증거금을 유지증거금(maintenance margin)이라 하며 위탁자는 이를 현금이나 대용증권으로 예탁하여야 한다.

회원은 매일 장종료 후 종가기준으로 유지증거금을 계산하여 예탁금 잔액이 동 수준을 하회할 경우 위탁자에게 부족분을 추가로 예탁할 것을 요청하는바, 이를 마진콜(margin call)이라 한다. 위탁자가 부족분을 예탁하지 않을 경우 반대매매를 통해 거래는 청산된다. 거래소는 품목별로 거래증거금률과 동일한 수준에서 유지증거금률을 정하고 유지증거금률의 150% 수준에서 개시증거금률을 정한다.

3) 긴급증거금

긴급증거금은 시장상황의 급변 등으로 선물가격이 전일의 정산가격과 비교하여 거래소에서 미리 정한 기준폭을 초과할 경우 또는 거래소가 시장관리상 필요하다고 인정한 경우에 부과하는 증거금을 말한다. 회원은 거래증거금 또는 긴급증거금 필요액을 대용증권으로 예탁 가능하나 자기재산과 수탁재산으로 구분하여 예탁해야 하며, 거래증거금 필요액은 다음 거래일 12시까지, 긴급증거금 필요액은 통지 후 2시간 이내에 예탁해야 한다.

5. 결제제도

1) 일일정산

선물거래에 있어서 계약체결일부터 최종거래일까지의 결제금액을 한꺼번에 수수하게 할 경우 결제가 이행되지 않을 리스크가 커질 수 있다. 일일정산제도란 회원이 당일 체결된 선물거래의 체결가격 및 전일 선물종가로 평가되어 있는 미결제약정을 매일의 선물종가로 재평가하고, 그 재평가에 따라 발생하는 차손익을 매일별로 정산하여 수수하는 것으로 이를 통해 결제불이행리스크를 최소화한다.

2) 정산가격

정산가격은 각 거래의 종료시 결정되는 선물가격으로 동 가격은 일일정산과 다음 날 선물의 기준가격이 된다. 주가지수선물의 경우 새로운 종목의 상장시는 전일의 현물종가지수를 기초로 산출한 이론가격을 기준가격으로 하고 최초의 매매거래가 성립된 이후에는 전일의 선물종가를 기준가격으로 한다. 매매거래 최종일까지 청산되지 않은 주가지수선물의 경우에는 당일의 현물종가지수를 기준가격으로 한다.

이론가격은 실제로 현물지수를 구성하는 포트폴리오를 매입한다고 가정하여 현물지수에 주가지수선물 결제일까지의 보유비용과 배당수익을 가감하여 다음과 같이 산출한다.

$$\text{이론가격} = \text{전일 현물종가지수} \times (1 + r \cdot T/365) - \text{선물배당액지수}$$

단, 선물배당액지수 $= C/V \times (1 + r \cdot t/365) \times 100$

r = 보유비용(91일물 CD유통수익률)

T = 이론가격 산출일로부터 최종거래일까지의 일수

C = 주가지수 구성항목 중 이론가격 산출대상기간 중 배당되는 종목의 현금배당액

V = 주가지수 산출시의 기준시가총액

t = 배당락일로부터 최종거래일까지의 일수

3) 정산차금

정산차금이란 일일정산의 결과로 나타난 손익으로 당일차금과 갱신차금을 합

산하여 산출한다. 당일차금은 당일 체결된 매수·매도 수량에 대하여 해당 거래체결가격과 당일 정산가격을 비교하여 산출한 손익을 말한다. 갱신차금은 전일의 미결제약정에 대하여 전일의 정산가격과 당일의 정산가격을 비교하여 산출한 손익을 말한다.

당일차금과 갱신차금의 산식은 각각 다음과 같다.

$$당일차금 = 당일매수거래수량 \times (당일정산가격 - 체결가격) \times 정산차금승수$$
$$+ 당일매도거래수량 \times (체결가격 - 당일정산가격) \times 정산차금승수$$
$$갱신차금 = 직전거래일매수미결제약정 \times (당일정산가격 - 전일정산가격)$$
$$\times 정산차금승수 + 직전거래일매도미결제약정 \times (전일정산가격 - 당일정산가격) \times 정산차금승수$$

정산차금승수는 품목별 거래승수(최소가격변동액/호가단위)를 말한다. 회원과 위탁자간에 수수하는 당일차금, 갱신차금, 옵션대금, 최종결제차금, 최종결제대금, 권리행사차금은 거래소와 회원간에 산출하는 금액과 동일한 방법으로 산출한다.

4) 최종결제

투자자는 최종거래일 거래종료 시점 이전 어느 때라도 반대매매를 통해 보유하고 있는 포지션을 청산할 수 있다. 선물거래의 최종거래일이 도래한 종목에 대해 반대매매되지 않고 남아 있는 미결제약정수량에 대하여는 현금결제 혹은 인수도 결제 방법으로 결제한다. 옵션의 권리보유자인 매수자는 반대매매, 권리행사, 권리포기 중에서 자유롭게 선택할 수 있지만, 옵션의 의무부담자인 매도자는 자신의 의무를 소멸시키는 방법으로 반대매매만 선택할 수 있다.

품목별로 현금결제(cash settlement) 또는 실물인·수도결제(delivery settlement)를 한다. 현금결제는 정산차금을 수수하는 방법이고, 실물인·수도결제는 만기일까지 청산을 하지 못한 경우에 현물을 인·수도하는 방법이다.

현재 국채선물을 위시한 대부분의 결제는 현금결제[17] 방식을 채택하고 있다. 실물인수도방식은 기본적으로 현물의 유동성이 크고 물량이 충분해야 한다. 실물인도시 현물 확보의 어려움(short squeeze)이나 가격조작을 위한 매점(cornering) 등 시

---

17) 현재 현금결제방식을 채택하고 있는 국가는 호주, 뉴질랜드 등이고 미국, 일본, 영국, 독일 등 대부분의 국가들은 실물인수도방식을 채택하고 있다.

장왜곡 현상이 발생할 우려가 있기 때문이다. 그러나 국채선물의 경우 국고지표채권의 거래활성화를 위해 국채발행 축소기에도 동 지표채권의 대체발행을 위한 제도 등의 제도적 뒷받침이 된다면, 실물인수도방식이 선물시장을 통해 현물시장의 활성화를 도모할 수 있다는 이점도 있다.

현금결제방식은 실물인수도시 수반되는 절차상의 복잡성과 추가비용 문제를 해결할 수 있다는 장점이 있다. 그러나 이 방식은 최종결제가격 산정, 특히 경과물의 수익률에 대한 공정성과 신뢰성이 전제되어야 한다.

최종매매거래일 종료시까지 반대매매되지 않는 미결제약정(open interest)에 대해서는 매수회원이 거래소에 권리행사를 신고하면 거래소는 무작위추출방식에 따라 매도회원에게 권리행사를 배정한다. 그러나 거래소가 정하는 일정 수준 이상의 행사가치가 있는 미결제약정에 대해서는 매수회원이 권리행사를 신청하지 않더라도 권리행사의 신고가 있는 것으로 간주한다.

5) 매매시간

매매거래 개시시간은 주식과 선물·옵션시장이 동일하나 종료시간은 평일의 경우 선물·옵션의 포지션을 조정할 시간적 여유를 주기 위하여 현물시장보다 15분을 연장한다. 그러나 최종거래일에는 현물시장이 종료되면 결제가격이 확정되어 선물·옵션거래의 의미가 없기 때문에 현물시장보다 10분 전에 종료한다.

6. 시장안정장치

1) 일시매매정지제도

일시매매정지(CB: Circuit Breakers)제도는 선물·옵션이나 주식의 가격이 지나치게 변동하는 경우 시장의 안정을 위해 거래를 일시 중단하는 조치를 말한다.[18] 선물·옵션시장의 경우 발동요건은 전일의 약정수량이 가장 많은 선물종목(dominant futures)의 가격이 기준가격의 ±5% 이상 변동하고 이론가격과의 괴리율이 ±3% 이상인 경우가 1분 이상 계속되는 경우로 이 경우 선물·옵션거래를 5분간 중단한다.

한편 주식시장의 CB 발동시 선물시장도 자동적으로 CB가 발동된다. 주식시장의 CB 발동요건은 각 시장 종합주가지수가 직전매매거래일의 최종수치보다 10%

---

18) 동 제도는 원래 미국의 1987년 이른바 검은 월요일의 주가폭락 이후 프로그램트레이딩 등에 의해 선물가격이 현물가격 변동에 비하여 지나치게 급등락할 경우 동 거래를 일시적으로 중단하고 냉각기간을 가짐으로써 양 시장의 상호작용에 의한 급등락 사태를 일시적으로 차단하기 위해 도입된 것이다.

이상 하락하여 1분간 지속되는 경우에는 주식거래가 20분간 중단되고 이후 10분간은 단일가 매매로 체결된다.

2) 프로그램매매호가의 효력정지제도

프로그램매매호가의 효력정지제도(side car)는 선물가격이 지나치게 급등락할 경우 현물시장에서의 프로그램매매를 일시적으로 중단시킴으로써 선물가격의 급변과 이로 인한 프로그램매매 물량이 급변하는 악순환을 방지하는 동시에 일반투자자가 이를 정상적인 거래와 오인하지 않도록 하기 위한 장치이다.

발동요건은 KOSPI200 선물 중 직전일의 거래량이 가장 많은 종목의 가격이 기준가격대비 5%(코스닥선물의 경우 6%) 이상 상승(또는 하락)하여 1분간 지속되는 경우로 이 경우 프로그램매매 호가의 효력을 5분간 정지한다. 발동 후 접수된 프로그램매매 호가는 효력정지 개시 5분 경과 후 접수순으로 가격결정에 참여한다.

3) 시장조성자

시장조성자란 거래소와 시장조성 계약을 체결하여 시장조성 종목에 대한 매수·매도 양 방향 또는 일방의 호가로 시장을 조성하는 자로 금융위원회로부터 승인을 받은 투자매매업자이면서 거래소 파생상품회원 중 결제회원이어야 한다. 시장조성은 신규 상장상품과 거래소가 지정한 유동성관리상품에 대하여 복수가격에 의한 개별경쟁거래시간 동안에만 허용된다.

Ⅰ. 스왑의 의의와 종류

스왑(swap)이란 거래 쌍방이 사전에 약정한 방식대로 장래의 현금흐름을 교환하는 계약으로 선도거래의 연장이라 할 수 있다.[1] 스왑은 스왑거래의 당사자가 서로 상대방에 대해 하나의 선도계약을 매입하는 동시에 또 다른 선도계약을 매각하는 거래이기 때문이다.

스왑은 주로 금리나 환율변동위험을 헤징하기 위해 채무의 원리금 상환조건을 교환하는 방식으로 이용된다. 스왑은 이 밖에도 금융시장의 불완전성, 국별 외환규제나 조세와 회계기준의 차이에서 오는 문제점 등을 해결하는 수단으로 이용되기도 한다. 스왑금융은 장기계약이기 때문에 기준금리로 채권수익률 등을 사용하는 것이 보통이다.

스왑은 기초자산의 발행 및 유통시장에 지대한 영향을 미치고 있다. 스왑을 통하여 여러 가지 형태의 합성증권(synthetic security)의 창출이 가능하기 때문에 다양

---

1) John Hull, *Options, Futures and Other Derivative Securities*, 2nd ed., Prentice-Hall, 1993, p. 411.

한 기초증권의 발행과 유통을 가능하게 한다. 발행시장에서는 신용등급이 낮은 발행자들도 가격상의 큰 손실을 보지 않고 채권을 발행할 수 있게 하고 유통시장에서도 유동성이 낮거나 저평가된 채권의 경우에도 유동성을 높이고 제값을 받을 수 있게 하는 데도 기여를 하고 있다.

현재 국제금융시장에서 많이 이용되는 스왑은 금리스왑, 통화스왑, 채무의 교환 등이며 이 밖에 채무와 주식의 스왑 등이 채무조정의 일환으로 이용되고 있다.

1. 금리스왑

금리스왑(IRS: Interest Rate Swap)이란 두 채무자가 동종 통화표시대상 채무(underlying debt)를 원금의 교환 없이 일정기간 동안 각자의 차입조건을 교환하는 계약(plain vanilla swap or generic swap)이다. 금리스왑은 원래 다국적기업들이 외환규제를 회피하기 위한 수단으로 고안되었으나 오늘날에는 금리변동에 대한 헤지나 투기수단으로 이용되고 있다.

금리스왑은 고정금리부채와 변동금리부채의 이자지급을 교환하는 쿠폰스왑(coupon swap)이 일반적이나 최근에는 변동금리채무간에 이자지급을 교환하는 베이시스레이트스왑(basis rate swap)도 증가하고 있다.

금리스왑의 가장 중요한 목적은 금리위험의 헤지에 있다. 예컨대 유로시장에서 어떤 기업이 유로채(euro bond)에 의해 장기고정금리부로 자금조달을 원하나 신용등급이 낮아 변동금리부 대출로 기채할 수밖에 없는 반면 국제은행들은 그들의 높은 신용도를 배경으로 고정금리로 유로채를 발행하여 자금을 조달할 수 있으나 금리변동위험 때문에 변동금리부 차입을 원한다면 양자는 쿠폰스왑을 통해 소기의 효과를 얻을 수 있게 된다.

베이시스레이트스왑은 금융기관 대차대조표상의 베이시스위험(basis risk)을 관리하는 데 효과적인 수단이 될 수 있다. 예컨대 어떤 금융기관의 부채와 자산이 서로 다른 변동금리기준으로 구성되어 있을 경우, 동 금융기관은 베이시스레이트스왑거래를 이용하여 부채와 자산의 변동금리기준을 일원화하여 베이시스위험을 줄일 수 있게 된다.

예를 들어, T-Bill 금리기준 변동금리부 CD로 자금을 조달하여 LIBOR 기준으로 자금을 운용한 금융기관은 자산의 스왑을 통해 거래상대방에 LIBOR 금리기준으로 변동금리를 지급하는 대신 상대방으로부터 T-Bill 금리기준으로 변동금리를 받게 되면, 이 거래를 통해서 동 금융기관은 자산과 부채의 변동금리기준을 T-Bill 금리기준으로 일치시킴으로써 기준금리의 차이에 따른 베이시스위험을 절감할 수 있게 된다.

금리스왑은 부채구성(liability mix)을 변경시킴으로써 적극적인 부채관리(positive liabilities management)수단으로서도 유효하게 이용된다.

예컨대 어떤 기업의 부채 중에서 고정금리부 부채의 비중이 너무 높기 때문에 동 기업의 부채구성이 적정하지 않다고 판단하고 있다고 가정하자. 이때 동 기업은 변동금리부 부채를 발행하여 고정금리부 부채를 상환하는 방식으로 동 기업의 부채구성을 변경시킬 수도 있고 금리스왑을 통해 고정금리 부채와 변동금리부 부채를 교환할 수도 있다. 그러나 전자에 의할 경우 거래비용은 금리스왑을 이용하는 비용보다 훨씬 높다.

금리스왑거래는 초기에는 거래당사자들간에 이루어졌으나 최근에는 대부분 국제금융시장의 대형은행 같은 중개인을 통해서 이루어지고 있다. 다른 증권중개인과 같이 스왑중개인의 경우에도 딜러와 브로커로 구분될 수 있다. 스왑딜러의 경우 그 자신의 책임으로 스왑거래를 형성시켜야 하므로 금리변동위험, 신용위험, 유동성위험 등의 위험에 노출(exposure)되며 이에 대한 반대급부로서 딜러는 고정금리의 bid가격과 ask가격간의 차이인 스프레드(spread)를 얻게 된다. 따라서 스왑딜러는 이러한 위험을 관리하기 위해 스왑과 옵션이나 선물계약을 복합적으로 이용하는 변형된 스왑을 이용하기도 한다. 스왑 브로커는 단순히 수수료만 받고 거래를 중개하므로 이와 같은 위험을 부담하지 않는다.

금리스왑은 금리변동위험의 헤지가 주요 목적이나 차입조건의 개선, 특히 차입비용의 절감을 위해서도 이용된다. 이하에서 금리스왑을 통해 차입비용이 어떻게 절감되는지를 전통적인 쿠폰스왑의 예를 들어 보기로 하자.

A회사가 신용도가 낮기 때문에 유로채 시장에서 중기채권을 발행할 경우 10.5%, 신디케이트론 시장에서는 변동금리로 LIBOR＋0.5%로 자금을 조달할 수 있고, 신용도가 높은 B은행은 유로채 시장에서 같은 종류의 채권을 9.5%, 신디케이트론은 LIBOR＋0.25%로 자금을 조달할 수 있다고 가정하자.

[그림 13-1]은 비교우위에 따라 A회사는 변동금리로, B은행은 고정금리로 자금을 조달하여 금리스왑을 하는 경우 이자지급의 흐름을 나타내고 [표 13-1]은 동 스왑의 결과 양 거래당사자의 자금차입비용의 절감효과 및 딜러의 스프레드를 나

그림 13-1 금리스왑거래의 자금흐름

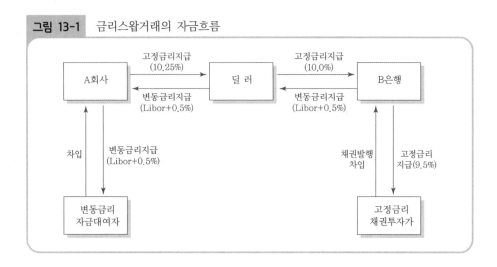

타내고 있다. [표 13-1]에서 스왑거래를 하지 않을 경우와 비교해서 A회사와 B은행은 각각 0.25%의 차입금리를 절감할 수 있고 딜러는 0.25%의 중개수익을 얻을 수 있음을 알 수 있다.

베이시스레이트 스왑도 이와 같은 메커니즘에 의해 차입비용의 절감이 가능하다. 특히 베이시스레이트 스왑은 변동금리의 기준이 되는 금리는 LIBOR, TB와

표 13-1 금리스왑거래의 효과(단위: % 포인트)

	A회사	B은행	딜러
1. 고정금리수입	-	10.0	10.25
2. 고정금리지급	10.25	9.5	10.0
3. 변동금리수입	Libor + 0.5	-	Libor + 0.5
4. 변동금리지급	Libor + 0.5	Libor + 0.5	Libor + 0.5
5. 스왑에 의한 실차입금리 (−1+2−3+4)	10.25	Libor	
6. 스왑을 하지 않을 경우 차입금리	10.5	Libor + 0.25	
7. 스왑에 의한 금리경감효과 (6−5)	0.25	0.25	
8. 중개이익(1−2+3−4)			0.25

자료: 이강남, 「국제금융론」, 법문사, p. 604.

CP수익률 등인데 이들 금리의 차를 이용한 스왑이 이루어질 경우 이들 시장간의 금리차익거래가 이루어지게 된다. 이와 같이 스왑은 적어도 스왑당사자의 하나 이상이 특정시장에서 비교우위를 가질 때에만 성립하며 스왑당사자간의 교섭력에 의해 좌우된다.

2. 통화스왑

통화스왑(CRS: Currency Swap)은 상이한 통화표시계약을 상호교환하는 계약으로 이는 다시 상호대출(parallel or back-to-back loan), 직접통화스왑(straight currency swap), 장기선물환계약(long-term forward exchange contracts) 등으로 나눌 수 있다.

상호대출은 두 국가에 소재하는 두 모기업이 서로 상대국에 자회사를 두고 자회사에게 자회사 소재국의 통화로 자금을 제공하고자 할 경우, 두 모기업이 각각 자국 내에 소재하는 상대국 모기업의 자회사에게 자국통화 표시자금을 대출하는 계약을 말한다. 대출기간 중에는 각각 자국통화표시로 이자를 수취하고 대출만기에 가서는 자회사로부터 상환받은 원금을 모기업간에 각자의 자국통화로 서로 교환한다. 이때 모회사들은 서로 상대국 모회사에 대하여 자회사의 대출금 교환을 보증한다.

상호대출은 외환규제 등으로 타국통화표시 자금조달이 용이하지 않을 경우에 주로 이용된다. 상호대출이 여타 통화스왑과 다른 것은 여타 통화스왑이 부외거래의 성격인 데 비해 상호대출은 독립된 대출계약으로 대차대조표상에 계상된다는 점을 들 수 있다.

직접통화스왑은 거래당사자간에 현물환율(spot exchange rate)을 적용하여 통화를 매매하고 약정만기일에 가서 그간의 환율변동에 관계없이 당초 거래하였던 환율로 반대매매를 하는 방식이다.

장기선물환계약은 장래 지급하거나 수취하게 될 통화를 계약체결시 약정한 선물환율(forward exchange rate)로 거래하는 것으로 주로 단기선물환시장에서 헤지하기 어려운 장기계약에 이용된다.

동 계약은 장기계약이기 때문에 계약기간 중 정기적(통상 6개월)으로 이자를 교환하는바, 일반적으로 저금리국의 통화를 현물로 매각(고금리통화 매입)하고 선물로 매입(고금리통화 매각)하는 측에서 상대방에게 양국간의 금리차를 지급한다. 고금리국 통화를 매입하여 운용하는 이자수익이 저금리국 통화로 운용하는 것보다 크기

그림 13-2 스왑스프레드거래

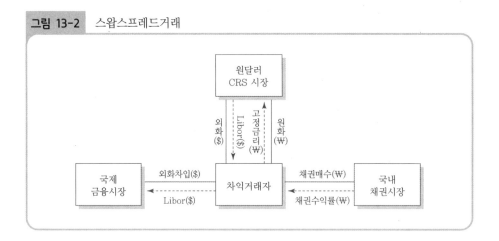

때문이다.

최근에는 채권, 통화스왑(CRS) 및 금리스왑(IRS)간 연계 구도를 이용한 차익거래가 자주 이용되고 있다.

1) 스왑스프레드거래

스왑스프레드(swap spread)거래는 외화로 조달한 자금을 통화스왑(CRS)을 통해 원화로 교환한 후 동 원화자금을 신용리스크가 없는 국채 등으로 운용하여 차익을 얻는 거래를 말한다. 주로 외국인과 외국은행 국내지점을 중심으로 한 차익거래로 기본적인 구조는 [그림 13-2]와 같다. 동 거래의 구체적인 과정을 설명하면 다음과 같다.

① 차익거래자는 국제금융시장에서 Libor로 외화자금을 차입한다.

② 차익거래자는 ①의 외화자금을 국내 CRS시장에서 원화로 바꾼다. 스왑조건은 차익거래자가 CRS금리(고정금리)를 지급하고(CRS Pay) Libor를 받는 조건이다.

③ 차익거래자는 원화자금으로 채권시장에서 채권을 매입한다. ①~③의 과정에서 차익거래자는 채권수익률-CRS 지급금리의 차익을 얻는데 이를 스왑스프레드(swap spread)라 한다. 따라서 스왑스프레드가 0보다 크면 차익거래 유인이 발생하고 그 반대의 경우 유인이 소멸한다.

2) 스왑베이시스거래

스왑베이시스(swap basis)[2]거래는 차익거래자가 금리스왑(IRS)과 통화스왑(CRS)

---

2) 통상 스왑베이시스란 서로 다른 통화를 변동금리로 교환할 때 신용도가 낮은 통화에 부과되는 가

| 그림 13-3 | 스왑베이시스거래 |

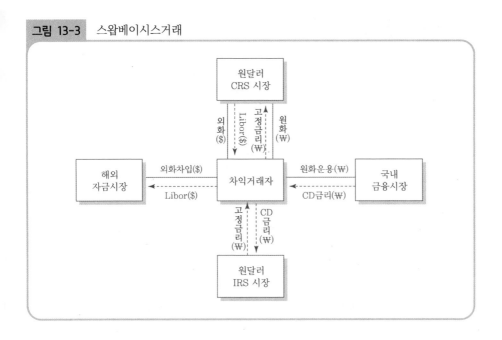

을 연계하여 차익을 얻는 거래이다. 차익거래자가 국제금융시장에서 조달한 외화자금을 국내 CRS시장에서 원화로 바꾸어(CRS Pay) 국내 CD를 매수할 경우 CD금리 변동에서 오는 리스크를 헤지하기 위해 국내 IRS시장에서 고정금리와 변동금리를 교환하는 IRS거래를 할 수도 있다[그림 13-3]. 스왑조건은 차익거래자가 상대방에게 CD금리(변동금리)를 지급하고 IRS금리(고정금리)를 수취하는 조건(IRS Receive)이다.

동 연계거래로 차익거래자가 결과적으로 얻는 이익은 IRS수취금리 - CRS지급금리이며 양 금리차를 스왑베이시스(CRS지급금리 - IRS수취금리)라 한다. 따라서 스왑베이시스가 0보다 작을수록 차익거래 유인이 커지고 그 반대의 경우 유인이 줄어든다. 우리나라의 경우 일반적으로 달러화를 대상으로 하는 스왑베이시스는 0보다 작으며 해외에서 자금조달시 스프레드가 커질수록 스왑베이시스는 확대된다.

3. 채무의 교환

채무의 교환(exchange of borrowings)은 이종통화표시 채무를 상호교환하는 거래

산금리를 말한다. 스왑베이시스는 CDS 프리미엄 등과 함께 국제금융시장에서 일국의 자금조달 여건을 나타내는 지표로 이용되기도 하는데 동 수치가 작을수록 자금조달 여건이 양호함을 나타낸다.

그림 13-4　혼합스왑

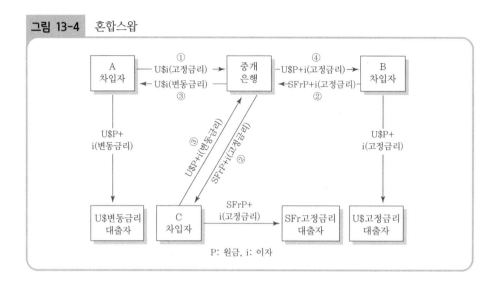

P: 원금, i: 이자

로 이는 다시 고정금리채무간 스왑(cross-currency fixed to fixed debt swaps), 변동금리채무간 스왑(cross-currency floating to floating debt swaps), 고정금리와 변동금리간 스왑 및 이 3종류 중 2종류 이상이 결합된 혼합스왑(cocktail swap) 등으로 구분된다.

　　혼합스왑의 예를 [그림 13-4]를 통해 설명해 보기로 한다. 동 그림에서 A차입자와 중개은행간 거래는 고정금리와 변동금리간의 금리스왑거래를, 중개은행과 B차입자간의 거래는 이종통화표시 고정금리채무간 스왑거래를, 그리고 중개은행과 C차입자간 거래는 이종통화표시 고정금리채무와 변동금리 채무간의 스왑거래를 나타낸다. 이와 같은 혼합스왑거래에서 차입자 A, B, C는 각각 중개은행과 독립적인 계약을 체결하기 때문에 서로 상대방을 알 필요가 없다.

　　동 그림을 통하여 스왑거래당사자들이 혼합스왑거래를 통하여 얻는 이점은 [그림 13-4]와 같다.

　　① 신용도가 낮은 A차입자는 고정금리와 변동금리간의 거래를 통해 자신이 보유하고 있던 U$화표시 변동금리채무를 고정금리채무로 전환시킬 수 있다.

　　② U$화시장에서 신용도가 높은 B차입자는 고정금리로 차입한 U$화를 이종통화표시 고정금리채무간 스왑거래를 통해 SFr화 고정금리채무로 전환시킬 수 있다.

　　③ SFr화시장에서 신용도가 높은 C차입자는 고정금리로 차입한 SFr화를 이종통화표시 고정금리채무와 변동금리채무간 스왑거래를 통하여 U$화변동금리채무로

그림 13-5	채무와 주식의 스왑

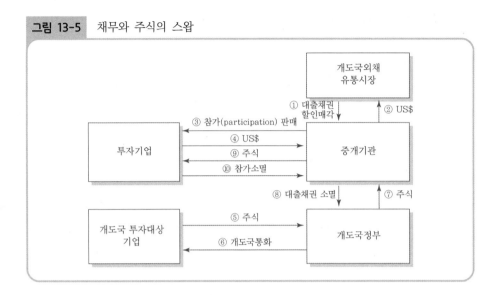

전환시킬 수 있다.

4. 채무와 주식의 스왑

　　채무와 주식의 스왑(debt for equity swap)은 채무를 채무자의 주식으로 교환하는 채무의 재조정(restructuring)의 한 수단이다. 동 스왑은 특히 1980년대 이후 개발도상국의 과도한 외채를 재조정하는 방식으로도 이용되었다. 이때 채권은행이 투자자와 직접 거래하거나 중개기관을 통해 거래하는 방법이 있으나, 대체로 국제금융시장의 중개기관이 유통시장에서 개발도상국에 대한 대출채권을 할인한 가격으로 매입하여 이를 개발도상국 기업의 주식과 교환하는 것이 보통이다. 채무자인 개발도상국의 정부는 자국의 기업에게 자국의 화폐를 지급하고 주식을 취득하여 이 주식과 국제금융기관이 갖고 있는 대출채권과 교환함으로써 대출채권을 소멸시킨다.

　　동 스왑의 구체적인 절차를 [그림 13-5]를 통해 보면

　　① 국제금융시장의 중개기관은 채권은행들로부터 대출채권을 할인하여 매입하고,

　　② 이를 투자자에 대출참가(loan participation)형태로 매각한다.

　　③ 한편 개도국 정부는 개도국의 투자대상 기업에게 개도국의 통화를 지급하고 주식을 취득한다.

④ 개도국 정부는 이 주식을 중개기관에 양도하고 이와 앞서 중개기관이 주선한 대출채권과 상계시켜 소멸시킨다.

⑤ 중개기관은 이 주식을 투자자에 양도하고 대출참가를 소멸시킨다.

이와 같은 대출과 주식의 스왑을 통하여 채무국은 자국화폐로 외채를 할인된 가격으로 상환할 수 있을 뿐 아니라 자국에의 해외투자를 촉진시킬 수 있고 외국 투자기업은 현지투자에 쉽게 진출할 수 있다. 한편 개도국에 대한 부실채권을 가진 채권은행들은 이를 현금화시킬 수 있으며 이 거래를 주선한 중개기관은 거래를 성립시키는 대가로 수수료수익을 얻을 수 있다. 대출과 주식의 스왑은 이와 같은 장점이 있는 반면에 개발도상국 측면에서는 외국자본의 국내기업 지배가능성과 국내통화 증발에 따른 인플레이션 우려 등이 단점으로 지적되고 있다.

5. 자산스왑

자산스왑은 이종 자산의 현금흐름을 교환하는 스왑으로 채권, 주식 및 상품 등이 그 대상이 될 수 있다. 보통의 스왑거래는 채무의 현금흐름을 교환하여 자본조달비용을 절감하는 것 등이 주요 목적인 데 비해 자산스왑은 현금흐름을 교환함으로써 운용수익을 높이자는 것이 주요 목적이다.

스왑은 초기에는 주로 부채관리의 수단으로 이용되었으나 점차 자산관리수단으로도 이용되게 되었다.

자산스왑(asset swap 또는 asset-based swap)의 가장 일반적인 형태는 동일 통화간의 현금흐름(cash flow)을 변환시키는 금리스왑으로 고정금리채를 합성(synthetic)변동금리채로 변환하거나 반대로 변동금리채를 합성고정금리채로 변환시키는 등의 채권스왑이 그 전형적인 예다. 예컨대 고정금리수익을 얻고자 하는 투자자는 고정금리채에 바로 투자할 수도 있지만 변동금리채에 투자하고, 이를 금리스왑을 통하여 합성고정금리채를 창출할 수도 있다.

투자자가 보통의 채권에 직접 투자하기보다는 자산스왑을 이용하는 것은 다음과 같은 이유에서이다.

① 보다 높은 수익을 얻기 위해서다. 어떤 이유로 인하여 특정자산이 저평가되었을 경우 동자산을 구입하고 스왑을 통하여 자기가 선호하는 형태의 자산으로 변환시킴으로써 보다 높은 수익을 얻을 수 있다.[3]

---

3) 채권스왑(bond swap)의 경우를 예로 들어 보자.

② 포트폴리오 조정수단으로 이용하기 위해서다. 스왑은 기본적인 신용위험을 유지하면서 현금흐름 형태를 바꿀 수 있다.

③ 신용위험을 고려하기 위해서다. 스왑은 기초가 되는 증권이 지급불능이 되더라도 스왑당사자는 스왑계약에 따라 계속 지급할 의무가 있다. 설사 스왑당사자가 지급불능위험에 직면한다 하더라도 스왑은 고정금리와 변동금리분의 차액만이 위험에 노출되어 있음으로 리스크는 원금에 비하여 극히 일부분에 지나지 않는다.

이 밖에 자산스왑의 일종으로 주식스왑도 이용된다. 주식스왑(equity swap)은 채권이자와 특정주식이나 주가지수수익과 교환하는 계약(equity contracts for difference)으로 스왑매입자(equity receiver)는 채권이자를 지급하고 스왑매도자(equity payer)로부터 특정 주식이나 주가지수의 배당금과 자본이득을 수취하는 교환거래를 한다. 만약 주가나 주가지수가 하락하여 자본손실이 발생할 경우에는 스왑매입자가 스왑매도자에게 채권이자와 함께 자본손실을 보전해 주어야 한다. 결국 스왑매입자는 기초자산인 주식(주가지수)을 보유하지 않고도 주식을 보유한 결과가 되고, 반대로 스왑매도자는 이를 매도한 결과가 된다.

스왑매도자는 통상 금융기관으로 포지션 헤지를 위해 주식(주가지수)을 보유하는 것이 보통이다. 주식스왑은 장외주식(주가지수)선물과 같은 성격을 갖는 것으로 채권(주식)을 보유하고 있는 경우 보유채권(주식)을 매각할 필요 없이 주식(채권)으로 투자대상을 변경하고 주식(채권)에 직접 투자하는 데 소요되는 거래비용을 절감하는 효과를 얻을 수 있다.

6. 물가스왑

물가 또는 물가연계스왑은 물가변동위험을 회피하기 위한 물가파생상품 (inflation-linked derivatives)의 일종이다. 물가스왑은 물가연계현금흐름과 고정금리현금흐름을 교환하는 계약을 말하고 물가연계자산스왑은 물가스왑과 금리스왑 등을 결합하여 물가변동이나 금리변동리스크를 관리하는 상품이다.

물가연계자산스왑의 전형적인 예를 들면

A은행은 10.50% 고정금리채권을 가지고 있는데 이를 변동금리채권으로 교환하고 싶다. 현재 시장에는 Libor + 15bp인 변동금리부 CP만 있다. 한편 A은행은 스왑상대방에게 10.25%의 고정금리를 지급하고 Libor Flat의 변동금리부 CP를 받는 스왑을 할 수 있다. A은행은 이 스왑으로 Libor + 25bp(Libor + 10.50 − 10.25)의 수익을 얻을 수 있으므로 결과적으로 Libor + 15bp의 변동금리 CP를 구입하는 것보다 10bp의 수익을 더 얻을 수 있다.

① 금융중개회사가 변동금리로 자금을 조달하고

② 이를 물가연동채권을 구입하여 물가연계흐름을 받고

③ 동 물가연계현금흐름을 물가스왑시장에서 고정금리현금흐름으로 교환하고

④ 동 고정금리현금흐름을 금리스왑시장에서 변동금리현금흐름으로 교환하는

것을 들 수 있다.

물가파생상품의 수요자는 주로 물가변동에 관계없이 실질수익을 확보하려는 자로 연금 및 보험회사 등의 기관투자자와 노후의 안정적인 생활자금을 필요로 하는 개인 등이고 물가파생상품의 공급자는 주로 물가에 연동하여 수입을 얻는 정부나 수도, 가스, 전기 등 공공설비회사 등이다.

II. 스왑의 불이행리스크

스왑은 당사자간의 계약이므로 어느 일방이 계약을 이행하지 않을 경우의 위험, 즉 스왑불이행리스크가 있다. 스왑불이행리스크(default risk)는 신용리스크(credit risk), 시장리스크(market risk), 유동성리스크(liquidity risk) 및 법적 리스크(legal risk) 등을 포함한다.

신용리스크는 거래상대방의 신용상태 악화, 보증기관의 소유주 변동 등으로 인해 발생할 수 있다.[4] 시장리스크는 시장환경 변화에 따른 불이행 리스크로 예컨대 금리상승은 고정금리를 지급하는 쪽의 시장가치를 상승시킬 것이며, 반대로 변동금리를 지급하는 쪽의 시장가치는 하락시키게 됨에 따라 발생할 수 있다.

일반적으로 변동금리지급자들은 대형은행이나 다국적기업, 정부기관 등으로 고정금리지급자에 비해 신용도가 상대적으로 높다. 따라서 금리가 변동할 경우 변동금리지급자들은 그들의 손실을 감당할 수 있는 능력이 큼에 비해, 상대적으로 신용도가 낮은 고정금리지급자들은 손실이 발생할 경우 불이행 리스크가 크다. 그

---

4) 신용리스크를 줄이기 위해서는 신용도가 높은 거래상대방과 거래하는 것이 바람직하나 경우에 따라서는 거래상대방과 일괄청산상계(default netting)계약을 이용할 수도 있다. 동 계약은 거래당사자가 거래의 기본원칙을 규정한 master contract에서 미리 일정한 범위의 채권·채무에 관해서 당사자 일방이 파산 등의 중도 종료 사유가 발생하는 경우에는 이행기가 다른 미결제의 모든 채권·채무를 일괄 청산하여 이행기가 도래한 하나의 채권으로 만드는 것으로 동 계약서에 정한 방법에 따라 현재가치를 계산하여 차감계산(netting)한다.

러나 스왑은 일정한 기간별로 차액의 지급이 이루어지므로 신용리스크나 가격리스크는 같은 만기의 선도계약보다 작다.

유동성리스크는 거래가 활발하지 못해 다른 스왑과 적기에 교체가 어렵거나, 교체가 되더라도 교체비용(replacement cost)이 많이 들어 리스크를 만기 이전에 해지하거나 상쇄할 수 있는 기회가 제약될 가능성을 말한다. 법적 리스크는 계약에 대해 충분한 법적 검토가 이루어지지 않아 문제가 발생할 수 있는 리스크로 계약내용의 불공정성이나 법적·규제적 불확실성 등에 기인한다.

제 2 절 신용파생상품시장

Ⅰ. 신용파생상품의 의의

신용파생상품(credit derivatives)은 대출이나 채권 등 기초자산(underling asset)이나 준거자산(reference asset)에 내재되어 있는 신용위험(credit risk)을 분리하여 거래하는 스왑이나 옵션계약을 말한다.

신용파생상품계약의 매수자, 즉 보장매입자(protection buyer)는 신용리스크가 있는 대출이나 채권의 보유자로 이에 내재된 신용리스크를 제3자에게 전가하고 신용리스크가 발생할 경우 지급보장을 얻으려는 자(credit risk seller)이고 동 계약의 매도자, 즉 보장매도자(protection seller)는 신용리스크를 전가받고 신용리스크가 발생할 경우 지급보장을 제공하려는 자(credit risk buyer)이다. 보장매입자는 신용리스크를 전가하고 지급보장을 받는 대가로 보장매도자에게 프리미엄 또는 이자율과 연동된 일정액을 지급하는 대신 기초자산이나 준거자산의 신용상태가 일정수준 이하로 악화되는 경우 보장매도자로부터 일정액의 보상금을 수취한다.

준거자산은 신용파생상품 계약에 따른 지급보장의무 발생요건 충족 여부의 판단기준이 되는 자산으로 기초자산이 그대로 이용되거나 기초자산과 밀접한 관계에 있는 다른 자산이 이용된다. 예컨대 기초자산이 기업에 대한 대출채권인 경우 동 기업이 발행한 회사채가 준거자산으로 이용될 수도 있다.

신용파생상품은 위험관리의 유용한 수단으로 인정되어 최근에 들어 급속하게 발전되고 있으나 그 한계점도 적지 않다. 스왑이 가진 본질적인 한계점 이외에도 보장매입자와 보장매도자간에 원채무자에의 신용상태에 대한 정보의 비대칭에 수반되는 문제가 그 대표적인 예다. 기초자산에 대해 우월한 정보를 가진 보장매 입자는 발생 가능성이 높은 위험만을 매각하려는 유인이 있음으로 인해 계약성립 전과 신용사건 발생 후 처리과정에서 도덕적 해이 현상이 야기될 우려 등이 그것 이다.

최근에 들어 차입자에 대한 신용분석 능력이 상대적으로 높고 여타 금융회사 에 비해 강한 규제를 받는 은행들이 위험이 큰 대출을 하고 이를 규제를 적게 받 는 연기금, 투자신탁, 생명보험회사 등의 금융회사들에게 매각하여 신용리스크를 전가하는 현상이 크게 증가하고 있다. 이와 같은 현상은 국민경제적으로 리스크의 최적배분을 저하시킴은 물론 대출은행들이 차입기업의 도산에 무관심하거나 심지 어는 도산을 선호하는 현상까지 발생하여 정치적·사회적 문제로까지 확대될 우려 가 제기되고 있다.

특히 2008년 9월 금융위기로 신용파생상품을 대량으로 취급한 대형투자은행 이나 보험회사들이 지급불능상태에 빠지게 됨에 따라 연쇄적으로 신용파생상품시 장 전체가 거래상대방위험(counterparty risk)에 직면하게 되었다. 이에 따라 최근 금 융위기를 겪은 선진국을 중심으로 신용파생상품을 규제하려는 움직임이 증가하고 있다.

II. 신용파생상품의 유형

1. 신용부도스왑

신용파생상품의 보편적인 유형으로 신용부도스왑, 신용바스켓스왑, 신용옵션, 총수익스왑, 신용연계노트, 합성CDO 등을 들 수 있다.

신용부도스왑(CDS: Credit Default Swap)은 보장매입자가 계약기간 동안 보장매도 자에게 일정한 수수료를 정기적으로 지급하는 대가로 보장매도자로부터 신용사건 (credit event)[5]이 발생할 경우 사전에 약속한 금액이나 사고로 인한 당해 대출이나

---

5) ISDA(International Swap and Derivatives Association)의 표준안에서 규정한 신용사건의 종류 및 정의는 다음과 같다.

채권의 시장가치 감소분을 지급받는 계약을 말한다. 신용사건은 계약에 의한 지급보장이 발효되는 조건을 충족시키는 사건으로 거래확인서(trade confirmation) 등 계약서류에 명시된다.

이와 같은 신용사건의 발생시 보장매입자는 채무불이행(default)을 선언하고 보장매도자에게 기초자산의 인수 또는 기초자산 시가하락분의 지급요청이 가능하다. 다만 이러한 채무불이행 행사는 의무사항이 아니라 보장매입자의 선택사항으로 기초자산의 만기 및 행사요건의 심각성 등을 고려하여 채무불이행 행사 대신 증거금(margin) 납입 등의 보완조치를 요구하는 것도 가능하다. 신용사건 발생시 보장매도자가 보장매입자에게 지급하는 보상지급액(credit event payment)의 지급방식은 다음과 같은 3가지 방식이 있다.

1) 현물인도(physical delivery)

보장매도자가 기초자산을 현물로 인도받고 보장매입자에게 약정가액을 지급하는 방식이다.

2) 현금정산(cash settlement)

보장매도자가 기초자산의 회수가치(recovery)를 제외한 금액을 지급하는 방식으로 회수가치는 통상 신용사건 발생 후 3개월 이내에 입찰(auction) 또는 딜러호가(dealer poll)조사를 통해 산출한다.

3) 확정금액지급(binary payout)

보장매도자가 기초자산의 회수가치를 고려함이 없이 사전에 확정된 금액을 지급하는 방식이다. 신용부도스왑의 경우 채무불이행 여부에 따라 사전에 정해진 일정금액을 지급하거나 아니면 전혀 지급하지 않는다는 점에서 신용옵션, 특히 주가와 연계된 binary option[6)]과 유사한 성격을 갖고 있다.

종 류	정 의
도산(bankruptcy)	파산, 청산, 회생절차 신청 등
지급불능(failure to pay)	만기일에 채무를 상환하지 못하는 경우
기한의 이익상실(obligation acceleration)	부도 등으로 만기 이전에 채무를 상환하여야 할 의무가 발생하는 경우
모라토리엄(moratorium, repudiation)	국가의 지급정지 선언
채무재조정(restructuring)	채권자와 채무자 사이에 채무원금, 이자, 지급시기 등이 재조정되는 경우

6) binary option은 다음과 같은 유형이 있다.

cash-or-nothing call은 주가가 행사가격보다 올라가면 사전에 약정된 일정금액을 받고 행사가격보다 내려가면 아무 것도 받지 못한다. asset-or-nothing call은 주가가 행사가격보다 올라가면

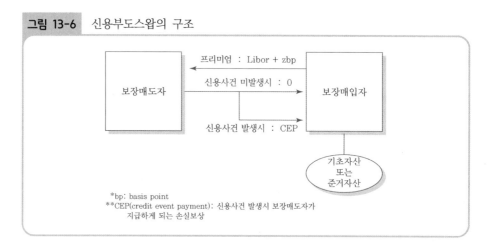

그림 13-6 신용부도스왑의 구조

CDS 시장참여자들은 기존 포지션 정리를 위해 주로 포지션 종결(termination)이 아닌 반대 포지션을 취하는 방식을 이용한다.

그간 급격한 성장세를 보여 온 CDS는 최근에 들어 각종 변형이 등장하여 각국은 이를 규제하려는 움직임을 보이고 있다. 2008년 금융위기를 계기로 독일과 프랑스는 기초자산을 보유하지 않은 채 기초자산의 방향성만을 예측하여 투기하는 naked CDS 거래를 금지하는 방안을 G20회의의 의제로 선정할 것을 제안한 바 있다. 미국은 채무회사가 파산하는 경우 채권자가 보유채권 전액을 보장받을 목적으로 통상적인 손실보증 요구액을 상회하는 규모의 CDS 약정잔액을 보유하는 empty creditor 문제를 방지하는 방향으로 「파산법」(chapter 11)을 개정하자는 주장이 제기되고 있다.

2. 신용바스켓스왑

신용바스켓스왑(CBS: Credit Basket Swap)은 기초자산이 다수의 자산으로 구성되어 있고 손실보전의 우선순위가 상이한 두 종류의 보장매도자로 구성된 신용부도스왑의 일종이다. 신용사건 발생시 선순위 신용위험보전 바스켓(FTD: First-to-Default basket)이 일차적으로 손실을 보전하며, 부족시 후순위 신용위험보전 바스켓(STD: Second-to-Default basket)이 이를 부담한다.

신용바스켓스왑은 기초자산의 부도로 인한 손실을 보전하는 방법에 따라

주가만큼의 금액을 받고 행사가격보다 내려가면 아무 것도 받지 못한다.

그림 13-7 신용바스켓스왑의 구조

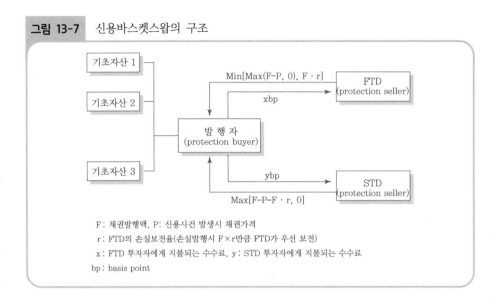

first-to-default 구조와 green bottle 구조로 구분이 가능하다. first-to-default 구조는 바스켓을 구성하는 기초자산 중 어느 하나에서 부도가 나서 손실이 발생하는 경우 이 자산에서 발생한 손실만을 보전하고 거래를 종결하는 구조이고, green bottle 구조는 바스켓을 구성하는 기초자산 중 어느 하나에서 부도가 나서 손실이 발생하는 경우 해당 자산에서 발생한 손실의 일정비율을 보전하고 거래를 계속하는 구조이다.

3. 신용옵션

신용옵션(credit option)은 옵션매입자가 일정한 프리미엄을 옵션매도자에게 지불하는 대가로 채무불이행이 발생할 경우 기초자산의 가치하락분을 보상받기 위해 채무불이행이 발생한 자산을 매각할 수 있는 옵션계약을 말한다. 채무불이행이 발생할 경우 옵션매입자는 통상 옵션매도자로부터 채무불이행이 발생한 자산의 회수가치를 차감한 금액을 지급받게 되는데 이때 계약당사자들이 회수가치 산정에 대해 이의가 있을 경우 채무불이행이 발생한 자산을 회수가치로 매입 또는 매각할 수 있는 권리를 보유한다.

구체적으로 옵션매입자가 회수가치가 너무 높다고 평가할 경우 채무불이행이 발생한 자산을 회수가치로 옵션매도자에게 매각할 수 있는 권리를 보유하고, 반대

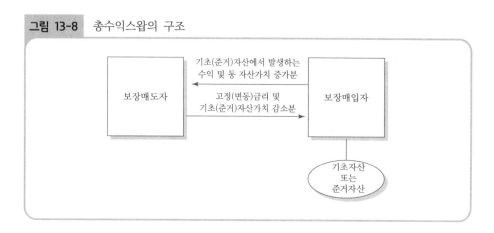

그림 13-8   총수익스왑의 구조

로 옵션매도자가 회수가치가 너무 낮다고 평가할 경우 옵션매입자에게 동 자산을 회수가치로 매입할 수 있는 권리를 보유한다. 회수가치는 공정한 평가를 위해 딜러 등 제3자가 정하는 것이 보통이다.

신용옵션은 옵션매입자가 특정자산의 신용스프레드를 사전에 약정한 신용스프레드로 사거나(credit call option) 팔 수 있는(credit put option) 권리를 보유하는 경우도 있다. 이와 같은 옵션은 신용위험 변화에 따른 채권가격 변동에 민감한 투자자들이 헤지나 투자목적으로 이용하는 경우가 많다. 신용스프레드란 채권이나 대출의 이자율에서 무위험이자율을 차감한 수치를 말한다.

4. 총수익스왑

총수익스왑(TRS: Total Return Swap)은 매수자와 매도자가 기초자산에서 발생하는 모든 경제적인 성과, 즉 총수익(total return)을 교환하는 계약이다. 매수자(TRS payer)는 기초자산에서 들어오는 원리금 및 기초자산의 시장가치 상승분 등 대상자산에 대한 총수익을 매도자(TRS receiver)에게 지급하는 대신 매도자는 매수자의 요구에 따라 변동 또는 고정금리에다 대상자산의 시장가치 하락분을 지급한다. 총수익스왑은 결과적으로 매수자의 계정에 존재하고 있는 기초자산을 매도자가 소유하고 있는 것과 같은 효과가 발생한다.

총수익스왑의 만기일이 도래하거나 기초자산의 채무불이행이 발생할 경우 스왑계약이 종료되면서 기초자산의 최종적 가치 증감분을 결제하는 등 계약상의 의무를 이행한다. 이 경우 최종 스왑채무 관계를 정리하기 위해 기초자산의 가격을

그림 13-9 신용연계노트의 구조

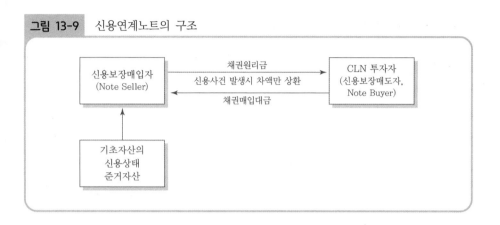

결정하여야 하는데 동 가격은 보통딜러의 호가 등에 의해 결정된다. 보장매도자가 동 가격에 만족하지 않을 경우 보장매입자로부터 기초자산을 매입하여 원채무자와 채무상환계획을 협의할 수 있는 선택권을 가지는 경우도 있다.

총수익스왑의 매수자는 일반적으로 만기가 기초자산보다 짧은 스왑기간동안 채무불이행과 금리변동위험에 대해 보호를 받으며, 특히 채무불이행위험은 신용스왑보다 더 안전하게 보호받을 수 있다. 채무불이행 확률의 상승은 신용스왑상의 신용사고가 발생하지 않더라도 기초자산의 가치를 하락시킬 수 있으며, 이 경우 총수익스왑의 매수자는 기초자산의 가치하락분에 대해서도 보상을 받을 수 있기 때문이다.

5. 신용연계노트

신용연계노트(CLN: Credit Linked Note)란 채권을 이용하여 신용위험을 다수의 투자자들에게 분산·이전시키도록 고안된 신용파생상품으로서 신용보장매입자는 기초자산의 신용상태와 연계된 채권을 발행하고 채권이자를 지급하며 신용보장매도자는 신용연계채권을 시장가격에 매입한다.

동 채권은 일반채권에 CDS를 결합한 채권으로 신용사건이 발생하지 않은 경우 채권은 만기에 정상적으로 상환되나 신용사건이 발생하는 경우 동 채권을 상환하는 대신 약정조건에 따라 차액을 상계하거나 부도가 발생한 준거자산으로 지급하는 등의 조건을 갖는 것이 보통이다. CLN은 매각시 신용도에 따라 선순위(senior tranche), 중순위(mezzanine tranche) 및 후순위(equity tranche)로 구분되어 신용등급별로

그림 13-10   합성부채담보부증권의 구조

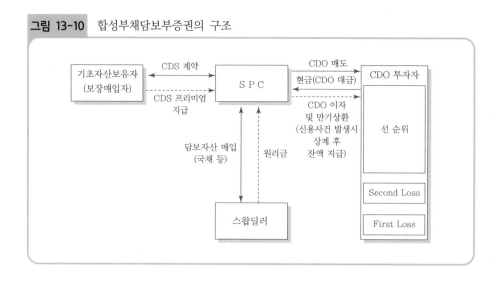

투자자에게 매각되는 것이 보통이다.

6. 합성부채담보부증권

합성부채담보부증권(synthetic CDO)은 CDS와 CDO(Collateralized Debt Obligation) 및 자산유동화기법을 합성하여 신용리스크를 투자자에게 전가하는 신용위험경감 상품의 하나이다. 동 증권은 현물채권이나 대출을 기초자산으로 하는 전통적인 현금흐름 CDO(cashflow CDO)와는 달리 자산보유자가 기초자산을 SPC에 매각하는 것이 아니라 기초자산으로부터 발생하는 현금흐름만을 매각하고 SPC와 CDS 계약을 체결하여 보유자산의 신용리스크만 SPC에게 이전한다.

동 방식이 많이 이용되는 이유는 기초자산 자체를 SPC에 매각하는 전통적인 방식이 권리 이전 등에 수반되는 거래비용이 높고, 기존의 고객관계를 단절시키는 문제가 있을 뿐만 아니라, 진정매매(true sale)나 위험의 절연(bankruptcy remote)과 같은 유동화의 기본조건을 지키는 데 한계가 있기 때문이다. 동 증권의 요소를 분해하고, 그 거래절차를 요약하면 다음과 같다.

① 자산보유자(통상 금융기관)는 SPC를 설립하여 이에 기초자산(대출 등)의 현금흐름에 대한 수익권만을 매각하는 동시에 스왑딜러(originator)의 중개를 통해 SPC와 기초자산을 대상으로 하는 CDS 계약을 체결한다. 통상 자산보유자와 스왑딜러가

CDS 계약을 체결하고 스왑딜러는 다시 동일한 내용의 CDS 계약을 SPC와 체결하는 2단계 계약형식을 취함으로써 신용리스크에 대한 일종의 레버리지를 창출한다.

② SPC는 CDS 계약을 이행하기 위한 담보로 스왑딜러로부터 국채 등 신용등급이 높은 자산을 취득한다.

③ CDS 계약에 의한 신용사건이 발생하는 경우 SPC는 자산보유자에게 CDO 투자자에 대한 원리금 지급에 우선하여 담보계정의 원금을 한도로 자산보유자에게 약정한 손실금액을 지급한다.

④ 신용사건이 발생하지 않을 경우 SPC는 CDS 계약으로 받은 수수료와 기초자산 및 담보계정에서 창출되는 원리금을 CDO 투자자에게 지급한다.

⑤ CDO는 신용사건 발생시 손실부담 순위를 감안하여 여러 종류(tranche)의 증권(senior tranche, mezzanine tranche, subordinated tranche 등)으로 발행되며, 각각의 증권은 신용등급을 부여받는다. 이 경우 기초자산 풀에서 발생한 손실 중 일정 부분을 우선적으로 부담하는 우선손실부담포지션(first loss position)은 통상 자산보유자가 인수하는바, 이는 채권의 회수의무가 있는 자산보유자로 하여금 동 의무를 소홀히 하는 도덕적 해이를 범하지 않게 하기 위해서다.

최근에는 이미 조성된 합성부채담보부증권의 트란체(tranche)를 기초포트폴리오로 하는 중층구조의 CDO(CDO of CDOs)인 CDO^2, CDO^3, …라는 상품도 등장하고 있다. 이와 같은 복잡한 상품의 등장으로 신용리스크가 어느 곳에 어떤 형태로 분산되어 있는지, 즉 신용리스크의 파급경로에 대한 파악이 어려워지는 등 파생상품거래의 투명성 상실로 인한 잠재적인 신용리스크가 증대함에 따라 신용파생상품의 공시 확대와 운용 및 결제리스크 증대에 대한 대응책 마련이 시급한 과제로 등장하고 있다.

제 3 절　기타장외파생상품시장

I. 금리옵션

중장기대출시장은 대부분 변동금리기준으로 거래가 이루어지고 있어 차입자와 대출자 공히 금리변동위험을 부담하고 있다. 이와 같은 변동금리부 채무에 있어 금리변동위험을 헤지하기 위해 금리의 상한(cap) 또는 하한(floor)을 설정하여 놓고 옵션을 첨가하는 계약이 개발되고 있다. 대표적인 예로 금리캡(interest rate cap), 금리플로어(interest rate floor), 금리칼라(interest rate collar) 및 스왑과 옵션을 결합한 스왑션(swaption) 등을 들 수 있다.

금리캡은 계약기간 중 시장금리가 계약시 정한 상한을 상회하는 경우 캡 매도자가 동 상회분을 캡 매입자에게 지급하는 계약이다. 금리캡의 매입자는 주로 변동금리 차입자로 캡 매도자에게 프리미엄을 지급한다. 금리플로어는 금리캡과는 반대로 시장금리가 계약시 정한 하한을 하회하는 경우 동 하회분을 플로어매도자가 플로어매입자에게 지급하는 계약이다. 금리플로어매입자는 주로 변동금리 대여자이다.

금리칼라는 금리캡과 금리플로어를 동시에 사고 파는 거래를 말한다. 칼라매입은 금리캡을 사고 금리플로어를 매도하는 거래를, 칼라매도는 반대로 금리캡을 매도하고 금리플로어를 매입하는 거래이다. 예컨대 자금차입자가 금리칼라를 매입하는 경우 시장금리가 약정한 금리상한을 상회하면 상회분을 동 계약매도자로부터 받고 시장금리가 하한을 하회하면 반대로 하회분을 동 계약자에게 지급하게 된다. 자금차입자는 이 계약을 통해 이자비용을 일정범위(캡과 플로어) 내로 유지할 수 있다.

한편 금리플로어와 금리캡에 대한 이중옵션계약으로 플로어션(floortion)과 캡션(caption)도 있다. 플로어션은 금리플로어에 옵션이 부여된 것으로 장래 정해진 시점에 정해진 가격으로 금리플로어를 매입할 수 있는 권리를 그리고 캡션은 장래 정해진 시점에 정해진 가격으로 금리캡을 매입할 수 있는 권리를 말한다.

스왑션은 장래 일정시점에 금리조건을 교환(swap)할 수 있는 권리(option)를 사고 파는 거래이다. 만기일은 기초스왑이 시작되는 일자이며 행사가격은 기초스왑의 고정금리이다. 스왑션을 통해 계약기간 동안 시장금리가 계약시 정한 수준 이상(이하)으로 상승(하락)하는 경우 변동금리채무(고정금리채무)를 고정금리채무(변동금리채무)로 전환시킬 수 있다. 스왑션의 프리미엄은 명목원금의 백분율로 나타내고 선불하는 것이 보통이다.

그림 13-11 기초거래와 레인지선물환의 손익구조

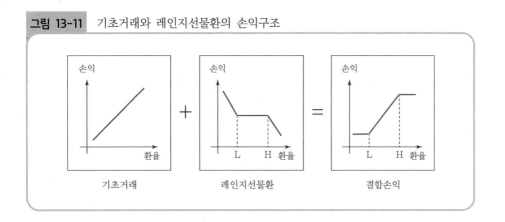

Ⅱ. 통화옵션

환율변동위험을 헤지하기 위해 가장 많이 이용되는 거래는 선물환계약이다. 예컨대 수출업자가 환율하락을 우려할 경우 선물환을 매도하게 된다. 그런데 이와 같은 매도선물환은 환율의 하락을 예상하여 거래한 것으로서 반대로 환율이 상승할 경우 기회비용이 발생하게 된다. 이러한 약점을 보완하기 위하여 개발된 것 중의 하나가 레인지선물환(range forward)이다.

이론적으로 선물환 매도계약 1개는 풋옵션 매수계약 1개와 콜옵션 매도계약 1개로 복제가 가능하다. 레인지선물환은 이러한 원리를 이용한 구조화상품으로 동일만기, 동일금액의 풋옵션과 콜옵션을 다른 행사가격으로 동시에 매입·매도한다. 구체적으로 수출업자는 낮은 행사가격(L)의 풋옵션을 매입하고 높은 행사가격(H)의 콜옵션을 매도하고 반대로 수출업자의 거래상대방이 되는 은행은 같은 방식으로 풋옵션을 매도하고 콜옵션을 매입한다.

레인지선물환계약의 손익(pay-off)과 기초거래와 결합하여 나타나는 손익구조는 [그림 13-11]과 같다. 수출업자는 환율이 행사가격(L) 이하로 하락할 경우 풋옵션을 행사하여 외환을 L로 매도하고 환율이 행사가격(H) 이상으로 상승할 경우 은행이 콜옵션을 행사하여 외환을 H로 매도함으로써 수출업자가 실제로 부담하는 환율변동은 L과 H 사이로 한정되고 이 범위를 초과할 경우 손익은 일정 수준으로 고정된다.

레인지선물환계약의 콜옵션과 풋옵션의 프리미엄이 동일할 경우 비용이 발생하지 않는 옵션(zero-cost option)이 된다.

레인지선물환과 유사한 거래로 배리어선물환(barrier forward)이 있다. 배리어선물환은 일명 KIKO옵션(Knock-In Knock-Out Barrier Option)이라고도 불리우며 Knock-In Barrier Option과 Knock-Out Barrier Option이 결합된 형태의 구조화상품이다. 동 옵션은 배리어(Barrier)가 있는 풋옵션 매입·콜옵션 매도(통상 1대 2의 비율)로 결합한 것으로 환율변동위험에 대비한 수단으로 이용된다.

동 옵션을 매입한 자는 관찰기간(observaton period) 중 환율이 상한(Knock-In Barrier)과 하한(Knock-Out Barrier) 내에서 변동하는 경우 상대방에게 풋옵션을 행사하여 외환을 계약환율(strike price)로 매도할 수 있다. 관찰기간 중 환율이 한 번이라도 상한 이상으로 상승하면 Knock-In 조건이 충족되어 콜옵션과 풋옵션이 모두 행사가 가능한바, 환율이 계약환율을 상회할 경우 상대방이 콜옵션을 행사함에 따라 풋옵션매수자는 계약환율로 외환을 매각하여야 한다. 관찰기간 중 환율이 한 번이라도 하한 이하로 하락할 경우 KIKO 계약의 효력은 상실된다(Knock-Out).

예컨대 수출업자가 은행과 환율의 하한을 달러당 900원, 상한을 1,000원 그리고 계약환율을 980원으로 하는 동 옵션을 계약하였을 경우 환율이 900원과 980원 사이에 있을 경우 수출업자는 풋옵션을 행사하여 달러당 980원으로 은행에 외환을 매도할 수 있다. 환율이 980원과 1,000원 사이에 있을 경우에는 옵션의 가치는 없고 따라서 수출업자는 풋옵션을 행사하지 않는다.

환율이 1,000원 이상으로 상승할 경우 은행이 콜옵션을 행사(Knock-In)하게 되며 이 경우 수출업자는 달러당 980원으로 외환을 매각해야 하므로 수출업자가 이에 대응할 현물포지션을 갖지 않은 경우 손실을 볼 수 있다. 그러나 수출업자가 이에 대응할 포지션을 갖고 있을 경우(covered call) 환율상승에 따른 환차익으로 손실이 상쇄되므로 환차손은 없다. 그러나 수출업자가 이에 대응할 현물포지션을 갖고 있지 않거나 갖고 있다 하더라도 이 이상으로 콜옵션을 매도한 경우에는 그 초과분만큼 손실이 발생하게 된다. 특히 환율이 한 번이라도 하한 이하로 하락하면 KIKO의 효력은 상실되어 수출업자는 환율하락에 따른 환차손을 그대로 부담하게 된다.

이와 같이 환율이 Knock-In Barrier에 도달할 경우 잔여기간 동안 일률적으로 콜옵션 계약이 적용되는 데 반해, Knock-Out Barrier에 도달할 경우 잔여기간과 관계없이 전체 계약이 효력을 상실하는 비대칭 문제점을 갖고 있는바, 이를 완화하기 위한 대안으로 Barrire가 일정기간 동안만 효력이 있는 Window KIKO Forward 등이 이용되기도 한다.

KIKO 계약은 일반적으로 Barrier 도달 여부를 1개월 단위로 관찰하여 그 충족 여부를 판단하고 매월별로 결제하는 형태를 취한다. 예컨대 전체 계약기간이 1년이고 결제일이 매월마다 도래하는 계약의 경우 실제로는 만기가 1월에서 12월짜리 12개의 새로운 풋옵션과 콜옵션이 하나의 계약으로 이루어진 것과 같다. 수출업자는 매월 결제 후 동 계약의 해지 여부를 결정할 수 있으며 계약을 해지할 경우 은행의 헤지 해소(unwinding)에 대한 수수료를 지급해야 한다.

III. 금리선도계약

금리선도계약(FRA: Forward Rate Agreement)은 장래 일정시점에 자금을 차입하려는 자(선도계약 매입자)와 대여하려는 자(선도계약 매도자)간에 일정금액에 대해 일정기간에 해당하는 계약금리를 정하여 계약기간이 시작되는 날짜인 결제일에 원금의 이동 없이 계약금리와 결제일 현재의 시장금리의 차에 의해 계산된 이자차액만을 수수하기로 하는 계약으로 주로 금리변동위험을 회피하기 위한 수단으로 이용된다.

결제일에 가서 시장금리가 계약금리를 상회(하회)하면 선도계약 매도자(매입자)가 매입자(매도자)에게 계약기간 중에 금리차액을 결제일 현재의 현가로 환산하여 지급한다.

예를 들어 보면, A사는 6개월 후 계약기간 3개월, 계약금리 12%, 금액 $10,000,000의 FRA를 거래은행으로부터 매입하였는데 6개월 후 시장금리가 13%로 올랐다면 A사가 거래은행으로부터 받을 금리 차이는 다음과 같이 계산된다.

$$\frac{\$10,000,000 \times (0.13 - 0.12) \times 3/12}{1 + 0.13 \times 3/12} = \$24,213$$

금리선도계약은 금리선물시장의 경직성을 보완하기 위해 최근에 개발된 기법이다.

　　금리선물거래는 자금결제일이 3, 6, 9개월 등으로 정형화되어 있어 헤지대상 기간의 신축성이 금리선도계약에 비해 적기 때문이다. 또한 금리선물거래는 특정 금융자산으로 대차대조표에 계상되는 데 반해, 금리선도계약은 부외거래로 인정되는 점도 금융기관들의 선호를 받는 이유 중의 하나가 되고 있다.

Ⅳ. 통화선도계약

　　통화선도계약(FXA: Forward Exchange Agreement)은 결제일에 환율변동차익만을 수수하는 계약으로 역외시장에서 거래되는 차액결제선물환(NDF: Non-Deliverable Forwards)이 그 전형적인 예이다. 차액결제선물환거래는 선물환계약의 일종으로 만기에 계약원금의 상호교환 없이 계약선물환율과 지정환율(fixing rate)간의 차이만을 지정통화(통상 미달러화)로 정산하는 계약을 지칭하는데, 일반 선물환계약에 비해 결제 위험(settlement risk)이 상대적으로 작을 뿐 아니라 해당 통화의 국제화가 미흡한 상황에서도 역외시장에서 거래가 가능하다는 이점으로 활용되고 있다.

　　역외 원/달러 NDF거래는 원화환율의 상승압력이 높아진 1996년경부터 외국인의 국내주식 투자자금에 대한 환위험 헤지 및 투기목적 등으로 홍콩과 싱가포르 등에서 처음으로 형성되기 시작하였다.

Ⅴ. 차액계약

　　차액계약(CFD: Contract for Difference) 또는 현금결제주가옵션(cash settled options)은 일정기간 경과 후 계약자 쌍방이 특정 주식의 주가차액을 지급 또는 수취하는 계약으로 특정 주식을 직접적으로 보유함이 없이 주가변동에 따른 차익을 얻고자 하는 장외주식파생상품의 일종이다.

　　동 계약은 계약조건에 따라 매입자가 주가차액을 지급받는 대신 일반 주식으로의 전환을 선택할 수도 있다. 동 계약을 판매한 자는 주로 금융회사로 헤지를 위해 동 상품을 거래한 만큼 해당주식을 매입하여 보관하여야 한다. 한편, 동 계약을 매입한 자는 표면적으로는 주식을 보유하지 않아 대량주식보유 공시의무 등을 부담하지 않으면서 사실상 주식을 보유하는 결과가 된다.

차액계약의 이러한 특성을 이용하여 헤지펀드나 전략적 투자자들이 비공개적으로 의결권을 확보하여 M&A나 해당기업의 의사결정에 영향력을 행사하는 등 불공정거래 사례가 증가함에 따라 최근 영국의 감독당국은 차액계약의 거래내용의 공개를 의무화하는 등 투명성을 증대시키기 위한 규제를 강화하려 하고 있다. 차액계약은 영국, 독일, 프랑스 등 대부분의 유럽국가와 캐나다, 호주, 싱가포르 등에서 도입되어 활발하게 거래되고 있으나 미국은 아직 이를 도입하지 않고 있다.

VI. 변형옵션

변형옵션(exotic option)은 표준옵션계약의 하나 또는 그 이상의 거래조건을 다양하게 변형시킨 옵션으로 그 종류는 수없이 많다. 몇 가지 예를 들면 옵션의 만기일에 가서 내가격(in the money)상태가 되면 사전에 약정한 일정한 금액을 받는 정액옵션(binary option), 옵션의 만기일까지의 기초자산가격 중 옵션매입자에게 가장 유리한 가격을 행사가격으로 하는 룩백옵션(look-back option), 수익은 특정 기초자산의 가격에 의해 결정되지만 위험은 다른 자산의 가격에 의해 결정되는 수량조정옵션(quanto option 또는 quantity adjusting option) 등을 들 수 있다.

수량조정옵션의 대표적인 예는 특정통화로 표시된 기초자산을 대상으로 하는 옵션의 수익이 다른 통화로 표시되는 것으로 예컨대 콜옵션의 행사가격은 미국 주가지수이고 지수승수(지수당 환산금액)는 원화일 경우 한국의 투자자들은 환율변동위험 없이 미국의 주식시장에 투자할 수 있다.

제 4 절   장외파생상품의 장내거래

장외파생상품거래는 장외에서 전화 등을 통해 거래당사자간에 직접 계약을 체결하여 거래내용이나 거래규모 등을 제대로 파악할 수 없을 뿐만 아니라 다수의 거래상대방이 얽혀 있어 어느 일방이 계약을 이행하지 못할 경우 다른 계약에까지

연쇄적으로 파급을 미치는 등의 문제가 있다.

이와 같은 위험(counterparty risk)을 줄이기 위해 장외파생상품의 장내거래를 촉진하기 위한 거래시스템(platform)과 청산기구(clearing house)의 설립이 경쟁적으로 추진되고 있다. 특히 2008년 글로벌 금융위기를 계기로 국제적인 협력이 강화되고 있는바, 2009년 9월 G20 정상회의에서 장외파생상품 규제를 위한 피츠버그합의안을 도출하였다.

동 합의안의 핵심은 늦어도 2012년 말 까지는 표준화된 모든 장외파생상품은 적절한 경우 거래소나 전자거래플랫폼(electronic trading platform)에서 거래가 체결되어야 하고 중앙청산소(CCP: Central Counter Party)를 통해 청산되어야 한다. 그리고 그 CCP에서 청산되지 않은 상품에 대해서는 높은 수준의 자본요구 규정을 적용해야 하고 모든 장외파생상품은 거래정보저장소(trade repository)에 보고되어야 한다는 것이다.[7]

CCP는 모든 매수자에게는 매도자가 되고 모든 매도자에게는 매수자가 되어 거래를 중개하고 거래계약의 이행을 보증함으로써 거래상대방위험을 제거하고 다자간 차감(multilateral netting)에 의한 순포지션의 정리로 결제불이행리스크의 전이를 차단하자는 것이 주된 목적이다. 이를 위해 CCP에 참여하는 청산회원은 자본금, 신용도, 운용능력 등 일정한 기준의 자격을 가진 자로 제한되고 증거금과 일일정산을 통해 신용위험의 통제와 이연을 방지하는 리스크관리체제를 갖추어야 하며 위험기금(default fund)의 적립 등 청산회원의 결제불이행 처리절차(loss mutualzation)를 수립하여야 한다. 현재 미국, 유럽 등 선진국에서는 다수의 청산기구가 동 서비스를 제공하고 있다.[8]

우리나라는 현재 장내파생상품의 청산에 관한 규정에 따라 한국거래소가 장내파생상품의 청산업무를 수행하고 있다. 한편, G20 합의안의 국내 이행을 위해

---

7) 2010년 11월 미 SEC는 「Dodd-Frank」법에 따라 증권 관련 스왑시장의 책임성 및 투명성을 제고하고 의회가 창설한 스왑거래데이터저장소(SDR: Security-Based Swap Data Repository)의 완전한 거래기록 유지를 확보하기 위해 SDR의 SEC 등록 등에 관한 규정과 증권관련 스왑거래의 보고 및 공시에 관한 규정을 제정하였다. 동 규정은 SDR에 증권관련 스왑의 자산 종류, 기초증권, 가격, 명목가치, 거래체결 시점, 효력발생일 및 만기일 등을 실시간으로 보고 및 공시토록 하고 거래상대방, 브로커, 트레이더 및 ID 등 규제 목적상 공시되지는 않지만 SDR에 보고되어야 하는 추가 범주의 정보를 명시하고 있다.

8) 현재 유럽의 Euronext Life와 미국의 ICE(Inter-Continental Exchange) 등이 동 서비스를 제공하고 있다.

2013년 3월 장외파생상품 청산소의 도입을 위한 「자본시장법」이 개정되었다. 동 개정안에 의하면 장외파생상품, 증권대차, RP 등 향후 다양한 형태의 청산서비스가 제공될 수 있도록 청산회사에 대한 인가제를 도입하고 해당 거래에 따른 채무불이행이 국내 시장에 중대한 영향을 미칠 우려가 있는 장외파생상품 매매에 대해서는 청산회사를 통한 청산을 의무화하고 있다.

한편, 장외파생상품에 대한 거래정보저장소 보고와 연계하여 거래상대방리스크를 효과적으로 파악하기 위해 리스크관리가 필요한 업체를 중심으로 식별번호(LEI: Legal Entity Identifier)를 부여하는 국가가 늘어나고 있다. LEI는 유가증권거래(ISIN 코드), 외환거래(BIC코드) 등 부분별 식별부호 사용을 지양하고 모든 금융거래에 공통의 단일 식별부호를 사용한다. LEI는 문자와 숫자를 혼합하여 20자리 기호로 조성된다. 우리나라도 동 시스템을 운영할 민간기구(Local Operating Unit)로 한국예탁결제원이 금융위원회로부터 지정받아 2015년부터 LEI 발급 및 유지업무를 취급하고 있다.

제 5 절 포트폴리오보험시장

Ⅰ. 포트폴리오보험의 의의

종래 포트폴리오이론은 분산투자를 통해 투자위험을 절감시키는 데 크게 기여하였다. 그러나 동 이론도 개별 투자자산들의 비체계적 위험만 감소시킬 뿐 시장 전체의 변동으로 인한 체계적 위험의 감소는 불가능하다는 한계를 가지고 있다. 따라서 이와 같은 체계적 위험까지 회피하고자 하는 투자자들은 새로운 투자전략을 찾지 않으면 안 된다. 예컨대 투자손실을 보상해 주는 보험이 있다면 이에 가입할 수도 있을 것이다. 그러나 주식 등 증권의 가격은 변동이 너무 심해 이러한 보험을 파는 보험회사가 아직은 없다.

포트폴리오보험전략은 이러한 이유에서 개발되었으며, 최근 들어 선진국의 기관투자가들은 프로그램 트레이딩(programmed trading)을 통한 포트폴리오보험전략을 활발하게 운용하고 있다. 포트폴리오보험(portfolio insurance)이란 포트폴리오의 구성

그림 13-12 포트폴리오보험의 원리

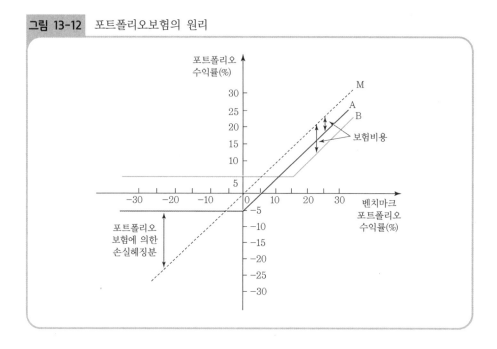

을 동적(dynamic)으로 변경시킴으로써 전체 포트폴리오의 수익률이 일정수준(floor) 이하로는 하락하지 않으면서 벤치마크포트폴리오(benchmark portfolio) 수익이 상승할 경우, 그 상승분의 일정부분을 그대로 향유하려는 전략으로 어떠한 상황이 일어나도 일정수준의 최저수익(mimimum return)을 보장한다는 점에서 보험포트폴리오(insured portfolio)로 부르기도 한다.

　[그림 13-12]에 의거 포트폴리오보험 원리를 설명하면 동 그림에서 벤치마크포트폴리오(예컨대 지수펀드)의 수익률은 가로축에, 투자자가 보유한 포트폴리오의 수익률은 세로축에 나타나 있다. 한편 원점을 통과하는 45°의 점선 M은 포트폴리오보험을 하지 않고 벤치마크포트폴리오에 투자할 경우의 수익률을 나타내고 실선 $A \cdot B$는 각각 최저수익률을 -5%와 5%로 하는 포트폴리오보험을 한 경우의 수익률을 나타낸다.

　동 그림에서 포트폴리오보험을 한 포트폴리오의 수익률선 A 및 B는 벤치마크포트폴리오의 수익률이 하락하더라도 소정의 최저수익률을 유지하고 벤치마크포트폴리오의 수익률이 상승하는 경우 상승분에서 일정폭만큼 차감한(lock-step) 수익률을 그대로 향유하는 것을 알 수 있다.

그림 13-13 포트폴리오의 위험

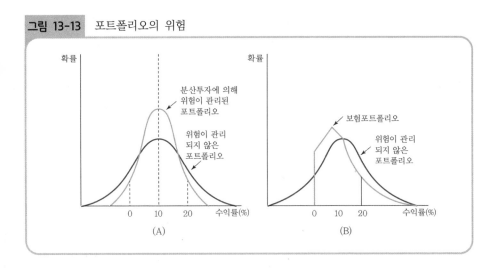

동 그림에서 벤치마크포트폴리오의 수익률이 상승한 경우 동 수익률과 보험포트폴리오수익률의 격차를 보험비용(cost of insurance)이라 할 수 있다.[9] 최저수익률이 보장된 데 대한 보험료란 의미이다. 이때 벤치마크포트폴리오는 가급적 비체계적 위험이 제거된 지수펀드나 잘 분산된 포트폴리오일수록 보험의 효과가 크다.

한편 동 그림에서 보장된 최저수익률이 높을수록 벤치마크포트폴리오와 보험포트폴리오의 수익률 격차가 큰 것을 알 수 있는데 이는 보장률이 높을수록 보험료를 더 지불해야 하기 때문이다. 또한 동 그림에서 벤치마크포트폴리오의 수익률이 하락한 경우 보험포트폴리오와 벤치마크포트폴리오수익률의 격차는 보험으로 인한 손실헤지분을 나타내는데 벤치마크포트폴리오의 수익률 하락이 클수록 보험의 혜택이 큼을 알 수 있다.

포트폴리오보험이론과 전통적 투자이론의 차이점은 투자의 위험을 투자수익의 표준편차(standard deviation)로 간주할 때 전통적 투자이론은 [그림 13-13](A)에서와 같이 투자수익이 기대수익, 즉 평균치(mean)로부터의 분산의 정도가 클수록 투자위험이 증대하게 된다. 따라서 포트폴리오수익률의 분산을 최소화하기 위해 수익률의 변동특성이 상이한 투자대상을 조합하여 포트폴리오에 편입시키면 개별 자산수익률의 변동이 서로 상쇄되어 위험이 작아지게 된다.

9) H. G. Fong, "Dynamic Asset Allocation: Asset Allocations for Institutional Portfolios," *The Institute of Chartered Financial Analysist*, Dow-Jones Irwin, 1986, pp. 82~85.

이에 반해 포트폴리오보험이론은 [그림 13-13](B)에서와 같이 수익률이 어떤 일정수준 이하로 떨어질 확률을 거의 0으로 하여 시세가 하락할 때도 손실을 일정한도 내에서 유지하고, 반면 시세가 상승할 때는 그 이득을 그대로 누리게 하려는 방법이다.

Ⅱ. 포트폴리오보험전략

포트폴리오보험전략은 크게 정적헤지(static hedge)전략, 동적헤지(dynamic hedge) 전략 및 동적자산재구성전략으로 구분할 수 있다. 정적헤지전략은 포트폴리오 설정 초기의 헤지포지션을 만기까지 재조정하지 않는 전략으로 헤지후 망각전략 (hedge and forget scheme)이라고도 하며 주로 옵션을 이용한 전략이 많이 이용된다. 동적헤지전략은 주가변동에 따라 적정 선물매도비율을 신축적으로 조정함으로써 포트폴리오보험을 달성하는 전략을 말하며, 동적자산재구성전략이란 포트폴리오보험의 효과를 달성하기 위해 포트폴리오(주식)와 무위험자산(채권)의 비율을 주가변동에 따라 기동적으로 조정하는 전략을 말한다.

1. 정적헤지전략

정적헤지전략은 옵션을 이용한 전략을 말한다. 옵션을 이용한 포트폴리오보험 전략은 방어적 풋옵션전략(protective put option strategy)과 콜옵션전략(call option strategy)으로 나눌 수 있는데 현실적으로 전자가 많이 이용되고 있다.

방어적 풋옵션전략은 벤치마크포트폴리오를 매입함과 동시에 동포트폴리오를 기초자산(underlying asset)으로 소정의 가격을 행사가격으로 하고 목표투자기간과 동일한 만기를 가지는 풋옵션을 매입하는 전략이고 콜옵션전략은 기술한 풋옵션과 동일한 만기와 행사가격을 가진 콜옵션을 일부 매입하고 나머지 자금은 무위험자산을 구입하는 방식이다. 양 전략의 관계는 풋콜패리티(put-call parity), 즉 $S+P=C+PV(X)$를 생각하면 쉽게 이해가 될 것이다. 여기서 S는 주가, P는 풋옵션, C는 콜옵션, $PV(X)$는 행사가격의 현재가치를 의미한다.

방어적 풋옵션전략은 벤치마크포트폴리오의 수익률이 일정수준 이하로 하락하면 이에 따른 손실을 벤치마크포트폴리오를 일정가격에 매도할 수 있는 풋옵션의 가격상승분으로 보전하여 벤치마크포트폴리오의 수익률 하락에 따른 손실을 일정수준으로 한정시키고, 벤치마크포트폴리오의 수익률이 일정수준 이상으로 상승할 경우에는 그 상승분을 대부분 향유할 수 있다. 벤치마크포트폴리오의 가격이 상승할 경우 벤치마크포트폴리오의 수익률 상승분에서 구입한 풋옵션의 대가(premium)를 차감한 것이 순이익이 됨은 물론이다.

방어적 콜옵션전략은 벤치마크포트폴리오의 수익률이 일정수준(행사가격) 이상으로 상승하면 매수청구권를 행사하여 벤치마크포트폴리오의 수익률 상승분을 향유하고, 벤치마크포트폴리오의 수익률이 일정수준 이하로 하락하면 무위험수익률에 만족하는 전략10)으로 전환사채의 논리와 유사하다. 이때 무위험자산으로 국채나 면역포트폴리오(immunized portfolio)를 이용할 수 있는데 후자를 이용하는 것이 보험기간의 연장이나 수익률 면에서 더 우월한 것으로 지적되고 있다.11)

옵션을 이용한 포트폴리오보험의 경우 수반되는 현실적인 문제점으로는 다음과 같은 것을 들 수 있다.

① 옵션의 행사기간이 단기로 시장의 투자자들의 다양한 투자기간에 상응하는 옵션이 존재하지 않을 가능성이 있다.

② 벤치마크포트폴리오가 주식일 경우 이를 기초자산으로 하는 옵션이 배당지급으로부터 보호받지 못할 가능성이 있다.

③ 효과적인 투자보험을 위해서는 만기일에만 권리를 행사할 수 있는 유러피언옵션이 바람직스러우나 실제 거래되고 있는 것은 아메리칸옵션이 대부분이다. 아메리칸옵션의 경우 만기 전에 행사될 가능성이 있고 값도 유러피언옵션보다 비싸다.

④ 시장에 다양한 행사가격을 갖는 옵션이 존재하지 않기 때문에 투자자들이 다양한 수요에 부응하기 어려운 점이 있다.

⑤ 이 밖에 포트폴리오보험에는 거래비용이 수반된다는 점 등을 들 수 있다.

다만 옵션의 만기에 관한 문제점은 단기옵션의 만기연장(rollover)전략으로 어느 정도 극복이 가능하다.

---

10) R. H. Litzenberger, "Other Approaches to Asset Allocation," *Asset Allocations for Institutional Portfolios, the Institute of Chartered Financial Analysist,* Dow-Jones Irwin, 1986, pp. 90~92.

11) H. G. Fong, *op. cit.,* p. 84.

2. 동적헤지전략

동적헤지전략이란 주가변동이나 시간의 경과 등에 따라 적정헤지비율(delta)을 유지하기 위해 헤지포지션을 신축적으로 재조정하는 전략으로 선물, 특히 지수선물을 이용한 헤지에서 많이 이용된다. 동적헤지는 그 과정이 시스템적으로 이루어지므로 고도의 전문성 및 기술력이 필요하다.

선물(futures)을 이용한 포트폴리오보험전략은 벤치마크포트폴리오의 매매 대신 벤치마크포트폴리오 또는 이와 유사한 가격변동 특성을 갖는 자산을 대상으로 하는 선물의 매매를 통해 전체 포트폴리오의 위험을 한정하는 전략이다. 예컨대 벤치마크포트폴리오의 가격이 하락하면 현물 대신에 선물의 매도량을 단계적으로 증대시키는 전략이다. 선물을 이용한 포트폴리오보험은 선물거래가 현물거래보다 거래비용이 훨씬 저렴하다는 점과 벤치마크포트폴리오를 직접 매매하지 않고 선물헤지비율을 조정하여 최저수익률(floor)을 유지할 수 있는 장점이 있는 반면에 옵션에 비해 잠재적 비용(implicit cost)이 상대적으로 크다는 것이 단점으로 지적되고 있다.

여기서 잠재적 비용이라 함은 베이시스위험, 추적오차위험, 시장충격비용 등을 말한다. 베이시스위험(basis risk)이란 선물가격과 현물가격이 정확하게 같은 방향으로 움직이지 않는 위험을 말하고, 추적오차위험(tracking error)이란 현물포트폴리오(benchmark)의 구성증권수가 많을 경우 구성증권 모두에 상응하는 선물이나 헤지기간에 상응하는 만기를 가진 선물이 존재하지 않는 등의 이유로 현물포트폴리오의 움직임과 정확하게 일치하게 선물포트폴리오를 구성할 수 없음으로 인해 발생가능한 위험을 말한다.

시장충격비용(market impact cost)은 거래시스템의 비효율성이나 규제 등으로 인해 실제매매과정에서 정확하게 당초 의도한 가격대로 매수 또는 매도거래를 성립시킬 수 없는 위험을 말한다.

3. 동적자산재구성전략

동적자산재구성전략(dynamic asset allocation)은 포트폴리오보험의 효과를 얻기 위해 위험자산과 무위험자산의 구성비율을 위험자산의 가격변동에 따라 동태적으로 조정하는 전략으로 협의의 포트폴리오보험은 이 전략을 지칭하는 것이다. 동 전략은 모든 종류의 옵션은 그 옵션의 기초자산인 위험자산과 무위험자산으로 완벽하

게 복제될 수 있다는 Rubinstein 등의 이론에 근거를 두고 있다.[12]

옵션이론에 의하면 어떤 주식을 기초자산으로 하는 콜옵션을 보유하는 것은 무위험이자율로 돈을 빌려 동주식을 사는 것과 같은 효과를 갖는다.

이에 대한 이해를 보다 쉽게 하기 위해 다음과 같은 두 종류의 투자전략을 비교해 보자.

먼저 어떤 주식가격이 일년 동안 변동하여 연말 가격이 11달러 아니면 23달러로 된다고 가정하는 한편 동주식의 연초 가격은 17달러 그리고 무위험이자율은 연 10%로 가정하자.

첫 번째 전략은 동주식을 기초자산으로 하는 1년 만기 콜옵션을 17달러의 행사가격으로 매입하는 전략이다. 이 경우 연말 주식가격이 11달러로 떨어지게 되면 콜옵션은 가치가 없으므로(out of money) 콜옵션 행사에 따른 이익이 존재하지 않으며 만일 연말 주식가격이 23달러로 상승하게 되면 콜옵션행사에 따른 이익은 6달러(23달러-17달러)가 될 것이다.

두 번째 전략은 10달러를 차입하여 투자자가 보유하고 있는 현금 7달러와 합하여 같은 주식 1주를 17달러에 매입하는 전략이다. 이 경우 차입이자율이 연 10%이므로 연말에 투자가는 원금 10달러와 이자 1달러를 합해 도합 11달러를 지불해야 한다. 만약 연말 주가가 11달러일 경우 투자자는 동 주식 매각대금 전부를 부채를 갚는 데 모두 충당하여야 하므로 수익은 없고 주가가 23달러일 경우에는 투자자는 12달러(23달러-11달러)의 이익을 확보하게 된다.

여기서 첫 번째 전략과 두 번째 전략을 비교해 보면 연말 주가가 11달러가 되면 두 전략은 모두 수익은 없고 연말 주가가 23달러가 되면 첫 번째 전략은 6달러의 이익이 그리고 두 번째 전략은 주가와 차입금의 원리금 차액 12달러만큼 수익이 발생하는 것을 알 수 있다. 따라서 양 전략은 투자성격상 동일한 성격을 갖고 있다. 다만 두 번째 전략의 경우 차입자금을 통한 주식투자의 수익이 첫 번째 전략, 즉 콜옵션 매입에 의한 수익의 2배이기 때문에 콜옵션의 대가는 두 번째 전략에서의 순투자액의 1/2이 되어야 할 것이다. 구체적으로 두 번째 전략에 7달러의 순투자가 요구되므로 한 개의 콜옵션 대가는 3.5달러(7/2)가 되어야 한다.

이와 같이 주식을 기초자산으로 하는 콜옵션의 매입은 무위험차입과 주식의

---

12) Mark Rubinstein and M. E. Leland, "Replication Options with Position in Stock and Cash," *Financial Analysist Journal*, 37, July~August 1981, pp. 63~72.

매입으로 이루어진 포트폴리오로 복제될 수 있다. 마찬가지로 주식과 풋옵션을 동시에 보유하는 보험전략은 주식과 무위험자산의 보유비율을 동태적으로 조정하는 전략으로 대체시킬 수 있다.13) 구체적으로 총투자금액의 일부분은 위험자산(예컨대 주가지수, 채권지수, 지수펀드 등)을 매입하고 나머지 자금으로 무위험자산(예컨대 국공채, 면역포트폴리오 등)을 매입하고 위험자산의 가격이 상승할 경우에는 무위험자산을 매각하여 그 자금으로 위험자산을 더 많이 매입하여 위험자산의 구성비율을 높이고, 위험자산의 가격이 하락할 경우에는 위험자산을 매각하여 그 자금으로 무위험자산을 매입하여 무위험자산의 구성비율을 높이는 것이다.

이와 같이 포트폴리오보험은 위험자산과 무위험자산의 구성비율을 위험자산의 가격변동에 따라 연속적으로 재조정(continuous rebalancing)하는 것을 전제조건으로 하지만 이는 현실적으로 불가능하기 때문에 통상 일정한 주기 혹은 가격변동의 범위(band)나 필터(filter) 등 일정한 기준을 설정하여 포트폴리오를 재조정하게 된다. 따라서 이 방법에 의한 포트폴리오보험은 포트폴리오재조정의 빈도수에 따라 옵션에 의한 보험전략의 결과와 다소 오차가 발생할 수 있다.

III. 포트폴리오보험전략의 한계

포트폴리오보험은 최저수익이 보장되고 수익률의 상한에는 제한이 없다는 점에서 컨틴전트면역(contingent immunization)전략과 유사하다.14) 양자의 주요 차이점은 컨틴전트면역전략이 채권포트폴리오의 시장수익률이 소정의 최저수준(safety net) 이상을 유지할 경우에는 가능한 최대수익을 추구하는 공격적인 투자전략을 구사하다가 상황이 불리해져 포트폴리오의 시장수익률이 최저수준 이하로 떨어지는 순간에 포트폴리오를 면역시키는 전략으로 이 전략은 일단 면역을 하면 사정이 호전되더

---

13) 이때 위험자산과 무위험자산의 구성비율은 풋콜패리티, 즉 $S+P=Xe^{-rt}+C$에서 C 대신에 Black-Scholes모형의 $S\cdot N(d_1)-Xe^{-rt}\cdot N(d_2)$를 대입하여 구한 $S+P=S\cdot N(d_1)-Xe^{-rt}[1-N(d_2)]$ 모형에서 구할 수 있다. 환언하면 주식과 풋옵션의 매입으로 이루어지는 포트폴리오보험전략은 주식과 무위험자산 보유비율의 동태적 조정으로 동일한 효과를 얻을 수 있는데, 이때 주식과 무위험자산의 투자비율은 $S\cdot N(d_1)$ 대 $Xe^{-rt}[1-N(d_2)]$이다.

14) M. I. Leibowitz and A. Weinberger, "The Uses of Contingent Immunization," *The Journal of Portfolio Management* 51, 1981, pp. 51~55.

라도 다시 공격적으로 전환할 수 있는 방법(mode)이 없는 데 비해 포트폴리오보험전략은 이 점에서 보다 신축성이 크다는 점을 들 수 있겠다.

포트폴리오보험전략은 투자자들의 다양한 취향에 맞는 포트폴리오 관리가 가능하다는 점 이외에 정규분포를 토대로 한 기대수익과 분산을 기준으로 하는 전통적인 포트폴리오관리전략과는 달리 포트폴리오수익률에 대한 정규분포가정과 기대수익의 예측이 필요 없이 분산만이 관리기준으로 필요하다는 점에서 기대수익의 예측이 불가능하거나 예측이 어려운 경우 특히 유용하다.

이 밖에 포트폴리오보험은 자산만의 투자전략뿐 아니라 자산과 부채를 동시에 관리해야 하는 연금계획(pension plan)의 관리전략에도 매우 유용하다.

연금의 경우 관리기준은 특정포트폴리오의 수익률이 아니라 자산과 부채의 상대가치비율이 된다. 환언하면 연금기금의 보험목표는 일정수준 이상의 순자산비율(자산/부채)을 보장하면서 동비율을 가능한 한 높이자는 것이다.

그러나 포트폴리오보험전략은 벤치마크포트폴리오의 가격이 일시에 크게 변하거나 동 전략을 이용하는 투자자가 많아 이들이 일시에 매도주문을 내어 사실상 주식을 팔 수 없는 경우에는 그 기능을 발휘하지 못할 가능성이 크다. 포트폴리오보험전략은 저렴한 비용으로 언제든지 주식을 사고 팔 수 있는 시장의 연속성(continuity)을 전제로 성립하는 전략이기 때문에 이러한 전제조건이 깨질 경우 그 효과가 당연히 상실되게 된다. 동 전략은 또한 잦은 현물거래로 인한 거래비용의 과다, 포트폴리오 재조정의 빈도의 정도에 따른 오차발생 가능성의 존재 등이 그 단점으로 지적되고 있다.

이 밖에도 포트폴리오보험전략은 주가의 변동을 과대하게 증폭시킨다는 비판도 있다. 포트폴리오보험전략은 기본적으로 주가가 상승하면 매입을 확대하고 주가가 하락하면 매각을 확대해야 하는 이른바 적극적 피드백 거래(positive feedback trading)전략의 하나이기 때문이다. 특히 선물을 이용한 포트폴리오보험전략의 경우 동 전략과 현물과 선물의 차익거래(arbitrage transaction)가 상승적으로 작용할 경우 주가하락시 그 하락폭을 더욱 크게 한다는 비판도 일부에서 제기되고 있다.

이른바 작은 폭포효과(cascade effect 또는 spiral free fall effect)[15]라고 일컬어지는 주가하락 → 포트폴리오보험전략에 의한 선물매각 → 선물가격하락 → 실제선물가

---

15) Tosini, P. A., "Stock Index Futures and Stock Market Activity in October 1987," *Financial Analysis Journal*, 1988, pp. 28~37.

격 < 이론선물가격 → 선물가격 < 현물가격 → 차익거래전략에 의거 선물매입·현물매각 → 주가하락의 악순환과정이 반복될 가능성이 그것이다.

일반적으로 주가지수선물가격이 현물가격을 상회하는 현상(normal contango)과는 반대로 미국의 경우 1987년 이른바 검은 월요일의 주가대폭락 기간 중에는 선물가격이 현물가격보다 낮은 현상(backwardation)이 발생하였다.[16]

이와 같이 포트폴리오보험을 위시한 복잡한 수학적 모형들은 유사한 가정 및 전략을 사용함으로써 시장참가자들이 일시에 이러한 모형을 사용할 경우 그 사용 자체가 금융시장의 불안정성을 더욱 높이는 결과를 초래할 수도 있다. 이에 미국은 주가대폭락의 원인이 이러한 전략에 바탕을 둔 기관투자가들의 프로그램매매(program trading)[17]나 자기매매(proprietary trading)에 기인한다고 보고 이들 거래를 통해 선물시장이 현물시장에 급격한 충격을 주는 것을 완화하기 위한 장치(circuit breakers)를 도입하기에 이르렀다.

구체적으로 주가변동이 심할 경우 거래를 잠시 중단하여 투자자들이 냉각기간을 갖도록 하는 긴급거래정지제도(trading halt)가 그 예이다. 이 밖에 프로그램매매나 포트폴리오보험거래에 따른 급격한 시장불안을 해소하기 위한 장치로 프로그

---

16) contango는 선물가격이 현물가격보다 그리고 장기선물가격이 단기선물가격보다 높은 현상을 말하며 이런 시장을 정상시장(normal market) 또는 보유비용시장(carrying charge market)이라 한다. 선물의 이론가격은 현물가격에다 선물인도시까지의 보유비용을 더하여 결정되고 이 보유비용은 선물계약의 만기가 길어질수록 증가하기 때문이다. 그러나 가끔 현물시장의 수급불균형으로 현물가격이 선물가격보다 높은 현상이 나타나기도 하는데 이를 backwardation이라고 하고 이런 시장을 역조시장(inverted market)이라고 부르기도 한다. 이런 경우는 현물의 공급이 제약되어 있는 데 비해 장래의 공급은 크게 늘어날 것이 예상되는 경우에 발생한다.

예컨대 장래 출하기에 어떤 상품의 공급이 크게 늘어날 것으로 예상되는 경우 동 상품의 생산자는 가격하락위험을 헤지하기 위해 선물을 매도하게 되고 이러한 예상이 지배하는 경우 선물가격은 계속 하락하게 될 것이다. 이때 선물가격의 하락이 이론적인 선물가격보다 낮아진다면 현물을 매도하고 선물을 매수하는 차익거래 기회가 발생하나 현물시장에서의 현물의 공급이 제약되어 있다면 차익거래 기회 또한 제약되어 현물가격이 선물가격보다 높은 비정상적인 상태가 지속될 수 있다.

17) 프로그램매매라 함은 투자자 자신의 판단을 배제하고 사전에 내장된 일련의 조건에 의하여 증권의 매매종목, 매매시점 또는 매매호가에 대한 의사결정정보를 제공하거나 이에 의하여 자동매매 주문을 내는 전산소프트웨어에 의하여 증권을 매매하는 방법을 말한다. 특정한 방식의 주문 처리를 컴퓨터 알고리즘으로 내재화하여 투자자의 개입 없이 주문을 생성하는 알고리즘매매(algorithm trading)와 유사하나 프로그램매매가 주로 현물시장과 파생상품시장 간의 차익거래 또는 대규모 주식바스켓거래인 비차익 거래인 반면, 알고리즘거래는 거래비용을 감소하고 대규모 주문의 분할처리를 기본적 요소로 한다.

램매매주문을 받는 즉시 이를 시장에 공시함과 동시에 이들 거래를 잠시(보통 5분 정도) 경과한 후에 거래시키는 매매체결지연제도(side car), 포트폴리오보험거래를 사전에 공표함으로써 반대주문을 환기시키고자 하는 sunshine trading제도 등이 있다. 이와 같은 완충장치의 도입으로 1987년 Black Monday 이후 기초자산의 가격변동에 따라 동적인 매매전략을 취하는 헤지전략(delta hedging)의 사용은 크게 억제되었다.

그러나 증권시장에는 다양한 투자전략이 존재하고 이들 전략들은 증권시장에 미치는 영향을 서로 상쇄시키고 있기 때문에 단순히 포트폴리오보험전략이 증권시장의 가격변동성을 더욱 증폭시킨다고 보기는 어렵다는 견해 또한 적지 않다. 현·선 연계거래를 통한 포트폴리오보험 거래는 최종거래일 등 일시적인 경우를 제외하고는 정보전달효과에 따른 가격발견기능 및 증권시장의 유동성 제고 등으로 인해 가격변동성을 완화한다는 주장 등이 그 예이다. 따라서 포트폴리오보험에 대한 이와 같은 지적에도 불구하고 동 전략은 새로운 위험회피수단을 제공하고 금융시장을 심화시키는 등의 긍정적인 효과로 인해 최근 학계 일각에서는 전통적인 포트폴리오이론, 옵션이론에 이어 포트폴리오보험이론을 차세대 포트폴리오이론의 새로운 분야로서 전망하는 시각까지 있다.

제14장 　보험시장

제 1 절 　보험종류와 보험시장

Ⅰ. 보험의 종류

보험(insurance)이란 개별 경제주체측에서 보면 위험기피적 효용함수를 가진 자가 장래의 부의 불확실성을 줄여 주는 대가로 보험료를 지급하는 행위이며, 국민경제적인 측면에서 보면 동질적 위험으로부터 위협받는 다수의 경제주체가 우발적사건발생으로 인한 예측가능한 금전적 필요를 공평하게 분담하는 경제제도이다.

재난 등의 우발적인 사건은 개개인으로 볼 때는 발생 가능성을 예측할 수 없는 위험이지만 다수인의 평균적인 측면에서 보면 예측이 가능한 사건이며 이에 따른 경제적 손실의 예측 또한 가능하다고 할 수 있다. 개인이나 기업 등 경제주체들은 그들이 직면한 경제적 손실을 보험자(insurer), 즉 보험회사에게 전가(risk transfer)시키고 보험회사는 보험료(insurance premium)를 통하여 모든 보험계약자(insured)에게 손실을 분담시킨다. 손실분담(loss sharing)은 대수의 법칙[1]을 통하여 미래 손실

---

1) 대수의 법칙(The law of large number)이란 손실위험의 집단이 많으면 많을수록 실제 결과는 위험집단의 무한한 수로부터 기대되는 확률적 결과에 더 근사해진다는 것을 의미한다. 따라서 보험회사는 위험집단을 많이 확보할수록 보다 정확하게 미래 손해원가를 예측할 수 있게 된다.

에 대한 정확한 예측이 가능하도록 다수의 동질위험단위를 결합하는 것이 필요하다. 대수의 법칙이 적용 가능한 위험은 오로지 손실만 발생하는 순수위험(pure risk)만 해당된다. 순수위험은 보험으로 담보되기 때문에 부보가능위험(insurable risk)이라고 하며, 보험약관에서는 담보위험(covered risk)으로 사용하고 있다. 담보위험은 크게 사람의 생사 또는 생존과 관련된 위험(personal risk), 재물의 손해와 관련된 위험(property risk), 배상책임과 관련된 위험(liability risk), 보증과 관련된 위험(guaranty risk) 등으로 대별할 수 있다.

보험업(business of insurance)이란 이러한 위험을 인수(underwriting)하여 이를 효율적으로 관리하는 행위를 주된 사업으로 하는 것을 표현할 수 있는데, 국내 「보험업법」에서는 보험상품의 취급과 관련하여 발생할 수 있는 보험의 인수, 보험료 수수 및 보험금의 지급 등을 영업하는 것으로 규정하고 있다.

보험업의 업무영역은 종래 「보험업법」에서 보험업에 대한 정의조항에 의거하여 규정하여 오다가 2011년에 동 법을 개정하여 보험상품에 대한 정의를 신설하고 이를 기초로 보험업을 정의하는 방식을 취하고 있다. 이에 따르면 보험상품을 '위험보장을 목적으로 우연한 사건발생에 관하여 금전 및 그 밖의 급여를 지급할 것을 약정하고 대가를 수수하는 계약'으로 포괄적으로 정의하고 그 종류를 생명보험상품, 손해보험상품, 제3보험상품으로 구분하고 있다(「보험업법」 제2조 ①).[2]

보험은 보험관계가 보험계약자(policyholder)와 보험자(insurer) 간의 임의적 계약에 의해 이루어지는 민영보험(private insurance)과 사회적 위험(social risk)에 대한 안전망을 국가가 제도적으로 도입하여 관련법규에 의해 개별적으로 운영되는 사회보험(social insurance)으로 대별된다. 현재 우리나라에서 시행되는 사회보험은 국민연금, 산업재해보상보험, 국민건강보험,[3] 실업급여 및 고용안정을 목적으로 하는 고용보

---

2) 보험상품에 해당하지 아니하는 것은 보험계약자의 보호 필요성과 금융거래의 관행 등을 고려하여 "「국민건강보험법」에 따른 건강보험, 「고용보험법」에 따른 고용보험, 「국민연금법」에 따른 국민연금, 「노인장기요양보험법」에 따른 장기요양보험, 「산업재해보상보험법」에 따른 산업재해보상보험, 「할부거래에 관한 법률」에 따른 선불식 할부계약"으로 규정하고 있다(「보험업법」 시행령 제1조 ①).

3) 최근 미국의 의료부조프로그램(Medicaide)과 같이 건강보험료를 제대로 낼 수 없는 빈곤층에 대해 정부가 보험료를 대신 납부해 주는 방안을 도입할 필요성이 제기되고 있다. 현행 「국민건강보험법」은 일정기간(6개월) 이상 보험료를 체납할 경우 보험급여에 제한을 할 수 있도록 규정하고 있다(동 법 제48조 ③). 한편 공적 건강보험을 보완할 수 있는 민영 건강보험의 필요성도 증대하고 있다. 최근 인구 노령화의 진전에 따른 노인 의료비용의 증가, 질병형태의 변화에 따른 새로운 형태의 의료비용 발생, 핵가족화와 여성의 사회진출 확대에 따른 노인 간병의 사회문제화, 의료기

험이 있다. 이들 4대 보험은 국민건강과 노후보장, 실업에 대비하는 최소한의 사회 안전망으로 국민연금은 국민연금관리공단, 건강보험은 국민건강보험공단 그리고 산재보험과 고용보험은 근로복지공단에서 관리하고 있다.[4]

민영보험의 경우 보험료(insurance premium)는 담보위험과 보험급부(benefits)의 정도에 따라 보험계약자 자신이 전적으로 부담하지만 사회보험의 경우 사회보장적 관점에서 보험계약자의 보험료 부담능력을 고려하여 보험계약자 외에 기업주 및 정부가 공동으로 부담하는 것이 일반적이다.

민영보험시장에서 판매되고 있는 보험상품은 생명보험(life insurance), 손해보험(non-life insurance) 및 제3보험(grey zone insurance)상품으로 구분하고 있다. 생명보험상품은 위험보장을 목적으로 사람의 생존 또는 사망에 관하여 약정한 금전 및 그 밖의 급여를 지급할 것을 약속하고 대가를 수수하는 계약으로 정의하고, 손해보험상품은 위험보장을 목적으로 우연한 사건(질병·상해 및 간병은 제외)으로 발생하는 손해(계약상 채무불이행 또는 법령상 의무불이행으로 발생하는 손해 포함)에 관하여 금전 및 그 밖의 급여를 지급할 것을 약속하고 대가를 수수하는 계약으로 정의한다. 그리고 제3보험상품은 위험보장을 목적으로 사람의 질병·상해 또는 이에 따른 간병에 관하여 금전 및 그 밖의 급여를 지급할 것을 약속하고 대가를 수수하는 계약으로 정의한다.[5] 보험상품의 종류를 요약하여 보면 [표 14-1]과 같다.

술의 발달로 사망률이 감소함에 따른 생존보장의 필요성 증가 등에 따라 국민들의 욕구가 진료·치료·재활에서 질병예방, 건강증진, 장기간병 및 소득보상 등으로 다양화·고도화되고 있으나 현행 국민건강보험제도는 급여수준의 미흡, 보험재정의 악화 등으로 이와 같은 욕구를 충족시키기에는 한계가 있기 때문이다.

4) 이들 4대 보험은 보험료 부과 및 징수기관이 다른 데 따른 불편과 관리비용의 증가 등의 문제점이 있었다. 이에 2011년부터 고지서 발송, 수납, 체납처리 등 징수업무를 건강보험공단이 맡아 고지서가 한 장으로 통합되어 발송된다. 그러나 4대 보험 가입자의 보험료를 산정하고 부과하는 자격관리 업무와 보험가입자에 대한 보험급여는 해당 공단에서 별도로 처리한다.

5) 우리나라에서 보험을 생명보험과 손해보험으로 구분하는 것은 「보험업법」에 따른 구분방법이다. 「상법」에서는 보험을 크게 인보험과 손해보험으로 구분하고 인보험을 다시 생명보험과 상해보험(personal accident insurance)으로 구분하고 있고, 손해보험은 화재보험, 해상보험, 운송보험, 책임보험, 자동차보험으로 구분하고 있다. 손해보험의 영문 명칭은 일반적으로 non-life insurance라고 보편적으로 사용하고 있지만 국가별로 약간씩 다르게 표현하고 있다. 미국의 경우 재산보험(property insurance)과 배상책임보험(liability insurance)으로 구분하기 때문에 손해보험을 property-liability insurance 또는 property-casualty insurance로 칭하며, 영국은 general insurance라고 표현한다.

| 표 14-1 | 보험회사 영위 보험상품 종류 |

보험업의 보험상품 종류		
	「보험업법」 제4조	시행령 제8조
생명보험	1. 생명보험	-
	2. 연금보험	-
	3. 기타보험	-
손해보험	4. 화재보험	-
	5. 해상보험	-
	6. 자동차보험	-
	7. 보증보험	-
	8. 재보험	-
	9. 기타보험	1. 책임보험
		2. 기술보험
		3. 권리보험
		4. 도난보험
		5. 유리보험
		6. 동물보험
		7. 원자력보험
		8. 비용보험
		9. 날씨보험
제3보험	10. 상해보험	-
	11. 질병보험	-
	12. 간병보험	-
	13. 기타보험	-

자료: 이기형·변혜원·정인영(2012), 『보험산업 진입 및 퇴출에 관한 연구』, 보험연구원 정책보고서 2012-2호, p. 54.

손해보험은 보험가입금액 한도 내에서 보험사고로 인해 실제 발생한 손해에 한해 보험금(paid amount)을 피보험자(the insured)에게 지급하는 손해보상의 원리 (principle of indemnity)와 피보험이익의 원리(principle of insurable interest)가 적용되지만, 생명보험은 보험기간 내에 피보험자가 생존하거나 사망하는 경우 보험수익자에게 미리 정한 정액의 보험금을 지급하는 정액보장의 성격이 강하다.

손해보상의 원리란 보험사고가 발생할 경우 보험회사는 피보험자가 입은 실제 손해액만을 보상한다는 것으로 이의 목적은 피보험자가 보험으로부터 이익을 얻고자 하는 도덕적 위험(moral hazard)을 방지하기 위해서다. 피보험이익의 원리란 보험대상에 대하여 손실이 발생하는 경우 피보험자는 경제적으로 손실을 입거나 기타 피해를 입는 당사자이어야 한다는 것을 말한다. 모든 손해보험계약은 피보험이익의 존재를 필수요건으로 하는바, 그렇지 않을 경우 피보험자는 자신에게 손해가 발생되지 않을지라도 보험금을 지급받아 이익을 얻는 도덕적 위험을 증가시키는 유인이 존재하기 때문이다.

생명보험과 손해보험에서 각각 사용하는 피보험자의 의미에는 차이가 있다. 생명보험에서의 피보험자는 보험의 목적이 되는 사람을 의미하기 때문에 보험사고 발생시 보험금을 수령하는 보험수익자와 구별되고 있다. 그러나 손해보험에서는 보험의 목적이 피보험 물건이기 때문에 보험사고 발생시 보험금을 수령하는 사람을 일반적으로 피보험자로 칭하고 있다. 즉 손해보험에서는 피보험자가 보험의 목적인 피보험물건과 서로 혼동될 소지가 없으므로 보험수익자라는 용어를 거의 사용하지 않고 있다.

손해보험은 손실위험에 대한 보험기능을 수행한다는 점에서 생명보험과 공통점이 있으나 다음과 같은 점에서 다르다.

첫째, 손해보험의 보험기간은 통상 1년 이내로 생명보험의 보험기간보다 현저하게 짧다.[6] 생명보험은 보험료 납입 후 일정기간 경과 후 보험금 청구가 발생하는 것이 보통이나 손해보험의 경우 어느 때나 보험금 지급사태가 발생할 수 있기 때문이다.

둘째, 손해보험은 피보험자가 입은 실제 손해 범위 내에서 보상하는 반면, 생명보험은 보험의 목적인 사람의 가치가 무한하다는 가정하에서 피보험자의 손실을 산정할 수 없으므로 실손보상하는 대신 보험계약자가 보험계약시 정한 보험가입금액을 정액으로 지급한다.

셋째, 손해보험은 생명보험에 비해 보험사건 발생 확률의 예측이 어려워 보험료 및 보험금 등 이와 연관된 추정(actuarial estimates) 또한 어렵다.

넷째, 인플레이션이 심한 경우 약정급부금(contractual benefit)을 지급하는 생명보험회사는 별 영향을 받지 않으나 실비로 보상을 해야 하는 손해보험회사의 경우

---

6) 우리나라와 일본에서는 보험기간이 3년 이상인 장기손해보험을 판매하고 있다. 장기손해보험은 손해보험회사가 손해보험상품의 담보위험과 보험기간 종료시에 만기환급금을 지급하는 것이 특징이다.

손실의 위험이 클 가능성이 있다.

이와 같이 생명보험과 손해보험은 인수위험이나 사업방식 등이 다르므로 원칙적으로 동일 보험회사가 본체 내에서 겸영하는 것은 금지하고 있다. 그러나 상해보험(accident insurance), 질병보험(disease insurance), 장기간병보험(long-term care insurance) 등 이른바 제3보험의 경우 겸영이 전면적으로 허용되고 있다. 이들 보험은 부보대상이 사람이라는 점에서 생명보험과 보험사고 발생의 우연성 및 실손보상이라는 점에서 손해보험과 공통점을 갖고 있다.[7]

II. 보험시장의 구조

보험시장은 계약자가 위험을 전가하기 위하여 보험회사가 개발한 보험상품을 구입할 수 있는 곳으로 정의할 수 있다. 보험시장이 운영되기 위해서는 보험상품을 개발하는 보험회사, 보험회사가 개발한 보험상품을 모집과 중개하기 위한 보험설계사, 보험중개사, 보험대리점 등의 보험판매채널이 필요하고, 보험사고가 발생한 경우에 보험수익자에게 보험금을 평가하고 결정하기 위한 손해사정기관이 필요하다.

보험회사는 계약자로 전가받은 위험을 적절하게 분산하기 위한 재보험이 필요하다. 재보험(reinsurance)이란 보험자가 피보험자로부터 인수한 책임의 일부 또는 전부를 위험분산을 통하여 사업의 안전을 기하기 위하여 다시 타보험업자에게 출재(ceding)하는 제도이다. 재보험자(reinsurer)는 원보험자(primary insurer)로부터 인수받은 위험을 다시 재재보험자(retrocessionaire)에게 부보시킬 수도 있다. 보험회사는 보험상품에 반영되어 있는 목표수익률을 올릴 수 있는 자산운용시장에 참여하여 기관투자자 역할도 수행한다.

보험업을 영위할 수 있는 보험회사의 법적 형태(legal form)는 국가별 특성에 따라 다양하게 운영된다. 우리나라의 경우 원보험이나 재보험을 영위할 수 있는 보

---

7) 우리나라의 경우 「보험업법」 제4조 제3항에서 제3보험의 겸영허용을 규정하고 있으며, 겸영확대는 단계적으로 이루어져 왔다. 2003년 「보험업법」 개정을 통해 생명보험회사에 실손보상형 제3보험상품의 판매(2003년 8월부터 단체실손보상보험, 2005년 8월부터 개인실손보상보험)가 가능하게 되었으며, 손해보험회사는 제3보험 중 질병사망보험에 대해 보험가입금액 2억원을 한도로 80세까지만 보장하는 상품을 판매하는 것이 가능하게 되었다.

그림 14-1 보험시장의 구조

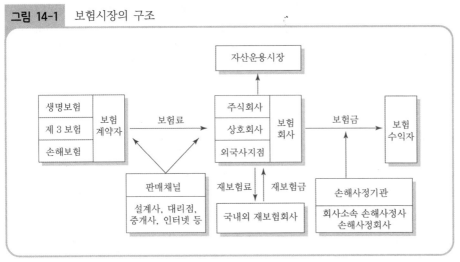

자료: 보험연구소

험회사의 법적 형태는 「보험업법」에서 주식회사(stock insurance company), 상호회사(mutual insurance company), 외국보험회사의 국내지점(branch)만 가능하도록 제한하고 있고 금융위의 허가를 받아야 한다. 따라서 보험시장은 앞서 설명한 바와 같이 보험업의 구분에 따라 이와 관련된 보험상품을 개발하여 판매하는 시장을 기준으로 생명보험시장, 손해보험시장, 보험대체시장으로 구분이 가능하다.

제 2 절 생명보험시장

I. 담보위험별 시장

생명보험상품은 피보험자(insured)를 기준으로 개인생명보험(individual life insurance)과 단체생명보험(group life insurance)으로 나눈다. 개인생명보험은 개개인을 피보험자로 하는 데 비해, 단체생명보험은 일정한 조건을 갖춘 단체의 구성원을 피보험자로 하는 집합보험으로 고용주가 보험기간 중 피보험자의 사망, 질병, 상해 등의 재해를 당하거나 퇴직할 경우에 대비하여 가입하는 보험이다.

개인생명보험은 피보험자가 5인 미만인 보험으로, 2인 이상 5인 미만일 경우에는 연생보험(joint life insurance)으로 구분한다. 연생보험은 부부, 친자 등 2인 이상의 조합을 고려해 조합구성원의 생사를 동시에 보장한다. 연생보험의 주피보험자는 보장의 주가 되는 피보험자로서 통상 계약자가 되며 보험료 납입, 계약의 해지 등의 권리도 함께 보유한다. 종피보험자는 주피보험자와 결합해 결합관계를 형성하며, 가입시 반드시 본인의 동의가 필요하다.8)

개인생명보험은 다시 보험금 지급조건에 따라 사망보험(term insurance),9) 생사혼합보험(endowment insurance) 및 생존보험(pure endowment insurance)으로 분류된다.

사망보험은 피보험자의 예기치 못한 사망으로 인한 경제적 손실에 대비하기 위한 보험으로 피보험자가 보험기간 중 사망 또는 1급장해가 발생했을 때만 보험금이 지급된다. 사망보험은 다시 피보험자가 보험기간 만료일까지 생존했을 때는 아무 것도 지급되지 않는 순수보장성 보험(pure protection policy)과 피보험자가 보험기간 만료일까지 생존했을 때는 약간의 만기환급금이 지급되는 기타 보장성보험이 있다. 기타 보장성보험의 경우 지급되는 만기환급금은 통상 기준연령에서 생존시 지급되는 보험금의 합계액이 이미 납입한 보험료의 합계액을 초과하지 않는 것이 원칙이다.

사망보험은 보험기간에 따라 정기보험(term life insurance)과 종신보험(whole life insurance)으로 나눌 수 있다. 정기보험은 약정한 보험기간 중에 피보험자가 사망할 경우에 한해 보험금이 지급되는 보험으로 특정기간 중에만 보험의 보호가 필요한 경우에 이용된다. 정기보험은 보험기간 중 사망시는 큰 보장을 받을 수 있지만 보험기간 종료시까지 피보험자가 생존할 경우에는 만기환급금 형태의 급부(benefit)가 없으므로 여타 보험에 비해 보험료가 저렴하다.

정기보험에는 특약에 따라 피보험자가 부보가능성(insurability)에 대한 증거의

---

8) 「상법」 제732조는 보험회사가 15세 미만자와 심신박약자를 대상으로 한 사망보험을 판매하지 못하도록 제한하고 있다.

9) 치명적 사망(질병)보험[critical(illness) insurance]은 사망보험의 변형된 한 형태이다. 이 보험은 보험가입자가 갑작스런 사고나 질병으로 중병상태가 되었을 때 사망보험금의 일부를 미리 지급하여 치료를 받을 수 있도록 하는 보험으로 1983년 남아프리카공화국의 한 심장전문의(Dr. Marius Barnard)가 자신의 환자들이 중병으로 인한 의료비 부담으로 곤란을 겪고 있는 것을 목격하고 개발한 것이다. 즉 생명보험을 가입했더라도 사망하는 경우에만 보험금이 지급되어 자신의 환자들에게 아무런 도움을 주지 못하는 것을 보고, 사망보험금의 일부를 미리 지급하는 형태의 CI보험을 개발하였다.

제시 없이 계약연장 신청만으로 자동적으로 보험기간을 연장할 수 있는 갱신특약 (renewal privilege), 종신보험이나 해약환급금(refunds of surrender)[10]이 있는 다른 생명보험으로 전환할 수 있는 전환특약(conversion privilege) 등의 옵션이 있는 경우도 있다. 갱신형 보험이란 보험기간을 단기로 설정한 후 설정기간이 지나면 연령 및 위험률을 다시 적용하여 보험료를 산출하고 계약을 갱신하는 형태로서 주로 정기보험이나 실손의료비 보험 등에 적용된다.

보험상품은 그 구조상 주요 보장내용을 담은 주계약(보통 약관)과 이를 보충하는 특약(특별 약관)으로 나눌 수 있다. 특약은 통상 가입자의 선택에 의하여 주계약에 새로운 보장을 추가 또는 축소하거나, 보장과 상관없이 별도의 서비스를 제공하거나, 계약내용상 특별한 내용을 추가하는 형태로 구분된다. 일반적으로 특약의 적용 시기는 보험의 청약시점부터 보험금 지급시점까지 전 보험기간에 걸쳐 적용된다. 특약은 보험인수 관련 특약, 보험료 계산 및 납입방법 관련 특약, 보험금 지급 관련 특약 등으로 분류가 가능하다.

보험인수 관련 특약은 일반적 조건으로는 보험가입이 거절될 수 있는 가입자의 경우 특별한 조건을 전제로 하여 보험회사가 보험을 인수하거나, 일반적인 조건보다 건강상태가 양호한 경우 보험료를 할인해 주는 형태 등을 말한다. 보험료계산 및 납입방법에 적용되는 특약은 특별한 조건에 해당되는 가입자의 경우 보험료를 할인해 주거나, 자동납입 등과 같이 보험료 납입방법 등에 대한 별도의 조건을 부여하는 형태를 말한다. 보험금 지급 관련 특약은 보험가입자의 필요에 따라 보험금의 수령방법(settlement option)을 변경하는 형태로서 보험계약 체결시 또는 보험기간 중에 보험가입자가 선택한다.

정기보험은 사망보험금이 계약기간 중에는 일정한 정액보험(level face amount policy)이 보통이나 기간이 경과함에 따라 보험금이 체감하는 체감정기보험(decreasing term insurance) 등도 있다. 체감정기보험은 계약 첫 해에 보험사고가 발생하였을 경우에는 당초 계약한 보험금 전액(face amount)을 지불하나 이후 해가 갈수록 보험금 지급액이 적어지는 것으로 보험수혜자의 나이가 어린 경우나 저당채권의 보호 (mortgage protection) 등에 이용된다. 전자는 나이가 어려 경제력이 약한 보험수익자

---

10) 보험계약 해지시 지급되는 환급금을 말한다. 종래에는 해약환급금이 지급되는 상품만 판매가 가능하였으나 2010년부터는 해약환급금이 없는 상품도 판매가 가능하다. 무해약환급금 상품은 해약환급금이 전혀 없는 만큼, 유해약환급금 상품에 비해 보험료가 저렴하다.

가 성장하여 경제력이 향상되어 보장의 필요성이 줄어들게 됨에 따라 보험금이 줄어드는 것이고 후자는 저당채권의 상환이 진행됨에 따라 미상환금액이 감소함에 따라 미상환 위험을 담보하기 위한 보험금액이 줄어드는 것이다.

　종신보험은 보험기간이 계약자가 사망하는 경우에 종료하며 보험수익자(beneficiary)에게 약정된 사망보험금(death benefit)을 지급하는 보장성 보험이다. 정기보험은 보험기간이 한정되어 있어 동 기간이 지나면 사망하더라도 보험의 혜택이 없는 반면, 종신보험은 일단 계약이 성립된 이후에는 피보험자가 사망할 때까지 종신(whole life)에 걸쳐 보험이 유효하다. 일반적으로 정기보험은 계약기간이 단기이고 보험료가 종신보험보다 싸다. 종신보험은 계약기간이 장기로 기간이 경과함에 따라 피보험자의 사망확률이 높아지고 이에 따라 보험료적립금을 누적적으로 적립해야 하기 때문에 보험료가 정기보험보다 비싸다.

　생존보험은 피보험자가 보험기간 만료일까지 살아 있어야만 보험금이 지급되는 보험으로 우리나라에서는 순수한 의미의 생존보험은 판매되지 않고 있으나 교육보험 및 연금보험을 생존보험으로 분류하고 있다. 연금보험(annuity policy)은 연금지급 개시 이전에 피보험자가 사망시에는 사망급부금을, 그리고 피보험자가 일정기간까지 살아 있는 경우에는 정기적으로 연금(living cash benefits)을 지급하는 보험이다.

　생사혼합보험(endowment insurance)은 피보험자가 보험기간 만료일 전에 사망했을 때는 사망보험금을 지급하고, 만기까지 생존했을 경우에는 만기보험금 또는 약정된 환급금을 지급하는 보험이다. 따라서 생사혼합보험은 정기보험과 생존보험의 성격이 혼합된 형태라고 할 수 있다.

　개인 및 단체생명보험에 대한 보험료 납부방법은 전기납(continuous premium), 단기납(limited payment) 및 일시납(single premium)으로 하는 것이 가능하다. 전기납은 보험기간이 만료될 때까지 소정의 보험료를 정기적으로 납입해야 하고, 단기납은 보험료를 소정의 기간 동안만·납입하면 보험기간 동안 보험계약이 유효하다. 일시납은 계약체결시 전 기간 동안의 보험료를 일시에 납입하는 보험으로 한정된 기간 동안 거액의 소득이 있는 운동선수 등이 이용한다.

II. 계약특징별 시장

1. 배당보험

생명보험은 계약자에게 배당금의 지급여부에 따라 배당보험(participating in-surance)과 무배당보험(non-participating insurance)으로 구분된다. 배당보험은 보험회사가 생명보험계약의 장기성과 경영의 불확실성 등을 고려하여 예정위험률, 예정이율 및 예정사업비율이 안전하게 설정된 계산 기초에 의해 산정된 보험요율에 의해 적립된 적립금과 실제보험금 지급액의 차액을 정산하여 보험계약자에게 반환하는 개념이다. 무배당보험은 계약자에게 배당을 지급하지 않기 때문에 보험료가 배당보험에 비해 저렴하다.

무배당보험상품은 배당보험에 비해 예정이율은 높고 예정위험률 및 예정사업비율은 낮게 책정된다. 따라서 무배당보험은 배당보험에 비해 금리변동에 더 민감하기 때문에 주로 보험료가 저렴한 보장성 상품에 이용된다. 미국의 경우 무배당보험은 원래 주식회사에서 판매하였으나 현재는 상호회사에서도 취급하고 있으며 우리나라는 1992년 8월부터 보장성 보험 및 양로보험에 이어 2004년 4월 이후 모든 상품의 판매가 허용되었다.

2. 변액보험

2002년부터 보험의 전통적인 위험보장 기능에서 나아가 인플레이션을 헤지하여 보험금의 가치를 유지할 수 있게 하거나 보험료 납부의 일시적 유예나 해약환급금의 범위 내에서 수시 입출금이 가능하게 하는 기능까지 수행하는 상품이 판매되고 있는데, 대표적인 상품이 변액보험(variable life insurance)이나 유니버설보험(universal life insurance)이다.

변액보험은 고정된 예정이율을 보장하는 정액보험과는 달리 투자성과에 따라 보험금(사망보험금, 만기보험금 및 해약환급금)이 변동하는 보험으로 변액종신보험, 변액연금보험, 변액생사혼합보험 등 모든 종류의 생명보험에 적용이 가능하다. 즉 보험회사가 보험계약자로부터 받는 보험료 중 위험보험료와 보험회사업자의 사업비에 해당하는 부가보험료를 차감한 적립부분(cash value)을 일반계정과 분리·차단된 특별계정(separate account)으로 분리 운용, 그 성과에 따라 보험금을 보험계약자에게

그림 14-2 변액보험의 상품구조

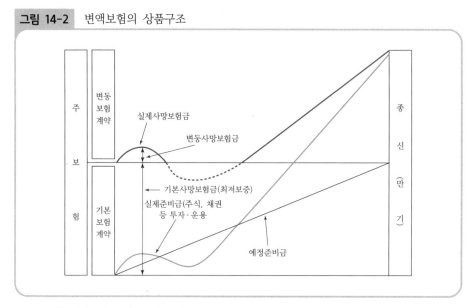

주: 1. 기본사망보험금: 계약체결시 정한 사망보험금(최저보증 사망보험금)
   2. 변동사망보험금: 초과적립액(실제준비금 − 예정준비금)으로 구입한 사망보험금
   3. 실제사망보험금: Max{기본사망보험금 + 변동사망보험금, 기본사망보험금}
   4. 예정준비금: 예정이율에 의해 계산된 준비금
   5. 실제준비금: 실적이율에 의해 계산된 준비금
자료: 금융감독원, 「변액보험 도입을 위한 보험업감독규정 개정」, 보도자료, 2001.4.27.

지급한다.

변액보험의 보험금은 포트폴리오의 운용성과에 관계없이 최소한의 금액이 보장되는 최소급부금(minimum benefit)과 투자성과에 따라 그 가치가 변동되는 적립부분(cash value)으로 구성되어 있다. 따라서 포트폴리오의 운용성과가 좋을 경우 보험금은 증가하게 되나 운용실적이 나쁠 경우에는 최소 급부금의 지급만이 보장되고 해약할 경우 적립부문에 의해 지급되는 해약환급금에 대한 보장은 없다.

변액보험은 최소보증옵션에 따라 최저사망보험금보증과 최저생존보험금보증으로 구분된다. 최저사망보험금보증(GMDB: guaranteed minimum death benefit)은 다시 사망시 기본사망보험금(보험가입금액)을 보장하는 종신보험 형태와 연금개시 전 기간(제1보험기간) 중 사망시 최저사망보험금을 보증하는 연금보험 형태가 있다. 최저생존보험금보증은 연금개시 시점에서 계약자적립금이 최저보증급부보다 적을 경우 최저보증급부를 보증하는 최저연금적립금보증(GMAB: guaranteed minimum accumulation benefit)과 연금개시 시점에서 기납입보험료의 100% 이상을 보증하되 연금개시 후 일정기간 동안 확정연금으로 지급하는 최저해약환급금보증(GMWB: guaranteed minimum withdrawal benefit) 및 연금개시 후 기간(제2보험기간) 중에도 특별계정에서 변액상품으로 운용하면서 연금연액을 종신토록 최저보증하는 종신해약환급금보증(lifetime GMWB) 등이 있다.

보험회사는 변액보험의 최저보증을 위해 다수의 주식·채권 수익률의 확률론적 시나리오를 기초로 장래 발생 가능한 순손실액을 통계적 방법으로 추정하여 보증준비금을 산출하고 이를 책임준비금 계정으로 적립한다. 변액보험은 한 보험상품의 손실을 다른 상품으로 받은 보험료로 충당하는 이른바 보험상품 상호간의 내부보조(cross-subsidization)를 특별계정을 통해 분리·차단하여 보험상품 종류별로 실적배당을 하게 된다.

변액보험은 포트폴리오 운용성과에 따라 보험금이 변동되는 실적상품이라는 의미에서 투자신탁과 유사하나 최소급부금제도가 있고 대수의 법칙과 수지상등의 원칙에 의거 보험료와 보험금이 산출되는 등 기본적으로 보험상품이다. 변액보험은 보험가입자의 재정능력에 따라 보험료가 변경될 수 있는 가변보험료보험(variable premium)이나 정기보험 등 다른 보험으로 전환할 수 있는 전환가능보험(adjustable life policy) 등 보험가입자에게 해약이나 교환에 대한 옵션(surrender and exchange option)을 제공하거나 준비금 내에서의 대출을 보장한다.

유니버설생명보험(universal life insurance)은 변액보험의 성격에 더하여 보험료의 입출금이 자유로운 등 보험료와 보험금이 가변적이고 상품의 공시성과 신축성이 매우 큰 상품으로 동 보험의 주요 특징을 살펴보면 다음과 같다.

① 보험료가 자연보험료, 적립보험료, 사업비 부분으로 구분되어 그 운용 내용이 정기적으로 보험계약자에게 통지된다.

② 보험계약자는 계약 초기에 요구되는 최소한의 보험료를 납입한 후 보험료 적립금이 필요한 보장을 하기에 충분할 경우 향후 보험료 납입금액 및 보험료 납입시기 등을 신축적으로 변경할 수 있다.

③ 시장금리나 수익률에 연동되어 변하는 적립부분(cash value)의 운용결과에 따라 사망급부금(death benefit)이 연동되거나 보험료 등을 변경하여 저축부분 변동액만큼 보장부분(pure insurance)을 조정하여 결과적으로 사망급부금을 일정(level death benefit)하게 할 수도 있다.

④ 보험계약자는 보험계약 만료일 이전이라도 현금의 부분인출(partial with-drawal), 대출(policy loan) 및 피보험자의 추가도 가능하며 필요한 경우 부보가능성(insurability)의 증거를 제시함으로써 보험금을 증감시킬 수도 있다.

이와 같이 동 보험은 보험과 은행의 자유입출금식예금 또는 MMF 등 투자신탁상품과 결합한 상품이라고 할 수 있다. 최근에 들어 보험회사는 금융투자회사나 은행 등 자산운용기관들과의 경쟁이 치열해짐에 따라 다양한 상품을 개발하고 있다. 금리연동형 상품, 자산연계형 상품, 판매수수료 후취형 상품 등이 그 예이다.

금리연동형 상품은 보험회사들이 이자율차 리스크를 축소하기 위해 공시이율을 적용하여 부리하는 상품이다. 공시이율은 통상 보험회사의 운용자산이익률과 국고채 등 외부지표수익률을 반영하여 산정한다. 자산연계형 보험은 주가지수 등 특정 지표 또는 자산에 연계하여 적용이율이 결정되는 상품으로 채권금리 연계형, 주가지수 연동형, 금리스왑 연계형 등의 형태가 있다.

판매수수료 후취형 상품(back-end loading)은 판매수수료를 선취(front-end loading)하는 방식과는 반대로 보험료에 포함된 판매수수료(신계약비)를 계약시점에서 수익으로 인식하지 않고 보험계약 유지 중 판매보수 성격의 유지수수료(mortality & expense)와 해지시 환매수수료 성격의 해지수수료(surrender charge)로 나누어 수익을 인식하는 방식이다.

판매수수료 후취방식은 납입보험료에서 판매수수료를 차감하지 않음으로써 초기 투자금액이 많아져 초기투자수익률이 높아질 가능성이 큰 장점이 있지만 국내에서는 설계사 중심 채널구조라는 점 때문에 후취형 상품은 거의 판매되지 않고 있으나 2012년부터 저축성보험에 한해 판매수수료를 판매보수와 유지보수로 이원화하여 전체보험료 수입의 70%는 선지급하고 나머지 30%는 분할지급하는 분급방식을 도입하였다.11) 이는 선급방식의 경우 판매자가 조기해약을 유도하고 계약기간 중 제대로 유지서비스를 하지 않는 등 불완전판매를 하는 것을 방지하기 위해서다.

---

11) 종래에는 보험판매자에게 신계약 초년도에 판매수수료의 대부분(1년 이내에 90% 이상)을 지급하였다.

제 3 절	손해보험시장

Ⅰ. 보험과 보증

보험은 보험사고가 발생하였을 경우 손실을 보상한다는 점에서 보증과 유사한 점이 있으나 보증은 주채무자가 채무를 이행하지 않을 경우에 그 채무의 이행의무를 부담하는 것을 내용으로 하는 계약으로 주계약인 채권채무계약을 전제로 성립하는 종속계약임에 비해, 보험은 보험자가 보험사고가 발생하였을 경우 상대방 또는 제3자에게 생긴 손해를 보상할 것을 약속하고 계약자는 이에 대한 소정의 보험료를 지불하는 것을 내용으로 하는 독립된 계약이다. 현재 보험회사는 타인을 위한 채무보증이 금지되어 있다(「보험업법」 제113조). 이 밖에 보증과 보험은 다음과 같은 점에서 차이가 있다.

① 보증계약의 경우 「민법」의 적용을 받고, 보험계약의 경우 「상법」의 적용을 받는다.

② 보증은 채권자의 채권 전액에 대해 변제할 의무를 지는 채권담보적 기능을 갖는 데 비해, 보험은 실제손해액에 대해서만 보상할 의무가 있는 손해보상의 기능을 갖는다.

③ 보증의 경우 대수의 법칙의 적용을 전제로 하지 않으나, 보험의 경우 대수의 법칙이 적용된다.

④ 보증은 계약자의 고의 또는 과실 등 보증사고의 인위성에 기인하는 데 비해, 보험의 경우 계약성립시 사고발생의 불확실성으로 인한 보험사고의 우연성에 기인한다.

⑤ 보증의 경우 「민법」상의 보증인의 항변권이 인정되나 보험의 경우에는 인정되지 않는다.

⑥ 보증은 보증인이 피보증인에 대한 구상권을 행사할 수 있으므로 보증료는 수수료(fee) 성격을 가지나, 보험은 원칙적으로 구상이 불가능하여 보험료는 위험전가에 대한 대가(premium)적 성격을 갖는다.

II. 전통적 손해보험시장

손해보험은 화재, 도난, 해난손실 등 우발적 사건에 따른 재산상의 손실을 보상하는 재산보험(property insurance)과 피보험자가 제3자에게 법적으로 부담하는 재산상의 배상책임을 보상하는 책임보험(liability insurance)으로 구분할 수 있다. 재산보험은 다시 화재보험, 해상보험, 보증보험, 자연재해보험,12) 부동산권리보험, 법률비용보험, 자동차보험, 장기손해보험, 특종보험 등으로 구분된다. 이 중에서 화재보험, 해상보험, 자동차보험을 전통적인 시장 또는 일반적인 보험시장이라고 하고 기타 보험을 특수보험시장으로 구분한다.

화재보험(fire insurance)은 화재나 낙뢰로 인하여 보험의 목적에 생긴 손해를 보상하는 보험으로 해상보험과 같이 가장 오랜 역사를 가진 손해보험 종목이다. 화재보험의 목적은 건물 등의 부동산은 물론 기계설비, 원료나 재공품 및 저장품 등의 동산도 포함된다. 또한 부동산이나 동산의 멸실로 인한 직접적인 손해(direct loss)뿐만 아니라 사고시 계속적인 영업활동이나 생산활동을 하지 못하는 동안 계속적으로 지출해야 하는 경상비와 상실된 이익상실(loss of profit) 등과 같은 간접손해(indirect loss)13)까지 보상한다.

최근 건축물이나 시설물이 건축기술의 발달로 고층화, 대형화됨에 따라 화재가 발생할 경우에 불특정 3자가 사망하거나 부상을 입을 가능성이 커짐에 따라 이러한 화재로 인한 사회적 손실을 예방하고 피해자를 보호하기 위하여 일정규모 이상의 특수건물14)에 대하여는 「화재로 인한 재해보상과 보험가입에 관한 법률」에 의거 화재보험의 가입을 의무화하고 있다.15)

---

12) 우리나라 「보험업법」에서는 자연재배보험을 별도의 종목으로 구분하고 있지 않으나 자연재해와 관련한 위험의 담보는 다른 법률의 규정을 통해 정책성 보험으로 운영되고 있다.

13) 건물의 예로 화재보험의 직접손해와 간접손해를 설명하면, 화재로 건물이 소손되었을 경우 그 건물을 원상태로 복구하는 데 소요되는 비용이 직접손해이고 그 건물을 사용하지 못함으로써 입는 손해가 간접손해이다.

14) 특수건물이란   국유건물·공유건물·교육시설·백화점·시장·의료시설·흥행장·숙박업소·다중이용업소·운수시설·공장·공동주택과 그 밖에 여러 사람이 출입 또는 근무하거나 거주하는 건물로서 화재의 위험이나 건물의 면적 등을 고려하여 시행령에서 정하고 있다(「화재로 인한 재해보상과 보험가입에 관한 법률」 제2조).

15) 보험금은 사망 또는 후유장해시 1인당 최고 8,000만원, 부상시 보험금은 최고 1,500만원.

해상보험(marine insurance)은 선박운항에 따르는 해상위험을 담보하기 위한 것으로 가장 일찍부터 발달하여 왔으며 국가간 무역이 증가함에 따라 최근까지 그 중요성이 커지고 있다. 해상보험은 보험가입 대상에 따라 크게 선박보험(hull insurance), 적하보험(cargo insurance) 및 선주책임보험(protection and indemnity)으로 분류할 수 있다. 선박보험은 해상위험(좌초, 충돌, 침몰 등)에 의하여 선박 자체의 손해를 보상하는 보험이며, 적하보험은 해상운송 중에 입은 운송물품의 손해를 보상하고, 선주책임보험은 승객이나 타 선박에 끼친 손해나 해상오염 등으로 입은 손해를 보상한다.

자동차보험은 크게 자동차책임보험(auto liability insurance)과 자동차종합보험으로 구분된다. 자동차책임보험은 「자동차손해배상보장법」에 의하여 차량소유자의 보험가입 및 보험회사의 계약인수 의무가 부여된 강제보험(compulsory insurance)으로 책임보험 미가입 자동차는 도로에서 운행할 수 없으며 위반시 처벌된다.

책임보험은 자동차의 운행으로 인하여 피해를 입은 피해자의 손해보상을 최소한도로 보장하기 위한 보험으로 그 가입한도[16]가 법정되어 있다(자동차손해배상보장법 시행령 제3조). 이에 비해 자동차종합보험은 책임보험의 보상한도를 초과하는 신체손해나 대물배상책임손해에 대해 추가적으로 가입하고 차량소유자의 차량손해와 자기신체손해를 보상하는 보험이다.

자동차종합보험은 가입 및 인수를 규율하는 법령이 존재하지 않으므로 사법의 일반원칙인 사적자치의 원칙(계약자유의 원칙)에 따라 차량소유자 및 보험회사가 그 가입 및 인수 여부를 자율적으로 결정할 수 있는 임의보험(voluntary insurance)이다. 그러나 부보 자동차의 위험이 너무 커 개별 보험회사가 인수를 거절하는 경우 무보험 자동차로 되는 것을 방지하기 위하여 보험회사들이 협정을 체결하여 공동으로 인수하는 자동차보험불량물건 공동인수제도가 운영되고 있다.

자동차보험이 자동차 사고로 인한 민사상 책임 및 운전자 상해 등(대인 및 대물배상, 자기신체사고 및 자기차량손해 등)을 보장하는 데 비해, 운전자보험은 자동차보험에서 보상하지 않는 자동차 사고로 인한 형사·행정상 책임 등 비용손해를 보장하기 위한 상해보험이다. 운전자보험은 자동차 사고로 운전자가 형사처벌을 받는 경우 발생하는 벌금, 형사합의금 및 방어비용(변호사 비용 등) 등을 보장하는 특별약관,

---

16) 사망이나 후유장해발생 최고 1억원, 부상시는 2,000만원, 대물사고에 대한 배상금으로 1,000만원 이상.

자동차 사고로 행정처분에 의해 운전면허가 취소 또는 정지되었을 때 발생하는 기회비용 등을 보장하는 특별약관 및 자동차 사고로 인한 자동차 견인, 자동차보험료 할증, 대체차량 대여 등 기타 비용손해를 보장하는 특별약관 등으로 구성되어 있는 임의보험이다.

최근 주행거리연동 차등보험료제도(pay as you drive)가 도입되어 운영되고 있다. 동 보험은 운전자가 연간 약정한 차량운행거리에 따라 보험료를 할인하여 주는 특수한 제도이다.[17] 현재 자동차보험료는 연령, 성별, 사고경력, 자동차배기량 및 모델에 따라 다르게 책정되는데, 동 제도의 도입으로 사고율과 연관이 큰 운행거리 등을 반영함으로써 교통사고 감소와 함께 교통체증, 대기오염, 에너지 소비 감소 등의 효과가 기대된다.

장기손해보험은 보험기간이 종료되면 보험급부가 전혀 없는 일반 손해보험과는 달리 만기시에 적립된 환급금을 되돌려 받을 수 있기 때문에 보상과 보장을 겸비한 보험이다. 장기손해보험은 화재보험과 상해보험 분야에서 취급하고 있는데, 화재보험의 경우 주택물건과 일반물건을 주 대상으로 그리고 상해보험의 경우 일반 상해보험 분야에서 주로 영위되고 있다.

Ⅲ. 특수 손해보험시장

1. 보증보험

보증보험(guaranty insurance)은 보험자가 보험료를 받고 채무자인 보험계약자가 채권자인 피보험자에게 계약상의 채무불이행 또는 법령상의 의무불이행으로 손해를 입힌 경우에 그 손해를 보상하는 것을 목적으로 하는 보험이다. 우리나라의 보증보험은 「상법」상의 전형보험이 아니라 행정규제법인 「보험업법」에 의해 인정된 보험이다. 현재 영업중인 보증보험회사는 1개사만 있으며, 영위하고 있는 보증보험상품은 채무이행보증보험, 신원보증보험 및 신용보험으로 분류된다. 채무이행보

---

17) 최근 영국, 미국 등에서는 navigator가 장착된 black box를 차량에 장착하거나 차량배출가스의 오염상태를 스스로 진단하는 차량자가진단(OBD) 단자에 단말기를 부착하여 운행거리, 운행시간, 속도 등을 자동 입력함으로써 운전자의 습관과 행태에 따라 보험료를 차별하는 UBI(Usage Based Insurance) 제도가 되었다. 우리나라도 일부 보험회사에서 이와 유사한 제도를 시험 도입하는 등 조만간 UBI가 도입될 것으로 예상된다.

증보험(surety insurance)은 계약상의 채무불이행에 따른 손해를 보상하는 것으로는 입찰, 매매, 도급, 금전소비대차, 특약점 판매계약 등이 있고 법령상의 의무불이행에 따른 손해를 보상하는 것으로는 납세, 인허가, 보석, 공탁 등이 있다.[18]

신원보증보험(fidelity insurance)은 피고용인이 의무를 다하지 못함으로써 고용인이 입게 되는 재산상의 손실을 보상하는 보험으로 보상하는 범위는 피고용인의 횡령, 절도, 사기, 배임 등의 고의적 행위와 법규·규정 및 계약상 배상책임이 있는 과실행위 등이다.

신용보험(credit insurance)은 상품, 서비스 또는 금융을 신용으로 제공한 채권자가 채무자의 지급불능이나 채무불이행 등으로 채권을 회수하지 못하여 입게 되는 경제적 손실을 보상하는 실손보상보험(indemnity insurance)의 하나이다. 채권자는 보험계약자인 동시에 피보험자로서 「상법」상의 보험료 지급의무, 계약 전 고지의무 및 보험기간 동안 채무자의 신용도 변화에 중요한 사실이 발생할 경우 이에 대한 고지와 통지의무를 진다. 보험자는 「상법」상의 보험증권 교부의무, 보험금 지급의무, 보험료 반환의무를 지며 채무자에 대한 신용관리업무, 채권회수대행업무, 피보험자의 손해배상업무 등을 수행할 수도 있다.

신용보험은 일반적으로 채권자인 피보험자의 부담분(deductible)을 공제한 금액을 담보하는 일부보험으로 판매되고 있다. 피보험자의 자기부담분을 공제하는 이유는 손해액에 대하여 피보험자가 공동책임을 지도록 함으로써 채무자에 대한 신용관리에 최선을 다하도록 하려는 목적도 있다. 현재 보증보험회사가 영위하는 신용보험은 상업신용보험, 금융신용보험 등이 있다.

상업신용보험(commercial credit insurance)은 상품, 서비스를 신용으로 공급한 채권자(보험계약자)가 채무자로부터 보험기간 중에 대금을 회수하지 못해 발생한 손해를 보상하는 보험으로 주로 계속적인 공급계약에 따른 물품대금, 용역대가, 대리점 영업보증금 등을 보험의 대상으로 한다. 금융신용보험은 금융거래상의 채권을 회수하지 못하는 위험을 보상하기 위한 보험으로 수출신용, 리스신용, 할부신용 등이 보험의 대상이 된다.

신용보험은 사고의 개연성 측면에서 채무불이행이라는 우연하지 않은 사고를

---

18) 미국에서는 보증보험과 유사한 것으로 보증증권(surety bond)이 있다. 이는 피보증인인 채무자(principal)가 채권자(obligee)에게 계약을 이행하지 못한 경우 보증인(surety)인 보험회사가 보상하는 것을 말한다. 보증증권(surety bond)의 종류에는 입찰보증(bid bond), 이행보증(performance bond), 납입보증(supply bond), 신원보증(fidelity bond) 등이 있다.

보상한다는 점에서 보증보험과 유사하지만 다음의 점에서 차이가 있다.

첫째, 보증보험은 채권자를 보험수익자로 하는 '타인을 위한 보험'으로 보험계약자인 채무자와 보험자인 보험회사 간에 체결된 보증위탁계약일 뿐 보험자와 채권자 간에는 직접적인 계약관계가 없는 데 비해, 신용보험은 보험계약자인 채권자가 보험수익자가 되는 '자기를 위한 보험'으로 보험계약자와 보험자와의 계약은 일반 보험계약이다.

둘째, 보증보험은 보험과 보증의 성격을 공유하는 것으로 보증보험의 보험료는 수수료의 성격이 강한 반면, 신용보험의 보험료는 대수의 법칙에 기초한 예정원가의 성격을 띠고 있다. 보증보험의 경우 보험사고가 주로 보험계약자의 고의 또는 이행능력의 상실에 의해 발생하고 있고 보험계약자의 역선택이나 도덕적 해이 가능성 등으로 그 위험의 사전적 예측이 어려워 보험료는 위험의 대가라기보다는 보증취급수수료의 성격이 강하다. 반면, 신용보험은 일반 손해보험과 마찬가지로 보험사고의 우연성과 다수의 동질적인 위험의 존재를 그 요건으로 하기 때문에 대수의 법칙을 적용하여 합리적인 보험료가 산출되는 예정원가의 성격이 강하다.

셋째, 보험사고의 발생으로 피보험자에게 보험금을 지급할 시 보증보험의 경우 보험자는 채무자인 보험계약자에게 전액 구상을 전제로 하는 구상권을 취득하는 데 비해, 신용보험의 경우 채무자에 대하여 (보험)대위권(subrogation)[19]을 취득하게 된다. 신용보험의 경우 보험자는 보험금 지급 후 효율적인 대위권 행사를 위해 채권양도 방식으로 피보험자인 채권자로부터 채권을 양도받아 채권자가 채무자에게 가졌던 권리의 범위 내에서 대위권을 행사한다. [표 14-2]는 채무이행보험, 일반보증 및 신용보험과의 관계를 보인 것이다.

신용보험과 유사한 상품으로 채무면제·채무유예(DCDS: Debt Cancellation·Debt Suspension)라는 상품이 있다. 이는 대출을 한 금융회사와 차입자간에 차입자가 사망, 질병, 실업 등 보호대상으로 명시된 일정한 사건이 발생할 경우 채무를 면제하

---

19) 구상권은 연대채무자·보증인 등이 채무를 변제한 경우에, 다른 연대채무자나 주된 채무자에게 상환을 청구할 수 있는 권리(「민법」 제441조)를, 대위권은 타인을 대신하여 그 법률상의 지위를 갖는 권리를 말한다. 보험대위는 손해보험계약에서 손해가 제3자의 행위로 발생한 경우 피보험자에게 보험금을 지급한 보험자는 그 지급한 금액의 한도 내에서 제3자에 대한 보험계약자 또는 피보험자가 소유하는 권리를 취득하는 것으로, 이때 취득하는 권리는 보험의 목적물(보험대상물건)에 관한 권리와 제3자에 대한 구상권이다(「상법」 제682조). 보험대위의 목적은 피보험자가 똑같은 손해에 대해서 이중으로 보상받는 것을 방지하고 과실 있는 당사자에게 손해에 대한 책임을 지게 하기 위해서다.

표 14-2 보증보험, 일반보증, 신용보험의 관계

구 분	채무이행보험	일반보증	신용보험
1. 계약목적	피담보채권	피담보채권	피담보채권
2. 계약당사자	채무자와 보험자	보증인과 채권자	채권자와 보험자
3. 계약형태	타인을 위한 보험계약	타인을 위한 보증계약	자기를 위한 보험계약
4. 계약방식	채 무 자 (보험계약자) ↔(1) 채 권 자 (피보험자) / (2) (3) / 보험회사 (보험자) / (1) 주계약 또는 법령상의 의무불이행 / (2) 보증위탁계약 / (3) 보험금 지급	채 무 자 ↔(1) 채 권 자 / (2) (3) / 보 증 인 / (1) 주계약 또는 법령상의 의무불이행 / (2) 보증위탁 / (3) 보증계약	채 무 자 ↔(1) 채 권 자 (보험계약자=피보험자) / (3) (2) / 보험회사 (보험자) / (1) 주계약 / (2) 보험계약 / (3) 채권양수에 의한 대위권 행사
5. 양 식	보증보험증권	보증서, 주계약사상 인식	보험증권
6. 보 험 료	취급수수료	취급수수료	예정원가
7. 보험사고	채무불이행	채무불이행	이행불능, 이행지체
8. 보험방식 및 보상범위	금액보상(실손해액)	주계약상의 동일한 보증채무 이행 (금전 또는 채무이행)	금액보상(자기부담분 공제)
9. 구상권	「민법」상 구상권	「민법」상 구상권	「상법」상 보험자대위권
10. 대수의 법칙	적용 안 됨	적용을 전제로 하지 않음	적용됨
11. 보험자의 중도해지권	해지권 없음	임의해지 가능	임의해지 가능(보험료 미납, 고지의무 위반 등 「상법」상 해지가능사유발생시)
12. 항 변 권	연대보증(「상법」 제7조)으로서 항변권 불인정	상계대레에 의한 경우는 연대보증으로 항변권 불인정	없음(보증이 아님)

제14장

거나 상환을 유예해 주기로 약정을 체결한 것으로 차입자는 대출을 한 금융회사에 소정의 수수료를 지급한다.

신용보험이 채권자, 채무자 및 보험자 간의 3자간의 계약인 반면, 동 상품은 대출고객과 금융회사 간의 양자 간 계약이다. 동 상품은 금융회사와 보험회사 간에 그 법적 성격을 놓고 분쟁이 있으나 미국에서는 동 상품이 신용파생상품의 하나로 간주하여 보험회사가 아닌 은행 등 일반 금융회사의 취급을 허용하고 있다.[20] 우리나라는 2005년 5월부터 전업신용카드사들이 신용카드 회원의 신용카드 관련 채무를 대상으로 동 서비스를 제공하고 있다. 카드회사는 DCDS 상품판매에 따른 보상금 지급위험을 줄이기 위해 통상 손해보험회사의 계약이행보상책임보험(Contractual Liability Insurance)에 가입하고 있다.

2. 특종보험시장

특종보험(casualty insurance)은 화재보험, 해상보험, 자동차보험, 보증보험 등과 같이 하나의 보험시장 영역으로 정립되어 있지 아니하다가 새로운 위험에 대비하여 만들어지게 된 보험을 통칭하는 개념으로 「보험업법」상의 개념은 아니다. 일반적으로 특종보험은 배상책임보험, 상해보험 및 기타 도난이나 각종 비용손해를 보상하는 보험군을 포괄한다.

배상책임보험은 계약자의 고의 또는 과실로 타인의 재산이나 권리를 침해하거나 신체를 손상케 하는 경우에 법률상의 손해배상책임을 부담하게 됨에 따라 발생하는 경제적 손실을 보상하는 보험이다. 국내에서 판매되는 배상책임보험으로는 가스사고 위험을 담보하는 가스사고 배상책임보험과 대형시설을 운영하는 자가 그 시설을 이용하는 사람에게 지는 배상책임을 담보하는 영업배상책임보험 및 의사, 변호사 등 전문직업인이 전문직업상의 행위(malpractice)로 인해 부담하는 배상책임을 보상하는 전문직업인 배상책임보험(professional liability insurance) 등이 있다. 일반적으로 고의적 행위, 개인의 이익 취득 및 의도적 사기·범죄행위는 보상되지 않는다.

우리나라는 문화적·법률적 환경 차이로 인하여 미국이나 유럽에 비하여 배상

20) DCDS가 보험상품이 아니라는 주장의 근거는 보험의 경우 위험의 인수, 대수의 법칙에 입각한 보험료 산정, 손실보상을 위한 공동재산 구축 등의 속성이 있는 데 비해, 동 상품은 이러한 속성이 없이 단순히 대출에 내재되어 있는 지급불능위험을 금융회사가 부담하는 대가로 채무자가 수수료를 부담하는 성격으로 대출에 따른 부수업무라는 것이다.

책임보험이 발달되어 있지 않았으나 최근 일반인의 법률의식 향상과 함께 새로운 배상책임보험이 속속 개발되고 있다. 임원배상책임보험(directors & officers liability insurance)과 생산물배상책임보험(product liability insurance) 등이 대표적인 예다.

임원배상책임보험은 회사의 임원으로서 그들 자격 내에서 업무를 수행함에 있어 직무상의 의무위반, 태만, 실수, 허위진술, 누락 등으로 회사와 제3자에 대하여 법률상 손해배상책임을 부담한 결과 입은 손해를 보상하기 위한 것으로 보상액은 손해배상금, 소송에 소요되는 법률비용 등이다. 생산물배상책임보험은 제조물책임을 부담한 데 따른 손해를 보상하기 위한 것이다. 제조물책임이란 제조자 등이 제품의 결함으로 발생한 피해에 대하여 피해자에게 그 손해를 배상하는 손해배상책임의 일종으로, 현행 민사법상의 손해배상책임 요건을 완화하여 제품의 결함에 의한 손해발생시 제조자가 과실 여부에 관계없이 책임을 지는 것을 말한다. 우리나라는 2000년 1월 「제조물책임법」이 공포되어 2002년 7월 1일부터 시행되고 있다.

현대사회에 있어서는 대량생산·판매라는 유통구조, 소비자와 기업 간의 정보·능력 등의 격차, 현대적 법률문제에 대한 근대적 민사책임 법리의 한계 등으로 소비자보호의 필요성이 시급한 과제로 등장하고 있다. 동 법은 이러한 현대산업사회의 특성을 반영한 새로운 민사책임법으로, 제품의 결함으로 인한 피해를 신속·충실하게 구제함으로써 소비자의 보호에 기여할 목적으로 제정된 것이다. 기존의 제도하에서는 제품으로 피해를 입은 소비자가 피해구제를 받기 위해서는 제조업자의 고의나 과실로 인하여 제품에 결함이 생기고, 이 결함으로 인하여 제품사고가 발생하게 되었다는 인과관계를 증명하여야 하였으나 동 법의 제정으로 소비자는 지금까지의 제조업자의 고의 또는 과실과 그에 따른 제품결함의 존재라는 2단계의 사고원인에 대한 입증책임을 부담하던 것에서 제품결함에 대한 입증책임만을 부담하게 되어 보다 쉽게 피해구제를 받을 수 있게 되었다.

부동산권리보험(title insurance)은 부동산 거래의 안정을 도모하기 위한 장치의 일종으로서, 부동산 권리의 하자 등으로 인하여 피보험자(부동산소유자, 저당권자)가 입게 되는 경제적 손실을 보상하는 손해보험이다. 보상하는 손해는 부동산의 외형적인 하자가 아니라 권리에 대한 하자 또는 상실, 보험계약 체결 당시 당해 부동산에 존재하는 우선특권(lien)의 실행으로 인한 손해 등이다.

부동산권리보험은 장래에 발생할 사고에 대비하는 일반보험상품과는 달리 과

거에 발생한 부동산권리의 하자에 의한 손실을 보상한다는 점 등에서 일반보험상품과 다른 특징을 갖고 있다. 부동산권리보험은 소유권용 부동산권리보험과 저당권용 부동산권리보험으로 나눌 수 있다. 전자는 부동산의 매수인이 취득하는 소유권을 보험의 목적으로 하는 부동산권리보험이고 후자는 부동산을 담보로 금전을 대여하는 채권자가 취득하는 저당권을 보험의 목적으로 하는 부동산권리보험이다.

우리나라의 부동산등기제도는 등기의 공시력[21]만 인정하고 등기의 공신력[22]은 인정하지 않아 등기부만 조회해서는 발견할 수 없는 위험이 있다. 무권리자의 저당권 설정 등과 같이 저당권의 설정에 하자가 있는 경우에는 비록 저당권이 등기되어 있다 하더라도 저당권자는 등기된 내용대로 저당권을 행사할 수 없는 경우가 있고 임금채권이나 저당권 등기일로부터 소급하여 1년 이내에 발생한 국세징수권은 등기하지 않더라도 저당권부채권에 우선한다. 부동산권리보험은 이와 같은 위험을 보상하기 위한 보험으로 보험기간은 소유권용 보험인 경우에는 부보된 부동산의 권리를 양도한 때, 저당권용 보험인 경우에는 채무가 변제될 때 종료된다.

보험자는 보험을 인수하기 전 부동산권리조사를 통하여 부동산의 진실한 권리관계를 조사하고 발견된 하자에 대하여는 피보험자에게 고지하여야 하며 이 경우 피보험자는 자신의 책임으로 부동산권리상의 하자를 치유하거나 해당 부동산의 거래를 중지하는 조치를 취하게 된다. 일반 손해보험의 보험료는 순보험료 비중이 높고 부가보험료 비중이 낮은 데 비해, 부동산권리보험은 부동산권리의 하자를 조사하기 위한 부동산권리 조사비용이 보험료 구성의 대부분을 차지하므로 부가보험료의 비중이 매우 높은 것이 특징이다.

법률비용보험은 변호사비용, 인지대, 송달료 등 법률상담이나 소송 등 법적 분쟁 때 발생하는 비용을 보험금으로 지급하는 보험으로 법적 소송이 일상화되어 있는 선진국에서 활성화되어 있다. 우리나라도 일부 손해보험회사들이 유럽형 권리보호보험(Rechtsschutzversicherung)을 우리 현실에 맞게 개발한 장기보험상품을 판매

---

21) 물건의 변동은 언제나 외부에서 인식할 수 있는 어떤 표상, 즉 공시방법을 수반해야 한다는 것으로 거래의 안전을 위해 인정하는 원칙이다. 우리나라 부동산 공시제도는 부동산 권리관계의 변동을 공시하는 등기제도와 부동산 자체의 현황(위치, 형태, 경계 등)을 명확하게 하기 위한 지적제도로 이원화되어 있다.

22) 물건의 존재를 추측케 하는 표상, 즉 공시방법을 신뢰해서 거래한 자는 비록 그 공시방법이 진실한 권리관계에 일치하지 않더라도 그 공시된 대로의 권리관계가 존재하는 것처럼 보호해야 한다는 원칙으로 공시력의 원칙을 보완하여 거래의 안전을 보호하는 데 목적이 있다.

하고 있다.

　최근에는 자동차보험, 화재보험, 상해보험 등을 동시에 한 증권으로 관리해 주는 통합형 보험(bundle insurance)이 새로운 상품 형태로 판매되고 있다. 여러 개의 보험을 개별적으로 가입할 경우 계약관리 및 보험금 청구 등을 각각 처리해야 하기 때문에 번거롭다. 또한 다수의 보험에 가입함으로 인해 과다한 수수료를 부담하며, 일부 담보는 중복되어 불필요한 보험료를 부담해야 하는 문제점도 있다. 이런 문제점을 해결한 것이 통합형 보험이다. 이 보험은 손해보험의 상해, 화재, 재물, 배상책임보험과 암보험은 물론 자동차보험까지 하나의 보험증권으로 통합 관리해 준다. 또한 보험의 가입부터 보장의 추가나 변경시마다 전문적인 상담능력을 갖춘 컨설턴트로부터 상담을 받기 때문에 하나의 상품으로 모든 생활위험에 대해 일생관리, 통합관리 및 세대관리를 받을 수 있다.

3. 자연재해보험시장

　자연재해보험(natural disaster insurance)은 풍재, 집중우, 홍수, 설재, 해일, 지진 등 자연재해로 인한 손실을 보상하기 위한 보험이다. 보험증권상 위험담보방식은 담보위험을 포괄적으로 보상하는 전위험 담보방식(all risk policy)과 특정위험만을 열거하여 보상하는 특정위험 담보방식(named peril policy)이 있으나 후자가 일반적이다.

　자연재해보험은 하나의 사고로 거대손실이 발생하는 거대위험(catastrophic risk)을 담보해야 하기 때문에 민영보험회사가 단독적으로 인수하는 것이 불가능한 시장실패 영역이다. 이에 따라 대부분의 국가들은 자연재해보험시장을 통한 재해리스크관리가 그래도 효율적임을 인식하고 보험수요와 공급을 발생시키기 위해 계약자에게 보험료를 일정부분 보조해 주거나 국가재보험을 제공하고 있다. 우리나라도 농작물재해보험, 풍수해보험, 양식재해보험에 대해 국가가 보험료보조와 재보험을 제공하고 있다. 2013년 말 현재 자연재해로 인한 피해를 보상하는 자연재해보험 현황은 [표 14-3]과 같다.

| 표 14-3 | 자연재해보험 현황 |

보험상품	근거법률	가입대상자	보장위험	소관부처
가축보험	「농어업재해보험법」	축산농가	자연재해, 가축질병, 화재 등으로 인한 가축 및 축산 시설 피해	농림축산식품부
농작물 재해보험		농업인(벼, 과수 등)	태풍, 우박, 집중호우 등 자연재해로 인한 농작물 및 농업용시설물 피해	
양식재해보험		양식어업인	태풍, 폭풍, 해일, 적조 등 자연재해와 수산질병으로 인 한 수산물피해와 시설피해	
임산물 재해보험		임업인	자연재해 등으로 인한 임산물과 시설물 피해	
어선원 및 어선재해보험	「어선원 및 어선재해보장보험법」	어선소유자	자연재해 등으로 인한 신체손해와 선박피해	국토교통부
풍수해보험	「풍수해보험법」	주택, 온실	태풍, 홍수, 해일 등 자연재해로 인한 재산피해	소방방재청

자료: 보험연구원

제 4 절   보험대체시장

Ⅰ. 보험대체조직

최근 기업들은 자연재해, 제품 리콜, 각종 소송, 금융 변동성 등 다양한 위험에 직면하고 있으며, 이를 어떻게 관리하느냐가 기업의 가치에 크게 영향을 미친다. 지금까지 이러한 위험의 대부분을 기존의 보험회사에 맡겨 왔으나 보험회사들의 자본력 약화 등으로 인해 인수능력에 한계가 있는데다 보험인수주기(underwriting cycle)[23]의 변동성에 대한 취약성을 보완하기 위해 보험대체시장을 활용하는 추세가 늘어나고 있다.

---

23) 보험인수주기란 보험가격이 상승하며 보험인수한도가 제한되는 경성시장(hard market)과 보험가격이 하락하며 보험가입이 상대적으로 용이해지는 연성시장(soft market)이 주기적으로 반복되는 현상을 말한다.

보험대체(ART: alternative risk transfer)시장이란 전통적인 위험관리기법을 대체·보완하는 시장이다. 이 시장은 조직적인 측면에서는 자가보험, 전속보험, 보험풀, 위험보유그룹 등과 같이 보험회사를 대신하여 위험을 보유해 주는 보험대체조직이 활용되는 방법과 전통적인 보험상품을 대신하여 위험전가 및 금융기능에 이용되는 대체상품을 활용하는 방법으로 구분된다.

자가보험(self-insurance)이란 기업이 보험회사에 위험을 전가하지 아니하고 직접 위험을 관리하기 위하여 보험기법을 활용하는 방법을 말한다. 이에 대해 국내에서는 「세법」 등에서 자가보험을 인정하지 아니하지만 미국에서는 특수한 위험에 한정하여 인정하고 있다. 주로 자가보험을 하는 것은 민영보험시장을 통한 위험전가가 곤란한 근로자재해배상, 제조물배상책임, 자동차배상책임, 일반 배상책임 등 각종 배상책임보험이다.

자가보험업자는 발생빈도가 높으나 발생손해액은 크지 않은 위험을 보유하므로 이 부분의 보험료 지출을 절약할 수 있다. 또한 노출된 위험의 상당부분을 자신이 보유하여 동 위험에 대한 통제와 관리를 철저하게 함으로써 타 보험에 가입할 경우 보험료에 포함되어 있는 도덕적 위험에 대한 비용을 줄일 수 있다는 이점이 있다. 미국의 경우 자가보험을 영위하기 위해서는 고용주가 재무요건 등 적격성을 갖추어 감독당국의 승인을 받아야 한다.

전속보험(captive insurance)은 특정기업이나 그룹의 위험만을 인수하기 위해 모기업 등이 소유하고 있는 보험회사를 의미하며 국내에서는 보험회사로 인정되지 않지만 미국, 싱가포르 등은 인정하고 있다. 전속보험은 모기업의 위험만을 인수하는 순수전속보험(single parent captive 또는 pure captive)과 산업단체나 협회를 결성하고 그 구성원의 위험을 인수하는 그룹전속보험(association captive 또는 group captive)로 구분된다.

전속보험회사는 기존의 보험으로는 인수가 어렵거나 불가능하였던 위험을 인수하는 회사로 그 개념이 확장되고 있다. 기업은 전속보험회사의 설립을 통해 발생빈도가 높아 비교적 예측이 용이한 위험을 보상하기 위한 비용을 타 보험회사에 지불하지 않을 수 있을 뿐 아니라 평균 이하의 위험에 노출된 기업(good risks)은 평균적인 보험료를 지불해야 하는 보험시장보다 적은 비용으로 위험을 보상할 수 있다는 이점이 있다.

보험풀(pool)은 대규모 위험에 대한 인수능력을 확보하기 위한 기업 또는 보험회사 간의 협약으로 상호보험회사와 유사한 방식으로 구성된다.

위험보유그룹(risk retention groups)은 상호부조에 바탕을 둔 미국 고유의 배상책임조직이다. 위험보유그룹은 상호회사 형태로서 주로 제3자 배상책임, 임원배상책임, 의료과실배상책임, 전문직배상책임, 제조물배상책임 등 주로 기업배상책임에 특화하고 있다.

II. 보험대체상품

전통적인 보험상품을 대체하여 위험전가와 금융기능을 수행하는 대표적인 대체상품시장으로는 제한위험보험(finite 또는 financial insurance), 보험상품의 증권화, 보험파생상품, 비상위험자본(committed or contingent capital), 구조설계금융(structured finance) 등을 들 수 있다.

1. 제한위험보험

제한위험보험은 보험과 금융기능을 혼합한 것으로 주로 금융재보험(financial reinsurance or finite risk reinsurance)에서 많이 활용된다. 금융재보험은 원보험업자가 보험인수(underwriting)에 관련된 위험을 재보험업자에게 전가하는 것으로 장래형(prospective)과 소급형(retrospective)으로 구분할 수 있다.

장래형의 경우 원보험업자는 장래 일정기간 동안 재보험업자에게 보험료를 납부하고 동 기간의 초기에 보험사고가 발생하면 재보험업자는 정해진 한도 내에서 보험금을 지급하고 남은 기간 동안에 원보험업자로부터 더 높은 보험료를 수취하며 실제 보험금 지급액이 예상보다 적으면 투자수익을 원보험자와 재보험자가 나누어 갖는다.

소급형은 보험료 납입기간이 만료되었으나 손실에 대한 보험금(liability for outstanding losses) 지급이 완결되지 않은 경우에 보험료 수입과 보험금 지급 간의 기간적 불일치로 인한 재무적 불안을 해소하기 위해 이용된다. 원보험업자는 예상되는 보험금 청구에 대비하여 적립한 지급준비금의 일부를 재보험업자에게 이체하고 보험금 지급책임을 재보험업자에게 전가하는 계약(stop loss agreement)을 체결한다. 이때 재보험업자는 보험금 지급시점을 고려하여 보험금을 현가로 환산하기 때문에 원보험업자는 적립한 지급준비금 전부를 이체할 필요는 없다. 따라서 재보험업자는 보험급 지급이 예상보다 빨리 이루어지거나 투자수익률이 저조할 경우 발생하는 손실위험을 인수하게 된다.

2. 보험상품의 증권화

보험상품의 증권화(insurance securitization)란 전통적인 보험시장의 인수능력을 초과하는 거대위험을 자본시장의 투자자들에게 증권의 형태로 전가시키는 방법으로 신용부도스왑(credit default swap) 등과 같이 신용위험을 전가시키기 위해 고안된 신용증권화(credit securitization)와 대재해부채권(catastrophe or cat bond) 등과 같이 폭풍우와 지진과 같은 자연재해를 담보하기 위해 고안된 보험연계증권(insurance linked securities) 등이 대표적인 예다.

보험연계증권은 재해보험, 자동차보험 등과 같은 손해보험의 담보위험뿐만 아니라, 장수위험과 같은 생명보험의 담보위험을 대상으로 발행되기도 한다. 최근 선진국에서는 개인의 생명보험계약을 매매하는 생명보험 정산(life settlement)거래가 늘어남에 따라 이를 바탕으로 채권을 발행하여 유통하는 시장이 활성화되고 있다. 생명보험 정산거래란 생명보험정산회사(life settlement provider)가 브로커를 통해 개인의 생명보험계약을 매입한 후 잔여보험계약기간 동안 해당보험료를 보험회사에 계속 납입하고 피보험자 사망시 생명보험금을 수령할 수 있는 권리를 취득하는 것을 말한다.

생명보험정산회사는 동 보험계약을 투자은행이나 헤지펀드 등에 재매각하고 투자은행 등은 이를 증권화한 사망채권(death bond)을 발행하여 주로 연기금 등 기관투자자에게 매각한다. 개인이 생명보험계약을 매각하는 주된 이유는 중도해약을 원할 경우 중도해약시 받는 해약환급금보다 더 많은 금액을 받을 수 있기 때문이다. 한편 투자자가 동 채권을 선호하는 이유는 동 채권의 수익률이 상대적으로 높은데다 주식, 채권 등 다른 투자대상과 상관성이 낮아 위험관리면에서 이점이 있기 때문이다.

이 밖에 보험대체상품으로 비상위험자본과 구조설계금융 등을 들 수 있다. 비상위험자본은 옵션을 구입한 기업이 재정난을 야기하는 특정한 사건이 발생할 경우 일정기간 동안 미리 정해진 가격으로 증권을 발행할 수 있는 권리를 취득하는 것으로, 이때 발행하는 증권은 선순위채무(senior debt), 잉여금증권(surplus notes), 우선주, 비우량채무(subprime debt) 등이다. 기업이 이러한 옵션을 구입하지 않고 재정난을 초래하는 사건이 발생한다면 은행이나 자본시장에서 자본을 조달하기가 어려울 것이며 조달한다 하더라도 높은 자본비용을 지불해야 할 것이다.

구조설계금융이란 매출채권이나 저당채권 등에서 예상되는 미래현금흐름을 유동화한 것을 말하며 자산유동화시장이 그 전형이다. 자산유동화시장에서 보험회사는 통상 특수목적기구(SPC)에 양도된 목적물을 분석하고 그 분석결과에 기초하여 보험료를 받고 최초손실위험(first layer)을 인수하며 보험회사의 위험인수로 유동화증권의 신용등급이 상승한다.

제 1 절　연금제도

연금제도는 일정한 소득이 있는 기간 동안 국가 또는 소속 직장에서 운영하는 기금에 일정액을 출연하여 퇴직 후 또는 미리 정한 연령에 도달한 후부터 일정한 금액(annuity)을 정기적으로 수령하여 노후생활의 안정을 기하고자 하는 제도이다. 연금제도의 기능은 크게 연금제도 자체의 사회적 기능과 축적된 기금의 운영에 부수되는 경제적 기능으로 나누어 볼 수 있다.

연금의 사회적 기능이란 연금의 사회보장 기능, 즉 국민들의 노후생활의 안정을 보장하는 것이다. 특히 공적연금의 경우 국민의 최소한 기본생활을 보장하기 위한 소득재분배 기능도 갖고 있다. 연금의 경제적 기능이란 무엇보다도 연금가입부터 연금지급종료시까지 장기간 동안 조성된 자금을 주식이나 채권 등에 투자함으로써 자본시장의 발전에 기여한다는 점을 들 수 있다. 특히 기업연금의 경우 근로자의 퇴직 후 생활안정에 기여함으로써 장기근속을 유도하여 노동생산성을 제고하는 효과가 있다.

연금제도는 이와 같이 사회적·경제적으로 매우 중요한 기능을 갖고 있는 반면, 근로자들에게 동기유발을 위한 인센티브 수단이 제한되어 경쟁의욕을 저하시킬 수 있고 조기퇴직 등과 같은 도덕적 해이를 유발하는 역기능도 있다. 현재 대부분의 국가들이 현 근로자들이 갹출한 돈으로 퇴직자들의 연금을 지급함에 따른 세대간 갈등과 연금재정의 부실화 문제를 안고 있다.

연금제도의 사회적 기능 때문에 영국, 스웨덴, 미국 등의 선진국에서는 일찍부터 국민연금제도를 전국민을 대상으로 시행하였으나, 연금재원의 조성방식을 완전적립방식이 아닌 부과방식[1]을 채택하였기 때문에 전후 베이비붐 세대가 연금수혜자가 되는 2010년을 전후해서는 경제활동인구가 노령인구를 부양하는 노년부양비율(elderly dependency ratio)이 상승하여 기금의 부족현상(longevity risk)을 겪고 있다. 인구의 고령화로 연금수혜자는 늘어나는 데 반해 출산율의 저하로 연금을 갹출하는 청장년층의 수는 줄어들기 때문이다.

기금의 부족이 예상될 경우 예상 당시에 보험료의 증가나 연금급부를 삭감할 경우 해결이 가능하나, 이를 통하지 않고 부족현상이 발생했을 때는 정부재정으로 보충하여야 한다. 이렇게 되면 연금부담의 차세대 전가(intergenerational transfer)가 발생하게 되는바, 이를 부족현상이 예견되었을 때 시점으로 보면 잠재적 연금부채(implicit pension debt)가 된다. 이러한 문제점이 예견되어 영국, 스웨덴, 칠레 등은 연금제도의 개혁을 단행하였고, 우리나라를 비롯하여 미국, 일본, 독일 등도 연금개혁을 추진하고 있다.

연금은 연금을 받는 기간에 따라 미리 정한 기간 동안만 연금을 수령할 수 있는 확정기간연금(temporary annuity)과 연금수령자가 사망할 때까지 받을 수 있는 종신연금(life annuity)이 있다. 종신연금은 환급금 지급 여부에 따라 순수종신연금(pure life annuity)과 확정기간 보증부 종신연금(refund or guaranteed annuity)으로 구분할 수도 있다.

순수종신연금은 연금수령자가 생존해 있는 동안은 정기적으로 연금이 지급되나, 연금수령자가 사망하면 연금지급이 종료되고 환급금 지급이 전혀 없다. 반면

---

1) 연금의 재원조달방식은 완전적립(full funding)방식과 부과방식(pay-as-you-go)이 있다. 완전적립 방식은 연금지급에 필요한 재원을 평준화하여 적립하는 방식이라는 점에서 평균적립방식(level cost method)이라고도 한다. 동 방식은 연금급부재원을 대부분 본인이 납입한 돈으로 축적하고 이를 운용하여 나온 수익으로 충당하는 것으로 제도초기에는 지출이 거의 없고 적립이 주로 이루어지다가 제도 성숙기에는 적립금과 운용수익이 연금급부의 재원으로 충당되어 재정의 균형을 이르게 된다. 부과방식은 연금지급에 필요한 재원을 세금을 부과하는 것과 같이 매년 필요할 때마다 조달하는 방식으로 적립금은 최소한의 운용자금만 유지된다. 동 방식은 세대간 연대(solidarity)원칙을 구현하여 은퇴한 연금수급자의 연금급부재원을 주로 현 연금가입자의 연금납입금과 그 투자수익으로 충당한다.

확정기간 보증부 종신연금은 연금수령자가 미리 정한 기간 이내에 사망할 경우 미리 정한 기간에 받게 될 연금총액과 이미 지급받은 금액과의 차액을 유족 등 수익자에게 분할 또는 일시불로 환급한다.

연금은 연금기금 출연방법에 따라 일시납과 정기납, 연금지급 개시시점에 따라 연금가입 후 즉시 지급이 시작되는 즉시연금(immediate annuity)[2]과 연금가입 후 일정기간이 지나고 난 후부터 연금이 지급되는 거치연금(deferred annuity) 등으로 구분해 볼 수 있다.

연금제도는 운영주체에 따라서 정부에서 노후의 최저생활 보장을 위해 운영하는 공적연금제도, 기업에서 근로자의 표준적인 생활보장을 위해 운영하는 기업연금제도 및 개인이 풍요로운 노후를 위해 본인 스스로 준비하는 개인연금제도로 나누어진다. 위 3가지 제도를 통칭하여 연금제도의 3층구조(three layers or pillars of pension system)라고 하며, 기업연금 및 개인연금제도를 합해서 사적연금제도라고 칭한다. 기업연금(corporate pensions)은 기업 또는 근로자가 근로자의 퇴직 후의 생활안정을 위해 현금 또는 주식 등의 현물을 적립하였다가 퇴직 후에 근로자에게 연금 등의 형태로 지급하는 제도로 퇴직연금 또는 직역연금(occupational pensions) 등으로도 불린다.

기업연금은 퇴직 후 지급받을 연금재원의 적립과 운영형태에 따라 확정급여형(DB: Defined Benefits)과 확정기여형(DC: Defined Contributions)으로 구분된다. 확정급여형은 근로자에게 최종급여 또는 퇴직 전 일정기간 급여의 일정비율을 퇴직 후에 정기적으로 지급하는 방식으로 부담금은 적립금의 예상투자수익률, 사망률, 퇴직률, 임금인상률 등과 같은 계산기초율을 적용하여 연금수리계산에 의해 산정된다. 퇴직 후 연금지급액은 기업이 사전에 약속한 것이므로 적립금의 운용책임은 기업에 있다.

따라서 연금지급을 위해 적립한 부분의 실제투자수익률이 예상(목표)투자수익률보다 낮을 때는 그 차액을 기업이 부담하여야 하고 반대로 실제투자수익률이 목

---

2) 현재 확정형, 상속형 및 종신형이 있다. 확정형은 연금수령기간을 정하고 동 기간 중 원금 및 이자를 정기적으로 받고 상속형은 납입금액에 대한 이자만 받고 계약자가 사망시 원금은 상속한다. 종신형은 원금에다 이자를 더한 금액을 사망시까지 받되 사망해도 원금을 되돌려 주지 않는다. 확정형과 상속형은 중도해약이 가능하지만 종신형은 중도해약이 불가능한바, 이는 중대한 질병에 걸려 사망에 임박하였을 때 중도해지하는 것을 막기 위해서다. 확정형의 경우 이자소득세, 상속형의 경우 연금소득세가 과세되며 종신형의 경우 비과세이다.

표수익률을 상회하여 이익이 발생한 경우에 동부분은 기업의 잉여금으로 귀속되거나 차회 이후의 부담금 납입면제(contribution holidays) 재원으로 활용된다.

확정기여형은 근로자 및 기업이 급여의 일정비율로 출연한 금액을 적립·운용하여 이를 퇴직시에 근로자에게 지급하는 제도로 미국의 401(k)형[3]이 그 전형이다. 근로자 및 기업의 부담금은 근로자 개인계좌별로 근로자의 운용지시에 따라 적립·관리된다. 동 제도는 근로자가 투자방법을 선택하므로 동일한 부담금을 내더라도 근로자별로 수익률 차이에 따라 퇴직 후 지급하는 연금액도 차이가 난다. 특히 근로자는 목표수익률이 실제수익률보다 하회할 경우 당초 목표한 연금액을 지급받지 못할 수도 있으며 이에 대비하여 금융회사의 원리금보장형 상품(guaranteed investment contracts)을 구입함으로써 목표수익률과 동일한 연금액을 지급받을 수도 있다.

양 제도의 장단점을 비교하여 보면 확정급여형은 일반적으로 사전에 확정된 급부를 연금으로 지급하므로 퇴직 후 생활의 안정을 기하고 근로자의 장기근속을 유도할 수 있다는 점에서 확정기여형보다 유리하다. 확정급여형의 경우 근로자가 연금수혜자격(vesting rights)을 얻기 위해서는 한 직장에서 장기간 근무해야 하며 연금액이 근무기간 및 급여증가에 따라 다년간에 걸쳐 증가하기 때문에 장기근속자나 종신고용제에 적합한 제도이다.[4]

---

3) 401(k)제도는 미국 「내국세법」 401조(k)항의 세제적격요건을 충족시키는 확정기여형 기업연금으로, 현재 연금제도에 참여하는 종업원수 기준으로 가장 대중화된 제도이다. 동 제도에서는 연금보험료의 전부 또는 일부가 종업원의 선택적 출연에 의해 형성되며, 통상 기업주는 종업원 출연금의 50%를 대응출연(matching contribution)하고 있다. 출연한도는 회사 및 종업원 출연을 합산하여 참여 종업원 급여의 15%이고, 기업주는 주식형·채권형·혼합형 뮤추얼펀드 등 3개 이상의 투자대안 중에서 종업원별로 본인의 책임하에 투자대안을 선택할 수 있도록 한다. 동 제도는 다음과 같은 특징을 가지고 있다.
· 종업원의 참여는 자발적
· 연금제도에 출연하는 규모는 정해진 한도 내에서 종업원이 결정
· 종업원의 선택적 출연과 수익은 연금수령 시까지 비과세
· 각 종업원의 개인계정으로 유지
· 종업원은 몇 개의 서로 다른 투자수단 중에서 투자대상 선택 가능
· 고용주는 종업원 출연의 전부 또는 일부를 대신 출연 가능
· 한도 내의 고용주 출연은 고용주에게 소득공제 대상
· 종업원에 대해 자기계정으로부터의 대출 허용.
4) 최근 미국, 일본 등에서는 확정기여형과 확정급여형을 혼합한 제도가 등장하고 있다. 연금의 운용실적에 따라 양 방식으로 계산한 금액 중 큰 금액을 연금으로 지급하는 방식(floor-offset plan) 등이 그 일례이다.

그러나 확정급여형은 적립금의 실제운용수익률이 목표수익률보다 낮거나 임금상승률이 예상보다 높아질 경우 미적립연금부채가 발생하여 연금재정의 불안과 지급불능위험이 발생할 가능성이 있다. 이에 따라 각국은 퇴직급부국제회계기준[5]을 적용하는 등 공적연금 및 기업연금의 연금채무에 대한 적립규제를 강화하고 있다.

이 밖에 확정급여형이 줄고 확정기여형이 늘어나는 주요 이유로 연금관리의 복잡성과 연금의 통산성(portability)을 들 수 있다. 연금관리의 복잡성이란 확정급여형의 경우 퇴직률, 임금상승률 등의 정기적 재추정, 부담률을 다시 계산하는 재정재계산 작업 등 관리감독의 복잡성과 이에 따른 운영비용의 증대를 말한다. 연금의 통산성이란 근로자가 직장을 옮기더라도 새 직장에서 적립금을 계속 납입하고 이를 기존 납입금과 통합하여 산정하는 것을 말하며, 확정급여형의 경우 연금의 통산이 불가능하나 확정기여형의 경우에는 가능하다.[6]

이 밖에 확정기여형의 장점으로 근로자와의 단체협약에 따라 이익분배제도(profit sharing), 근로자주식소유제도(ESOP) 등 다양한 형태로 활용될 수 있다는 점 등이 있다.

기업연금의 중도인출의 허용 여부는 연금의 형태가 확정급여형인가, 확정기여형인가에 따라 다르다. 확정급여형의 경우 개인별로 적립금액 등을 수리적으로 관리하기는 하지만 별도의 계좌를 두지 않고 있으며 지급에 대한 최종 책임이 사용자인 기업에게 있으므로 원칙적으로 중도인출이 허용되지 않으나, 확정기여형의 경우 개인별로 계좌가 별도로 관리되고 있으므로 제한적으로 중도인출을 허용하고 있다.[7]

한편 대부분의 국가에서는 정년퇴직 후에 받게 되는 퇴직급여 형태를 연금으로 받는 것을 장려하고 있는바, 이는 일시금을 허용할 경우 수혜자가 지급금액을 퇴직 후 노후생활소득으로 사용하지 않고 당장의 생활자금 등으로 소진해서 극빈 상태로 전락할 수 있으며, 이 경우 정부의 일반재정에서 생활비 지원을 하는 악순

---

5) 동 기준에서는 연금채무를 시가로 평가하도록 의무화하고 있는데, 금리가 하락할수록 미래에 지급하기 위해 적립해야 할 연금채무는 증가하게 된다.

6) 연금의 통산은 근로자가 직장을 옮길 때마다 연금계좌를 가지고 다닌다는 의미에서 배낭연금 (backpack pension)이라고도 부른다.

7) 무주택자의 주택구입, 본인 또는 가족의 6개월 이상 요양, 천재지변 등 노동부령이 정하는 사유와 요건 충족시에 제한적으로 중도인출을 허용하고 있다.

환이 발생할 수 있기 때문이다.[8]

기업연금의 관리형태는 계약형, 기금형 및 회사형이 있다. 계약형은 관리 및 기금운영을 금융회사에 일괄 위탁하는 형태로서 우리나라와 일본에서 채택하고 있다. 기금형은 회사와 독립된 기금(기업연금기금)을 설치하여 정책결정은 노사위원회 등에서 하되, 기금운용은 독립적인 자산운용전문가로 구성된 기금의 경영진에 의해 운영되는 방식으로 대부분의 OECD국가에서 채택하고 있다. 회사형은 산업별로 공단을 설치하여 운용하는 형태로 네덜란드, 프랑스, 덴마크 등 주로 기업연금이 국민연금의 대체역할을 하고 사회적 연대(social solidarity)가 공고한 국가에서 채택하고 있다.

기업연금제도의 설계 및 운용에 노사간의 참여정도는 사회적 합의의 수준, 가입의 강제화 여부, 제도의 형태 등에 따라 다르다. 사회적 합의가 중요하며 단체협약에 따라 가입이 강제되는 덴마크, 네덜란드, 핀란드 등에서는 산업별로 노사대표가 제도설계 및 기금운용 등에 참여한다. 반면, 미국, 영국 등은 자발적인 제도이므로 노조가 있는 회사만 단체교섭력에 따라 기업연금기금 운용에 참여한다. 확정급여형의 경우는 공동의 기금을 운용하는 제도이므로 노조가 제도의 운용에 참여하는 것이 보편적인 반면 확정기여형의 경우는 공동의 기금이 없고 근로자 본인이 투자수단을 선택하므로 노조의 참여 여지가 적다.

한편 연금의 지급보장제도는 확정기여형의 경우에는 100% 사외 위탁되며 근로자가 투자수단을 선택하므로 원칙적으로 지급보장제도는 필요가 없으나, 확정급여형의 경우에는 공동의 기금을 운용하므로 위탁형태에 따라 다르다. 즉, 기금을 금융회사 등에 전액 사외 위탁하는 경우에는 금융회사의 원리금보장상품에 가입하였을 경우 일정 한도 내에서 예금자보호제도로 보장이 되어 지급보증제도가 필요 없으나 회사에서 기금형태로 자가관리할 경우에는 기금운용의 부실화나 보험료 추정의 오류 등으로 인해 지급불능이 발생할 수 있으므로 지급보증제도가 필요하다.[9]

기업연금의 과세제도는 각국의 사회보장 및 세제정책에 따라 다르게 운영되고 있으며, 많은 국가에서 EET형을 활용하고 있다. 이는 근로자 본인이 적립하는 연금보험료에 대해서는 소득공제(exempt), 연금자산의 운용수익에 대해서는 비과세(exempt), 그리고 연금수령액에 대해서는 과세(taxed)를 하는 사실상의 과세이연제도(tax deferral system)를 말한다.

제 2 절 공적연금

우리나라의 공적연금제도는 1960년에 공무원연금제도가 실시된 이래 1963년에 군인연금, 1975년에 사립학교교직원연금이 도입되었다. 일반 국민을 대상으로 한 연금제도는 1973년 「국민복지연금법」이 제정되어 기초가 마련되었으나 여건의 미성숙으로 제한적으로 실시되어 오다가 1996년 동 법을 전면 수정한 「국민연금법」의 제정으로 1998년부터 전 국민을 대상으로 하는 국민연금제도가 실시되고 있다.

Ⅰ. 국민연금

국민연금은 국민이 노령, 폐질 또는 사망 등으로 인하여 소득능력이 상실되거나 감퇴했을 때 본인이나 그 유족에게 정기적으로 일정액의 연금을 지급하여 국민의 생활 안정과 복지 증진에 기여하기 위한 사회보장제도의 일종이다. 국민연금은 개인의 노후생활을 위해 정부가 소득의 일정부분을 준조세 형태로 강제로 징수한 뒤 일정 연령과 조건을 충족하는 경우 소정의 금액을 지급하는 확정급여형 연금이다. 연금의 급부재원은 납입금과 그 운용수익으로 충당하되 부족분은 국가재정으로 충당되는 부과방식을 채택하고 있다.

현행 국민연금 제도의 가입대상은 18세 이상 60세 미만의 전국민 중 공무원, 군인, 사립학교 교직원 등 특수직역연금의 대상이 되는 자를 제외한 전국민이다. 도입 초기에는 직장가입자 만을 가입대상으로 하다가 1995년 7월부터 지역가입자인 농어민 및 군지역 거주자로 확대하고, 1999년 4월부터 도시자영업자로까지 확대되어 전국민 연금이 실현되었다.

국민연금의 급여의 종류는 노령연금, 특례노령연금, 장애연금, 유족연금, 반환일시금, 사망일시금 등이다. 노령연금은 원칙적으로 가입자가 60세에 도달했을 때부터 종신연금의 형태로 지급된다. 노령연금의 금액은 소득과 가입기간에 따라 결정되는 기본연금액과 가족수당성격의 부가급여인 부양가족연금액을 합한 금액이 지급된다. 기본연금액은 전체 가입자의 연금수급전 3년간의 평균소득월액(균등부분)과 가입자 개인의 가입기간 중 기준소득월액의 평균액(소득비례부분) 및 가입기간에 의해 계산된다.

균등부분은 본인의 납입금액과 관계없이 국민연금가입자 전체 평균소득을 기준으로 연금액이 결정되므로 고소득자에 대해서는 연금수령액을 감소시키고 저소득자에 대해서는 연금수령액을 증가시켜 소득재분배효과를 목적으로 설계된 것으로 사적연금의 수지상등원칙이 적용되지 않는다.

부양가족연금액은 국민연금수급권자에 의해 생계를 유지하고 있는 배우자, 18세 미만 또는 장애인 자녀 및 60세 이상 또는 장애인 부모 등이 받는 추가적인 급여를 말한다.

국민연금의 월 보험료는 직장가입자의 경우 월평균급여의 9%(근로자 4.5%, 사용자 4.5%)이고, 지역가입자(농어촌과 도시자영업자)의 경우 표준보수월액(자발적 신고소득이나 국민연금공단 권고소득)의 9%이다. 한편 전업주부 등 무소득배우자가 언제든지 가입 및 탈퇴를 할 수 있는 임의가입제도를 도입하고, 보험료율은 국민연금가입자 중 중위수 표준소득월액을 기준으로 지역가입자와 같다.

특례노령연금은 만 50세 이상 60세 미만(1999년 4월 1일 기준)인 사람이 60개월 이상 가입하면 연금이 지급되는 노령연금으로 연금지급액은 기본연금액의 25%에 부양가족연금액을 합한 금액이다.

특례노령연금수급자는 대부분 가입기간이 짧아 연금액이 많지 않음을 고려하여 소득이 있는 업무 종사유무에 관계없이 전액 지급된다.

장애연금은 가입자가 질병 또는 부상으로 장애를 입어 노동능력이 상실 또는 감소된 경우, 생계안정을 위해 지급되는 급여로 장애정도에 따라 차등 지급된다. 장애연금을 받다가 60세가 되어 노령연금을 받게 되면 조정을 통해 하나만 받도록 되어 있는바, 이를 병급조정이라 한다.

유족연금은 노령연금수급권자, 장애연금수급권자 및 국민연금에 10년 이상 가입하였던 자가 사망한 경우 그 유족에게 지급하는 연금으로 유족연금을 지급받을 수 있는 자는 사망 당시 그에 의해 생계를 유지하고 있던 자 중 배우자, 자녀, 부모, 손자녀, 조부모의 순서이다.

반환일시금은 가입기간 10년 미만의 자가 60세가 되거나 가입자의 국적상실, 해외이주, 다른 공적연금 가입 등의 경우 지급된다.

한편 2006년 12월 「기초노령연금법」의 제정(2007년 7월 개정)으로 2008년부터 65세 이상 노인 중 하위소득 60%(2009년부터는 70%로 상향 조정)에 해당하는 자들에게 국민연금 전체가입자 평균소득 월액의 5%(2028년까지 10%로 상향 조정)를 지급하는 기초노령연금제도가 도입되었다. 기초노령연금은 국민연금과는 달리 정부나 지방자치단체가 재정을 부담한다.

최근 국민연금은 수지상등의 원칙이 훼손되어 현 제도를 그대로 유지할 경우 연금부채[10]가 빠르게 늘어나 연금재정의 악화가 심각하게 우려된다는 연구결과가 발표되고 있다. 이에 따라 2007년 7월 「국민연금법」의 개정으로 국민연금의 장기 재정안정을 도모하고, 후세대의 부담을 완화하기 위하여 가입기간이 40년인 평균소득자를 기준으로 소득대체율(wage replacement ratio)[11]을 2007년 60%에서 2008년 50%로 인하하고, 2009년부터 매년 0.5%씩 단계적으로 낮춰 2028년부터 40%를 적용하되 기존가입기간에 대해서는 종전의 규정을 적용하여 기득권을 보호하였다.

또한 국민연금기금의 운용수익률을 높이기 위하여 그동안 투자대상상품군에서 제외되었던 파생상품, 부동산, 사회기반시설사업에 대한 투자를 허용하였다.[12]

---

10) 연금부채란 연금급여를 충당하기 위해 필요한 책임준비금과 실제적립기금의 차이를 말한다.

11) 퇴직 직전 임금대비 퇴직 후 연금소득의 비율로 퇴직 전 생활을 유지한다고 할 때 연금급여가 노후생계 유지에 어느 정도 기여하는가를 추정하는 지표이다. 소득대체율은 연금납부기간, 연금의 성격, 연금수혜자의 소득수준 등에 따라 다르나 일반적으로 납부기간이 길수록 그리고 소득재분배기능이 있는 공적연금일수록 소득수준이 낮은 수혜자의 소득대체율이 높다. OECD 자료 (Pensions at a Glance 2009)에 의하면 우리나라의 공적연금의 소득대체율은 42% 수준이다. 미국은 38.7%(78.8%), 영국은 30.8%(70.0%), 캐나다는 44.5%(72.6%)이다. 괄호 안은 사적연금을 포함한 수치로 우리나라의 경우 동 비율은 매우 낮을 것으로 추정된다.

12) 이 밖에 동 법의 주요 개정내용을 요약하면 다음과 같다.
① 고령화사회에 대비한 출산장려를 위해 2인 이상의 자녀가 있는 가입자 또는 가입자이었던 자에게는 둘째 자녀에 대하여 12개월을, 셋째 자녀부터는 1인마다 18개월을 가입기간에 추가로 인정하고, 이로 인한 추가되는 재원은 국가가 일부 또는 전부를 지원하게 하였다.
② 병역의무를 이행한 자에게 군복무기간 중 6개월을 국민연금 가입기간으로 인정하여 노령연금을 지급함으로써 군복무의 사회적 중요성을 제고하고, 군복무로 인한 개인의 기회비용을 보상하고자 하였다.

II. 특수직역연금

1. 공무원연금

공무원연금은 공무원의 퇴직 또는 사망, 공무로 인한 부상, 질병, 폐질에 대하여 적절한 급여를 지급하여 공무원 및 그 유족의 생활안정과 복지향상을 위한 제도이다. 가입대상은 「국가공무원법」 및 「지방공무원법」에 의한 공무원과 대통령령이 정하는 국가 또는 지방자치단체의 직원이다.

급여의 종류는 재직중 지급되는 단기급여와 퇴직 후 지급되는 장기급여로 구분된다. 단기급여에는 공무원 요양비, 공무상 요양일시금, 재해보조금, 사망조위금 등이 있으며 장기급여에는 퇴직급여, 장애급여, 유족급여가 있다. 공무원연금의 기금은 공무원 본인이 부담하는 보수월액의 85/1,000(기여금)와 국가 또는 지방자치단체가 부담하는 보수월액예산의 85/1,000(부담금)로 구성된다.

현재 공무원연금의 퇴직급여액은 33년 근무 후 퇴직할 경우 전 재직기간 평균 기준소득의 76%(30년 근무 후 퇴직의 경우 70%) 수준인바, 2000년 이후 공무원 연금의 지속적인 적자 누증과 국민연금 급부금과의 형평성 등을 고려하여 2009년 12월에 「공무원연금법」이 개정되어 2010년 1월 1일부터 시행되고 있다. 동 제도는 법개정 이후의 근속부문과 신규공무원에 대해서만 적용되고 있다. 동 법은 재정의 건전성을 제고하고 퇴직연금의 소득재분배를 통해 공직세대 내 형평성을 제고하기 위해 2000년 9월 1차 개정에 이어 2015년 5월 다시 개정되었다. 그러나 아직도 연금의 지속적인 적자 누증과 국민연금과의 형평성과의 결여 등 문제점이 상존하고 있다.

2015년 5월 주요 개정 내용을 보면 공무원 본인이 부담하는 기여금을 현행

---

③ 이혼한 배우자에게 지급되는 분할연금을 그 배우자가 재혼하는 경우에도 계속 지급받을 수 있도록 하고, 자신의 노령연금과 함께 지급받을 수 있도록 하여 여성의 연금수급권을 강화하였다.

④ 종전에는 2개 이상의 급여가 발생하는 경우 사회보험의 원리에 따라 한 가지만 선택하여 지급받아야 했으나, 개정법에 따르면 하나의 급여에 나머지 급여의 일부를 함께 지급받을 수 있도록 하였다.

⑤ 소득이 있는 업무에 종사하는 경우 연령에 따라 일정액을 감액하여 지급받는 재직자노령연금 수급권자가 원할 경우에는 연금을 받는 시기를 늦추는 대신 더 많은 연금을 지급하는 연기연금제도를 도입하였다.

⑥ 고용보험에서 구직급여를 받는 경우 노령연금을 지급받을 수 없었으나, 실직으로 인해 생활이 곤란한 국민에 대한 생활안정을 도모하고 구직활동에 따른 실비변상적 성격이 있는 구직급여의 지급취지를 고려하여 연금과 구직급여를 모두 지급받을 수 있도록 하였다.

기준소득월액의 7%에서 2020년 9%로 단계적으로 인상하고, 국가 및 지방자치단체의 연금부담금도 현행 보수예산의 7%에서 9%로 단계적으로 인상한다. 퇴직연금액은 현행 재직기간 1년당 평균기준소득월액의 1.9%에서 2035년 1.7%로 단계적으로 인하하고 기여금 납부기간을 현행 33년에서 36년으로 단계적으로 연장한다. 퇴직연금 및 유족연금 등을 받을 수 있는 최소 재직기간을 현행 20년 이상에서 10년 이상으로 완화한다.

2. 군인연금

군인연금은 군 장교와 장기복무 하사관을 대상으로 하는 연금으로 1960년 공무원연금의 일부로 시작되었으나 1963년에 분리되었다. 군인연금의 재원조달이나 급여내용은 공무원연금과 동일하다.

그러나 공무원들의 정년제와는 달리 군인연금의 가입자들의 경우 근속 및 계급정년제도가 있어 조기퇴직자가 많고 전투기간을 3배로 가산하는 제도 등으로 인하여 노령연금 수혜자가 조기에 발생하는 등의 이유로 연금출연액에 비해 지급액이 많아 이로 인한 적자의 상당부분을 정부예산으로 충당하고 있다.

3. 사립학교 교직원연금

사립학교 교직원연금은 사립학교 교직원의 퇴직, 직무상 질병, 부상, 폐질에 대하여 적절한 급여를 지급함으로써 교직원 및 가족(유족 포함)의 경제적 생활안정과 복리향상에 기여함을 목적으로 한다. 가입대상은 「사립학교법」, 「교육법」 등 관계법률과 교육과학기술부장관이 지정하는 사립학교와 이를 설치·경영하는 학교경영기관의 교직원이다.

기금의 부담률은 교원의 경우 개인부담금은 전 재직기간 평균기준소득의 63/1,000, 법인부담금은 전 재직기간 평균기준소득의 37/1,000, 국가부담금은 전 재직기간 평균기준소득의 26/1,000으로 구성되며 사무직원의 경우 개인부담금은 전 재직기간 평균기준소득의 63/1,000과 법인부담금은 전 재직기간 평균기준소득의 63/1,000으로 구성된다.

급여의 종류로는 단기급여와 장기급여가 있다. 단기급여에는 공무상요양비, 공무상요양일시금, 재해부조금 및 사망조위금이 있으며 장기급여에는 퇴직급여, 장애급여, 유족급여 및 퇴직수당이 있다. 사립학교 교직원연금의 급부 내용은 공무원연금과 대동소이한바, 2010년 1월 1일부터 부담금, 연금지급액 등의 산정기준인 종전 보수월액을 실제 과세되는 총 소득개념의 기준소득월액으로 개정한 「사립학교 교직원 연금법」이 적용되고 있다.

공적연금에 대한 과세체계는 2001년부터 대부분의 선진국들이 채택하고 있는 EET체제를 유지하고 있다. 한편 연금수령액에 대해서는 과세하되 수령형태에 따라 상이한 과세체계가 적용된다. 즉 장애, 상이, 요양성격으로 받는 연금 또는 일시금은 비과세되고 반환일시금과 사망일시금 등 일시금 형태로 받는 금액은 퇴직소득으로 분류되어 퇴직소득세가 과세된다. 그리고 노령연금 또는 유족연금 등 연금형태로 받는 금액은 퇴직연금 및 개인연금 수령액과 합하여 연금소득으로 분류되어 타 연금소득과 함께 종합과세된다.

제 3 절 사적연금

I. 퇴직연금

우리나라는 그간 기업연금제도가 확립되어 있지 못하고 대신 기업이 근로자의 노후생활 보장을 위해 퇴직시 일시에 지급하는 퇴직금제도가 주로 이 기능을 대신하였다.

퇴직금제도는 사회보장제도가 전무하였던 1961년에 근로자들에게 후불임금(deferred wage payment), 실업급여(severance pay), 노후소득 등의 기능을 하도록 도입된 제도로 그간 국민연금과 고용보험제도의 도입, 임시·계약직 등 고용형태의 다양화, 연봉제·퇴직금중간정산제 등 임금체계의 유연화 등에 따라 당초의 취지가 크게 퇴색되었다. 오히려 동 제도는 대부분의 경우 퇴직금을 사내에 장부상으로만 적립함에 따라 기업이 도산하면 근로자는 일자리도 잃고 퇴직금도 떼이는 이중의 고통을 당하는 사례가 비일비재하였다.

특히 동 제도는 사용자에게는 부담이 되는 반면 대다수의 근로자는 노후소득으로서의 동 제도의 혜택을 받지 못하고 공기업과 일부 대기업의 정규직 장기근속자에게만 유리한 제도로 변질되어 사회적 정당성이 상실되기에 이르렀다.

| 표 15-1 | 퇴직금과 퇴직연금 비교 |

구 분		퇴 직 금	확정급여형	확정기여형
비용부담주체		사용자	사용자	사용자(근로자 추가부담 가능)
퇴직급여 종류		일시금	연금 또는 일시금	연금 또는 일시금
퇴직급여 수준		확 정	확 정	운영실적에 따라 달라질 수 있음
위험부담		회사부담	물가, 이자율변동 등 회사부담	물가, 이자율변동 등 근로자부담
사용자 관리부담		사무관리 경직적	사무관리 복잡	사무관리 용이
직장이동시 통산		불가능	어려움(개인퇴직계좌를 통한 통산 가능)	용 이
세제혜택	근로자 사용자	일시금 퇴직소득과세	연금수급시까지 과세이연(일시금과세)	연금수급시까지 과세이연(일시금과세)
	사용자	사내적립 30% 손비인정,* 사외적립전액 손비인정		
목돈 필요시		중간정산	퇴직급여의 50% 한도내 담보대출 가능	퇴직급여의 50% 한도 내 담보대출, 중도인출 가능
선호계층		-	장기근속자	단기근속자, 신입사원이직이 잦은 근로자

* 2010년 8월 발표한 세제개편(안)에 의하면 사내유보금인 퇴직급여충당금에 대해 일시퇴직기준 퇴직
급여추계액의 30%까지 손비로 인정해 주던 것을 매년 5%씩 단계적으로 줄여 2016년까지 완전히 폐
지할 예정이다.
자료: 금융감독원

이러한 이유로 오래전부터 기업연금제도를 도입해야 한다는 사회적 공감대가
형성되었음에도 불구하고 동 제도에 대한 사회 일각, 특히 노동계의 우려로 논의
만 하여 오다가 2005년 12월 「근로자퇴직급여보장법」에 의해 퇴직연금제도라는
이름으로 도입되었다. 2011년 6월 동 법의 개정으로 2012년 7월부터는 근로자를
사용하는 모든 사업 또는 사업장은 확정기여형, 확정급여형 또는 양자를 혼합한
것 중 하나 이상의 퇴직연금제를 설정·운영하여야 한다(동 법 제4조). 근로자가 원
할 경우 확정급여형과 확정기여형을 혼합하여 퇴직급여제도를 설정할 수도 있고
중소기업의 퇴직연금 가입을 유도하기 위해 확정기여형에 한해 다수의 기업이 하

나의 퇴직연금제도를 설정할 수도 있다.

다만 노무관리능력이 취약한 10인 미만의 사업장은 모든 근로자를 개인형 퇴직연금(IRP: individual retirement pension)에 가입시키는 것으로 대체할 수 있다. 종래의 개인퇴직계정(IRA: individual retirement account)은 퇴직금을 받는 근로자가 가입 여부를 선택할 수 있었으나 2013년부터는 퇴직연금가입자의 퇴직급여는 자동적으로 IRP로 이전된다. 한편, 퇴직연금제도에 가입한 근로자가 55세 이전에 퇴직하는 경우 퇴직급여를 IRP로 의무적으로 이전하여야 한다. 퇴직급여를 연금수급 개시연령(55세)까지 노후재원으로 보존할 수 있게 하기 위해서다. 퇴직연금가입자, 자영업자 등도 IRP에 가입할 수 있고 자기 부담금을 추가로 납부하여 노후 재원을 마련할 수도 있다. 다만 자영업자의 경우 2017년 7월부터 가입할 수 있다.

IRP는 근로자가 사업장을 바꿀 경우 또는 퇴직금이나 퇴직연금 일시금을 수령한 경우 과세이연 혜택을 받으면서 은퇴시까지 계속 적립하도록 하기 위해 만든 통산장치(portability)의 하나이다. 근로자가 확정기여형에서 확정급여형 사업장으로 옮길 경우 확정기여형 사업장에서 받은 퇴직자산을 IRP에 적립 운용한다면 퇴직후 확정기여형과 확정급여형 모두로부터 연금을 받을 수 있다.

퇴직연금을 받을 수 있는 자격은 55세 이상으로 가입기간 10년 이상인 퇴직자로 정하였는데 이는 국민연금의 수급연령이 현행 60세에서 2033년부터 65세로 연장되고, 기업의 평균 정년규정이 55세 정도인 점, 그리고 노동시장의 실제 퇴직연령 등을 감안하여 퇴직 후 국민연금 수급 전까지 퇴직연금이 교량역할을 할 수 있도록 하려는 것이다.

근로자가 받을 연금급여는 일시금 기준으로 현행 퇴직금 이상이 되도록 하였다. 연금수급기간은 최소한 5년 이상이 되도록 하되, 구체적인 내용은 노사가 퇴직연금규약[13]에 정하도록 하여 일정기간(5년, 10년, 20년 등) 또는 종신연금으로 받을 수 있도록 하였다.

퇴직연금 수급자가 사망한 경우 나머지 급여의 처리문제는 「민법」의 일반원칙에 따르되 노사가 퇴직연금규약에서 별도로 정할 수도 있는바, 상속인이 일시금

---

13) 확정급여형 퇴직연금규약의 기재사항으로는 급여의 종류 및 수급자격 등에 관한 사항, 퇴직연금의 급여액에 관한 사항, 퇴직연금의 재정건전성 확보에 관한 사항 등이고, 확정기여형 퇴직연금규약의 기재사항으로는 부담금의 부담 및 납부에 관한 사항, 적립금의 운용에 관한 사항, 적립금 운용방법 및 정보의 제공 등에 관한 사항, 운용현황통지에 관한 사항, 중도인출에 관한 사항, 급여의 종류 및 수급자격 등에 관한 사항 등이다.

또는 연금 등 다양한 방법으로 수령할 수 있다.

적립금 운용의 안정성과 건전성을 확보하기 위한 장치로는 확정급여형의 경우 퇴직부채의 60% 이상을 적립하는 최소책임준비금제도 및 건전성 감독규정 등을 마련하고, 확정기여형의 경우 운용상품 중 원리금보장상품을 한 개 이상 포함하고 특히 퇴직연금사업자는 매 사업연도 종료 후 6개월 이내에 산정된 적립금이 최소적립금을 상회하는지 여부를 검증하여 사용자 및 근로자 대표에게 알리고 부족시에는 사업자가 적립금 부족액을 해소하도록 하였다. 이 밖에 위험자산의 투자한도를 설정하는 등의 제한을 대통령령에서 규정하고 있다. 이외에도 적립금을 운용하는 금융기관의 선량한 관리자로서의 주의의무와 충실의무, 분산투자의무 등을 마련하고 있다.

퇴직연금제도가 근로자수급권의 보장에 중점을 두고 있는 만큼 퇴직금의 수급권을 보장하기 위하여 퇴직연금제도의 급여를 받을 권리는 양도하거나 담보로 제공할 수 없다(「근로자퇴직급여보장법」 제7조 ①). 따라서 퇴직연금제도의 급여를 받을 권리는 법률에 의해 양도가 금지된 채권으로서 피압류적격이 없다. 한편, 금융위원회는 퇴직연금자산이 과다한 위험에 노출되지 않고 보수적으로 자산운용이 되도록 위험자산의 범위와 투자한도를 설정하고 금융기관의 부실화 등으로 인한 근로자의 손실을 예방하기 위해 퇴직연금사업자의 등록이나 원리금보장상품 취급과 관련하여 일정한 인적·물적 건전성요건을 요구하고 있다.

퇴직연금사업자가 계약체결과 관련된 약관 등을 제정·변경하고자 할 때에는 미리 금융위원회에 보고하여야 하고, 보고한 약관 등이 이 법에 위반될 경우에는 금융감독원장이 약관 등의 변경 또는 보완을 명령할 수 있다.

연금제도의 정착과 현실적인 일시금 수요를 조화하는 방향에서 근로자에게 바로 현금으로 지급하는 현행 퇴직금중간정산제도는 원칙적으로 폐지하여 근로자가 원하지 않는 한 퇴직금의 중간정산을 금지하고 퇴직부채를 줄이기 위해 회사측이 일방적으로 퇴직금을 중간정산하지 못하게 하고 있다. 근로자가 중간정산을 원하는 경우에도 그 사유를 엄격하게 제한하되 대신 퇴직연금의 중도인출 또는 이를 담보로 한 담보대출 기준은 무주택자의 주택 구입, 본인 또는 부양가족의 장기요양, 천재지변 등에 더해 회사가 회생절차 개시의 결정이나 파산선고를 받은 경우, 자녀교육비 등으로 정해 종래보다 완화하였다.

한편 노사의 자율선택권을 최대한 존중하여 노사가 합의시에만 퇴직급여제도의 종류를 선택하거나 기 선택한 퇴직급여제도를 다른 종류의 퇴직급여제도로 변경할 수 있게 하였고, 이 경우 근로자의 과반수를 대표하는 자(근로자 과반수를 대표하는 노조가 있는 경우 그 노조)의 의견을 듣도록 되어 있다.

적립금의 운용은 전문성이 요구되기 때문에 사용자는 노사가 퇴직연금규약에서 정한 운용관리기관 또는 자산관리기관과 운용·관리업무[14]의 수행을 내용으로 하는 위탁계약을 체결하여야 한다. 운용관리기관은 은행, 보험회사, 금융투자회사 등 금융회사 중 고용노동부에 퇴직연금사업자로 등록된 자이어야 한다. 적립금의 관리는 근로자 명의로 적립·관리되는 신탁계약과 보험계약으로 한정하고 있다.[15] 이는 근로자가 신탁계약의 수익자 또는 보험계약의 피보험자가 되게 함으로써 수급권을 보다 안전하게 보호하기 위해서다.

신탁계약의 경우 근로자의 퇴직연금적립금은 수탁자의 고유재산 또는 다른 신탁재산과 구분되어 관리됨에 따라 자산관리기관이 파산하더라도 동 적립금은 파산재단을 구성하지 않아 신탁재산의 성과에 따라 분배하므로 근로자의 연금수급권에 영향을 주지 않는다. 보험계약의 경우 퇴직연금적립금은 보험회사의 재산에 포함되어 보험회사의 파산시 파산재단에 포함되므로 법적으로는 수급권에 영향을 주게 되나 퇴직연금적립금은 일반 보험계약자산과 분리된 특별계정(separate account)으

---

14) 「근로자퇴직급여보장법」은 퇴직연금사업자의 업무를 운용관리업무와 자산관리업무로 구분하고 운영관리기관은 연금설계·계리, 투자컨설팅, 가입·탈퇴 등 운용업무 처리, 가입자 교육, 기록 관리(record keeping) 등에 전문성을 가지고 이에 필요한 전산설비 등 상당한 인프라를 갖춘 자를 말하고 자산관리기관은 계좌설정·관리, 적립금 보관·관리, 운용지시 이행 등을 수행하는 주로 금융상품 제공을 통한 위험관리를 핵심 역량으로 하는 기관을 말한다. 그러나 현재 대부분의 연금사업자가 운용관리기관과 자산관리기관으로 동시에 등록하고 있는 바, 감독과 견제미흡 등 양자의 겸영에 따른 부작용을 방지하기 위해 조만간 분리할 예정이다.

15) 주요국의 기업연금 운영실태를 보면 미국과 영국은 보험형(insured plan)의 경우 생명보험회사만 그리고 신탁형(trust plan)의 경우 생명보험회사, 은행, 연금회사, 투자신탁회사 등이 취급하고 있다. 신탁형의 경우 생명보험회사는 연금설계, 자산운용 및 연금지급을 일괄적으로 취급할 수 있으나 기타 기관은 연금자산의 운용만 직접 취급이 가능하고 연금의 설계는 연금수리회사에 의뢰하고 연금의 지급은 연금수리회사의 설계에 해당하는 생명보험회사의 연금상품을 구입하거나 연금수리회사 또는 생명보험회사의 급부액 산정에 따른 지시에 따라 지급할 수 있다.
  독일은 기업주가 설립한 조합형태의 기업연금 전문운영기구인 공제금고(Unterstutzungskasse), 기업이 단독 또는 그룹으로 별도 설립한 상호보험회사 형태의 기업연금전문운영기구인 연금금고(Pensionkasse), 기업이 종업원을 피보험자로 하여 생명보험회사와 단체보험계약을 체결하는 직접보험(Directversicherung) 등이 있다. 프랑스의 기업연금은 생명보험회사를 통해서만 운용되고 있고, 일본의 경우 생명보험회사 외에 전업신탁은행이 연금의 설계, 자산운용 및 연금급부의 지급을 일괄적으로 취급하고 있다.

로 구분·운용되기 때문에 실질적인 영향은 크지 않다.[16)]

사용자가 본인 또는 가입자 이외의 제3자의 이익을 도모할 목적으로 업무의 수행계약을 체결하거나 퇴직연금사업자와 체결한 계약에 의해 발생한 권리를 양도하거나 담보로 제공하는 행위는 금지된다. 다만 주택구입 등 대통령령이 정하는 사유와 요건을 갖춘 경우에는 노동부령이 정하는 한도 내에서 담보로 제공할 수 있다. 사용자의 귀책사유로 퇴직연금제가 폐지되거나 중단되는 경우에는 그 이후 시점부터 현행 법정퇴직금에 해당하는 금액을 퇴직금으로 지급하여야 한다.

퇴직연금제도의 도입에 맞추어 현행 「근로기준법」에 의한 퇴직금의 사외적립제도라 할 수 있는 퇴직보험과 퇴직신탁제도는 5년의 경과규정을 거쳐 2010년 12월 폐지되었다.

최근 퇴직연금의 수익률이 너무 낮아 근로자의 퇴직 후 생활 안정을 보장하기 어려워짐에 따라 디폴트옵션(default option)제도의 법제화가 추진되고 있다. 동 제도는 DC형 퇴직연금가입자가 별다른 운용지시가 없을 경우 사전에 약정된 적격투자상품에 자동적으로 투자하는 제도를 말한다.

동 제도의 도입 배경은 DC의 경우 금융지식의 부족과 생업에 바쁜 근로자들이 적극적으로 연금 자산 운용을 지시하기 어렵기 때문이다. 그러나 동 제도는 근로자의 운용 지시 없이 투자상품에 일정분의 위험자산을 담을 경우 원금 손실에 대한 법적 분쟁의 가능성이 있다.

미국의 경우 동 제도의 도입 초기에는 운용 손실에 대한 법적인 문제의 가능성으로 인해 도입이 부진하였으나 특정 조건에 부합하는 상품으로 디폴트옵션을 설정하였을 경우 설정주체, 즉 기업에 운용손실에 따른 책임을 묻지 않는 면책조항이 신설되면서 동 제도가 빠르게 정착되었다. 디폴트 옵션으로 설정할 수 있는 상품의 구체적인 운용전략(QDIA: Qualified Default Investment Alternatives)은 노동부가 사전적으로 지정하고 있다. 그러나 디폴트옵션 설정주체에게 투자손실에 대한 면책조항이 부여되는 경우 연금자산 운용에 최선의 노력을 다하지 않는 도덕적 해이가 발생할 수도 있다.

---

16) 근로자의 수급권이 사실상 영향을 받는 경우는 퇴직연금의 운용대상상품을 제공하는 금융기관이 파산하는 경우이다. 현행 「예금자보호법」은 금융기관의 파산시 보호하는 대상을 금융상품단위로 적용하기 때문에 퇴직연금의 운용대상 상품이 예금보호대상이 아닐 경우 수급권이 제대로 보호될 수 없기 때문이다.

II. 개인연금

개인연금은 개인 스스로가 소득이 있는 기간 중에 저축하여 노후생활에 필요한 소득과 복지서비스를 확보하는 제도로 현재 「조세특례제한법」에 의거 보험회사·은행·금융투자회사·우체국 등에서 판매하는 소득공제 상품인 개인연금저축과 생명보험회사가 판매하는 개인연금보험이 있다.[17]

동 연금에 대한 과세는 2011년부터 연 400만원(퇴직연금의 개인추가부담금과 합산) 한도 내에서 저축불입액 전액(연간 연금저축납입액＋근로자가 부담하는 퇴직연금보험료)에 대해 소득공제가 허용된다. 연금저축의 가입자가 수령하는 금액에 대해서는 수령형태에 따라 상이한 소득으로 분류되어 과세된다. 55세 이후 연금형태로 수령하는 경우에는 연금소득으로 분류하여 타 연금소득과 합하여 연금소득세로 과세(900만원 내에서 소득공제)한다.

반면 연금유인효과를 높이기 위해서 중도에 해지하거나 적립기간 만료 후 일시금으로 수령할 경우에는 중과세를 하여 소득공제를 받았던 부분에 해당하는 불입액에 대해 기타 소득으로 보아 20% 원천징수 후 종합과세한다. 또한 5년 이내에 해지할 경우에는 누계액의 2%에 해당하는 금액을 해지가산세로 별도로 부과한다.

아울러 금융기관간 계약이전제도(transfer)를 도입하여 가입 후 중도에 연금상품에 대한 수요가 바뀔 경우 별도의 불이익 없이 다른 금융기관으로 자유롭게 이동할 수 있도록 하였다. 동 조치는 기존의 개인연금제도에도 적용하되, 기존 개인연금과 새로 도입된 개인연금간에는 과세체계가 다르기 때문에 이전이 허용되지 않는다. 또한 가입연령을 18세로 하향 조정하여 저연령 근로자들의 가입이 가능하도록 하였고, 취급기관은 종래의 은행, 우체국, 농·수협단위조합, 자산운용회사에 2001년 1월부터 농·수협중앙회, 신용협동조합중앙회 및 투자회사(mutual fund)까지 확대되었다.

---

17) 1994년 도입한 세제지원 개인연금저축제도는 공적연금 및 퇴직금제도를 보완하여 노후소득 보장 기능을 충실화하기 위한 제도로서 종래의 연금상품에 비해 세제상의 혜택이 대폭 확대되었다. 그러나 1994년부터 판매된 개인연금저축제도는 가입기간 중의 수요변화시 다른 금융기관의 상품으로 이전을 할 수 없는 등 연금상품으로서의 기능이 취약하였다. 이에 정부는 2000년 12월 「조세특례제한법」을 개정하여 기존 개인연금제도는 2000년 12월 31일부로 판매를 중지하고 2001년 1월부터 새로운 연금저축제도를 도입하였다.

현재 생명보험회사에서 판매하고 있는 개인연금보험은 계약자가 납입한 보험료를 적립하는 방식에 따라 일반연금과 투자형연금인 변액연금 및 자산연계형연금보험으로 구분된다. 일반연금보험은 보험료를 확정금리 또는 변동금리로 부리하여 연금액을 지급하고 변액연금보험은 보험료를 주식·채권 등에 투자하여 그 실적을 연금액에 반영하여 지급하며 자산연계형연금은 보험료를 주가지수 등 특정지표 또는 자산에 연계하여 그 수익을 연금액에 반영하여 지급한다.

연금보험의 연금지급방식은 종신연금형, 상속연금형 및 확정연금형이 있다. 종신연금형은 가입자 사망시까지 종신 동안 연금액을 지급받는 방식이다. 확정연금형은 가입자가 정한 기간 동안 확정적으로 연금액을 지급하고 확정지급기간 동안에 가입자가 사망하더라도 지정된 수익자 또는 가입자의 상속인에게 연금액이 지급되는 방식이다. 상속연금형은 연금개시시점의 가입자 적립액에서 발생한 이자를 가입자 사망시까지 연금액으로 지급하고, 가입자 사망시 적립액을 지정된 수익자 또는 상속인에게 지급하는 방식이다.

연금보험은 일반적으로 만 45세에서 80세까지를 연금지급 개시 가능시기로 정하고 있는데, 가입자는 본인의 은퇴시기, 자녀교육 등 라이프사이클과 연금액 수준 등을 고려하여 연금지급시기를 결정한다. 가입자는 가입시 정한 연금개시일이 도래하면, 연금지급과 일시금 지급 방법(해지) 중 하나를 선택할 수 있다. 그러나 연금지급 방법을 종신연금형으로 선택할 경우 연금개시 이후에는 중도 해지가 불가능한바, 이는 연금개시 후 임의해지를 허용할 경우 사망에 임박한 계약자는 모두 임의해지권을 행사하여 해약환급금을 수령하는 등의 문제가 발생할 수 있기 때문이다.

일반적인 연금보험은 연금지급 방식으로 종신·확정·상속연금형 3가지 옵션을 제공하는바, 계약자는 연금지급개시 전까지 이 중 하나를 선택할 수 있다. 저축성과 종신연금 형태로 설계된 연금보험에 가입한 계약자는 연금지급방식 변경특약 가입을 통해 확정연금형이나 상속연금형 지급방식으로의 전환이 가능하다.

한편 일부 대기업 및 금융기관 등에서는 단체협약에 따라서 자발적으로 개인연금저축에 대한 지원제도를 운영하고 있다. 이의 본질은 미국식 확정기여형 기업연금과 유사하므로 장기적으로는 동 제도를 기업연금제도로 전환시켜 활성화할 필요가 있다. 이와 별도로 2000년 9월부터 일시납 종신연금상품을 신설하여 퇴직일시금을 보유하고 있거나, 사업자금을 정리한 55세 이상의 자가 정기적인 노후생활

자금을 마련할 수 있도록 하는 등 개인연금의 활성화를 추진하고 있다.

Ⅲ. 주택연금

주택연금은 주택구입을 위해 대출을 받은 후 매월 일정금액을 상환하는 일반 모기지론(forward mortgage)과는 달리, 주택소유자가 금융기관에 주택을 담보로 연금 식으로 일정금액을 지급받고 사후 또는 일정기간 후에 주택의 소유권을 금융기관 에 넘기는 역모기지론(reverse annuity mortgage loan)제도를 말한다. 주택연금은 사망 · 주택매각 · 장기이주 등의 사유가 아니면 만기까지 대출금 상환의무가 없기 때문에 차입자는 이를 생활비, 주택수리비, 요양비 등으로 활용할 수 있다.

고령화사회(aging society)[18]가 빠르게 진행되면서 노년층의 경제적 자립이 사회 문제로 대두됨에 따라 주택연금은 이와 같은 문제를 민간금융기관이 대신하는 수 단의 하나로 미국 등 선진국에서는 이미 보편화되어 있다. 모기지론은 차입자의 상환능력을 측정하기 위해 소득수준을 확인하는 등 대출자격심사를 하지만 주택연 금은 소득수준이 낮아도 주택만 소유하고 있으면 대출이 가능하다. 주택연금을 수 령할 경우 해당 이자가 자동적으로 대출원금에 가산되며 연금은 나이가 많을수록 그리고 주택가치가 높을수록 더 많은 금액을 수령하게 된다.

주택연금은 주택소유자가 변하지 않으므로 차입자는 재산세, 주택보험료, 주 택수리비 등을 부담해야 하며, 금융기관이 담보주택에 대해 최우선순위를 갖는다. 금융기관은 재산세 미납, 주택유지 · 보수 미실시, 주택보험 미가입, 개인파산선고, 주택의 기부 · 위탁, 사기, 주택관련 소송 등의 사유가 발생할 경우 대출금의 상환 을 요구할 수 있다. 상속인이 주택을 상속받기 위해서는 대출금을 일시에 상환해 야 주택소유를 인정받을 수 있다.

만기시 원리금이 주택가치를 상회하더라도 차입자는 나머지 부분에 대한 책 임이 없으며 금융기관은 원칙적으로 주택 이외에는 법적으로 상환을 청구할 수 없 다. 이에 따라 차입자의 수명이 길어지면서 연금지급에 따른 대출금잔액이 주택가 치를 상회할 경우 대출기관은 대손을 줄이기 위해 해당 주택을 매각하는 문제가

---

18) 노인(65세 이상) 인구 비율이 7% 이상인 경우를 고령화사회, 14% 이상인 경우를 고령사회(aged society), 20% 이상인 경우를 초고령사회(super aged society)라 부른다.

발생할 수 있는데 이를 방지하기 위해 대부분의 경우 보증기관의 지급보증이 이루어진다.

주택연금을 제공하는 대출기관은 개설수수료(origination fee), 주택매매비용(closing cost), 보증보험료(mortgage insurance premium), 감정료 등 대출과 관련한 비용을 선급비용(upfront cost)으로 받는다. 일반적으로 주택연금의 수수료는 전체 대출금에 대한 일정비율로 지급하기 때문에 수수료가 높을 뿐만 아니라 선납으로 받음으로써 금융회사는 이를 대출재원으로 활용할 수 있다. 그러나 주택연금은 다른 대출에 비해 추가되는 비용이 커서 차입자의 초기부담이 높으며, 상품구조가 복잡하기 때문에 차입자가 상품에 대해 정확하게 인지하지 못할 우려 등이 문제점으로 지적되고 있다.

우리나라는 「한국주택금융공사법」의 개정을 통해 2007년 7월부터 공적보증제도인 '주택담보노후연금보증제도'를 도입하였다.[19] 지금까지는 일부 민간은행들이 동 상품을 제한적으로 취급하여 왔으나 고령자의 가입을 유인할 수 있는 세제지원 및 상품에 대한 홍보 부족과 주택가격 하락, 금리 상승, 계약자가 기대수명보다 장수할 위험(longevity risk) 등 금융기관의 주택연금 취급위험에 대한 불확실성으로 인해 활성화되지 못하였다.

새로 도입된 제도에 의하면 주택연금 이용 연령을 만 60세 이상인 주택소유자로 하고, 대상주택의 범위는 중산·서민층 중심으로 설계하고 있다. 구체적으로 주택연금대상 주택은 고령자가 주거지로 1년 이상 소유하고 있는 1세대 1주택으로 하고, 주택가격은 9억원, 대출한도는 5억원 이하로 설정하여 고가주택은 제외한다. 그러나 조만간 집값이나 보유주택수와 관계없이 가입이 가능하고 오피스텔도 주거를 위해 필요한 시설을 갖추면 가입이 가능해질 전망이다.

주택연금의 지급방식은 주택소유자의 생존기간 동안 또는 주택소유자가 선택하는 일정한 기간 동안 매월 지급받는 방식(cash advance), 주택연금대출한도의 100분의 50을 초과하지 아니하는 범위 안에서 의료비·교육비 등의 용도로 사용하기 위하여 수시로 일정한 금액을 지급받는 방식(credit line) 및 이들을 결합한 혼합방식이 있다.

---

19) 미국 역모기지(reverse mortgage)시장에서 취급되는 상품은 연방주택청(FHA: Federal Housing Administration)이 보증하는 주택자산전환모기지(HECM: Home Equity Conversion Mortgage)와 민간금융회사가 독자적으로 운영하는 사적 역모기지(proprietary products)로 대별되며 주택자산전환모기지가 전체의 90% 이상을 점유하고 있다.

대출한도 등 상품설계는 공적보증기구가 확정한다. 공적보증기구는 대출원리금이 담보가액을 초과하여 손실이 발생할 경우, 대출금융기관으로부터 대출채권을 매입한 후 월지급금을 지급할 수 있다. 공적보증기구는 주택보증 업무를 수행하고 있는 한국주택금융공사가 담당한다. 한국주택금융공사는 주택연금보증채무의 이행에 따른 구상권을 행사할 수 있으나 구상권의 행사범위는 담보로 제공된 주택에 한정함으로써 주택연금 이용자의 추가적인 채무부담은 없도록 하였다.

주택연금채권을 가진 금융기관은 주택연금보증을 받은 자 및 그 배우자가 사망한 경우, 담보주택에서 다른 장소로 이사하거나 입원 등 불가피한 사유 없이 1년 이상 담보주택에 거주하지 아니한 경우, 주택연금보증을 받은 자가 담보주택의 소유권을 상실한 경우 등의 사유가 발생한 때에는 한국주택금융공사에 보증채무의 이행을 청구할 수 있다.

주택연금보증재원을 위해 주택담보노후연금 보증기금계정을 설치하고 있다. 보증재원은 원칙적으로 가입자가 내는 보증보험료로 충당하되, 손실 발생시 부족한 부분은 재정에서 지원한다. 주택연금보증계약의 체결 시에 징수하는 초기보증료의 요율은 담보주택 가격의 2%, 주택담보노후연금보증을 받은 자가 그 보증기간 동안 정기적으로 납부하여야 하는 보증료는 보증금액의 연 0.5%이다. 고령자 복지지원, 시장의 신뢰 확보 등을 위해 도입 후 일정기간 동안은 정부출연금을 지원하고 리스크 부담을 공유하기 위해 취급금융기관도 주택연금대출로 인한 수익금의 일부를 기금에 출연한다.

주택연금제도에 대한 세제 지원은 수요측면의 지원과 공급측면의 지원으로 구분된다. 수요측면의 지원은 일정 규모 이하인 주택에 거주하는 서민층 고령자를 대상으로 근저당 설정에 대한 등록세 면제, 근저당 설정시 국민주택채권 매입의무 면제, 주택연금 이용 주택에 대해 재산세 감면(25%), 주택연금 대출이자비용에 대해 고령자의 종합소득 중 연금소득에서의 소득공제(200만원 한도) 등이다.

공급측면의 지원으로는 주택연금 보증기금에 대한 세제지원을 통해 보증재원을 확충하기 위해 보증기금의 보증보험료 수익에 대해 법인세를 비과세하고, 보증기금에 납입하는 금융기관의 출연금에 대해 증여세를 비과세한다. 보증기금의 운용수익은 고유목적사업준비금으로 인정하여 법인세 부담을 완화하고, 이자·배당소득은 일정기간(5년) 동안 전액 과세를 유예한다.

IV. 농지연금

농지연금은 농지를 소유하고 있으나 별도의 소득원이 없는 고령농업인에게 농지를 담보로 매월 생활비를 연금형식으로 지급하여 노후생활 안정을 지원하고자 하는 제도로 2011년 1월부터 도입되었다. 농지연금은 현재 한국농어촌공사에서 운용하고 있는 농지관리기금[20]을 통해 지급되고 관리된다.

동 연금의 지원대상은 부부 모두 65세 이상, 영농경력 5년 이상, 소유농지 총면적이 3만㎡ 이하이다. 연금의 지급방식은 생존하는 동안 매월 지급하는 종신형과 일정기간 매월 지급하는 기간형이 있다. 농지연금에 가입하여 농지연금을 받던 농업인이 사망하여 연금지급이 종료된 경우에는 배우자가 농지연금채무를 승계하면 계속해서 배우자 사망시까지 연금을 지급받을 수 있다. 사망 등으로 농지연금 지급정지 사유가 발생하면 그동안 지급받은 연금과 이자 등 연금채무는 상속인이 상환하거나 담보농지의 저당권을 실행하여 회수하게 된다.

이 경우 농지연금채권은 담보농지에 대해서만 행사하게 되므로 담보농지를 처분하여 농지연금채권을 회수하고 남는 금액이 있으면 상속인에게 돌려주고 부족한 금액은 상속인에게 청구하지 않고 농지은행이 부담하게 된다. 가입자가 사망한 경우 등 농지연금 지급정지 사유가 발생하면 연금지급을 정지하고, 그 담보농지를 처분하여 정산 및 지급금 회수에 충당한다.

농지연금은 농지가격 하락, 이자율 상승, 수명 연장 등으로 장래 발생할 수 있는 손실을 보전하기 위해 가입자에게 가입비와 위험부담금을 징수한다. 가입비는 담보농지 가격의 100분의 2 이내, 위험부담금은 농지연금채권의 연 100분의 2 이내에서 농림축산식품부장관이 결정한다. 담보농지에 저당권 등 제한물권을 설정하는 행위가 금지된다. 연금채권의 채권행사는 원칙적으로 담보농지에 대해서만 가능하나 저당권에 우선하는 조세채권·임금채권 등의 사유로 회수하지 못한 금액에 대해서는 제한적으로 다른 재산에 대하여도 채권행사가 가능하다.

---

20) 농지관리기금은 영농규모 적정화, 농지의 집단화, 농지의 조성 및 효율적 관리와 해외농업개발에 필요한 자금의 조달·공급, 농지를 담보로 한 농업인의 노후생활안정 지원사업 등을 목적으로 「한국농어촌공사 및 농지관리기금법」에 의거 설치된 기금이다.

V. 기부연금

기부연금제도는 기부자가 현금, 부동산 등을 공익법인 등에 기부하면 본인 또는 지정자에게 기부가액의 일정액을 연금 형태로 정기적으로 지급하는 계획기부(planned giving) 모델의 하나이다. 정부는 2013년 「나눔기본법」(안)을 제정, 기부연금제도의 근거 및 연금 지급의 안정성을 확보하기 위한 장치를 마련함으로써 계획기부 및 고액기부를 활성화시킬 예정이다.[21]

제 4 절 우리나라 연금제도의 과제

우리나라는 인구의 고령화가 빠르게 진행되어 2000년에 이미 고령화사회에 진입한 데 이어 2018년에는 고령사회, 2026년에는 초고령사회에 진입할 것으로 예상된다. 특히 고령자소득빈곤율이 높고 저출산으로 인한 노년부양비율이 지속적으로 낮아져 이들에 대한 사회안전망 구축이 매우 시급하다.[22]

제2차 세계대전 이후 선진국에서는 개인의 노후생활자금 확보를 위해 공적연금, 기업연금, 자기준비에 의한 개인연금을 지칭하는 3층보장체계(3 pillars system)가 일반화되어 있다.

공적연금은 국가가 보장하는 연금으로서 이로부터 생존에 필요한 최저생활수준을 보장받고, 기업연금으로부터는 표준적 생활수준을, 개인연금으로부터는 보다 나은 생활을 영위할 수 있는 자금을 확보한다는 것이다. 이는 국가가 보장하는 공적연금만으로는 노후소득 보장기능을 충분하게 할 수 없기 때문이다. 현행 국민연금제도는 국민연금의 지나치게 높은 급여구조와 인구의 고령화에 따른 연금재정의 악화, 가입자들의 보험료 납부 기피현상, 연금의 사각지대 존재 그리고 정확한 소

---

21) 미국의 경우 45개 주가 공법으로 「Charitable Gift Annuity Act」를 운영하고 다양한 세제혜택을 부여하고 있다.

22) 고령자소득빈곤율은 전체 국민 중위소득의 50% 미만에 속한 노인 인구의 비율을 말하며 우리나라는 2005년 현재 동 비율이 45%로 OECD 국가의 평균비율 13%보다 훨씬 높다. 노년부양비율은 노인 1명을 부양하기 위한 생산가능인구수(15세~64세)를 말하며 우리나라는 2010년 현재 6.6명에서 2050년에는 1.4명으로 낮아질 것으로 예상된다.

득파악의 어려움에 따른 연금재정 추계 문제[23] 등 해결해야 할 과제를 안고 있다.

기업연금과 개인연금으로 대표되는 사적연금 또한 문제점이 많다. 이들 연금은 공적연금을 보완하는 역할을 하여야 하나, 이러한 기능을 하기에는 크게 부족하다. 퇴직급여제도의 하나라 할 수 있는 법정퇴직금제도는 일부 대기업과 공기업에 종사하는 근로자를 제외한 대다수의 근로자들은 노후소득으로서의 동 제도의 혜택을 받지 못하고 있고, 개인연금제도는 단순히 장기저축수단과 크게 다름이 없어 연금으로서의 기능을 못하는 것으로 평가되고 있다.

따라서 연금제도가 국민들의 실질적인 노후보장수단으로서의 역할을 하려면 우선 국민연금제도가 빠른 시일 내에 정착되고, 국민연금의 예상 급부수준에 맞추어 기업연금 및 개인연금을 설계(supplement pension)할 필요가 있다. 최근에 들어 많은 국가들이 국가재정의 건전성을 제고하기 위해 공적연금의 전부 또는 일부를 사적연금으로 대체하는 경향이 늘어나고 있다. 이런 맥락에서 일각에서는 현행 국민연금의 균등부분과 소득비례부분을 분리하여 전자는 확정급여형으로 하여 국민의 기초생활을 보장하고, 후자는 국민연금에서 적용제외(contract-out)하여 확정기여형 사적연금으로 대체하는 방안이 제시되고 있다.

이 밖에 개인계좌(individual account)제도, 지급불능보험(insolvency insurance)제도, 지급보증제도(guarantee system) 등의 도입에 대해서도 검토되고 있다. 개인계좌제도는 공적연금의 민영화(privatization)방안의 하나로 고안된 시스템으로 가입자들이 소득의 일부를 자기 소유의 개인계좌에 정기적으로 적립하고 투자하여 노후나 비상시에 대비하는 개인별 기금으로 미국의 의료저축계좌(medical savings account), 칠레의 개인연금저축계좌, 싱가포르의 개인계좌식 적립방식 등이 그 예다. 미국의 의료저축계좌는 계좌의 적립자산에 대해서는 개인적 관리 및 운용의 재량권이 허용되고 운용상의 이익에 대해 비과세 혜택이 주어진다. 칠레의 개인연금저축계좌는, 모든 연금 가입 대상자는 개인 명의의 계좌를 갖고 동 계좌에 매월 일정액을 적립한 뒤 정부가 허가한 연금관리회사 중에서 선택하여 운용을 맡긴다. 연금가입자는 연금관리회사의 수익률 등을 직접 비교하여 1년에 4차례 운용사를 옮길 수도 있다. 싱

---

23) 현행 「국민연금법」의 규정으로는 사용자 또는 가입자가 소득을 낮게 신고하거나 신고하지 않는 경우, 공적자료 이외에 연금관리공단이 직접 해당 가입자의 실제소득을 파악할 수 있는 제도적 장치가 미흡한 실정이다. 이에 개정법(2007년 7월)에서는 연금관리공단은 소득축소 및 탈루가 있다고 판단되는 가입자 또는 사용자를 국세청에 통보토록 하고, 국세청은 통보된 자료를 토대로 세무조사를 실시하였을 경우 그 조사결과를 연금관리공단에 통보하도록 하였다.

가포르는 개인계좌식 적립 방식을 도입하여 정부가 관리하는 중앙공제기금을 통해 운용한다.[24)]

지급불능보험제도는 확정급여형 기업연금에서 기업주가 기금을 충분하게 적립하지 못한 상태에서 도산했을 경우 연금가입자에게 약속된 연금을 지급하기 위한 보험제도이다. 지급보증제도는 기업연금제도가 기업의 도산 등에 따라 목표로 했거나 약속했던 연금액을 지급하지 못하는 경우 해당 근로자들에 대해 약속한 연금지급을 법적으로 보증하는 제도이다.

확정급여형의 경우 사망률, 퇴직률, 임금인상률 등에 따라 향후에 지급될 연금액이 가변적이며, 따라서 완전적립형이 아닌 한 약속한 연금액의 지급부족을 초래할 수 있다. 확정기여형의 경우에도 투자수익률의 저하, 금리의 하락 등 다양한 원인에 의해 당초에 예상했던 연금지급을 이행하지 못하는 경우가 발생할 수 있다.

지급보증제도는 민간기구에서 취급하기는 부적절하여 주로 정부기관에 의해서 운영된다. 연금지급보증의 형태는 확정기여형의 경우 일정한 기간의 수익률을 보증하거나 개별 가입자에게 최저연금(minimum guaranteed pension)급부를 보증하는 형태로, 그리고 확정급여형의 경우 기업주가 제공하기로 약속했던 연금급여를 지급한다.

연금지급보증 방법은 지정된 기관에서 파산한 연기금의 자산과 채무를 이전받아 운용하는 계약이전 후 자체운용(take-over)방식과, 파산한 시점에서 부족한 채무부분을 충당하고 난 이후 지정된 금융기관에 위탁하는 계약이전 후 위탁운용(buy-out)방식의 두 가지 형태가 있다.

---

24) 싱가포르는 일반계좌(주택구입·교육계좌), 의료저축계좌(의료보험계좌), 특별계좌(노령연금계좌) 등 3개의 사회보험계좌를 두어 사회보험과 연금을 통합하여 관리하는데 직장 근로자는 이들 3개 계좌에 의무적으로 가입해야 한다. 개개인은 각각의 계좌에 별도로 적립하나 특정계좌에 부족이 발생하면 다른 계좌에서 이체할 수 있다.

미국의 연금시장

미국의 연금제도의 역사는 유럽국가에 비해 짧지만, 자기책임을 중시하는 풍토와 자본시장의 성장으로 인해 다양한 연금제도가 발전되어 있는데 크게 공적연금과 사적연금으로 나누어 살펴볼 수 있다.

공적연금에는 사회보장(social security)제도로 통칭되는 노령·유족·장해 및 건강보험(OASDHI: Old age, Survivors, Disability and Health Insurance)과 특정 직업을 대상으로 하는 연방정부 및 주정부 공무원연금제도(civil servant retirement system), 철도직원연금제도(railroad retirement system) 등이 있다. OASDHI는 연방정부가 주관하는 연금제도로서 퇴직자나 사망 또는 장애자의 가족에게 지급하는 연금이며 그 재원은 기업주와 근로자 쌍방으로부터 받는 갹출금으로 충당된다.

공적연금의 가입대상은 일정수입(1995년 기준 630달러) 이상인 모든 고용주, 근로자, 자영업자는 원칙적으로 강제 적용되며 목사, 외국정부와 국제기관의 종사자, 농업·가사노동자 등은 임의 적용된다. 운용에 필요한 재원은 근로자가 납부하는 사회보장세와 고용주의 출연금, 정부로부터의 국고보조금 및 연금과세수입 이월금과 적립금의 운용수입으로 조달된다.

근로자가 부담하는 사회보장세와 고용주가 부담하는 출연율은 각각 6.2%(총출연율은 12.4%)이며 자영업자의 경우에는 사회보장세 12.4%를 본인이 전액 부담한다. 과세는 고용주의 갹출금에 대해서는 전액을 손실액으로 처리하여 세금우대를 인정하나 근로자의 갹출금에 대해서는 원천징수에 의해 과세되고 소득공제는 인정되지 않는다. 연금급부 시에는 원칙적으로 비과세였으나 1983년부터 「사회보장세법」의 개정에 따라 급부 시의 경우에도 소득세를 과세한다.

기금운용은 「사회보장법」에 의해 설치된 기금운용위원회에서 기금운용의 계획 및 감독에 대한 책임을 지고 재무부장관이 보건복지부와 긴밀히 협조하여 운용수탁자로서 기능을 수행한다. 징수된 기금은 노령·유족연금 신탁기금과 장애연금 신탁기금에 각각 예치되어 당해연도 급여액으로 대부분 충당한다. 충당되고 남은 여유자금은 「사회보장법」에 명시된 연방정부의 수익성 채권, 정부가 원금 및 이자를 보증하는 국가보증채권, 연방정부의 보조를 받는 특정기관의 공공채권 등의 매입에 투자한다.

사적연금은 기업이나 노동조합 등과 종교, 교육, 자선단체와 같은 비영리단체 등에 의해 설립된 기업연금제도(occupational pension)가 주가 되며, 그 재원은 기업주와 근로자로부터의 출연금으로 충당된다. 기업연금의 경우 일반적으로 기업주의 출연금 비중이 80% 정도를 차지하고 있다. 기업연금은 1948~1950년에 걸쳐 현금급여 인상의 한계를 느낀 노동조합의 공동노력에 의한 소위 pension drive 이후 급속하게 발전되었다.

미국의 연금시장은 1974년 「근로자퇴직소득보장법(ERISA: Employee Retirement Income Security Act)」이 제정되기 전까지는 기금의 부족(underfunding), 정년퇴직 전 이직시 연금수혜자격(vesting)의 미부여 또는 삭감이나, 부여된 연금급여가 퇴직연령까지 합산되는 통산제도(portability)가 없는 등 많은 문제가 있었다. 예컨대 OASDHI를 비롯한 공적연금들은 가입자 개인별로 적립된 금액을 지급하지 않고, 현재 납입되는 보험료와 투자수익으로 연금을 지급하는 소위 'pay-as-you-go'제도를 채택하고 있는데, 취업인구의 증가율 둔화로 연금출연액의 증가율이 낮아지는 반면, 인구의 고령화에 따라 연금지급액은 큰 폭으로 늘어남으로써 현재까지 기금운용의 어려움을 겪고 있다.

미국의 연금제도는 1974년 「근로자퇴직소득보장법」[25]의 제정과 함께 많은 변화가 있었다. 가장 큰 변화는 연금의 기금부족을 해결하기 위해 연금채무의 발생 크기에 따라 연금출연금이 결정되는 완전적립방식(fully funded system)이 확대되는 계기가 되었다는 점이다.

---

25) 「근로자퇴직소득보장법」은 기업연금의 가입자격, 지급조건, 기금적립기준(funding standards), 정년 전 퇴직자의 연금수급권(vesting), 근로자가 사망할 경우 그의 가족의 연금수혜권(spouse option), 연금관리자의 의무(fiduciary standards) 등 연금제도 운영에 관한 전반적인 사항과 연금에 대한 감독과 지급보증 업무를 관장하는 연금급부보증공사(PBGC: the Pension Benefit Guarantee Corporation, 일명 Penny Benny) 등에 관해 규정하고 있다.

동 법에 의해 자격을 부여받은 기금에 가입한 근로자들은 보험료 납입시 납입금액에 대해 소득세가 감면된다. 그러나 퇴직 후 이들이 연금을 수령할 경우 수령금액에 대해 소득세가 부과되기 때문에 결과적으로는 세금이연 상품(tax deferred vehicles)이지만 일반적으로 퇴직 후 소득이 퇴직 전 소득보다 낮기 때문에 연금수령액에 대해 낮은 세율을 적용 받음으로써 사실상 소득세 절감효과를 얻을 수 있다.

근로자가 정년 전에 퇴직할 경우, 그 때까지 출연금에 해당하는 연금혜택의 수급권은 「근로자퇴직소득보장법」의 제정 이후 근속년수에 따라 차등적으로 보장되고 있으나, 부여된 수급권이 최종 직장의 정년퇴직 시까지 적립되는 연금의 통산제도(portability)[26]는 제도적으로 보장되지는 않고 있다. 이에 따라 근로자가 정년 전에 퇴직할 때에는 그 때까지 받을 권리가 있는 연금혜택(vested benefit)을 일시불로 받는 것이 일반적이다.

기업연금의 운영은 보험료 및 연금액의 계산, 보험료의 수납 및 연금의 지급 등과 관련되는 연금제도의 관리부문과 조성된 연금기금의 자산운용부문으로 나누어진다. 연금제도의 관리는 일반적으로 생명보험회사나 연금컨설팅회사 등이 취급하고, 자산운용은 은행의 신탁부문, 자산운용회사 및 생명보험회사 등이 취급한다. 연금기금의 자산운용을 위해서는 통상 회사 내에 기금(pension fund)을 설치하고, 이를 기업주 및 근로자가 선정한 수탁인(trustee)이 관리토록 하며, 수탁인은 기업 자신이나 금융기관 등이다.

적격퇴직연금의 경우 신탁에 의해 설립하도록 되어 있고, ERISA에 의해 선임이 강제되어 있는 지명수탁자(named fiduciary)가 퇴직연금 운영의 핵심적 역할을 한다. 지명수탁자는 자산의 운용을 제외한 모든 업무에 대해 직접적으로 책임을 지거나 감독책임을 지는 주된 관리자로서의 역할을 하며, 연금사업자와 자산운용위탁계약이나 보험계약을 체결한다. 신탁형 퇴직연금의 경우 투자운용권이 수탁인에게 위탁된 때에는 자산운용권은 수탁인이 행사하게 되고, 지명수탁자는 연금계획에 대한 그 밖의 관리권한을 보유하나 지명수탁자가 자산운용권한을 계속 보유하는 경우 수탁인은 사실상 자산의 보관기능만을 수행한다.

중소기업의 경우 수탁인이 산업별 노동조합의 임원인 경우도 있으나 보험회

---

26) 기업연금의 통산제도는 직장을 자주 옮기는 근로자의 안정적 노후생활 준비를 위해서 꼭 필요한 제도이나 미국의 경우 확정기여형을 운영하는 기업의 퇴직근로자의 약 25% 정도만이 통산제도를 사용하는 것으로 추정되고 있다.

사와 은행의 신탁부문이 압도적으로 많고 대기업의 경우 기업 내 연금운용부서를 두고 연금기금을 독자적으로 운용하기도 한다. 보험회사는 연금제도의 관리와 자산운용을 동시에 취급하는 확정연금형을 주로 판매한다.

연금은 지급방법에 따라 확정급여형(defined benefit)과 확정기여형(defined contribution)으로 구분할 수 있다. 확정급여형은 연금지급액(annual benefit)을 연금수혜자의 퇴직 전 3개년 평균급여의 1/60에 재직년수를 곱하는 금액으로 정하는 등 근로자가 퇴직 후 받아야 할 혜택을 미리 정하는 제도로 연금계리인(pension actuary)은 사망률, 이직률, 물가상승률, 투자수익률 등을 고려하여 기업주가 매기 적립해야 할 금액을 계산한다. 따라서 기금의 실제 투자수익이 예상수익보다 작으면 기업주가 부담해야 하고, 반면에 이보다 클 경우에는 다음 번의 보험료 부담이 경감되는 소위 갹출휴일(contribution holidays)제도가 적용된다.

확정급여형의 경우 근로자가 퇴직하기 전에 회사가 도산할 경우 적립된 금액(earned benefit)은 받아야 할 혜택보다 적은 것이 대부분이며 이 경우 근로자는 불이익을 당할 수 있다. 이러한 경우 근로자에게 보장된 혜택(guaranteed benefit)을 보증하기 위해 설립된 기관이 연금급부보증공사(PBGC)이다.

PBGC는 연금가입자의 수급권을 보장하기 위해 종료 또는 중단된 확정급여연금의 자산과 부채를 승계하여 가입자에 대해 급부를 지급하며, 독립채산제를 원칙으로 한다. PBGC의 수입은 연금으로부터 징수하는 보험료와 투자수익이며, 투자재원은 보험료와 연금으로부터 승계받은 연금자산이다. PBGC는 기업들이 연금급부에 필요한 적립금을 충분하게 적립하지 않는 유인(moral hazard)을 방지하기 위하여 보험료를 고정부분과 변동부분(variable rate premium)으로 구분하여 변동부분은 적립부족액에 연동시키고 있다.

PBGC는 도산된 기업의 연금기금만으로 보장된 혜택을 충당하기에 부족할 경우 해당 기업의 순자산(net worth)의 30%까지를 다른 부채보다 우선적으로 취득할 수 있는 권리를 부여받고 있다. PBGC의 지급보증은 근로자가 정년 전에 회사를 떠나더라도 그 때까지 적립된 금액 중에서 회사측에 요청할 수 있는 금액(vested benefit)의 일정비율(통상 90~95%)을 보장하되 연금액에 대한 최고 지급보증금액[27]을 설정한다.

---

27) 매년 PBGC에서 물가수준, 급여수준, 연금개시 시점 등을 감안해서 책정하며 2001년도 기준으로 65세에 연금이 지급개시되는 경우 월 $3,392.05까지 지급보증하고 있다.

확정기여형은 기업주가 근로자를 위해 정해진 시기에 납입해야 할 금액만을 정해 놓고 퇴직후 근로자가 받게 되는 금액은 투자실적에 따라 변동되는 제도로서 근로자가 퇴직하거나 퇴직전 기업이 도산할 경우에 근로자가 받는 금액은 그 때까지 적립된 금액뿐이며 확정급여형처럼 기업주나 정부로부터의 지급보증은 없다. 근로자는 연금출연액에 상응하는 전체 연금운용자산에 대한 지분(unit)을 얻게 되는데, 퇴직후 전체기금의 운용성과에 따라 지분에 상응하는 일시금을 받게 된다. 확정기여형을 운영할 경우 연금으로 받고자 하는 근로자는 퇴직시에 받는 일시금으로 생명보험회사의 일시납 종신연금을 구입하면 된다. 확정기여형은 그 대상에 따라 401(k)제도, 457제도, 403(b)제도, 자영업자 퇴직연금 등과 같은 다양한 형태가 존재한다.

401(k)제도는 이익분배제도(profit sharing scheme),[28] 현금구입제도(MMP: Money Purchase Plan),[29] 종업원저축제도(thrift and savings plan),[30] 주식상여제도(stock option plan),[31] 종업원지주제도(ESOP: Employee Stock Ownership Plan)[32] 등의 형태 중 내국세입법401(k)의 요건을 충족하는 제도로 확정기여형이 대종을 차지하고 있다. 457제도는 내국세입법 457조에 의해 규정된 주, 지방공공단체 직원을 대상으로 하고 403(b)제도는 내국세입법 403(b)에 의해 규정된 비영리단체 직원을 대상으로 하며 절세연금(tax-sheltered annuity)이라고도 부른다.

---

28) 기업이 매년 결산이익의 일정부분을 적립하여 퇴직자의 연금재원으로 활용하는 제도이다.

29) 기업이 종업원의 급여의 일정비율을 종업원의 계좌에 적립하는 제도이다.

30) 종업원 스스로 선택하여 급여의 일정비율과 기업의 추가 기여로 기금을 만들어 퇴직 시에 지급하는 제도로 이익분배제도 및 종업원지주제도와 연계하여 운용하는 것이 일반적이다.

31) 기업이 종업원들에게 연금급부액을 회사 주식의 일정비율로 지급하는 제도이다.

. 32) 주식상여제도와 현금구입제도가 결합된 제도로 종업원과 기업이 매년 급여의 일정액 또는 미리 정한 금액을 출연하여 증권이나 부동산 등에 투자하고, 종업원이 퇴직 시 자사주나 현금으로 급부금을 수령할 수 있는 제도이다. 근로자와 기업(주로 기업)이 매년 급여의 일정액 또는 미리 정한 금액을 ESOP에 출연하고, 동 신탁에서는 자사주 50% 이상 및 다른 주식이나 채권, 보험, 부동산 등에 투자하여 종업원퇴직 시에 현금 또는 자사주로 받도록 규정하고 있다. 운영방법 및 투자방식은 가입자인 종업원이 직접 선택할 수 있으나 대다수 기업의 경우 가입자가 일정한 나이(55~60세)가 될 때까지는 자사주를 처분하지 못하도록 제한(lock up)하고 있다. 비상장기업의 경우에는 회사 또는 ESOP가 공정시장가치로 퇴직하는 종업원의 주식을 매입하여 준다. 기업의 출연한도는 총보수의 15% 이내, 근로자의 출연한도는 연간 $30,000 또는 참가자 총보수의 25% 중 적은 금액 이내이다. 기업은 종업원의 자사주 매입자금의 일부를 직접 융자해 주거나, 회사의 신용을 담보로 은행 등 금융기관으로부터 차입을 주선(leveraged ESOP)할 수 있다. 기업출연연금에 대해서는 요건별로 다소 다르나, 임금총액의 25%까지 소득공제 혜택이 주어진다. 종업원출연금과 자사주 배당금 등 신탁운용 수익은 퇴직 시까지 과세가 이연된다.

　　자영업자 퇴직연금(Keoghs plan)은 자영업자를 위한 퇴직연금으로 이직이나 중
간정산제 등으로 퇴직일시금이 수령·소진되는 문제점을 보완하기 위해 일시금이
은퇴 시까지 계속 적립될 수 있도록 통산장치(portability)를 갖춘 연금이다. 동 연금
은 개인연금과 퇴직연금의 특성을 모두 갖고 있으며, 이익분배제도(profit sharing
scheme)나 현금구입제도 등의 형태가 일반적이다.

　　퇴직연금은 초기에는 주로 확정기여형 위주로 성장하여 왔으나 1980년 초반
을 정점으로 점차 감소하는 추세이며, 최근에는 확정기여형 또는 확정기여형과 확
정급여형을 혼합한 Cash Balance Plan,[33] Floor Offset Plan,[34] Age Wait Profit
Sharing Plan[35] 등 혼합형(hybrid)으로 전환하는 기업들이 증가하고 있다.

　　이와 같이 확정급여형 연금이 감소하는 이유는 다음과 같은 점을 지적할 수
있다.

　　첫째, 출산율(fertility ratio)의 저하, 베이비붐세대의 은퇴 임박 등으로 기업연금
의 부양비율(근로자/퇴직자)이 급격히 저하된 데다 노동시장의 유연화 등으로 확정급
여형 연금제도의 유지가능성(sustainability)이 저하되고 있기 때문이다. 현재 사회보
장보험(social security)의 부양비율이 대략 2 대 1인 데 비해, 확정급여형 기업연금의
부양비율은 1 대 1에 근접하고 있으며 일부 사양기업은 더 취약하다.

　　둘째, 최근 근로자의 이동성(mobility)이 높아짐에 따라 기업과 근로자들이 장기
고용을 전제로 하는 확정급여형보다는 연금의 이동성(portability)이 높은 401(k) 등
확정기여형을 선호하는 추세이다.[36] 확정급여형 기업연금의 연금수급권이 확정
(vested)되기 위해서는 일반적으로 20년 내외의 장기근속이 필요하다.

---

33) 1999년 IBM이 처음으로 도입한 제도로 근속기간이 길어질수록 적용되는 적립률(accruals)이 낮
　　아지도록 설계하여 기존의 확정급여형 연금에 비해 장기근속자의 연금혜택이 최대 50%까지 축소
　　되는 변형된 확정급여형 연금이다.
34) 급부액은 기본적으로 확정기여형으로 결정하되 동 급부액이 확정급여형에서 정한 최저급부액을
　　하회할 경우에는 그 차액부분을 확정기여형에서 급부하는 제도이다.
35) 이익분배제도의 할당방법에 연령의 요소를 가미하여 연령이 높고 퇴직 시까지 충분히 적립할 기
　　간이 없는 종업원을 위하여 기업의 수익으로부터 보다 많은 기여를 하게 함으로써 이들에게 일정
　　한 급부를 보장하는 제도이다.
36) 2006년 1월 세법(Internal Revenue Code) 개정으로 401(k)를 보유한 근로자들이 기업퇴직연금
　　의 일부 또는 전부를 Roth 401(k)로 전환할 수 있게 되었다. 전통적인 401(k)는 납입금 불입시
　　면세되고 급부금 인출시 과세되는 데 반해, Roth 401(k)는 전통적인 IRA와 반대로 납입금 불입시
　　과세되고 급부금 인출시 비과세된다. Roth 401(k)는 퇴직 이후 세율이 퇴직 이전보다 높을 것으
　　로 예상되는 근로자들에게 유리하다.

셋째, 기업의 대내외 경쟁이 격화되면서 관대한 연금 및 의료혜택을 제공하던 기업들이 경쟁력을 상실함에 따라 비용부담이 큰 확정급여형 기업연금을 포기하는 경향이 증가하고 있다. 최근 철강, 자동차 등 전통적인 대기업들이 관대한 확정급여형 연금 및 의료보장으로 인해 과도한 부담을 지고 있는 데 비해, 경쟁사인 신생기업 또는 외국기업들은 이러한 유산비용(legacy cost)이 없어 경쟁상의 우위를 갖고 있다.

넷째, 현재 연금수리적 가정에 대한 과도한 재량권 인정으로 기업들이 기업연금의 재무상태를 왜곡하고 부실기업들이 연금채무를 PBGC에 떠넘기는 도덕적 해이[37]가 확산되고 있다. 이에 따라 적립률이 90% 이상이면 출연을 면제하는 관행(pension holiday)의 폐지, 연금자산의 시가평가제 도입 등을 통해 확정급여형 기업연금의 만성적인 기금부족(under-funding)을 제도적으로 해소할 필요성이 제기되고 있다.

이 밖에 다기업연금제도, IRA(Individual Retirement Account) 등이 있다.

다기업연금제도는 회사를 자주 옮기기는 하지만 동일한 산업분야에서 장기간 근무하는 근로자들이 노동조합 계약의 하나로 가입하는 것이다. 미국의 경우 건축업, 자동차수송업, 도·소매업 등에 다기업연금제도가 있는데, 이 연금제도는 직장이동이 잦은 산업에 종사하는 사람들에게도 통산(portability)을 보장함으로써 노동시장의 유연성을 제고하는 효과가 있다.

IRA는 개인들이 매월 일정액을 출연하여 일정기간이 경과한 후 은퇴하게 되면 연금을 수령하는 제도로 74년 ERISA에 의해서 설립되었으며, 개인의 노후소득 보장을 강화하기 위한 연금으로 출연금에 대해 소득공제 혜택이 있다. IRA는 투자의 이전성이 보장되며 다양한 투자수단을 제공하므로 현재 미국에서 퇴직 이후를 준비하는 가장 대중적인 저축수단으로 발전되었다.

IRA는 은행, mutual fund, 증권회사, 보험회사 등에 설정할 수 있는데, 특히 mutual fund를 통한 자산운용 비중이 높다. 이는 mutual fund가 여타 기관에 비해 다양한 투자수단과 투자의 유연성을 제공하기 때문이다. IRA 가입자들은 각자의 투자성향에 따라 IRA 설정기관을 선택할 수 있으며, 기관 간 IRA 전환이 자유롭게 허용된다.

---

37) 특히 임금수준이 높은 철강 및 항공업계의 파산으로 PBGC의 보험금 지급이 급증함에 따라 향후 항공업계의 도산이나 연금 폐지가 이어질 경우 PBGC는 연방정부의 지원이 없으면 파산할 가능성이 우려되고 있다.

Ⅰ. 외환시장의 의의

외환(foreign exchange)이란 국제간의 대차결제수단 또는 자금의 이동수단을 말한다.[1] 외환시장(foreign exchange market)은 외환의 매매가 지속적이고 반복적으로 이루어지는 총체적인 거래 메커니즘을 말한다. 외환시장은 외환의 수요와 공급을 연결시켜줄 뿐만 아니라 각 금융시장의 거래과정에서 발생하는 환리스크를 선물환거래 등의 방법을 통해 회피시키는 기능도 수행한다.

외환시장의 주요 참가자로는 외국환은행, 기업 등 일반고객, 수수료를 받고 외환거래를 중개해 주는 외환브로커 및 외환시장의 질서 유지와 통화정책의 효율적 수행을 위해 외환시장에 개입하는 중앙은행 등을 들 수 있다. 외환시장은 은행과 고객간의 거래시장(customer market)과 은행간 거래시장(inter-bank market)으로 나눌 수 있는데, 은행간 시장이 외환시장거래의 대부분을 차지하고 있다.

---

1) 「외국환거래법」에서는 외환을 구체적으로 대외지급수단, 외화증권 및 외화채권으로 규정하고 있다. 그리고 대외지급수단은 외국통화, 외국통화로 표시된 지급수단 및 표시통화에 관계없이 외국에서 사용할 수 있는 지급수단으로 정의하고 있다.

오늘날 외환시장은 국제통화제도의 변천과 더불어, 각국의 외환시장이라는 종래의 장소적 제약을 초월하여 하나의 범세계적 외환시장으로 변모하였다. 1980년대 이후 각국의 자본 및 외환거래에 대한 규제가 완화되면서 국가간 외환거래가 크게 확대되었고, 특히 외환브로커의 국제화가 진전됨으로써 외환브로커들이 전세계 금융센터와 외환거래를 중개할 수 있게 되었다.

국제외환시장은 뉴욕, 동경, 호주, 싱가포르, 런던 등 국제금융센터의 휴장과 개장이 맞물리면서 시간적으로 연결되어 24시간 외환거래가 이루어지게 되었다. 뿐만 아니라, 정보통신기술의 혁신으로 특정 외환시장의 시장정보가 모든 국제외환시장에서 거의 동시에 파악되는 등, 시장정보 확산의 공간적·시간적 제약이 크게 해소되었다.

외환시장거래는 대부분이 점두시장(over-the-counter market)의 거래형태를 갖는다. 점두시장거래는 증권거래소와 같은 특정 장소에서 이루어지는 거래소(exchange) 거래와 달리 일종의 장외시장으로서 은행 및 딜러들의 거래실(dealing room)에서 거래자들이 전화 등의 통신기기나 로이터 딜링기기 등 컴퓨터 단말기를 이용하여 거래상대방과 거래를 수행한다.

거래에 드는 시간은 수초에 불과하지만 이후 상호거래에 대한 확인서(confirmation)를 주고 받으며, 거래의 결제일에 국제결제를 위한 은행간 통신이체시스템인 SWIFT(Society for Worldwide Interbank Financial Telecommunication)나 뉴욕은행간의 자금결제수단인 CHIPS(Clearing House Inter-bank Payment System), 뉴욕시 소재 CLS은행 (Continuous Linked Settlement Bank International)[2] 등을 통해 결제된다.

한편 정보통신기술의 발달을 배경으로 오늘날 외환시장에서는 헤징 및 차익거래를 제공할 수 있는 통화선물, 통화옵션과 다양한 합성거래의 이용이 급속히

---

2) CLS은행은 외환매매거래의 국가간 시차 때문에 발생하는 금융기관들의 외환결제리스크(foreign exchange settlement risk)를 줄이기 위해 1999년 6월 설립된 외환결제전문 민간은행이다. 외환결제리스크는 외환매매거래 시 "매도통화는 이미 지급하였으나 국가간 시차 때문에 매입통화는 아직 수취하지 못한 상태에서 거래 상대방이 파산 등으로 결제를 이행하지 못할 경우 수취예정통화를 받지 못하게 될 위험"을 말한다. 동 결제리스크는 외환매매거래 당사자 간에 매도통화와 매입통화를 동시에 주고 받으면 제거될 수 있는바, CLS은행은 2002년 9월부터 동 은행과 결제회원 은행 및 결제통화국 중앙은행의 전산시스템을 상호 연결, 가동시간이 일정시간 동안 겹치게 함으로써 매도통화의 지급과 매입통화의 수취를 동시에 처리하는 외환동시결제(PVP: Payment versus Payment)시스템을 운영하고 있다. 동 행은 2003년 7월 우리나라 원화를 동 은행의 결제통화로 지정하였다. 우리나라 은행들은 2004년 10월부터 CLS결제시스템을 통해 외환결제를 하고 있다.

확대되고 있다.

II. 국제통화제도

1. 국제통화제도의 변천

국제통화제도는 국제유동성의 적정공급과 각국의 환율안정 그리고 국제수지 조정기능 등을 통하여 국제무역의 균형적 확대와 국제자본의 원활한 이동을 지원하기 위한 국제적인 통화제도 및 결제메커니즘을 말한다.

국제통화제도는 19세기 초 금본위제(gold standard system)라는 고정환율제도(fixed exchange rate system)의 도입 이래 세계무역 및 경제의 구조변화에 따라 오늘날의 변동환율제도(floating exchange rate system)에 이르기까지 많은 변모를 거쳐왔다.

제1차 세계대전 발발로 금본위제도가 붕괴된 후(1870~1914) 잠시 동안은 각국에서는 금뿐만이 아니라 달러와 파운드 등 금본위국의 통화를 준비금으로 통화를 발행할 수 있었던 금환본위제도(gold exchange standard system)가 도입되었다. 그러나 1929년의 대공황의 발발로 미국, 영국 등 금본위국의 금태환이 정지됨으로써 금환본위제도는 붕괴되고(1925~1931) 관리신용화폐제도(managed fiduciary money system)로 전환하였으며, 이 제도는 제2차 세계대전 후 브레튼우즈 체제(Bretton Woods system)가 성립할 때까지 지속되었다.

1944년 대공황 및 제2차 세계대전으로 피폐화된 국제경제질서를 제고하기 위해 IMF(International Monetary Fund)가 창설되면서 브레튼우즈 체제가 출범하였다 (1944~1971). 이 제도는 미국의 경제력과 달러화에 대한 신임을 바탕으로 다시 금환본위제도를 도입한 것으로, 각국이 자국통화의 가치를 금 또는 달러화에 대한 평가(parity)를 유지하게 하는 고정환율제도라고 할 수 있다.[3]

이 체제하에서 국제통화제도는 환율제도의 안정성이 금 생산량과 미국경제의 건전성, 특히 미국의 국제수지에 의해 좌우되고 IMF의 신용창출에 의해 보완되게 되어 있었다. 그러나 화폐용 금 생산량의 부족, 1960년대 이후 미국 국제수지의 악

---

3) 엄격히 말해 이 제도는 외환시장에서 각국의 평가절하 경쟁을 막기 위해 각국의 환율을 기준가격의 상하 1% 범위 내에 유지하도록 하고 IMF와 합의를 거쳐 당초 평가를 10% 범위 내에서 조정 가능한 고정환율제도(adjustable pegged exchange system)이었다.

화에 따른 달러화의 국제적 신인도 하락으로 국제통화 질서가 다시 혼란에 휩싸이
자 1971년 달러화의 금에 대한 평가를 온스당 $35에서 $38로 절하하고, 이에 준해
다국간 통화평가를 재조정하여 각국 통화의 변동환율폭을 기준율의 상하 2.25%로
확대하는 제도(wider margin)를 골격으로 하는 스미소니언 체제(Smithonian system)를
출범시켰다(1971~1973).

  그러나 이 체제도 미국의 국제수지 적자 확대와 달러화의 태환성 상실에 따라
더 이상 달러화를 본위로 하는 고정환율제도의 고수가 어렵게 되었고 1976년 오늘
날 국제통화제도의 모체가 된 킹스턴 체제(Kingston system)가 발족되기에 이르렀다.

  킹스턴 체제는 각국이 그들의 여건에 따라 적절한 환율제도를 선택할 수 있게
함으로써 변동환율제도를 공식적으로 도입되게 하였고 금의 대외지급준비자산으
로서의 기능을 상실시키는 대신, SDR(Special Drawing Right)본위제도로의 점진적 이
행을 허용하였다.[4] 또한 IMF신용제도의 확대 및 이용조건의 개선을 통해 개발도
상국에 대한 IMF의 국제수지 지원기능을 높이고 가맹국에 대해 협조의무를 부여
하며 IMF의 감독기능을 강화하기로 하였다.

  그러나 변동환율제도로 이행한 이후 각국이 그들의 경제적 이해관계에 따라
인위적으로 환율에 개입하는 등 적절한 정책협조를 이루어 내지 못하고 세계적인
규제완화와 파생금융상품 거래 증대로 인한 투기적인 자본이동 등이 편승효과
(bandwagon effect)나 투기적 거품현상(speculative bubble)을 초래하여 외환시장에서의
환율은 극도로 불안한 상태를 보여 왔다. 이로 인해 환리스크가 증대되어 세계 각
국의 실질교역량을 위축시키고 국가간의 국제수지 불균형을 확대시키는 한편, 거
래비용의 증가로 투자나 자본이동의 저해요인이 되는 등의 문제점을 지적받게 되
었다.

  이에 1980년대 중반 이후부터 주요 7개 선진국(G7)을 중심으로 거시경제정책
에 대한 상호협조와 감시를 통해 환율안정을 도모하기로 합의하게 되었고 이후 정
책협조체제를 계속 유지해 오고 있다. 또한 1994년 7월 브레튼우즈 특별위원회에
서 목표환율제도(target zone system)라는 새로운 환율제도개혁안이 제시되었다. 이 개
혁안은 먼저 미국, 일본 EU 등 3개 주요국의 적정 경상수지수준과 환율수준을 산

---

4) 1970년 국제거래에서 부족한 대외결제수단의 부족을 보충하기 위해 IMF에 의해 만들어진 제3의
   국제통화로 일면 paper gold라고도 한다. 도입 당시에는 1SDR=1U$(금 1/35온스)이었으나 2001
   년 이후 1SDR=0.577U$+0.426C+21.0¥+0.0984£이다. 현재 SDR은 IMF, World Bank, 각국 정
   부 및 중앙은행 간의 결제에 이용되고 있으나 그 거래규모는 연간 200억 SDR 정도로 크지 않다.

출한 후 이 주요국 통화들은 일정 범위 내에서 변동하게 하고 기타국의 통화는 이 세 통화 중 하나에 고정 혹은 연동되는 환율방식을 채택하게 하자고 주장한 것이나, 환율수준이나 참가국의 의무사항 등에 대한 합의 도출이 쉽지 않았다.

한편 1997년에 발생한 아시아 금융위기를 계기로 환율제도의 선택문제가 IMF는 물론 주요국 재무장관 및 중앙은행총재회의에서 중요하게 논의되어 왔다. 현재까지의 논의를 통해 각국은 자국의 경제발전단계나 경제상황에 따라 적절하게 환율제도를 선택할 수밖에 없으나 중장기적으로 유지가능한 환율제도를 선택하는 것이 중요하다는 것에 공감하게 되었다. 또한 환율제도의 선택이 통화정책과 자본거래자유화 등 여타의 거시경제정책과 상호모순되지 않도록 하는 것이 중요하다는 주장이 설득력을 얻고 있다.

2. 환율제도

현행 IMF체제 하에서 각국이 채택하고 있는 환율제도는 환율변동의 신축성 정도와 형태에 따라 고정환율제도, 자유변동환율제도와 중간단계의 환율제도인 크롤링페그제도와 관리변동환율제도 등으로 나누어 볼 수 있다.

고정환율제도는 자국의 통화를 금이나 특정통화 또는 복합통화바스켓을 기준으로 일정하게 연동시키는 제도이다. 고정환율제도는 환율변동위험을 줄이고 환율의 불균형을 이용한 국가간 단기자금이동의 폐해를 방지할 수 있는 장점이 있으나, 국제수지 불균형을 자동적으로 조절할 기능이 없고 자국의 독자적인 통화정책 수행이 어렵게 된다. 또한 타국의 인플레이션이 그대로 자국에 이전되며 자국통화의 과대 또는 과소 평가로 자원배분을 왜곡시킬 가능성이 크다는 약점을 가지고 있다.

크롤링페그제도(crawling peg system)는 자국통화를 외국의 단일통화 또는 복수통화바스켓에 연동시켜 단기적으로는 고정환율을 유지하되 장기적으로는 정부가 사전에 결정한 통화의 평가치에 수렴하도록 고정환율을 주기적으로 미조정하는 제도로서 고정환율제도의 약점을 보완한 제도라 할 수 있다.

관리변동환율제도(managed floating rate system)는 원칙적으로 환율의 신축적인 변동을 허용하되 정책당국이 외환시장에 적극 개입함으로써 환율이 적절한 수준에서 움직이도록 환율을 관리하는 제도이다. 이 제도하에서는 정책당국이 사전에 공표하진 않지만 내부적인 판단에 따라 적절하다고 결정한 수준에서 환율이 변동하도록 개입 등의 정책을 써서 외환시장을 관리하게 된다.

자유변동환율제도(independent or clean floating system)는 환율이 외환시장에서 외환의 수요와 공급에 따라 자율적으로 결정되는 제도이다. 이 제도 하에서도 정책당국이 간혹 제한된 범위 내에서 시장에 개입하기도 하나, 이것은 환율이 단기적으로 급격하게 변동하는 것을 완화시키거나 비정상적인 시장상황으로 인해 환율이 정상적인 움직임을 이탈하는 것을 막기 위해 예외적으로 이루어지는 것으로 여러 환율제도 중 가장 신축적인 환율제도이며 주요 선진국들을 비롯한 가장 많은 국가에서 채택되고 있다.

Ⅲ. 우리나라의 외환제도

1. 환율제도

우리나라는 1945년 10월 미군정 당국이 환율을 달러당 15원으로 정한 것을 시작으로 고정환율제도를 실시하였다(1945.10~1964.5). 1949년 6월부터 정부보유 외환의 환금에만 적용하는 공정환율과 일반 외환의 환금에 적용하는 일반 환율로 구분하는 복수환율제도를 채택하였다가 1955년 8월 다시 단일 공정환율제도로 환원하고 1964년 5월부터는 달러당 255원을 하한으로 환율변동을 일부 허용하는 단일 변동환율제도를 채택하였다(1964.5~1980.2). 이 제도는 외환시장에서 외환증서5)의 수요와 공급에 따라 형성되는 시장률을 환율결정에 반영하여 환율의 실세화를 유도하고자 한 것이었으나, 수입쿼터제 실시를 통해 환율은 사실상 달러당 255원으로 고정 운용되었다.

1965년 3월 그동안의 물가안정과 외환시장안정기금을 위한 IMF지원자금 등을 바탕으로 수입쿼터제를 대폭 철폐하고 한국은행이 시장률을 감안하여 한국은행 집중기준율을 고시하는 형태의 변동환율제도를 실시하게 되었다. 그러나 이 제도 실시 이후에도 지속적인 인플레이션과 석유파동 등의 여파로 4차례에 걸친 큰 폭의 환율인상 조치가 있었다. 또한 환율이 사실상 미달러화에 연동됨에 따라 기타 통

---

5) 외환증서제도는 외국환을 대용하는 증서를 발행하여 매매, 유통되게 하는 제도로서 외국환을 정부나 중앙은행 등에 집중 관리하면서도 환율은 외환시장에서의 외환증서 수급사정에 따라 자유롭게 변동할 수 있도록 하기 위한 것이었다.

화의 환율변동은 반영되기 어려웠다.

이러한 문제점을 개선하고 급격한 환율조정으로 인한 충격을 완화하며, 환율의 국제수지 조정기능을 제고할 수 있도록 하기 위해 1980년 2월 복수통화바스켓환율제도를 실시하였다. 이 제도는 주요 교역상대국과의 경쟁력유지를 고려하여 SDR바스켓과 미국, 일본, 영국, 독일, 프랑스 통화의 미 달러화에 대한 환율 변동을 우리나라와의 교역 비중으로 가중 평균한 독자바스켓을 결합한 복수바스켓제도를 도입하고 이 밖에 실세반영 장치를 고려하여 다음과 같은 방식으로 미달러화에 대한 한국은행 집중률을 계산하였다.

$$ER = \beta \cdot \text{SDR바스켓} + \beta' \cdot \text{독자바스켓} + \alpha$$

ER: 원/달러 환율

β, β': 가중치($\beta + \beta' = 1$)

α: 실세반영 장치

미달러화 이외의 여타 통화에 대한 집중기준율은 국제금융시장에서의 미 달러화와 여타 통화간의 환율을 재정하여 결정하였다. 이 제도는 1985년 이전까지는 환율의 안정에 비교적 기여하였으나, 이후 국제금융시장에서의 미달러화의 강세에 따라 미달러화 이외의 통화에 대한 원화가치를 제대로 반영하지 못하게 된데다가 통상마찰에 따른 환율조정 압력이 거세어지고, 특히 실세반영장치 α에 의한 환율조작 가능성을 주요 교역상대국들이 쟁점화하게 되자 1990년 3월부터 이를 폐지하고 시장평균환율제도를 도입하였다(1990.3~1997.12).

시장평균환율제도는 국내 은행간의 현물환거래환율을 가중평균하여 이를 다음 날의 기준율로 삼는 제도로, 교역상대국에 대한 환율조작 의구심을 없애고 국내외환의 수요와 공급 사정을 보다 잘 반영할 수 있다는 장점을 갖고 있었다. 미달러화 이외의 통화에 대한 매매기준율은 최근 국제외환시장에서 형성된 해당 통화와 미달러화의 매매중간율을 당일의 미달러화에 대한 매매기준율로 재정하여 원화에 대한 환율로 고시하는 방식으로 결정하였다.

이러한 방식으로 산출된 매매기준율은 외국환은행과 대고객 또는 은행간 거래의 기준이 되는데 원/달러 환율의 급격한 변동을 방지하기 위해 당분간 기준율의 상하변동폭을 일정한 범위 내로 제한하였다.

제16장

그러나 시장평균환율제도는 몇 가지 문제점을 내포하고 있었다. 첫째는 우리나라의 외환시장의 규모가 작은 데다 경상거래에 따른 외환수급의 예측이 용이하여 몇몇 시장참가자나 투기적 환거래에 의해 환율이 좌우될 소지가 있었다. 둘째, 기준환율 중 원/달러환율은 국내외환시장에서 결정되지만 여타 환율은 국제시장의 달러대 해당국의 환율을 재정하여 사용하므로 일본이나 독일 등 주요 교역국과의 교역량이나 경쟁력 등을 제대로 반영하지 못할 가능성이 있다는 점이었다.

이러한 문제점들과 1997년 12월의 외환위기로 외환시장이 마비되는 현상이 나타나게 되자, 같은 해 12월 16일 환율변동폭은 완전 철폐되고 환율이 외환시장에서 외환의 수급에 따라 자율적으로 움직이는 자유변동환율제도로 이행하게 되었다.

2. 외환관리제도

우리나라는 1960년대 이전에는 외국무역, 외환거래, 대외채권·채무 등에 대한 면허제가 실시되고 모든 외환은 유일한 외국환은행인 한국은행에 매각해야 하는 외환집중제도를 실시하였다. 1961년 12월 「외국환관리법」이 제정되고 1980년대 중반 이후 경상수지가 흑자로 전환됨에 따라 경상적인 외환지급 및 해외직접투자 등에 대한 제한이 점진적으로 완화되어 1988년 11월에는 경상지급 제한 철폐 의무가 있는 IMF 8조국으로 이행하였다.

1990년대에 들어 교역규모의 급격한 신장과 경제규모의 확대로 우리 경제의 국제적 지위가 향상되면서 외부로부터의 개방 압력이 높아짐에 따라 외환 및 자본 자유화의 폭이 점진적으로 확대되었다. 1992년 1월 외국인의 국내 상장주식의 직접 취득이 허용되고 1992년 9월 경상거래 규제를 원칙적으로 원칙자유-예외규제체계(negative system)로 개편하였다.

1993년 정부는 외환거래의 단계적인 자유화 일정을 마련하고 이에 따라 그 폭을 넓혀 왔는데, 1993년 이후 1995년까지 시행된 주요 자유화 조치를 보면 외환의 보유 및 사용에 대한 양적 규제의 대폭 축소, 환율의 가격기능 제고, 선물환시장의 기반 조성, 외국환은행에 대한 외환포지션 규제 완화, 외환거래의 실수요증명제도[6]의 완화 등이다.

---

6) 외환거래 실수요원칙은 외자도피와 외환의 투기적 거래를 방지하여 환율이 실물경제여건에 따라 움직이도록 하기 위한 제도로, 특히 투기성이 큰 선물환거래 등에 엄격하게 적용되었다. 그러나

한편 모든 경상거래의 지급절차가 종래의 준인가적 인증제에서 통계파악 목적의 신고제로 변경되었다. 인증제는 대외지급이 소정조건에 맞는지를 심사하여 요건에 맞으면 대외지급이 허용되었던 것이고, 신고제는 단순한 보고형태로서 별도의 심사를 요하지 않고 신고서에 형식적인 하자만 없으면 신고행위 자체로서 효력이 발생하게 된다. 외국환의 집중제도도 유사 시에만 사용하도록 하는 한편, 외국환거래에 사용하는 통화의 지정제도도 폐지되었다. 또한 기업 및 개인의 대외지급한도가 대폭적으로 확대되고 지급방법도 대폭 자유화되었다.

원화의 국제화도 상당히 진전시켰는데 모든 경상거래에 대해 원화표시결제가 허용되고 거주자와 비거주자간에 원화로 직거래할 수 있는 범위와 거주자에 대한 원화의 해외반출입한도 및 비거주자에 대한 원화표시 여행자수표 매각한도도 확대되었다. 그리고 비거주자가 외국환은행에 원화로 예치하였다가 필요한 경우 인출 및 대외송금이 가능한 자유원계정(free won account)제도를 도입하였다.

앞으로 원화의 국제화를 촉진하기 위해 2단계로 나누어 제1단계(2006~2007)에는 비거주자의 원화차입시 한국은행에 신고해야 하는 금액을 100억원 초과로 확대하고 원/달러선물의 해외거래소 상장을 추진하며 외국인 투자계정을 자유원 계정으로 통합 일원화하고, 제2단계(2008~2009)에 가서는 신고 면제 대상 자본거래 범위 및 원화결제를 더욱 확대할 예정이다.

원화의 국제화가 진전되면 원화의 해외유출입이 많아지면서 통화관리가 어렵게 되고 환율변동폭이 커지는 등 환율 및 실물부문의 교란을 초래할 우려가 있다. 그러나 비거주자가 보유하고 있는 원화량만큼 재화나 용역을 수입하여 이용할 수 있어 화폐주조이익(seigniorage gain)[7]을 얻을 수 있고, 대외거래 계약시점부터 자금

실수요원칙은 외환거래에 대한 제약으로 외환시장의 활성화에 제약이 될 뿐만 아니라 대외적으로 통상마찰의 요인이 되는 등 부작용도 커 실수요 증명대상을 계속 완화하여 1997년에는 선언적 의미의 실수요원칙만 유지되고 선물환 등에 대한 실수요증명 제출의무도 사실상 완전히 철폐되었다.

7) 화폐주조이익이란 화폐의 교환가치에서 발행비용을 차감한 것으로 중앙은행 등 화폐를 발행하는 자가 갖게 되는데, 국제적으로 통화의 국제성이 큰 기축통화일수록 더 커진다. 기축통화국이 외국에서 얻는 주조차익은 해외유통 잔액에 기축통화의 인플레이션율을 곱하여 추정하기도 하는데 실제는 이보다 훨씬 크다. 채권 등 기축통화로 표시된 자산의 유동성 증대에 따른 프리미엄, 기축통화국의 경상수지가 적자일 경우 이를 보전하기 위한 자본을 자국통화로 조달함에 따른 기회비용 절감 등 간접적인 효익이 매우 크기 때문이다.
그러나 달러와 같은 기축통화를 발행하는 국가는 국제유동성을 공급함에 따른 국내외 통화정책의 부조화와 국제수지의 불균형, 특히 경상수지적자를 감수해야 하는 등 이른바 Triffin dilemma

결제시점까지의 환율변동위험을 방지하고 원화의 교환성 증대로 금융기관의 국제
금융업무를 활성화시키는 등 긍정적인 효과를 기대할 수 있다.

3. 외환거래자유화

정부는 1996년 12월 OECD에 가입하면서 자본거래를 포함한 외환거래의 자
유화 일정을 제시함으로써 향후 경제체제가 시장원리에 보다 충실하게 작동하도록
노력할 것임을 천명하는 등 선진경제를 지향하는 장기플랜으로 외환자유화를 추진
하였다. 그러나 1997년 12월 발발한 외환위기를 경험하게 되면서, 외환자유화의
전제가 되어야 하는 신축적인 거시경제정책의 운용과 튼튼한 금융시스템의 구축이
라는 분야에서 매우 취약했음이 드러났다.

따라서 정부는 1997년 12월 16일 자유변동환율제도를 채택함으로써 경제의
대외부문이 시장원리에 따라 자율적으로 조정되는 체제로 전환시키는 한편, 과감
한 기업 및 금융부문의 구조조정을 통해 금융시스템의 안정성 확보를 위해 노력하
였다. 그리고 1998년 6월 외국자본의 유입을 촉진하여 외환위기를 조속히 극복하
고 시장개방을 통해 효율적인 대내외 경쟁체제를 구축하기 위해 '외환거래자유화
기본계획'을 발표하였다. 이 계획에서는 외환자유화를 2단계에 걸쳐 추진하기로
하고 제1단계는 1999년 4월부터, 2단계는 2001년 1월부터 시행하기로 하였다.

이에 따라 1998년 9월 종전의 「외국환관리법」을 전면 개정한 「외국환거래법」
을 제정하였으며, 동 법에서는 2001년에 개인 및 기업에 대한 잔존 규제가 자동적
으로 폐지되도록 일몰조항(sunset clause)을 규정함으로써 자유화가 2년여에 걸쳐 점
진적으로 이루어지도록 하였다.

1999년 4월부터 실시된 제1단계 외환자유화는 기업 및 금융기관의 대외영업
활동 관련 외환거래자유화를 그 내용으로 하고 있다. 이에 따라 자본거래는 기존
의 원칙금지-예외허용체제(positive system)에서 원칙자유-예외규제체제(negative system)
로 전환되었다.8) 선물환거래 실수요원칙이 폐지되었고 국내금융기관의 역외시장
참여가 가능해졌으며, 기업의 단기 외화차입이 허용되는 등 자유화의 폭이 확대되
었다.

문제도 있다.

8) 개인의 자본거래에 대해서는 당분간 제한을 계속하되, 자본거래허가제 등의 적용시한을 2005년
말까지로 한정하였다.

이와 함께 자유화 시행에 따른 부작용을 최소화하기 위해 여러 보완책이 마련되었는데 기업 및 금융기관에 대한 건전성 규제를 강화하고 외환전산망 설치, 국제금융센터 설립, 조기경보체제 가동 등을 통해 모니터링 시스템(monitoring system)을 구축하였으며, 유사시 가변예치의무제, 자본거래허가제, 외환집중제 등을 실시할 수 있는 근거를 담은 안전장치(safeguard)를 제도화하였다. 이러한 노력의 결과 국내외환시장은 규모면에서 뚜렷한 성장을 보이는 한편 큰 부작용 없이 안정세를 나타냈다.

제2단계 외환자유화는 크게 거주자에 대한 외환거래 자유화와 비거주자에 대한 외환거래 자유화로 구분하여 시행할 예정이었으나, 대내적인 구조개혁의 미완결, 대외적인 경제여건의 불안정 등 대내외 시장여건의 변화를 감안하여 자유화 일정의 조정이 필요하다는 인식이 대두되었다. IMF 등 국제기구에서도 국제 단기 자본 이동에 대한 규제, 건전성 규제 강화의 필요성과 질서있고 순차적인 자본자유화의 중요성이 강조되었다.

이러한 인식을 바탕으로 정부는 자유화의 기본원칙이 훼손되지 않는 범위 내에서 2001년부터 자유화하기로 하였던 대외채권회수의무제도,[9] 재무건전성이 불량한 기업에 대한 단기해외차입 제한, 비거주자의 원화조달 제한 등 일부 외환시장 안정과 외화건전성 제고를 위한 항목을 5년간 연기하기로 하였었는데, 동 규제의 시효가 2005년 말로 종료됨에 따라 대외채권회수의무제도를 제외한 모든 자본거래에 대한 허가제도가 신고제도로 전환되었다. 한편 2016년 3월 종래 은행에 비해 외국환업무가 크게 제한되었던 비은행금융회사의 외국환업무 취급 범위를 외국과의 지급 및 수령, 외화예금 등 일부 업무를 제외하고는 은행과 거의 동등한 수준으로 확대하였다.

이에 따라 우리나라의 외환 및 자본자유화는 선진국 수준으로 상향되었다. 앞으로 대외채권 회수의무제도, 자본거래 신고제도 및 원화의 수출입과 자본거래결제 등 원화의 국제화에 관해 일부 남아있는 규제까지 자유화하게 되면 금융의 국제화는 사실상 완료될 것이다.

---

9) 거주자는 비거주자로부터 미회수잔액이 건당 미화 50만 달러를 초과하는 채권을 보유하고 있는 경우 당해 채권의 만기일 또는 조건성취일로부터 1년 6개월 이내에 국내로 회수해야 한다. 앞으로 동 제도는 단계적으로 폐지되어 유사시 안전장치(safe guard)로 규정될 것이다.

제 2 절 환 율

Ⅰ. 환율의 개념과 표시방법

환율이란 일정 시점에서 한 나라의 통화와 다른 나라 통화와의 교환비율을 의미하며 외화라고 하는 특수한 재화의 가격이라고 말할 수 있다. 일반적으로 통화의 가치는 그 통화가 갖는 구매력으로 표현되는데, 일국 통화의 국내에서의 구매력을 대내가치라고 한다면 외국에서의 구매력은 외화와 교환됨으로써 실현되기 때문에 환율은 일국 통화의 대외가치를 말한다.

외환시장에서의 환율은 각 통화의 매매가격이고 그 통화에 대한 수요와 공급에 의해 결정된다. 외환이 국제결제의 수단이므로, 장기적으로는 국제수지상태가 외환의 수급을 반영하게 되어 환율을 결정하게 된다.

환율의 표시방법은 어느 통화가 표시대상이 되고, 어느 통화가 가치를 표시하는가에 따라 직접표시법과 간접표시법으로 구분할 수 있다. 직접표시법(direct quotation)은 외화 1단위에 대한 자국화의 교환대가를 표시하는 방법으로서 자국통화표시법(rate in home currency 또는 giving quotation)이라고도 한다. 우리나라의 경우도 미화 1달러당 원화의 비율로 환율을 고시하고 있다. 이런 경우 환율이 상승하면 자국통화가 절하(depreciation)되었다고 표현하고, 환율이 하락하면 자국통화가 절상(appreciation)되었다고 한다.[10]

한편 국제외환시장에서는 미달러화 1단위에 대한 다른 통화의 교환비율로 환율을 표시하는 것을 European Terms라고 한다.

간접표시법(indirect quotation)은 자국화 1단위에 대한 외화의 교환대가를 표시하는 방법으로서 외국통화표시법(rate in foreign currency 또는 receiving quotation)이라고도 한다. 그리고 국제외환시장에서 특정통화 1단위에 대한 미달러화의 교환비율로 환율을 표시하는 것을 American Terms라고 하며 EU, 영국, 호주, 뉴질랜드 등에서 사용하고 있다.

---

10) 고정환율제도 하에서 외환당국에 의해 환율이 조정되는 경우와는 구분이 된다. 당국이 환율을 인상하는 경우 자국통화가 평가절하(devaluation)되었다고 하고 환율을 인하하는 경우에는 자국통화가 평가절상(revaluation)되었다고 표현한다.

II. 환율의 종류

1. 현물환율과 선물환율

외환거래계약 후 2영업일 이내에 외환의 수도와 결제가 이루어지는 거래를 현물환거래(spot transaction)라 하고 이때 적용되는 환율을 현물환율(spot rate)이라고 한다. 일반적으로 환율이라 하면 현물환율을 말하는데, 선물환율이나 스왑레이트 의 기준이 되고 있다.

선물환율(forward rate)은 외환매매계약 체결 시 미래의 특정일에 외환을 수도·결제하기로 약정하는 선물환거래(forward transaction)에 적용되는 환율로서 금리평가 이론(interest rate parity theorem)[11]에 의거 양 통화간 금리차와 현물환율에 의해 결정 된다.

예컨대 현재 원화와 달러간의 현물환율 1,285.0, 미국의 3개월 금리는 연 2.3%, 한국의 3개월 금리는 연 5.8%라고 할 때 3개월물 선물환율은 다음과 같이 계산된다.

$$3개월\ 선물환율 = 1,285.0 \times \frac{(1+5.8\% \times 90/365)^{12)}}{(1+2.3\% \times 90/360)}$$
$$= 1,295.93$$

이때 선물환율과 현물환율의 차이인 10.93(1,295.93 - 1,285.0)원을 스왑레이트(swap margin or swap rate) 혹은 선물환마진(forward margin)이라고 하는데, 외환스왑거래(FX swap transaction)에도 적용된다.

---

11) 선물환거래에서는 양 통화를 일정기간 경과 후에 교환하게 되므로 선물환거래 결제시점까지 고 금리통화는 저금리통화에 비하여 상대적으로 높은 이자수익을 실현하게 된다. 이러한 이자수익 차이를 선물환율에 반영하여 현물환거래와 실질적으로 동일한 조건의 교환을 이루기 위해서는 고 금리통화에는 현물환율에 비하여 불리한 교환조건을, 그리고 저금리통화에는 보다 유리한 교환조 건을 적용해야 할 것이다.

12) 원리금 계산에 있어 우리나라의 경우 실제일수를 365일로 나누는 방식(Actual/365 base)을 이용 하나, 미국의 경우 실제일수를 360일로 나누는 방식(Actual/360 base)을 이용하므로 통상 이를 구분하여 계산한다.

2. 은행간 환율과 대고객환율

은행간 환율은 외국환은행 상호간의 거래에 적용되는 환율을 말하고, 대고객환율은 외국환은행과 외국환은행 이외의 고객간의 거래에 적용되는 환율을 말한다. 은행간 환율은 통상 시장환율이라고도 하며 대고객환율의 기준이 된다. 현재 은행간 환율의 호가와 체결가는 외환시장에 참여하는 외국환은행에게만 제공되고 기업 등 일반고객에게는 이들의 투기적 시장개입에 따른 과도한 환율변동을 방지하기 위해 준거환율(reference rate)만을 제공하고 있다. 준거환율은 외환거래 참여은행들이 외환거래흐름을 반영하여 기업 등 일반고객들에게 제시하는 대고객환율로 은행간 환율에 소정의 마진을 가감하여 실제로 고객과의 거래에 적용되는 환율을 결정하는바, 주요 거래환율을 소개하면 다음과 같다.

1) 전신환매매율(telegraphic transfer rate)

전신환매매율은 환어음의 결제를 전신으로 하는 경우 적용되는 환율로 여타 대고객매매율의 기준이 된다. 전신환매매는 환어음의 송달과 결제가 환거래은행(correspondent bank)[13]을 통해 즉시(1일 이내) 이루어지므로 우송기간에 대한 금리(환가료)가 적용되지 않고 거래에 따른 수수료와 외환리스크를 커버하기 위한 보험료만이 내포되어 있다.

2) 일람출급환어음매입률(at sight bill buying rate)

일람출급환어음매입률은 환어음이 지급은행에 제시되어야 지급되는 일람출급환어음(at sight bill)의 매입시 적용되는 환율이다. 일람출급환어음은 우송기간이 경과되어야만 자금화가 되므로 일람출급환어음매입률은 우송기간의 금리에 해당하는 환가료(exchange commission)를 전신환매입률에서 차감하게 된다.

3) 기한부어음매입률(usance bill buying rate)

기한부어음매입률은 어음이 제시된 후 일정기간이 경과되어야 지급되는 조건인 기한부어음(usance bill)의 매입 시 적용되는 환율이다. 외국환은행이 기한부어음을 매입할 시는 동 어음의 매입 후 대금회수 시까지 자금부담을 하게 되므로 기한부어음매입률은 전신환매입률에서 우송기간과 기한부어음기간에 해당하는 금리를

---

13) 환거래은행은 대외거래에 관련된 송금 및 대금지급업무를 위해 환거래계약을 체결한 은행으로, 이는 다시 환거래계약을 체결하고 환거래자금을 예탁한 예치환거래은행과 환거래계약만을 체결한 무예치환거래은행으로 구분된다.

차감하게 된다.

4) 수입어음결제율(import L/C settlement rate)

수입어음결제율은 우리나라 수입상을 위해 신용장을 개설해 준 외국환은행이 수입대금 지급을 위해 외환을 매도할 시 적용하는 환율이다. 해외수출상이 우리나라 수입상에 수출선적을 하고 발행한 환어음을 현지 은행이 매입하면 동 은행은 매입 즉시 동 은행에 개설되어 있는 우리나라 신용장개설은행의 대외예치금 계좌(our account)에서 차기하여 동 대금을 지급받는다. 그러나 우리나라의 신용장 개설은행은 선적서류가 우송되어 온 후 환어음을 수입상에 제시하여 대금을 회수하게 되므로 우송기간 동안 자금부담을 하게 된다. 따라서 수입어음결제율은 전신환매도율에서 우송기간에 해당하는 환가료를 추가하게 된다.

5) 현찰매매율(cash buying/selling rate)

현찰매매율은 외국통화 현찰을 매매할 때 적용하는 환율이다. 외국환은행이 현찰을 매입 또는 매각할 경우 부족한 현찰을 운송하는 데 따른 운송비와 보험료는 물론 현찰은 비수익자산이므로 이를 보유하는 데 따른 환리스크를 부담하게 된다. 현찰매매율은 이러한 비용을 고려하여 전신환매매율을 기준으로 일정률을 가감하여 정하게 된다.

Ⅲ. 외환포지션

외환포지션은 일정시점 현재의 외화표시자산과 외화표시부채의 차액으로 환리스크에 노출된 부분(foreign exchange exposure)을 말한다.[14] 환리스크란 예상하지 못한 환율변동으로 인하여 외화자산 또는 외환부채의 가치가 변동할 가능성을 말하며, 환차손과 환차익을 모두 포함한다. 외환포지션은 외환의 매매결과에 따라 매입초과포지션, 매도초과포지션 및 균형포지션으로 구분한다.

매입초과포지션(overbought position or long position)은 외환매매거래의 결과 매입액이 매도액을 초과함으로써 일정시점에서 외화표시 보유자산이 부채를 초과하는 상태를 말한다. 특정 통화가 매입초과포지션 하에서 강세를 보이면 환차익을 실현

---

14) 환노출이란 환율의 변동으로 인해 손익이 변화하는 정도를 말하며 이를 측정하는 방법으로는 외환포지션, 순외환차익 등이 이용된다.

하고 반대로 약세를 시현하면 환차손이 발생한다.

　매도초과포지션(oversold position or short position)은 외환매매거래의 결과 매도액이 매입액을 초과함으로써 일정시점에서 외화표시 보유부채가 자산을 초과하는 상태를 말한다. 매도초과포지션 하에서 특정 통화가 강세를 보이면 환차손을 실현하고 반대로 약세를 시현하면 환차익이 발생한다.

　한편 외환매입액과 매도액이 균형을 이루어 일정시점에서 외화자산과 부채규모가 일치하는 경우의 환포지션은 균형포지션(square position or flat position)이라고 하며 환율변동에 따른 환리스크에 노출되어 있지 않다고 본다. 외국환은행의 경우 외화자금 수급사정이나 고객들과의 지속적인 거래 때문에 실제로 균형포지션이 이루어지는 경우는 거의 드물다. 그러나 딜러들의 입장에서 환율전망이 극히 불투명한 경우에는 환리스크를 회피하기 위하여 의도적으로 균형포지션을 유지하기도 한다.

　한편 외환포지션은 외환의 종류에 따라 현물환포지션, 선물환포지션 및 종합포지션으로 구분한다.

　현물환포지션(spot position)은 결제가 완결되어 기 자금화된 현금포지션(cash position)과 경과계정인 미결제 현물환으로 기표되어 제2영업일 이내에 결제가 도래하는 포지션을 모두 포함한 개념이다.

　선물환포지션(forward position)은 선물환거래에 의한 포지션으로서 제2영업일을 초과하여 기일이 도래하는 외환포지션을 말한다. 현물환포지션과 선물환포지션을 합한 전체 포지션금액을 종합포지션(overall position)이라고 한다.

　현재 외환관리당국은 외국환은행에 대해 외환포지션관리를 행하고 있는데 그 목적은 과다한 외환포지션으로 인한 통화교란과 외환시장의 불안 가능성을 사전에 방지하고 금융기관의 과도한 위험부담을 완화함으로써 건전경영을 유도하기 위해서이다.

　그간 금리 및 외환자유화, 통화관리의 간접규제로의 이행, 외환집중제도의 완화 정도 등에 맞추어 외환포지션규제는 점진적으로 완화되어 오다가 1998년 9월 새로운 「외국환거래법」의 제정과 함께 외국환은행의 현물환포지션제도는 폐지되고 종합포지션관리체제로 일원화되었다.

　또한 외환위기 이후 외환포지션규제 정비의 필요성이 대두됨에 따라 정부는 1999년 1월 IMF와의 합의하에 외환포지션관리제도를 변경 실시하였다. 이는 외국환포지션관리제도를 기존의 순합산포지션(net aggregate position)에서 간편포지션(short-hand position)제도로 변경하고 외환포지션한도는 기존의 자기자본의 15%에서 20%로 확대한 것이다.

순합산포지션은 각 외국통화별 매입초과포지션과 매도초과포지션의 순합계를 외환포지션으로 산정하는 방식인 반면, 간편포지션제도는 각 통화별 매입 및 매도 초과포지션을 별도로 합산하여 이 중 큰 포지션이 자기자본의 일정 비율을 초과하지 않도록 관리하는 방식으로 각 통화에 대한 내국통화의 환율이 미달러화 환율에 부분적으로 연동되어 있는 국가들이 주로 채택하는 제도이다.

이 두 제도의 차이점을 살펴보면, 순합산포지션제도에서는 외환의 매입이나 매도거래를 무제한으로 증가시켜도 외환포지션의 증감이 없을 수 있으나, 간편포지션제도하에서는 외환거래가 증가할 경우 통화별 포지션 상황에 따라 외환포지션이 증가하게 되므로 외환거래를 무제한으로 늘리기가 곤란해지므로 보다 효과적인 포지션의 관리가 가능하다고 할 수 있다.

제 3 절   외환거래

Ⅰ. 현물환거래

현물환거래(spot transaction)는 외환시장에서 가장 일반적인 거래형태로서 거래일로부터 통상 제2영업일 이내에 결제가 이루어지는 외환매매거래를 말한다. 국제외환시장에서 대부분의 현물환거래는 제2영업일 후(value spot)에 결제되는데, 이는 국제자금거래에서 각국 간에 존재하는 시차를 감안하고, 또 자금이체에 따른 은행의 업무상 소요시간을 감안한 것이다. 또한 거래일로부터 제1영업일 후에 결제가 이루어지는 거래를 익일거래(value tomorrow)라 하며 미달러화와 캐나다 달러화 등의 거래에서 통상 찾아볼 수 있는데 이는 거래은행들이 동일한 시간대와 지역에 소재하고 있기 때문이다. 그 외에 외환거래 당일에 결제되는 당일거래(value today)도 있으나 특별한 경우에만 이루어진다.

한편 외환거래에서 결제일은 자금의 수수가 실제로 이루어지는 날이므로 결제일이 유효하게 성립하기 위해서는 결제일로 정해진 일자가 그 해당 통화국의 영업일이어야 한다. 해당 통화 중 어느 한 국가라도 휴일인 경우에는 다음 영업일로 결제일이 연장된다.

II. 선물환거래

선물환거래(forward transaction)는 거래일로부터 2영업일을 경과한 장래의 일정시점 또는 특정일자를 결제일로 하여 정해진 환율로 외화의 수도·결제할 것을 약정하는 외환거래를 말한다. 향후 미래의 특정일에 일방적인 매도나 매입을 약정한다는 점에서 스왑거래와 구분하기 위해 아웃라이트 선물환거래(outright forward transaction)라고도 한다.

선물환의 결제일은 보통 현물환 결제일로부터 1주일, 1개월, 3개월, 6개월, 1년 등의 기간으로 결정되는데 이것을 표준일물(standard date, even date)이라고 한다. 은행간 거래의 경우에는 거의 이러한 표준일물이 거래된다. 표준일이 아닌 특정일을 결제일로 하는 선물환거래는 비표준일물 거래(broken date or odd date)라 하며 주로 대고객거래시 발생한다.

선물환거래의 동기는 크게 세 가지로 분류할 수 있다. 첫째, 장래의 외환결제에 적용할 환율을 거래시점에서 미리 약정함으로써 거래일로부터 결제일 사이의 환율변동에서 초래되는 환리스크를 회피하려는 것이다.

둘째, 환차익의 극대화를 위한 환투기 수단으로의 이용이다. 예컨대 3개월 후의 원/달러 환율이 상승할 것으로 예상되는 경우에는 미달러화를 매입하는 3개월 만기 선물환거래계약을 체결하게 된다. 3개월 후 시점의 실제환율이 예상대로 당초의 선물환율을 상회하게 되면 자기자금의 부담 없이 환차익을 얻을 수 있게 된다. 그러나 환율이 예상과 반대방향으로 움직일 경우 손실을 입을 수 있다.

셋째, 선물환거래는 차익거래 수단으로도 이용된다. 선물환율은 기본적으로 두 통화간의 금리 차이에 의해 결정되므로 선물환율이 금리 차이를 적절히 반영하지 못하고 있는 경우에는 자금시장과 외환시장 간의 불균형을 이용한 차익거래가 가능해진다.

III. 외환스왑거래

외환스왑(FX swap)거래는 계약당사자가 현재의 계약환율에 따라 서로 다른 통화를 교환하고 일정기간 후 계약시점에서 정한 선물환율에 따라 반대로 교환하는 거래를 말한다. 외환스왑거래는 통상 1년 이내의 단기거래로 현물환과 선물환, 만기가 다른 선물환과 선물환 등이 서로 반대 방향으로 교환하여 거래되며 통화간 금리차가 선물환율에 반영된다. 외환스왑거래는 두 가지의 외환거래가 서로 반대로 일어나 전체 포지션은 균형을 이루게 되므로 환리스크는 거의 없으며, 스왑기간 동안 타 통화자금을 창출하여 사용하는 일종의 자금거래이다. 한 통화를 담보로 주고 다른 통화를 빌려 쓰되, 통화간 금리 차이를 환율로 계산해서 정산하는 것으로 볼 수 있다.

스왑거래 중 먼저 도래하는 결제일을 near date(or near leg)라 하고, 나중에 도래하는 결제일을 far date(or far leg)라 한다. 예컨대 현물환과 선물환 스왑의 경우 near date는 현물환거래의 표준 만기일인 2영업일 이내가 되며 far date는 2영업일 이후 선물환의 결제일이 된다. near date와 far date 사이의 기간을 스왑기간이라고 한다.

결제일이 다른 두 개의 현물환거래로 이루어진 스왑을 현-현 스왑이라 하는데, 주로 만기가 1~2일간인 초단기 스왑거래로 one day swap 혹은 rollover swap이라고도 한다. 거래일부터 익영업일까지의 1일 만기 스왑거래는 O/N(Over-Night)스왑이고, 익영업일부터 제2영업일까지의 스왑은 T/N(Tom-Next) 스왑이라 불린다. 이들 거래는 대개 자금결제일을 1~2일 정도 조정하기 위한 수단으로 이용된다.

현-선 스왑(spot-forward swap)은 가장 일반적인 스왑거래 형태로서 현물환을 매입하거나 매도하고 선물환을 반대방향으로 매매하는 형태이다. 그 외에 일정 선물환을 매입하거나 매도하고 동시에 타 선물환을 반대방향으로 매매하는 형태를 선-선 스왑(forward-forward swap)이라고 한다.

대부분의 스왑거래는 동일 당사자간에 매매거래가 이루어지는데 이를 pure swap이라 하며, 이와 달리 매입거래자와 매도거래자가 서로 다른 경우 이를 engineered swap이라고 한다.

스왑레이트가 두 통화간의 금리차를 적절히 반영하지 못하고 있을 경우 금리

차익거래로 환리스크의 부담을 갖지 않고 차익거래이익을 실현시킬 수 있는데, 이를 커버된 금리차익거래(covered interest rate arbitrage)라 한다.

IV. 기타외환거래

기타외환거래로는 송금, 추심, 여행자수표, 외화예금, 외화현찰매매 등이 있다.

송금(remittance)업무는 당발송금과 타발송금업무로 구분된다. 당발송금은 국내에 있는 송금인의 신청에 따라 원화 또는 외화를 송금대전으로 받고 외국에 있는 수취인에게 송금하는 것을 말하며, 타발송금은 당발송금과는 반대로 해외지점 또는 해외 환거래은행의 지급수탁에 의하여 국내의 수취인에게 송금대금을 지급하는 것을 말한다.

송금의 방법에는 우편송금(M/T: Mail Transfer)과 전신에 의한 전신송금(T/T: Tele-graphic Transfer) 및 송금수표(D/D: Demand Draft)에 의한 방식 등이 있다. 우편송금방식과 전신송금방식은 각각 지급지시서를 우편과 전신으로 보내는 방식이고 송금수표방식은 수표에 의해 송금하는 방식이다. 송금수표방식은 통상 소액거래에 이용된다.

추심(collection)이란 채권자가 매도 또는 추심의뢰한 외화수표 또는 어음을 채무자 앞으로 대금지급을 청구하여 자금을 결제하여 주는 업무를 말한다. 추심방법에 의한 자금의 거래는 추심 전 매입거래와 추심 후 지급거래로 나뉘어진다. 추심 전 매입(bills purchased)은 고객의 요청에 따라 지급은행에서의 지급이 확실하다고 예상되는 외화수표나 어음 등을 은행이 매입하여 대금을 고객에게 먼저 지급한 후 지급은행 앞으로 추심하여 매입자금을 회수하는 것을 말하며, 추심 후 지급(bills collected)은 고객의 위임에 따라 외화수표나 어음 등을 추심하여 대금이 동행 예치금계정에 입금되었음을 확인한 후 고객에게 대금을 지급하는 것을 말한다.

여행자수표(T/C: Traveller's Check)는 해외여행자가 현금휴대에 따르는 분실, 도난 등의 위험을 피하기 위하여 고안된 수표의 일종이다. 대다수 국내은행의 경우 현재 세계 일류 금융기관이 발행하고 있는 여행자수표를 수탁판매하고 있다.

외화예금은 비거주자 및 거주자에게 외화예금계정의 개설을 허용함으로써 취득 또는 보유하고 있는 대외지급수단이나 외화채권을 말한다. 외화예금은 외국환은행의 외화자금조달 면에서 가장 안정적인 자금조달원천 중의 하나이다.

현찰매매는 외국환은행이 보유하고 있는 외국통화를 고객과 매매하는 경우이며, 외화현송 혹은 현수에 소요되는 보험료와 운임이 감안된 대고객 현찰매매율이 적용된다. 은행이 보유하고 있는 외화현찰은 통화발행국에 현송하여 외화지급예금계정[15]에 입금된 후에야 비로소 대외결제자금으로 사용할 수 있으며 보유기간 중에는 비수익성 자산에 불과하다.

제 4 절 무역거래

Ⅰ. 무역거래방식

1. 신 용 장

신용장(LC: Letter of Credit)이란 무역거래를 원활히 하기 위하여 수입상의 거래(개설)은행이 수출상을 수익자로 하여 일정한 조건 하에 수입상품의 대금을 지급할 것을 보증하는 약속증서이다.[16] 신용장은 개설의뢰인의 요청과 지시를 근거로 개설되며 신용장에 명시된 서류와 상환하여 신용장조건과 일치하는 경우에만 개설은행의 보증채무 이행이 발생되는 조건부보증서이다.

신용장은 수출상에게는 선적 후 대금회수위험을, 수입상에게는 상품인수 전 대금지급위험을 제거해 주는 대금결제수단으로서의 기능을 수행한다. 또한 개설은행의 공신력을 바탕으로 한 수출입거래의 자동결제기능이 부여되어 무역금융 등

---

15) 국제은행업을 수행하려면 일국소재 은행이 환거래은행과의 거래관계에서 발생되는 자금대차를 결제하기 위한 예치금계정을 타국소재 은행에 개설하게 된다. 이 경우 예치환은행에 개설되어 있는 자행의 계정을 당방계정(nostro account or our account)이라 부르며, 반대로 자행에 개설되어 있는 타행의 계정을 선방계정(vostro account or their account)이라고 부른다.

16) 국제상업회의소(ICC)가 제정한 'Uniform Customs and Practice for Documentary Credits'는 다음과 같이 정의하고 있다.

'신용장이란 개설은행(issuing bank)이 수입자(applicant)를 대신하여 일정한 금액, 기간 및 조건하에 수출자(beneficiary)에게 화환어음(documentary bill)을 발행할 권한을 부여하고 개설은행이 동 어음을 인수 또는 지급하거나 타 은행에 대하여 동 어음의 인수, 지급, 매입을 수권하는 증서이다.'

그림 16-1   신용장방식 거래의 흐름

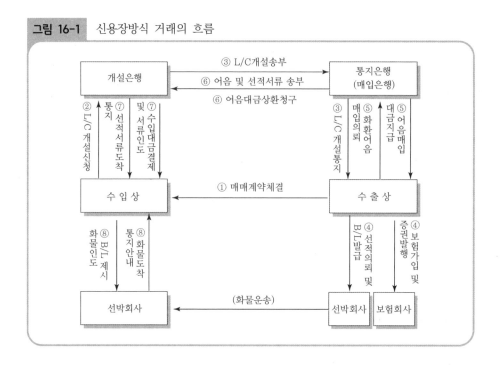

각종 금융편의(credit facility)를 창출하는 수단이 된다.

신용장은 발행조건에 따라 다음과 같은 분류가 가능하다.

1) 무화환신용장과 화환신용장

무화환신용장(documentary clean L/C)은 신용장에 의한 지급의 조건으로서 어음 (환어음, 약속어음) 또는 금전의 수취서(수표, 지급수취서 등) 등의 금융서류의 제시만을 요구하는 신용장을 말하고 화환신용장(Documentary L/C)은 동 금융서류 이외에 선적 서류(상업송장, 운송서류, 보험권리증권 등)의 제시를 요구하는 신용장을 말한다.

2) 취소가능신용장과 취소불능신용장

취소가능신용장(revocable L/C)은 수익자에게 사전에 통지 없이 언제라도 신용장 의 취소나 조건의 변경이 가능한 신용장을 말하고 취소불능신용장(Irrevocable L/C)은 일단 개설되어 통지되면 발행은행, 수익자 및 확인은행의 동의 없이는 취소나 조 건의 변경이 불가능한 신용장을 말한다. 취소불능신용장의 경우 특히 신용장의 특 별조건 난에 '선적·매입의 추가지시를 조건'으로 한다는 문언이 기재되어 있는 신 용장을 조건부취소불능신용장이라고 하며 이는 추가지시를 받아야만 효력이 발생하는 신용장이다.

3) 일람출급신용장과 기한부신용장

일람출급신용장(sight L/C)은 수입업자에게 선적서류(어음의 첨부 또는 무어음)가 도착하는 즉시 대금을 결제하여야 하는 것을 말하고 기한부신용장(Usance L/C)은 수입업자가 수출업자가 발행한 기한부환어음을 인수하는 조건으로 선적서류를 인도받고 대금의 지급은 일정기간이 경과된 후에 이루어지는 것을 말한다.

4) 선대신용장

선대신용장(packing credit)은 수출업자가 수출상품의 생산·집하 및 구입자금으로 쓸 수 있도록 신용장발행은행이 수입업자의 의뢰를 받아 신용장통지은행(advising bank)에 일정한 조건하에 수출업자에게 수출대금을 선불(advance payment)할 수 있도록 허용하고 그 지급을 보증하는 신용장으로 선불허용약관이 붉은 글씨로 표시되어 있어 'Red Clause L/C'라고도 한다.

5) 회전신용장

회전신용장(revolving L/C)은 일정조건하에 신용장금액이 결제와 동시에 사용한도가 자동적으로 갱신되는 신용장을 말한다. 동일한 거래처와 동일 상품을 일정기간에 걸쳐 계속적으로 거래를 할 경우 거래할 때마다 신용장을 개설할 경우 개설의뢰인은 많은 비용과 시간 부담을 갖게 되는바, 동 신용장은 이러한 문제를 해소하기 위해 도입된 제도이다.

회전신용장이 자동으로 갱신되는 방법으로는 ① 신용장에 의해 발행된 환어음에 대하여 지급이 이행되었다는 통지가 있을 때에 그 금액만큼 갱신되는 방법, ② 환어음이 결제되는 일정 일수를 신용장에 정하여 놓고 그동안에 지급부도 통지가 없으면 자동적으로 갱신되는 방법, ③ 일정기간마다 그 금액이 자동적으로 갱신되는 방법 등이 있다.

6) 보증신용장

보증신용장(stand-by L/C)은 수출입거래대금의 결제를 목적으로 발행되는 신용장과는 달리 금융의 편의를 위해 발행되는 신용장이다. 외국에 진출한 현지법인 또는 해외지사가 현지금융의 담보, 입찰, 계약, 선수금 환급 등의 보증목적으로 현지은행으로부터 소요 신용을 받고자 할 경우 동 채무를 보증할 목적으로 국내 본사가 국내은행에 의뢰하여 해외지사의 거래은행을 수익자로 하여 발행하는 경우 등이 그 예이다.

7) 내국신용장

내국신용장(local L/C)은 수출업자가 수출상품을 국내의 다른 제조업자나 공급업자로부터 쉽게 조달할 수 있도록 수출업자의 거래은행이 자기 앞으로 내도한 원신용장(Master L/C)을 견질로 제조업자나 공급업자를 수익자로 하여 발행하는 또 다른 신용장으로 거래은행이 발급하는 국내업체간 지급보증제도의 하나이다. 내국신용장의 수익자인 제조업자나 공급업자는 원신용장과는 관계없이 물품을 기일 내에 납품하고 내국신용장개설의뢰인인 수출업자 앞 어음을 발행하여 이를 내국신용장 발행은행에게 매도하여 대금을 회수한다. 내국신용장은 결제방식에 따라 개설의뢰인이 자체자금으로 결제하는 일람불내국신용장과 거래은행으로부터 융자하여 결제하는 기한부내국신용장으로 구분된다.

2. 환 어 음

환어음(bill of exchange)이란 채권자인 어음의 발행인(drawer)이 채무자인 지급인(drawee)에 대하여 일정 기일에 일정 금액을 일정 장소에서 지시인 또는 어음의 수취인(bearer)에게 무조건 지급할 것을 위탁하는 요식증권이다. 통상 환어음의 발행인은 수출업자나 채권자이고 어음의 지급인은 환어음의 지급을 위탁받은 신용장개설은행 또는 수입업자이다. 어음의 수취인은 발행인이 될 수도 있고 발행인이 지정하는 제3자도 될 수 있으나 신용장에 근거를 두고 발행하여 은행에 매입을 의뢰한 경우의 수취인은 매입은행이 되는 것이 보통이다.

신용장거래에 있어서 지급신용장(payment L/C)은 환어음이 필요치 않으나 매입신용장(negotiation L/C)이나 인수신용장(acceptance L/C)은 환어음의 사용이 필수적이다.

환어음은 신용장조건에 의해 다른 선적서류와 함께 발행되면 화환어음(documentary bill of exchange), 선적서류가 첨부되지 않은 것은 무화환어음(clean bill of exchange)이라 한다. D/A(Document against Acceptance), D/P(Document against Payment) 등과 같이 추심할 경우 발행되는 화환어음은 추심어음(bill of documentary collection)이라 한다.

D/P는 수출상이 수입상 앞으로 송장(Invoice), 선화증권(B/L: Bill of Lading)[17] 등

---

17) 선화증권이란 운송인이 운송물을 수령 또는 선적하였음을 증명하고 목적지에서 운송물을 증권소지인에게 인도할 것을 약정하는 내용의 증권이다. 서면방식으로 이루어지던 전통적인 선화증권

선적서류와 함께 일람불어음을 발행하여 수출상의 거래은행(추심의뢰은행)을 통하여 수입상의 거래은행(추심은행)에 전달하면 수입상이 일람불어음을 결제함과 동시에 선적서류를 받는 방식이고, D/A는 수출상이 수입상 앞으로 선적서류와 함께 기한부 어음을 발행하여 수입상의 거래은행에 제시하면 수입상이 동 어음을 인수하는 조건으로 선적서류를 받고 환어음의 만기일에 수출상의 거래은행으로 송금하여 대금을 결제하는 방식이다.

환어음은 요식증권이므로 반드시 일정한 형식을 갖추어야 한다. 또한 무인증권으로서 어음상의 권리는 원인행위를 효력조건으로 하지 않으므로 엄격한 형식이 요구된다. 따라서 환어음의 필수기재사항 중 어느 하나라도 누락되면 어음으로서의 법적 효력이나 구속력을 상실하여 지급거절 사유가 된다. 신용장거래에서의 환어음은 법률을 달리하는 국가간의 거래에 사용되는 외국환어음으로 관계 법률의 적용은 행위지법에 따르도록 되어 있다.

3. 선적서류

선적서류(shipping documents)란 협의로는 본선적재(loading on board), 발송(dispatch) 또는 수탁(taking in charge)을 증명하는 서류만을 의미하기도 하나, 통상적으로는 신용장에서 요구하는 모든 서류를 통칭하는 광의로 사용된다.

신용장 등에서 요구하는 선적서류는 기본서류와 보충서류로 구분되는데, 기본서류는 상업송장(commercial invoice), 운송서류(transport document), 보험서류(insurance document)로 구성된다.

기본서류 외에 실제 상거래에 있어서는 상품의 종류, 거래관습 또는 수입국의 규제조치 등에 따라 필요한 보충서류를 통상적으로 요구하게 되는바, 이러한 보충서류에는 포장명세서(packing list), 세관송장(customs invoice), 원산지증명서(certificate of origin), 검사증명서(certificate of inspection) 등이 있다.

제16장

은 적기에 도착하지 못하는 등의 문제점이 있는바, 최근 전자기술의 발전으로 전자자료교환(electronic data exchange) 등 전자적 방법에 의해 유통되는 전자선화증권이 등장하고 있다.

II. 수출업무

1. 선적서류의 심사·매입

신용장에 의한 선적서류의 매입은 신용장 개설은행의 공신력을 바탕으로 개설된 취소불능신용장을 근거로 매입은행이 선적서류를 담보로 수익자에게 제공한 여신행위의 하나이므로 매입대금의 회수불능위험은 적다. 그러나 신용장 자체가 당해 신용장조건과 일치하는 서류와 상환하여 물품대금을 지급하겠다는 조건부 보증이므로 매입을 위해서는 신용장의 엄격한 해석과 선적서류와 당해 신용장조건과의 일치 여부에 대한 면밀한 심사가 요구된다. 심사결과 하자가 없으면 선적서류를 매입하게 된다.

선적서류의 매입(negotiation)이란 수출상이 신용장 또는 D/A, D/P계약에 따라 수출상품의 선적을 완료한 후 발행한 수출환어음 및 부대선적서류를 수출상의 거래은행이 매입하는 행위를 말한다. 수출상의 거래은행은 수출상에게 매입외환의 형식으로 대출(외화대출)을 하고 수출환어음의 만기일에 수입상의 거래은행을 통해 회수한 자금으로 동 대출을 상환받게 된다. 따라서 선적서류의 매입은 매입은행의 수익자에 대한 여신행위라는 점에서 매입의뢰인에 대한 적절한 채권보전책 강구 등이 요구된다.

최근 전자통신기술의 발달에 따라 전자신용장 서비스가 확대되고 있다. 오프라인방식의 신용장처리는 처리시간이 많이 소요될 뿐만 아니라 신용장의 분실과 위·변조, 이중매입, 훼손 등의 우려가 있으나 전자신용장서비스를 이용하면 무역업체와 은행은 이러한 위험 없이 신용장의 수령·통지·보관 등 관련업무를 모두 전자적으로 처리할 수 있다. 앞으로 선하증권 등 다른 선적서류도 전자화되면 선적서류의 매입 등 종합적인 전자무역시스템이 구축될 것이다.

2. 하자 있는 선적서류의 매입

매입의뢰한 선적서류가 신용장 조건과 일치하지 않거나 의뢰인의 신용상태가 불량한 경우에는 하자의 경중, 채권보전, 거래실적 또는 신용도에 따라 추심 후 지급, 보증부 매입, 조건변경 후 매입, 전신조회(cable inquiry) 후 매입 등을 한다.

추심 후 지급은 선적서류를 매입하지 아니하고, 개설은행으로 추심을 의뢰하여 대외입금 후 수출대금을 지급하는 방법을 말하며, 다음과 같은 경우에는 추심 후 지급한다.

　① 신용장조건과 일치하지 않아 하자가 있는 경우

　② 매입은행 또는 국내 외국환은행과 환거래 계약이 없는 은행이 개설한 신용장에 의하여 발행된 경우

　③ 지급확약이 없는 신용장에 의하여 발행된 경우

　④ 취소가능신용장에 의하여 발행된 경우

　⑤ 대금결제에 관하여 정지조건부(해제조건부)의 특수조항이 있어 매입시점에서 즉시 확인할 수 없는 신용장에 의해 발행된 경우

　⑥ 기 취급된 건이 연속적으로 부도처리되거나 수출대금이 미회수되고 있는 수입상이 개설한 신용장에 근거하여 발행된 경우

　⑦ 기타 거래상대국의 외환사정 등으로 인하여 자금의 결제를 기대하기 어려운 경우

　보증부매입은 하자내용이 비교적 경미하고 대금회수가 확실하다고 판단될 경우와 매입한 서류가 하자로 인하여 부도반환되었으나 매입대금 및 부대비용 상환청구액에 문제가 없는 경우에는 수익자로 하여금 신용장조건과의 불일치한 하자내용을 확인하고, 그로 말미암아 발생되는 비용 및 손해를 부담한다는 내용의 확인서를 받고 매입하는 방법이다. 그러나 확인서만으로는 불충분한 것으로 판단되면 연대보증인이나 추가담보 취득 등의 조치로 채권보전조치를 한다.

　조건변경 후 매입은 조건변경 없이는 선적서류의 매입이 불가능한 경우에는 수익자가 개설의뢰인에게 연락하여 서류의 내용에 맞게 신용장조건을 변경한 후 매입하는 것을 말한다. 전신조회 후 매입은 개설은행에 서류의 하자내용을 전신으로 통보하여 매입에 대한 동의를 받은 후 매입하는 것을 말한다. 전신조회는 신용장의 조건 변경과 동일한 효력을 가지나 명시하지 않은 하자를 이유로 부도처리가 가능하므로 모든 하자 사항에 대하여 동의를 받아야 한다.

3. 재매입(renego)

　신용장상에 매입 또는 지급이 특정은행으로 지정되어 있는 경우에는 지정된 은행만이 매입 또는 지급을 할 수 있으므로 선적서류를 매입한 후 지정은행으로 다시 매입(renego)을 의뢰하여야 한다. 그러나 금액이 소액이거나 신용장조건이 까

다로운 경우 및 기한부신용장의 경우에는 대부분의 은행이 지정은행으로부터 매입제한해지수권서(release letter)를 받아 직매입(direct nego)이 가능하다. 직매입이란 신용장에 매입제한 문구가 없는 자유매입신용장을 은행에서 매입하는 것을 말한다.

4. 선적서류의 발송 및 자금구상

매입은행은 선적서류 매입시 매입대금 중 추심소요기간에 대한 이자 조로 일정기간에 해당하는 환가료를 공제한 잔액을 매입의뢰인에게 선지급하고 선지급한 매입대금을 우편 또는 전신으로 지급은행 앞으로 상환(reimbursement)청구하여 회수한다.

5. 오픈어카운트(Open Account: O/A)방식 수출채권 매입

오픈어카운트방식 수출은 수출업체가 수출물품을 선적한 후 운송서류를 은행을 경유하지 아니하고 직접 수입상에게 발송하고 수입상은 계약서에 약정된 기간 내에 수출상이 지정한 계좌에 입금시키는 사후송금방식 수출의 한 형태이다. 통상 수출업체는 수입상에게 수출품을 선적하기 전에 매입은행과 O/A방식 수출채권매입거래를 상담하고 O/A방식 수출채권매입약정, 여신 및 외환거래약정 등을 체결하며 매입은행은 동 채권대금을 송금은행으로부터 회수한다.

6. D/A, D/P 선적서류의 매입

D/A, D/P거래는 신용장 없이 수출입당사자간에 정한 매매계약서에 따라 물품의 선적을 완료한 후 화환어음 및 선적서류를 구비하여 자기의 위험과 비용부담으로 거래은행을 통하여 수입상 앞 대금을 추심하는 거래이다.

따라서 은행은 단순히 추심중개 역할만 수행하고 후일 추심의뢰대금의 입금확인 후 수출상 앞으로 지급하게 된다. 그러나 고객이 추심 전 매입을 요청할 경우에는 매입은행은 매입의뢰인의 자산·신용상태 등을 충분히 검토하고 채권보전책을 강구한 후에 매입에 응하게 된다.

III. 수입업무

1. 수입신용장 개설

신용장의 개설이란 수입상인 개설의뢰인(applicant)의 요청과 지시에 따라서 수입상의 거래은행이 수출상을 수익자(beneficiary)로 하여 신용장을 개설(open)함을 말한다. 개설은행의 입장에서 보면 수입신용장의 개설은 지급, 인수 또는 매입은행에 대한 우발채무로 직결되며, 신용장개설신청서의 내용은 곧 신용장의 조건이 되는 것이므로 후일 신용장당사자간의 분쟁의 소지를 없애기 위해 모든 사항은 간단 명료하고 정확하게 작성되어야 한다.

채권확보의 차원에서 수입상품 자체를 담보로 취득하기 위하여 신용장 개설은행은 선하증권의 수하인(consignee)을 통상 자기은행으로 지정하게 되며, 보험증권 상의 부보금액은 통상 CIF가격[18] 또는 이에 일정률을 가산한 금액으로 한다.

신용장 통지은행의 선정은 개설의뢰인이 지정하여 오는 경우를 제외하고는 개설은행이 수입상과 업무연락에 용이할 것으로 판단되는 환거래은행 중에서 임의로 선정하게 되며, 통지는 우편 또는 전신에 의하여 이루어져 왔는데 최근에 이르러서는 전산시스템의 발달에 힘입어 전자사서함(electronic mail)으로 처리되는 추세가 늘어나고 있다.

2. 선적서류의 인도

매입은행으로부터 환어음과 선적서류가 도착하게 되면 개설은행은 자행이 개설한 신용장 조건과 완전히 일치하는지를 점검한 후 수입어음을 결제 또는 인수하고 수입상에게 해당 수입선적서류를 인도하게 된다.

수입어음의 인수와 결제는 선적서류가 도착한 날로부터 일정기일(통상 7일) 이내에 이루어지며 운송서류가 신용장 조건과 일치하지 아니하여 개설의뢰인이 운송서류의 인수와 지급을 거절할 경우에는 매입은행 앞으로 즉시 동 부도사실을 전신으로 통고하여야 한다.

---

18) CIF(Cost, Insurance and Freight)가격이란 수출입 상품의 운임, 보험료를 포함한 도착항 인도가격을 말한다.

3. 수입담보화물의 대도

신용장의 개설은 곧 은행의 신용공여행위이므로 대부분의 경우 은행에서는 신용장의 개설시점에서 일정률에 해당하는 수입보증금을 징수할 뿐만 아니라 수입물품에 대한 담보권 행사를 위하여 선하증권의 수하인(consignee)을 개설은행 앞으로 기재토록 하고 있다.

금융이 수반되지 않는 일람출급 수입에 있어서는 개설의뢰인이 수입대금을 지급하고 운송서류를 개설은행으로부터 인도받아 수입통관을 하면 수입거래는 종료가 되나, 대금의 결제방식이 기한부 거래이거나 금융이 수반되는 수입거래에 있어서는 수입업자는 수입대금을 동금융으로 우선 결제하고 수입물품을 제조, 가공, 판매하여 기한부어음의 만기일 또는 관련금융의 기일에 해당 금융을 상환하게 된다.

이와 같이 신용장거래에서는 금융상환 시까지 수입화물을 담보로 취득하여야 하나 은행이 수입화물을 담보로 보관하게 되면 개설의뢰인이 수입화물을 제조, 가공, 판매하여 수입대금을 상환할 수 없으므로 수입하는 본래의 목적을 달성할 수 없게 된다. 따라서 은행은 수입화물의 소유권만 보유하고 의뢰인이 수입하는 소기의 목적을 달성할 수 있도록 하는 제도, 즉 은행을 신탁자(trustor)로 하고 개설의뢰인을 수탁자(trustee)로 하는 신탁계약(trust contract)을 수입담보화물대도(T/R: Trust Receipt)라고 한다.

4. 화물선취보증서

수입화물을 선박회사로부터 수령하기 위해서는 선하증권을 제시하여야 한다. 그러나 우편의 지연 또는 운송서류의 작성 및 은행이 매입하는 절차에서 시간의 소요 등의 이유로 화물이 도착되었는데도 운송서류가 내도하지 않는 경우가 있다. 이때 수입상은 운송서류 내도 전에 개설은행의 보증서를 발급받아 해당 화물을 인수하게 되는바, 이때에 사용되는 보증서를 화물선취보증서(L/G: Letter of Guarantee)라 한다.

L/G는 개설은행이 수입상을 위하여 선박회사에 보증을 하는 것이기 때문에 은행이 동신청에 의무적으로 응해야 되는 것은 아니며 L/G의 발행에 따른 은행의 채권보전상황, 신청인의 신용도, 해당거래의 특수성 등을 충분히 검토한 다음에 취급하게 된다.

수입화물선취보증서는 수입어음 결제자금이 입금되었거나 수입화물대도(T/R) 승인을 받는 경우에 한하여 발급할 수 있다. 특히 신용장방식의 거래에 따르는 L/G발행은 신용장통일규칙에 의거 추후 내도된 선적서류 상에 하자가 있더라도 Claim을 제기할 수 없다.

5. D/A, D/P선적서류 인도

D/A, D/P거래는 은행의 지급보증이 개재되지 아니한 수출입 당사자간의 약정에 의한 거래이다. D/A와 D/P거래는 신용장거래와는 달리 수출상이 수출물품 선적 후 거래은행을 통한 선적서류의 추심과정을 거쳐 수출대금이 회수된다. 따라서 해외로부터 추심선적서류를 접수한 추심은행은 선의의 관리자로서 추심의뢰인 또는 추심의뢰은행의 지시에 따라 단순히 대금결제의 중개역할만을 수행하며, 수입상이 수입어음을 결제(D/P) 또는 인수(D/A)하기 전까지는 당해 선적서류를 인도하지 아니한다.

Ⅳ. 외화표시지급보증

외화표시지급보증은 국내거주자를 위한 대내외화표시지급보증과 외국 또는 비거주자를 수익자로 하는 대외외화표시지급보증으로 구분된다.

지급보증은 후일 은행이 자금을 직접 부담하게 될지도 모르는 위험성이 내포된 이른바 우발채무로서 주채무자의 채무불이행 시에는 은행의 대지급에 따른 자금부담을 초래하게 된다.

현 외국환관리규정 상 외화지급보증을 취급할 수 있는 은행은 외국환업무인가를 받은 외국환은행에 한정되어 있다.

외화표시지급보증의 종류 및 그 내용은 다음과 같은 것이 있다.

1. 입찰보증

입찰보증(bid bond or tender guarantee)은 입찰참가자(bidder, tenderer)에게 요구되는 보증금을 갈음하여 응찰자의 입찰에 수반되는 모든 조건의 이행을 보장하기 위하여 발주처에 제공되는 보증서이다. 보증금용으로는 통상 현금, stand-by L/C 은행

보증서 등이 이용된다.

2. 계약이행보증

계약이행보증(performance bond or guarantee)은 건설계약 또는 수출계약 등의 경우 당해 계약의 확실한 이행을 보증하기 위하여 발주처 또는 계약상대방 앞으로 제출되는 보증서를 말한다. 계약이행보증서 발행자의 보증이행의무는 공급자 등에 의해 계약이 이행되거나 보증서발행자의 보증채무이행으로 소멸된다.

일반적으로 계약이행보증 조로 계약금액의 10% 정도의 보증금이 요구되며 이것을 지급하면 발행자의 보증책임이 종료된다.

3. 선수금환급보증

건설 또는 용역계약의 경우에 시공업자가 착공비용을 확보할 수 있도록 발주처가 계약금액의 10~20%를 선수금으로 지급하고 있는바, 선수금환급보증(advance payment guarantee or refund bond)은 이와 같은 선수금이 지급된 후 계약이 이행되지 않을 경우 이러한 선수금의 상환 및 환급을 보증하기 위하여 보증인이 발주처에 제공하는 보증서이다.

4. 지급이행보증

지급이행보증(payment bond)은 해외건설업자가 현지의 장비, 자재, 노무비, 제세공과금의 지급을 보증하기 위하여 발주처 앞으로 제출하는 경우, 투입인력 등의 송환비용 등을 보증하기 위하여 당해 진출국의 정부당국에 제출하는 경우, 그리고 시공업자의 하청대금 지급을 보증하기 위하여 하청업자에게 발행하는 경우 등에 발급되는 보증서를 말한다.

5. 하자보증

하자보증(maintenance bond)은 시공업자가 일정기간 동안 공사완공부분에 대한 하자를 보수할 것이 계약서에 약정되어 있는 경우 이의 담보를 위하여 발급되는 보증서이다. 하자보증금액은 계약금액의 10~20%가 보통이다. 한편 하자보증은 계약이행보증에 하자보증기간(maintenance period)을 삽입하는 것으로 대신할 수도 있다.

6. 유보금환급보증

발주처는 공사계약기간 중 제출되는 공사진척증명에 의하여 공사기성대금을 지급하게 되는데 약 10% 정도는 유보하고 나머지 90% 정도씩만 지급하는 경우가 보통이다. 유보금환급보증(retention money bond)은 시공업자가 유보된 10%마저 현금지급을 받는 대신 환급사유가 발생할 경우 동 유보금의 환급을 보증하기 위해 보증인이 발주처에 제출하는 보증서이다. 유보금환급보증은 계약체결 시에 발주자에게 제출되었다가 공사완성단계에 하자보수보증의 일부로 전환되는 경우가 많다.

이와 같은 보증은 각각 별개의 목적으로 발행되는 것이 아니고 공사계약의 원활한 실행과 성실하고 완전한 이행이라는 하나의 공통적 목적을 갖는 상호보완관계에 있다. 즉 입찰보증은 계약이행보증으로 이어지고 계약이행보증은 다시 하자보수보증이나 유보금환급보증으로 이어지면서 공사의 입찰에서 완공된 이후에도 공사수주계약의 완전한 이행을 담보하게 된다.

국제금융시장

제 1 절 국제금융시장의 개요

Ⅰ. 국제금융시장의 정의

국제금융시장(international financial market)이란 국제적으로 또는 국가간에 직접적으로 또는 금융기관을 통하여 간접적으로 장·단기 금융거래가 대량적, 반복적으로 이루어지는 시장을 말한다.

'장·단기 금융거래'란 구체적으로 국제무역거래, 해외투자거래, 자금의 대차거래 등에 수반하여 예금, 채권, 주식 등의 금융자산이 이동되는 거래를 말하며 '국제적으로 또는 국가간에'라는 뜻은 금융거래의 양 당사자 중 적어도 어느 한 쪽이 비거주자인 경우를 뜻한다.

금융거래는 거래장소(국내와 국외), 거래고객의 거주성(거주자와 비거주자) 및 거래통화(자국통화와 외화통화)의 조합에 따라 여러 가지 유형의 거래가 가능하다. 국제금융과 국내금융은 이와 같은 거래유형에 따라 구분하는데, 국제금융은 전체 금융거래에서 국내금융을 제외한 부분으로 정의하는 게 보통이다. 따라서 국제금융의 정의는 국내금융의 정의를 어떻게 하느냐에 따라 달라진다.

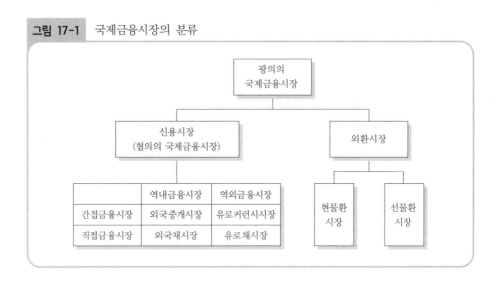

그림 17-1 국제금융시장의 분류

일반적으로 금내금융은 극히 제한적으로 해석하여 ① 거주자간에, ② 자국통화로, ③ 국내거래에서 발생한 거래로 한정하여 정의하는데, 이 정의에 따르면 이세 가지 요건 중 어느 하나만이라도 해당되지 않으면 국제금융으로 분류하게 된다. 여기서 거주자란 국적 보유와는 관계없이 주활동지역(center of interest)에 따른 분류인바, 구체적으로 경제주체가 국제조세원칙상 어느 국가에 주된 조세부담을 지는가에 따른 분류개념이다. 외환시장(foreign exchange market)은 그 정의상 두 나라 이상의 통화가 거래의 대상이 되므로 스스로 국제금융의 성격을 지니고 있다.

국제금융시장의 주된 기능은 국제간의 재화 및 용역이나 자본거래에 수반하여 발생하는 국제간의 대차를 결제하여 주고, 국가간의 흑자부문과 적자부문을 연결하여 국제간의 유동성 과부족을 조정하며, 개방경제하에서 기업 및 금융기관들에게 국제자금관리상 필요한 각종 금융수단을 제공한다.

국제금융시장은 [그림 17-1]에서 보는 바와 같이 금융거래자의 거주성에 따라 역내금융시장과 역외금융시장으로 구분되며, 이들 시장은 다시 금융중개기관 경유 여부에 따라 직접금융시장과 간접금융시장으로 구분된다.

국제금융시장에서의 간접금융시장은 국내금융시장에서의 분류와 마찬가지로 국제적으로 자금의 대차거래가 은행과 같은 금융중개기관을 통해 이루어지는 시장으로 외국중개시장과 유로커런시시장이 여기에 해당된다. 직접금융시장은 국제자금거래가 수요자와 공급자에 의해 직접 거래되는 시장으로서 흔히 자금의 수요자인 기업 등이 발행한 주식이나 채권을 자금의 공급자가 직접 매입하는 형태로 이루어지는 자본시장을 말한다.

역내금융시장이라 함은 비거주자들이 소재국의 통화로 발행된 금융자산을 거래하는 시장을 말하는데, 이에는 간접금융시장으로서의 외국중개시장과 직접금융시장으로서의 외국채시장(foreign bond market)이 있다. 여기서 외국채시장이라 함은 비거주자가 그 채권시장이 속해 있는 국가의 통화로 채권을 발행하고 매매하는 시장을 의미한다.

역외금융시장이란 외국통화표시 금융자산이 표시통화국 영토나 규제 밖에서 거래되는 시장을 의미하는데, 이는 유로시장(euro-market)과 동일한 개념으로 사용된다. 역외금융(offshore banking)이란 비거주자간의 거래만이 이루어지는 것으로 거래에 거주자가 개입되는 역내금융에 상대되는 개념이다. 역외금융센터는 비거주자들에게 금융서비스를 제공하기 때문에 거래통화도 주로 비거주자의 소속국 통화 또는 세계 주요국의 통화가 된다.

역외금융시장에서의 거래에는 소재국의 여러 가지 법적 규제가 면제되는 바, 외국은행지점의 설립 및 경영상의 자유재량폭 확대 인정, 예금에 대한 지급준비금 적립 감면, 「외국환거래법」의 적용 면제, 외국은행의 지점 등에 대한 법인세 감면, 예금이자소득세에 대한 원천징수 면제 등이 대표적인 사례라 할 수 있으며, 이런 면에서 유로시장과 같은 의미로 사용되기도 한다.

역외금융시장은 그 기능에 따라 ① 전통적 금융센터, ② 역외금융센터, ③ 기장역외금융센터 등으로 나눌 수 있다. 전통적 국제금융센터는 상대적으로 우월한 경제규모, 자국통화의 국제통용력 및 고도로 발달된 국내금융시장을 바탕으로 국제교역이나 자본의 유출입 과정에서 자생적으로 성장한 런던, 홍콩과 같은 국제금융활동의 중심지를 말한다.

역외금융센터(offshore financial center)는 자국시장에서의 국제금융거래를 활발히 하기 위하여 국내시장과 분리하고 일정한 거래에 대하여 우대조치를 적용하고자 정책적으로 창설된 금융센터로서 우대조치의 대상이 되는 국제금융거래를 국내거래로부터 분리하기 위해 각 은행이 특별계정을 설치하여 계리상 구분하는 것이 특징이다. 뉴욕의 IBF(International Banking Facilities), 일본의 JOM(Japanese Offshore Market), 싱가포르의 ACU(Asian Currency Unit) 및 바레인의 OBU(Offshore Banking Unit) 등이 이에 속한다.

　　기장역외금융센터(booking center)는 단순히 거래내역의 기장처리만을 전담하는 금융센터로서 세금혜택(tax break), 금융규제 회피 및 거래비밀 보장 등을 목적으로 하는 조세피난처(tax heaven)[1]로서 실제의 거래를 하고 있다고 할 수 없으며 시장으로서의 실체도 없다.

　　일부 작은 도서국가 또는 도시국가들은 금융거래의 기록을 위한 장소만을 제공하는데 이러한 금융센터에서는 실질적인 금융거래는 거의 발생하지 않는다. 이들 시장은 금융거래에 수반하는 면허, 등록 및 통신 등에 상대적으로 낮은 요율의 수수료를 징수함으로써 경제적 이익을 얻는 데에 주 목적을 두고 있다. 따라서 이들 시장에 진출해 있는 기업은 명목상의 기업(shell corporation)에 불과하며 실질적인 금융거래는 모두 국제금융시장에 소재하는 모회사에서 이루어진다.

II. 주요 국제금융시장

　　국제금융시장은 그 생성배경에 따라 전통적 금융시장과 역외금융시장으로 나눌 수 있다. 전통적 금융시장은 강력한 국내 경제력을 바탕으로 하여 전통적으로 국내자본의 순수출 기능을 담당해 온 금융센터를 일컫는바, 이 범주에 속하는 시장들로는 런던, 뉴욕, 동경, 프랑크푸르트, 취리히 등을 들 수 있다.

1. 런　　던

　　런던은 17세기 이전부터 세계무역의 중심지였으며, 무역업무를 뒷받침하기 위하여 규모가 큰 금융업이 일찍부터 발달하였다. 1970년대의 석유파동을 계기로 유

---

1) 조세피난처에는 다음과 같은 유형이 있다.
　　① 무세 지역·국가(tax paradise): 전형적인 조세피난처로서 소득세, 상속세, 증여세, 부유세 등 직접세가 없는 지역·국가(바하마, 버뮤다, 케이만군도, 바누아투, 안도라, 투크스·케이코스, 노휘크도, 뉴칼레도니아 등).
　　② 저세율 지역·국가: 소득세, 법인세가 체계화되어 있긴 하나 적용 세율이 현저하게 낮은 지역·국가(사이프러스, 영령 버진군도, 만도, 네델란드령 안티레스, 샤넬도, 바베이도스, 안티구아 등).
　　③ 국외소득면세 지역·국가(tax shelter): 일반적으로 정상과세를 하나 해외원천소득에 대하여는 면세하는 지역·국가(홍콩, 파나마, 리베리아, 자메이카, 코스타리카 등).
　　④ 절세 지역·국가(tax resort): 일반적으로 정상과세를 하나 특별한 사업 활동이나 기업에 대해 조세상의 혜택을 부여하는 지역·국가(룩셈부르크, 리히텐슈타인 등).

로달러가 세계의 기준통화(vehicle currency)가 될 때까지만 해도 영국의 파운드화는 무역과 국제금융의 주요 거래수단이었다.

런던금융시장은 지리적으로는 런던의 동남부에 위치한 약 1평방마일의 City of London과 최근 새로운 금융허브로 부상한 Canary Wharf 소재 금융시장을 말하며, 대부분의 금융기관 본점과 현지에 진출한 외국금융기관의 지점이나 자회사(subsidiary)들이 이 곳에 위치하고 있다.

런던금융시장은 성문법에 의한 경직된 규제 없이 자율규제의 전통이 관행으로 오랫동안 지속되어 왔으나 근래에 들어 세계적인 금융혁신의 여파로 예금주와 투자자를 보호하고 영국 금융기관의 외국 금융기관과의 경쟁상의 열세를 방지하기 위하여 1986년 12월에 「금융서비스법」을 성문화하는 한편, 증권업에 대한 규제완화조치(이른바 Big Bang으로 우주의 대폭발처럼 증권업무의 대변혁이라는 뜻)를 실시하여 왔다. 이러한 조치에 힘입어 그간 뉴욕과 아시아 쪽으로 분산되어 있는 국제금융시장의 위치를 회복하고, 최근에는 뉴욕을 제치고 세계 최대의 국제금융시장으로의 명성을 되찾았다.

런던금융시장의 오전 11시경 은행간 대출이자율인 LIBOR(London Inter-Bank Offered Rate)[2]는 오늘날 국제금융시장의 가장 중요한 기준금리로 통용되고 있다. 그러나 은행간 거래에 LIBOR가 획일적으로 적용되지는 않고 거래은행의 신인도(reputation)에 따라 세계적인 소수의 일류은행은 은행간 예치금리인 LIBID(London Inter-Bank Bid Rate)로 조달하거나 offer와 bid의 중간금리로 조달하기도 한다. 그리고 은행의 신인도에 따라 위험부담료 성격의 가산금리(spread)를 차등 적용하게 되며 같은 시간에도 각기 상이한 금리가 형성된다.

---

2) Libor는 런던금융시장에서 은행간에 무담보로 1년 이하의 단기자금을 조달하려고 할 때 지불하는 금리를 말한다. Libor금리는 은행간 자금시장에서 실제거래 금리를 이용하는 것이 아니라 영국은행연합회가 조사에 참여하는 16개 대형 우량은행들이 조달 가능할 것으로 예상하는 금리를 제시하도록 하고 제시된 금리 중 상하 25%를 제외한 중간치 50%만을 평균하여 산정하고 있다.

현재 1일물부터 1년물까지 15개 기간물에 대해 영국 파운드, 미국 달러, 유로, 스위스 크로네 등 10개 통화 표시의 금리가 제시되고 있다. 최근 LIBOR에 대항하여 유로국가들의 공동경제권을 강화할 목적으로 창출된 EURIBOR(Euro Inter-bank Offered Rate)의 이용이 증가하고 있다. EURIBOR는 유로화를 단일통화로 사용하는 유로존국가들이 국제 금융거래시 기준으로 삼기 위해 1999년부터 적용한 금리이다. 현재 European Banking Federation Associations이 약 57개 은행(유럽소재 은행 47개 포함)의 거래평균금리를 산출, 오전 11:00(브뤼셀 시간 기준)에 고시한다. 현재 유로존 17개 회원국 3,000여 개의 은행이 EURIBOR를 기준금리로 삼고 있으며 EU 은행간의 거래는 EURIBOR가 금리스와프 거래의 60~80%를 차지하고 있다.

　　지금처럼 잘 발달된 통신망이 세계적으로 보편화되기 전인 1980년대 중반까지만 해도 LIBOR는 일류 은행들인 reference bank로부터 telex로 입수하였으나, 최근에는 Reuter통신이나 AP-Dow Jones Telerate 등의 컴퓨터 스크린을 통해 LIBOR의 변동 추이를 수시로 파악하는 것이 가능하게 되어 양대 통신사의 컴퓨터 스크린의 LIBOR page가 공시금리로 인용되고 있다.

　　현재 런던금융시장은 전통적인 금융시장과 평행시장(parallel money market)으로 구성되어 있다. 런던금융시장은 1950년대 초까지만 하여도 영란은행, 할인상사(discounted houses) 및 상업은행(clearing banks) 등을 중심으로 콜머니, 상업어음 및 무역어음(trade bill) 등의 할인시장(discount market)을 주축으로 하는 전통적인 금융시장의 비중이 컸으나, 1960년대 이후 형성되기 시작한 유로달러시장의 급격한 성장과 함께 평행시장이 급속하게 발전되었다.

　　평행시장은 은행간의 유동성 포지션을 조절하기 위하여 오버나이트(overnight), 콜(call) 등 단기자금의 거래가 이루어지는 은행간 대차거래(inter-bank market), 파운드 및 달러표시 정기예금증서시장, 유로달러 또는 유로금융시장, 지방정부 및 공공단체가 적자를 보전하기 위하여 예금형태로 무담보 차입하는 지방정부예금시장(local authority market), 할부판매회사에 대한 금융을 전담하는 금융회사(finance house)가 자금조달 목적으로 예금을 받아들이는 금융회사예금시장(inter-company market) 등을 일컫는 것이다.

　　이와 같은 평행시장이 급속히 확대된 이유는 할인시장의 거래가 유담보인 데 반해 평행시장의 거래는 무담보거래이고 할인시장의 금리가 신사협정이나 영란은행에 의해 사실상 규제되는 데 비해 평행시장의 금리는 자유화된 점, 이 밖에도 평행시장의 시장참여가 보다 자유롭고 해외로부터의 자금의 조달이 용이하다는 점 등을 들 수 있다.

　　평행시장은 원래 머천트뱅크, 외국은행 등 어음교환소 가맹은행(clearing house) 이외의 금융기관을 주된 참가자로 형성되었으나 1970년대에 들어 금리자유화와 금융기관의 동질화가 이루어지면서 어음교환소 가맹은행(clearing house) 및 할인상사들의 평행시장 참여가 이루어지고 국내시장과 유로시장의 일체화가 추진되면서 할인시장과 평행시장의 통합이 이루어졌다.

　　특히 1979년 외환규제조치 철폐 이후 런던금융시장은 국내 단기금융시장과의 상호 유기적인 연계를 통해 양 시장간의 금리 및 환율의 재정거래가 활발하게 이루어지고 있으며 거래량면에서 세계 최대의 외환시장이다.

현재 런던금융시장은 유로달러시장을 중심으로 한 평행시장의 발전과 증권시장, 보험시장, 자유금융, 상품시장과의 상호보완적 작용으로 명실공히 세계적인 최고의 국제금융시장으로서의 역할을 하고 있다.

2. 뉴   욕

뉴욕을 중심으로 형성되는 미국의 금융시장은 세계 각국의 금융기관은 물론 일반기업까지도 매우 중요한 자금조달 및 운용시장이 되고 있다.

뉴욕금융시장의 역사는 런던에 비하여 매우 짧다. 미국은 1931년 연방준비은행을 창설하고 런던에 집중되어 있는 은행인수어음(banker's acceptance)업무를 뉴욕에서 육성하기 위하여 정책적인 지원을 하는 등 국제금융업무 확대를 도모하여 왔으나, 국제금융시장으로서의 역할은 제2차 세계대전 후 미국의 경제적·정치적 위상이 증대됨에 따라 미 달러화가 세계 기축통화로 등장하고 미국 금융기관들의 진취적인 업무개발에 힘입어 1970년대에 이르러서야 본격화되었다.

그간 미국은 국제금융시장의 중심지로 성장하기 위하여 외국은행들에게는 미국 내 은행에 대한 타주 진출금지 규제를 적용하지 아니하였으며, 이 덕택에 외국은행들은 미국의 어느 주에도 지점을 개설하여 국제금융업무를 선도할 수 있었다. 그러나 이러한 차별대우는 미국은행들이 외국은행과의 경쟁에서 불리해졌다는 미국은행들의 반발로 1978년 「국제은행법」의 제정에 의하여 외국은행도 미국의 특정 주를 본점소재 주로 지정하여 미국내 은행과 같은 규제를 받도록 하였다.

그러나 1980년에 들어 급속히 성장한 일본계 은행들이 국제금융분야에서 규모의 경쟁을 펼치기 시작하자 미국도 미국은행들의 경쟁력을 제고하기 위해 타주영업을 점차 허용하기 시작하였으며, 국제수지적자가 만성적으로 누적됨에 따른 자본유출과 국내금융거래의 유로시장으로의 이탈이라는 이른바 금융의 공동화 현상이 발생하자 유로시장으로 유출된 자금을 재유입하고 국내금융시장의 활성화를 도모하기 위하여 1981년 12월에는 IBF(International Banking Facilities)라는 역외금융센터를 설립하였다.

IBF는 역외자금 만을 취급하며 일명 양키달러시장이라고도 부르는데 IBF가 취급하는 예금과 대출은 지불준비금이나 예금금리상한규제의 적용이 배제되고 대부분의 주에서 주세, 시세 또는 지방세를 면제하는 등 우대조치를 취하고 있다. 그러나 연방정부세는 면제혜택을 받지 못하고 있으며, 최근에는 금융제도의 규제완화와 더불어 Regulation Q[3]가 단계적으로 철폐됨으로써 예금금리상한규제에 대한 면제혜택도 없어지게 되었다. IBF는 IBF에 규정한 국내기관을 제외하고는 거주자로부터의 예금의 수취나 대출이 금지되어 있다.

3. 도   쿄

도쿄는 일본경제의 고도성장에 따른 대외개방 필요성과 해외로부터의 국내금융시장 개방압력 등에 대응하여 엔화 국제화를 장기간에 걸쳐 단계적으로 추진함으로써 1980년대 이후에야 국제금융센터로 발돋움하였다. 일본은 IMF 8조국으로의 이행 및 OECD 가입(1964년) 등을 계기로 경상거래의 자유화 폭을 확대하고 자본거래의 단계적 자유화를 추진하였고, 1980년대 초반에는 자본수출국으로의 지위를 확립하면서 '외환관리의 원칙적 자유'를 주요 내용으로 하는 「신외환관리법」을 시행함으로써 엔화의 국제화를 위한 여건조성에 주력하였다.

일본은 1980년 외환관리체계를 negative system으로 전환하였고 1984년에는 선물환거래에 대한 실수요원칙을 폐지하였다. 그리고 1986년에는 미·일 달러엔위원회 보고서에 의거 금융시장 개방과 엔화의 국제화를 가속화하기 위해 일본역외금융시장(JOM: Japanese Offshore Market)을 개설하였다.

JOM은 역외금융계정을 통한 예금에 대해서는 금리규제의 적용을 배제하고 지급준비금의무와 예금 및 대출금이자에 대한 원천세를 면제해 주고 있다. 그러나 JOM은 역외계정과 국내시장 간의 거래를 엄격히 차단하고 역외시장의 참여기관도 대장성의 승인을 받은 은행에만 국한시키고 허용업무도 역외예대거래에만 한정시키는 등 여타 역외금융시장에 비해 크게 제한적이다.

1980년대 후반에는 미·일간의 국제수지 불균형 심화, 시장개방압력 증대 등에 대응하여 국내금융시장 및 유로엔시장의 자유화, 동경역외금융시장 창설(1986년 12월) 등을 통해 엔화의 국제화를 본격적으로 추진함으로써 오늘날 도쿄는 외환, 엔화채권 및 주식거래를 중심으로 세계 3위의 국제금융센터로 부상하였다. 한편 일본은 도쿄를 뉴욕과 런던에 버금가는 국제금융시장으로 육성하기 위해 금융시스

---

3) Regulation Q란 미연방준비은행의 '이사회규정 Q'로서 예금금리 상한규제를 의미하는데 이는 정기예금과 저축성예금에 적용할 수 있는 금리상한선이다. 이 제도를 통하여 유로달러의 형성이 크게 촉진되었다.

템 전반에 대한 일본식 금융빅뱅 개혁작업을 추진하고 있다.

4. 싱가포르

싱가포르는 아세안 국가들을 중심으로 형성된 역외금융시장인 아시안달러시장의 중심지이다. 싱가포르는 아시아와 유럽을 연결하는 가교로서 시간대상의 이점과 국제금융거래를 원활하게 뒷받침할 수 있는 하부구조의 발달로 단기자금시장인 아시안달러시장은 물론 최근에는 중장기금융시장인 아시안달러채시장의 중추가 되고 있다. 싱가포르는 영어권 국가로서 법률, 회계, 금융지원서비스 등에 관한 전문인력이 풍부할 뿐 아니라 통신시설과 운송설비 등이 매우 잘 발달되어 있다.

아시안달러거래는 아시안달러의 취급인가를 받은 은행에 개설된 ACU(Asian Currency Unit)계정에 예치함으로써 이루어진다. ACU는 아시안달러시장에서 금융거래를 수행하기 위해 금융기관에 설정되어 있는 계정단위로 외환규제를 받지 않으며 싱가포르 통화관리청(MAS: Monetary Authority of Singapore)으로부터 인가를 받아 설정된다.

싱가포르 통화관리청은 ACU업무를 국내금융업무와 구분하고 있는데 이는 아시안달러시장의 자유로운 자금유통을 보장함과 동시에 국내금융정책을 대외로부터 독립적으로 수행하기 위함이다. ACU계정의 도입 당시는 거주자의 거래는 외환관리당국의 특별한 허가를 받은 경우에 한해 제한적으로 허용하였으나 1978년 외환자유화조치로 이와 같은 제한은 철폐되었다.

현재 아시안달러시장의 성격은 유로달러시장과 유사하다. 거래는 30~90일 만기의 정기예금과 중단기 신용이 대종을 차지하고 있으며 주로 은행간 거래를 중심으로 이루어지고 있다. 그리고 동 시장의 참가자도 아세안 국가들 이외에 홍콩, 일본 등 아시아 각국, 유럽, 미국, 중동 등 전세계의 금융기관들로 확대되었다. 싱가포르는 1984년 금융선물거래를 전담 취급하는 싱가포르국제금융거래소(SIMEX: Singapore Monetary Exchange)를 설립하였다. 동 거래소는 설립과 동시에 시카고상품거래소와 청산제도를 연결하는 상호상계시스템을 구축한 바 있다.

5. 홍 콩

홍콩은 1970년대부터 발달하기 시작한 아시아의 대표적 금융시장으로 특히 유로신디케이트 대출, 역외기금 운용 및 주식거래가 활발한 시장이며 싱가포르, 대만 및 일본과 근접한 지리적 장점, 법인세와 소득세 등 각종 세금의 면제, 외환 및 자본거래의 자유화, 지급결제제도의 발달 등을 배경으로 성장한 국제금융시장이다.

1997년 7월 1일 홍콩이 영국으로부터 중국에 반환된 이후에도 홍콩은 중국에 대한 경제개발자금 공급원 및 선진 금융기법 공급자로 뿐만 아니라 중국의 세계금융시장 진출거점으로서 중요한 역할을 수행하고 있으며 향후에도 국제금융센터로서의 지위는 계속 유지될 것으로 전망된다.

특히 중국은 중장기적으로 홍콩이 국제금융센터로서의 지위를 유지할 수 있도록 홍콩달러화의 계속 사용과 태환권 보장, 홍콩의 독자적인 통화금융정책 수행 보장, 외환통제의 금지 및 홍콩 통화당국의 외환보유액 통제권 보유 등을 「홍콩특별행정구기본법」(1990년 4월)에 명시하고 있다.

한편, 2009년 7월 중국과 홍콩간 FTA의 체결로 양제간의 거래에 대한 위안화 결제가 가능하게 되었다.

제 2 절 유로금융시장

Ⅰ. 유로시장의 의의와 특징

유로시장이란 유로통화(Euro currency)를 거래하는 시장을 일컫는다. 유로통화란 어떤 나라의 통화가 통화발행국의 영역을 벗어나 외국소재 금융기관에 예치되어 있는 자금을 말한다. 예를 들어 유로달러란 달러의 발행국인 미국 이외의 지역에 예치되어 있는 달러자금을 말하며 이러한 유로달러 자금을 조달, 운용하는 시장을 유로달러시장이라고 한다.

유로시장은 1950년대 동서간의 냉전이라는 정치적 요인을 배경으로 생성되기 시작하여 ① 1960년대 미국의 금리상한 규제 및 대외자본유출 규제조치, ② 유로은행의 자금조달·운용 면에서의 우위성, ③ 영국의 국제수지 악화와 파운드화의 퇴조, ④ 1970년대 오일달러의 환류 등을 계기로 급성장한 초국가적인 국제금융시장이다.

원래 '유로'라는 말은 유럽이라는 말에서 비롯되었다. 즉 유로달러라 하면 유럽지역에서 예치되어 있는 달러자금을 뜻하였으나 달러자금이 점차 아시아, 중동 등 세계 각국으로 확산됨에 따라 오늘날에는 유로라는 뜻이 유럽이라는 뜻보다 통화 발행국 이외의 지역이라는 뜻으로 해석되고 있다. 물론 오늘날에도 Euro Dollar 이외에 아시아 지역에 예치되어 있는 Asian Dollar, 중동지역에 예치되어 있는 Middle East dollar 등의 용어가 함께 사용되고 있으나 이들은 모두 유로달러의 개념에 속한다.

최근에 들어 유로통화는 특정통화가 그 통화의 발행국 이외의 지역에서 거래된다는 지역적 개념을 넘어 통화 발행국의 각종 규제로부터 벗어난 통화라는 뜻으로 확대 해석되고 있다. 즉 미국에 있는 달러도 미국 내의 각종 규제를 받지 않는 달러는 유로달러로 간주되고 있다. 예를 들어 미국 역외금융시장 IBF에 예치, 거래되는 달러까지도 유로달러로 간주되고 있다.

유로시장은 원래 만기가 1년 미만인 단기금융시장으로 출발하였으나 그 이후 점차 중·장기 금융시장으로 확대 발전되었다. 이에 따라 오늘날의 유로시장은 자금거래기간의 장·단에 따라 만기 1년 미만의 자금이 거래되는 유로머니시장과 만기 1년 이상의 중·장기 금융시장인 유로크레디트시장 및 유로본드시장으로 대별된다. 유로크레디트시장이란 만기 3~10년 정도의 신디케이트 대출 등을 중심으로 하는 중·장기 대출시장을 말하며 유로본드시장은 채권발행을 통하여 형성되는 중·장기 자금의 조달 및 운용시장을 말한다.

유로시장은 각국의 금융규제를 벗어나 다양한 금융자산거래가 자유스럽고 효율적으로 중개되는 초국가적인 금융시장이다. 유로은행은 국내은행에 대해 적용되는 지준예치의무나 미국의 경우 연방예금보험공사(FDIC: Federal Deposits Insurance Corporation)에의 가입의무가 면제되는 등 자금조달비용 면에서 국내은행보다 유리한 조건을 갖고 있다. 이와 같이 유로시장은 각국의 금융규제나 통제를 직접적으로 받지 않고 있어 국내금융시장에서보다 거래가 매우 효율적이고 경쟁적으로 수행됨으로써 예대간 금리격차도 국내시장에서보다 좁다.

유로은행에 대하여 각국의 지준예치의무가 부과되지 않는다는 것은 각국의 중앙은행 통제로부터 벗어나 이들 유로은행업무가 보다 자유스럽고 효율적으로 수행될 수 있다는 것을 의미한다. 이는 유로통화의 최종 자금공급자로서 중앙은행의 역할을 기대할 수 없게 됨을 의미하는데, 이는 각국의 정치적 위험과 더불어 유로시장거래에서의 위험프리미엄을 구성하게 된다.

그러나 이러한 위험가능성에도 불구하고 지금까지 유로시장에서의 실질적인 거래위험이 없었던 것은 기본적으로 유로은행의 자산·부채의 운용에 있어 만기구조가 대체로 일치하는 거래원칙을 지켜왔기 때문이다. 유로은행의 개별거래를 보면 자산·부채의 만기구조 등이 다소 상이할 수도 있겠으나 일정기간을 통해서 유로은행의 전체적인 자산·부채구성을 만기구조 면에서 보면 매치된 거래의 성격을 갖고 있어 금리 및 환리스크 그리고 유동성 위험의 노출 정도가 상대적으로 낮다고 할 수 있다.

단기 유로시장에서의 거래는 콜머니를 제외하고는 주로 3개월 만기의 단기 정기예금이 주종을 이루고 있으며, 이들 거래단위도 대체로 100만 달러 이상으로서 도매금융시장의 성격을 갖고 있는 점이 소매금융시장으로서 국내시장과는 다르다.

유로시장은 그 기능 수행면에서 공간적으로나 시간적으로 제약을 받지 않는 범세계적인 국제금융시장이다. 따라서 유로시장은 일정장소나 공간에 국한되는 협의의 시장이 아니고 전자통신기기에 의한 거래는 물론 컴퓨터화한 시간정보가 블룸버그, 로이터, 인터넷 등에 의해 24시간 동안 세계의 모든 금융시장에 제공됨으로써 하나의 지구금융시장으로서의 기능을 수행하게 된다. 즉 모든 정보가 각국의 금융시장에 끊임 없이 유입되고 이것이 모든 시장에 즉시 확산됨으로써 유로시장에서의 금융자산 가격은 이들 정보를 계속적으로 그리고 즉시에 반영하는 가장 효율적인 가격이 된다.

유로시장거래는 스왑이나 옵션 등 다양한 국제금융기법을 이용하여 금융자산의 효율적 배분을 촉진시킴으로써 투자가나 차입자에게 모두 높은 유용성을 제공하고 있다.

유로시장은 금리나 신용이용가능성(availability) 면에서 각국의 금융시장과 밀접히 연계되어 있어 각국의 지준정책이나 금리정책이 유로시장의 예대금리에 직접적인 영향을 미치게 되고 이에 따라 유로은행의 포트폴리오구성에도 상당한 영향을 초래하게 된다. 또한 유로시장 내에서도 유로단기시장과 유로장기시장 그리고 유로 CP시장 등이 분화되어 있으면서 동시에 상호 밀접한 관련성을 갖게 됨으로써 이들 시장간의 대체거래가 신속하고 광범위하게 이루어지고 있다.

II. 유로머니시장

유로머니시장은 유로시장에서 거래되는 1년 이내의 단기자금시장을 의미한다. 유로머니시장에서 거래되는 자금은 유로달러 이외에 주요국의 통화도 있으나 유로달러시장이 압도적이다. 유로달러시장은 미국은행의 해외지점을 포함하여 미국 이외의 국가에 소재하는 은행에 달러표시로 예치한 예금증서가 유통되는 시장으로 미국의 단기금융시장과 밀접한 연관하에 움직이고 있다.

유로달러예금은 미국의 금리상한, 지준적립, 예금보험 및 과세제도가 적용되지 않으며 양도가 불가능한 예금과 양도가 가능한 예금증서(CD)로 구분된다. 유로달러예금의 발행자는 런던이나 파리 등에 소재한 유로은행과 미국은행의 해외지점이나 현지법인들이며, 주로 런던에 소재하는 브로커에 의해 중개된다.

유로달러의 예금기간은 1일(overnight)부터 5년까지 다양하나 단기자금시장에서는 통상 1년 이내가 대부분이며 최소거래금액 단위는 1백만 달러이다. 유로달러예금은 미국은행에 대한 청구권이기 때문에 동 시장에서 거래되는 자금은 대부분 미국 내에 위치한 은행계좌를 통하여 자금이체가 실행된다. 이때문에 지준이 부족한 미국 은행들은 Fed Fund와 함께 유로예치를 많이 활용하는 실정이어서 1일 유로달러금리는 1일물 Fed Fund 금리에 연동되어 있고, 기타 유로정기예치금 금리도 동 기간의 Term Fed Fund 금리의 영향을 받는다. 현실적으로 1일 자금거래는 Fed Fund가 대부분이며 1개월 이상의 신용에 의한 기한부 자금거래는 유로달러에 의해 주로 이루어진다.

유로달러금리는 미국의 정기예금의 지불준비부담비용과 연방예금보험공사(FDIC)의 보험료를 감안한 실질조달비용을 하한으로 하고, prime rate에서 보상예금(compensating balance)의 기여도(대출금액의 약 10~20%)를 계상한 실질대출금리를 상한으로 하여 단기자금시장의 여건에 따라 LIBOR기준으로 결정된다. 이때 상하한의 개념은 이론적인 기준일 뿐이고 금리상승국면에서는 LIBOR가 prime rate보다 먼저 상승하여 이론적 상한선을 초과하며, 금리하강국면에서도 정기예금 금리보다 먼저 시장금리변동을 선도하는 경우가 종종 발생한다.

유로달러의 예금금리는 미국 국내예금 금리보다 높은데 이는 국내예금에 부과되는 지급준비금 및 예금보험료 등의 부담이 없으므로 최소한 동 부담비용만큼은 높은 금리를 제시할 수 있으며, 또한 규제비용이 발생하지 않음으로 해서 미국 국내금리보다 낮은 금리로 대출할 수 있기도 하다. 이러한 미국 내 예대금리와 유로예대금리의 관계를 요약하면 크기 순서대로 국내대출금리＞유로대출금리＞유로예금금리＞국내예금금리의 순서를 갖는다. 따라서 대출금리와 예금금리 간의 차이인 예대스프레드는 국내금리보다 유로금리가 작음을 알 수 있다.

Ⅲ. 유로대출시장

유로대출(Euro-credit)시장은 유로커런시(Euro-currency)시장과 신디케이트대출(syndicate loan)시장으로 나눌 수 있다. 유로커런시시장은 주로 민간에게 개별 금융기관 단독으로 소규모의 단기신용 공여형식으로 자금이 융자되는 시장으로 1950년대 후반부터 생성되어 1960년대 말 신디케이트대출시장이 형성될 때까지 유로대출시장의 주류를 이루었다.

신디케이트대출시장은 금융기관들이 차관단을 구성하여 정부나 공공기관 등 대규모 차입자에게 3년 이상의 중장기자금을 대규모로 융자하는 시장을 말하며, 통상 유로대출시장이라 함은 신디케이트대출시장을 지칭한다. 동 시장은 1973년 제1차 석유파동 이후 오일머니의 환류에 크게 기여하였다.

신디케이트대출에서 차입자는 대규모의 소요자금을 단일 조건으로 보다 효율적으로 조달할 수 있다. 즉 차입자는 대규모 자금을 조달하기 위해 개별 대출은행과 차입조건이나 융자절차 그리고 대출한도 등에 대하여 별도의 협의를 하여야 하는 번잡함을 피할 수 있다. 한편 참여하는 은행의 입장에서 보면 거액 융자시 특정 차입자의 채무불이행에 따른 대출위험 등을 공동융자 방식을 통해 분산시킬 수 있는 이점이 있다.

신디케이트대출은 국제적인 무담보 신용대출로서 전통적인 은행대출업무와 투자은행의 인수업무기능이 혼합된 융자형태라 할 수 있다. 동 대출에는 여러 나라의 은행들이 참여하고 있으므로 채무불이행(event of default) 발생시 담보를 처분하여 대출금을 회수하는데 법적·기술적인 절차가 복잡하기 때문에 보통 무담보 신용대출의 형식을 취한다.

그러나 이러한 대출계약에도 평등대우조항(pari passu clause)⁴⁾을 삽입함으로써

---

4) 국제금융 여신계약(loan agreement)상 pari passu조항은 동등 또는 동 순위를 의미하는 라틴어

차후의 타 차입조건에 비하여 불리한 대우는 받지 않도록 조치하고 있다. 채무자가 동 조항을 위반할 시에는 채권자는 채무불이행(event of default)을 선언하고 채무의 조기상환이나 손해배상을 요청할 수도 있다. 통상 동 조항은 진술과 보장(representation and warrant)사항[5]이나 약속(covenant)사항[6]에 기재되는 경우도 있다. 동 조항의 적용이 배제되는 범위는 당사자간에 정할 수 있으나 통상 법정담보권, 무역금융에 수반되는 선적서류에 대한 담보권 등이다.

진술과 보장사항이든 약속사항이든 채권자가 약정에 의한 우선적 지위를 확보하기 위한 수단인 점과, 채무자가 이를 위반할 경우 채권자는 채무불이행으로 간주하고 손해배상 및 조기상환요구를 할 수 있다는 점은 동일하다.

이 밖에 채권자가 채무불이행을 선언하고 조기상환을 요구할 수 있는 사항으로 채무자의 재산상태에 중대한 변화가 있는 경우의 material adverse change 조항,[7] 채무자가 중요한 사업상의 재산을 처분하여 지불능력에 이상을 초래할 경우의 disposal조항[8] 등이 있다.

신디케이트의 구성 및 대출절차는 먼저 차입자의 대출시장조사에서부터 시작되는바, 그 절차를 요약하면 다음과 같다.

① 차입자는 주간사은행(lead bank)이 될 수 있는 국제은행과 예비접촉을 통하여 자신의 시장신인도, 차입규모 등을 감안하여 차입조건 등을 협의하고 차입의향서(letter of intent or offer sheet)를 제시한다.

② 차입의향서는 주간사은행이 차주에게 제시하는 예비조건(preliminary offer)으로 차입조건이 합의되면 주간사은행은 차주로부터 정식으로 차입위임장 또는 차관

로, '당해 무담보채권이 여타 무담보채권과 동등한 대우를 받음'을 보장하는 것으로 유로대출이나 유로본드 발행 시 채무자가 모든 무담보채권자를 동등하게 취급할 것을 약속하는 것이다.

5) 계약일 현재 채무자의 제반 상황, 채무자 소속국의 법 내용 등을 진술하고 이를 보증하는 것이다.

6) 계약일 이후 계약기간 만료일까지 채무자가 특정행위를 하겠다거나(affirmative covenant) 특정행위를 하지 않겠다고(negative covenant) 채권자에게 약속하는 것을 말한다. 특정행위를 하지 않겠다는 약속의 대표적인 것이 담보제공 금지조항(negative pledge), 즉 무담보채권자를 보호하기 위해 채무자가 자신의 재산을 현재 또는 미래의 다른 채무의 담보로 제공하는 것을 원칙적으로 금지하며, 만약 다른 채무에 대하여 담보를 설정하게 되는 경우에는 당초의 채권자에게도 담보권의 효력이 확대 적용된다는 약속으로 채무자가 동 약속을 어긴 경우에는 '채무불이행'(event of default)으로 간주되어 채권자는 채무자에게 조기상환을 요구할 수 있다.

7) 채무자의 재산상태의 중대한 변화가 있는 경우 채권자의 재량으로 조기상환을 요구할 수 있다.

8) 채무자가 중요한 사업상의 재산을 처분하여 지불능력에 이상을 초래할 경우 채권자는 default를 선언하고 조기상환을 요구할 수 있다.

교섭의뢰서(letter of mandate)와 교환한다. 차입위임장에는 대출금액, 목적, 기간, 인출 및 상환조건, 수수료 및 비용, 담보 또는 지급보증, 이자율, 준거법, 대리은행(agent bank), 인출을 위한 선행조건 등 제반사항을 포함하여야 하며 유효기간도 설정하여 작성하는 것이 보통이다.

③ 차입위임장을 받은 주간사은행은 차관약정서(loan agreement) 초안을 작성하고 해당 대출건에 대한 상세한 내용과 차주에 대한 기본정보가 기재되어 있는 모집계획서(placement or information memorandum)를 준비한다.

④ 주간사은행은 간사은행단(management group)을 조직하고 동 차관단에 참여할 참가은행단(participant)을 모집한다(open market syndication).

⑤ 주간사은행은 차관약정서 초안과 모집계획서를 참가은행에 발송하고 (invitation telex) 이들의 의견을 취합·조정하여 차관약정서의 내용을 최종 확정한다.

⑥ 최종 차관약정서가 송부되고 차관협정이 조인되면 차관자금의 인출(drawdown)이 이루어진다.

신디케이트대출 중에는 클럽(club)대출방식이 있는데 이는 차입빈도가 빈번한 소규모 차입자에 대한 융자방식으로서 전체 대출자금을 주간사은행이나 간사은행 등으로 구성된 간사그룹이 균등·분할하여 인수하는 방법으로 여기서는 모집계획서의 작성절차는 필요치 않게 된다. 이러한 클럽대출방식은 일부 대규모 국제은행을 제외한 대부분의 은행이 불투명한 시장조건 하에서 신디케이트대출에 참여하기를 기피하는 경우에 흔히 활용되는 소액 신디케이트 대출방식이다.

최근에 미국의 신디케이트론시장에서는 신디케이트론을 차입자의 신용등급에 따라 투자적격대출과 레버리지론(leveraged loan), 대출채권의 조달방식에 따라 단기자금조달 성격이 강한 회전대출(revolving credit facility or revolver)과 중장기 증서대출계약(time loan) 등으로 구분하기도 한다.

레버리지론은 신디케이트론 중 차입자의 신용등급이 투자등급(BBB) 이하이거나 대출금리가 Libor+150bp를 초과하는 대출로 고수익대출(high income loan)이라고도 부르는데, 주된 차입자는 설비투자의 규모가 큰 미디어나 통신관련 대기업, 신용등급이 낮은 중소기업, LBO를 하는 사모펀드(private equity fund) 등이다. 레버리지론은 채무변제 순위가 높고 담보설정이 가능하여 고수익채권(high yield bond)보다는 안정성이 높은 자산으로 평가되고 있으며 최근에 들어 고수익채권시장을 능가하는 기업금융시장으로 부상하고 있다. 특히 레버리지론은 수익률 측면에서 주식이나 채권 등 여타 금융자산들과의 상관관계가 낮아 기관투자가들이 포트폴리오의 투자위험을 관리하는 수단으로 많이 이용하고 있다.

또한 근래에 들어 금융자산의 증권화 현상이 진전되면서 전통적 대출시장에서도 대출자산의 유동성 증진을 위한 양도성 대출형식이 출현하여 대출의 유통시장이 형성되고 있다.

Ⅳ. 유가증권시장

1. 유가증권의 발행

국제금융시장에서 유가증권시장(securities market)은 유로대출시장과 함께 국제자본시장(international capital market)을 형성하는 2대 주류를 이루고 있다. 국제금융시장에서 유가증권의 발행은 보통 다음과 같은 3단계를 거쳐 이루어진다.

첫 단계는 발행준비단계로 발행관계자가 모여(kick-off meeting) 향후의 일정 및 역할 등을 논의한다. 그리고 이 모임에 이어 통상 발행계약 체결 20여 일 전에 증권의 발행회사, 주간회사, 변호사 등이 모여 발행계획에 대하여 협의하고 각종 계약서와 사업설명서의 초안을 검토하여 확정하는 모임(due diligence meeting)과 주요 국제금융 중심 시장에서 발행회사, 발행증권, 소속국의 경제 및 증권시장 등을 소개하는 투자설명회(road show)를 개최한다.

두 번째 단계는 통상 그레이마켓(grey market)이라고 불리는 발행 예비시장이다. 그레이마켓의 첫단계는 예비모집(launching)으로 통상 계약체결 5일 전부터 인수단에 대한 초청장의 발송, 인수단의 확정 및 예상 발행조건 하에서의 판매활동이 개시된다. 그레이마켓의 두 번째 단계는 가격결정(pricing)단계로 계약체결일 하루 전에 수요예측방식(book building)에 의거 주간회사 및 발행회사가 예비모집 기간 중의 투자자의 반응과 시장여건 등을 종합적으로 감안하여 최종발행가격을 확정하고 인수단에게 확정된 발행조건을 통보한다. 그레이마켓의 최종단계는 계약체결(signing)로 발행회사와 주간회사 등 발행관계자가 참여하여 계약서에 서명한다. 그레이마켓에서 형성된 가격은 최종 발행조건과 판매량 등에 큰 영향을 줌으로써 주간회사 및 인수단은 이를 지탱하기 위해 적극적인 노력을 한다.

세 번째 단계는 증권의 발행대금이 납입(closing)되어 유가증권의 발행이 완료

표 17-1	해외증권 발행절차

순 서	발 행 절 차
1	· 해외증권 발행계획(정관정비, 발행상품, 시기 등 검토)
2	· 발행관계자(간사단, 인수단, 수탁회사, 지급 등 대리인, 법률고문, 공인회계사, 보관회사 등) 선정 · 감사보고서 작성
3	· 예비사업설명서(preliminary offering circular: 발행조건, 발행인에 관한 사항, 관련 국내 세법 및 국내법, 외국 및 국내 회계기준의 차이를 반영하여 작성된 요약재무제표 등) 작성 및 발행관계자에게 배포 · 해외증권거래소에 상장예정임을 통보
4	· 수탁계약서(trust deed: 발행사와 수탁회사간 체결, 사채발행의 근거 및 수탁회사가 사채권자의 권리보호를 위해 필요한 사항 규정) 준비 · 인수계약서(subscription agreement: 발행인·인수인의 기본적 사항, 납입관계, 상장관계, 수수료, 비용 등) 준비 · 지급대행계약(paying agency agreement: 사채의 원금 및 이자지급에 관한 대행계약) 준비
5	· 발행관계자 최초 회의(kick-off meeting: 향후일정 및 역할 등 논의) · 실사회의(due diligence: 주간사 및 간사단측 변호사와 발행사측 변호사가 제출된 모든 서류를 검토하고 진술내용의 진위를 확인하는 절차)
6	· 2차 예비사업설명회(실사회의 사항을 반영) 작성 및 발행관계자 배포 · 공인회계사의 재무정보에 대한 확인서(consent letter) 및 재무상태 확인서(comfort letter: signing에서 closing까지 발행인의 재무상태에 중대한 변동이 없다는 확인서)를 변호사에 제출
7	· 이사회 결의, 유가증권발행신고서 제출
8	· 3차 예비사업설명서(발행사 및 주간사의 추가 첨부사항을 반영한 최종본) 작성 및 투자자에게 배포
9	· 투자설명회(road show: 발행사 및 발행증권 소개, 발행자 소속국의 경제 및 증시 소개)
10	· 발행조건 결정(pricing: 가격, 금액 등을 수요예측방식으로 결정)
11	· 발행계약 체결(signing) · 발행조건 확정 및 이사회 결의 · 해외증권거래소 상장 신청 · 금융감독원 신고 및 국내증권거래소 공시
12	· 납입(closing)
13	· 해외증권 발행등기
14	· 해외증권거래소 상장

자료: 금융감독원

되는 단계로 통상 계약체결 후 2주 이내에 납입이 완료된다.

해외증권의 발행절차의 구체적인 예는 [표 17-1]과 같다.

2. 국 제 채

1) 국제채의 분류 및 발행방법

국제채(international bond)는 발행통화나 발행지역 또는 발행자의 거주성 등에 따라 유로채(Euro bond),[9] 외국채(foreign bond) 및 글로벌채(global bond) 등으로 구분 된다.

유로채는 한 나라의 차입자가 외국에서 제3국 통화로 표시된 채권을 각국의 투자가들에게 발행·매각하는 경우인데, 이때 채권의 인수단 및 판매그룹은 통상 수 개국의 국제은행 및 증권회사들로 구성된다. 유로채는 보통 1,000달러 단위의 소액단위로 발행되며 발행형식은 익명의 소지인식(bearer form)으로 채권보유의 익 명성이 보장되며, 이자소득에 대한 원천세 등이 면제된다. 유로채 가운데는 유로달 러채가 주종을 이루고 있으나 유로스위스프랑채, 유로엔채, 유로파운드채, 유로위 안채(dimsum bond) 등도 발행되고 있다.

우리나라는 김치본드라는 별칭으로 2006년 6월 미국의 Bear Stearns사가 약 5 억 달러를 최초로 발행한 바 있다. 동 채권은 만기 7년의 무보증사채로 발행하고 거래소에 상장 거래되고 있는바, 외화(달러)표시로 발행된다는 점에서 외환관리 및 환율안정에 긍정적인 효과가 있고 국내투자자에게는 달러자산의 안정적 운용수단 이 될 수 있을 것으로 기대되었으나 당초의 의도와는 달리 달러 수급 안정보다는 국내기업들이 원화로 환전하기 위한 용도로 발행하여 외은지점들이 대부분 인수하 여 보유하는 등 부작용도 적지 않다.

외국채(foreign bond)는 한 나라의 국내 자본시장에서 외국차입자(비거주자)가 국

---

9) 최근 유로존의 재정위기 해결책의 하나로 논의되고 있는 유로본드는 이와 전혀 다른 개념이다. 현재 논의되고 있는 유로본드는 유로존 참여 17개국의 연대보증으로 발행되는 공동채권으로 참여 국 중 어느 한 국가가 원리금을 상환하지 못할 경우 참여국 전체가 상환의무를 부담한다. 이를 위해서는 동 채권을 발행하는 기구를 새로 설립하여 동 기구로 하여금 참여국들의 과세 및 지출 을 행사하고 참여국들이 재정을 방만하게 운영하는 도덕적 해이를 줄일 수 있는 재정규율장치를 마련하여 사실상 재정통합(fiscal union)을 이루어야 할 것이다. 특히 회원국 간에 채무를 인수하 지 못하도록 금지조항을 두고 있는 EU협약을 개정하기 위해 27개 EU회원국의 국민투표를 거쳐 야 하는바 독일과 같은 핵심 국가가 국민의 동의를 얻기가 쉽지 않아 도입이 쉽지는 않을 것으로 전망된다.

표 17-2	유로채와 외국채	
구 분	유 로 채	외 국 채
규제의 성격	원칙적으로 규제를 받지 않는 자유로운 시장	발행시장 소재국의 공적기관으로부터 허가필요
조 세	투자자의 이자소득에 대한 원천세 면제	각국 법률에 의거 원천세 징수
발행시장	수 개국의 자본시장	특정국가의 자본시장
표시통화	국제통화	발행시장 소재국의 통화 ＊일본 samurai bond ＊미국 yankee bond ＊영국 bulldog bond ＊중국 panda bond
상 장	세계 유수의 증권거래소	발행시장국의 증권거래소
신디케이트 구성	국제적 신디케이션	발행시장국의 금융기관

내통화로 채권을 발행하는 경우이다. 즉 외국채는 비거주자가 국내에서 국내통화로 발행하는 국제채를 말한다. 외국채는 특히 미국 자본시장에서 외국차입자가 달러표시채권을 발행하는 경우 양키본드(yankee bond), 일본의 자본시장에서 엔화표시 채권을 발행하는 경우 사무라이본드(samurai bond), 영국 자본시장에서 파운드화표시 채권으로 발행하는 경우 불독본드(bulldog bond), 중국자본시장에서 위안화 표시로 발행되는 채권의 경우 판다본드(panda bond), 그리고 한국시장에서 원화표시채권으로 발행하는 경우 아리랑본드(arirang bond)[10]라 한다.

---

10) 아리랑본드는 외국의 차입자(비거주자)가 우리나라 자본시장에서 원화표시로 발행하는 외국채이다. 이는 1995년 9월 처음으로 ADB(Asian Development Bank)에 의해 ADF(Asian Development Fund)자금 납입을 위해 1억달러를 발행한 데 이어 1997년 4월과 5월에 세계은행과 EBRD(European Bank for Reconstruction and Development)에 의해 각각 1억달러를 발행한 바 있다. 아리랑본드는 실제 대금결제는 미달러화로 이루어지나, 원화표시로 거래됨으로써 원화의 대외인지도 제고 등으로 원화의 국제화를 도모하고 세계 최우량 신용등급기관이 발행한 양질의 채권이 국내 채권시장에서 유통됨으로써 국내채권시장의 활성화 및 선진화에 기여하였다. 아리랑본드는 1995년 5월 국제기구의 원화표시채권 발행을 허용한 데 이어 1996년 12월에는 비거주자의 국내 원화표시채권 발행을 자유화함으로써 발행주체가 국제기구에서 외국정부 및 지자체, 공공기관, 금융기관, 외국기업 등으로 확대되었으며, 발행방법에 있어서도 비거주자(국제금융기구)

외국채의 인수단은 유로채의 다국적 인수단과는 달리 통상 한 나라의 인수단으로 구성되며, 발행요건도 통상 국내채 발행절차에 따르도록 되어 있다.

글로벌채는 미국, 유럽, 아시아 등 전세계 주요 국제금융시장에서 동시에 발행·판매되는 단일통화채권(주로 미 달러화로 발행)을 말한다. 이 채권은 유로채와 외국채의 이점을 결합한 것으로 1989년 9월 World Bank가 최초로 발행하였으며 우리나라는 1993년 11월 한국전력이 13.5억 달러를 발행한 이후 한국산업은행과 수출입은행 등이 발행하여 왔다. 글로벌채는 판매지역의 광역성으로 인해 일시 거액의 발행을 통해 대규모의 자금조달이 가능하고, 특히 미국 내 투자자만을 대상으로 하는 양키본드보다 각 지역시장 간 경쟁을 통해 보다 낮은 조달금리로 차입이 가능한 이점이 있다.

2) 국제채의 발행방법 및 형태

국제채는 발행방법에 따라 공모발행(public offerings)과 사모발행(private placement)의 두 가지 방법이 있다. 공모발행은 국제인수단(underwriting syndicate)이나 국제판매단(selling group)이 발행채권을 인수·판매함으로써 광범위한 국제투자가들에게 신속한 매각이 가능할 뿐 아니라 증권거래소의 상장을 통한 유통거래가 보장됨으로써 표면금리 등의 발행조건이 사모채에 비하여 유리하다.

사모발행은 공모발행에서와 같이 인수단을 구성하여 매각하는 것이 아니고 제한된 범위의 일부 기관 및 개인 투자가들을 대상으로 발행됨으로써 일반적으로 증권거래소에는 상장되지는 않으나 관련서류 작성이 간편하고 발행조건 결정에 융통성이 있으며 발행비용도 상대적으로 저렴하다. 또한 공모채에서와 같은 일정한 공시의무가 없어 시장지명도가 낮은 차입자도 사모발행이 가능함으로써 공모채 시장진출을 위한 준비단계로서 이용되기도 한다.

국제채는 발행형태에 따라 다음과 같은 분류가 가능하다.

(1) 보 통 채

국제채의 전형적인 발행형태는 보통채(straight bond)인데, 이는 채권발행자가 투자가에 대하여 약정금리에 의한 이자지급과 약정기일에 원금의 상환을 약정한 채권이다. 보통채에는 채권발행 시에 확정된 고정금리로 이자를 지급하는 고정금리채와 금리가 Libor 등 단기시장금리에 연동되어 일정기간(보통 6개월)마다 변동하는 변동금리채권이 있다. 보통채 중 만기가 3~7년인 채권을 노트(note) 또는 중기채

발행 원화표시채권에 대해서 일부(발행액의 50% 이내) 해외판매를 허용하였다.

(medium-term straight bond)라고 하고 8년 이상인 채권을 장기채(long-term straight bond)라고 한다. 중기채는 일반적으로 만기에 가서 일시 상환되지만 장기채는 정기분할 상환되는 것이 보통이다.

변동금리채권은 1970년대에 높은 인플레이션과 국제금리의 불안정성이 크게 높아지면서 고정금리채 발행이나 신디케이트 대출에서 초래되는 금리 및 유동성 위험을 완화시키기 위한 수단으로서 개발되었다. 변동금리채권은 투자가의 입장에서 보면 채권의 표면금리가 Libor 등에 연동됨으로써 시장금리를 반영한 수익률을 보장받을 수 있기 때문에 금리위험의 부담이 작다. 또 신디케이트 대출에 비해 소액단위로 발행되어 일반투자가의 투자가 용이할 뿐만 아니라 유통시장에서 자유롭게 매매됨으로써 금리변동 및 인플레이션 하에서의 자본손실을 용이하게 회피할 수 있는 이점이 있다.

변동금리채권은 여타 증권과 같이 기채자의 신인도나 지명도에 따라 금리수준이 달라지게 되나 유로CD나 CP 등 다른 투자대상보다는 신인도에 따라 적용되는 금리의 격차가 상대적으로 작아서 신규개발자로서 특히 개발도상국의 경우 변동금리채권은 유리한 중장기 자금조달수단이 될 수 있다.

(2) 전환사채와 신주인수권부사채

전환사채(convertible bond)는 보통채와 마찬가지로 확정이자를 지급하지만 일정한 조건하에 발행회사의 주식으로 전환할 수 있는 선택권이 부여된 채권을 말한다. 채권의 주식전환은 일반적으로 주식의 시장가격에 10~15%의 프리미엄을 붙인 가격으로 이루어지는데 이를 전환프리미엄(conversion premium)이라고 한다. 유로전환사채는 대부분 발행 후 6개월이 경과한 후 만기에 이를 때까지 언제라도 주식으로의 전환이 가능하다.

한편 신주인수권부사채(bond with warrant)는 주식매입권부채권을 말하는데 이 채권의 매입자는 기채회사의 신주 또는 기 발행주식을 일정한 기간 내에 매입할 수 있는 권리가 보장된다. 투자가는 동채권을 매입함으로써 매입권 행사에 의해 주식매입으로 추가적인 자본이득을 기대할 수 있고 발행자의 입장에서는 보통채보다 낮은 표면금리로 자금조달이 가능한 장점을 갖고 있다. 전환사채와 신주인수권부사채는 모두 중요한 주식관련 채권(equity linked bond)이다.

(3) NIF(Note Issuance Facilities)와 유로CP

NIF는 신용공여 및 인수보증의 전형적인 형태로 차입자가 자기명의로 일련의 단기어음을 발행할 수 있도록 인수은행이 공여하는 중장기 회전신용한도이다. NIF는 차입자가 발행하였음에도 판매되지 아니한 어음을 인수은행이 매입하거나 보증한도를 공여하여 차입자의 소요자금이 원활히 조달될 수 있도록 법률적 구속력을 갖춘 약정이다. 은행이 차입자인 경우는 통상 CD를 발행하며 그 외의 차주는 약속어음을 발행한다.

NIF를 이용하여 발행된 어음은 소지하고 있는 투자자의 위험부담이므로 인수자의 책임 범위에서 벗어나지만, 미발행 한도는 인수기관이 대차대조표의 각주에 기장하여 우발채무로 관리하여야 한다. 인수기관은 차입자의 신용상태가 악화된다 할지라도 약정기간이 유효한 이상 차입자가 발행한 어음이 투자자를 찾지 못할 경우에는 언제든지 인수해야 되는 의무를 안고 있기 때문이다.

NIF는 차입자에게는 중장기의 안정적 자금확보수단이면서 신디케이트 대출보다 기채가 용이하고 비용이 저렴하며 매우 높은 신축성을 갖고 있어서 대기성 한도 내지 준비성 자금으로 활용할 수 있다. NIF가 신디케이트대출에 비해 저렴한 비용의 차입수단이 되는 것은 투자자에게는 단기금융시장 금리를 적용하고 인수기관은 매출되지 않은 단기채권에 대해서만 자금부담을 하기 때문이다.

NIF는 또한 변동금리채와 같이 이자율의 선택폭을 넓힐 수 있으며, 차입자의 신용등급이 필수적인 US CP시장의 엄격한 발행기준이 요구되지 않기 때문에 유로시장에서 비상재원으로 활용된다. NIF는 위와 같은 장점에도 불구하고 US CP에서와 같은 신용등급을 받지 아니하고 발행하기 때문에 어음의 결제에 대한 투자자의 신임이 결여되어 유통시장이 잘 발달되어 있지 않고 있는 데다가 수익원 다양화를 추구하는 금융기관들이 과도한 인수경쟁을 전개해 온 결과 각종 수수료가 너무 낮아졌다.

따라서 근래에는 NIF의 유동성을 증대시키기 위한 대체수단들이 다양하게 등장하고 있다. 예를 들어 미리 정하여진 복수의 자금조달형태 중에서 차입자가 자신에게 가장 유리한 방법을 선택할 수 있는 MCF(Multiple Component Facility), 회전인수한도인 RUF(Revolving Underwriting Facility), RUF계약을 본래의 인수기관으로부터 제3자에게 양도할 수 있는 TRUF(transferable RUF) 등이 그것이다.

유로CP는 금융기관이나 기업이 단기자금을 조달 내지 융통하기 위하여 할인식으로 발행하는 어음으로 무담보 단기어음이라는 측면에서는 NIF와 유사하다. 그

| 표 17-3 | CP와 NIF의 비교 |

구 분	US CP	NIF	유로CP
발행증권	무담보 약속어음	무담보 약속어음	무담보 약속어음
신용평가등급	필 수	불 요	불 요
어음기간	1~270일	90~180일	7~365일
인수약정	없 음	있 음	없 음
유통형태	최선노력	인수기관이 미판매분 인수	최선노력

러나 NIF의 주선기관은 약정기간(5~7년) 동안 차입자가 발행하는 단기어음을 의무적으로 판매하거나 인수할 의무를 부담함에 비하여 유로CP의 주선기관은 판매되지 아니한 어음의 인수의무를 지지 않는다는 점에서 양자가 다르다. 즉 NIF는 약정조건의 어음발행한도(commitment basis)이고, 유로CP는 딜러의 최선의 노력(best effort basis)에만 의존하는 어음발행한도이다.

규제측면에서는 NIF의 인수은행은 우발채무의 부담을 안기 때문에 해당 금융당국으로부터 일정비율을 위험자산으로 편입시키라는 등의 규제를 받지만 유로CP의 주선기관은 이러한 규제를 받지 않는다.

(4) MTN

MTN(Medium Term Note)은 중장기 채권발행을 통한 자금 조달수단이다. MTN은 발행 채권의 한도, 만기, 통화 등 MTN 프로그램에 대한 포괄적인 구조 및 채권발행회사의 재무 및 영업 현황 등에 대한 자료를 본 프로그램에 등록시켜 놓음으로써, 이후 채권발행시 투자자에게 별도의 자료(Offering Circular) 제공 없이 MTN 프로그램에 근거하여 채권발행이 가능하다.

국제금융시장에서 발행되는 MTN은 US MTN, Euro MTN, Global MTN 등이 있다. US MTN은 미국에서 발행된 MTN으로 SEC에 등록된다. Euro MTN은 유로시장에서 발행된 MTN으로 주로 미국 「증권법」의 규제를 피하면서 외국투자자 유치를 목적으로 사용된다. Global MTN은 미국뿐만 아니라 유로시장에서도 발행이 가능한 MTN으로 해외자금 조달 규모가 빈번한 대기업이나 은행 등에서 규모가 큰 해외 기관투자가 유치 목적으로 주로 사용된다. US MTN의 만기는 9개월~30년이고 Euro MTN의 만기는 1~10년 정도이다.

MTN의 발행방법은 발행사가 대리인(agent)이나 딜러를 통해 투자자에게 채권 매입을 권유하는 Agency Basis, 대리인이나 딜러가 직접 발행 채권을 인수하는 Underwritten Basis, 투자자가 대리인에게 자기가 원하는 조건을 제시하고 대리인이 채권 발행자에게 교섭하여 발행하는 Reverse Inquiry 및 발행자가 투자자에게 직접 판매하는 Direct Sales 방법이 있다.

US MTN의 발행 절차를 요약하면 다음과 같다.

① 발행 관련자의 선정

발행자는 일차적으로 2~5개의 대리인을 선정하는데, 대리인은 발행자와 투자자를 연결시키고 가격 결정 및 마케팅에서 중요한 역할을 하므로 경험이 많은 투자은행 중에서 선정한다. 또한 발행시 결제 업무와 원리금 상환 등 사후 행정 처리를 담당하는 재무대리인을 선정하고 변호사를 선임하여 법률의견 등을 검토한다.

② 일괄등록

MTN의 공모발행은 프로그램 등록 후 계속해서 발행되기 때문에 일괄등록제도(shelf registration)를 이용한다. SEC에 일괄등록시에는 Underwriting Agreement, Distribution Agreement, Fiscal Agency Agreement 등과 일반 등록시에 필요한 서명서류를 제출하여야 하고 SEC는 서류심사를 통과하면 프로그램이 효력을 발생한다.

③ Closing

발행자는 SEC 앞 Prospectus Supplement를 제출한 후 대리인과 Distribution Agreement 등의 계약을 체결한다. Prospectus Supplement란 발행자에게 최근에 있었던 변화의 내용, 발행 예상 증권의 금액, 발행 조건과 소화 방법 등을 기술한 보충서류를 말한다. 이후 예상투자자에게 Prospectus Supplement를 첨부하여 발송하며 대리인과는 발행 방법과 조건을 협의하여 개별 발행에 들어간다. 발행자가 대리인에게 Rate Post를 하면 대리인은 발행자가 제시할 조건에 알맞은 투자자를 찾고 연결시켜준다. Rate Post란 발행하고자 하는 채권의 금액, 만기와 금리 등을 대리인에게 제시하는 것을 말한다.

④ 결   제

대리인은 거래가 이루어지면 발행자와 거래내용을 대조하여 특정 Note를 표시하고 있는 증명서를 DTC(depositary trust company)에 등록한다. 이후 발행일, 만기일, 금리조건에 따라 거래일 후 통상 5일째에 DTC 내의 재무대리인과 각 대리인

의 계좌를 통하여 Note의 청산과 발행대금 결제가 이루어지며, 재무대리인은 발행
대금을 즉시 발행인의 계좌에 입금시킨다.

(5) 혼성채권

혼성채권(hybrid bond)는 전통적 채권에 각종 선물이나 옵션을 혼합하여 개발한
국제채로서 그 유형을 일일이 열거할 수 없을 만큼 다양하고 향후에도 계속해서
새로운 형태가 등장할 것으로 전망되는데, 여기서는 보편적으로 널리 알려진 몇
가지만을 소개한다.

혼성채권은 연계의 대상에 따라 환율연계형 채권, 금리연계형 채권 및 지수연
계형 채권으로 구분할 수 있다.

환율연계형 채권은 환율변동위험에 대처하기 위한 채권으로 이중통화채(dual
currency bond)와 HH채(Heaven and Hell Bond) 등이 그 전형이다.

이중통화채(dual currency bond)는 국제통화간의 환율 및 금리 전망을 고려하여
기채통화와 상환통화를 상이하게 하여 발행되는 채권을 의미한다. 따라서 동 채권
의 투자자는 상환시점에서 상환통화가 기채통화에 비해 강세이면 환차익을 실현할
수 있으나 반대의 경우에는 환차손이 발생할 위험 또한 내재하므로 이중통화채는
이러한 환리스크를 회피하기 위하여 개발된 것이다. 일반적으로 이중통화채는 기
채는 저금리통화인 강세통화로, 상환은 고금리통화인 약세통화로 발행되는 것이
보통이다.

HH채는 특정통화로 표시된 상환가액이 만기시 현물환율과 약정환율의 차이
에 따라 조정되는 채권으로 보통채와 통화옵션의 복합형태라 할 수 있다. 동 채권
은 만기시 특정통화의 현물환율이 약정환율보다 절상되면 상환액수는 액면가보다
적어지고 반대로 현물환율이 절하되면 상환액수가 액면가보다 높아진다. 이처럼
상환가액의 상승 및 하락 가능성을 동시에 갖고 있기 때문에 천국과 지옥채(heaven
and hell bond)라고 불린다.

금리연계형 채권(interest rate linked bond)은 만기 시 상환액이 약정금리와 만기
시 금리의 차이에 따라 조정되는 채권으로 보통채와 금리옵션의 복합형이라 할 수
있다. 지수연계형 채권에는 연계되는 지수에 따라 통화지수연계형, 주가지수연계
형, 채권지수연계형 및 금, 석유가 등과 같은 상품지수연계형 등이 있다. 가장 보
편적인 것은 주가지수연계형 채권(equity index linked bond)으로 이는 만기 시 상환가
액이 만기 시 주가지수와 약정주가지수의 차이에 따라 조정되는 채권이다.

이 밖에도 각종 warrant나 전환옵션이 합성된 상품, 여러 나라에서 각국의 통화별로 동시다발적으로 발행하는 parallel bond, 원금의 상환은 현금이 아닌 주식으로 하는 EN(Equity Note) 등 매우 다양하다.

3. 유로주식

유로주식(euro-equity)은 주로 유로시장에서 국제신디케이트에 의해 인수·판매되고 발행자의 국내 상장규제에 구애받지 않는 소지인(bearer)식 주식이다. 유로주식은 최근에 들어 급속하게 증가되고 있는데, 유로주식시장이 이와 같은 발전을 보이게 된 데는 다음과 같은 요인에 주로 기인한다.

첫째, 자본시장의 국제화 추세이다. 최근에 들어 세계적으로 주식투자 붐이 고조된 데다 그동안 유로주식시장의 저해요인이었던 각국 주식시장 간의 상이한 회계기준, 공시제도, 등록제도 등의 통일, 외국인의 주식시장 참여 등에 관한 규제완화 등 자본시장의 국제화가 진전되고 있기 때문이다.

둘째, 세계적인 국영기업의 민영화 추세이다. 선진국은 물론 개발도상국의 초우량 국영기업들이 대량으로 민영화되어 국제적으로 개인이나 기관투자가들을 유치하고 있기 때문이다.

셋째, 유로주식결제의 원활화를 들 수 있다. 그동안 유로주식시장 발전의 커다란 장애요인이었던 결제업무가 1986년 Morgan Guaranty Trust은행의 주도하에 Euroclear라고 불리는 유로주식 결제기구가 설립되어 국제채, 유로 CD 등을 위시한 각종 증권들의 실물보관과 현물 인수도에 따른 위험을 제거하고 거래비용을 절감함으로써 이들 증권의 국제거래를 원활케 하는 데 크게 기여하였다.

넷째, 주식거래체제의 범세계화를 들 수 있다. 그간 각국 주식거래소 간의 상호연계체제 부재로 주식거래가 국내시장의 영역을 벗어나지 못하였으나 각국 주식거래소 간의 통합 또는 연계확충에 의해 주식거래의 범세계화가 확충되고 있다. 주식거래의 범세계화는 주식거래소간의 연계확충뿐만 아니라 주식의 국제 장외거래의 확산에 의해서도 촉진되고 있으며, 특히 투자은행이나 증권회사들의 범세계적인 조직망을 통한 24시간 내내 주식의 매입 및 매도주문처리, 국제금융정보회사나 거래소에 의한 외국주식정보의 신속한 제공 등은 주식거래의 범세계화를 가속적으로 촉진하고 있다.

유로시장에서 주식을 발행하는 데에는 두 가지 방법이 있다. 그 하나는 국내

에서 주식을 발행하는 경우와 마찬가지로 브로커를 통하여 직접 주식을 발행하는
방법이며, 또 다른 하나는 주식을 예탁기관에 예탁하고 예탁기관으로부터 받은 주
식예탁증서(DR: Depository Receipt) 발행을 통하여 간접적으로 발행하는 것이다.

기업이 해외에서 직접 주식을 발행하는 경우에는 주권의 양식 및 언어의 상
이, 외국증권시장과 국내증권시장간의 거래관습 및 제도의 차이, 주권의 수송문제
등으로 인하여 여러 가지 불편이 따르므로 이와 같은 불편을 제거하기 위하여 DR
발행 형식이 많이 활용되고 있다. DR은 발행지역에 따라 미국에서 발행되어 유통
되고 미국증권거래위원회(SEC)의 규제를 받는 ADR(American DR)과 런던과 룩셈부르
크 등 유럽지역에서 발행되는 EDR(European DR), 뉴욕, 런던, 룩셈부르크에서 동시
에 발행되는 GDR(Global DR) 등이 있다.

이 중 ADR시장이 발행량이나 거래량 면에서 최대이며 EDR은 과거 일본기업
에 의해 주로 이용되었던 것으로 발행통화가 다양한 반면 유동성이 낮다. 이들 외
에도 홍콩에서 발행되는 HKDR(Hong Kong DR), 싱가포르에서 발행되는 DRS(DR of
Singapore), 런던이나 브뤼셀에서 발행되는 BDR(Bearer DR), 브뤼셀에서 발행되는
IDR(International DR) 등이 있다.

시장경제하에서는 경쟁에서 실패한 기업[1]이나 개인 등이 있기 마련이다. 시장이 효율적인 경쟁시장(contestable market)이 되기 위해서는 진입(entry)과 함께 퇴출(exit) 또한 신속하고 적절하게 이루어져야 한다. 경쟁에 실패한 기업에 대해서는 회생이 가능한 경우에는 효율적으로 지원하여 경제발전에 기여하게 해야 하나, 회생이 불가능한 기업의 경우에는 신속하게 퇴출시켜 자원의 낭비를 막는 등 사회적 비용(social cost)을 최소화해야 한다.

부실기업정리에 대한 각국의 규범과 관행을 보면, 독일식의 청산형과 미국식의 재건형으로 양분할 수 있다. 청산형은 계약당사자간의 계약을 최대한으로 존중하여 계약에 실증법적인 권위를 부여함으로써 경제질서 유지에 기여할 수 있다는

---

[1] 기업의 부실은 이해당사자의 관점에 따라 달리 이해되기 때문에 일률적으로 정의하기는 쉽지 않다.

① 일상적 의미: 기업이 자금부족으로 인해 만기가 도래한 부채를 상환할 수 없는 상황, 즉 지급불능 또는 부도(default) 상태

② 재무적·회계적 관점: 미래의 기업활동에서 예상되는 현금흐름의 현재가치가 (-)인 상태 또는 기업의 부채규모가 자산가치를 초과하는 상태

③ 경제적 관점: 경제학적 기회비용(opportunity cost)의 개념에 입각하여 기업자산의 현재 생산활동에서의 가치가 최선의 대안적 생산활동에서의 가치보다도 작은 상태.

장점이 있는 반면, 경직적인 사후처리로 경제의 유연성을 저하시킨다는 약점이 있다.[2] 재건형은 계약당사자간의 자율적 사후조정을 통하여 경제의 유연성을 제고할 수 있다는 장점이 있는 반면, 계약쌍방 또는 일방의 기회주의적인 행동을 조장할 가능성이 크다는 약점이 있다.[3]

어느 제도가 더 효율적인가에 대해서는 각국의 기업문화와 법사상 등에 따라 다를 것이나, 최근에는 가능한 한 기업의 재건을 도모하거나 적어도 양자를 적절히 조화하는 방향으로 나가고 있다. 기업의 파산은 이해당사자는 물론 국민경제 전반에 걸쳐 막대한 비용을 유발하기 때문이다.

환언하면 청산가치보다 생존가치가 큰 기업은 가능한 한 M&A 등 구조조정을 통하여 계속기업으로서 살아 남게 하고, 불가피하게 파산하더라도 사회적 비용을 최소화하게 하자는 것이다. 따라서 기업의 퇴출은 기업파산의 원인을 면밀하게 분석하여 기업이 구조적으로 경쟁력을 상실한 경우(structural bankruptcy)에는 최소의 비용으로 조속하게 퇴출될 수 있도록 하고, 일시적인 재무적 곤경에 처한 경우(technical bankruptcy)에는 가능한 채무의 재조정(restructuring)이나 구제자금의 지원 등을 통해 회생될 수 있도록 하는 것이 원칙이다.

우리나라의 현행 법적인 회생 및 파산제도는 「상법」, 「민법」, 개별 설립근거 법상의 청산제도와 「채무자 회생 및 파산에 관한 법률」상의 기업의 회생·파산 및 국제도산제도가 있다. 기업의 자산을 전부 매각·배당함으로써 기업을 완전히 퇴출시키는 청산·파산제도는 '청산형 퇴출제도'이며, 법원의 주도 또는 감독하에 회사의 재건을 도모하는 회생은 '재건형 퇴출제도'이다. 이 밖에 회생·파산과 달리 법적 강제력은 없으나 당사자간 사적 합의에 의해 구조조정을 도모하는 워크아웃, 협조융자 등 사적절차가 있다.

---

2) 독일은 그동안 「파산법」에 의한 파산제도와 「화의법」에 의한 화의제도만을 운용하여 오다가 1994년 청산보다는 기업의 재건을 지원하기 위해 기업의 청산이나 재건을 채권자들이 신속하게 결정할 수 있도록 하는 내용으로 「통합도산법」(Insolvenzordnung)을 제정하면서 회사갱생제도를 도입하였다. 이는 지금까지 독일의 금융관행이 주거래은행(Hausbank)의 주도하에 기업회생을 지원하는 것이었으나, 대기업의 탈은행화의 진전으로 주거래은행의 역할이 크게 감소함에 따라 회사갱생절차의 법제화의 필요성이 증대된 데 기인하였다.

3) 미국은 1970년대 부실대기업을 정리하는 과정에서 정부주도의 부실기업 정리가 정부지원규모에 비해 그 효과가 미약할 뿐만 아니라 시장경제원리에 따른 효율적 정리보다 오히려 비용과 시간이 더 소요된다는 것을 경험하게 되었다. 이에 따라 1980년대 라틴아메리카 부실채권 처리시에는 부실기업정리 해법 도출에 많은 시행착오를 거쳤음에도 불구하고 은행을 중심으로 한 민간자율방식을 끝까지 고수하였다.

우리나라는 그간 회생 및 파산제도가 비효율적이어서 회생가능성이 없는 기업(zombie)이 장기간 연명하거나 회생가능성이 있는 기업이 퇴출당하는 등 기업구조조정의 걸림돌이 되고 있다는 비판을 받아 왔다.

종래 채무자의 회생 및 파산에 관한 사항이 「회사정리법」, 「화의법」, 「파산법」, 「개인채무자회생법」 등에 분산되어 있어 각 법률마다 적용대상이 다를 뿐만 아니라 특히 회생절차의 경우 회사정리절차와 화의절차로 이원화되어 있어서 그 효율성이 떨어지므로 상시적인 기업의 회생·파산제도로는 미흡하다는 지적이 있었다. 특히 종전 「회사정리법」은 주식회사만을 적용대상으로 하고 화의제도는 주식회사 등의 대기업이 이용하기 곤란하다는 점뿐만 아니라, 부실기업들이 회사정리절차나 화의절차를 파산위기를 일시적으로 모면하는 수단으로 악용하는 문제점이 있었다.4)

이와 같은 지적에 따라 2005년 3월 31일 이들 법을 통합한 「채무자 회생 및 파산에 관한 법률」을 제정하여 2006년 4월부터 시행하고 있다. 동 법의 시행으로 채무자 회생 및 파산에 관한 법률의 체계를 일원화하는 한편, 기존의 회생절차 중 화의절차를 폐지함과 아울러 회사정리절차를 개선·보완하고 정기적 수입이 있는 개인채무자에 대하여는 파산절차에 의하지 아니하고도 채무를 조정할 수 있는 개인회생제도를 도입하여 파산선고로 인한 사회적·경제적 불이익을 받게 되는 사례를 줄일 수 있게 되었다.

동 법은 적용대상에 있어서 회생·파산절차는 개인·법인의 구분 없이 모든 채무자를 대상으로 하고, 개인, 중소기업, 대기업 등을 하나의 절차에 의하여 회생시키거나 퇴출시킴으로써 절차적 효율성을 높일 수 있게 하였다. 또한 동 법은 새로 도산에 관한 국제적 모델에 맞게 국제도산절차에 관한 규정을 신설하였다.

그러나 동 법은 아직도 개선해야 할 점이 적지 않다. 도산절차간의 연계성 부족, 법원의 전문성 부족 등이 그 예이다. 도산절차의 연계성 부족이란 도산채무자가 도산절차(insolvency)를 신청하면 법원이 채권자 등 이해관계인의 의사를 반영하여 청산형 절차 또는 갱생형 절차로 진행해야 할 것인지 등에 대한 규정이 없어 도산채무자에게 가장 알맞은 절차를 진행하기 어렵다는 것이다.5)

---

4) 예컨대 기업이 회사정리절차나 화의절차를 신청할 때 기존 채무와 채권을 동결하는 재산보전처분을 동시에 신청하여 재산보전처분을 받거나 동 신청이 기각되더라도 항고나 재항고를 할 수 있어 이 기간 중에는 재산보전결정이 그대로 효력을 갖게 된다.

5) 미국의 「연방파산법」은 채무자가 언제든지 청산절차에서 갱생절차 또는 그 반대방향으로의 전환

법원의 전문성 부족이란 도산사건은 단순히 법률적 문제만이 아닌 만큼 도산사건을 담당하는 법관은 법률적 지식뿐만 아니라 경영 및 회계 등에 관한 지식도 필요하다는 것이다.[6)]

제 2 절 기업회생제도

I. 기업회생제도의 의의

기업회생제도란 재정적 궁핍으로 파탄에 직면하였으나 경제적으로 갱생(rehabilitation)의 가치가 있다고 판단되는 회사에 대해 법원의 관리·감독하에 채권자, 주주 및 기타 이해관계인의 이해를 조정하여 사업갱생을 도모하는 재판상의 절차로서 파산으로 인한 경제적 피해를 최소화하는 제도이다.[7)]

기업회생제도는 ① 기업의 해체와 청산을 지향하는 파산제도와는 달리 사업을 계속 유지시킴으로써 갱생을 지향하는 적극적인 채무정리제도이고, ② 파산적 청산에서 생기는 사회·경제적 손실의 축소를 기대하며, ③「상법」의 청산에서는 볼 수 없는 강력한 규정을 설정함으로써 담보권과 일부 조세채권[8)]도 법원의 보전처분을 통한 갱생절차에 참가시켜 강제적으로 양보를 얻어 낼 수 있는 점 등이 장점으로 지적된다.

을 용이하게 하며 법원 또는 이해관계인의 신청에 의해 통지와 심리를 거쳐 갱생절차에서 청산절차로 이행할 수 있도록 규정하고 있다.

6) 미국은 도산사건을 전문적으로 담당하는 도산법원이 있으며 우리나라는 일반법원에서 담당하고 있다.

7) 동 제도는 미국의「연방파산법」제11장(Bankruptcy Act Chapter XI)의 기업재건제도(corporate reorganization)와 일본의「회사갱생법」과 유사한 제도이다. 미국의「연방파산법」제7장은 우리나라의 파산절차와 유사한 청산절차(liquidation)를, 동 법 제13장은 개인의 채무조정에 관한 내용을 규정하고 있다.

8) 조세 등의 청구권도 회생절차 개시결정 전에 발생한 것은 회생채권으로 일반의 회생채권과 동등한 취급을 받는다. 회생채권이라도 근로자의 임금, 퇴직금, 재해보상금의 청구권 등은 공익채권으로 분류되어 일반의 회생채권이나 회생담보권에 우선하여 회생절차에 의하니 아니하고 수시로 변제가 가능하다. 회생담보권이란 회생절차 개시 당시 채무자의 재산상에 존재하는 유치권, 질권, 저당권, 양도담보권, 가등기담보권, 전세권 또는 우선특권으로 담보된 범위 내의 것을 말한다.

　　반면 ① 회생계획안 가결의 요건이 너무 엄격하여 채권자나 주주 어느 한 조라도 동의하지 않을 경우 회생절차 자체가 폐지될 소지가 있고,

　　② 일시적 채무면탈 등을 목적으로 회생절차개시 신청을 남용할 가능성이 있으며,

　　③ 회생절차 진행에 과다한 비용과 장시일이 소요될 뿐만 아니라,

　　④ 회생계획이 실패할 경우 회사재산 감소로 처음부터 파산 등의 절차를 취하는 경우에 비하여 채권자들의 채권만족도가 저하될 소지가 있다는 점 등이 단점으로 지적된다.

　　「채무자 회생 및 파산에 관한 법률」 중 주요내용을 요약하면 다음과 같다.

II. 기업회생절차

1. 회생절차 개시신청

　　채무자 또는 채권자는 사업의 계속에 현저한 지장을 초래하지 아니하고는 변제기에 있는 채무를 변제할 수 없는 경우나 채무자에게 파산의 원인인 사실이 생길 염려가 있는 경우, 법원에 서면으로 회생절차 개시신청을 할 수 있다.

2. 심　　사

　　법원은 회생절차 개시신청시 이해관계인의 신청 또는 직권으로 그 결정이 있을 때까지 채무자의 업무 및 재산에 관해 가압류·가처분 그밖에 필요한 보전처분을 명할 수 있고,[9] 그 외 필요한 경우 보전관리인[10]을 선임하여 보전관리인에 의

---

9) 가압류는 금전채권이나 금전으로 환산할 수 있는 채권의 집행을 확보하기 위하여 미리 채무자가 그의 재산을 처분하지 못하도록 하는 것을 말하고 가처분은 장래의 집행을 보전하기 위하여 계쟁물(급여의 목적이 된 물건이나 권리)의 현상을 유지시킬 목적으로 채무자의 처분을 금하고 그 보관에 필요한 조치를 취하는 것을 말한다. 가압류나 가처분은 모두 장래의 권리 실현을 확보하자는 목적을 가진다는 점에서 같으나 가압류는 피보전권리가 금전채권인데 반해, 가처분은 금전이 아닌 특정물이나 권리의 급여청구권이라는 점에서 차이가 있다. 보전절차는 채권자가 권리의 궁극적 실현을 목적으로 하는 것이 아니라 이를 실현하는 과정에서 잠정적으로 현 상태를 유지하려는 것이므로 본안소송에서 원고가 패소하면 보전명령은 효력을 상실한다.

10) 「통합도산법」은 원칙적으로 회사대표자를 관리인으로 선임하고, 예외적으로 대표자가 부실경영에 책임이 있거나 채권자협의회의 요청이 있는 경우에 한해 제3자를 관리인으로 임명하도록 하고 있다. 동 제도는 미국의 「연방도산법」 제11장의 채무회사 경영자(DIP: Debtor in Possession)제도

한 관리를 명할 수 있다. 또한, 회생절차 개시신청이 있는 경우 법원은 채무자에
대한 파산절차나 담보권 실행을 위한 경매절차 및 채무자 재산에 관한 소송절차는
물론 체납처분에 의한 징수절차 등의 중지를 명할 수 있고, 이 명령에 의해 회생
절차의 목적을 충분히 달성하지 못할 우려가 있다고 인정할 만한 특별한 사정이
있는 경우에는 이해관계인의 신청 또는 직권으로 회생절차 개시신청에 대한 결정
이 있을 때까지 모든 회생채권자 및 회생담보권자에 대하여 그에 기한 강제집
행[11] 등의 금지를 명할 수 있다. 이를 포괄적 금지명령[12]이라 한다.

3. 회생절차 개시여부 결정

법원은 회생절차 개시신청일로부터 1월 이내에 회생절차 개시신청이 성실한
지 여부와 그 밖에 회생절차에 의함이 채권자의 일반 이익에 적합한지 여부를 검
토하여 회생절차 개시여부를 결정한다.

회생개시결정문에는 관리인의 선임 또는 불선임의 결정, 회생채권자·회생담
보권자, 주주·지분권자의 목록제출기간, 회생채권과 회생담보권의 조사기간, 조사

와 유사한 제도이나 절차나 내용면에서는 상당한 차이가 있다. 우리 「통합도산법」의 경우 회생절
차의 개시요건을 회사가 채무를 지급할 수 없거나 채무가 과다한 경우로 제한하고 있는 데 비해,
미국의 「연방도산법」 제11장의 경우 이러한 제한 없이 DIP가 신청만 하면 법원의 개시결정이나
채권·채무의 보전결정도 필요 없이 즉시 개시절차가 시작된다. 그리고 채무회사가 동 조항에 의
거 파산보호신청을 하면 자동적으로 모든 채권자의 채권행사는 동결되고(automatic stay), 채권자
는 근로자, 주주 등 다른 이해관계자들과 함께 회사의 재건계획을 마련해야 하며, 특히 동 절차
에 따라서도 노사합의가 이루어지지 않을 경우 회사가 일방적으로 기존의 노사협약을 파기할 수
있다.

11) 강제집행이란 국가의 집행기관이 채권자를 위하여 채무자명의에 표시된 사법상의 청구권을 국가
권력에 의해 강제적으로 실현하는 「민사소송법」상의 절차를 말한다. 채무자 명의란 일정한 사법
상의 급여청구권의 존재 및 범위를 표시함과 동시에 강제집행에 의해 그 청구권을 실현할 수 있
는 집행력을 인정한 공인증서를 말한다.

12) 종래에는 법률행위별로 개별적인 중지명령만이 인정되어 다수의 재산이 서로 다른 법원의 관할
지역에 산재한 경우 책임재산의 보전이 곤란하였다. 이에 「통합도산법」은 개별절차의 중지명령에
의하여 회생절차의 목적이 충분히 달성되지 못하는 특별한 경우, 법원이 하나의 결정으로 모든
회생채권자 등에 대하여 회생채무자의 재산에 대한 강제집행 등의 금지를 명할 수 있도록 하였
다. 한편 현재 입법 예고중인 「통합도산법」 개정안은 채무자가 회생신청을 하는 경우 별도로 보
전처분, 중지명령, 포괄적 금지명령의 신청 없이도 자동적으로 채무자의 변제 행위나 강제집행 등
채권자의 권리 행사를 중지 또는 금지하여 채무자의 재산을 보전하도록 하는 자동중지제도
(Automatic Stay)를 도입하고 자동중지제도의 남용을 막기 위한 다양한 장치를 규정하고 있다.
이는 채무자의 신속한 회생절차 신청을 도모함과 동시에 채무자의 재기와 채권자의 공평한 만족
가능성을 제고하기 위해서다.

위원[13]의 선임, 제1회 관계인집회의 기일 등이 포함된다. 회생절차 개시결정 송달 대상자는 채무자, 회생채권자, 회생담보권자, 주주·지분권자, 회생절차가 개시된 채무자의 재산을 소지하고 있거나 채무를 부담하는 자 등이다.

4. 회생채권자 등의 목록제출과 회생채권 등의 신고

관리인은 법원이 정한 기간 내에 회생채권자 등의 목록을 작성하여 법원에 제출하여야 한다. 관리인이 목록에 기재하지 아니하고 회생채권자도 신고하지 않은 경우 실권된다. 제출된 목록은 채권신고기간 동안 채권자들의 열람이 가능하다. 법원은 조사위원에게 회생가치와 청산가치를 산정하게 하여 이를 토대로 회생절차를 계속 진행하는 것이 적정한지에 대한 의견서를 제출하게 할 수 있다. 법원은 채권자들로부터 회생채권 등의 신고를 받아 채무자가 변제해야 할 채무를 집계하고 채권·채무를 확정한다.

5. 제1회 관계인집회

제1회 관계인집회는 관리인이 채권자 등에게 회생에 이른 배경 등을 설명하고 채무자의 업무 및 재산의 관리, 회생절차를 진행함이 적정한지 여부 등에 관한 의견을 듣기 위한 집회이다. 법원은 보전관리인, 채무자, 회생채권 목록에 기재되거나 신고된 회생채권자, 담보권자 등의 의견을 청취하여 회생절차를 계속 진행할지 여부를 결정한다. 만약 법원이 채무자의 사업을 청산할 때의 가치가 채무자의 사업을 계속할 때의 가치보다 명백히 크다고 인정되는 때에는 제1회 관계인집회 전이라도 회생계획안[14]의 제출을 명하지 아니하고 회생절차 폐지결정을 하게 된다.

6. 회생계획안의 제출

법원은 제1회 관계인집회 이후 회생절차를 진행하는 것이 적절하다고 판단되

---

13) 법원은 필요하다고 인정하는 때에는 1인 이상의 조사위원을 선임할 수 있고 조사위원에게 관리인이 조사·작성해야 할 제반 사정을 조사하게 하고 회생절차 개시 당시 채무자의 재산목록 및 재무상태변동표를 작성하여 법원에 제출하게 할 수 있다(법 제87조). 이 재산평가의 결과에 의하여 채무자의 재산이 정확하게 파악되고 관리인은 회생채권자 등에게 배분되는 재산의 범위를 판단하게 된다.

14) 회생계획안은 효율적인 회생을 위한 계획으로 이해관계인의 권리 변경 및 변제 방법, 채무자의 조직 변경 등에 관한 조항을 정한 것으로 향후 회생절차 수행의 기본 규범으로 관계인집회의 심리 및 결의 대상이 된다.

면 관리인 등에게 회생계획안을 제출할 것을 명령한다. 관리인은 회생계획안의 작성·제출권자임과 동시에 의무자이다. 이 밖에 채무자, 목록에 기재되어 있거나 신고한 회생채권자, 회생담보권자, 주주·지분권자도 회생계획안 제출명령에 정해진 기간 내에 이를 작성하여 제출할 수 있다. 제출기간은 통상 제1회 관계인집회 후 1개월 뒤로 정한다. 제출기간 내에 제출하지 못하는 경우 회생절차 폐지 사유가 된다.

채무자의 부채의 1/2 이상에 해당하는 채권을 가진 채권자는 회생절차 개시 신청일부터 제1회 관계인집회기일 전일까지 회생계획안을 작성하여 법원에 제출할 수 있다. 회생절차 개시 전에 채무자와 채권자 등 이해관계자들이 스스로 사전에 조정을 하여 법원에 제출한 회생계획에 대한 수락이나 거절의 의사표시는 동 절차 개시 후 새롭게 회생계획안이 제출된 경우에도 유효한 것으로 간주된다. 이를 회생계획안 사전제출제도(pre-packaged bankruptcy)라 하며 이는 사적인 채무조정 절차와 법적인 회생절차를 동시에 진행시킴으로써 회생절차 개시신청으로부터 회생계획 인가까지 소요되는 기간을 단축하여 회생절차를 신속하게 진행하기 위한 제도이다.

7. 회생계획안의 심리 및 결의

회생계획안이 제출되면 법원은 이를 심리하기 위해 기일을 정하여 제2회 관계인집회를 개최하고 심리를 마친 회생계획안은 결의를 위해 제3회 관계인 집회에 부쳐진다. 다만 채권자 등 의결권자의 회생계획안에 대한 동의 여부를 서면 결의에 부친 때에는 제2회 관계인집회를 소집하지 아니하고 서면결의를 거친 회생계획안에 대해 법원이 바로 인가 여부를 결정한다.

법원이 서면에 의한 결의를 결정하면 불복할 수 없다. 회생계획안의 가결은 회생절차 개시일로부터 1년 이내에 하여야 하며 불가피한 사유가 있을 경우 법원이 그 기간을 6개월의 범위 내에서 연장할 수 있다.

8. 회생계획 인가

법원은 회생절차 또는 회생계획이 법률의 규정에 적합하고, 회생계획이 공정하고 형평에 맞으며, 회생계획에 대한 결의를 성실·공정한 방법으로 하였으며, 회생계획에 의한 변제방법이 채무자의 사업을 청산할 때 각 채권자에게 변제하는 것보다 불리하지 아니하게 변제하는 내용일 경우, 회생계획안을 가결한 기일에 회생계획의 인가결정을 하여야 한다.

회생계획안이 일부 '조'에서 동의를 얻지 못하여 부결되었다고 하더라도 법원은 부결된 '조'의 채권자의 권리를 보호하는 조항을 정한 후 회생계획을 강제인가할 수도 있다. 단, 동 권리보호조항 제도를 적용하기 위해서는 1개조 이상의 가결이 있어야 한다.[15]

회생계획은 인가의 결정이 있는 때부터 효력이 발생하며 채권자 등의 권리는 회생계획에 따라 변경되고 중지한 파산절차, 강제집행, 가압류, 가처분, 담보권 실행을 위한 경매절차는 효력을 잃는다.

9. 회생계획의 수행

회생계획이 인가되면 관리인은 지체없이 회생계획을 수행하여야 한다. 관리인은 회생절차 개시 결정 때부터 가지는 채무자의 업무수행과 재산의 관리·처분의 권한을 가지고 회생계획의 내용을 수행하게 된다. 관리위원회는 매년 회생계획이 적정하게 수행되고 있는지의 여부에 관하여 평가하고 그 결과를 법원에 제출하여

---

15) 현행법은 회생계획인가 결정을 위해서는 원칙적으로 회생담보권자조, 회생채권자조 등 모든 조의 동의를 요하고, 이 중 부동의한 조가 있는 경우에도 법원이 권리의 우선순위에 따라 공정하고 형평에 맞게 차등을 두어 권리자를 보호하는 조항을 정하여 회생계획인가 결정을 할 수 있게 하는 상대적 우선의 원칙(Relative Priority Rule)을 채택하고 있다. 이는 회생가능성 있는 기업을 살리자는데 그 목적이 있고 이해관계인 모두가 조금씩 양보하여 권리의 부분적 만족을 추구하도록 이해관계를 조정하는 것을 목적으로 하고 있다. 그러나 현행 상대적 원칙에 의한 권리보호조항은 그 내용이 추상적이어서 권리의 우선순위와 보호의 정도, 부동의 인가 여부에 대한 예측가능성이 떨어지는 문제가 있다.

이에 현재 검토 중인 안은 구체적인 권리보호방법을 규정함에 있어서 선순위 권리자부터 우선 순위에 따라 권리를 전액 우선 실현하도록 하는 절대적 우선의 원칙(Absolute Priority Rule)에 의해 회생계획을 인가하도록 하고 있다. 이는 회생담보권자조, 회생채권자조 등 각 조가 동의하지 않는 경우에도 각각의 권리를 보호하는 구체적인 방법을 규정하고 회생계획안이 이러한 요건만 충족하면 법원이 의무적으로 회생계획인가 결정을 하게 하여 법원의 재량을 축소하려는 것이다. 그러나 절대적 우선원칙은 일부 당사자가 회생계획안에 동의하지 않는 경우 최후순위자인 주주에 대한 권리배분이 어려워지고 이 결과 주주로서는 경영권 상실을 우려하여 회생절차 이용을 회피하게 될 우려가 있으며, 이로 인해 조기에 회생절차개시 신청을 하였더라면 회생할 수 있었던 기업이 회생의 기회를 상실할 수 있고 기업가치의 하락이 초래되어 궁극적으로 채권자들의 불이익으로 귀결될 우려가 있다.

미국 「연방도산법」은 절대적 우선의 원칙을 채택하여, 우선순위가 다른 여러 권리자가 있는 경우 우선순위에 따라 선순위 권리자가 충분하고 완전한 권리실현을 한 후에야 다음 순위 권리자가 권리실현을 할 수 있도록 하고 있다.

야 하며 회생절차의 종결 또는 폐지 여부에 관한 의견을 제시할 수 있다.

법원은 회생계획을 제대로 수행하지 못하거나 회생절차의 종결·폐지 여부 판단이나 회생계획의 변경을 위해 필요한 경우, 채권자협의회의 신청에 의하거나 직권으로 조사위원으로 하여금 채무자의 재산 및 영업상태를 실사하게 할 수 있다. 회생계획을 수행함에 있어서는 법령 또는 정관의 규정에 불구하고 채무자의 주주총회, 사원총회 또는 이사회의 결의를 거치지 아니하여도 된다.

10. 회생절차의 종결

회생계획이 이미 수행되었거나 앞으로 회생계획의 수행에 지장이 있다고 인정되지 않아 회생절차의 목적을 달성할 수 있다고 판단되는 경우 법원은 관리인 또는 이해관계인의 신청이나 직권으로 회생절차를 종료시킬 수 있다.

법원은 회생계획을 제대로 수행할 수 없게 되었음이 명백한 때 신청 또는 직권으로 회생절차 폐지 선고를 하는바, 회생계획의 인가가 있은 후 회생폐지 결정이 확정된 경우 그 채무자에게 파산의 원인이 되는 사실이 있다고 인정되는 때에 한해 직권으로 파산선고를 해야 한다(필요적 파산선고).

법원은 회생절차 개시신청 기각의 결정, 회생계획 인가 전 회생절차 폐지결정 또는 회생계획 불인가 결정이 확정된 경우 중 어느 하나에 해당하는 결정이 확정된 경우 그 채무자에게 파산의 원인이 되는 사실이 있다고 인정되는 때에는 채무자 또는 관리인의 신청에 의하거나 직권으로 파산을 선고할 수 있다(임의적 파산선고).

이는 종래 회생계획안이 불인가되거나 폐지되는 경우 법원이 반드시 파산선고를 하도록 함으로써 회생절차 신청을 기피하는 문제점이 있었던바, 이를 해소하기 위해 필요적 파산제도를 축소함으로써 파산선고를 받을 수 있다는 위험부담을 줄여 회생절차 이용을 촉진하게 하기 위함이다.

기업의 회생은 통상 M&A에 의해 이루어진다. 최근 회생절차 M&A 방식으로 스토킹호스(stalking horse bidding)방식이 자주 이용되고 있다. 기업의 회생절차 개시 신청부터 회생절차의 종결까지는 많은 시간이 소요된다. 동 방식은 기업의 회생절차에 소요되는 기간을 단축하고 M&A의 성공 가능성을 높혀 채권자 등 이해관계인에게 유리한 조건을 제공하기 위해서다.

동 방식은 공개입찰과 수의계약을 혼합한 방식이다. 먼저 주간사가 유력한 인수의향자와 조건부 인수계약(MOU)을 체결한 후 다시 공개입찰에 부쳐 우선인수계약자보다 더 유리한 조건을 제시한 인수의향자가 나타나면 우선인수계약자는 계약을 해지하거나 우선매수권을 행사하여 더 유리한 조건을 수용할 수도 있다. 이때 우선인수계약자가 계약을 해지할 경우 해지에 대한 해약보상금(break up fee)을 받고 더 유리한 조건을 수용할 경우 이를 제시했던 인수의향자에게 해약보상금(topping fee)을 지급하게 된다.

제 3 절 파산제도

Ⅰ. 파산제도의 의의

파산이란 채무자가 재정적으로 파탄에 직면하여 그의 변제능력으로는 총채권자의 채무를 완제시킬 수 없는 상태에 이르렀을 때, 강제적으로 전재산을 관리·환가하여 총채권자에게 공평한 만족을 주는 것을 목적으로 하는 재판상의 절차를 말한다.

법인은 파산, 영업인가 취소, 해산 결의, 계약 전부 이전, 영업 전부 양도 등의 사유로 해산[16]하게 된다. 해산에 따라 재산관계를 정리하는 절차는 파산절차와 청산절차로 구분할 수 있다. 파산으로 해산하는 경우는 「채무자 회생 및 파산에 관한 법률」상의 파산절차에 의하게 되나, 기타의 경우에는 「상법」상의 청산절차에 의해 정리된다.

청산절차는 채권자 보호를 위해 공정한 이행이 요구되기 때문에 「상법」에 특별규정을 두고 있는바, 특히 물적회사인 주식회사 등의 경우에는 임의청산이 아닌 법정청산만이 가능하다.[17] 파산과 청산은 회사의 전재산을 처분·배당하고 회사를 해체한다는 점에서는 같지만, 전자는 채무초과나 지급불능 등 경제적 원인에 한정되지만 후자는 주주의 자발적인 해산의사, 회사의 위법행위로 인한 휴업 지속 및 재산의 부당관리에 따른 해산에도 적용된다.

---

16) 법인이 그 목적인 본래의 활동을 중지하고, 재산관계 등 대내외 법률관계를 정리해야 할 상태에 빠지는 것을 해산이라고 한다.

17) 정관 또는 총사원의 동의로 정한 회사재산의 처분방법에 따라서 하는 청산을 임의청산이라 하고, 법정된 절차에 따라 하는 청산을 법정청산이라 한다.

파산제도는 ① 채권자가 파산선고시 파산절차에 참가하는 외에 채무자의 재산에 대한 강제집행이 금지되며, 채무자의 임의변제도 유효하게 수령할 수 없게 되는 등 채권자의 공평한 만족추구가 가능하다는 점,

② 파산선고 후 새로 취득한 재산은 파산재단 외의 자유재산으로 채무자의 활동 재개에 도움을 줄 수 있다는 점,

③ 파산제도를 적정히 운용함으로써 기업의 연쇄도산 및 이에 따른 경제적 충격을 방지할 수 있다는 점,

④ 회사의 우량자산을 인수하여 사업을 영위하고자 하는 매수자가 있을 경우 청산형 회생제도[18]나 M&A를 활성화하기 위해 이해관계인에게 정보열람권[19]을 보장하는 등 파산제도를 신축적으로 운용하여 재산을 보다 비싼 값에 매각함으로써 채권자에게 경제적으로 보다 유리할 수 있다는 점 등이 장점으로 지적된다.

반면에 채무자의 전 재산관계의 청산이라고 하는 방대한 절차에 지나치게 많은 시간과 노력이 소모된다는 점, 채무자가 파산자로 낙인이 찍히는 것을 모면하기 위하여 사기 등의 범죄를 저지르거나 고가의 재산을 은닉하는 등의 부작용이 있을 수 있다는 점 등이 단점으로 지적된다.

II. 파산절차

1. 파산신청

채권자 또는 채무자가 법원에 파산신청을 할 수 있으며 법인의 경우 채무자인 법인을 대신하여 이사 또는 청산인이 할 수 있다. 법인의 경우 신청에 의한 파산

---

18) 청산형 회생계획이란 법인을 소멸시킨다는 점에서 청산이나 파산절차와 동일하나 법인의 재산을 청산할 때 당장 법인을 파산시켜 재산을 처분하고 정리하는 것보다는 일정 기간 영업활동을 이어가면서 자산을 정리하는 것이 채권자에게 유리할 경우 채권자의 동의를 얻어 진행하는 절차이다. 청산형 회생계획은 보통 법인의 우량자산을 인수하여 사업을 영위하고자 하는 매수자가 있을 경우 이용되는바, 우량자산을 비싼 가격에 양도한 뒤 남은 자산은 정리계획에 따라 처분하여 채권자에게 나누어주고 자산처분이 끝나면 절차를 종결하고 법인격은 소멸한다. 청산형 회생계획은 복잡한 고용문제 해결에도 도움이 된다. 즉, 청산을 목적으로 하므로 청산과정에서 해고를 하더라도 이를 정리해고로 보지 않고 청산 내지 파산에 따른 고용의 종료로 간주하기 때문이다.
19) 도산절차중에 있는 회사 등에 관해 이해관계인에게 문서와 기타 물건을 포함한 사건기록의 열람, 등사 또는 그 정본, 기타 사건에 관한 사항의 증명서의 교부를 청구할 수 있도록 보장하고 있다 (법 제28조).

의 경우는 거의 없고 회생절차 진행과정에서 법원 직권으로 파산절차가 진행되는 경우가 대부분이다.

회생절차가 실패하여 파산절차로 이행되는 경우 이를 보다 원활하게 하기 위해 회생절차 개시신청의 기각, 회생절차 폐지나 회생계획 불인가로 인하여 파산이 선고된 경우 회생채권 신고, 이의와 조사 또는 확정 등 회생절차 규정에 의거 이미 진행된 절차는 그 성질에 반하지 않는 한 파산절차에서도 유효한 것으로 본다.

2. 심   사

관할법원은 신청에 의한 파산의 경우 형식적인 요건(신청의 요식성, 비용 예납 여부)과 실체적 요건(채무자의 파산능력, 파산원인 존부, 파산장애 사유)을 심리하여 파산신청을 기각하거나 파산을 선고하게 된다. 법원은 그 결정으로써 파산선고 전이라도 이해관계인의 신청에 의하거나 직권으로 채무자의 재산에 관하여 가압류·가처분 그 밖에 필요한 보전처분을 할 수 있다.

3. 파산선고 및 파산관재인 선임

관할법원은 심사 후 지급불능, 지급정지, 채무초과 등 파산원인이 있음을 인정할 경우 파산을 선고하게 된다. 법원은 채무자에게 파산원인이 존재하는 경우에도 파산신청이 파산절차의 남용에 해당된다고 인정되는 때에는 심문을 거쳐 파산신청을 기각할 수 있다.

파산선고와 동시에 채권신고기간, 제1회 채권자 집회일, 채권조사기일을 정하고 파산관재인[20]을 선임한다. 파산선고를 하게 되면 채무자가 종전에 소유하고 있던 재산의 전부는 파산재단[21]을 구성하며 이에 대한 관리처분권은 파산관재인에게 속하게 되므로 이에 대하여는 채무자도 권리를 행사할 수 없다.

---

[20] 파산관재인은 파산재단에 속하는 재산의 관리, 보전 및 증식을 담당하는 자로 법원에 의해 선임된다. 통상 관리위원회의 의견을 들어 법률적 능력이 있는 변호사가 선임되는 경우가 많다.

[21] 압류를 할 수 없는 재산은 파산재단에 속하지 않는다. 법원은 개인인 채무자의 신청에 의해 다음 각호의 어느 하나에 해당하는 재산을 파산재단에서 면제할 수 있다.

① 채무자 또는 그 피부양자의 주거용으로 사용되고 있는 건물에 관한 임차보증금반환청구권으로서 「주택임대차보호법」 제8조(보증금 중 일정액 보호)의 규정에 의해 우선변제를 받을 수 있는 금액의 범위 내에서 대통령령이 정하는 금액을 초과하지 않는 부분

② 채무자 및 그 피부양자의 생활에 필요한 6월간의 생계비에서 사용할 특정한 재산으로서 대통령령이 정하는 금액(720만원)을 초과하지 않는 부분.

채무자가 파산선고 당시에 가진 모든 재산으로 파산재단을 구성하게 되는바, 이때 채무자가 파산선고 이전에 행한 파산채권자에 해가 되는 행위를 부인하여 파산재단에 회복시키는 파산관재인의 '부인권', 파산재단에 속하는 재산 중 제3자의 재산인 경우 제3자가 권리를 행사하는 '환취권', 담보권자가 우선변제권을 주장하는 '별제권',[22] 파산채권자가 파산선고 당시 채무자에 대해 채무를 부담하는 때 파산절차 외에서의 '상계권' 등을 행사할 수 있다.

4. 채권 신고, 조사 및 확정

채권을 행사하기 위한 필수절차로서 법원에 채권을 신고하여야 하며 신고가 없는 한 파산절차에서 권리를 행사할 수 없고 채권자 집회에서 의결권 행사나 배당을 받을 자격도 인정되지 아니한다. 채권신고를 했다고 해서 채권액이 확정되는 것이 아니라 채권조사기일에서의 조사와 확정의 과정을 거쳐 채권액과 우선권이 확정된다.

5. 파산채권과 재단채권의 관리, 환가 및 배당

파산관재인은 부인권을 행사하는 등 파산재단에 속하는 재산의 법률관계를 정리한 뒤 가능한 유리하게 환가하여 파산채권자들에게 그 순위와 채권액에 따라서 공평하게 배당을 하게 된다.

재단채권은 파산절차에 의하지 아니하고 수시로 변제하며 파산채권보다 먼저 변제하는 채권을 말한다. 재단채권은 재단채권에 관하여 존재하는 유치권·질권·저당권, 전세권 등 별제권에는 효력을 미치지 아니한다. 파산절차에 의하지 않고 파산재단에 속하는 재산에 대해 별제권자가 별제권을 행사하는 경우 주택이나 상가건물 임차인에 대해 다른 채권자나 담보권자에 우선하여 보증금을 변제받을 수 있는 특칙이 있다.[23]

---

22) 법원의 도산절차에 구애받지 않고 파산재단에 속하는 특정재산에서 다른 채권자보다 우선하여 변제받을 수 있는 권리를 말한다. 현행「통합도산법」은 기업재산에 대한 담보권은 회생담보권으로 취급하여 별제권을 인정하지 않고 있으나 개인재산에 대한 담보권에는 별제권을 적용하고 있다. 최근 법원에 개인회생절차를 신청한 채무자가 주거안정을 기하면서 채무를 변제할 수 있도록 주택담보채권을 별제권 대상에서 제외하는 것을 포함하는「통합도산법」개정안이 발의되어 있다.

23) 「주택임대차보호법」제3조의 규정에 의한 대항력을 갖춘 주택임차인은 파산재단에 속하는 주택의 환가대금에서 후순위권리자 그 밖의 채권자보다 우선하여 보증금을 변제받을 수 있다. 그리고 동 법 제8조의 규정에 의한 대항력을 갖춘 임차인과 「상가건물임대차보호법」제3조에 의한 대항

6. 파산종료

배당재원이 더 이상 없는 경우 법원은 파산종결을 공고하는바, 파산이 종결되면 파산자의 잔여재산에 대한 권리가 회복되고 파산채권자의 개별적 권리행사에 대한 제한도 해제된다.

7. 면책과 복권

면책이란 자연인인 파산자에 대해 파산절차상 변제되지 아니한 채무에 대해 법원이 책임을 면제하는 것을 말한다.[24] 개인인 채무자는 파산선고가 확정된 날 이후 1월 이내에 면책신청을 할 수 있다. 채무자가 파산신청을 하는 경우에는 채무자가 반대의 의사를 표명한 경우를 제외하고는 당해 신청과 동시에 면책신청을 한 것으로 본다.

면책신청이 있고 파산폐지 결정의 확정 또는 파산종결 결정이 있는 때에는 면책신청에 관한 재판이 확정될 때까지 채무자의 재산에 대하여 파산채권에 기한 강제집행·가압류 또는 가처분을 할 수 없고 채무자의 재산에 대하여 파산선고 전에 이미 행하여지고 있던 강제집행·가압류 또는 가처분은 중지된다.

법원은 채무자가 부정한 방법으로 면책을 신청하거나 과대한 낭비·도박 그 밖의 사행행위를 하여 재산을 현저히 감소시키는 등 신청권자의 자격을 갖추지 아니한 경우를 제외하고는 면책을 허가하여야 한다.

면책을 받은 채무자는 조세, 벌금, 채무자가 고의로 가한 불법행위로 인한 손해배상 등을 제외하고는 파산채권자에 대한 채무의 전부에 대해 그 책임이 면제된다. 법원은 사기파산으로 유죄의 확정판결을 받거나, 부정한 방법으로 면책을 받은 경우, 파산채권자가 면책 후 1년 이내에 면책의 취소를 신청한 경우에는 파산채권자의 신청에 의하거나 직권으로 면책취소의 결정을 할 수 있다. 법원은 파산절차 등을 신청하는 채무자에 대해 직권 또는 이해관계인의 신청에 의해 재산조회를 할 수 있고, 특히 파산선고나 면책결정 전에 채무자에 대한 재산자료를 확보할 수 있게 하여 파산신청의 남용을 막고 재산이 있는 자가 파산절차를 이용하여 채무를

력을 갖춘 임차인은 보증금 중 일정액에 대해 파산재단에 속하는 주택이나 상가건물의 환가대금에서 다른 담보물권자보다 우선하여 변제를 받을 권리가 있다.

24) 파산자는 면책을 받기 전까지는 공무원, 의사, 변호사 등 모든 공공자격이 정지되고 파산 사실의 신원증명서 기재, 금융거래의 중단 등 경제적·사회적 활동의 제약을 받게 된다.

면책받는 등 채무자의 도덕적 해이를 사전에 방지하도록 하고 있다.

파산선고를 받은 채무자는 다음 각 호의 어느 하나에 해당하는 경우에는 당연 복권된다(제574조).

1. 면책의 결정이 확정된 때
2. 파산채권자 전원의 동의 또는 동의를 하지 아니한 파산채권자에 대하여 다른 파산채권자의 동의를 얻어 파산재단으로부터 담보를 제공하여 파산폐지 결정이 확정된 때
3. 파산선고를 받은 채무자가 파산선고 후 사기파산으로 유죄의 확정판결을 받음이 없이 10년이 경과한 때

한편 파산선고를 받은 채무자가 변제 그 밖의 방법으로 파산채권자에 대한 채무의 전부에 관하여 그 책임을 면한 때에는 파산법원은 파산선고를 받은 채무자의 신청에 의하여 복권의 결정을 하여야 한다(제575조).

제 4 절 국제도산제도

Ⅰ. 국제도산제도의 의의

기업의 국제영업이 증가하면서 기업이 도산하는 경우 해당기업이나 해당기업의 재산 소재지국 등에 따라 어느 나라의 법을 따라야 하는지 이른바 국제도산의 문제가 늘어나고 있다. 국제도산에 관한 이론은 크게 속지주의(territorialism)와 보편주의(universalism)로 구분할 수 있다. 전자는 도산절차는 절차국 내에서만 효력이 미친다는 것으로 국가별로 상이한 「도산법」체계를 지지하는 입장이고 후자는 국제도산에 관해서는 전 세계적으로 하나의 법률과 파산법원에서 시행되어야 한다는 입장이다.

속지주의에 따를 경우 도산위기에 처한 기업은 어느 나라에서 도산절차를 진행하는 것이 유리한지를 따져 자신의 주재국 또는 보유 재산의 소재국 등을 선택할 수 있다는 장점이 있는 반면, 도산기업의 해외자산의 산일(散逸)을 초래하고 외국법원에서 내국의 절차가 인정받지 못하는 등의 사유로 인하여 채권자에게 피해

를 줄 우려가 있다는 점 등이 단점으로 지적된다.

보편주의는 같은 법률에 의해 도산절차가 진행되므로 해당기업의 재산 소재와 무관하게 하나의 파산재단을 구성하므로 도산기업의 재산가치를 극대화할 수있고, 전 세계의 모든 채권자는 해당기업의 재산소재국과 무관하게 동등한 대우를받을 수 있다는 점 등이 장점으로 지적된다. 반면, 각국별로 상이한 정치·사회·문화를 가지고 있는 현실에서 동일한 「도산법」을 적용하는 것이 법체계상 문제점을야기할 수 있고 국가간 이해가 상충될 경우 이를 조정·강제할 수 있는 국제법상의 흠결 등의 이유로 실제 적용하는 데는 적지 않은 한계가 있는 점 등이 단점으로 지적된다.

이와 같은 문제를 해소하고 나라마다 상이한 법체계를 적절히 조화하기 위해그간 국제적으로 법체계 통일의 필요성이 논의되어 왔던바, 그 주요 쟁점은 국제도산의 관할, 내국도산절차의 대외적 효력(outbound effect) 및 외국도산절차의 대내적 효력(inbound effect)으로 요약할 수 있다.[25]

국제도산의 관할문제는 외국에서 도산절차가 개시되거나 국내에서 외국도산절차가 승인된 경우에도 국내에서 재산소재를 이유로 새로이 도산절차를 진행할수 있는가라는 문제로 집중된다. 내국도산의 대외적 효력에 관한 문제는 외국소재재산의 파산재단 구성 여부, 내국도산관리인의 외국소재 재산에 관한 관리처분권보유 여부 등이고 외국도산절차의 대내적 효력 문제는 외국도산절차가 개시된 후국내에 있는 재산에 대한 강제집행 허용 여부, 외국관리인의 국내에 소재한 채무자의 재산에 대한 관리처분권 보유 여부 및 외국의 면책재판의 국내 효력 여부 등이다.

이와 같은 논의를 토대로 1997년 유엔 국제상거래위원회(UNCITRAL)[26]는「Model Law on Cross-Border Insolvency」를 제정하여 국제도산 사건을 규율하기위한 국제규범을 창설하고 이를 유엔총회에서 채택하였다. 동 법은 속지주의와 보편주의를 절충하여 국제도산에 관한 이념적 측면보다는 절차적인 측면을 강조하여각국의 국제도산법률체계를 개선하는 데 주안점을 두었다.

동 법의 주요 내용을 보면 먼저 보편주의의 요소를 고려하여 외국도산절차가

---

25) 이순호, "국제도산절차에 관한 접근방식 비교," 『주간금융브리프』 제18권 제4호, 한국금융연구원, 2009.1.

26) 각국의 무역법률에 대한 점진적 조화와 통일을 위한 표준을 정하는 유엔의 대표적인 국제거래규범 정립기구이다.

국내법원에서 승인되면 국내에 소재하는 채무자의 재산에 대한 권리실행이 금지되고 채무자의 재산처분권은 정지되며, 외국도산절차의 대표자는 국내법원에서 외국도산절차의 승인신청, 국내도산절차의 신청, 국내도산절차에의 참가, 외국도산절차를 위한 지원 신청 등을 할 수 있게 하였다. 한편 속지주의 요소를 고려하여 불복종권과 외국도산절차에 대한 국내도산절차의 우선 적용 등을 허용하고 있다.

우리나라는 「통합도산법」이 제정되기 전까지는 국제도산에 관해 엄격한 속지주의를 채택하였었다. 즉, 「회사정리법」 제4조와 「파산법」 제3조는 '① 국내에서 개시한 정리(파산)절차는 국내에 있는 회사의 재산에 대해서만 효력이 있고, ② 외국에서 개시한 정리(파산)절차는 국내에 있는 재산에 대해서는 효력이 없으며, ③ 「민사소송법」에 의해 재판상 청구할 수 있는 채권은 국내에 있는 것으로 본다'고 규정하였었다. 그러나 경제의 글로벌화가 진전되면서 국내기업이 외국에 재산을 가지고 있거나 외국기업이 국내에 보유하는 자산이나 부채의 규모가 늘어나면서 우리나라도 국제도산에 관한 국제규범을 따르지 않을 수 없게 되었다. 이에 「통합도산법」의 제정과 함께 유엔의 「모델법」을 반영하여 국제도산절차에 관한 규정을 신설하였다.

II. 국제도산절차

1. 외국도산절차

외국도산절차라 함은 외국법원에 신청된 회생절차, 파산절차 및 이와 유사한 절차를 말한다. 외국도산절차의 대표자는 국내법원에 외국도산절차의 승인을 신청할 수 있다. 외국도산절차의 승인이라 함은 외국도산절차에 대하여 국내에 지원처분을 할 수 있는 기초로서 승인하는 것을 말한다. 법원은 동 신청이 있는 경우에는 신청일로부터 2개월 이내에 승인 여부를 결정하여야 하며 승인결정이 있는 때에는 그 주문과 이유의 요지를 공고하고 그 결정서를 신청인에게 송달하여야 한다.

외국도산절차가 승인된 때에는 외국도산절차의 대표자는 국내도산절차(회생절차, 파산절차 및 개인회생절차)의 개시를 신청하거나 진행중인 국내도산절차에 참가할 수 있다. 외국도산절차를 고려하는 이른바 'in-bound case' 규정이다. 외국도산절차의 대표자라 함은 외국법원에 의하여 외국도산절차의 관리자 또는 대표자로 인정된 자를 말한다. 법원은 외국도산절차를 승인한 경우 이해관계인의 신청에 의하거나 직권으로 채무자의 업무 및 재산이나 채권자의 이익을 보호하기 위한 지원조치를 할 수 있다.27)

다만, 외국도산절차의 승인결정은 「통합도산법」상의 회생, 파산 등 절차의 개시 또는 진행에 영향을 미치지 아니한다(법 제633조). 동 법에 의하면 외국도산절차를 '채무자의 영업소·사무소 또는 주소가 있는 국가'의 법원에 신청된 회생절차·파산절차 또는 개인회생절차 및 이와 유사한 절차라고 규정하고 있다(법 제628조 ①). 따라서, 외국에 주요한 재산이 소재하거나 법인설립지가 외국인 것만 가지고는 외국도산절차로서 승인받을 수 없다.

2. 국제도산관리인

국제도산관리인이 선임된 경우 채무자의 업무의 수행 및 재산에 대한 관리·처분권한은 국제도산관리인에 전속한다. 국제도산관리인이라 함은 외국도산절차의 지원을 위하여 법원이 채무자의 재산에 대한 환가 및 배당 또는 채무자의 업무 및 재산에 대한 관리 및 처분권한의 전부 또는 일부를 부여한 자를 말한다. 국제도산관리인은 국내에 있는 채무자의 재산의 처분 또는 국외로의 반출, 환가·배당, 그밖에 법원이 정하는 행위를 하는 경우에는 법원의 허가를 받아야 한다.

3. 국내도산절차와 외국도산절차의 동시 진행

채무자를 공통으로 하는 외국도산절차와 국내도산절차를 동시에 진행하는 경우 법원은 국내도산절차를 중심으로 승인 전 명령규정(법 제635조) 및 외국도산절차에 대한 지원규정(법 제636조)에 의한 지원을 결정하거나 이를 변경 또는 취소할 수 있다.

---

27) 법 제636조
① 채무자의 업무 및 재산에 대한 소송 또는 행정청에 계속하는 절차의 중지
② 채무자의 업무 및 재산에 대한 강제집행, 담보권 실행을 위한 경매, 가압류·가처분 등 보전절차의 중지
③ 채무자의 변제금지 또는 채무자 재산의 처분 금지
④ 국제도산관리인의 선임
⑤ 그 밖에 채무자의 업무 및 재산을 보전하거나 채권자의 이익을 보호하기 위하여 필요한 사항
법 제635조
(승인 전 명령) 법원은 외국도산절차의 대표자의 신청에 의하거나 직권으로 외국도산절차의 승인신청이 있은 후 그 결정이 있을 때까지 제636조 제1호 제2호 내지 제3호의 조치를 명할 수 있다.

4. 복수의 외국도산절차

채무자를 공통으로 하는 여러 개의 외국도산절차의 승인신청이 있는 경우 법원을 이를 병합심리한다. 동 절차가 승인된 때에는 법원은 승인 및 지원절차의 효율적 진행을 위해 채무자의 주된 영업소재지 또는 채권자보호조치의 정도 등을 감안하여 주된 외국도산절차를 결정하거나 변경할 수 있다. 법원은 주된 외국도산절차를 중심으로 지원규정에 의한 지원을 결정하거나 변경할 수 있다. 이는 수개의 외국도산절차가 동시에 진행중일 때에 주된 절차를 결정하지 아니하는 경우 절차가 지연되는 등 비효율이 초래되는 것을 개선하려는 것이다.

5. 관리인 등이 외국에서 활동할 수 있는 권한

국내도산절차의 관리인·파산관재인 그 밖에 법원의 허가를 받은 자 등은 외국법이 허용하는 바에 따라 국내도산절차를 위해 외국법원의 절차에 참가하거나 외국법원의 승인 및 지원을 구하는 등 외국에서 활동할 권리가 있다. 외국법원에서 국내도산절차의 관리인의 활동에 관한 이른바 'out-bound case'의 규정이다.

6. 공   조

법원은 동일한 채무자 또는 상호 관련이 있는 채무자에 대하여 진행중인 국내도산절차 및 외국도산절차나 복수의 외국도산절차간의 원활하고 공정한 집행을 위하여 외국법원 및 외국도산절차의 대표자와 의견 교환, 채무자의 업무 및 재산에 관한 관리 및 감독, 복수절차의 진행에 관한 조정, 그 밖에 필요한 사항에 관하여 공조하여야 한다.

7. 배당의 준칙

채무자를 공통으로 하는 국내도산절차와 외국도산절차 또는 복수의 외국도산절차가 있는 경우 외국도산절차 또는 채무자의 국외재산으로부터 변제받은 채권자는 국내도산절차에서 그와 같은 조 및 순위에 속하는 다른 채권자가 동일한 변제를 받을 때까지 국내도산절차에서 배당 또는 변제를 받을 수 없다(법 제642조).

제 5 절 개인회생제도

Ⅰ. 개인회생제도의 의의

채무의 불이행(personal insolvency)으로 인한 개인들의 소외계층으로의 전락이나 개인파산의 증가는 국민의 경제적 기반과 사회적 연대의식을 약화시키는 등 사회·경제적 불안을 야기함은 물론, 부실채권 증대로 인해 금융회사의 건전성을 저하시킨다. 따라서 각국은 소외계층이나 개인파산자의 양산을 막고 신용회복 의지와 능력이 있는 자들의 갱생을 지원하기 위한 법적·사회적 제도를 운용하고 있다. 우리나라의 경우 법적 제도[28]로는 재건형 도산제도인 개인회생제도와 청산형 도산제도인 파산자에 대한 면책제도가 있다.

개인회생제도란 채권자의 수나 채무액이 너무 많은 등 사적회생제도로는 구제가 어려운 개인채무자의 회생을 지원하는 법적 제도의 하나이다. 개인회생제도는 채무가 과다한 개인채무자의 부담을 경감시켜 줌으로써 이들이 소외계층으로 전락할 경우, 사회가 부담해야 할 복지비용을 줄이고 노동시장에 참여할 수 있는

---

28) 개인파산자에 대한 갱생지원제도인 미국의 「연방파산법」에 의한 청산 또는 채무조정, 일본의 「민사재생법」에 의한 조정, 영국의 청산 이전의 공적 개인워크아웃 제도로서 「파산법」에 의한 자발적 정리절차 등이 그 예이다.

미국의 「연방파산법」상 파산형태는 제7장, 제11장 및 제13장의 규정내용에 따라 다르다. 제7장에서 정하는 파산형태는 면책을 주목적으로 하는 청산형으로 채무자에 대해 일정한 압류대상 면제자산의 보유를 인정하며, 수탁기관은 차압금지 재산을 제외한 전 재산을 채권자에게 배당하고, 나머지 채무는 면제해 주도록 규정하고 있는바, 주로 생활고형 파산자와 같은 경제적 약자에게 적용된다.

제11장에서 정하는 파산형태는 채무재조정(reorganization)으로 개인들로 하여금 지방세, 연방세 등과 같은 재산상의 채무를 일정 유예기간에 걸쳐 재조정할 수 있도록 되어 있다. 제13장에서 정하는 파산형태는 일명 wage-earner chapter라고도 불리는 재건형으로 정기적인 급여가 있는 개인채무자가 채무를 상환하고자 하나 현재는 그 능력이 없는 경우, 이들의 생활갱생을 유도하기 위해 채무를 일정기간에 걸쳐 상환할 수 있도록 상환계획을 마련하여 시간이 걸리더라도 재산이 아닌 가처분소득을 채무변제에 충당하도록 규정하고 있는바, 주로 과다소비형 파산자와 같은 경제적 일탈자들에게 적용된다.

일본의 「민사재생법」은 미국의 「연방파산법」 제13장을 기초로 한 것으로 개인사업자를 대상으로 하는 소규모 개인재생과 회사원을 대상으로 하는 급여소득자 재생의 2종류가 있다. 전자는 법원이 인가한 재건계획에 따라 일정액을 계속 변제하면 나머지 채무는 면책되고, 후자는 2년분 소득에서 최저생계비를 제외한 금액을 변제에 충당하면 나머지 채무가 면책된다.

유인을 제공하여 국가에 기여할 수 있는 기회를 부여하자는 것이다.

그러나 지나치게 채무자의 회생만을 강조하여 파산 및 면책을 쉽게 허용할 경우 파산에 대한 사회적 오명의식(social stigma)이 약화되어 채무자가 파산제도를 남용하는 등 도덕적 해이 문제를 조장하고, 채권자의 권리를 지나치게 해칠 경우 자유롭게 맺어진 계약의 이행을 존중하는 법적·사회적 제도의 근간을 훼손시킬 수도 있다는 문제점도 있다.

이에 따라 동 제도를 도입한 대부분의 국가들은 채무자의 도덕적 해이를 방지하면서 채무자와 채권자 권리보호를 적절하게 조화할 수 있는 제도의 마련에 부심하고 있다.[29] 우리나라의 경우 개인파산자에 대해서는 지금까지 「파산법」에 의한 청산형제도만 제 기능을 하고 있을 뿐 재건형제도는 거의 유명무실한 실정이었다. 이에 2004년 3월 「개인채무자회생법」의 제정에 따라 미국의 「파산법」상의 개인회생제도와 유사한 재건형제도인 개인회생제도가 도입되었다. 동 법은 2005년 3월 「회사정리법」, 「화의법」, 「파산법」과 함께 「채무자 회생 및 파산에 관한 법률」로 흡수·통합되었다.

II. 개인회생절차

개인회생절차를 신청할 수 있는 채무자는 전체 채무액이 15억원(담보채권 10억원, 무담보채권 5억원을 초과하지 않는 범위 내에서 대법원규칙으로 정하는 금액) 이내인 자로서 장래 계속적으로 또는 반복하여 수입을 얻을 가능성이 있는 급여소득자 또는 영업소득자이다.

법원이 채무자의 재산조사를 거쳐 채무자가 정기적인 소득원이 있고 성실하게 빚을 갚을 능력이 있다고 판단하여 채무자가 작성하는 변제계획을 승인하면,

---

29) 1999년에 시행된 독일의 「파산법」의 경우 개인채무자가 법원에 파산신청을 하려면 스스로 채무변제를 하기 위해 최선의 노력을 다하였다는 것을 공인기관 등을 통해 증명하여야 하며, 2005년 개정된 미국의 「파산법」의 경우 채무자가 파산신청을 하기 전에 반드시 신용상담(credit counseling)을 거치도록 하고, 면책결정을 내리기 전에는 신용 및 채무관리에 관한 교육을 받도록 하고 있다.
   이순호, "파산제도의 경제적 역할 및 제도개선 방향," 「주간금융브리프」 제16권 제32호, 한국금융연구원, 2007.7.

채무자는 5년 이내에 빚을 나누어 갚을 수 있다.[30]

| 제 6 절 | 워크아웃제도 |

I. 기업워크아웃제도

워크아웃(workout)이란 사업부진 등으로 일시적으로 채무적 곤경에 처해 있으나 적절한 지원이 있을 경우 회생가능성이 있는 채무자에 대해 채무조건의 완화, 구조조정 등을 통해 갱생시킴으로써 채권의 회수가능성을 높이기 위해 채권자와 채무자 간에 협상과 조정과정을 거치는 사적인 화의절차를 말한다.

워크아웃은 채권자와 채무자 간의 사적계약으로 법적 강제력이 없으나 계약당사자로서의 준수의무가 부과되는 제도이다. 따라서 워크아웃이 개시되더라도 기업의 회생이 어렵다고 판단되면, 채권금융기관은 즉시 법적 회생절차 등을 통해 제3자 인수나 청산을 추진할 수 있다. 법적 회생절차가 회생계획의 결정에 많은 시간과 비용을 소요하는 등 매우 경직적인 데 비해, 동 제도는 채권단과 채무자 간의 사적 교섭에 의해 신속한 해결을 기대할 수 있다.

우리나라는 1987년 6월 이후 '기업정상화를 위한 금융기관간 협정'이 존재하고 있었으나, 금융기관들의 자율규제 관행이 정착되지 않아 유명무실하던 것을 1997년 10월 '부도유예협약'으로 체계화하였다. 부도유예협약이란 어음이나 수표의 대금을 만기 내에 거래은행에 입금시키지 못하여 부도로 처리되었으나 회생가능성

---

30) 현재 서민의 주거 안정과 개인회생을 보다 효율적으로 지원하기 위해 주택담보채권에 대한 별제권을 인정하지 않고 동 채권도 개인회생변제계획 대상에 포함시키고, 회생절차에 따른 변제기간을 3년으로 단축하며, 개인회생절차 중 불법적인 채권추심행위를 근절하기 위한 처벌규정을 보다 강화하는 방향으로 동 법의 개정안이 검토중이다. 현행 법률은 주택담보채권이 개인회생절차상 변제계획에 넣을 수 있도록 명시되어 있지 않아 채권자가 개인회생절차와 무관하게 담보주택의 경매를 통한 채권회수가 가능하고 채무자의 변제기간이 너무 길어 개인회생을 신청한 자의 회생의지를 저하시키는 폐단이 있다. 주택담보채권이 변제계획에 포함되면 채권자는 담보주택을 임의로 처분할 수 없게 되어 개인회생을 신청한 자의 주거권이 보호되고 변제기간이 단축되면 최저생활비로 살아가는 채무자의 회생절차 진행중 포기 사례를 줄일 수 있다. 그러나 동 제도를 남용할 경우 채무자의 도덕적 해이를 조장하고 채권자의 권익을 지나치게 침해할 소지도 있다.

이 있다고 여겨지는 경우에 채권금융기관들이 어음의 부도처리를 2~3개월 유예하여 주는 제도이다.

이 당시는 외환위기가 발발하기 직전으로 특정한 기업에 불리한 소문이 나면 금융권에서 앞다투어 대출금을 회수하여 실제로 부도가 발생하는 경우가 많았다. 동 협약은 해당 기업의 경영상태와 자구노력을 토대로 정상화의 가능성을 평가하여 부실기업의 연쇄적 부도사태를 방지하고자 정부가 주도하여 금융기관이 만든 협약으로 정식명칭은 '부실징후기업의 정상화 촉진과 부실채권의 효율적 정리를 위한 금융기관협약'이다.31)

협약적용대상기업은 주거래은행이 협약 적용을 위해 채권단회의 소집을 통보한 날로부터 2개월 동안 채권상환부담이 유예되고, 당좌거래 정지, 불량거래처 등록 등 제재조치를 취하지 않고 정상적인 영업활동을 할 수 있도록 하여 회생의 기회를 갖게 된다. 그러나 동 협약 또한 운영상의 시행착오가 적지 않았는바, 그 주된 이유로는 다음과 같은 점을 지적할 수 있다.

① 동 협약이 부실이 이미 현재화된 기업에 대한 구제금융(bail-out)에 치중되어 그간의 부실에 대한 경영자, 주주 및 채권금융기관 간의 손실부담(loss sharing)이 제대로 이루어지지 않았고, 협약에 참가하지 않은 금융기관이 많아 협약의 불완전성이 컸다.

② 협약 자체에 기업의 재무구조개선 계획의 이행을 담보하기 위한 채권단의 합의 등이 포함되지 않은 데다 주거래은행이 협약을 주도적으로 이끌어 갈 만한 리더십이 부족하여 금융기관들이 서로 협력하는 자율규제 관행이 정착되지 않았다.

③ 일단 동 협약의 적용대상이 되면 적어도 유예기간 동안 급한 불은 끈 것을 기화로 채권금융기관이 요구하는 지원조건을 거절하거나 자구노력을 성실히 이행하지 않는 등 협약적용기업의 도덕적 해이를 방지하기 위한 실효성 있는 장치가 부족하였다.

④ 부도유예기간이 너무 짧아 부실징후기업이 자구노력을 하기에 시간이 부족하였으며, 이때까지 부실징후기업 처리에 있어 경직적인 법적 절차에만 의존했

---

31) 동 협약의 적용을 받기 위해서는 은행여신이 대출금과 지급보증을 포함하여 2,500억원 이상인 기업으로 주식 또는 경영권 포기각서, 임금·인원감축에 관한 노동조합동의서, 자금관리단 파견동의서 등을 사전에 제출해야 한다. 그리고 대주주가 있는 경우에는 기업이나 기업주 또는 최고경영자의 재산처분권 위임장, 경영권 포기각서, 주식 포기각서, 구상권 포기각서를 제출하고, 대주주가 없는 경우에는 최고경영자의 사표를 포함한 경영권 포기각서를 제출해야만 한다.

던 관행으로 인해 부실징후기업 처리에 대한 전문가가 부족하였다.

⑤ 부도처리를 유예할 경우 지급결제제도의 안정성을 해칠 우려가 있었다.

이와 같은 문제점을 보완하고 기업구조조정의 실효성을 높이기 위해 영국이 1990년대 초 경제위기를 겪으면서 한계기업의 처리를 위해 채택한 런던지침(London Approach)과 유사한 워크아웃제도를 '기업구조조정협약'이라는 명칭으로 도입하였다(1998). 동 제도는 종래의 협약과는 달리 참가금융기관의 수를 대폭 확대하고 채권금융기관간 및 채권금융기관과 기업 간의 이견을 조정하기 위한 중립적인 기구(기업구조조정위원회)와 기업구조조정에 대한 전문지식과 경험을 갖춘 외부자문기구를 설치하는 등 보완장치를 대폭 강화하였다.

동 제도는 외환위기 직후 구조조정에 대한 국민적 성원과 정책당국의 지도에 힘입어 괄목할 만한 성과를 보였다. 그러나 동 협약 또한 다음과 같은 문제점을 지니고 있었다.

① 기업구조조정협약에 가입하지 않은 여타 금융회사, 외국금융기관 또는 일반사채권자 등의 채권행사를 제한할 법적 강제력과 구속력이 없다. 특히 이들의 채권행사 금액이 적은 경우에는 채권규모가 큰 금융기관을 중심으로 대처할 수 있으나 채권행사 금액이 상대적으로 큰 경우에는 워크아웃을 원활하게 추진하기가 어려워진다.

② 채권금융기관간 이견에 따른 기업구조조정위원회 조정은 법적 구속력이나 강제력이 없다. 즉 워크아웃추진 과정에서 이견을 제시한 금융기관이 기업구조조정위원회의 조정의견을 수용하지 않고 위약금 부담을 감수하면서 소송을 제기할 경우에는 처음부터 법적 회생절차를 개시하는 경우보다 과다한 시간과 비용이 소요되는 문제점을 피할 수 없다.

③ 워크아웃계획이 확정되더라도 소수주주 등 이해관계자의 이해상충시 회사분할, 감자, 매각 등 구조조정을 계획대로 원활하게 이행하기 곤란하다.

④ 다수의 소액채권금융기관의 반대에도 불구하고 주채권은행 등 주관금융기관에게만 유리한 방향으로 워크아웃계획이 수립될 가능성을 배제할 수 없다.[32]

⑤ 퇴출대상기업에 대한 채권규모가 큰 금융기관들이 부실채권의 현재화를

---

32) 미국의 경우 은행이 채무자인 기업의 재건을 위해 지배력을 행사하였다고 인정될 경우, '공평한 열후의 원칙(doctrine of equitable subordination)'에 따라 당해 은행의 청구권은 다른 채권에 대한 우선권이 상실되게 되어 있다.

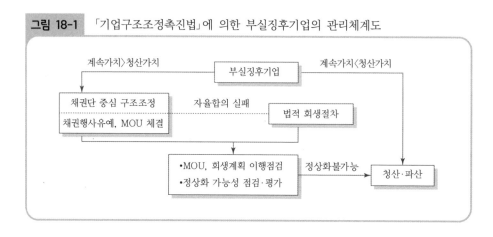

그림 18-1 「기업구조조정촉진법」에 의한 부실징후기업의 관리체계도

우려하여 여타 채권금융기관의 반대에도 불구하고 워크아웃을 추진하는 부작용이 나타날 수 있으며, 기업의 입장에서는 일단 재무적 어려움을 극복하고자 상대적으로 불리한 채권금융기관의 계획안이라 하더라도 받아들일 수밖에 없다.

　⑥ 일반적으로 4~5년의 장기간이 소요되는 기업갱생 과정에서 채권은행의 경영감독만으로는 구 지배주주나 경영진의 경영권 고수 등 도덕적 해이를 근원적으로 차단하기에는 한계가 있다.

　이와 같은 기업구조조정협약의 한계에 따라 동 제도의 장점을 유지하면서도 현재의 사적계약으로서 법적 강제력이 없는 동 협약에 법적 근거를 부여하여 구조조정을 촉진하기 위한 「기업구조조정 촉진법」을 제정하였다.[33]

　동 법은 채권금융기관간 자율협약을 통해 합리적인 손실분담에 참여하지 않고 구조조정에 따른 이익만을 챙기려는 일부 채권자의 무임승차를 억제하기 위한 장치를 마련하고, 기업의 부실위험을 조기에 인지하여 정상화 가능성 여부에 따라 적정한 관리방식을 선택한 후 이를 신속하게 추진하는 사전·사후관리체계를 구축하는 데 초점을 두고 있다. 동 법과 종래의 기업구조조정협약 등의 주요한 차이점을 요약하면 다음과 같다.

　① 종래 기업구조조정협약 등에서 채권금융기관은 채권단협의회 가입 여부를 선택할 수 있었으나, 동 법에서는 모든 채권금융기관들로 하여금 채권단협의회의

---

33) 동 법은 1차는 2001년 9월 1일부터 2005년 말까지, 2차는 2007년 11월 4일부터 2010년 말까지, 3차는 2011년 5월 11일부터 2013년 말까지, 4차는 2014년 7월 1일부터 2015년 말까지, 5차는 2018년 6월까지 효력을 갖는 한시법이다.

구성원으로 의무적으로 참여하게 하고 있다.

② 채권단협의회는 주채권은행 또는 전체 금융기관 신용공여액의 1/4을 초과하는 채권금융기관의 발의로 소집되어 총신용공여액 중 3/4 이상의 신용공여액을 보유한 금융기관의 찬성으로 의결된다. 한편 종래에는 채권단협의회로부터 탈퇴하거나 의결사항을 이행하지 않을 수도 있었으나, 동 법에서는 채권금융기관협의회의 의결에 반대한 채권금융기관은 협의회의 의결일로부터 7일 이내에 협의회의 의결에 찬성한 채권금융기관에 대하여 자기의 채권을 매수하도록 요구할 수 있는 권리만을 갖게 하고, 이 경우 찬성채권자는 청구를 받은 날부터 6개월 이내에 연대하여 해당 채권을 매수하도록 의무화하였다(제20조).

③ 주채권은행으로부터 신용위험평가 결과 부실징후기업에 해당하여 워크아웃 개시의 신청을 할 수 있음을 통보받은 기업이 주채권은행에 관리절차의 개시를 신청하면 주채권은행은 7일 이내에 그 개시 여부를 결정하기 위한 채권금융기관협의회의 소집을 통보하여야 한다. 주채권은행은 해당 기업이 부실징후기업에 해당한다고 판단하는 경우에 해당 기업에게 워크아웃 개시의 신청을 할 수 있음을 통보할 의무만 있을 뿐, 워크아웃 등의 절차를 개시하여야 할 의무는 없고 대상기업이 개시신청을 한 경우에만 워크아웃을 개시할 수 있다.

부실징후기업으로부터 관리절차의 개시신청이 있는 경우 채권금융기관은 해당 기업의 경영정상화 가능성을 판단하여 협의회의 의결을 거쳐 채권금융기관 공동관리절차를 개시할 수 있다. 주채권은행이 채권금융기관 공동관리를 위해 채권단협의회 소집사실을 금융감독원장 및 채권금융기관에 통보하면 금융감독원장은 채권금융기관에 협의회가 소집통보된 날부터 1차 협의회가 소집되는 날까지 해당 기업에 대한 채권행사가 유예되도록 요청할 수 있다.

채권금융기관은 1차 협의회에서 채권행사 유예 개시일부터 1개월(자산부채의 실사가 필요한 경우에는 3개월) 이내의 기간 동안 채권행사를 유예시키되 1회에 한하여 1개월의 범위 내에서 연장할 수 있다. 채권단협의회가 채권행사의 유예기간을 정하지 못하거나 채권행사의 유예기간의 종료일까지 경영정상화계획을 확정하지 못한 경우에는 해당 기업은 자동적으로 해산·청산 또는 파산절차로 들어간다. 청산가치가 계속가치보다 커 금융지원의 실익이 없다고 판단된 경우에도 지체없이 해산·청산 또는 파산절차에 들어가도록 하였다.

④ 채권단협의회의 의결사항을 이행하지 않은 채권금융기관에 대한 제재방법

으로 종전에는 채권단협의회의 의결로 위약금 부과만이 가능하였으나, 동 법에서는 위약금 이외에 다른 채권금융기관이 받은 손해의 범위 내에서 연대손해배상 책임을 지도록 하였다.

⑤ 채권금융기관간의 이견조정 등을 위해 민간으로 구성된 조정위원회를 두고 동 위원회의 조정은 협의회의 의결과 동일한 효력을 갖도록 하였다. 부실징후기업의 채권재조정 및 신용공여 계획의 수립에 관한 채권금융기관 간 자율적인 협의가 이루어지지 않는 경우 해당 기업은 주채권은행에 대하여 조정신청을 하도록 요청할 수 있다. 이 경우 주채권은행은 특별한 사유가 없는 한 이에 응하여야 한다.

⑥ 채권금융기관이 부실징후기업의 경영정상화를 위하여 협의회의 의결에 따라 당해 기업에 제공한 신규 신용공여에 대해서는 종래에는 기업개선약정에 우선변제권을 반영하였으나, 동 법에서는 법정담보권 다음으로 다른 채권금융기관의 채권에 우선하여 변제받을 권리를 갖도록 명시하였다.

⑦ 채권금융기관 주도하에 기업의 구조조정을 촉진하기 위해 구조조정 대상기업에 대한 사후관리를 종래에는 강제구속력이 없는 기업구조조정위원회가 제정한 각종 지침으로 관리하였으나, 동 법에서는 채권금융기관과 해당 기업 간에 경영정상화계획 등이 포함된 이행약정서(MOU)를 체결하도록 하고 주채권은행으로 하여금 이행약정서의 이행상황에 대해 분기별로 점검하고 매 2년마다 1회 이상 외부전문기관에 경영정상화 가능성 평가를 의뢰하도록 의무화하였다.

⑧ 주채권은행은 「채무자 회생 및 파산에 관한 법률」에 따른 회생절차가 진행중인 기업에 대해 매년 1회 이상 경영정상화 가능성을 평가하고, 경영정상화의 가능성이 없다고 판단되는 경우에는 지체없이 법원에 회생절차 폐지를 신청하고 해산·청산 또는 파산절차를 추진하도록 의무화하였다.

이 밖에도 동 법은 채권금융기관 스스로 기업부실위험의 판정기준을 마련하고, 동 평가결과에 따라 부실징후기업의 선정 권한을 갖게 하는 등 시장을 통한 상시적인 기업구조조정 관행의 정착을 도모하고 있다.

그러나 동 법의 적용대상은 국내 금융기관 및 금융관련기관(예금보험공사·자산관리공사)만으로 한정하고, 개인, 상거래 채권자 등 금융기관이 아닌 일반채권자와 해외 금융기관34)은 적용대상에서 제외함으로써 채권자간의 형평성을 저해하고 있

---

34) 국내법에 의해 설립된 외국금융기관의 국내지점 및 현지법인은 국내금융기관과 마찬가지로 동 법의 적용대상에 포함된다.

는 데다 채권행사 유예제도, 채권단 신규자금에 대한 우선변제권 부여 등에 있어 일반채권자의 권리를 과도하게 침해할 소지 등에 대한 비판도 있었다. 이에 따라 2016년 3월 시행된 새로운 법에서는 우선 기업개선에 참여하는 채권자의 범위를 모든 금융채권자로 확대하였다. 이는 채권금융기관이 기업에 자금지원을 하더라도 다수채권액을 보유한 비금융기관 채권자(공제회·연기금 등)가 채무를 회수해 버리면 기업의 재무구조개선이 어려웠던 점을 해소하기 위함이다. 또한 종전에는 채권금융기관을 국내금융기관에 한정하고 있어, 해외금융기관의 국내 지점이 부실징후기업에 대한 채권을 해외 본점으로 옮겨 채무를 회수하면 이를 막을 방법이 없었다. 이러한 형평성 논란을 불식시키기 위해 금번 「기촉법」에서는 금융채권을 보유한 모든 채권자가 채권자협의회를 구성하도록 하고 동 법의 적용을 받는 기업의 범위도 종래 신용공여액이 일정규모(500억 원) 이상인 기업에서 모든 기업으로 확대되었다.

　지금까지 개별기업에 대한 사전적 구조조정에 대한 것이나 이와 별도로 금융기관으로부터 신용공여잔액이 금융기관 전체신용잔액의 일정비율 이상인 계열기업군을 주채무계열로 선정하고 주채무계열 전체에 대해 신용위험을 평가하여 사전적·예방적 차원에서 구조조정을 유도하고 있다.

　한편, 2016년 8월부터 정부로부터 승인을 받아 사업재편을 추진하는 기업에 대해 이를 보다 쉽게 추진할 수 있도록 하는 「기업활력제고를 위한 특별법」(일명 원샷법)을 제정·시행하고 있다.

　동 법은 글로벌 금융위기 이후 경기회복이 지연되면서 과잉공급 업종의 사업재편 및 신성장 동력확보의 필요성이 대두됨에 따라 기업이 자발적이고 선제적으로 M&A 등 사업재편을 신속하게 추진할 수 있도록 하기 위해 제정되었다. 이는 부실(징후)기업의 사후적 구조조정을 지원했던 기존제도(자율협약, 워크아웃, 기업회생)와 달리, 과잉공급 업종에 속한 기업의 선제적 사업재편을 지원한다는 점에서 의미가 있다. 사업재편시 주주총회 대신 이사회 결의로 할 수 있도록 요건을 완화하고, 주주총회 절차 간소화, 공정거래법상의 규제 완화 및 적용 유예, 세제 지원 등 다양한 혜택이 주어진다.

II. 개인워크아웃제도

개인워크아웃제도는 채권금융회사들이 신용회복의 의지와 능력이 있는 개인 채무자의 채무조건을 완화하여 이들의 갱생을 지원하는 일종의 사적화의 제도로 개별 금융회사 차원의 신용회복지원 프로그램(credit repair program)과 다수금융회사 들로부터 대출을 받은 다중채무자에 대해 채권금융회사들이 공동으로 지원하는 개 인신용회복지원(credit recovery)제도가 있다. 개별 금융회사 차원의 신용회복지원 프 로그램은 특히 거래하는 금융기관 한 곳에서만 빚을 갚지 못하는 채무자에 대해 대환대출, 원리금 분할상환, 만기연장 등으로 지원한다.

개인신용회복지원제도는 채권금융회사들간에 공동협약을 체결하고, 협약에 가 입한 금융회사들이 개인채무자들의 파산을 방지하고, 이들의 경제적 회생기회를 마련하기 위하여 이들에 대한 각종 신용회복을 지원하는 제도이다. 각 협약가입 금융회사는 신용회복지원 제도에 따라 개인 및 개인사업자 중 협약 등에서 규정하 는 일정요건을 갖춘 채무자를 대상으로 상환기간의 연장, 분할상환, 이자율 조정, 변제기 유예, 채무조정 등의 지원을 하게 된다.

동 제도는 특히 여러 금융회사에 빚을 지고 있는 다중채무자의 금융회사 채무 를 신용회복위원회가 한꺼번에 조정하여 줌으로써 이들이 보다 손쉽게 경제적으로 재기할 수 있도록 도와 준다. 다중채무자의 경우 일부 금융회사가 채무상환 유예 등의 조치를 취하더라도 여타 채권자들이 이에 동조하지 않으면 신용회복지원의 효과를 기대하기 어렵기 때문이다.

따라서 채권금융회사들간에 서로 협조하기 위한 공동협약을 체결할 필요가 있는바, 현재 은행, 보험회사, 카드회사, 할부금융회사, 신용협동기구 등 개인대출 을 취급하는 금융회사들과 이들의 대출에 대해 보증을 담당하는 신용보증기금 등 이 개인신용회복지원을 위한 협약을 체결하고 사무기구인 개인신용회복지원위원 회를 설치·운용하고 있다. 동 위원회는 개인신용회복지원안 마련과 변제계획의 이 행감독 등의 업무를 수행하고 있는바, 앞으로 동 체제가 정착되면 개인채무자의 채무조정이나 채무관련 상담 등을 제공하는 민간자율기구[35]로 전환될 것이다.

---

35) 미국의 경우 NFCC(The National Foundation for Credit Counseling Association) 등의 민간기 구가 채무자에 대해 채권자와 직접적인 해결을 중재하거나 법률적인 조정 및 파산절차 등에 대해

신용회복지원 신청은 협약가입 금융회사에 대한 총 채무액이 5억원 이하이며 최저생계비 이상의 수입이 있거나 채무상환능력이 있는 자와 총 채무액이 15억원 이하이며 정직한 기업활동을 하다 실패한 벤처기업인 중 시장성 있는 기술력을 보유한 자가 할 수 있다.

신용회복지원위원회에 신청이 있게 되면 채권금융기관의 일체의 채권행사 및 담보권 행사가 금지되며, 개인의 경우 심의위원회에서 1개월 이내에 신용회복지원을 심의·의결하여 최장 8년까지 상환기간 연장, 최장 8년까지 분할상환, 이자율 조정, 1년 이내의 기간 내에서 변제기 유예, 전액의 이자 및 1/2 범위 내에서 원금 감면 등의 신용회복을 지원한다.

채무자가 신용회복지원 조건에 따른 변제를 완료한 경우 당해 채무자의 채무는 소멸하며, 신용회복위원회는 채무자가 신용회복지원 조건에 따른 변제를 완료하지 못하는 경우라도, 채무자에게 귀책사유가 없고, 이미 75% 이상 변제계획에 따른 채무의 이행을 완료한 경우라면 심의위원회가 의결하여 채권금융기관의 동의를 얻은 경우 채무자는 면책된 것으로 한다.

한편 채무자의 도덕적 해이를 방지하기 위해 채무감면은 총채무액의 1/3 이내, 원금감액대상은 상각채권으로 제한하고 채무자의 허위서류 제출, 재산도피·은닉 등이 발견되면 본래의 채무조건으로 환원되고 최장 12년간 금융질서 문란자로 등록하여 관리한다. 또한 재산이 있는 채무자가 고의적으로 채무상환을 회피하는 경우 금융기관은 법원의 지급명령 등 채무명의를 얻은 후에 채무자 재산명시제도나 채무자 재산조회제도를 적극 활용하도록 하였다.[36]

한편, 2009년부터 실직, 휴·폐업, 재난, 소득감소 등으로 연체가 발생하여 장기화가 예상되는 단기연체채무자가 금융채무불이행자로 전락되는 것을 방지하기 위한 사전채무조정(프리워크아웃)제도가 도입되었다. 지원 요건은 개인 및 개인사업자로서 금융회사에 대하여 채무불이행기간이 30일 초과 90일 미만이며, 2개 이상의 금융회사에 총 채무액이 5억원 이하일 것, 신청 전 6개월 내 신규발생 채무액이 총채무액의 30/100 이하일 것, 부채상환비율이 30% 이상일 것, 보유자산 가액

조언을 하고 있다.

36) 재산명시제도는 확정판결문 등을 갖고 있는 채권자가 법원에 채무자의 재산명시 신청을 하면 법원이 채무자에게 재산목록 제출을 명령하는 제도이고, 재산조회제도는 채무자의 재산명시의무 절차를 위반하거나 채무자의 재산목록만으로 채권자가 만족하지 못할 경우 채권자의 신청으로 법원이 금융회사 등을 통해 채무자의 재산을 조회하는 제도이다.

이 6억원 미만일 것, 실업, 휴업, 폐업, 재난, 소득감소 등으로 사전채무조정 없이
는 정상적인 채무상환이 어렵다고 신용회복위원회가 인정한 것 등이며 동 요건을
모두 충족할 경우 그 신청에 따라 무담보채권은 최장 10년, 담보채권은 최장 20년
까지 상환기간을 연장하고, 이 밖에 이자율 조정, 신청 전에 발생한 연체이자의 감
면(원금 감면 불허), 변제기 유예 등으로 지원한다.

　　개인신용회복제도는 채권금융회사와 개인채무자 간의 자율협의를 통해 회생
계획을 마련하는 사적화의로서 재판상의 절차보다 채무자에게는 비용의 저렴성,
절차의 간편·신속성 등의 장점이 있고, 채권금융회사에게는 부실채권 회수의 극대
화 및 금융회사의 의견을 최대한 반영할 수 있는 장점이 있다. 그러나 금융회사들
의 자율적 협약으로 운영되는 동 제도는 개인채권자 등 동 협약에 참가하지 않는
채권자들이 많을 경우, 이들에 대한 구속력이 약해 채권자 평등이 지켜지기 어렵
기 때문에 그 효과가 제한적일 수밖에 없다.

　　개인신용회복제도와 개인회생제도의 차이점은 개인신용회복제도는 채무조정
(arrangement)대상이 신용회복위원회 협약에 가입한 금융기관 채권으로 한정되어 있
어 그 밖의 채무는 조정대상에 포함되지 않는 반면, 개인회생제도의 경우는 사채
등 모든 채무가 포함된다. 또한 개인신용회복제도는 원칙적으로 원금의 감면을 인
정하지 않고 있으나, 개인회생제도는 원금도 상당부분 감면될 수 있다. 따라서 개
인회생제도는 개인신용회복지원제도에 비해 채무자의 도덕적 해이를 부추길 우려
가 더 크다. 특히 채무자가 변제계획안을 금융기관 등 채권자의 사전 동의 없이
법원에 직접 제출할 수 있으므로 채권자의 권리가 훼손될 소지가 크다.

　　이와 같은 채무자의 도덕적 해이 문제를 근본적으로 방지하기 위해서는 개인
간의 채권·채무관계가 기본적으로 이해당사자간에 해결되도록 하되 당사자간의
해결이 어려운 경우에 한해 법적 절차를 통해 처리하도록 할 필요가 있다. 또한
대부분의 과다채무자나 파산자는 금융회사와의 거래에서 발생하는 것으로 이들의
재산상태와 상환능력 등에 대해서는 금융회사들이 보다 많은 정보를 가지고 있는
점 등을 고려하여 금융회사와의 채권·채무관계가 있는 경우에는 일차적으로 개인
회생 절차를 신청하기 전에 개인신용회복 절차를 경유하도록 의무화하거나 신용회
복위원회를 회생위원으로 활용하는 방안 등을 고려할 수 있다.[37]

----

37) 미국의 경우 「Bankruptcy Abuse Prevention and Consumer Protection Act」(2003년 개정)에서
　　개인파산 신청 6월 이전에 Credit Consulting Agency의 도움을 받아야만 파산신청을 할 수 있도
　　록 규정하고 있다.

제19장 디지털 금융

　최근 온라인화와 비대면 경제가 일반화됨에 따라 전 산업에 걸쳐 디지털화 (Digitalization)가 빠르게 진전되고 있다. 인공지능(AI) 등을 기반으로 하는 기술이 일상화되고 메타버스(Metabus)와 같은 새로운 플랫폼이 급부상하고 있다. 바야흐로 4차 산업혁명시대를 맞아 디지털전환(digital transformation)이 가속화되고 있는 것이다. 이제 디지털화는 특정산업, 특정기업의 이슈를 넘어 모든 분야에서 공통된 과제가 되어 있다. 디지털 전환기에 놓인 기업들은 지금까지 없었던 사업 모델과 온 · 오프라인을 연결하는 시스템을 구축하여 디지털 반경을 넓히고 기술인재 육성을 통해 관련 역량을 강화하는 것이 당면과제가 되었다. 이러한 변화는 금융산업에도 큰 변화를 가져오고 있다. 인터넷은행, 핀테크 등이 이미 활성화되어 있고 아직 초기단계이긴 하지만 인공지능과 메타버스에 기반한 자산관리와 고객과의 소통채널의 구축이 이루어지고 있다.

제 1 절　핀테크

　핀테크(FinTech)는 금융(Finance)와 기술(Technology)의 합성어로 IT와의 융합을 기초로 한 금융서비스를 의미한다. 그간 금융산업에 있어 정보통신기술의 중요성은 꾸준히 증대되어 왔지만, 2008년 글로벌 금융위기 이후 전통적 금융회사들에 대한 규제가 강화되면서 정보통신기술이 금융회사들의 기존 업무를 지원하는 차원(예: 보안, 인증 등)을 넘어, 기존 금융서비스를 대체하는 독자적인 금융사업자의 형태(예: 간

| 표 19-1 | 핀테크 사업영역 분류 |

구분	내용	주요 서비스 분야
① 금융플랫폼	기업과 고객들이 금융기관의 개입 없이 자유롭게 금융거래를 할 수 있는 다양한 거래 기반을 제공	• P2P 대출 • 크라우드 펀딩 등
② 금융데이터 분석	개인·기업 고객의 다양한 데이터를 수집하여 분석 함으로써 새로운 부가가치를 창출	• 신용조회 • 운전습관연계보험(UBI) • 로보어드바이저 등
③ 결제·송금	이용이 간편하면서도 수수료가 저렴한 지급결제 서비스를 제공함으로써 고객의 편의성을 제공	• 간편결제, 간편송금 • 외환송금 • 인터넷전문은행 등
④ 금융소프트 웨어	IT기술을 활용하여 기존 방식보다 효율적이고 혁신적인 금융업무 및 서비스 관련 소프트웨어를 제공	• 비대면 인증 • 블록체인 • 리스크관리 등

자료: 금융감독원, 핀테크 주요 트렌드 및 시사점 (2018.5)

편송금, 자산관리, 크라우드펀딩, 인슈어테크[1] 등)로 발전하고 있다. 전통적인 금융회사 기능이 해체(unbundle)되면서 핀테크 기업들이 각 세부 영역에서 강자로 부상하는 모습을 보이고 있는 것이다. 분야별로는 디지털 혁명을 대표하는 기술인 A(AI, 인공지능), B(Blockchain), C(Cloud), D(Big Data)가 기술과 금융의 융합을 주도하고 있다.

우리나라에서는 2015년 1월 금융위가 「IT·금융 융합 지원방안」을 통해 적극적인 핀테크 규제 개선과 산업 육성정책을 추진하면서 핀테크 산업이 본격적으로 성장하기 시작했다. 정부의 정책은 ① 핀테크 시장의 활성화 ② 핀테크 서비스의 확대 ③ 핀테크 생태계 조성이라고 하는 세 가지 방향성을 가지고 추진하였는데, 구체적으로는 소규모 전자금융업의 자본금 요건이 완화되고, 전자금융업 등록 절차가 간소화되었으며, 공인인증서 및 OTP(One-time password) 사용의무가 폐지되고, 핀테크 기업에 대한 정책금융이 확대되는 등의 정책이 시행되었다. 이에 따라 전자금융업자 수가 2014년 말 67개에서 2021년 3월 말 160개로 늘어났고, 핀테크 기업수도 2016년 말 139개에서 2020년 6월말 800여개로 증가하였다.

한편, 금융당국은 핀테크 기업 등이 규제부담 없이 혁신적 금융서비스를 금융시장에서 신속히 시범영업해볼 수 있도록 2017년 3월 「금융규제 테스트베드」를

---

1) insurance와 technology의 합성어.

도입하였다. 원칙 중심(principle-base)의 법체계를 가진 영국·싱가포르·호주 등과는
달리 우리나라는 규정 중심(rule-base)이어서 정부의 법규 적용상 재량이 상당히 제
한적이다. 이에 따라 1단계 테스트베드로서 새로운 금융사업자에 대한 ① 비조치
의견서(no enforcement action letter)[2] 발급, ② 금융회사를 통한 위탁테스트(test out-
sourcing)[3] 실시, ③ 지정대리인(authorized representative)[4] 자격 부여 등의 세 가지 조
치를 즉각 시행하기로 하였다. 이들은 모두 기존 법령 하에서 시행이 가능한 방식
이다. 그리고 2단계로 2018년 12월 31일 「금융혁신지원특별법」 제정을 통해 규제
샌드박스(regulatory sandbox) 제도를 도입하였다.

　　규제 샌드박스는 어린아이(스타트업)들이 만들고 싶은 것(혁신 상품, 서비스, 사업모
델)을 자유롭게 만들 수 있는 안전한 공간(제도적 환경)과 같다고 해서 붙여진 이름
인데, 핀테크 기업 등이 금융업 인·허가를 취득하지 않고도 한정된 범위 내(이용자
수 및 이용기간 등의 제한)에서 자신의 금융서비스를 시장에 출시하도록 규제당국이
허용하는 제도를 뜻한다. 예컨대, 종전에 존재하지 않았던 편리한 금융서비스를 6
개월간 100명의 고객에게만 팔 수 있도록 허용하고, 한시적으로 자본금 요건이나
영업행위 규제를 경감시켜주는 경우를 상정해 볼 수 있다. 즉 샌드박스는 핀테크
기업들의 혁신활동이 규제의 벽에 가로막혀 위축되는 문제를 해결하기 위해 도입
된 제도라고 할 수 있다. 핀테크 산업의 급성장과 함께 2015년 영국을 필두로 금
융 분야에 규제 샌드박스가 도입되었고, 현재 여러 나라[5]에서 각국에 맞는 제도를
설계하여 도입하고 있다.

　　한편 그간 은산분리원칙에 따라 인터넷전문은행도 은행으로 간주되어 산업자
본의 출자가 제한되어 설립이 지연되어 왔던바 2017년 인터넷전문은행에 대한 특
례가 인정되어 산업자본의 출자에 대한 제한이 완화되어 2021년 현재 3개의 인터
넷전문은행(케이뱅크, 한국카카오뱅크, 토스뱅크)이 빠른 속도로 영업을 확장하고
있다. 이들 은행들은 플랫폼을 기반으로 하는 편리성 특히 언제든지 모든 서비스

---

2) 금융회사 등이 특정 행위를 시행하기 이전에 그 행위가 금융법규에 위반되는지 여부에 대해 금융
　　당국에 사전심사를 청구하면, 금융당국이 이를 심사하여 회답해주는 제도
3) 인허가를 받지 않은 사업자가 기존 금융회사에게 자신이 개발한 금융서비스의 사용권을 위탁하여
　　시범영업을 하도록 허용하는 제도
4) 금융사가 핀테크 기업 등(지정대리인)에게 금융회사의 본질적 업무(예금 수입, 대출 심사, 보험
　　인수 심사 등) 중 일부를 위탁하고, 금융회사와 핀테크 기업 등이 협력하여 혁신적 금융서비스를
　　시범 운영(테스트)하는 제도
5) 현재 영국 이외에도 호주, 싱가포르, 홍콩, 말레이시아, 캐나다 등에서 시행되고 있다.

이용이 가능한 24/365 영업방식, SNS를 이용한 간편 송금과 간편 결제서비스, 낮은 송금수수료, 경쟁력 있는 여수신 금리, 계열사인 모바일 증권, 보험, 등과 연계한 시너지를 높이며 금융생태계를 넓혀가고 있다.

또한 정부는 금융분야의 클라우드(Cloud) 이용 확대를 위한 제도개선도 추진하고 있다. 클라우드는 IT자원을 금융회사 내부에 직접 구축하지 않고도 아웃소싱을 통해 필요한 만큼 빌려쓰는 공유환경을 의미하는데, 비용절감 및 생산성 향상에 상당한 도움을 줄 것으로 기대하고 있다. 현행 제도상 클라우드는「정보처리 업무위탁」에 해당되며, 클라우드 서비스 제공업자는 전자금융보조업자로서 제한적 감독을 받고 있다. 다만, 금융회사 및 전자금융업자는 전자금융감독규정에 의해 전자금융거래에 미치는 영향이 낮은 비(非)중요정보에 한해 클라우드 이용을 하도록 하고 있는데 이러한 규제가 핀테크 기업들의 진입장벽으로 작용하고 있다. 이에 따라 정부는 금융보안을 유지하면서도 클라우드의 이용범위를 확대하기 위해 제도개선을 추진 중이다.

핀테크의 성장과 관련하여 주목해야 할 사안으로 금융데이터의 활용이 있다. 이와 관련하여 2020년 2월「신용정보의 이용 및 보호에 관한 법률」('신용정보법') 개정으로 신용정보의 활용이 크게 촉진되면서 핀테크 산업과 금융산업 전반에 걸쳐 상당한 변화를 일으키고 있다. 신용정보법은 그 명칭에서 알 수 있듯이 신용정보업을 건전하게 육성하고, 신용정보의 효율적 이용과 체계적 관리를 도모하며, 신용정보의 오용과 남용을 방지하기 위해 제정된 법률이지만, 4차 산업혁명시대 복잡다기한 정보 수요에 제대로 충족시키지 못한다는 비판을 받아 왔다. 이에 따라 개정 신용정보법에서는 익명정보 및 가명정보의 개념을 명확히 하고, 신용 조회업(Credit Bureau) 등 신용정보산업의 규제체계를 정비하며, 금융분야 마이데이터(Mydata, 본인신용정보관리업) 산업을 도입하고, 금융분야 개인정보보호를 강화하는 등의 내용을 새롭게 담게 되었다.

마이데이터(본인신용정보관리업)는 2018년 1월 유럽연합(EU)에서 시행된 PSD2 즉,「제2차 지급결제산업지침(Payment Services Directive 2)」과 밀접한 연관성을 가진다. 그간 유럽의 핀테크 업체들은 은행 등 대형 금융회사들이 보유하고 있는 고객 신용정보에 대한 접근권한이 없어 안정적인 서비스를 제공할 수 없었는데, PSD2는 제3자 지급결제서비스 제공자에게 고객계좌에 대한 정보접근권을 보장해준 것이다. 소규모 핀테크 업체들은 물론, 대규모 자금력과 IT 기술력을 가진 소위

'빅테크(Big-Tech)' 기업들도 금융서비스를 제공할 수 있는 환경이 조성된 셈이다. 마이데이터의 도입은 이와 같은 변화를 우리도 일부 수용한다는 의미를 지닌다.

우리나라의 마이데이터 사업자는 수집된 정보를 바탕으로 개인의 정보관리를 돕고 맞춤형 서비스를 제공하는 이외 정보관리의 대리 행사, 투자자문 및 일임업, 금융상품자문업 등을 수행할 수 있다. 해외 사례로는 미국의 핀테크업체인 Mint가 있는데, 고객정보를 최대한 취합하여 일종의 가계부를 작성해 주고, 소득 및 소비 패턴에 맞는 금융상품을 추천하고 있다.

이와 같이 금융기술이 빠르게 진전되어 갈 경우 장래에는 금융회사라는 개념은 사라지고 금융이라는 서비스 개념만 남게 될 것이다. 이렇게 되면 현재의 금융회사는 금융서비스 제공자로의 기능은 점점 줄어들고 금융서비스를 담아낼 혁신적인 플랫폼사업자로의 기능이 점증하게 될 것이다.

제 2 절 크라우드펀딩

I. 증권형 크라우드펀딩

크라우드펀딩(crowdfunding)은 대중으로부터 자금을 모아 좋은 사업이나 아이디어에 투자하는 P2P(peer-to-peer) 거래 방식의 하나인데, 증권형 크라우드펀딩은 자금모집의 댓가로 주식이나 채권 등 투자형 증권을 발행하게 된다. 우리나라에서는 크라우드펀딩 사업자를 법률상 '온라인소액투자중개업자'로 정의하고 있으며, 크라우드펀딩을 허용하는 개정 자본시장법이 2016년 1월부터 시행되고 있다[6].

온라인소액투자중개업자가 신설됨에 따라 크라우드펀딩이 창업·벤처 기업들의 자금조달 수단으로 활용될 수 있도록 하고, 공시규제 완화에 따르는 정보비대칭 등으로 투자자가 선의의 피해를 보지 않도록 발행인의 재무상황, 사업계획 등의 게재, 투자한도 제한, 발행인의 배상책임, 온라인소액투자중개업자의 적극적 청약권유 금지 등 규제 장치를 마련하였다. 이는 크라우드펀딩이 신뢰성 있고 지속

---

[6] 미국에서는 2012년 4월 창업기업지원법(Jumpstart Out Business Startups Act: JOBS)이 제정되면서 증권형 크라우드펀딩이 허용되었다.

그림 19-1   크라우드펀딩의 구조

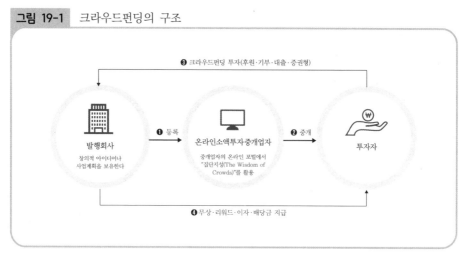

❸ 크라우드펀딩 투자(후원·기부·대출·증권형)

발행회사
창의적 아이디어나
사업계획을 보유한다

❶ 등록

온라인소액투자중개업자
중개업자의 온라인 포털에서
"집단지성(The Wisdom of
Crowds)"를 활용

❷ 중개

투자자

❹ 무상·리워드·이자·배당금 지급

자료: 크라우드넷(www.crowdnet.or.kr)

가능한 자금조달 수단으로 안착할 수 있도록 하려는 것이다.

　　또한, 중소 상장기업의 자금조달 여건을 개선하고 우량·유망 비상장기업들의 상장유인을 제고하기 위해 대주주에 의한 편법적 활용가능성이 희박한 모집의 방법에 의할 경우에는 상장기업의 분리형 신주인수권부사채 발행을 허용하였다.

　　다양한 전략을 추구하는 펀드의 출현을 촉진하여 투자자가 다양한 금융투자상품에 투자할 수 있도록 하기 위해 사전적 규제인 최소 자본금 요건을 폐지하였다. 그리고 등록하지 않은 자의 온라인소액투자중개를 금지하고, 온라인소액투자중개업자가 되고자 하는 자는 금융위원회에 등록하게 하였다.

　　한편, 온라인소액투자중개업자의 건전한 영업을 도모하고, 투자자를 보호하기 위해 다음과 같은 영업행위 규제를 신설하였다.

　　① 온라인소액투자중개업자가 자신이 중개하는 증권을 자기의 계산으로 취득하거나, 증권의 발행 또는 그 청약을 주선·대리하는 행위를 금지하고, 투자 또는 경영에 관한 자문에 응하는 것을 금지한다.

　　② 온라인소액투자중개업자가 투자자의 재산을 보관, 예탁받는 것을 금지하고, 투자자의 청약증거금은 온라인소액투자중개업자를 거치지 않고 은행, 증권금융회사 등의 기관에 예치 또는 신탁하도록 한다.

　　③ 온라인소액투자중개의 방법으로 증권을 모집할 경우 청약금액이 모집예정

금액의 일정비율 이하인 경우 그 발행을 취소한다.

　④ 온라인소액투자중개업자가 증권의 발행한도 및 투자한도의 관리업무, 투자자명부의 작성과 관리업무 등을 대통령령으로 정하는 중앙기록관리기관 및 한국예탁결제원에 위탁하여야 한다.

　한편, 포털사이트의 카페·블로그 등 온라인소액투자중개업자가 자신의 인터넷홈페이지의 주소를 소개하거나 해당 홈페이지에 접속할 수 있는 장치를 제공할 수 있는 게시판을 운영하는 정보통신서비스 제공자를 '전자게시판서비스 제공자'로 정의하고, 이들 '전자게시판서비스 제공자'에게 해당 게시판을 통해 위법한 투자광고가 일어나지 않도록 관리할 의무를 부여하였다.

Ⅱ. P2P 대출[7]

　P2P 대출(peer-to-peer lending)은 온라인플랫폼사업자를 통해 대출계약을 체결하는 형태의 금융서비스를 의미하며, 대출형 크라우드펀딩이라고도 한다. 온라인플랫폼 사업자는 차입자와 투자자 간 중개기능만 수행하기 때문에 대출이 부실화될 경우 해당 대출계약에 자금을 제공한 투자자가 전적으로 그 손실을 부담하게 된다.

　P2P 대출은 크게 직접중개형과 간접중개형의 두 가지 형태로 구분해 볼 수 있다. 직접중개형은 자금의 수요자(차입자)와 제공자(투자자)가 대출계약의 직접 당사자가 되는 구조이고, 간접중개형은 저축은행, 대부업자 등 연계금융회사가 대출을

그림 19-2 　직접중개형 P2P 대출의 구조

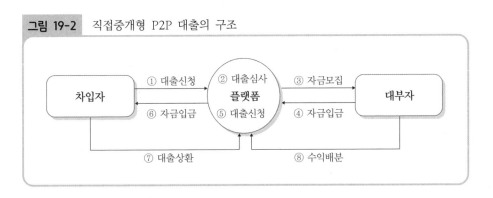

---

7) 기준화, P2P 대출의 현황과 향후과제, 국회입법조사처, 2018.5.18.일 참조

취급하면 이를 기초자산으로 한 증권을 발행해 투자자에게 매도하는 방식이다[8]. P2P 대출 중개업자가 금융회사나 대부업자로 인허가 받거나 등록하지 않고 불특정다수로부터 자금을 모집·투자하면 「유사수신행위의 규제에 관한 법률」을 위반하기 때문에 우리나라에서는 대부분 간접중개형을 따르고 있다.

　　P2P 대출은 정보통신기술(ICT)의 발전과 계속되는 저금리 기조로 인해 관심을 받기 시작했는데, 제도권 금융회사로부터 차입이 어려운 소규모 사업자에게 자금확보의 기회를 제공하고, 대부업체 등 고금리 차입을 중금리 차입으로 전환하게 하는 등의 이점이 존재하는 것으로 보인다. 아울러, 저수익 안전자산 투자에 만족하지 못하는 투자자에게는 투자기회를 제공한다는 의미도 있다. 다만, 아직 관련된 규제체계는 확고히 정립되어 있지 않아 투자자 피해 확대에 대한 우려가 남아있다.

　　또한 2017년 8월에는 「대부업등의 등록 및 금융이용자 보호에 관한 법률 시행령」을 개정하여 온라인대출정보 연계 대부업자에게 금융위원회 등록의무를 부여하였다. 즉, P2P 대출중개업자를 직접 감독하지 않고 연계대출을 실행하는 금융회사를 감독하는 간접적인 방식을 채택한 것이다. 직접중개형 P2P대출을 허용하면서도 투자자보호를 강화하는 내용의 법률 제정 방안들이 다양하게 논의되고 있다.

그림 19-3　간접중개형 P2P 대출의 구조

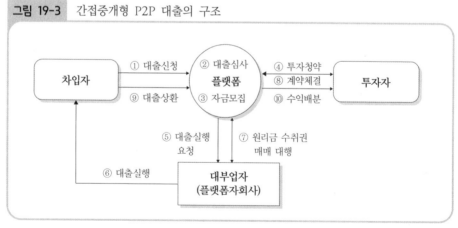

자료 : 서병호·이순호(2015)

---

8) 최초의 P2P대출은 2005년 영국의 Zopa가 시작하였고, 미국에서 2006년 Prosper, 2007년 Lending Club이 설립되면서 확대되었다. 중국에서는 2007년 PPDai가 시작한 이후 폭발적으로 성장했으나 부실대출, 해킹, 금융사기 등의 문제점이 속출하면서 중국은행감독위원회가 P2P대출에 대한 규제 초안(2015.12.28.)을 발표하였다.

그럼에도 불구하고 그간 「대부업법」 적용을 받으면서도 부실대출, 횡령, 사기 등 규제사각지대에 있는 업체들이 적지 않았다. 이에 투자자를 보호하고 부실업체들을 제도적으로 관리하기 위해 2020년 8월부터 새로 「온라인투자연계금융업법」이 제정·시행되었다. 이에 따라 동법의 적용을 받아 P2P업체들은 자본금, 인적·물적 설비, 사업계획 등의 요건을 갖춰 금융위원회의 심사를 거쳐 등록하게 되었다. 이들 등록업체들은 내부통제장치, 투자금 분리 보관 등 투자자 보호 장치도 갖춰야 한다.

제 3 절   인공지능(AI)과 금융

인공지능(AI: Artificial Intelligence)은 인간의 지적능력을 기계로 구현하는 기술로 컴퓨터 사이언스의 한 부류이다.

지금까지 우리나라 금융회사들의 AI 활용은 업무자동화, 비용 절감 등에 활용되고 모바일뱅킹, 온라인 금융상품 등 디지털 시대에 금융에 소외된 금융취약계층(digital divide)의 편의성을 향상시키려는 노력을 하는 정도이었다. 고객과의 비대면 상담도 아직 개발자가 텍스트로 입력한 문장을 알고리즘이 그대로 옮기는 수준에 불과하다. 그러나 최근에 들어 온라인으로 상담을 해 주는 챗봇(chatbot, chatterbot)[9] 서비스가 도입되고, 맞춤형 자산관리서비스[10]나 보험과 대출심사 영역으로 AI 활용이 확대되고 있다.

AI의 활용이 진전되기 위해서는 데이터 산업의 발전이 필수적이다. 데이터가 많을수록 AI의 학습과 이에 따른 판단능력이 향상되기 때문이다. 현재 데이터산업의 발전을 위한 데이터 플랫폼의 활성화 사업이 빠르게 진전되고 있다. 이미 공공기관과 민간이 함께 참여하는 빅 데이터 플랫폼이 구축 중이다. 조만간 금융권은 자신이 보유한 정보에 외부의 고객 데이터를 결합하여 초(超) 개인화된 맞춤형 상품과 서비스를 제공할 수 있게 될 것이다. 특히 여러 금융회사와 공공기관에 흩어

---

9) 메신저에 채팅하듯 질문을 입력하면 사람과 대화를 하듯 대답을 하며 해답을 주는 대화형 메신저를 말한다. 시나리오형과 AI형이 있다. 전자는 질문을 하면 미리 정해 놓은 알고리즘에 따라 정해진 답을 하는 것을 말하고 후자는 AI가 자기학습을 통한 판단에 따라 질문에 답하는 것을 말한다.

10) AI 알고리즘을 활용하여 맞춤형 금융상품과 서비스를 제공하는 robo-adviser(robot과 adviser의 합성어)가 그 한 예다.

져있는 개인의 신용정보를 한데 모아 관리할 수 있게 하고 이를 활용하여 다양한 맞춤형 서비스를 제공하는 마이데이터(MyData) 사업은 금융권의 데이터 확보를 위한 경쟁을 더욱 가속화 시킬 것이다.

금융산업의 디지털 전환이 가속화되는 가운데 빅데이터를 둘러싸고 금융권은 물론 비금융기업과의 경쟁적 협력(Co-opetition)도 치열하다. 전통 금융사는 물론이고 대형 기술기업인 빅테크 기업과 금융기술기업인 핀테크 기업 그리고 일반기업들이 AI를 통해 새로운 비즈니스 기회를 창출하고 있는 것이다, 특히 2021년 2월부터 「신용정보법」이 시행됨에 따라 금융권은 일정 범위 내에서 가명처리(pseudonymized) 정보를 폭넓게 활용할 수 있게 되었다.

앞으로 딥러닝(deep learning)[11] 등을 통해 실제 금융기관 직원의 외모와 목소리를 학습하고 고객과 실시간으로 대화를 나누는 시대가 올 것이다. 나아가서는 이미 학습한 데이터에서 답을 찾는 기존의 AI와는 달리 자연스럽고 창의적인 답변을 할 수 있는 AI가 등장할 것이다. 그때 가서는 금융회사들이 서둘러 이를 활용하게 될 것이다.

AI는 혁신에 따른 이점도 있지만 부작용도 있다. 이에 각국은 금융산업에서 AI를 활용할 수 있는 영역에 대해 평가하고 통제할 준칙을 마련하고 있다. 유럽(EU) 산하 AI전문가 그룹은 2019년 7월 신뢰할 수 있는 AI를 위한 평가리스트를 발표하였다. 동 리스트에는 AI에 대한 감독, 기술안정성, 개인정보 보호, 투명성, 공정성 등이 평가항목으로 포함되어 있다.

싱가포르의 중앙은행(MAS)도 AI 윤리가이드라인을 발표하였는데 금융 분야에서 AI가 지켜야 할 평가항목으로 공정성, 윤리, 책임성, 투명성 원칙 등을 담고 있다. 특이한 점은 각국은 공통적으로 AI가 금융 분야에서 공정한 판단을 내릴 수 있는 가에 대해 주목하고 있다는 것이다.

현재 우리나라도 금융 분야 AI를 활성화하기 위한 가이드라인 마련 작업을 하고 있다. 동 가이드라인에는 AI 관리 및 책임을 전담할 금융회사 조직 구성, AI 운

---

11) deep structured learning이라고도 하며 machine learning의 진화된 버전이라 할 수 있다. machine leaning이란 알고리즘을 사용하여 데이터를 분석하고 해당 데이터에서 학습하여 학습한 내용에 따라 정보에 근거하여 결정을 내리는 AI인데 비해 deep learning은 machine learing을 학습하고 경우에 따라서는 인공신경망(artificial neural network) 등을 사용하여 machine learning 보다 보다 심층적으로 학습하여 자체적으로 지능적 결정을 내릴 수 있는 AI라고 할 수 있다. 이런 의미에서 deep learning을 심층학습이라 부르기도 한다.

영의 신뢰성 확보를 위한 평가방안 등이 담길 것으로 보인다. 특히 AI가 획일적으로 금융서비스를 제공하면 소외계층 금융서비스를 제대로 받지 못할 가능성이 있는 바 이에 대비하기 위해 AI가 선택할 공정성의 기준에 유의할 것으로 전망된다.

제 4 절 메타버스와 금융

메타버스(Metaverse)란 가상과 초월을 의미하는 Meta와 공간을 의미하는 Universe의 합성어로 가상공간에서 현실세계와 같은 사회, 경제, 문화적 활동이 이루어지는 세상을 말한다. 가상세계와 현실이 뒤섞여 시·공간의 제약이 사라진 것이다. 메타버스는 가상현실(VR: Virtual Reality)[12], 증강현실(AR: Augmented Reality)[13] 등의 기술을 기반으로 하는 융합된 기술이다.

VR은 컴퓨터가 만들어 놓은 가상의 세계에서 사람이 실제와 같은 체험을 할 수 있도록 하는 기술을 말한다. VR에서는 모든 것들을 사용자가 원하는 방향대로 조작하거나 실행할 수 있다.

AR은 현실세계에 가상정보를 더해 보여주는 기술이다. VR이 이미지, 주변, 배경, 객체 모두를 가상의 이미지로 보여 주는 데 반해, AR은 추가되는 정보만 가상으로 만들어 보여 준다는 점에서 차이가 있다.

메타버스는 가상세계에서 다양한 콘텐츠의 생산, 소비, 유통, 금융 등의 활동을 가능하게 한다. 메타버스는 특히 인공지능과 밀접한 연관을 갖고 있다. 가상세계에서의 원활한 의사소통부터 사용자의 행동·인지 분석까지 인공지능이 메타버스에 광범하게 이용될 수 있기 때문이다. 우리나라도 아직 초기단계이기는 하지만 일부 금융회사에서 메타버스를 이용하고 있으며 앞으로 차세대 플랫폼으로 각광을 받게 될 것이다.

---

12) 가상현실은 의학 분야에서는 수술 및 해부연습에 사용되고 항공 군사 분야에서는 비행조종훈련에 이용되는 등 각 분야에 도입, 활용되고 있다.
13) 이밖에 유사한 개념으로 혼합현실(MR: Mixed Reality), 확장현실(XR: Extended Reality) 등이 있다.

제20장 가상자산

제 1 절 가상자산의 의의

　가상자산(virtual asset)이란 지폐나 동전과 같은 실물이 없이 네트워크로 연결된 특정한 가상공간에서 발행·유통되는 가치의 전자적 표시(digital representation of value)로 정의할 수 있다.[1] 비트코인(Bitcoin)이 대표적인 가상자산이다.

　비트코인과 같은 가상자산은 거래기록이 블록체인(blockchain)[2]이라는 기술을 이용하여 다수의 블록에 분산되어 있다. 블록이란 거래 정보의 묶음이다. 블록체인은 모든 블록이 체인으로 연결되어 있어 블록체인에 참여한 자는 누구나 모든 거래정보를 볼 수 있는 일종의 분산형 원장(distributed ledger)이라 할 수 있다. 여기서 분산형이라 함은 모든 거래정보가 어느 한 곳에 집중되지 않고 개별 블록에 분산 저장되어 있음을 그리고 원장(ledger)이라 함은 모든 거래정보를 담은 데이터베이스를 말한다.

---

1) 우리나라는 공식적으로 가상자산이란 용어를 쓴다. 그러나 실무적으로는 가상화폐(virtual currency)라는 용어도 많이 사용되고 있다

　가상자산을 금융자산으로 인정할 것이냐에 대해선 이견이 있다. 독일, 일본 등 일부 국가들은 가상자산을 금융자산으로 인정하고 있다. 그러나 우리나라, 미국 등을 위시한 대부분의 국가는 이를 금융자산으로 인정하지 않고 있다.

2) 블록체인 기술은 가상자산뿐만 아니라, 클라우드 서비스, 물류, 지식재산 소유방식, 데이터 진위 판별 등 다양한 용도로 사용된다.

대표적인 가상자산인 비트코인이나 이더리움(Ethereum)은 중앙운영기관 없이 P2P거래가 가능한 분산형 시스템을 통해 발행·유통된다.

가상자산 중에서 모든 정보의 전달이 암호화(encryption)에 의해 이루어질 경우 암호자산(crypto-asset) 또는 암호화폐(crypto-currency)로 불린다. 비트코인을 비롯한 대부분의 가상자산은 암호자산이다.

가상자산의 암호화를 위해선 해시함수(hash function)[3]와 같은 알고리즘이 필요하다. 해시함수란 임의의 길이의 데이터를 입력하여 고정된 길이의 데이터로 바꿔주는 알고리즘을 말한다, 여기서 고정된 길이의 데이터를 해시(hash) 값 또는 그냥 해시라고 말한다.

해시 값은 해시함수의 알고리즘에 새로운 거래기록을 입력하여 얻어진다. 해시함수를 사용하면 블록의 정보가 해시 값으로 전환될 수는 있으나 반대로 해시 값으로부터 원래의 정보로의 복원은 불가능(irreversible)하여 블록의 위·변조가 사실상 불가능하다. 블록체인 하에서는 거래가 일어날 때마다 모든 분산된 원장에 동시에 기록되기 때문에 장부 조작이 극히 어려워 강력한 보안을 유지할 수 있다.[4]

가상자산은 시장에서 거래되거나 채굴기를 이용한 채굴(mining)을 통해 얻을 수 있다. 가상자산의 거래는 P2P(peer-to-peer) 방식이기 때문에 노드(node)를 통해 거래할 수 있다. 노드란 블록체인 P2P 네트워크의 일원으로서 대형 네트워크에서는 장치나 데이터 포인트(data point)를 말하고 소형 네트워크에서는 개인용 컴퓨터, 휴대전화와 같은 정보처리장치들을 말한다.

개인이 거래할 경우 원칙적으로 컴퓨터나 휴대전화 같은 노드를 이용하여 직접 거래할 수도 있으나[5] 편의상 대부분 시장에서 거래소를 통해 거래하고 있다.

채굴이란 분산형 시스템에 참여하여 가상자산의 유효한 거래내역을 기록한 블록을 생성 추가하고 이에 대해 보상을 받는 것을 말한다. 보상은 일정한 규칙을 가진 해시 값을 먼저 찾아내는 참여자에게 주어지며[6] 보상수단은 가상자산이다.

채굴은 참여자간 합의과정을 거치게 되는데 비트코인을 위시한 대부분의 암호

---

3) 해시함수는 암호화 이외에도 여러 용도로 사용된다. 전송된 데이터의 무결성을 입증해주거나 매우 빠른 데이터 검색을 위한 컴퓨터 소프트웨어 등이 그 예이다

4) 비트코인 블록에서 내용을 조금이라도 조작하면 해시값 자체가 달라지기 때문에 데이터 손상 여부를 즉시 확인할 수 있어 기록이 완전하게 보관되고 위변조가 거의 불가능하다

5) 채굴기는 단순히 연산기능을 수행하는 물건이기 때문에 그냥 하나 또는 수개의 컴퓨터를 묶어 사용해서도 채굴이 가능하다. 다만 연산성능에 비해 채굴성능이 낮아 수지가 맞지 않을 따름이다.

6) 비트코인의 경우 정확한 해시 순서를 먼저 찾는 채굴자를 말한다.

자산의 경우 작업증명(PoW: Proof of Work)을 합의알고리즘으로 채택하고 있다. 비트코인애서 작업증명이란 블록을 추가하는데 필요한 모든 작업(work)을 완료했다는 증명이다. 작업증명을 만들어 내는 것은 매우 복잡한 과정을 거쳐야 하며 그 생성가능성이 매우 낮아 유효한 작업증명을 생성하려면 많은 시행착오를 거쳐야 한다.

합의알고리즘은 작업증명을 통과하여 형성된 새로운 블록이 진짜인지를 검증하는 과정을 말한다. 블록이 생성되는 합의 과정에서 가장 많은 작업(work)을 한 노드가 검증과정에서 가장 많은 영향을 미친다.

이와 같은 방식으로 가상자산을 채굴하기 위해서는 다수의 고성능 컴퓨터를 이용하여 수많은 수식을 풀어야 하는데 이 과정에서 많은 전력이 소모된다.[7] 따라서 전기료의 다과가 채굴의 수익성에 상당한 영향을 미친다. 그러나 최근 고성능 채굴기의 등장으로 비트코인 네트워크의 채굴능력을 의미하는 해시레이트(hash rate),[8]가 크게 향상되고 있다. 비트코인 네트워크는 해시레이트의 변동에 따라 채굴난이도가 자동적으로 조정되도록 설계되어 있다.[9]

가상자산은 당초에는 일종의 P2P 방식의 지급수단으로 고안되었으나 최근에는 지급수단이외에 이에 특수한 기능을 추가한 다양한 가상자산들이 등장하고 있다. 예컨대 이더리움은 스마트계약(smart contract)[10]을 추가하여 최근 대체불가능토큰(NFT: Non-fungible token)을 개발하는데 활용하기도 하였다.

NFT는 디지털 사진, 동영상, 예술작품 등의 진품 여부, 거래증명, 생성일자, 소유자 등을 보증하는 가상인증서라 할 수 있다. NFT는 블록체인 기술을 이용하여 그림, 영상 등 디지털 콘텐츠에 고유한 인식값을 부여하여 위·변조가 불가능한 상태로 보존하는 것을 말한다. NFT를 적용한 예술작품이 경매될 경우 동 작품의 진위여부, 작품을 누가 소유하고 있는지, 정당한 방법으로 거래 되었는지 등을 확

---

7) 중국의 일부 성은 비트코인 생산을 위한 전력생산에 막대한 석탄이 소요되어 이로 인한 환경오염을 유발하는 문제 등으로 비트코인 채굴을 전면 금지하였다.
8) 해시레이트란 비트코인 네트워크의 연산력(computationl power)을 측정하는 척도로 주어진 시간에 얼마나 많은 계산(calculation)을 하였는가로 측정된다, 측정단위는 초당 해시 수(h/s)이다.
9) 비트코인 네트워크는 새로운 블록이 일정한 속도(10분에 1개)로 생성되도록 프로그래밍되어 있다. 해시레이트가 상승하여 채굴경쟁이 심화되면 채굴속도가 빨라지게 되는바 이 경우 채굴자가 풀어야하는 암호문자의 난이도를 자동으로 높혀 채굴속도를 낮춘다. 반대로 해시레이트가 하락하면 채굴난이도를 낮추어 채굴속도를 높이게 된다. 채굴난이도는 2016개의 블록이 생성되는 시점인 2주마다 조정된다.
10) 미리 블록체인에 짜놓은 코드를 통해 특정조건이 충족되면 자동적으로 실행되는 계약을 말한다. 법적조건을 이행하거나 대체하도록 설계하는 것도 가능하다.

인할 수 있다.

최근에 들어 가상자산은 또한 액면가가 없는 투자의 목적물이 되어 거래됨은 물론 이를 기초자산으로 하는 펀드나 파생상품들이 속속 등장하고 있다. 독일의 증권감독기관인 BaFin은 가상자산을 정식으로 금융상품으로 인정하고 가상자산을 기초자산으로 하는 펀드인 ETP(Exchane Traded Product)을 독일증권거래소에 상장하였다. 캐나다와 브라질도 비트코인이나 이더리움 ETF를 출시하였으며 미국도 이와 유사한 상품의 상장을 추진하고 있다.

최근 블록체인 관련 프로젝트를 수행하려는 초기기업들이 투자자금을 유치하기 위해 신규코인 모집 또는 토큰 공개(ICO: Initial Coin Offering)라는 방식을 활용하고 있다. ICO란 IPO(Initial Public Offering)와 유사한 개념으로 자금을 조달하려는 초기기업이 사업제안서(white paper)를 제시하고 새로운 토큰(token) 또는 코인(coin)을 발행하여 그 대가로 투자자들로부터 유동성이 큰 비트코인이나 이더리움 같은 가상자산을 수취하는 것을 말한다. 이때 발행하는 토큰이나 코인은 자금조달 기업이 생산하는 제품이나 서비스를 제공 받을 수 있는 권리를 갖거나 투자대상회사의 지분(stake) 또는 회사가 시행하는 프로젝트의 지분을 나타낼 수도 있다.

표 20-1 각국의 ICO에 대한 시각 차이

시각	해당국
금지 조치	중국, 한국, 베트남, 러시아 등
경고 발동	미국, 영국, EU, 캐나다, 호주, 싱가포르 등
우호 입장	스위스, 지브롤터(영국령), 맨섬(영국령), 케이만군도(영국령), 모리셔스

자료: Financial Times(2018)

제 2 절 가상자산 관련 규제

가상자산은 본질적으로 익명성을 가지고 있기 때문에 자금추적이나 과세 회피의 수단으로 사용될 수 있고, 불법거래 등에 악용될 소지도 크다. 또한 가상자산 거래소에 대한 해킹 가능성, ICO 과정에서 사기로 인해 투자자 피해가 발생할 수

도 있다. 이와 같이 가상자산의 사용이 늘어날 경우 금융시스템의 안정성에 위협이
될 수도 있을 것이다. 이에 따라 국제적 공조를 통한 모니터링이 필요하다는 것이
금융당국자들의 공통된 인식이나 아직은 효과적인 감독방안을 찾지 못하고 있다.
무엇보다도 운영주체가 불분명하고 서비스의 형태도 변화무쌍하며 국경도 넘나들
고 있어 각국의 감독당국은 규제의 관할(jurisdiction)을 정하기도 어려운 실정이다. 현
재까지는 가상자산 규제와 관련해서는 대체로 가상자산 거래와 연관된 기존 금융
회사에 대한 규제를 정비해야 한다는 점, 그리고 가상자산에 특화된 서비스 제공업
체(예: 가상자산 지갑 제공자 등)에 대한 규제를 강화해야 한다는 점 등에 대한 공감대만
있을 뿐이다[11]. 가상자산과 관련된 각국의 규제정책을 간략히 살펴보면 다음과 같
다.

미국의 경우 2013년 3월 재무부 소속 FinCEN(금융범죄단속반)이 가상자산에 대
한 자금세탁방지 지침[12]을 발표하였는데, 가상자산을 법정통화 또는 여타 가상자
산로 교환하거나, 발행 · 환매할 경우 법률상 송금업자(money transmitter)로 정의하고
FinCEN 규정을 적용하기로 하였다. 또한 2014년 3월 미국 국세청(IRS, Internal
Revenue Service)은 가상자산에 대한 과세 가이드라인을 발표하였는데 연방세법상 가
상자산을 재산(property)으로 인식하고, 재산에 적용되는 일반적인 과세원칙을 적용
하기로 했다. 이에 따르면 상품이나 서비스의 대가로 가상자산을 받게 되면 취득
원가는 당시의 시장가격이 되는데, 이는 가상자산이 지급결제의 수단보다는 상품
으로서의 특성이 강하다는 점에 기인한다.

한편 미국은 주(州)별로 적용되는 규제가 상이한데 2015년 9월 미 주정부 감독
당국 협의체(CSBS: Conference of State Bank Supervisors)에서는 가상자산과 관련하여 각 주
별 지침이 되는 표준 규제체계(Model Regulatory Framework)를 발표하였다. 특히 뉴욕주
금융감독국(NYDFS)은 가상자산과 관련하여 신속히 규제체계를 마련하여 2015년 6월
자금세탁방지, 이용자보호 등을 고려한 종합규제체계(BitLicense)[13]를 공표했다. 뉴욕
주에서 가상자산거래소는 반드시 금융당국(superintendent)로부터 영업인가(license)를

---

11) 자세한 내용은 BIS, Annual Economic Report 2018 참조
12) FinCEN, *Guidance on the Application of FinCEN's Regulations to Persons Administering Exchanging, or Using Virtual Currencies*, 2013.3.18
13) NYDFS는 2014년 7월 「BitLicense Regulatory Framework」이라는 가상자산 관련 지침을 제시하였고, 의견수렴 과정을 거친 후 2015년 6월 정식 법제화(23 NYCRR Part 200. Virtual Currencies) 하였다.

표 20-2	일본 자금결제법 개정의 주요내용

법령	주요내용
가상자산교환업 (디지털통화거래소)	• '가상자산교환업'에 대한 규제가 자금결제법 개정의 주요내용임. • 상법상의 회사로 간주되어 파산할 경우 민사재생 또는 파산절차를 거쳐야 하며, 이때 이용자는 자산 상실의 우려가 있음.
가상자산의 정의 (제2조5)	• 가상자산은 결제수단의 하나로 '재산적 가치'를 지님. • '재산적 가치'란 가상자산이 불특정다수 간의 지불수단기능 및 법정통화와의 교환기능, 전자거래 기능을 갖지만, 법정통화는 아님.
가상자산 교환업에 대한 등록제 도입(제63조2)	• 가상자산 교환업을 수행하려면 자본, 순자산(자본, 순자산에 대한 구체적인 금액에 관해서는 현재 검토·중임)등에 관한 요건이 충족되어야 하며 총리대신에게 등록을 받은 자(者)만이 가상자산 교환업을 운영할 수 있도록 규정함.
가상자산 교환업자에 대한 업무규제 (제63조11)	• 가상자산 교환업자는 이용자와의 거래내용 및 수수료 등의 정보, 시스템의 안전관리 등에 관한 사항을 정기적으로 공인회계사 또는 감사법인에게 감사받아야 함.
가상자산 교환업자에 대한 감독 (제63조13)	• 가상자산 교환업자는 공인회계사 또는 감사법인의 감사보고서를 첨부한 해당 보고서를 내각총리대신에게 제출해야 하며, 금융청으로부터 업무개선 명령 등의 감독을 받아야 함.

자료: 금융연구원, 「자금결제법 개정안과 가상자산(디지털 통화) 이용현황」, Japan Inside, 금융브리프 25권 29호, 2016.7.23.

받아야 하며, 영업인가를 받은 자는 이용자에게 가상자산 거래와 관련된 중요위험, 거래약관, 거래별 내역 등에 대해 고지할 의무가 발생한다. 또한 영업인가 이후에도 금융감독국은 가상자산거래소에 대해 지속적인 관리·감독을 실행하고 있다.

이와 같은 규제에도 불구하고 가상자산에 대한 투기적 거래가 지속되자 2020년 5월 1만 달러 이상의 가상자산 거래는 국세청에 신고하게 하였다.

중국은 2017년 9월부터 금융사와 기업들이 거래, 수탁, 상품발행 등 가상자산 관련 사업을 하는 것을 전면 금지하는데 더해 2020년 5월 비트코인의 채굴까지 금지한다고 발표하였다.[14]

EU 역시 2024년 도입을 목표로 27개 회원국에 공통으로 적용되는 가상자산

14) 가상자산의 유통이 공산당 주도의 중앙집권체제에 위험요인이 될 수 있다는 우려 때문이라는 해석도 있다

규제 방안을 마련할 예정이다. EU는 이를 통해 가상자산을 EU의 금융관련 법률로 규제하고 관련 업무를 수행하는 감독기구를 새로 만들 것으로 알려지고 있다.

일본의 경우 2016년 5월 자금결제법[15] 개정안이 국회를 통과하면서 가상자산에 대한 법규체계가 정식으로 마련되었다. 그 주요 내용은 <표 19-3>과 같다. 이후 일본 재무성과 금융청은 가상자산을 살 때 부과하는 소비세도 폐지하였다. 단, 거래에서 발생하는 차익에 대해서만 세금을 부과하기로 하였다.

우리나라도 가상자산 거래량이 크게 늘어나면서 투기화되어 투자자를 보호하기 위한 대책이 시급하게 되었다. 이에 2021년 「특정금융정보법」을 개정하였다. 주요 내용을 보면 가상자산거래소는 은행이 발급하는 실명확인 계좌와 개인정보위원회(KISA)가 발행하는 정보보호관리체계(ISMS)의 인증을 확보하여 금융위원회 산하 금융정보분석원(FIU)에 신고를 하여야만 영업을 할 수 있게 하였다.

동 인증을 받았다는 것은 해킹방지 등 전산시스템의 물리적·운영적 안정을 확보하였다는 것을 의미한다.

앞으로 정부는 가상화폐 감독 주무부처를 금융위원회로 하고 동 위원회로 하여금 가상사업자 관리·감독, 제도개선 등 시장감독 업무를 맡게 할 예정이다; 블록체인 사업육성, 가상사업자 해킹방지 등은 과학기술부가 관장하고 이밖에 기획재정부 등 각 부처에 산재되어 있는 여타 가상자산 규제에 관한 업무를 포함하여 가상자산 관리에 관한 업무의 총괄은 국무조정실이 맡기로 하였다.

동시에 동법 시행령을 개정하여 거래소가 자체 발행한 코인을 직접 매매하거나 중개하는 행위와 거래소 임직원이 자기회사에서 거래하는 것을 금지하기로 하였다. 가상자산을 안전하게 보관하기 위해 가상자산업자가 보유한 가상자산의 70% 이상을 콜드월렛(cold wallet)[16]에 보관하도록 하는 방안 등을 검토하기로 하였다. 또한 가상자산사업가 자체 발행하는 가상자산을 금지하고 그 매매, 중개, 교환, 알선행위를 모두 금지할 예정이다.

---

15) 정확히는 「자금결제에 관한 법률(資金決済に関する法律)」

16) 가상자산을 보관하기 위해 공개키와 개인키를 저장하는 지갑의 하나로 인터넷에 연결되어 있지 않아 해킹이 불가능하다. 반면에 hot wallet은 인터넷에 연결되어 있어 사용하기에 편리하지만 해킹에 취약하다.

제 3 절 가상자산과 디지털 화폐

디지털화폐(CBDC: Central Bank Digital Currency)는 중앙은행이 발행하는 전자기록 또는 디지털 형태의 법화(fiat money)이다. CBDC는 민간의 가상자산처럼 주로 블록체인 기술을 이용해 만들어지지만 발행기관이 중앙에서 발행·유통을 통제할 수 있다는 점에서 이러한 기능이 없는 가상자산과는 근본적인 차이점이 있다.

CBDC는 중앙은행의 채무이므로 중앙은행이 가치를 보증하여 비트코인 등 민간이 발행하는 것과는 달리 지급불능 위험이 없다. 이 밖에 디지털 형태로 은행계좌, 신용카드, 앱 등을 이용해 결제, 송금이 가능한 등 디지털 거래의 편의성과 위조나 도난 등을 방지할 수 있는 안전성을 증대할 수 있다.

특히 CBDC는 기존 화폐의 막대한 제조, 발행, 보관, 환수 등에 따른 유통비용을 감소시킬 수 있다. 이와 같은 이유로 최근에 들어 CBDC에 대한 관심이 높아지고 있다.

현재 한국은행은 장래 디지털 결제의 증가에 대비하여 CBDC의 기본 기능인 제조, 발행, 보관, 환수, 폐기 등 CBDC의 생애주기별로 기술적 타당성과 국가 간 송금 및 CBDC의 오프라인 결제 등 유통업무에 관한 규제 준수방안을 검증하기 위한 모의시험(point test)을 하고 있다.

미국은 CBDC의 발행 유통이 현재의 기축통화인 달러화에는 크게 영향을 미치지는 않을거라는 전망이지만 디지털 경제가 진행됨에 따른 통화 및 지급결제시스템에 영향을 미칠 가능성에 대해 검토하고 있다,

중국은 2012년 동계올림픽에 외국인의 디지털 위안화의 사용을 목적으로 모의시험을 하고 있으며 이미 일부 지역에 대해 CBDC를 발행 유통하고 있다.[17]

유럽(EU) 중앙은행(ECB)은 2021년 중 디지털유로 프로젝트의 시행 여부를 결정할 계획이다. 이밖에 브라질 등 다수 국가들도 이에 대한 연구를 진행하고 있다. 앞으로 CBDC가 일반화되면 가상자산은 위축 내지 소멸될 것이라는 시각과 반대로 양자가 기술적·경제적 이점이 있어 상호보완적으로 발전되어 나갈 것이라는

---

17) 중국이 CBDC에 앞장서 가는 이유는 국제금융시장에서 아직 기축통화가 아닌 위안화의 위상을 높이려는 중국당국의 목적과 CBDC를 통해 거래당사자들의 정보를 수집하는 것에 대해 우려가 큰 서방 국가들에 비해 사회주의 국가인 중국은 이에 대해 상대적으로 덜 민감하기 때문이라는 주장도 있다.

시각이 병존하고 있다.

가상자산에 대한 부정적인 시각은 가상자산은 현실적으로 가격의 변동성이 너무 커 화폐의 중요한 기능 중의 하나인 가치의 저장수단으로서의 기능이 낮고 중앙은행의 통제로부터 벗어나 통화관리상 심각한 문제점을 유발할 수도 있다는 점, 그리고 해킹, 자금세탁, 테러 등 불법적인 거래에의 이용 가능성 등의 문제점이 있다는 것이다. 이 밖에도 중앙은행과 같은 감독당국의 통제를 받는 기존의 은행시스템에 미칠 부정적인 우려도 지적되고 있다.

가상자산의 발전을 긍정적으로 보는 시각은 화폐는 경기변동이나 천재지변 등에 따라 발행액의 증감이 가능하여 가치가 쉽게 변동될 수 있지만 대부분의 가상자산은 발행량이 제한되어 있어 오히려 화폐에 비해 가치가 더 안정적일 수 있다는 것이다, 예컨대 비트코인은 백서에 발행량이 2,100만개로 한정되어 있어 추가발행이 불가능하다. 이와 같은 이유로 비트코인은 통화정책 변동에 따른 인플레를 헤지할 수 있는 금(gold)의 대체재가 될 수 있다는 견해도 있다.

이 밖에 각국의 가상자산에 대한 규제가 강화되면 가상자산을 제도권으로 편입시키는 계기가 될 수 있고 규제로 인해 가상자산의 시장이 투명해지면 가상자산들의 옥석이 가려져 투자자들이 보다 안정적으로 투자할 수도 있다는 것이다. 2021년 6월 국제은행감독기구라 할 수 있는 BIS산하의 바젤위원회(Basle)는 은행의 가상자산 보유를 허용하는 것과 관련 공개 논의를 통해 의견을 수렴할 계획이라고 발표하였다. 따라서 가상자산에 대한 부정적인 측면에만 지우쳐 가상자산에 대한 일방적인 규제보다는 가상자산 투자자 보호와 가상자산 산업 특히 가상자산의 근간인 블록체인 기술의 발전 가능성이라는 양면적인 측면 간의 적절한 균형이 필요하다 할 것이다.

부　　표

부표 1. 연금의 현가계수표

연금의 현가계수 = 매년 말 1원의 수입을 정기적으로 t년 동안 실현하는 연금의 현재가치

$$= \sum_{t=1}^{n} \frac{1}{(1+r)^t} = \frac{(1+r)^n - 1}{r(1+r)^n}$$

수입실현 회수(t)	1%	2%	3%	4%	5%	6%	7%	8%	9%
1	0.9901	0.9804	0.9709	0.9615	0.9524	0.9434	0.9346	0.9259	0.9174
2	1.9704	1.9416	1.9135	1.8861	1.8594	1.8334	1.8080	1.7833	1.7591
3	2.9410	2.8839	2.8286	2.7751	2.7232	2.6730	2.6243	2.5771	2.5313
4	3.9020	3.8077	3.7171	3.6299	3.5460	3.4651	3.3872	3.3121	3.2397
5	4.8534	4.7135	4.5797	4.4518	4.3295	4.2124	4.1002	3.9927	3.8897
6	5.7955	5.6014	5.4172	5.2421	5.0757	4.9173	4.7665	4.6229	4.4859
7	6.7282	6.4720	6.2303	6.0021	5.7864	5.5824	5.3893	5.2064	5.0330
8	7.6517	7.3255	7.0197	6.7327	6.4632	6.2098	5.9713	5.7466	5.5348
9	8.5660	8.1622	7.7861	7.4353	7.1078	6.8017	6.5152	6.2469	5.9952
10	9.4713	8.9826	8.5302	8.1109	7.7217	7.3601	7.0236	6.7101	6.4177
11	10.3676	9.7868	9.2526	8.7605	8.3064	7.8869	7.4987	7.1390	6.8052
12	11.2551	10.5753	9.9540	9.3851	8.8633	8.3838	7.9427	7.5361	7.1607
13	12.1337	11.3484	10.6350	9.9856	9.3936	8.8527	8.3577	7.9038	7.4869
14	13.0037	12.1062	11.2961	10.5631	9.8986	9.2950	8.7455	8.2442	7.7862
15	13.8651	12.8493	11.9379	11.1184	10.3797	9.7122	9.1079	8.5595	8.0607
16	14.7179	13.5777	12.5611	11.6523	10.8378	10.1059	9.4466	8.8514	8.3126
17	15.5623	14.2919	13.1661	12.1657	11.2741	10.4773	9.7632	9.1216	8.5436
18	16.3983	14.9920	13.7535	12.6593	11.6896	10.8276	10.0591	9.3719	8.7556
19	17.2260	15.6785	14.3238	13.1339	12.0853	11.1581	10.3356	9.6036	8.9501
20	18.0456	16.3514	14.8775	13.5903	12.4622	11.4699	10.5940	9.8181	9.1285
21	18.8570	17.0112	15.4150	14.0292	12.8212	11.7641	10.8355	10.0168	9.2922
22	19.6604	17.6580	15.9369	14.4511	13.1630	12.0416	11.0612	10.2007	9.4424
23	20.4558	18.2922	16.4436	14.8568	13.4886	12.3034	11.2722	10.3711	9.5802
24	21.2434	18.9139	16.9355	15.2470	13.7986	12.5504	11.4693	10.5288	9.7066
25	22.0232	19.5235	17.4131	15.6221	14.0939	12.7834	11.6536	10.6748	9.8226
26	22.7952	20.1210	17.8768	15.9828	14.3752	13.0032	11.8258	10.8100	9.9290
27	23.5596	20.7069	18.3270	16.3296	14.6430	13.2105	11.9867	10.9352	10.0266
28	24.3164	21.2813	18.7641	16.6631	14.8981	13.4062	12.1371	11.0511	10.1161
29	25.0658	21.8444	19.1885	16.9837	15.1411	13.5907	12.2777	11.1584	10.1983
30	25.8077	22.3965	19.6004	17.2920	15.3725	13.7648	12.4090	11.2578	10.2737
35	29.4086	24.9986	21.4872	18.6646	16.3742	14.4982	12.9477	11.6546	10.5668
40	32.8347	27.3555	23.1148	19.7928	17.1591	15.0463	13.3317	11.9246	10.7574
45	36.0945	29.4902	24.5187	20.7200	17.7741	15.4558	13.6055	12.1084	10.8812
50	39.1961	31.4236	25.7298	21.4822	18.2559	15.7619	13.8007	12.2335	10.9617
55	42.1472	33.1748	26.7744	22.1086	18.6335	15.9905	13.9399	12.3186	11.0140

수입실현 회수(t)	10%	12%	14%	15%	16%	18%	20%	24%	28%	32%
1	0.9091	0.8929	0.8772	0.8696	0.8621	0.8475	0.8333	0.8065	0.7813	0.7576
2	1.7355	1.6901	1.6467	1.6257	1.6052	1.5656	1.5278	1.4568	1.3916	1.3315
3	2.4869	2.4018	2.3216	2.2832	2.2459	2.1743	2.1065	1.9813	1.8684	1.7663
4	3.1699	3.0373	2.9137	2.8550	2.7982	2.6901	2.5887	2.4043	2.2410	2.0957
5	3.7908	3.6048	3.4331	3.3522	3.2743	3.1272	2.9906	2.7454	2.5320	2.3452
6	4.3553	4.1114	3.8887	3.7845	3.6847	3.4976	3.3255	3.0205	2.7594	2.5342
7	4.8684	4.5638	4.2883	4.1604	4.0386	3.8115	3.6046	3.2423	2.9370	2.6775
8	5.3349	4.9676	4.6389	4.4873	4.3436	4.0776	3.8372	3.4212	3.0758	2.7860
9	5.7590	5.3282	4.9464	4.7716	4.6065	4.3030	4.0310	3.5655	3.1842	2.8681
10	6.1446	5.6502	5.2161	5.0188	4.8332	4.4941	4.1925	3.6819	3.2689	2.9304
11	6.4951	5.9377	5.4527	5.2337	5.0286	4.6560	4.3271	3.7757	3.3351	2.9776
12	6.8137	6.1944	5.6603	5.4206	5.1971	4.7932	4.4392	3.8514	3.3868	3.0133
13	7.1034	6.4235	5.8424	5.5831	5.3423	4.9095	4.5327	3.9124	3.4272	3.0404
14	7.3667	6.6282	6.0021	5.7245	5.4675	5.0081	4.6106	3.9616	3.4587	3.0609
15	7.6061	6.8109	6.1422	5.8474	5.5755	5.0916	4.6755	4.0013	3.4834	3.0764
16	7.8237	6.9740	6.2651	5.9542	5.6685	5.1624	4.7296	4.0333	3.5026	3.0882
17	8.0216	7.1196	6.3729	6.0472	5.7487	5.2223	4.7746	4.0591	3.5177	3.0971
18	8.2014	7.2497	6.4674	6.1280	5.8178	5.2732	4.8122	4.0799	3.5294	3.1039
19	8.3649	7.3658	6.5504	6.1982	5.8775	5.3162	4.8435	4.0967	3.5386	3.1090
20	8.5136	7.4694	6.6231	6.2593	5.9288	5.3527	4.8696	4.1103	3.5458	3.1129
21	8.6487	7.5620	6.6870	6.3125	5.9731	5.3837	4.8913	4.1212	3.5514	3.1158
22	8.7715	7.6446	6.7429	6.3587	6.0113	5.4099	4.9094	4.1300	3.5558	3.1180
23	8.8832	7.7184	6.7921	6.3988	6.0442	5.4321	4.9245	4.1371	3.5592	3.1197
24	8.9847	7.7843	6.8351	6.4338	6.0726	5.4510	4.9371	4.1428	3.5619	3.1210
25	9.0770	7.8431	6.8729	6.4642	6.0971	5.4669	4.9476	4.1474	3.5640	3.1220
26	9.1609	7.8957	6.9061	6.4906	6.1182	5.4804	4.9563	4.1511	3.5656	3.1227
27	9.2372	7.9426	6.9352	6.5135	6.1364	5.4919	4.9636	4.1542	3.5669	3.1233
28	9.3066	7.9844	6.9607	6.5335	6.1520	5.5016	4.9697	4.1566	3.5679	3.1237
29	9.3696	8.0218	6.9830	6.5509	6.1656	5.5098	4.9747	4.1585	3.5687	3.1240
30	9.4269	8.0552	7.0027	6.5660	6.1772	5.5168	4.9789	4.1601	3.5693	3.1242
35	9.6442	8.1755	7.0700	6.6166	6.2153	5.5386	4.9915	4.1644	3.5708	3.1248
40	9.7791	8.2438	7.1050	6.6418	6.2335	5.5482	4.9966	4.1659	3.5712	3.1250
45	9.8628	8.2825	7.1232	6.6543	6.2421	5.5523	4.9986	4.1664	3.5714	3.1250
50	9.9148	8.3045	7.1327	6.6605	6.2463	5.5541	4.9995	4.1666	3.5714	3.1250
55	9.9471	8.3170	7.1376	6.6636	6.2482	5.5549	4.9998	4.1666	3.5714	3.1250

부표 2. 연금의 종가계수표

연금의 종가계수 = 매년 1원의 수입을 t년 동안 정기적으로 실현하는 연금의 미래가치

$$= \sum_{t=1}^{n}(1+r)^{n-t} = \frac{(1+r)^n - 1}{r}$$

연 수 (t)	1%	2%	3%	4%	5%	6%	7%	8%	9%	10%
1	1.0000	1.0000	1.0000	1.0000	1.0000	1.0000	1.0000	1.0000	1.0000	1.0000
2	2.0100	2.0200	2.0300	2.0400	2.0500	2.0600	2.0700	2.0800	2.0900	2.1000
3	3.0301	3.0604	3.0909	3.1216	3.1525	3.1836	3.2149	3.2464	3.2781	3.3100
4	4.0604	4.1216	4.1836	4.2465	4.3101	4.3746	4.4399	4.5061	4.5731	4.6410
5	5.1010	5.2040	5.3091	5.4163	5.5256	5.6371	5.7507	5.8666	5.9847	6.1051
6	6.1520	6.3081	6.4684	6.6330	6.8019	6.9753	7.1533	7.3359	7.5233	7.7156
7	7.2135	7.4343	7.6625	7.8983	8.1420	8.3938	8.6540	8.9228	9.2004	9.4872
8	8.2857	8.5830	8.8923	9.2142	9.5491	9.8975	10.259	10.636	11.028	11.435
9	9.3685	9.7546	10.159	10.582	11.026	11.491	11.978	12.487	13.021	13.579
10	10.462	10.949	11.463	12.006	12.577	13.180	13.816	14.486	15.192	15.937
11	11.566	12.168	12.807	13.486	14.206	14.971	15.783	16.645	17.560	18.531
12	12.682	13.412	14.192	15.025	15.917	16.869	17.888	18.977	20.140	21.384
13	13.809	14.680	15.617	16.626	17.713	18.882	20.140	21.495	22.953	24.522
14	14.947	15.973	17.086	18.291	19.598	21.015	22.550	24.214	26.019	27.975
15	16.096	17.293	18.598	20.023	21.578	23.276	25.129	27.152	29.360	31.772
16	17.257	18.639	20.156	21.824	23.657	26.672	27.888	30.324	33.003	35.949
17	18.430	20.012	21.761	23.697	25.840	28.212	30.840	33.750	36.973	40.544
18	19.614	21.412	23.414	25.645	28.132	30.905	33.999	37.450	41.301	45.599
19	20.810	22.840	25.116	27.671	30.539	33.760	37.379	41.446	46.018	51.159
20	22.019	24.297	26.870	29.778	33.066	36.785	40.995	45.762	51.160	57.275
21	23.239	25.783	28.676	31.969	35.719	39.992	44.865	50.422	56.764	64.002
22	24.471	27.299	30.536	34.248	38.505	43.392	49.005	55.456	62.873	71.402
23	25.716	28.845	32.452	36.617	41.430	46.995	53.436	60.893	69.531	79.543
24	26.973	30.421	34.426	39.082	44.502	50.815	58.176	66.764	76.789	88.497
25	28.243	32.030	36.459	41.645	47.727	54.864	63.249	73.105	84.700	98.347
26	29.525	33.670	38.553	44.311	51.113	59.156	68.676	79.954	93.323	109.18
27	30.820	35.344	40.709	47.084	54.669	63.705	74.483	87.350	102.72	121.09
28	32.129	37.051	42.930	49.967	58.402	68.528	80.697	95.338	112.96	134.20
29	33.450	38.792	45.218	52.966	62.322	73.639	87.346	103.96	124.13	148.63
30	34.784	40.568	47.575	58.084	66.438	79.058	94.460	113.28	136.30	164.49
40	48.886	60.402	75.401	95.025	120.79	154.76	199.63	259.05	337.88	442.59
50	64.463	84.579	112.79	152.66	290.33	290.33	406.52	573.76	815.08	1163.9
60	81.669	114.05	163.05	237.99	353.58	533.12	813.52	1253.2	1944.7	3034.8

연 수 (t)	12%	14%	15%	16%	18%	20%	24%	28%	32%	36%
1	1.0000	1.0000	1.0000	1.0000	1.0000	1.0000	1.0000	1.0000	1.0000	1.0000
2	2.1200	2.1400	2.1500	2.1600	2.1800	2.2000	2.2400	2.2800	2.3200	2.3600
3	3.3744	3.4396	3.4725	3.5056	3.5724	3.6400	3.7776	3.9184	4.0624	4.2096
4	4.7793	4.9211	4.9934	5.0665	5.2154	5.3680	5.6842	6.0156	6.3624	6.7251
5	6.3528	6.6101	6.7424	6.8771	7.1542	7.4416	8.0484	8.6999	9.3983	10.146
6	8.1152	8.5355	8.7537	8.9775	9.4420	9.9299	10.980	12.135	13.405	14.798
7	10.089	10.730	11.066	11.413	12.141	12.915	14.615	16.533	18.695	21.126
8	12.299	13.232	13.726	14.240	15.327	16.499	19.122	22.163	25.678	29.731
9	14.775	16.085	16.785	17.518	19.085	20.798	24.712	29.369	34.895	41.435
10	17.548	19.337	20.303	21.321	32.521	25.958	31.643	38.592	47.061	57.351
11	20.654	23.044	24.349	25.732	28.755	32.150	40.237	50.398	63.121	78.998
12	24.133	27.270	29.001	30.850	34.931	39.580	50.894	65.510	84.320	108.43
13	28.029	32.088	34.351	36.786	42.218	48.496	64.109	84.852	112.30	148.47
14	32.392	37.581	40.504	43.672	50.818	59.195	80.496	109.61	149.23	202.92
15	37.279	43.842	47.580	51.659	60.965	72.035	100.81	141.30	197.99	276.97
16	42.753	50.980	55.717	60.925	72.839	87.442	126.01	181.86	262.35	377.69
17	48.883	59.117	65.075	71.673	87.068	105.93	157.25	233.79	347.30	514.66
18	55.749	68.394	75.836	84.140	103.74	128.11	195.99	300.25	459.44	700.93
19	63.439	78.969	88.211	98.603	123.41	154.74	244.03	385.32	607.47	954.27
20	72.052	91.024	102.44	115.37	146.62	186.68	303.60	494.21	802.86	1298.8
21	81.698	104.76	118.81	134.84	174.02	225.02	377.46	633.59	1060.7	1767.3
22	92.502	120.43	137.63	157.41	206.34	271.03	469.05	811.99	1401.2	2404.6
23	104.60	138.29	159.27	183.60	244.48	326.23	582.62	1040.3	1850.6	3271.3
24	118.15	158.65	184.16	213.97	289.49	392.48	723.46	1332.6	2443.8	4449.9
25	133.33	181.87	212.79	249.21	342.50	471.98	898.09	1706.8	3226.8	6052.9
26	150.33	208.33	245.71	290.08	405.27	567.37	1114.6	2185.7	4260.4	8233.0
27	169.37	238.49	283.56	337.50	479.22	681.85	1383.1	2798.7	5624.7	11197.9
28	190.69	272.88	327.10	392.50	566.48	819.22	1716.0	3583.3	7425.6	15230.2
29	214.58	312.09	377.16	456.30	669.44	984.06	2128.9	4587.6	9802.9	20714.1
30	241.33	356.78	434.74	530.31	790.94	1181.8	2640.9	5873.2	12940.	28172.2
40	767.09	1342.0	1779.0	2360.7	4163.2	7343.8	22728.	69377.	*	*
50	2400.0	4994.5	7217.7	10435.	21813.	45497.	*	*	*	*
60	7471.6	18535.	29219.	46057.	*	*	*	*	*	*

부표 3. 옵션가격표(기초자산가격에 대한 비율%)*

(기초자산가격)/(행사가격의 현재가치)

	.40	.45	.50	.55	.60	.65	.70	.75	.80	.82	.84	.86	.88	.90	.92	.94	.96	.98	1.00
.05	.0	.0	.0	.0	.0	.0	.0	.0	.0	.0	.0	.0	.0	.0	.1	.3	.6	1.2	2.0
.10	.0	.0	.0	.0	.0	.0	.0	.0	.0	.1	.2	.3	.5	.8	1.2	1.7	2.3	3.1	4.0
.15	.0	.0	.0	.0	.0	.0	.1	.2	.5	.7	1.0	1.3	1.7	2.2	2.8	3.5	4.2	5.1	6.0
.20	.0	.0	.0	.0	.0	.1	.4	.8	1.5	1.9	2.3	2.8	3.4	4.0	4.7	5.4	6.2	7.1	8.0
.25	.0	.0	.0	.1	.2	.5	1.0	1.8	2.8	3.3	3.9	4.5	5.2	5.9	6.6	7.4	8.2	9.1	9.9
.30	.0	.1	.1	.3	.7	1.2	2.0	3.1	4.4	5.0	5.7	6.3	7.0	7.8	8.6	9.4	10.2	11.1	11.9
.35	.1	.2	.4	.8	1.4	2.3	3.3	4.6	6.2	6.8	7.5	8.2	9.0	9.8	10.6	11.4	12.2	13.0	13.9
.40	.2	.5	.9	1.6	2.4	3.5	4.8	6.3	8.0	8.7	9.4	10.2	11.0	11.7	12.5	13.4	14.2	15.0	15.9
.45	.5	1.0	1.7	2.6	3.7	5.0	6.5	8.1	9.9	10.6	11.4	12.2	12.9	13.7	14.5	15.3	16.2	17.0	17.8
.50	1.0	1.7	2.6	3.7	5.1	6.6	8.2	10.0	11.8	12.6	13.4	14.2	14.9	15.7	16.5	17.3	18.1	18.9	19.7
.55	1.7	2.6	3.8	5.1	6.6	8.3	10.0	11.9	13.8	14.6	15.4	16.1	16.9	17.7	18.5	19.3	20.1	20.9	21.7
.60	2.5	3.7	5.1	6.6	8.3	10.1	11.9	13.8	15.8	16.6	17.4	18.1	18.9	19.7	20.5	21.3	22.0	22.8	23.6
.65	3.6	4.9	6.5	8.2	10.0	11.9	13.8	15.8	17.8	18.6	19.3	20.1	20.9	21.7	22.5	23.2	24.0	24.7	25.5
.70	4.7	6.3	8.1	9.9	11.9	13.8	15.8	17.8	19.8	20.6	21.3	22.1	22.9	23.6	24.4	25.5	25.2	26.6	27.4
.75	6.1	7.9	9.8	11.7	13.7	15.8	17.8	19.8	21.8	22.5	23.3	24.1	24.8	25.6	26.3	27.1	27.8	28.5	29.2
.80	7.5	9.5	11.5	13.6	15.7	17.7	19.8	21.8	23.7	24.5	25.3	26.0	26.8	27.5	28.3	29.0	29.7	30.4	31.1
.85	9.1	11.2	13.3	15.5	17.6	19.7	21.8	23.8	25.7	26.5	27.2	28.0	28.7	29.4	30.2	30.9	31.6	32.2	32.9
.90	10.7	13.0	15.2	17.4	19.6	21.7	23.8	25.8	27.7	28.4	29.2	29.9	30.6	31.3	32.0	32.7	33.4	34.1	34.7
.95	12.5	14.8	17.1	19.4	21.6	23.7	25.7	27.7	29.6	30.4	31.1	31.8	32.5	33.2	33.9	34.6	35.2	35.9	36.5
1.00	14.3	16.7	19.1	21.4	23.6	25.7	27.7	29.7	31.6	32.3	33.0	33.7	34.4	35.1	35.7	36.4	37.0	37.7	38.3
1.05	16.1	18.6	21.0	23.3	25.6	27.7	29.7	31.6	33.5	34.2	34.9	35.6	36.2	36.9	37.6	38.2	38.8	39.4	40.0
1.10	18.0	20.6	23.0	25.3	27.5	29.6	31.6	33.5	35.4	36.1	36.7	37.4	38.1	38.7	39.3	40.0	40.6	41.2	41.8
1.15	20.0	22.5	25.0	27.3	29.5	31.6	33.6	35.4	37.2	37.9	38.6	39.2	39.9	40.5	41.1	41.7	42.3	42.9	43.5
1.20	21.9	24.5	27.0	29.3	31.5	33.6	35.5	37.3	39.1	39.7	40.4	41.0	41.7	42.3	42.9	43.5	44.0	44.6	45.1
1.25	23.9	26.5	29.0	31.3	33.5	35.5	37.4	39.2	40.9	41.5	42.2	42.8	43.4	44.0	44.6	45.2	45.7	46.3	46.8
1.30	25.9	28.5	31.0	33.3	35.4	37.4	39.3	41.0	42.7	43.3	43.9	44.5	45.1	45.7	46.3	46.8	47.4	47.9	48.4
1.35	27.9	30.5	33.0	35.2	37.3	39.3	41.1	42.8	44.4	45.1	45.7	46.3	46.8	47.4	47.9	48.5	49.0	49.5	50.0
1.40	29.9	32.5	34.9	37.1	39.2	41.1	42.9	44.6	46.2	46.8	47.4	47.9	48.5	49.0	49.6	50.1	50.6	51.1	51.6
1.45	31.9	34.5	36.9	39.1	41.1	43.0	44.7	46.4	47.9	48.5	49.0	49.6	50.1	50.7	51.2	51.7	52.2	52.7	53.2
1.50	33.8	36.4	38.8	40.9	42.9	44.8	46.5	48.1	49.6	50.1	50.7	51.2	51.8	52.3	52.8	53.3	53.7	54.2	54.7
1.55	35.8	38.4	40.7	42.8	44.8	46.6	48.2	49.8	51.2	51.8	52.3	52.8	53.3	53.8	54.3	54.8	55.3	55.7	56.2
1.60	37.8	40.3	42.6	44.6	46.5	48.3	49.9	51.4	52.8	53.4	53.9	54.4	54.9	55.4	55.9	56.3	56.8	57.2	57.6
1.65	39.7	42.2	44.4	46.4	48.3	50.0	51.6	53.1	54.4	54.9	55.4	55.9	56.4	56.9	57.3	57.8	58.2	58.6	59.1
1.70	41.6	44.0	46.2	48.2	50.0	51.7	53.2	54.7	56.0	56.5	57.0	57.5	57.9	58.4	58.8	59.2	59.7	60.1	60.5
1.75	43.5	45.9	48.0	50.0	51.7	53.4	54.8	56.2	57.5	58.0	58.5	58.9	59.4	59.8	60.2	60.7	61.1	61.5	61.8
2.00	52.5	54.6	56.5	58.2	59.7	61.1	62.4	63.6	64.6	65.0	65.4	65.8	66.2	66.6	66.9	67.3	67.6	67.9	68.3
2.25	60.7	62.5	64.1	65.6	66.8	68.0	69.1	70.0	70.9	71.3	71.6	71.9	72.2	72.5	72.8	73.1	73.4	73.7	73.9
2.50	67.9	69.4	70.8	72.0	73.1	74.0	74.9	75.7	76.4	76.7	77.0	77.2	77.5	77.7	78.0	78.2	78.4	78.7	78.9
2.75	74.2	75.4	76.6	77.5	78.4	79.2	79.9	80.5	81.1	81.4	81.6	81.8	82.0	82.2	82.4	82.6	82.7	82.9	83.1
3.00	79.5	80.5	81.4	82.2	82.9	83.5	84.1	84.6	85.1	85.3	85.4	85.6	85.8	85.9	86.1	86.2	86.4	86.5	86.6
3.50	87.6	88.3	88.8	89.3	89.7	90.1	90.5	90.8	91.1	91.2	91.3	91.4	91.5	91.6	91.6	91.7	91.8	91.9	92.0
4.00	92.9	93.3	93.6	93.9	94.2	94.4	94.6	94.8	94.9	95.0	95.0	95.1	95.2	95.2	95.3	95.3	95.4	95.4	95.4
4.50	96.2	96.4	96.6	96.7	96.9	97.0	97.1	97.2	97.3	97.3	97.3	97.4	97.4	97.4	97.5	97.5	97.5	97.5	97.6
5.00	98.1	98.2	98.3	98.3	98.4	98.5	98.5	98.6	98.6	98.6	98.6	98.7	98.7	98.7	98.7	98.7	98.7	98.7	98.8

*Black-Scholes모형에 기초한 값임. 이에 대응되는 유럽형 풋의 가치는 풋-콜 패리티(풋가치＝콜가치＋ 행사가격의 현재가치 － 기초자산가격)를 이용해서 구한다.

	1.02	1.04	1.06	1.08	1.10	1.14	1.16	1.18	1.16	1.18	1.20	1.25	1.30	1.35	1.40	1.50	1.75	2.00	2.50
.05	3.1	4.5	6.0	7.5	9.1	10.7	12.3	13.8	15.3	16.7	20.0	23.1	25.9	28.6	31.0	33.3	42.9	50.0	60.0
.10	5.0	6.1	7.3	8.6	10.0	11.3	12.7	14.1	15.4	16.8	20.0	23.1	25.9	28.6	31.0	33.3	42.9	50.0	60.0
.15	7.0	8.0	9.1	10.2	11.4	12.6	13.8	15.0	16.2	17.4	20.4	23.3	26.0	28.6	31.4	33.3	42.9	50.0	60.0
.20	8.9	9.9	10.9	11.9	13.0	14.1	15.2	16.3	17.4	18.5	21.2	23.9	26.4	28.9	31.2	33.5	42.9	50.0	60.0
.25	10.9	11.8	12.8	13.7	14.7	15.7	16.7	17.7	18.7	19.8	22.3	24.7	27.1	29.4	31.7	33.8	42.9	50.0	60.0
.30	12.8	13.7	14.6	15.6	16.5	17.4	18.4	19.3	20.3	21.2	23.5	25.8	28.1	30.2	32.3	34.3	43.1	50.1	60.0
.35	14.8	15.6	16.5	17.4	18.3	19.2	20.1	21.0	21.9	22.7	24.9	27.1	29.2	31.2	33.2	35.1	43.5	50.2	60.0
.40	16.7	17.5	18.4	19.2	20.1	20.9	21.8	22.6	23.5	24.3	26.4	28.4	30.4	32.3	34.2	36.0	44.0	50.5	60.1
.45	18.6	19.4	20.3	21.1	21.9	22.7	23.5	24.3	25.1	25.9	27.9	29.8	31.7	33.5	35.3	37.0	44.6	50.8	60.2
.50	20.5	21.3	22.1	22.9	23.7	24.5	25.3	26.1	26.8	27.6	29.5	31.3	33.1	34.8	36.4	38.1	45.3	51.3	60.4
.55	22.4	23.2	24.0	24.8	25.5	26.3	27.0	27.8	28.5	29.2	31.0	32.8	34.5	36.1	37.7	39.2	46.1	51.9	60.7
.60	24.3	25.1	25.8	26.6	27.3	28.1	28.8	29.5	30.2	30.9	32.6	34.3	35.9	37.5	39.0	40.4	47.0	52.5	61.0
.65	26.2	27.0	27.7	28.4	29.1	29.8	30.5	31.2	31.9	32.6	34.2	35.8	37.4	38.9	40.3	41.7	48.0	53.3	61.4
.70	28.1	28.8	29.5	30.2	30.9	31.6	32.3	32.9	33.6	34.2	35.8	37.3	38.8	40.3	41.6	43.0	49.0	54.0	61.9
.75	29.9	30.6	31.3	32.0	32.7	33.3	34.0	34.6	35.3	35.9	37.4	38.9	40.3	41.7	43.0	44.3	50.0	54.9	62.4
.80	31.8	32.4	33.1	33.8	34.4	35.1	35.7	36.3	36.9	37.5	39.0	40.4	41.8	43.1	44.4	45.6	51.1	55.8	63.0
.85	33.6	34.2	34.9	35.5	36.2	36.8	37.4	38.0	38.6	39.2	40.6	41.9	43.3	44.5	45.8	46.9	52.2	56.7	63.6
.90	35.4	36.0	36.6	37.3	37.9	38.5	39.1	39.6	40.2	40.8	42.1	43.5	44.7	46.0	47.1	48.3	53.3	57.6	64.3
.95	37.2	37.8	38.4	39.0	39.6	40.1	40.7	41.3	41.8	42.4	43.7	45.0	46.2	47.4	48.5	49.6	54.5	58.6	65.0
1.00	38.9	39.5	40.1	40.7	41.2	41.8	42.4	42.9	43.4	44.0	45.2	46.5	47.6	48.8	49.9	50.9	55.6	59.5	65.7
1.05	40.6	41.2	41.8	42.4	42.9	43.5	44.0	44.5	45.0	45.5	46.8	48.0	49.1	50.2	51.2	52.2	56.7	60.5	66.5
1.10	42.3	42.9	43.5	44.0	44.5	45.1	45.6	46.1	46.6	47.1	48.3	49.4	50.5	51.6	52.6	53.5	57.9	61.5	67.2
1.15	44.0	44.6	45.1	45.6	46.2	46.7	47.2	47.7	48.2	48.6	49.8	50.9	51.9	52.9	53.9	54.9	59.0	62.5	68.0
1.20	45.7	46.2	46.7	47.3	47.8	48.3	48.7	49.2	49.7	50.1	51.3	52.3	53.3	54.3	55.2	56.1	60.2	63.5	68.8
1.25	47.3	47.8	48.4	48.8	49.3	49.8	50.3	50.7	51.2	51.6	52.7	53.7	54.7	55.7	56.6	57.4	61.3	64.5	69.6
1.30	48.9	49.4	49.9	50.4	50.9	51.3	51.8	52.2	52.7	53.1	54.1	55.1	56.1	57.0	57.9	58.7	62.4	65.5	70.4
1.35	50.5	51.0	51.5	52.0	52.4	52.9	53.3	53.7	54.1	54.6	55.6	56.5	57.4	58.3	59.1	59.9	63.5	66.5	71.1
1.40	52.1	52.6	53.0	53.5	53.9	54.3	54.8	55.2	55.6	56.0	56.9	57.9	58.7	59.6	60.4	61.2	64.6	67.5	71.9
1.45	53.6	54.1	54.5	55.0	55.4	55.8	56.2	56.6	57.0	57.4	58.3	59.2	60.0	60.9	61.6	62.4	65.7	68.4	72.7
1.50	55.1	55.6	56.0	56.4	56.8	57.2	57.6	58.0	58.4	58.8	59.7	60.5	61.3	62.1	62.9	63.6	66.8	69.4	73.5
1.55	56.6	57.0	57.4	57.8	58.2	58.6	59.0	59.4	59.7	60.1	61.0	61.8	62.6	63.3	64.1	64.7	67.8	70.3	74.3
1.60	58.0	58.5	58.9	59.2	59.6	60.0	60.4	60.7	61.1	61.4	62.3	63.1	63.8	64.5	65.2	65.9	68.8	71.3	75.1
1.65	59.5	59.9	60.2	60.6	61.0	61.4	61.7	62.1	62.4	62.7	63.5	64.5	65.0	65.7	66.4	67.0	69.9	72.2	75.9
1.70	60.9	61.2	61.6	62.0	62.3	62.7	63.0	63.4	63.7	64.0	64.8	65.5	66.2	66.9	67.5	68.2	70.9	73.1	76.6
1.75	62.2	62.6	62.9	63.3	63.6	64.0	64.3	64.6	64.9	65.3	66.0	66.7	67.4	68.0	68.7	69.2	71.9	74.0	77.4
2.00	68.6	68.9	69.2	69.5	69.8	70.0	70.3	70.6	70.8	71.1	71.7	72.3	72.9	73.4	73.9	74.4	76.5	78.3	81.0
2.25	74.2	74.4	74.7	74.9	75.2	75.4	75.6	75.8	76.0	76.3	76.8	77.2	77.7	78.1	78.5	78.9	80.6	82.1	84.3
2.50	79.1	79.3	79.5	79.7	79.9	80.0	80.2	80.4	80.6	80.7	81.1	81.5	81.9	82.2	82.6	82.9	84.3	85.4	87.2
2.75	83.3	83.4	83.6	83.7	83.9	84.0	84.2	84.3	84.4	84.6	84.9	85.2	85.5	85.8	86.0	86.3	87.4	88.3	89.7
3.00	86.8	86.9	87.0	87.1	87.3	87.4	87.5	87.6	87.7	87.8	88.1	88.3	88.5	88.8	89.0	89.2	90.0	90.7	91.8
3.50	92.1	92.1	92.2	92.3	92.4	92.4	92.5	92.6	92.6	92.7	92.8	93.0	93.1	93.3	93.4	93.5	94.0	94.4	95.1
4.00	95.5	95.5	95.6	95.6	95.7	95.7	95.7	95.8	95.8	95.8	95.9	96.0	96.1	96.2	96.2	96.3	96.6	96.8	97.2
4.50	97.6	97.6	97.6	97.6	97.7	97.7	97.7	97.7	97.8	97.8	97.8	97.9	97.9	97.9	98.0	98.0	98.2	98.3	98.5
5.00	98.8	98.8	98.8	98.8	98.8	98.8	98.8	98.8	98.9	98.9	98.9	98.9	98.9	99.0	99.0	99.0	99.1	99.1	99.2

국문색인

영문색인

[공저자약력]

강 병 호
고려대학교 상과대학 경영학과 졸업
美 University of Wisconsin-Madison
　　대학원 졸업(M.B.A.)
고려대학교 대학원 경영학과 졸업
　　(Ph.D.)
한국은행 근무
증권관리위원회 위원
금융감독위원회 위원
금융감독원 부원장
한국기업지배구조원장
현　한양대학교 명예교수

저 　 서
금융기관경영론(공저)(박영사, 1997)
재무관리론(공저)(무역경영사, 1987)
금융기관론(공저)(박영사, 2016)
주요국의 금융제도론(박영사, 1996)
금융업리스크관리(공저)(박영사, 2000)
투자론(공저)(박영사, 2004)

주요 논문
"이자율의 기간구조"(증권학회지, 1985)
"우리나라 금융감독 및 자율규제체계에 관한 연구"
　　(규제학회지, 2005)
"Restructuring of Financial Institutions and the
　　Corporate Sector in Korea," *The Journal of Asian
　　Economics*, Vol. 9, No. 4, Winter 1998

김 석 동
서울대학교 상과대학 경영학과 졸업
행정고등고시 합격
재정경제부 외화자금과장, 증권제도과장
금융감독위원회 감독정책 1국장
재정경제부 금융정책국장
재정경제부 차관보
금융감독위원회 부위원장
재정경제부 차관
금융위원장
한국금융연구원 초빙연구위원
현　지평인문사회연구소 대표

저 　 서
대한민국 경제와 한민족 DNA(21세기북스, 2015)

서 정 호
연세대학교 경영학과 졸업
美 텍사스공과대학교 경영학석사
美 텍사스공과대학교 경영학박사
　　(Ph.D, 재무관리)
한국은행, 금융감독원 근무
Anderson & Co. 이사
하나은행 부행장보/부행장
하나금융경영연구소 소장
하나금융지주 부사장
연세대학교 국제학대학원 겸임교수
한국금융연구원 금융산업연구실장
금융감독원 금융자문관
한국금융연구원 디지털금융연구센터장
금융위원회 옴부즈만
현　한국금융연구원 은행보험연구실장

저 　 서
금융업리스크관리(공저)(박영사, 2000)
한국금융산업의 2030비전과 과제: 은행-코로나 이후 금융의
　　디지털화를 중심으로(공저)(KIF, 2020)

주요 논문
"Bank Creditor Structure and Bank Risk during the
　　Liquidity Crises; A Survey with Policy Implications,"
　　International Finance Review, Vol. 14, Dec. 2013,
　　433-447(공저)
"A Multi-Resolution Approach to Non-Stationary Financial
　　Time Series Using the Hilbert-Huang Transform,"
　　The Korean Journal of Applied Statistics, April 2009,
　　22(3), 499-513(공저)
"은행의 대출확대가 은행수익성과 위험성에 미치는 영향:
　　Bankscope자료를 중심으로," 국제경제연구, 2013. 3월,
　　제19권 제 1 호, 51-73(공저)

제17개정판
금융시장론

초판발행   1999년 2월 25일
제17개정판발행   2021년 7월 25일

공저자   강병호·김석동·서정호
펴낸이   안종만·안상준

편 집   배근하
기획/마케팅   조성호
표지디자인   박현정
제 작   고철민·조영환

펴낸곳   (주) 박영사
                서울특별시 금천구 가산디지털2로 53, 210호(가산동, 한라시그마밸리)
                등록 1959. 3. 11. 제300-1959-1호(倫)

전 화   02)733-6771
f a x   02)736-4818
e-mail   pys@pybook.co.kr
homepage   www.pybook.co.kr
ISBN   979-11-303-1351-1   93320

정 가   36,000원